Trump global

„Paul Welfens hat ein wichtiges und aktuelles Buch über die Folgen der Wirtschaftspolitik des US-Präsidenten Trump für die amerikanische, europäische und asiatische Wirtschaft geschrieben. Es bietet reiche Informationen über die Wurzeln des amerikanischen und europäischen Populismus und seine Gefahren für unsere politische Stabilität und unseren wirtschaftlichen Wohlstand. Seine Kritik an der fiskalischen und internationalen Handelspolitik von Trump und ihrer schwachen intellektuellen Basis verdient die Aufmerksamkeit der US-amerikanischen und europäischen Leser gleichermaßen".
—Richard H. Tilly (Professor em.), *Westfälische Wilhelms-Universität Münster*

„Mit Donald Trump im Weißen Haus fragt sich die Welt, wie ist das passiert und was bedeutet das für uns? In diesem fesselnden, eindringlichen und zeitgemäßen Buch antwortet Paul Welfens mit nachdenklichen, gut begründeten und überzeugenden Einsichten. Dieses Buch ist in der Lage zu erklären und zu analysieren, was sich sowohl Wissenschaftlern als auch Meinungsführern in Wirtschaft und Medien entzogen hat – wie und warum der Populismus in den Mittelpunkt gerückt ist –, und stellt neue Strategien dar für politische und wirtschaftliche Stabilität und Wohlstand in dieser neuen Ära der Trump-Regierung. Das Buch ist nicht nur ein ‚Muss' für alle, die sich für zeitgenössische globale Angelegenheiten interessieren, es ist auch spannend und ein Vergnügen zu lesen."
—David B. Audretsch, Distinguished Professor, *Indiana University, Bloomington*

„Paul Welfens hat eine sehr einfühlsame und zeitlich sehr passende Analyse des US-Wirtschaftspopulismus in der Ära Trump erstellt und die internationalen Implikationen herausgestellt. Er betont die strukturellen Fehlentwicklungen des US-Wirtschaftssystems bei der Aufgabe, die steigende Ungleichheit zu begrenzen – im Vergleich zum relativen Erfolg europäischer sozialdemokratisch-liberaler Systeme; und er betont, dass der US-Populismus daher voraussichtlich in den kommenden Jahren fortbestehen wird. Mit großem Analysegeschick und einsichtsvoll stellt Welfens die Implikationen des US-Populismus für das globale Wirtschaftssystem dar und für die geopolitischen und ökonomischen Entscheidungsalternativen."
—Jeffrey Sachs, *Universitätsprofessor an der Columbia University, New York*

„Wie Europa auf die US-seitigen Provokationen und erratisches Entscheidungsverhalten von US-Präsident Trump reagiert, wird seinen Platz in der Welt und insbesondere in der globalen Geopolitik für die künftigen Jahre bestimmen. In diesem aktuellen Buch bietet Paul Welfens sowohl wertvolle Einsichten in die US-Politik als auch eine Beschreibung der strategischen Optionen für Europa auf dem Weg nach vorn."
—Prof. Dr. Barry Eichengreen, *UC California, Berkeley*

Paul J. J. Welfens

Trump global

Struktureller US-Populismus und Wirtschaftskonflikte mit Europa und Asien

Paul J. J. Welfens
Europäisches Institut für Internationale Wirtschaftsbeziehungen (EIIW)
an der Bergischen Universität Wuppertal
Wuppertal, Deutschland

Dieses Buch ist 2019 bei Palgrave Macmillan in englischer Sprache unter dem Titel „The Global Trump. Structural US Populism and Economic Conflicts with Europe and Asia" erschienen

ISBN 978-3-658-30157-6   ISBN 978-3-658-30158-3 (eBook)
https://doi.org/10.1007/978-3-658-30158-3

Die Deutsche Nationalbibliothek verzeichnet diese Publikation in der Deutschen Nationalbibliografie; detaillierte bibliografische Daten sind im Internet über http://dnb.d-nb.de abrufbar.

Springer
© Der/die Herausgeber bzw. der/die Autor(en), exklusiv lizenziert durch Springer Fachmedien Wiesbaden GmbH, ein Teil von Springer Nature 2020
Das Werk einschließlich aller seiner Teile ist urheberrechtlich geschützt. Jede Verwertung, die nicht ausdrücklich vom Urheberrechtsgesetz zugelassen ist, bedarf der vorherigen Zustimmung des Verlags. Das gilt insbesondere für Vervielfältigungen, Bearbeitungen, Übersetzungen, Mikroverfilmungen und die Einspeicherung und Verarbeitung in elektronischen Systemen.
Die Wiedergabe von allgemein beschreibenden Bezeichnungen, Marken, Unternehmensnamen etc. in diesem Werk bedeutet nicht, dass diese frei durch jedermann benutzt werden dürfen. Die Berechtigung zur Benutzung unterliegt, auch ohne gesonderten Hinweis hierzu, den Regeln des Markenrechts. Die Rechte des jeweiligen Zeicheninhabers sind zu beachten.
Der Verlag, die Autoren und die Herausgeber gehen davon aus, dass die Angaben und Informationen in diesem Werk zum Zeitpunkt der Veröffentlichung vollständig und korrekt sind. Weder der Verlag, noch die Autoren oder die Herausgeber übernehmen, ausdrücklich oder implizit, Gewähr für den Inhalt des Werkes, etwaige Fehler oder Äußerungen. Der Verlag bleibt im Hinblick auf geografische Zuordnungen und Gebietsbezeichnungen in veröffentlichten Karten und Institutionsadressen neutral.

Springer ist ein Imprint der eingetragenen Gesellschaft Springer Fachmedien Wiesbaden GmbH und ist ein Teil von Springer Nature.
Die Anschrift der Gesellschaft ist: Abraham-Lincoln-Str. 46, 65189 Wiesbaden, Germany

Vorwort zur deutschen Ausgabe

Aus deutscher und europäischer Sicht gibt es seit vielen Jahrzehnten ein großes Interesse an der westlichen Führungsmacht, den Vereinigten Staaten, und damit auch am jeweiligen Präsidenten der Vereinigten Staaten. Mit dem US-Präsidenten Donald Trump ist erstmals nach 1945 ein Populist – auf dem politischen Ticket der Republikanischen Partei – an die Macht gekommen. Bei Trump, mit seiner Präsidentschaft angetreten im Januar 2017, ist die traditionelle US-Führungsrolle im Westen gleich im vierten Amtsjahr seiner Präsidentschaft kaum noch sichtbar. Die Corona-Weltrezession findet statt, wie sie im bisherigen US-Politikansatz bei Außenpolitik und internationaler Wirtschaftspolitik eigentlich nicht vorgesehen ist: ohne Führungsrolle der Vereinigten Staaten. Möglicherweise ist nach der Trump-Präsidentschaft die Fähigkeit der USA zu internationaler Führung auf viele Jahre beschädigt, weil die inneren Voraussetzungen – ein breiter Politikkonsens in Kernfeldern – nicht länger in der Bevölkerung besteht. Durch den eigenartigen, egozentrischen und polarisierenden Politikstil von Donald Trump ist der Basiskonsens in den USA deutlich beschädigt worden, was für die Vereinigten Staaten wohl mittelfristig auf ein neuartiges Verfassungsproblem hinauslaufen könnte. Die großen Einkommensunterschiede in den Vereinigten Staaten sind über zwei Jahrzehnte zu einem zunehmenden Problem aus Sicht der US-Gesellschaft geworden, wobei die relativen Einkommensverluste der ärmeren Schichten in vielen Regionen und Städten der Vereinigten Staaten sichtbare soziale Probleme geschaffen haben. Die Transatlantische Bankenkrise von 2008/2009 hat zu neuen Problemen beigetragen – in den USA wie in Europa. Allerdings ist der internationale Wirtschaftsaufschwung in der Dekade nach 2009 durch den Corona-Schock in den USA abrupt gestoppt worden.

Die Corona-Weltwirtschaftskrise 2020 hat zudem eine besondere Herausforderung für die Gesundheitssysteme in den USA, Europa, Asien und weltweit geschaffen: Hier gibt es ein neues sichtbares Feld der Systemkonkurrenz, auf dem die Vereinigten Staaten etwa im Vergleich zu Deutschland relativ schlecht abschneiden; im Vergleich zur EU ist die US-Vergleichsposition weniger schlecht. Allerdings ist Westeuropa wiederum in Sachen EU durch Politik- und Integrationsschwächen bei der Bekämpfung der Corona-Rezession aufgefallen. Und von Kooperation EU-USA ist fast gar nichts im Frühjahr 2020 zu sehen gewesen (s. Welfens 2020a, c, d).

Es gibt eine lange Europa-USA-Geschichte, die nicht nur auf den Auswanderungswellen aus West- und Osteuropa im 19. Jahrhundert beruht, sondern auf Millionen von wissenschaftlichen, wirtschaftlichen sowie politischen Kontakten: Transatlantischer Austausch auf ökonomischer und intellektueller Ebene ist im privaten und öffentlichen Bereich über Jahrzehnte ein Pfeiler der USA-Europa-Kooperation gewesen. Es mag nach 1945 über sechs Jahrzehnte gelegentlich erhebliche transatlantische Unterschiede gegeben haben – auch in der wirtschaftspolitischen Einschätzung internationaler Herausforderungen: etwa in den 1970er-Jahren unter Bundeskanzler Helmut Schmidt in der Bundesrepublik Deutschland. Grundsätzlich gab es insbesondere in Westdeutschland eine erhebliche Sympathie für die USA, die sicherlich auch auf die Befreiung vom Nazi-Regime am Ende des Zweiten Weltkrieges und dem Marshall-Hilfsplan sowie der US-Musik- und Filmkultur aufbaute. Letztere war sicher auch in der DDR Basis für ein positives US-Interesse in Teilen der Bevölkerung.

Eine positive Einstellung in Deutschland und Westeuropa zu den USA war über Jahrzehnte ziemlich unabhängig von der jeweiligen parteipolitischen Farbe des US-Präsidenten, ob also ein Präsident Angehöriger der Demokraten oder der Republikaner war. Mit Präsident Trump ist die Situation in den USA neu. Donald Trump setzt in der Wirtschafts- und Außenpolitik deutlich andere Akzente als seine Vorgänger im Amt. Er gilt als sprunghaft und viele seiner Aussagen passen nicht zu den Jahrzehnten deutsch-amerikanischer Kooperation, die durchaus auch Phasen wenig ausgeprägter politischer gegenseitiger Wertschätzung kannte.

Seit 2017 werden die USA von Präsident Donald Trump regiert, der Westen ist seither in dauernder Veränderung, die alten Beziehungsnetzwerke werden instabil. Mit der Corona-Weltwirtschaftskrise 2020 liegt nach 1945 eine erste internationale Rezession vor, in der keine Führungsrolle der USA im Westen sichtbar ist. Die von Trump gesäte innere Uneinigkeit und politische Polarisierung dürfte auf Jahre hinaus die internen Voraussetzungen für internationale Führung – außer wohl im NATO-Bereich – untergraben haben.

Die Coronavirus-Gesundheitssystemkrise zeigt zudem sichtbar die Schwächen des Gesundheitssystems der USA auf, die seit vielen Jahren ernster Natur sind: mit einer Ausgabenquote, die viel höher als in Deutschland und Frankreich ist, während die Lebenserwartung niedriger und die Säuglingssterblichkeit in den USA höher ist.

Der Präsidentschaftskandidat der traditionellen Freihandelspartei der Republikaner hat 2016 die Wahlen überraschend gewonnen und dann tatsächlich eine neuartige aggressive Handelspolitik aufgesetzt: mit hohen Zollsätzen gegenüber dem neuen globalen Rivalen China, aber auch mit Importzöllen gegenüber verbündeten Ländern in der NATO. In der NATO wiederum will Präsident Trump andere Grundsätze durchsetzen als bisher: Die EU-Länder, allen voran auch Deutschland und Italien, sollen wesentlich höhere Verteidigungsausgabenquoten erreichen.

Mit einem zeitweisen Anstieg des Wirtschaftswachstums 2017–2019 und einem starken Anstieg der Aktienkurse in diesem Zeitraum sah der populistische Präsident Trump schon fast wie der sichere Wahlsieger für 2020 aus. Aber die internationale Coronavirus-Epidemie, die zum Bewährungstest von Gesundheits- und Wirtschaftssystemen in allen Ländern der Welt wird, hat auch die USA mit großer Wucht getroffen: mit vielen Millionen Infektionsfällen, hohen Todesfallzahlen und massiven ökonomischen Einbrüchen bei Produktion, Beschäftigung und Aktienkursniveau. Es gibt auf neue Art eine transatlantische Systemkonkurrenz und letztlich auch eine des Westens gegenüber China.

In Washington DC hat Präsident Trump die meisten hohen Berater der Obama-Administration gehen lassen. Ein offenbar vergessener Bereich aus Trump-Sicht ist die Epidemiepolitik: US-Präsident Trump, erkennbar wenig der Wissenschaft zugeneigt, kann bei der Corona-Krise gar nicht anders, als seinen medizinisch-wissenschaftlichen Top-Beratern zu vertrauen; mit zwei Top-Beratern, die aus der Obama-Administration stammen. Dass Trump gelegentlich wenig Vernünftiges zur Corona-Herausforderung über die Medien von sich gibt, stört offenbar einen Teil der Wählerschaft nicht. Aber die Corona-Thematik ist wohl für die US-Wählerschaft am Ende zu ernst, als dass man leichtfertige, widersprüchliche TV- und Twitter-Formulierungen des Präsidenten lange wird einfach ignorieren wollen. Allerdings schart sich die US-Bürgerschaft als erste Reaktion auf den Coronavirus-Schock um den Präsidenten, wie in allen großen Krisen. Das sollte nicht ablenken vom Gesamtkontext der Trump-Präsidentschaft: wie er überraschend zur Macht gelangte und welche nationale und internationale Politik er betrieben hat. Sein nationalistisches „America First" aus dem Wahlkampfjahr 2016 und seiner Präsidentschaft bis 2020 klang wie eine Absage an internationale Solidarität und globale Kooperation. Aber nicht nur bei der Bekämpfung der Corona-Weltepidemie klingt dieses „America First" nicht nach einem brauchbaren Politikmotto einer globalen Führungsmacht. Tatsächlich ist die USA im Jahr 2020 hier wenig sichtbar und vermutlich ist es gerade die zu späte Reaktion bei der Corona-Bekämpfung, die Trump mit einer so schweren internen US-Problemsituation konfrontiert, dass für internationale Führungsarbeit kaum noch eine Basis besteht.

Mit Trump ist ein populistischer Präsident zur Macht gelangt – Nr. 5 unter den bisherigen 45 Präsidenten – und der Kampf um seine Wiederwahl mobilisiert die US-Öffentlichkeit und Teile der Weltöffentlichkeit im Jahr 2020 deutlich. Durch die Corona-Krise hat sich indes ein wichtiges neues Element in den Wahlkampf 2020 hineingeschoben, das zunächst die Wiederwahlaussichten von Trump schwächt. Denn das anfängliche Krisenmanagement des Weißen Hauses in der Corona-Krise im Frühjahr 2020 war schwach und bei einer potenziell lebensbedrohlichen Seuche könnten die digitalen Kommunikationsbeeinflussungsversuche von Donald Trump auch bei breiten Schichten in den USA wenig verfangen, solange die US-Gesundheitspolitik nicht klare (relative) Erfolge vorzuweisen hat.

Für die Bundesrepublik Deutschland und andere Länder in Westeuropa waren die USA über Jahrzehnte große Schutzmacht, Haupthandelspartner, Quelle von Direktinvestitionen und wichtiger Bündnisakteur in vielen internationalen Organisationen. Allerdings ist der neue US-Präsident Trump seit seinem Amtsantritt 2017 fast monatlich dabei, weltweit Handelskonflikte zu schüren und wichtige internationale Organisationen zu schwächen. Die von Trump verbreitete Sicht, die USA seien ein Verlierer der Globalisierung, ist ökonomisch gesehen unhaltbar, da die Vereinigten Staaten sowohl im Außenhandel als auch via internationalem Kapitalverkehr – inklusive Direktinvestitionen von US-Multis im Ausland – und wegen des Dollars als internationale Reservewährung tatsächlich besonders profitieren. Wenn man anmerken wollte, dass die ökonomische Vorherrschaftsposition der USA nicht mehr global unumstritten ist, so wäre das zunächst einfach eine mit Bezug auf den rasanten Aufstieg Chinas getroffene Feststellung. Allerdings haben die USA und auch die EU in den ersten vier Jahrzehnten seit der Öffnung Chinas zum Westen – im Jahr 1978 – profitable und nützliche Wirtschaftsbeziehungen mit dem großen Land entwickelt, dessen Firmen allerdings auch auf viele Weltmärkte als Exporteur vorgestoßen sind.

Sicherlich sind einige Wirtschaftssektoren in den USA, darunter ein Teil der US-Industrie, als Verlierer des globalen Strukturwandels anzusehen; und zugleich gibt es die großen Gewinnersektoren – und Gewinnerberufe – der Globalisierung der Wirtschaft, über die Trump kaum spricht. Die wachsende ökonomische Ungleichheit in den USA kann man als ernstes Problem ansehen und mit der Zeit wird es bei der Einkommensverteilung kaum besser werden. In diesem Kontext möchte ich mit Blick auf die Ist-Situation auf die wichtigen Erkenntnisse der Umfrageergebnisse von Arvid Lindh und Leslie McCall für die USA hinweisen, über die ich auf einer UN-Konferenz 2018 (12.–13. September, expert group meeting of the United Nations Department of Economic and Social Affairs, UN, New York) zum Thema Ungleichheit in der Weltwirtschaft erstmals hörte. Wie das Buch zeigt, haben die USA seit einigen Jahrzehnten einen zunehmenden Problemdruck in Sachen Einkommensungleichheit, die von einer großen Mehrheit der US-Bürgerschaft als unfair beklagt wird (Lindh und McCall 2018). Donald Trump hat im Wahlkampf 2016 immer wieder auf die Probleme der ärmeren Schichten hingewiesen, er sprach über die „forgotten men and women", die vergessenen Männer und Frauen, denen er helfen wolle. Mit seiner Steuerreform zugunsten der sehr Wohlhabenden im Jahr 2017 hat er diesem Ziel eher nicht gedient. Aber Trumps Anhängerschaft ist zum Teil wohl von Trumps Wunschdenken und seiner Twitter-Rhetorik angezogen. Es gibt aber, so zeigt sich, bei der US-Wählerschaft nicht immer eine vernünftige Einschätzung zu Möglichkeiten, wie Ungleichheiten der Markteinkommen korrigieren könnte. Das ist, wie man in Kanada und den EU-Ländern sieht, durchaus möglich – in den USA allerdings gibt es eine gefährliche Vorstellungsblockade bei der Wählerschaft, die auf einen strukturellen US-Populismus hinausläuft: Für eine Gruppe von Superreichen wird es demnach fast immer möglich sein, durch Versprechungen die frustrierte ärmere Wählermehrheit weitgehend für sich zu gewinnen. Das kann für die USA auf einige Tendenzen zu einem deutlich veränderten Politiksystem mit sonderbaren populistischen Elementen hinauslaufen. Einstweilen kann man sich kaum vorstellen, dass eine solche Entwicklung in einem historisch so freiheitsliebenden Land wie den Vereinigten Staaten entstehen könnte. Die BREXIT-Erfahrung zeigt indes, dass man selbst im als pragmatisch geltenden Vereinigten Königreich nicht wirklich viel für unmöglich halten sollte (dass der BREXIT auf Basis eines nicht ordnungsgemäßen Referendums erfolgt – bei 52,1 % Pro-EU als normalem Ergebnis laut Simulation mit einer Standard-UK-Popularitätsfunktion bei normalem Infozustand der Wählerschaft –, habe ich im Buch *BREXIT aus Versehen* gezeigt (Welfens 2017a, 2018b)).

Hätte man eine wenig höhere Sozialausgabenquote in den USA, so wäre ein Teil der hohen Einkommensungleichheit korrigiert. Aber gerade vor höheren Sozialausgaben warnte der geschickte Vorurteilskombinierer Trump im Wahlkampf 2016: Der größte Teil der Sozialausgaben ginge doch ohnehin an die viel zu große Zahl armer Einwanderer, sagte Trump, und führte in Sachen

Fakten die Wählerschaft an der Nase herum. Dass im Einwandererland USA mit Antizuwandererrhetorik für Trump Punkte im Wahlkampf zu machen waren, mag erstaunen. Aber im Westen insgesamt ist die Stimmung seit etwa 2013 eher gegen Zuwanderer gerichtet und in Großbritannien hat Ministerpräsident Cameron von 2013 bis 2016 eine Antizuwandererkampagne geführt, die letztlich EU-Einwanderer zum Sündenbock für seine eigene Fehlpolitik machte (s. Welfens 2018b): Cameron hatte nach der Bankenkrise 2008/2009 eine sehr hohe staatliche Defizitquote von gut 10 % und senkte dann, um diese zu kürzen, die nationalen Budgettransfers an britische Kommunen binnen fünf Jahren um enorme fünf Prozentpunkte des Bruttoinlandsprodukts; das führte zu einer Verknappung öffentlicher Dienste in Städten und Gemeinden. Den Unmut der Bürgerschaft über diese Zustände lenkte Cameron mit seiner Rhetorik auf die „zu vielen Einwanderer"; Premier May folgte in ihrem BREXIT-Weißpapier einem ähnlichen Argumentationsmuster. Man sollte sich klar machen, dass sich große Teile des Westens durch die Abfolge von zwei bzw. drei Krisen binnen zwölf Jahren enorm verändern: Transatlantische Bankenkrise plus Corona-Krise sind Basis für das Wachsen neuer Vorurteile und eines neuen Nationalismus in vielen Ländern, wozu in der EU noch die Eurokrise 2010–2014 (plus der Schock der Flüchtlingswelle 2015) hinzukommen.

Trump hat neben der Steuer- und Sozialpolitik vor allem das Feld der Handelspolitik, wo er durch Widersprüche auffällt. Dass die USA immer wieder eine stark negative Handelsbilanz haben, von Trump ewig beklagt, liegt vor allem an der Wirtschaftspolitik von Trump selbst: Statt die inländische Sparquote zu erhöhen, hat Trump Staats- und Militärausgaben, privaten Konsum und die privaten Investitionen hochgeschraubt. Die Nettogüterexporte (Handelsbilanzsaldo) gehen bei gegebener inländischer Produktion dann unvermeidlich nach unten. Sich dann über ein steigendes, zu großes Handels- und Leistungsbilanzdefizit zu beklagen, ist Trump-Chuzpe; und durch Wiederholung via Twitter wird es argumentativ nicht besser. Dabei nutzt Präsident Trump Twitter-Kommunikation (er hatte Anfang 2020 rund 95 Mio. Follower), um spontane und emotionalisierende „Nachrichten" an die nationale und internationale Öffentlichkeit zu richten; und gezielt auch an seine Anhänger. Allerdings hat Trump mit seinem Ausgabenfokus auf höhere öffentliche Investitionsausgaben einen durchaus vernünftigen Aufgabenbereich der Wirtschaftspolitik markiert. Vernachlässigung von Infrastrukturausgaben lässt sich im Übrigen auch in Westeuropa vielfach beobachten.

Die alte, über 60-jährige Kooperation der Vereinigten Staaten mit Westeuropa ist mit Präsident Trump zu Ende gegangen und der Multilateralismus, also die Rolle internationaler Organisationen, ist deutlich vermindert. Ein globales, über Jahrzehnte gewachsenes Politiksystem ist aus dem Gleichgewicht geraten, und Trumps USA sind ein Treiber zur Beendigung der alten institutionellen Gleichgewichte. Bisher haben etwa die Welthandelsorganisation und der Internationale Währungsfonds (IWF; auf Englisch: IMF) jeweils für sich sowie beide in Kooperation eine Rolle für die Sicherung von Handel und Wohlstand aller Mitgliedsländer. Die Welthandelsorganisation sichert den globalen Freihandel; die Finanzierung des Handels und von nationalen Handelsbilanzdefiziten (sowie Korrekturmaßnahmen bei Leistungsbilanzdefiziten) wird in Krisenphasen vom IWF gesichert. Der legt zudem jährlich eine Analyse der Wirtschaftsentwicklung und der Wirtschaftspolitik jedes IWF-Landes vor: Es gibt einen Beobachtungsbericht unter der Überschrift „Article IV Reports" sowie seit der Asienkrise 1997/1998 auch sogenannten FSAP-Berichte zu den Banken-, Versicherungs- und Finanzmarktrisiken. So sind gemeinsame Bezugspunkte und in etwa gleiche Standards für fast alle Länder entstanden. Es gibt durchaus Schwachpunkte auch in der Arbeit des IWF und der Welthandelsorganisation, aber ersetzbar sind diese globalen Organisationen nicht.

Sollte Trump die Welthandelsorganisation dauerhaft stilllegen, dann wird auch der IWF geschwächt. Dann werden viel mehr Länder, vor allem große Länder, eigene Freiheitsgrade für Politikexperimente nutzen; vor allem für populistische Experimente, die von Wunschdenken und Emotionen, von wenig Expertenwissen, geprägt sein werden. Unvorhersehbarkeit, politische Willkür großer Länder wird dann für die Weltwirtschaft zum Problem. Die Hauptexportüberschussländer, also etwa Deutschland, China, Japan, die Schweiz und viele OPEC-Länder, werden ganz neuen Problemen gegenüberstehen.

Jahrelange Trump-Konflikte mit China und den europäischen Verbündeten in Sachen Handelsbeziehungen zeigen an, dass auch das Politiksystem der USA selbst nach einem neuen Gleichgewicht sucht. Das traditionelle Gleichgewicht – hier die Demokraten, die in Sachen Freihandel eher zögerlich sind, dort die Republikaner mit ihrer Einstellung pro Freihandel – gilt nicht mehr. Auch die Kommunikationskanäle im alten Politiksystem ändern sich rasend schnell: Unter Trump spielt das Internet eine noch größere Rolle als unter Präsident Obama. Der populistische US-Präsident führt kommunikationspolitisch eine Art Twitter-Herrschaftssystem und setzt erkennbar stärker als frühere Präsidenten darauf, Emotionen und Vorurteile bei der Wählerschaft zu mobilisieren. Das ist typisch populistisch und natürlich hilft es eher wenig bei rationalen Lösungsansätzen wirtschaftspolitischer Probleme. Relativ spontan kommentiert Trump alle möglichen nationalen und internationalen Politikentwicklungen über seine Twitter-Nachrichten, alte überlegte und langwierige Diplomatensprache ist unter Trump in den USA ein sehr knappes

Gut geworden. Ob das Vorteile für die USA und den Westen bringt, ist unklar; und ist offenbar eher zweifelhaft.

Donald Trump steht für einen der wenigen Populisten unter US-Präsidenten. Auf den ersten Blick ist er eine Art weitere Ausnahme in der US-Geschichte, er könnte allerdings auch für eine Art neue schwierige und riskante US-Politiktendenz im 21. Jahrhundert stehen; für eine Populismusneigung, die sich von den USA ausgehend über Lateinamerika und den Westen sowie Teile Asiens verbreitet: unter dem Motto Neonationalismus, gegen illegale und legale Einwanderung, für Protektionismus bzw. ein harte und kurzfristige Verteidigung eigener Interessen in der Handelspolitik. Die Großmacht USA unter Trump scheint allen kleinen Ländern der Welt zeigen zu wollen, wie viele zusätzliche Zugeständnisse bei handelspolitischen Verhandlungen etwa zugunsten der Vereinigten Staaten herausgeholt werden können.

Nachdem die USA von China erste Zugeständnisse Ende 2019 erhalten hatten, könnte 2020 die EU – vor allem auch Deutschland mit großem Handelsbilanzüberschuss gegenüber den USA – ins Visier der erstarkten Vereinigten Staaten geraten: Ab Februar 2020, wenn das bisherige globale ökonomische Zwischengleichgewicht USA=EU=China sich zulasten der durch den BREXIT deutlich verkleinerten EU verschlechtert. Die Nationaleinkommen der drei genannten Länder (bei EU bzw. der relevanten Eurozone ist das Wort Land hier symbolisch gemeint) waren 2019 noch etwa gleich groß, wenn man Kaufkraftparitäten berücksichtigt. Aber 2020 wird die EU fast ein Fünftel des Nationaleinkommens und 12 % der Bürger gegenüber 2019 durch den britischen EU-Austritt verloren haben. Großbritannien unter Premier Boris Johnson könnte eine Art US-Vasall werden, was das ökonomische US-Gewicht global erhöhen könnte. Johnson braucht ein transatlantisches Freihandelsabkommen mit den USA und Donald Trump wird dafür Bedingungen stellen und Forderungen an UK formulieren (das „Take Back Control" wird heißen, keine wesentliche Restintegration mit der EU, aber verstärkte Machtteilung mit den USA; das wird als ernüchternde Realität das eher freihandelsorientierte UK mit den USA unter dem Protektionisten Trump erleben).

Die Wahl des Rechtspopulisten Trump stellt für die USA und den Westen einen historischen Schnitt dar. Die gemeinsamen transatlantischen Wertvorstellungen sind mit Trump nach mehr als einem halben Jahrhundert transatlantischer Kooperation aus EU-Sicht teilweise zusammengebrochen. Allerdings sind Ende 2019 nicht die USA ökonomisch deutlich geschwächt, sondern zunächst die EU, die mit dem großen Johnson-Wahlsieg im Dezember in UK und dem britischen EU-Austritt Ende Januar 2020 eine historische Schwächung erleidet – unerwartet und ohne erkennbares politisches Risikomanagement traf der BREXIT Brüssel, Paris, Rom und Berlin. Über die Qualität westeuropäischer Politik kann man also besorgt sein und das geringe Engagement der deutschen Bundesregierung in Sachen EU-Integration und EU-Reformen ist gegen eigene Interessen der Menschen in Deutschland gerichtet. Deutschlands Ratspräsidentschaft im zweiten Halbjahr 2020 in Verbindung mit der Corona-Weltrezession zwingt die Bundesregierung immerhin dazu, zu versuchen, neue Stabilisierungskonzepte mitzuentwickeln – in einer ökonomisch schwierigen Situation in Teilen der EU, die mit Blick auf Italien durchaus das Risiko eines baldigen Referendums über einen ITALEXIT, den EU-Austritt Italiens, enthält.

Präsident Trump setzt im Übrigen auf aggressive Zollpolitik und andere politische Hebel, um große Teile der Industrie in Deutschland und Frankreich faktisch zu zwingen, mehr in den USA via Tochterfirmen zu produzieren. Das bedeutet mehr Jobs für die Vereinigten Staaten, weniger Jobs und weniger Wachstum in Deutschland, das wie andere EU-Länder – Ausnahme vor allem ist Frankreich – mit der Alterung seiner Erwerbsbevölkerung ökonomisch neue Probleme und ab 2025 verschärfte Alt-Jung-Verteilungskonflikte in der Politik haben wird. Eine rasch alternde Bevölkerung heißt verlangsamtes Produktivitäts- und Wirtschaftswachstum in Deutschland, Italien und Spanien. Eine bis 2030 deutlich steigende Zahl von Rentenbeziehern in Deutschland, bei gleichzeitig erheblich sinkender Arbeitnehmerzahl, bedeutet in der Politik einen verschärften Verteilungskampf zwischen solchen, die mehr Geld ins Rentensystem stecken wollen, und solchen, die mehr Budgetmittel (relativ zum Nationaleinkommen) ins Bildungs- und Weiterbildungssystem investieren möchten. Die Zahl der älteren Wähler, nämlich der Wähler über 45 Jahren – sie alle denken wohl oft ans Rentenalter –, nimmt anteilsmäßig zu und die jüngeren Generationen könnten in Sachen Bildungsausgaben zu den Verlierern zählen. Es ist im Übrigen bemerkenswert, dass in UK beim BREXIT-Referendum 2016 die über 45-Jährigen ebenso für die BREXIT-Mehrheit standen wie für eine Mehrheit pro Konservative bei der Dezemberwahl 2019 im Vereinigten Königreich.

Deutschland ist dabei innerhalb der EU ökonomisch und politisch seit 2015 geschwächt; die starke Expansion der rechtspopulistischen AfD in Bund und Ländern bedeutet eine Destabilisierung des Politiksystems. Es ist ein Anti-EU- und ein Antieurosignal aus dem größten Mitgliedsland der EU. Die AfD ist zudem eine Art Fan-Club für große Teile der Trump-Politik und sicherlich Treiber des Populismus in Deutschland – also auch des Nationalismus und eines neuen Protektionismus. Der Anti-EU-Populismus war 2014 bei den Europawahlen schon bemerkenswert stark: UKIP als Anti-EU-Partei holte die relative Mehrheit der Stimmen im Vereinigten Königreich, wofür die methodisch schwachen EU-Umfragesysteme damals ebenso wenig einen klaren Hinweis gaben wie für die Mehrheit pro EU-Austritt im Frühjahr 2016. Hat die EU die Umfragemethodik verbessert? Nein, es blieb alles unverändert, ohne Kritik – ohne Reformzug. Immerhin, in der Corona-Krise hat in den Umfragen im Frühjahr 2020 der AfD-Wähleranteil mit Blick auf Bundestagswahlchancen deutlich abgenommen.

Wird Trump wiedergewählt, so wird dies das US-Politiksystem weiter verändern; und die weitere Expansion rechtspopulistischer Parteien in Europa und Lateinamerika wird vorangehen mit ernsten Vernetzungsperspektiven bis hin zu einem Regierungspopulismus im Westen auf lange Frist. Der Umbau der Weltwirtschaft hin zu einem neuen Regime, das auf eine Rivalität der Großmächte wie im späten 19. Jahrhundert hinausläuft, ginge mit einer Trump-Wiederwahl und dem populistischen BREXIT-Projekt in UK massiv voran. Dabei wäre dann als ganz neuer Akteur China im Handelskonflikt mit Trump. Die Selbstbehauptung der EU dürfte im 21. Jahrhundert scheitern, wenn die USA sich auf Dauer von der EU-Integration abwenden und die EU selbst ihre Reformhausaufgaben nicht hinbekommt.

Selbst wenn Trump nicht wiedergewählt würde, der US-Populismus als neue Tendenz im Politiksystem wird bleiben: für viele Jahre. Wenn die EU sich nicht besinnt und umfassende Reformen unternimmt und letztlich das eigene Modell der Sozialen Marktwirtschaft Richtung USA und Asien zu exportieren versucht, so wird Westeuropa am Ende in die alten Nationalstaaten wohl neu zerfallen – mit einer Vielzahl als Vasallenstaaten der USA oder, im Fall kleinerer Länder, auch von UK bzw. England (wenn denn das Vereinigte Königreich nach dem BREXIT zerfallen sollte). Mit Blick auf Deutschland und einige andere westeuropäische EU-Länder kann man allerdings gerade mit Blick auf die Herausforderungen durch die weltweite Coronavirus-Epidemie im Jahr 2020 feststellen, dass Teile des europäischen Gesundheits- und Sozialsystems gut funktionieren und vermutlich verstärkt zum transatlantischen Systemwettbewerb beitragen. Das heißt noch nicht, dass die EU oder die Eurozone als stabiles Gebilde angesehen werden können; schon wegen absehbarer großer Herausforderungen in Spanien und vor allem in Italien sowie neuerlich in Griechenland.

Ob die EU um 2030 oder 2040 noch eine wesentliche Rolle in der Weltwirtschaft spielen wird, ist unklar. Weitere Zerfallsprozesse sind mittelfristig denkbar. Von notwendigen Reformen ist die EU weit entfernt. Es mangelt völlig in den EU27-Ländern – so auch in Berlin – an notwendiger Selbstkritik in Sachen BREXIT und bei absehbaren neuen transatlantischen Konflikten, etwa in der Handels- und Klimapolitik, ist die EU nicht stark aufgestellt. Immerhin haben die EU27-Länder im BREXIT-Prozess lange eine gemeinsame Verhandlungslinie halten können; gegenüber den USA wird es aber

EU-seitig viel schwerer werden, Konfliktfelder geschlossen anzugehen, denn die Vereinigten Staaten sind für die Staaten Osteuropas und viele westliche EU-Länder sicherheitspolitisch unabdingbar. Allerdings hat Präsident Trump mit seinen vielen NATO-kritischen Äußerungen auch neue Zweifel über den Wert von US-Schutzgarantien gesät. Die Coronavirus-Seuchenkrise in Europa gibt im Übrigen vielen Regierungen einen Hebel, um die Demokratie über Sondergesetze zur Epidemiebekämpfung zu schwächen und gerade populistische Regierungen in osteuropäischen EU-Ländern sind hier aktiv; sonderbarerweise ohne dass etwa die EU den neuen Gesetzen, beispielsweise in Ungarn, wo eine Art permanenter Ausnahmezustand eingeführt wurde, etwas entgegengesetzt hätte.

Die internen ökonomisch-politischen Schwächen von Ländern wie Frankreich, Deutschland, Italien und Spanien bedeuten, dass die USA und China diese Probleme erkennen und nutzen werden für eigene Interessenspolitik. Und dass die EU nur mit einer Serie von klugen Reformen eine international einflussreiche Macht bleiben kann. Zu den Schwächen in Deutschland gehören im Übrigen Widersprüche der nationalen Wirtschaftspolitik – etwa, wenn man einen immer umfassenderen Ausbau der Sozialpolitik plus deutlich erhöhte, regional undifferenzierte Mindestlöhne in einigen Parteien will. Das wird den Zuwanderungsdruck aus Osteuropa und auch aus Ländern außerhalb der EU erhöhen. Eine gewisse Zuwanderung aus EU-Ländern kann durchaus im Interesse Deutschlands sein. Aber die EU-Dimension bei der nationalen Wirtschaftspolitik mehr mitzubedenken, ist offenbar wichtig, und auch die Stabilität der EU-Länder gemeinsam zu sichern, kann als dringende Aufgabe gelten. Je schwächer die US-Führung international ist, desto mehr müssten eigentlich die EU-Länder bemüht sein, selbst Führung bei internationalen Wirtschaftskrisen zu leisten. In Berlin sind hierzu kaum Ansätze zu erkennen. Corona-Pressekonferenzen mit dem Robert-Koch-Institut (RKI) sind wichtig, aber im RKI wird weder Wirtschafts- noch EU-Integrationspolitik entwickelt. Von verstärkter Kooperation Deutschland-Frankreich in Sachen EU-Reformen ist zudem seit Jahren nichts zu sehen.

Wenn die EU zerfiele und der Trumpismus bzw. Populismus sich in den USA und anderen Ländern nachhaltig breitmacht, so wird ein Netz an bilateralisierten Beziehungen – jedes Land verhandelt mit jedem anderen Land – an die Stelle der jetzt in internationalen Organisationen zusammengeschlossenen Ländernetzwerke treten. Bilateralismus ist zum Schaden kleiner Länder, zum Schaden von mehr Wettbewerb bei neuen Ideen und Politikkonzepten (oft von kleinen Ländern innovativ entwickelt) und daher auch zum Schaden des globalen Wirtschaftswachstums. Im verschärften globalen ökonomischen Verteilungskampf wiederum können die besonders großen und mächtigen

Länder, also die USA und China, auf relative Positions- und Einkommensgewinne hoffen. Dass die USA in so einem System ökonomisch besser dastehen sollten als im bisherigen multilateralen System der internationalen Beziehungen, ist allerdings zu bezweifeln. Denn Bilateralismus bringt ein sehr unübersichtliches, tendenziell widersprüchliches und ineffizientes globales System, wobei der Populismus mit seinen Doppelpfeilern Neonationalismus und Protektionismus mit Sicherheit für erhöhte internationale Konfliktintensitäten auf mittlere Sicht sorgt; also auch transatlantische Kooperation beschädigt.

Weitsichtige US-Politikerinnen und -Politiker im Kongress und entsprechende Präsidenten haben nach 1945 den Marshall-Hilfsplan für Europa auf den Weg gebracht, zudem für Westeuropa die handelsförderliche Europäische Zahlungsunion. Erst nachdem der intraeuropäische Handel Mitte der 1950er-Jahre wieder lief, kam es dann zu einem rasch deutlich verstärkten USA-EU-Handelsaustausch. Eine funktionierende EU (1957 noch Europäische Gemeinschaft mit Namen) war aus Sicht einer weitsichtigen US-Politikführung ein strategischer Gewinn, der eine Vorinvestition der USA verlangte, die sich längerfristig für beide Seiten lohnte. Donald Trump mit seinem Satz „America First" (US-Interessen zuerst) hätte sicher keinen Marshall-Plan und keine Europäische Zahlungsunion auf den Weg gebracht – kurzfristiger Egoismus wäre Trumps Devise wohl gewesen; und das zum Nachteil der USA. Wer wird von Donald Trump nachhaltig kluge Wirtschafts-, Handels- und Klimapolitik als US-Präsident seit 2017 erwarten wollen?

Wenn es nach Trump geht, so werden sich Deutschland und die EU künftig viel mehr als noch bei Präsident Obama um eigene Wirtschafts- und Sicherheitsinteressen kümmern müssen, da die USA künftig weniger die Rolle eines Weltpolizisten will – das ist aus Trumps Sicht zu teuer. Eine Interpretationsmöglichkeit ist, dass die vielen Interventionen der USA in arabischen Ländern kostspielig für den Staatshaushalt und unergiebig für die US-Außenpolitik sowie die regionale Stabilität waren. Dass die Welt ohne US-Weltpolizisten sicherer wäre, erscheint allerdings nicht als sehr wahrscheinlich.

Zudem will Trump mehr Handelszugeständnisse von den EU-Ländern haben und schließlich sollen alle Verbündetenländer mehr US-Flüssiggas und mehr US-Waffen kaufen. Dem Trump-Motto „USA zuerst" entspricht hier ein neuer Ansatz, auch verbündeten Ländern im Westen und in Asien mit Importzöllen zu drohen und das strukturelle US-Handelsbilanzdefizit mit politischen Interventionen mittelfristig anzugehen: faktisch auch mit veränderter Militär- und Außenpolitik. Das ist zwar kein adäquater Ansatz der Wirtschaftspolitik, aber für einige Jahre können sich die USA zunächst so wohl durchmogeln und auch ein positives Wachstum sicherstellen. Erst längerfristig wird man sehen, dass aufgeschobene Problemlösungen bedeuten, dass die Kosten einer späteren Problemlösung unnötig hoch werden. Ob Trump dann noch im Amt sein wird, werden die Wahlen Ende 2020 in den USA zeigen. Seine Wiederwahlchancen schienen zu Jahresbeginn 2020 relativ gut zu sein.

Die USA sehen sich unter Trump offiziell weiterhin als Land mit hohem Pro-Kopf-Einkommen und Konsumniveau, das deutlich über den Werten west- und nordeuropäischer Länder liegt. Das ist allerdings ein Trump'scher Selbstbetrug, für den Präsident Trump auch noch Expertenhilfe ersucht hat, wie man zeigen kann. Die Wirtschaftsexperten von Präsident Trump legten zum Vergleich USA und skandinavische Länder 2018 einen Bericht zum Vergleich der kaufkraftbereinigten Pro-Kopf-Einkommen vor, der den US-Vorsprung bekräftigt: Der Bericht des Council of Economic Advisers sollte wohl für die Zwischenwahlen beim Kongress Stimmung gegen die Demokraten machen, da im Bericht die sozialistischen Problemländer Kuba plus Venezuela kritisch dargestellt werden und die europäischen Wohlfahrtsstaaten in Skandinavien offenbar auch als US-ferne quasisozialistische Wirtschaftssysteme mit Einkommensrückstand gegenüber den Vereinigten Staaten präsentiert werden. Der Berichtsteil zum Lebensstandard in Skandinavien ist bemerkenswert, aber vor allem ist er methodisch falsch. Dass man aus Washington DC, aus den Amtsstuben des US-Präsidenten grob fehlerhafte Wirtschaftsanalysen vorgelegt bekommt, ist aus Sicht europäischer und asiatischer Länder ein eher seltenes Problem – es zeigt einen Qualitätsverlust der US-Wirtschaftspolitik, der eine Ausnahme einerseits und eine Schwächung der USA andererseits ist.

Was in Deutschland und Frankreich sowie den USA nicht bekannt ist, wird in diesem Buch erstmals aufgezeigt: Nimmt man langfristig gleich hohe reale Wachstumsraten der Nationaleinkommen auf beiden Seiten des Atlantiks an (eine recht plausible Annahme) und korrigiert man den Konsum um Gesundheitsausgabenverzerrungen und beachtet man den Freizeitvorteil der Nordeuropäer, so ist das Lebens-Pro-Kopf-Konsumniveau Norwegens höher und das Niveau der skandinavischen Länder ähnlich hoch wie in den Vereinigten Staaten. Betrachtet man das effektive Lebenszeiteinkommen, so sind die Werte für Deutschland und Frankreich gleich hoch wie in den USA. Die Soziale Marktwirtschaft in Deutschland ist ökonomisch so erfolgreich wie das System der USA, obendrein ist in Deutschland die Säuglingssterblichkeit geringer als in den Vereinigten Staaten. Es wäre aus deutscher und französischer Sicht daher sehr angebracht, das Wirtschaftssystem Soziale Marktwirtschaft als Erfolgsmodell zu betonen und international zu exportieren. Ein Teil der Parteien in Deutschland nimmt hingegen häufig eine Jammerperspektive ein, für die es statistisch keine Basis gibt; angeblich nehme die Ungleichheit in

Deutschland immer weiter zu und immer mehr Umverteilung durch den Staat sei nötig. In Sachen wachsende Altersarmut, die stark an der steigenden Lebenserwartung hängt, heißt eine sinnvolle Politikantwort aus ökonomischer Sicht in einer alternden Gesellschaft vor allem: späterer Rentenbeginn, Teilzeitarbeit als Option in der Rentenzeit. Wenn mancher Kolumnist gern betont, dass eine Mehrheit der Befragten sagt, dass das Risiko eines ökonomischen Abstiegs in Deutschland gegenüber früheren Generationen zugenommen hat, so kann man kritisch anmerken: Es fehlt die Frage, ob die Aufstiegschancen eines Arbeiterkindes heute als höher eingeschätzt werden als in früheren Generationen – und auch hier gibt es eine klare Mehrheit. Beide Fragen und Antworten gehören zusammen – was als Gesamtbild ergibt: Deutschland im frühen 21. Jahrhundert ist eine offene Gesellschaft. Tatsächlich gilt das für Deutschland und die skandinavischen Länder mehr als für UK und die USA, wo eben jüngere Generationen nicht mehr ohne Weiteres an große Aufstiegsmöglichkeiten glauben.

Zu den interessanten Befunden eines transatlantischen Lebensstandardvergleichs im Buch gehört, dass mit Gesundheitsausgaben von etwa 12 % des Bruttoinlandsprodukts in Westeuropa Krankenversicherung für alle und damit hohe Lebenserwartungen möglich sind. Hingegen werden in den USA 18 % für Gesundheit ausgegeben – dabei ist rund ein Zehntel der Bevölkerung ohne Krankenversicherung, trotz der Obama-Reformen zum Ausbau dieser Versicherung. Präsident Trump hat versucht, die Krankenversicherung zurückzubauen, was eine Erhöhung ökonomischer Existenzrisiken für Millionen US-Bürger und -Bürgerinnen bedeutet. Das größte Risiko für eine US-Mittelstandsfamilie in Armut zu stürzen ergibt sich, wenn ein Familienmitglied unter 65 Jahren ernsthaft erkrankt ist. Die Lebenserwartung weißer US-amerikanischer Industriearbeitnehmer sinkt, was für westliche Industrieländer einer Ausnahme ist. Natürlich können EU-Länder in der Innovationspolitik und einigen anderen Bereichen von den USA lernen, aber diese wiederum könnte im Bereich der Gesundheitspolitik von Westeuropa lernen.

Ob die Vereinigten Staaten in der Lage sind, langfristige Reformen im Gesundheitssystem umzusetzen? Ob umgekehrt die EU und die Eurozone in der Lage sind, mit dem Corona-Doppelschock vernünftig fertig zu werden: mit durchdachten neuen Ansätzen zum Politikmix bei der Geld- und Fiskalpolitik, die unvermeidbar auch das ideologisch gerade in Deutschland aufgeladene Thema Eurobonds auf die Agenda bringt. Mit dem BREXIT ist die EU bzw. der Westen schon geschwächt; mit dem US-Populismus und Teilen der Trump-Politik gilt das für den Westen obendrein – bei einer zerfallenden EU wäre der Westen in seiner traditionellen globalen Führungsposition rasch an einem dunklen Ende. Dabei hat die EU nun binnen 12 Jahren drei Schocks zu verkraften: Die in den USA und Großbritannien durch Fehlregulierung der Finanzmärkte verursachte Transatlantische Bankenkrise, die Eurokrise 2010–2015 (im engeren Sinn: 2010–2012) und nun die Corona-Krise 2020, bei der im Gesundheitssystem Deutschland und einige andere EU-Länder besser als die USA dastehen, aber in Sachen Rezessionsüberwindung könnte die Eurozone gerade wegen der Blockadepolitik Deutschlands hinter die Vereinigten Staaten zurückfallen. Dass Präsident Trump die EU-Integration als erster US-Präsident nach dem Zweiten Weltkrieg nicht mehr unterstützt, ist ein wichtiger Aspekt, wichtiger aber noch ist, was die EU-Länder selbst zuwege bringen – oder eben auch nicht. Die Merkel-Regierung führt seit der Flüchtlingswelle 2015 und der teilweise sonderbaren Politik eine politisch tendenziell instabile Herrschaft, die in der Corona-Krise sich mit Pluspunkten bei Meinungsumfragen zu befestigen scheint; aber zu den historischen EU-Herausforderungen, der Notwendigkeit einer Eurozonenvertiefung gibt es keine Ansätze.

Beide, sowohl die USA als auch die westlichen EU-Länder, könnten von der Gesundheitsversicherung in Singapur einiges lernen – dort beträgt die Lebenserwartung 82 Jahre und die Gesundheitsausgabenquote liegt unter 10 %. Nicht nur im Gesundheitssystem ist eine Triadeanalyse EU-USA-Asien sinnvoll, wie sich zeigen wird; und es ist bemerkenswert, dass innerhalb Asiens schon so viele erfolgreiche Wirtschaftsmodelle auf marktwirtschaftlicher Basis bestehen, dass der Westen in einigen Feldern mit etwas gutem Willen – und weniger Arroganz als bisher – von bestimmten Ländern in Asien wirtschaftspolitisch lernen könnte. Ob und inwieweit wiederum Asiens Länder und die USA von der EU bzw. den kontinentaleuropäischen Ländern (etwa im Bereich der Klimapolitik) lernen kann und will, wird zu prüfen sein.

Die EU und die Eurozone haben ein großes ökonomisch-politisches Potenzial, das weiter zu entwickeln höchste Zeit ist: im Zeitalter des US-Populismus. Es ist klar, dass die Trump-Administration unter anderem mit ihrer aggressiven Handelspolitik Instabilitäten in vielen Regionen der Welt verursacht. In der neuen Weltwirtschaft mit ihren Verflechtungen USA-China-EU werden auf den ersten Blick bilaterale Konflikte – etwa USA-China – immer auch Europa negativ betreffen. Noch sind sowohl die EU als auch China interessiert, die Rolle internationaler Organisationen im globalen Wirtschaftsleben zu stärken – die USA unter Präsident Trump offenbar eher nicht. Die internationalen Wirtschaftsbeziehungen ohne internationale Organisationen in der Zwischenkriegszeit 1918–1938 haben Regelungslücken gelassen und zahlreiche gefährliche internationale Konfliktlinien zugelassen sowie nützliche Kooperationsoptionen beiseite fallen lassen. Eine Rückkehr in eine Art

Zwischenkriegszeit des 19. Jahrhunderts oder einen globalen Wettlauf von Großmächten wird man sicher nicht als im Interesse westeuropäischer Bürgerinnen und Bürger – ja der Menschen weltweit – einstufen können. Der US-Populismus ist allerdings in der Tat eine Kraft, die den Westen unterminiert und längerfristige destruktive internationale Impulse setzt. Wie man dem entgegenwirken könnte, zeigt die vorgelegte Studie. Sie ist zugleich eine Einladung an die Bürgerinnen und Bürger im Westen und auch in Asien, Lateinamerika und Afrika, über institutionelle Weichenstellungen für globale Stabilität und Prosperität neu nachzudenken und zu diskutieren. Es sei betont, dass eine Schwäche der EU gerade auch in Brüssel vorzufinden ist, nämlich ein Mangel an realistischer Politikeinschätzung einerseits und ein zu Wenig an selbstkritischer Reflexion andererseits. Trump und andere Mächtige könnten bei Fortdauer dieser strukturellen EU-Schwächen die Macht der EU schon bald massiv zurückdrängen – und der europäischen Sozialen Marktwirtschaft dann im Weiteren den Garaus machen wollen.

Aus dem Kampf der Systeme Kapitalismus gegen Kommunismus im Kalten Krieg ist im frühen 21. Jahrhundert ein Wettbewerb der Marktwirtschaftstypen in der Globalisierung geworden; dabei gibt es auch eine Systemkonkurrenz EU gegenüber USA und UK. Dass Länder in der Eurozone bzw. der EU neben Stärken auch gewichtige Schwächen haben, ist nicht zu übersehen; allerdings gilt für die Systemkonkurrenz wie für Wahlen – man kann auch gewinnen, wenn man nicht der Stärkere ist. China und viele Länder Asiens und Lateinamerikas sowie Afrikas schauen auf die Entwicklung der Wirtschafts- und Politiksysteme in der EU und den USA; dass die EU-Institutionen, von Rat über Parlament bis zur Kommission hier große Verantwortung tragen, versteht sich. Immerhin hat die EU im Bereich der Klimapolitik mit dem CO_2-Zertifikatehandelssystem einen Vorsprung vor den USA erarbeitet, der beim globalisierten Systemwettbewerb hilfreich sein kann. Dass China 2020 ein nationales CO_2-Zertifikatehandelssystem eingeführt hat, ist ein Pluspunkt für die EU; dass Trump die Klimapolitikherausforderungen nicht ernst nimmt, erscheint vorläufig als ein Schwachpunkt der USA. Die Treiber des US-Populismus gilt es dabei zu verstehen, auch die möglicherweise wichtige Rolle des Internets. Schon die erste Trump-Administration war eine historische Zäsur. Die Hintergrunddynamik zu verstehen lernen, ist ein wichtiges Anliegen, ebenso die richtigen Schlüsse aus der Analyse zu ziehen.

Die Präsidentschaftswahlen in der führenden Volkswirtschaft des Westens, den Vereinigten Staaten, finden immer große Beachtung: Von internationalen Marktteilnehmern, den Regierungen der (insbesondere Partner-)Länder sowie den Bürgern auf der ganzen Welt – mit Präsident Donald Trump war die globale Aufmerksamkeit offensichtlich sehr hoch. Sein politischer Sieg im

Jahr 2016 kam überraschend und seine neue Wirtschaftspolitik, zu der auch die Schwächung der transatlantischen Zusammenarbeit und die Zollkonflikte USA-China und USA-EU gehören, markiert ein neues Kapitel in der modernen Wirtschaftsgeschichte.

Trumps überraschender Sieg muss erklärt werden, und es stellt sich auch die entscheidende Frage, ob Trumpismus (wie die aktuelle Phase des US-Populismus hier genannt wird) ein vorübergehendes Phänomen oder eine längerfristige Herausforderung ist. Diese Studie zeigt, dass es gute Gründe gibt, zu erwarten, dass der Populismus ein strukturelles Problem für die USA ist, das noch lange nach der Trump-Präsidentschaft anhalten kann, und deshalb sind US-Nationalismus und Protektionismus neue Problemgebiete für Europa, Asien und die anderen Regionen der Weltwirtschaft. Trumps Wirtschaftspolitik ist ein ziemlich neuer und teilweise widersprüchlicher Mix aus politischen Maßnahmen, einschließlich Einfuhrzöllen, der die Frage aufwirft, wie nachhaltig und erfolgreich sein Ansatz sein wird. Trumps politische Vision ist eine, die die Vereinigten Staaten zurück in die gute alte historische Zeit führen will, als die amerikanische Fertigungsindustrie noch der Motor des US-Wachstums war – Stahl und Kohle waren immer noch wichtige Wirtschaftszweige. Diese rückblickende Perspektive unterscheidet sich nicht wesentlich von der BREXIT-Mehrheit beim britischen EU-Referendum 2016: Eine eher vage Rhetorik konzentrierte sich darauf, die Kontrolle zurückzuerobern und gleichzeitig die reale Welt mit ihren neuen Herausforderungen zu ignorieren, die vom Klimawandel über den Aufstieg Chinas bis hin zur Dynamik der Globalisierung reichen. In Deutschland werden die Globalisierer wiederum auch von der populistischen rechtsgerichteten *Alternative für Deutschland* angegangen. Vielen Menschen ist unklar, wie stark der moderne Wohlstand auf internationalem Handel, einem internationalisierten Hochschulsystem, Investitionen von Multis im Ausland und einer stabilisierenden Rolle internationaler Organisationen beruht. Hierbei sind gegenseitige Abhängigkeiten entstanden und ein verminderter Einfluss des Nationalstaats, allerdings auch zeitweise steigende Einkommensunterschiede: nicht so sehr zwischen Ländern – die verringern sich seit der Öffnung Chinas zum Welthandel, sondern innerhalb fast jeden Landes.

Die historischen Ursprünge des Transformationsprozesses, auf den unter dem Stichwort Globalisierung Bezug genommen wird, liegen zum einen im Jahr 1860 mit der Unterzeichnung des Cobden-Chevalier-Handelsvertrags zwischen dem Vereinigten Königreich und Frankreich, einem Schritt in Richtung Freihandel, der andere Länder ermutigte, rasch zu folgen – mit positiven Realeinkommenseffekten für so viele – und zum anderen mit der ersten Gruppe von internationalen Organisationen, die im Zeitraum 1865–1899 gegründet wurden, von der Internationalen Telegrafenunion und der Weltpostunion bis zur Internationalen Telekommunikationsunion (um den modernen Namen zu verwenden) bis hin zum Internationalen Gerichtshof. Unter Präsident Trump hat die Trump-Administration 2018 mitgeteilt, dass die Vereinigten Staaten die Weltpostunion verlassen wollen. Der seltsame Grund für einen solchen Schritt ist China und Trump behauptet, dass die USA ungerecht behandelt werden; die USA argumentieren, dass China zu günstig behandelt wird, da es immer noch den Status eines Entwicklungslandes hat, das es sicherlich nicht mehr ist. Warum aber nicht versuchen, den Konflikt im Rahmen dieser Organisation zu lösen? Müssen die Beschwerden der USA wirklich dazu führen, dass eine so langjährige internationale Organisation verlassen wird? Die Transpazifik-Partnerschaft (TPP) von 2015 war bereit, für zwölf Länder in Kraft zu treten. Aber die USA unter der Trump-Administration sagten in einem ziemlich späten Stadium nein und so haben nur elf Länder TPP gestartet. Viele tausend Wissenschaftler von amerikanischen, europäischen, asiatischen, australischen und anderen Universitäten haben sorgfältig Beweise für die globale Erwärmung gesammelt, so sicher wie die Gletscher in der Schweiz seit mehr als einem Jahrhundert schmelzen, wie alte und neue Postkarten zeigen. Die Klimapolitik von Präsident Trump argumentiert jedoch, dass führende Politiker und Regierungen der Welt solche wissenschaftlichen Analysen ignorieren können. Die Päpste, die Kopernikus und Galileo Galilei ignorierten, hatten eine ähnliche (letztlich falsch platzierte) Wahrnehmung, wie fast jeder heute versteht, dass die Erde nicht das Zentrum ist, um das die Sonne kreist, sondern der Planet Erde tatsächlich um die Sonne kreist; und dass die Erde nicht flach ist (es ist jedoch erwähnenswert, dass die Flat Earth Society etwa 34.000 Anhänger auf Facebook hat).

Trumps Administration ignoriert die moderne Wirtschaft und sicherlich den internationalen Konsens in der Klimapolitik weitgehend: Eine angemessene Politik erfordert eine globale Zusammenarbeit zwischen großen und kleinen Ländern, und das ist nicht das, was der Präsident einer Supermacht hören möchte; es ist sicherlich nicht der Ansatz, den Präsident Trump mit seiner bekannten America-First-Politik und seiner Betonung des Bilateralismus – seiner Abneigung gegenüber internationalen Organisationen – verfolgen will.

Diese Studie argumentiert, dass sich die USA in der Tat in einer strukturell populistischen Phase befinden, die in erster Linie auf eine enorme Zunahme der wirtschaftlichen Ungleichheit über Jahrzehnte und – das ist überraschend – eine relative Wählermehrheit zurückzuführen ist, die der Ansicht ist, dass die ungerecht hohe Ungleichheit in den USA von großen Unternehmen korrigiert werden sollte, was wenig mehr als Wunschdenken ist. Obwohl die

Umfragen nach den Halbzeitwahlen 2018 darauf hindeuteten, dass Krankenversicherung und Einwanderung die beiden wichtigsten Themen für die US-Wähler waren, war dies ein irreführendes Bild. Die breite Besorgnis über die hohe Ungleichheit in den USA hat sich zwar nicht als aktuelles politisches Thema erwiesen. Aber der Hauptgrund dafür ist nicht, dass es in großen Gesellschaftsschichten keine breite Besorgnis darüber gibt. Das Paradoxon besteht einfach darin, dass die US-Wähler Ungleichheit, insbesondere Einkommensungleichheit, weitgehend nicht als Herausforderung für das politische System betrachten. Aus europäischer Sicht ist dies eine ungewöhnliche Position, da man meistens der Ansicht ist, dass ein hohes Maß an Ungleichheit von der Politik bzw. von wirtschaftspolitischen Interventionen korrigiert werden sollte: Eine Anpassung des wirtschaftlichen Rahmens – zum Beispiel die Schaffung strengerer Wettbewerbsregeln – oder ein politisches Eingreifen durch Steuerpolitik oder andere Maßnahmen würde von der Regierung in Betracht gezogen. Können die USA einige Elemente der europäischen Sozialen Marktwirtschaften aufgreifen? Wird die EU stark genug sein, dass die Ideen der EU27 die Länder in Asien, Nordamerika und anderswo inspirieren könnten? Womöglich ist das eine Debatte, die man erst nach dem Corona-Schock-Jahr 2020 in den USA breiter führen wird, nachdem zumindest im Vorwahlkampf der Demokratischen Partei im ersten Quartal 2020 auch sozialpolitische Fragen eine recht prominente Rolle spielten.

Die USA am Ende des zweiten Jahrzehnts des 21. Jahrhunderts sind von einer solchen europäischen Perspektive weit entfernt, und es ist schwer vorstellbar, dass die Marktkräfte zu einer Verringerung der wirtschaftlichen Ungleichheit in den USA führen würden. Vielmehr wird die wirtschaftliche Dynamik, wie die vorliegende Studie zeigt, in eine Richtung gehen, die die Ungleichheit in den USA noch weiter verstärken wird: Das Ergebnis wird eine breite Frustration der unteren Hälfte der Einkommensbezieher und damit einer knappen Mehrheit der Wähler sein, was wiederum Chancen für zukünftige populistische Präsidenten eröffnet, die große Versprechungen machen können und die ein Talent für mutige Ankündigungen haben, aber langfristig nicht viel leisten. Die politische Ökonomie der digitalen neuen Welt ist so gestaltet, dass großzügige Versprechungen in grober und einfacher Sprache und die Konzentration auf Headline-Grabbing-Projekte für politische Newcomer eher einfach ist. Denn die (Grenz-)Kosten für die Veröffentlichung neuer politischer Botschaften in der Internetwirtschaft sind extrem niedrig. Radikalere politische Schlagzeilen erzeugen höhere Rankings, mehr Aufmerksamkeit und ziehen damit mehr Anhänger in den digitalen sozialen Netzwerken an als eine nüchterne, solide wissenschaftliche Analyse. Das ist übrigens teilweise auch eine Erklärung für die seltsame BREXIT-Mehrheit im Vereinigten Königreich (über die ich im Buch An Accidental BREXIT (2017c), geschrieben habe). Was den politischen Ansatz der USA gegenüber der Globalisierung betrifft, so hat der Aufstieg Chinas vermutlich diese Chance weniger attraktiv gemacht, und diese neue Unklarheit könnte sich auf die internationale Wirtschaftspolitik für viele Jahre auswirken.

Was die Handelspolitik von Trump betrifft, so stellt das Buch neue Argumente vor, warum die Vorteile für die USA kurzfristig recht bescheiden sein werden, nämlich indem sowohl der Handel als auch die Aspekte der ausländischen Direktinvestitionen betrachtet werden. Ein modifizierter partieller Gleichgewichtsansatz wirft bereits Zweifel an der oft geäußerten Behauptung auf, dass die US-Importzölle auf chinesische Waren große Vorteile bringen, und ein verfeinertes neues Wachstumsmodell – dargestellt im Anhang 3 – deutet eindeutig darauf hin, dass die langfristigen Auswirkungen der US-Importzölle für die USA negativ sein werden. Dieser Anhang schlägt auch einige neue analytische Kapitalmarktperspektiven vor, die auf einem BREXIT-bezogenen Kapitalmarktforschungsprojekt basieren (das von der Deutschen Bundesbank gefördert wurde, wobei die Ergebnisse hauptsächlich in einer Sonderausgabe der Zeitschrift *International Economics and Economic Policy*, Februar 2019, veröffentlicht wurden), das mit seiner Event-Methodik leicht auf die Handelspolitik von Trump anwendbar ist.

Entgegen aller Erwartungen wurde Donald Trump, ein New Yorker Geschäftsmann aus dem nicht handelbaren Sektor, der Bauindustrie, 2016 Präsidentschaftskandidat der Republikanischen Partei, und 2018 war seine Ansicht über die mittelfristigen Wahlergebnisse, dass er der Partei zu einem großen politischen Sieg verholfen hatte; ein Argument, das nicht ganz überzeugend ist, wenn man bedenkt, dass die Demokratische Partei die Mehrheit im Repräsentantenhaus wiedererlangt hat, obwohl die Republikaner Anfang November 2018 ihre Mehrheit im Senat erneut verteidigten.

Die Trump-Administration will eine Art einseitige Führung, die zum Teil auf Amerikas wirtschaftlicher Führungsposition unter den OECD-Ländern basiert; die Fakten sind jedoch nicht sehr günstig für die USA. Ein wesentliches Ergebnis der hier vorgestellten Studie ist, dass sich der lebenslange Pro-Kopf-Verbrauch – ohne Gesundheitsausgaben – in den USA nicht wesentlich von dem in Frankreich oder Deutschland oder sogar im Vereinigten Königreich unterscheidet. Die seltsamen Ineffizienzen des US-Gesundheitssystems führen zu einem viel höheren Anteil des Nationaleinkommens für die Gesundheitsversorgung in den USA als in Westeuropa; und die Lebenserwartung ist in den USA deutlich niedriger als in Westeuropa, während die Kindersterblichkeit in den USA höher ist (wie sich zeigen wird). Wären die letzten

30 Jahre die Referenzlücke für die nächsten 30 Jahre, so beträgt der hypothetische Verlust für die USA in Bezug auf die Bevölkerung, der mit den niedrigeren deutsch-französischen Kindersterblichkeitszahlen erreicht worden wäre, 50 Millionen bis etwa 2048 für die USA. Dies sollte ein starker Anreiz für die US-Regierung und das politische System der USA sein, mehr von Europa zu lernen; aber der Geist der Trump-Administration ist nicht gerade ausgerichtet auf das Lernen. Die EU hat natürlich ihre eigenen Schwachstellen, darunter BREXIT.

Der Vergleich der USA und Europas ist immer interessant und ein sorgfältiger wirtschaftlicher Vergleich zeigt neue Erkenntnisse. Der Unterschied zwischen dem effektiven Pro-Kopf-Einkommen in der EU15 und den USA ist sehr gering, sodass die USA von Europa so viel lernen könnten wie die EU von den Vereinigten Staaten; beide könnten fast immer von der Schweiz – und vielen anderen Ländern auch – lernen. Die Herausforderung der digitalen Ungleichheit ist jedoch eine globale, und man könnte sicherlich versuchen, Lösungen für dieses Problem zu finden. Europa selbst ist teilweise instabil, wie radikale politische Proteste in Frankreich und anderen EU-Ländern vermuten lassen. Darüber hinaus ist Populismus auch in Teilen der EU sichtbar.

Europa – und vor allem die EU – wird sich durch die Politik von BREXIT und Trump in den USA verändern. Die gesamte Weltwirtschaft nach 2025 könnte grundlegend verändert werden: konfliktanfälliger, nationalistischer und mit ähnlichen Strukturen wie die Rivalitäten der Großmächte in den späten 1900er-Jahren.

Was meine eigenen persönlichen Forschungsaufenthalte in den USA betrifft, so gehen diese auf das Jahr 1990 zurück. 1990/1991 genoss ich einen Aufenthalt als McCloy Distinguished Research Fellow am Forschungsinstitut der AICGS/Johns Hopkins University – expansive Reagan-Jahre gehörten der Vergangenheit an, und Präsident George Bush Sr. versuchte, die amerikanische Führungsrolle im Westen zu stärken. Dabei unterstützte er Deutschland auf dem Weg zur Wiedervereinigung Deutschlands und beteiligte sich am Ersten Golfkrieg, in dem die US-Truppen vor Bagdad stehen blieben. Die Präsidenten Clinton, George Bush Jr. und Obama folgten – und Trump 2017.

In den USA und Westeuropa finden 2018 vor dem Hintergrund des Zusammenbruchs der New Yorker Investmentbank Lehman Brothers am 15. September 2008 viele Gespräche statt: Ein Jahrzehnt nach Ausbruch der Transatlantischen Bankenkrise; und das war drei Jahre nach der Flüchtlingswelle mit Bundeskanzlerin Merkel, eher unverständlich, so schlecht gemanagt und unmittelbar nach den Chemnitzer Vorfällen mit rechtsgerichteten, nationalistischen Demonstrationen – mit dem Regionalparteichef der AfD, Björn Höcke, der die Führung übernahm. In der New York Times am 11. September 2018 wurde die Frage nach der Fähigkeit, aus der Geschichte zu lernen, gestellt. Am selben Tag, dem Jahrestag der islamistischen Anschläge vom 11. September auf das World Trade Center, bin ich selbst mit einem Lufthansa-Jet in New York angekommen; schließlich landete die Maschine beim zweiten Versuch, nachdem der erste Versuch abgebrochen wurde; wir wurden von den Besatzungsmitgliedern darüber informiert, dass sich ein anderes Flugzeug auf der Startbahn befand, als unsere Maschine versuchte zu landen. Am nächsten Tag sollte ich Gast bei den Vereinten Nationen sein. Wieder einmal war ich in den Vereinigten Staaten, wo ich seit 1990 regelmäßig als Wissenschaftler bin – vor allem in Washington DC; und in einem Land, dessen freundliche und einladende Menschen in vielen Städten und Staaten ich schätzen gelernt habe. Die Amerikaner sind hilfreich, kinderfreundlich und größtenteils optimistisch und verkörpern die Geschichte der Vereinigten Staaten als großes, offenes und multikulturelles Land. Bei den jüngeren Generationen scheint es jedoch Zweifel zu geben, Zweifel an den Möglichkeiten. Auch Studiengebühren plus Lebenshaltungskosten in Campus-Nähe sind an den guten Universitäten teuer, während die Einstiegsgehälter oft zu niedrig sind; womöglich nur wenn man von einer wenig angesehenen Universität kommt.

Im Lauf der Jahre hatte ich das Vergnügen vieler Forschungsaufenthalte und hielt viele Präsentationen und Vorträge in den USA, am häufigsten in Washington DC, wo ich Anfang der 1990er-Jahre viel Zeit an der AICGS/Johns Hopkins University verbrachte. In den mehr als zwei Jahrzehnten, die seitdem vergangen sind, bin ich in engem Kontakt mit dieser Institution geblieben; auch zahlreiche Vorträge beim Internationalen Währungsfonds und bei der Weltbank werden gern in Erinnerung behalten. Meine Darlegung bei einem Hearing vor dem US-Senat im Jahr 1990 war ein erster Test für meine Fähigkeit als Wissenschaftler, meine Analysen mit führenden Entscheidern des politischen Systems der USA zu teilen; ich erhielt die Einladung kurz nach der Teilnahme am bekannten Freitags-Lunch in der Brookings Institution, wo ich die Gelegenheit hatte, Kollegen und Vertreter aus dem Bereich der US-Politik zu treffen. Das amerikanische politische System ist nicht immer leicht zu verstehen. Aber es hat sicherlich viele starke Elemente und Institutionen und hat so viele Länder inspiriert, die nach notwendigen Reformen suchen. Seit vielen Jahrzehnten, ja Jahrhunderten profitieren Europäer, die die USA besuchen, ebenso wie Amerikaner, die in Großbritannien oder Kontinentaleuropa arbeiten, stark von der neuen transatlantischen Perspektive.

Der transatlantische Dialog zwischen den USA und Europa sollte verstärkt werden, und eine trilaterale Partnerschaft mit asiatischen Ländern, einschließlich China, sollte sehr nützlich sein (persönlich, ich erinnere mich mit Dankbarkeit an eine Einladung des verstorbenen Helmut Schmidt – ehemaliger Bundeskanzler der Bundesrepublik Deutschland – vor vielen Jahren, an der Pariser Sitzung des InterAction Council teilzunehmen – einer Gruppe älterer Staatsmänner, die Schlüsselthemen auf informelle Weise diskutieren; das Thema des Workshops war die wirtschaftliche Globalisierung, ein Thema, das mich bis heute interessiert).

Ziel dieses Buchs ist es, den Lesern hoffentlich verständliche neue Einblicke in die US-Politik und die US-Wirtschaft unter Trump zu geben – und die sich verändernden zukünftigen US- und globalen Perspektiven. Darüber hinaus werden die wichtigsten Gründe für den Wahlerfolg von Trump dargelegt und die Auswirkungen der Handelspolitik von Trump auf die EU und die Weltwirtschaft insgesamt sowie die möglichen Reaktionen und deren Auswirkungen auf die USA und wichtige Handelspartner wie China, EU, Deutschland, Kanada, Mexiko und andere diskutiert. Der Titel *Trump global* wurde gewählt, weil die USA als Volkswirtschaft so groß sind, dass jede wichtige wirtschaftspolitische Entscheidung der Trump-Administration – sicherlich im Bereich Handel, ausländische Direktinvestitionen und internationale Organisationen – sehr viele Länder und sogar die ganze Welt betreffen wird. Man sollte auch nicht übersehen, dass der US-Populismus eine globale Reichweite hat, wenn es um die neuen Bemühungen geht, die Ideologie des Trumpismus nach Europa, Lateinamerika und in andere Regionen der Weltwirtschaft zu exportieren.

Die Liberalisierung von Gesellschaften und Volkswirtschaften, die Anwendung wissenschaftlicher Erkenntnisse und die internationale Zusammenarbeit – mit Ausnahme des Kalten Krieges und der Beziehungen zwischen den USA und der Sowjetunion – waren für viele Jahrzehnte nach dem Ende des Zweiten Weltkriegs drei Säulen des globalen Wohlstands. Mit Donald Trump könnte diese historische Periode des Fortschritts und des Wohlbefindens vorläufig am Ende sein, während der Präsident eine US-Version des Bonapartismus entwickelt und sich öffentlich darüber beschwert, dass er seine geplante Militärparade in Washington DC wegen hoher Kosten absagen muss. Er kann am 14. Juli wieder nach Paris reisen, um dort die Militärparade mit dem französischen Präsidenten Macron zu besuchen; man fragt sich, ob Trump sich der Bedeutung des Tages bewusst ist, eines Tages der Erinnerung an den Sturm auf die Bastille in Paris 1789, ein Ereignis, das die Französische Revolution ausgelöst hat. Ein schneller Überblick über die wirtschaftliche und politische Geschichte erlaubt sicherlich eine gewisse Relativierung des Trumpismus und der jüngsten Handelskonflikte, die der Kandidat der Republikanischen Partei für das Amt des Präsidenten, Donald Trump, verursacht hat – obwohl die Republikanische Partei seit langem für Freihandel und wirtschaftsfreundliche Einstellungen steht.

Dieses Buch bietet neue Erklärungen für den US-Populismus und legt nahe, dass es in den Vereinigten Staaten tatsächlich eine strukturelle Herausforderung gibt, die die USA, Europa und die Weltwirtschaft destabilisieren könnte. Die hierin vorgeschlagenen Reformansätze wären in den Vereinigten Staaten nicht einfach umzusetzen, aber es gibt erwägenswerte Ansatzpunkte, institutionelle Veränderungen einzuführen, die die USA institutionell ein wenig ähnlicher aussehen lassen wie Kanada, Frankreich, Deutschland, die Schweiz oder Österreich. In den USA für eine Reformorientierung an einigen europäischen Elementen des Sozialsystems einzutreten, ist sicherlich ungewöhnlich, es ist dies nicht der Bezug in traditionellen Diskussionen der USA. Klare Argumente können jedoch von jedem vernünftigen Leser bzw. Politiker verstanden werden. Es gibt keinen Grund für die westliche Welt, pessimistisch zu sein, aber die entgleiste Bahn von Trumpismus und BREXIT ist riskant und sollte korrigiert werden, wenn der Westen seine Position in Bezug auf die globale Führung in naher Zukunft behaupten will.

Die zunehmende Ungleichheit in den USA ist teilweise stärker als in Europa, weil die Vereinigten Staaten in der digitalen Wirtschaft weltweit führend sind. Die neue digitale Wirtschaft hat einige Bereiche, in denen Netzwerkeffekte und Größenvorteile sowie Produktdifferenzierung hohe Eintrittsbarrieren und damit hohe Gewinnraten mit sich bringen. Die Digitalisierung und der anhaltende Anstieg des chinesischen Anteils an der Weltwirtschaft – verbunden mit höheren globalen Exporten – sowie die zunehmende Rolle ausländischer Direktinvestitionen (bei niedrigen effektiven Steuersätzen) werden das Ungleichheitsproblem in der westlichen Welt und in den Schwellenländern verstärken. Solange eine relative Mehrheit der US-Wähler erwartet, dass große Unternehmen die Ungleichheit verringern, die das wirtschaftliche Äquivalent zu Science Fiction ist, steht das Problem der Korrektur des US-Wohlfahrtsstaates – d.h. mehr Umverteilung und ein viel effizienteres Gesundheitssystem – nicht einmal auf der politischen Agenda der Vereinigten Staaten. Solange dies der Fall ist, werden der US-Populismus und -Protektionismus recht mächtig sein und könnten Europa, Lateinamerika und Asien politisch infizieren – mit der Folge, dass die internationale Zusammenarbeit und der Multilateralismus stark geschwächt werden, was wiederum den nationalen, regionalen und globalen Wohlstand untergräbt. Diese Studie erklärt diese neuen Risiken und die internationale Dynamik auf eher nichttechnische Weise. Man darf nicht vergessen, dass dieses Szenario globaler Instabilität nicht so unwahrscheinlich ist; es sollte ausreichen, sich daran zu erinnern, dass die meisten Beobachter nicht mit der Pro-BREXIT-Mehrheit – einem weitgehend populistischen Projekt mit sehr hohen wirtschaftlichen Kosten – oder dem Sieg von Donald Trump bei den US-Präsidentschaftswahlen 2016 gerechnet haben.

Das Impeachment-Verfahren im Kongress, das die Demokraten im Herbst 2019 gestartet haben, ist im Februar 2020 durch mehrheitlichen Senatsbeschluss beendet worden. Man kann es merkwürdig finden, dass die Verteidiger von Präsident Trump angeführt haben, dass am Ende doch die Wählerinnen und Wähler in der Novemberwahl 2020 das Verhalten von Trump in der Ukraine-Affäre etc. selbst bewerten sollten: Der entscheidende Punkt ist doch wohl der, dass die Ukraine-Affäre gerade für diese Wahlen eine Pro-Trump-Verzerrung bringt; von daher ging es bei der Ukraine-Affäre auch nicht um einen üblichen diplomatischen Deal, sondern offenbar hat Präsident Trump ja die vom Kongress bewilligte US-Militärhilfe bewusst zurückgehalten, damit auf den ukrainischen Präsidenten Druck entsteht, dass dieser gegen den Sohn seines möglichen Rivalen im Präsidentschaftswahlkampf, Joe Biden, ermitteln solle – damit entstünde ja durch unnormale außenpolitische Manöver direkt eine Verzerrung der US-Wahlen. Eine Abstimmung der US-Wählerschaft über Trump in verzerrten Wahlen ist aber offensichtlich wenig sinnvoll bzw. sonderbar.

Im Übrigen ist festzustellen, dass die von der Trump-Administration gegenüber China festgelegten Importzölle höher sind, als die sogenannten Optimalzölle (s. Welfens 2020b); ein ähnlicher Politikfehler findet sich auch bei der UK-Regierung gegenüber EU-Importen.

In einer Perspektive der neuen internationalen politischen Ökonomie ist es ziemlich klar, dass der US-Populismus dazu neigen wird, nach Lateinamerika, Asien, Europa und anderswo exportiert zu werden. Ein weiterer globaler Aspekt des US-Trumpismus ist, dass der Handelskonflikt zwischen den USA und China die Stabilität und das Einkommenswachstum in zwei großen Volkswirtschaften untergräbt, was sowohl gegenseitige Auswirkungen als auch negative Auswirkungen auf den Verband südostasiatischer Nationen oder die ASEAN-Länder und die EU sowie andere regionale Integrationsgruppen mit sich bringt. Darüber hinaus ist es offensichtlich, dass die Untergrabung der Welthandelsorganisation und anderer globaler Institutionen durch Präsident Trump die Globalisierung und damit den weltweiten Handel und die Stabilität beeinträchtigen wird. Trumps neue populistische Wirtschaftspolitik wird erhebliche Auswirkungen auf die Weltwirtschaft und zwangsläufig negative Auswirkungen auf die USA haben. Es ist ganz offensichtlich, dass eine rein ökonomische Analyse des Trumpismus unzureichend ist, und man könnte sicherlich davon profitieren, wenn man auch die vielen Beiträge aus dem Bereich der Politikwissenschaft betrachtet – eine ziemlich begrenzte Anzahl von Studien wird in diesem Buch zitiert, da dies nicht das Fachgebiet des Autors ist. Was die politisch-ökonomische Dynamik in der westlichen Welt betrifft, so kann man argumentieren, dass das Standardargument von Olson, dass eine kleine Gruppe viel einfacher organisiert werden kann als eine große Gruppe – z. B. Verbraucher – im digitalen Zeitalter nicht mehr weitgehend überzeugt. Einige neue Aspekte werden berücksichtigt.

Dieses Buch enthält kritische Erkenntnisse, die während eines Treffens der UN-Expertengruppe für Ungleichheit im Jahr 2018 in New York gewonnen wurden, an dem ich teilgenommen habe und in dem ich von Arvid Lindh und Leslie McCall über die Umfrageergebnisse zur US-Gesellschaft erfahren habe. Intellektuell wäre es mir ohne jahrzehntelange internationale Forschung und meine langjährigen Kontakte zu vielen US-Institutionen und Kollegen in Nordamerika, Asien und Europa nicht möglich gewesen, diese Studie zu schreiben; nicht zu vergessen die Erkenntnisse, die ich aus vielen internationalen Wirtschaftsforschungsprojekten am Europäischen Institut für Internationale Wirtschaftsbeziehungen (EIIW) gewonnen habe.

Abgesehen vom aktualisierten Vorwort und einem zusätzlichen Einleitungskapitel mit einem Fokus auf das Amtshebungsverfahren, die Zwischenwahlen 2018 und die wahlpolitische sowie ökonomische Bedeutung der Corona-Krise im frühen Stadium der Pandemie ist dieses Buch eine Übersetzung meines 2019 bei Palgrave Macmillan erschienenen Buches *The Global Trump. Structural US Populism and Economic Conflicts with Europe and Asia* (Welfens 2019b).

Das Buch ist in vier Teile gegliedert: Zunächst geht es um Trumps Wahlsieg 2016 und die Erklärung des Trumpismus. In Teil II liegt der Fokus auf den Transatlantischen Wirtschaftsbeziehungen, in Teil III richtet sich die Analyse auf USA-Asien und globale Wirtschaftsperspektiven. In Teil IV werden Politikinnovationen und Systemreformen thematisiert. Es gibt eine Reihe neuer Einsichten in diesem Buch, das auch in Asien erscheinen wird.

Für den Inhalt des Buchs zeichne ich allein verantwortlich. Dankbar bin ich allerdings für viele US-Forschungsaufenthalte über Jahrzehnte, immer wieder auch am AICGS/The Johns Hopkins University. Meine zahlreichen Forschungskontakte zu einigen der führenden US-Universitäten haben sicher zu meinen Analysen und Einschätzungen beigetragen. Immer noch gilt, dass sicher gerade auch EU-Länder von den USA lernen können, aber es wäre in einigen Politikfeldern auch angebracht, dass sich die USA europäische Politikansätze und bestimmte Institutionen näher ansähen; und auch Institutionen und politische Lösungsansätze etwa in Singapur, wo ich zum Beispiel das

Gesundheitsversicherungssystem für lehrreich halte. Europa, Nordamerika und Asien können voneinander lernen, wenn man es denn in der Politik so will und wenn man offene Diskussionen führt.

Für den regen Austausch und die anregenden Diskussionen im Vorfeld dieses Buchprojekts sowie ihre Geduld möchte ich mich bei meiner Frau Jola Welfens herzlich bedanken. Ich bin auch dankbar für die Gespräche mit Kollegen und Experten auf meinem Gebiet. Mein Dank gilt insbesondere Leslie McCall vom Stone Center on Socio-Economic Inequality an der City University of New York sowie Jackson Janes, Direktor der AICGS/The Johns Hopkins University, Washington DC. Ich möchte auch den Kollegen für die Diskussionen anlässlich der Sitzung der Expertengruppe des Ministeriums für Wirtschaft und Soziales der Vereinten Nationen am 12. und 13. September 2018 im UN-Hauptquartier in New York meinen Dank aussprechen. Dankbar bin ich auch für die Gelegenheit, die englische Buchversion am 24. Februar 2020 in Washington DC (Georgetown University) und am 26. Februar an der Universität Berkeley vorgestellt haben zu können; für Kommentare in der Debatte bin ich sehr dankbar; zudem auch für viele Begegnungen gerade in der US-Hauptstadt, wobei mir Begegnungen beim Internationalen Währungsfonds, in der Weltbank, im Petersen Institut und an der AICGS/Johns Hopkins University aus vielen Jahren in guter und dankbarer Erinnerung geblieben sind.

Es ist nicht meine Absicht zu behaupten, dass die US-Wählerschaft nicht vor dem Hintergrund schlechter Erfahrungen mit dem Populismus eine Abwahl von Donald Trump vornehmen könnte – ein mögliches Missverständnis, auf das Barry Eichengreen mich kritisch aufmerksam machte. Vielmehr zeigen meine Analysen, dass die ökonomische Ungleichheitsdynamik und gewisse US-typische Politikreformbarrieren, etwa in Sachen Sozialstaat, ein baldiges neues politisches Hochkochen einer neuen Unzufriedenheit bei relativ armen Wählerschichten erwarten lässt. Natürlich ist meine Perspektive auf die Trump-Administration vor allem eine europäische, allerdings hoffentlich keine einseitige; und manchmal, so hoffe ich, erfolgt der Blick auf die Trump-Politik doch mit einer sinnvollen Analyseschärfe, die sich aus der räumlichen Distanz zum Untersuchungsobjekt ergibt. Die Verantwortung für diese Studie liegt ganz bei mir.

Dass im Buch (schon in der englischen Ausgabe) auch ein kritischer Vergleich der Gesundheitssysteme Deutschland/Frankreich und USA einbezogen worden ist, gibt dem Buch einen interessanten Fokus im Kontext der Corona-Epidemie und der internationalen Rezession 2020/2021. Meine Einschätzung, dass die US-Administration durch den Mangel an Experten in der Regierung – im Vergleich zur Obama-Administration fehlen fast 1000 Experten in allen Ministerien zusammen genommen – kaum in der Lage sein wird, eine koordinierte Bewältigung einer internationalen Wirtschaftskrise vernünftig vorzunehmen, scheint sich im Kontext der Coronavirus-Pandemie und der Corona-Wirtschaftskrise in 2020 deutlich sichtbar zu bestätigen (in der US-Ausgabe von 2019 kannte ich die Corona-Herausforderung ja nicht). Auch wenn man argumentieren könnte, dass der Corona-Schock in fast allen Ländern der Welt Richtung Rezession wirkt und ähnliche Politikmuster in Gang setzen wird, so heißt das noch lange nicht, dass abgestimmte Geld- und Fiskalpolitik von USA, EU, Japan und China die ökonomische Rechnung für die Überwindung der globalen Pandemiekrise nicht hätte deutlich verringern können.

Die EU steht durch den Aufstieg Trumps und des BREXIT vor einer historischen Doppelherausforderung, die zum Ende der EU beitragen könnte. Es ist nicht nur so, dass der britische Ausstieg aus der EU nach 47 Jahren eine ökonomische Schwächung der EU-Integration ist – vor allem via das Thema Immigration bzw. Arbeitnehmerfreizügigkeit im EU-Binnenmarkt seit 1993, zu dem britische Regierungen maßgeblich beigetragen haben. Die Tatsache, dass in Berlin, Brüssel und Paris die Überraschung über das verlorene Referendum so groß war, zeigt einfach einen Mangel an politischem Risikomanagement in der EU: Wenn man UK in einem BREXIT aus Versehen (so der Titel meines BREXIT-Buchs, der dabei allerdings auf die sonderbaren britischen Umstände der Cameron-Regierung beim BREXIT abhebt) verlieren konnte, dann kann der EU-Integrationsclub eigentlich jedes Land verlieren. Der BREXIT zeigt womöglich auch an, dass eine EU-Integration, die mit US-Unterstützung und in gemeinsamer westeuropäischer Furcht vor der Sowjetunion gestartet war, ohne diese externen EU-Integrationsimpulse zu wenig Bindungswirkung hat, um stabil zu sein; die Sowjetunion und der Warschauer Militärpakt zerfielen 1991 und die USA blieben als alleinige Supermacht. Aber mit dem Aufstieg Trumps und eines US-Populismus, der letztlich das Echo gerade des immer ungehemmter auftretenden Marktliberalismus – und der damit einhergehenden starken Erhöhungen der US-Einkommensungleichheit – darstellte, brach dann auch die US-Unterstützung weg. Die neue Situation ist für Deutschland bzw. die EU schwierig, da nun allein eigene Führungsqualitäten und eine angemessene EU-Reformagenda mit der Überschrift „Clubvorteile für alle" darüber entscheiden, ob die Europäische Integration und mit ihr auch der Multilateralismus (Interessenausgleich vieler Länder gleichzeitig via internationale Organisation) überlebt: „Deutschland – allein zu Haus" könnte man in Anspielung an den Film *Kevin – allein zu Haus* formulieren. Das EU-Problem sieht möglicherweise so aus, dass die US-Unterstützung nur von einer nichtpopulistischen USA zu erwarten ist; letztlich von einem reformierten US-Wirtschafts- und Sozialsystem. In der neuen globalen Systemkonkurrenz, in der auch China eine wesentliche Rolle spielt, müssten sich führende Soziale Marktwirtschaften der EU und die EU als Ganze um einen verstärkten transatlantischen Reformdialog bemühen. Für die EU wäre es von Vorteil, wenn sie die Soziale Marktwirtschaft als Konzeption exportieren könnte und wenn sie intern ihre Grundprinzipien einhielte. Da sind die populistischen Politikverschärfungen in Ungarn unter Orban in der Corona-Krise ein enormes Problem, da Regierungschef Orban mit der Einführung eines zeitlich unbegrenzten Ausnahmezustands im Frühjahr 2020 ein faschistisches Herrschaftsmodell zu Ungarns Politikmodell machen konnte – ohne klaren Widerspruch seitens der EU-Kommision. Wenn Ungarn mit diesem Herrschaftsmodell EU-Mitglied auf Dauer sein könnte, ist die EU-Integration politisch wertlos, denn von einer Wertegemeinschaft wird man dann nicht sprechen können; und der weitere Zerfall der EU ist dann auch mit Blick auf innere Widersprüche nur eine Frage der Zeit.

Wenn die EU aber kein Gegenmodell gegen Antimultilateralismus, autoritäres Regieren und Neonationalismus sein kann und will, dann ist der Westen womöglich in einigen Jahrzehnten enorm ökonomisch und politisch geschwächt. Statt eines Endes der Geschichte (so der bekannte Satz des US-Politologen Francis Fukuyama nach dem Sieg des Westens im Kalten Krieg gegen die sozialistischen Länder unter sowjetischer Führung), könnte ein Rückfall ins 19. Jahrhundert kommen: Ein neues Regime der Großmächte – in neuer Zusammensetzung – beginnt und deren Rivalitäten werden sich auf Kosten aller Integrationsräume wie EU, ASEAN, Mercosur vollziehen, die dann zerfallen. Soweit ist es noch nicht. Aber die USA, die ja selbst der NAFTA als Freihandelszone USA-Kanada-Mexiko angehören, haben ja unter Trump schon mit einer Art Teildemontage dieser NAFTA begonnen und die Welthandelsorganisation als Hüterin des Freihandels ist wegen Trumps Blockadepolitik seit Ende 2019 zur Hälfte gelähmt. Für Deutschland als langjährigem Exportweltmeister – und die Eurozone als Einheit mit Exportüberschüssen – zeichnet sich hier eine Bedrohung des Wohlstands auf ganz neue Weise ab. Sogar Italiens Stabilität wird indirekt durch Trump bedroht. Denn Italiens Leistungsbilanzüberschüsse – sie halten Italiens Auslandsschulden gering – werden durch US-Protektionismus bedroht. An einer Destabilisierung Italiens hat wiederum Deutschland zusammen mit anderen EU-Partnerländern sicherlich keinerlei Interesse.

Den Trump-Aufstieg und die Hintergrundsdynamik sowie die Politikansätze der Trump-Administration zu verstehen und bestimmten US-Fehlentwicklungen durch gutes Beispiel, Ideenexport und Dialog entgegenzutreten, ist für Deutschland und Europa lebenswichtig. Auch ist es wünschenswert, dass die EU mit neuer Perspektive und frischem Elan ihre Reformhausaufgaben macht. Dieses Buch präsentiert neue Einsichten und Vorschläge mit transatlantischer Perspektive in einer globalen Umbruchzeit.

Mehr gemeinsame, auch vergleichende internationale Forschung zu wichtigen Wirtschafts- und Wirtschaftspolitikfragen, ist wünschenswert. Auch wenn ich schon im US-Kongress, beim Internationalen Währungsfonds und beim Europäischen Parlament als Sachverständiger eingeladen war, so möchte ich doch anmerken, dass der Dialog Wissenschaft und Politik gerade im Bereich der Wirtschaftswissenschaften bisweilen schwierig ist. Für die Wirtschaftswissenschaft gilt wohl, dass jenseits exzellenter Forschung und Publikationen in Journalen ein besonderes Bemühen bestehen sollte, auch mit der breiteren Öffentlichkeit real und digital zu kommunizieren. Das Internet ist dabei ein sehr wichtiges, aber gerade für die Wissenschaft oft schwieriges Feld; meine eigenen bescheidenen Bemühungen sind auf der EIIW-Website sichtbar.

Ich danke meinem Team am EIIW, insbesondere Christina Wiens, Fabian Baier, David Hanrahan, Tian Xiong, Vladimir Udalov und Kennet Stave für ihre technische Hilfe, Forschungsunterstützung und textprüfende Zuarbeit. Dank ihrer Bemühungen kann dieses Buch fast gleichzeitig in Englisch, Deutsch und Chinesisch erscheinen. Ich hoffe, dass diese Analyse den Lesern helfen kann, die Bedrohung durch den Zerfall des Westens zu verstehen und gleichzeitig die Bereitschaft der Leser zu stärken, über die Idee einer globalen sozialen Marktwirtschaft und über neue Reformen in den USA und Europa nachzudenken. Mit der Coronavirus-Krise in Europa, den Vereinigten Staaten und Asien ist dabei eine neue Herausforderung entstanden, die als historischer Stresstest für die Gesundheits- und Wirtschaftssysteme wirkt. Zu Selbstzufriedenheit besteht dabei in Deutschland und der EU wenig Anlass, aber immerhin kann man einige Facetten des Gesundheits- und Sozialsystems vieler EU-Länder wohl als starke Pfeiler der europäischen Sozialen Marktwirtschaft ansehen. Dass man sich allerdings auch mehr Gründer-, Multinationalisierungs-, Innovations- und Wachstumsdynamik in Teilen der EU, etwa in Italien, wünschen kann, ist offensichtlich; und hier kann die EU von den USA lernen. Aber wie Europa von den USA in relevanten Bereichen und die Vereinigten Staaten von Europa sinnvoll lernen kann, gilt es bisweilen erst noch auszutesten.

Wuppertal, 27. April 2020

Prof. Dr. Paul JJ Welfens, Präsident des Europäischen Instituts für Internationale Wirtschaftsbeziehungen (EIIW) an der Bergischen Universität Wuppertal, Lehrstuhl für Makroökonomie und Jean-Monnet-Lehrstuhl für Europäische Wirtschaftsintegration; IZA Research Fellow, Bonn und Non-Resident Senior Research Scholar an der AICGS/Johns Hopkins University, Washington DC; Alfred Grosser Professur 2007/08 Sciences Po, Paris.

Literatur

Lindh, A., & McCall, L. (2018). Reconsidering the popular policy of redistribution: Preferences for reducing economic inequality in the US. Demnächst, Papier, das auf dem Treffen der Expertengruppe „New research on inequality and its impacts" am UN-Hauptsitz in New York (12.–13. September) vorgestellt wurde.

Welfens, P. J. J. (2017a). *BREXIT aus Versehen: Europäische Union zwischen Desintegration und neuer EU*. Wiesbaden: Springer.

Welfens, P. J. J. (2017c). *An accidental BREXIT. New EU and Transatlantic economic perspectives*. London: Palgrave Macmillan.

Welfens, P. J. J. (2018b). *BREXIT aus Versehen: Europäische Union zwischen Desintegration und neuer EU*, (2. Aufl.). Wiesbaden: Springer.

Welfens, P. J. J. (2019b). *The global Trump: structural US populism and economic conflicts with Europe and Asia*. Cham: Palgrave Macmillan/Springer.

Welfens, P. J. J. (2020a). Macroeconomic and health care aspects of the coronavirus epidemic: EU, US and global perspectives. *International Economics and Economic Policy, 17*(2), 295. https://doi.org/10.1007/s10368-020-00465-3.

Welfens, P. J. J. (2020b). The optimum import tariff in the presence of outward foreign direct investment. EIIW Diskussionsbeitrag 269. https://uni-w.de/e5uwe.

Welfens, P. J. J. (2020c). Corona world recession and health system crisis: Shocks not understood so far. EIIW Diskussionsbeitrag 273. https://uni-w.de/2tzbc.

Welfens, P. J. J. (2020d). *Corona-Weltwirtschaftskrise*. Im Druck.

Inhaltsverzeichnis

Teil I Der Hintergrund von Trumpismus und wirtschaftliche Erklärungen

1 Einführung 3

2 Impeachment-Verfahren, Druck auf die US-Wirtschaft und die US-Wirtschaftspolitik und die US-Wirtschaftspolitik beim Corona-Shock 21

3 Ungleichheit, Ergebnisse einer US-Umfrage und Wirtschaftsanalyse: Das Argument für strukturellen Trumpismus 67

4 Protektionistische US-Politik und expansive Fiskalpolitik: Anhaltende Widersprüche 149

5 Trumps Politikansatz und EU-Perspektiven 185

Teil II Transatlantische Wirtschaftsbeziehungen

6 Handel, Beschäftigung und transatlantische Politikaspekte ... 223

7 EU-Reformprobleme und das Aufkommen des Populismus in Europa … 249

Teil III US-asiatische und globale wirtschaftliche Perspektiven

8 Perspektiven für die USA, Asien und die EU … 281

9 China: Risiken und Herausforderungen … 303

Teil IV Politische Innovationen und systemische Reformen

10 Schlussfolgerungen für internationale Organisationen … 315

11 Schlussfolgerungen zur internationalen Politik … 323

12 Kanada, die Vereinigten Staaten und die Eurozone: Auswirkungen auf die US-Reformen … 343

Anhang … 379

Abbildungsverzeichnis

Abb. 2.1 US-Realzinssatz, 1970–2019 (Vierteljahreswerte: Nominalzins minus Inflationsrate; letztere auf Basis Bruttoinlandsproduktdeflator; FRED, Federal Reserve Bank of St. Louis; EIIW-Berechnungen)   37

Abb. 3.1 Obere 1 % vs. untere 50 %: Anteil am Nationaleinkommen der Vereinigten Staaten, 1980–2016. Der Anteil des Nationaleinkommens bezieht sich auf das Einkommen vor Steuern. (Eigene Darstellung auf der Grundlage von Daten aus der World Inequality Database, https://wid.world. Zugegriffen am 12.02.2020)   85

Abb. 3.2 Obere 1 % vs. untere 50 %: Anteil am Nationaleinkommen Westeuropas, 1980–2016. Der Anteil des Nationaleinkommens bezieht sich auf das Einkommen vor Steuern. Westeuropa ist die gemeinsame Verteilung von Deutschland, Frankreich, Großbritannien und dem Rest Europas. Der Rest Europas ist eine normalisierte Verteilung von Deutschland, Frankreich und Großbritannien. (Eigene Darstellung auf der Grundlage von Daten aus der World Inequality Database, https://wid.world. Zugegriffen am 13.02.2020)   85

Abb. 3.3 Strukturelles Populismusproblem in den USA (Eigene Darstellung)   89

Abb. 3.4 Reale mittlere Einkommensentwicklung in den USA, 1984–2017 (Eigene Darstellung auf der Grundlage von Daten der Federal Reserve Economic Data, Federal Reserve Bank of St. Louis)   96

Abb. 3.5 Reales US-Median-Haushaltseinkommen vs. Relation des realen US-BIP zur Gesamtzahl der Haushalte, 1985–2017; Jahreszahlen basierend auf verketteten 2012 US$. Index 1984 = 100 (Eigene Darstellung auf der Grundlage von Daten der Federal Reserve Economic Data, Federal Reserve Bank of St. Louis)   97

Abb. 3.6 Einkommensmobilität über Generationen hinweg tendenziell höher ist, wenn die Einkommensungleichheit geringer ist. 100

Abb. 3.7 Entwicklung der Säuglingssterblichkeit in den Vereinigten Staaten, Deutschland und Frankreich (1960–2016). (Eigene Darstellung der bei der Weltbank verfügbaren Daten, World Development Indicators) 105

Abb. 3.8 Krankenversicherungsbeitraginzidenz mit (a) inelastischer Arbeitsangebotskurve (L^s_0) vs. (b) elastischer Arbeitsangebotskurve (L^s_1). Die Nachfragekurve der Unternehmen ist Ld; L ist Beschäftigung. (Eigene Darstellung) 106

Abb. 3.9 Gesundheitsausgaben in Prozent des Bruttoinlandsprodukts/Lebenserwartung, 2016 (EIIW-Berechnungen unter Verwendung von Daten über Gesundheitsausgaben in Prozent des BIP und der Lebenserwartung der OECD) 110

Abb. 3.10 Lebenserwartung in den USA, Deutschland und Frankreich, 1960–2016 (Eigene Darstellung der bei der Weltbank verfügbaren Daten, World Development Indicators) 111

Abb. 3.11 Aufschlüsselung der nationalen Volksabstimmungen in der Schweiz 2001–2017 nach Themenbereichen (Eigene Darstellung der Daten des Bundesamtes für Statistik 2018) 122

Abb. 3.12 Jährliche Wachstumsrate der realen Produktion, 1980–2017: USA, Großbritannien, Deutschland, Frankreich und Italien (Eigene Berechnungen auf der Grundlage von Daten der OECD) 124

Abb. 3.13 Realer Zinssatz (langfristiger Zinssatz abzüglich der Wachstumsrate des Bruttoinlandsproduktdeflators), 1980–2017: USA, Großbritannien, Deutschland, Frankreich und Italien (Eigene Berechnungen auf der Grundlage von Daten der OECD) 124

Abb. 3.14 Reale Bruttoinlandsproduktwachstumsrate abzüglich realer Zinssätze, 2010–2017 (Eigene Berechnungen auf der Grundlage von Daten der OECD) 125

Abb. 3.15 Wahre Öffnung und Transfers* der FDI, ausgewählte Länder, 2013. Transfers beziehen sich auf Sozialleistungen in bar an Haushalte gezahlt (EIIW-Berechnungen) 131

Abb. 3.16 Handel Wahre Offenheit und Transfers, Ausgewählte Länder, 2013. Transfers beziehen sich auf Sozialleistungen in bar an Haushalte gezahlt (EIIW-Berechnungen) 132

Abb. 3.17 US-Arbeitslosenquoten, im Alter von 15 bis 64 Jahren, alle Daten vierteljährlich und saisonbereinigt, mit Ausnahme der Daten für Asien, die nicht saisonbereinigt sind (Gesamt, hispanoamerikanisch/lateinamerikanisch, schwarz/afroamerikanisch), 1970–2018 (Eigene Darstellung auf der Grundlage von Daten des FRED [Federal Reserve Economic Data], St. Louis Federal Reserve) 135

Abb. 4.1 Vereinigte Staaten, gesamtstaatliches Defizit-Bruttoinlandsprodukt-Verhältnis, 1970–2019; Prognosezahlen der OECD (2018a) für 2018 und 2019 (Eigene Darstellung der verfügbaren Daten aus OECD-Daten, General Government Deficit, 1970–2017 [Hinweis: Prognosezahlen der OECD (2018a) für 2018 und 2019].) 160

Abb. 4.2 Beitrag der Fiskalpolitik zum realen Bruttoinlandsproduktwachstum, USA (2000–2018) (Eigene Darstellung auf der Grundlage von Daten, die von Brookings Institution zur Verfügung stehen [Hutchins Center Fiscal Impact Measure]) 161

Abb. 4.3 Komponenten des fiskalpolitischen Beitrags zum realen Bruttoinlandsproduktwachstum (Eigene Darstellung auf der Grundlage von Daten, die von Brookings Institution zur Verfügung stehen [Hutchins Center Fiscal Impact Measure]) 161

Abb. 4.4 Voraussichtliche Höhe der US-Verschuldung im Verhältnis zum Bruttoinlandsprodukt (BIP) der USA. Das Basisszenario ist die Prognose des Congressional Budget Office (CBO) vom April 2018, die über das Jahr 2027 hinaus mit den Annahmen aus den Langfristprognosen 2017 ergänzt wird. Das permanente Reformszenario reduziert den Steueranteil um 0,8 % des BIP im Vergleich zum Ausgangswert. Das Szenario erhöht die Ausgabenobergrenzen für 2018 und 2019 um rund 150 Mrd. US$ pro Jahr. Es wird davon ausgegangen, dass diese Reformen das reale BIP-Wachstum in den Jahren 2018 und 2019 auf jeweils 3 % erhöhen werden. Der anschließende Weg führt über die Berechnungen von Barro und Furman (2018), wonach die Steuerreformen das jährliche Wachstum gegenüber dem Rest des Szenarios im Hinblick auf die CBO-BIP-Prognose um 0,12 Prozentpunkte erhöhen werden. Das Szenario eines höheren Produktionswachstums und eines langsameren Ausgabenwachstums baut auf dem vorherigen Szenario auf, indem es die durchschnittliche Wachstumsrate gegenüber dem Szenario auf 3,4 % anhebt und den Anstieg der zinslosen Ausgaben auf 1,6 % des BIP gegenüber der Simulation begrenzt (OECD-Simulationen; Eigene Darstellung der bei der OECD verfügbaren Daten, OECD 2018a, Abb. 1.8, S. 23) 171

Abb. 4.5 Trump Beschwerdebox. Zahlen für 2017, mit Ausnahme der Salden aus Waren und Dienstleistungen aus dem Jahr 2016 (Eigene Darstellung unter Verwendung von Daten des Bureau of Economic Analysis, Preliminary Estimates of US International Transactions, März 2018 (BEA 2018)) 172

Abb. 6.1 Saldo der US-Leistungsbilanz nach Handelspartner (in Milliarden US$; EIIW-Berechnungen unter Verwendung von Daten des US Bureau of Economic Analysis) ... 224

Abb. 6.2 Anteil der Erwachsenen im erwerbsfähigen Alter mit geringen Grundfertigkeiten in den USA und anderen ausgewählten OECD-Ländern. Das erwerbsfähige Alter der Erwachsenen bezieht sich auf alle Erwachsenen im Alter von 16 bis 65 Jahren. Die Daten stammen aus dem Jahr 2012. Geringqualifizierte Personen sind definiert als Personen, die durch die Erhebung der Fähigkeiten von Erwachsenen des OECD-Programms zur internationalen Bewertung von Kompetenzen von Erwachsenen (PIAAC) unter der Stufe 2 in Lesen und Schreiben oder Rechnen liegen. Geringqualifizierte Erwachsene kämpfen mit grundlegenden quantitativen Überlegungen oder haben Schwierigkeiten mit einfachen schriftlichen Informationen. Die Daten für Belgien beziehen sich auf Flandern. Die Daten für das Vereinigte Königreich werden als der bevölkerungsgewichtete Durchschnitt von England und Nordirland berechnet. Das OECD-Aggregat wird als ungewichteter Durchschnitt von 22 OECD-Ländern berechnet (wobei die Daten für England und Nordirland nach Bevölkerungsgewichten zusammengefasst sind), die an der ersten Runde der Erhebung über die Fähigkeiten von Erwachsenen teilgenommen haben (Eigene Darstellung der in der OECD verfügbaren Daten 2017b, Abb. 38, S. 51) ... 226

Abb. 6.3 Beschäftigungsquoten im Spitzenalter in ausgewählten OECD-Ländern. Erwachsene im Spitzenalter sind Personen im Alter von 25 bis 54 Jahren. Die Beschäftigungsquote für eine bestimmte Altersgruppe wird gemessen als die Zahl der Erwerbstätigen eines bestimmten Alters im Verhältnis zur Bevölkerung im erwerbsfähigen Alter in dieser Altersgruppe. OECD bezieht sich auf einen einfachen Durchschnitt (Eigene Darstellung der bei der OECD verfügbaren Daten 2018a, Abb. 1.21, S. 48) ... 227

Abb. 6.4 Mittleres Haushaltseinkommen und Armutsquote der USA (Eigene Darstellung der bei der OECD verfügbaren Daten 2018a, Abb. 1.24A, S. 51) ... 229

Abb. 6.5 Mittleres verfügbares Einkommen in den USA und anderen ausgewählten OECD-Ländern. Die Daten beziehen sich auf das Jahr 2016 oder sind die letzten verfügbaren Daten (Eigene Darstellung der bei der OECD verfügbaren Daten 2018a, Abb. 1.24B, S. 51) ... 229

Abb. 6.6 Verfügbares reales Haushaltseinkommen pro Kopf in ausgewählten Ländern: USA, Großbritannien, Deutschland, Frankreich, Italien. Index 1995 = 1; Nominalwerte deflationiert mit

	dem Verbraucherpreisindex (EIIW-Berechnungen auf der Grundlage von Daten der OECD, Indikator für das verfügbare Einkommen der Haushalte)	244
Abb. 8.1	Szenario für das asiatische Jahrhundert, Bruttoinlandsprodukt in Asien 2050, 148 Bio. US$ (Eigene Darstellung der Daten in der ADB 2011, S. 10)	284
Abb. 8.2	Fallszenario für das mittlere Einkommen, Asiens Bruttoinlandsprodukt im Jahr 2050, 61 Bio. US$ (Eigene Darstellung der Daten in der ADB 2011, S. 10)	284
Abb. 8.3	Multimodale Transportwege von China nach Europa (merics 2018)	285
Abb. 8.4	Chinesisch geführte Häfen weltweit (Kynge et al. (2017) How China rules the waves, Financial Times / FT.com, 12 January 2017. Used under licence from the Financial Times. All Rights Reserved)	286
Abb. 8.5	Globale Interdependenzeffekte einer protektionistischen US-Politik (Eigene Darstellung) (1a) Die USA erheben Einfuhrzölle. US-Importzölle führen zu einem Überangebot in China und damit zu niedrigeren Preisen in China (und der EU), sodass die Gewinne der US-amerikanischen und EU-Tochtergesellschaften in China sinken werden (das US-Realeinkommen könnte sinken); (1b) Rückgang der chinesischen Exporte und Rückgang des chinesischen Produktionswachstums, Anstieg des realen Einkommens in den USA; (1c) Substitutionseffekt: US-Verbraucher kaufen mehr US-Waren; (2a) mehr chinesische ausländische Direktinvestitionen in ASEAN; (2b) höhere ASEAN-Ausfuhren nach China; (2c) höhere ASEAN-Ausfuhren in die USA; (3a) Anstieg der EU-Ausfuhren in die USA; (3b) Anstieg der EU-Ausfuhren nach ASEAN; (3c) Anstieg der EU-Ausfuhren nach China (sofern China Ausgleichszölle auf die USA erhebt)	294
Abb. 8.6	EU28 und ASEAN Pro-Kopf-Bruttoinlandsprodukt 2017, Kaufkraftparität (KKP), konstanter internationaler Dollar (Weltbank, Weltentwicklungsindikatoren)	298
Abb. 8.7	Chinas-Top30-Importpartner, 2016, US$ (WITS, World Integrated Trade Solution Database, EIIW-Berechnungen)	299
Abb. 8.8	Chinas-Top30-Exportziele, 2016, US$ (WITS, World Integrated Trade Solution Database, EIIW-Berechnungen)	299
Abb. 8.9	Chinas Exporte in die EU28 und ASEAN-Staaten, 2016, US$ (WITS, World Integrated Trade Solution Database, EIIW-Berechnungen)	300
Abb. 8.10	Chinas Importe aus der EU28 und den ASEAN-Staaten, 2016, US$ (WITS, World Integrated Trade Solution Database, EIIW-Berechnungen)	300

Abb. 8.11 Exporte der ASEAN-Länder in die EU28 und nach Deutschland, in Prozent des Bruttoinlandsprodukts, 2011 (EIIW-Berechnungen unter Verwendung von Daten der OECD und der Weltbank, Weltentwicklungsindikatoren) — 301

Abb. 8.12 Exporte von EU-Ländern in den ASEAN, in Prozent des Bruttoinlandsprodukts, 2011 (EIIW-Berechnungen unter Verwendung von Daten der OECD und der Weltbank, Weltentwicklungsindikatoren) — 301

Abb. 9.1 Nominales Pro-Kopf-Einkommen in Deutschland, Italien und den USA plus ausgewählte osteuropäische und ASEAN-Länder (Kaufkraftparität) (EIIW-Berechnungen auf der Grundlage von Daten des IWF Data Mapper, World Economic Outlook, Oktober 2018) — 305

Abb. A.1 Aktienmarktindizes für USA, Euroraum, Vereinigtes Königreich und China (Tagesdaten; 8. November 2006 bis 6. März 2020; Eigene Darstellung von Daten von www.finanzen.net. Zugegriffen am 13.02.2020) — 374

Abb. A.2 Exportintensität in den USA, der EU28, China und der Weltwirtschaft (Eigene Darstellung der bei der Weltbank verfügbaren Daten, Weltentwicklungsindikatoren) — 379

Abb. A.3 Auswirkungen des höheren Außenhandelszolls auf das Pro-Kopf-Einkommen und die langfristige Wachstumsrate (Eigene Darstellung) — 387

Abb. A.4 Die zehn wichtigsten Prozentpunkte des Nationaleinkommens in ausgewählten Weltregionen und Ländern, 2016. Das Nationaleinkommen bezieht sich auf das Nationaleinkommen vor Steuern. Die Daten für Brasilien, Indien, die Russische Föderation und China beziehen sich auf 2015. Die Daten für die Weltregionen beziehen sich auf 2016 (Alvaredo et al. (2018), World Inequality Report 2018, S. 9 www.wir2018.wid.world) — 391

Abb. A.5 Vollständige Preisdiskriminierung* (basierend auf IKT). $*\overline{Ap_1} = \frac{1}{2}\overline{Ap_0}$. Anfangsgewinne p_0E_0B erhöhen sich um die Fläche $p_1FE_0p_0$, was dem Verbraucherüberschuss entspricht. Quelle: Eigene Darstellung — 391

Abb. A.6 Steuer-/Importtarif (der Fall eines großen Landes). Der Freihandelspreis ist p*, der Einfuhrzoll ist t′, der zollpflichtige Einfuhrpreis ist $(1+t')p^{*'}$, der Nettoeinfuhrpreis ist $p^{*'}$. Die Freihandelsimportmenge beträgt q_1 minus q_0, bei einem Importzoll sinkt sie auf q_3 minus q_2. Quelle: Eigene Darstellung — 393

Abb. A.7 Optimaler Zollsatz für ausländische Direktinvestitionen (Gewinne aus dem Ausland sind p_1GF; Eigene Darstellung) — 410

Tabellenverzeichnis

Tab. 2.1	Zahl der Intensivbetten pro 1000 über 65-Jährige, ausgewählte Länder (Welfens 2020a, Tab. 6)	30
Tab. 3.1	Vergleich der Ungleichheit zwischen der EU und den USA (Gesamteinkommen* Ungleichheiten, 2010; Salverda 2015, Tab. 3, S. 22)	71
Tab. 3.2	Jahresurlaub in ausgewählten OECD-Ländern (Eigene Darstellung von Daten aus der OECD-Familiendatenbank, Direktion für Beschäftigung, Arbeit und Soziales)	102
Tab. 3.3	Relativ effektives* verfügbares Nominaleinkommen (y´; Jahresdaten) von Deutschland und Frankreich relativ zu den USA, 1995–2015 (Tausend US$ Kaufkraftparität [KKP]; EIIW-Berechnungen unter Verwendung von Daten aus der OECD-Einkommensverteilungsdatenbank)	103
Tab. 3.4	Gesundheitsausgaben im Verhältnis zum Bruttoinlandsprodukt und Lebenserwartung; USA, Kanada, Westeuropa (OECD-Daten, Gesundheitsausgabenindikator und OECD-Daten Lebenserwartung bei Geburt Indikator)	104
Tab. 3.5	Sozialausgaben ohne Gesundheitsausgaben, in Prozent des Bruttoinlandsprodukts, 2016 (EIIW-Berechnungen unter Verwendung von Daten aus den OECD-Daten, Gesundheitsausgaben insgesamt, in Prozent des BIP, 2016 [Gesundheitsausgaben und -finanzierung: Gesundheitsausgabenindikatoren] und Sozialausgaben öffentlich, in Prozent des BIP, 2016 [Sozialausgaben: aggregierte Daten])	109
Tab. 3.6	Tatsächlicher individueller Pro-Kopf-Verbrauch zu aktuellen Preisen und Kaufkraftparitäten, Vereinigte Staaten = 100 (CEA 2018, Tab. 5, S. 36)	115

Tab. 3.7	Lebenserwartung, Säuglingssterblichkeit, geleistete Arbeitsstunden und Arbeitslosigkeit in den USA, Skandinavien, Großbritannien, Deutschland und Frankreich, 1995, 2000, 2005, 2010, 2015, 2016. * Weltbank (Eigene Berechnungen von Daten aus der OECD-Datenbank)	116
Tab. 3.8	Relative Einkommensungleichheit, 2015 (CEA 2018, Tab. 6, S. 37)	119
Tab. 3.9	Zusammensetzung der Ausgaben des Staates. (a) 1999[a] (Prozentsatz des Bruttoinlandsprodukts; Alesina et al. 2001, Tab. 1, S. 190) und (b) 2011 (Eigene Darstellung auf Basis des OECD Economic Outlook Nr. 89, Ausgabe 2011/1)	128
Tab. 3.10	Standardabweichungen ausgewählter Wirtschaftsindikatoren in den USA und der Europäischen Union, 1960–2000 (Alesina et al. 2001, Tab. 7, S. 215)	133
Tab. 4.1	Öffentliche Ausgaben für Arbeitsmarktprogramme (Ausbildung) in ausgewählten Ländern in Prozent des Bruttoinlandsprodukts (Eigene Darstellung von bei der OECD verfügbaren Daten)	175
Tab. 6.1	Handelsbilanzdefizitpositionen der USA gegenüber den wichtigsten Handelspartnern (als Prozentsatz des US-Bruttoinlandsprodukts, Durchschnitt 2015–2017; EIIW-Berechnungen auf der Grundlage von Handelsdaten des US Bureau of Economic Analysis, BIP-Zahlen der Weltbank)	224
Tab. 6.2	GINI-Koeffizienten in den USA und Deutschland im Vergleich zu Brasilien und anderen Schwellenländern (OECD, Einkommensverteilung und Armutsdatensat)	239
Tab. 7.1	Die transatlantischen Bruttoexporte und Wertschöpfungsexporte der USA und der EU28 (Eigene Darstellung der Daten über die Brutto-/VA-Exporte der OECD, Bruttoinlandsprodukt: Weltbank; Daten abgerufen am 14. November 2018; EIIW-Berechnungen)	271
Tab. 11.1	Anzahl an Finanzproduktinnovationen in der EU (insgesamt), 2000–2014 (Eigene Darstellung von Daten aus den Innovationserhebungen der Europäischen Kommission)	334
Tab. 11.2	Ausgewählte Dynamik in der Nachhaltigkeit: EIIW-vita Globale Nachhaltigkeitsindikatorwerte für ausgewählte Länder. Rankings basierend auf dem EIIW-vita GSI (drei Inputs), für die Ergebnisse eines neuen erweiterten EIIW-vita GSI-Indikators (einschließlich des vierten Inputs der Wasserproduktivität), s. www.eiiw.eu (EIIW-Berechnungen)	339

Teil I

Der Hintergrund von Trumpismus und wirtschaftliche Erklärungen

1
Einführung

„Es ist der Multilateralismus, der die Schwachen stark und die Starken zivilisiert macht."
Generaldirektor der Welthandelsorganisation Roberto Azevêdo,
23. November 2016

Als sich die moderne Globalisierung innerhalb eines Systems sehr niedriger Zölle und des Goldstandards in den Jahren 1860–1914 entfaltete, argumentierten viele nationale Regierungen, dass der Staat ohne die traditionellen hohen Zolleinnahmen zusammenbrechen würde und dass die Einführung einer breiten Einkommensteuer unmöglich wäre. Es stellte sich heraus, dass die Zolleinnahmen weitgehend irrelevant wurden; das System der Einkommensbesteuerung funktionierte und wurde zu einer zuverlässigen Quelle für Staatseinnahmen. Auch aufkeimende internationale Organisationen waren teilweise wirksam. Aber der Internationale Gerichtshof, der 1899 mit starker Unterstützung Russlands zur Begrenzung der konventionellen Rüstung eingerichtet wurde, war nicht stark genug, um imperialistische Rivalitäten und den Ersten Weltkrieg zu vermeiden. Erst nach dem Zweiten Weltkrieg halfen die USA, mehrere neue internationale Organisationen zu gründen, die weitgehend von der US-Regierung indirekt selbst dominiert wurden und die zur internationalen Zusammenarbeit und zur politischen Überwachung der Mitgliedsländer und damit zu mehr Stabilität und Wohlstand weltweit beitrugen. Der Internationale Währungsfonds (IWF), das Allgemeine Zoll- und Handelsabkommen (General Agreement on Tariffs and Trade oder GATT) und die Welthandelsorganisation (auch WTO) sind drei wichtige Organisationen in dieser Hinsicht. Seit 1952 hat die regionale Integration in Europa auch ein Modell für die multilaterale Zusammenarbeit im regionalen Kontext vorgelegt, das von den Vereinigten Staaten unterstützt wird. Unter Präsident Trump gibt es ein neues internationales Politikparadigma, da er internationale Organisationen schwächt und das Konzept der Integration der Europäischen Union (EU) nicht mehr in US-Tradition als Präsident unterstützt.

Vielmehr hat Donald Trump während seines Präsidentschaftswahlkampfs argumentiert, dass der BREXIT eine äußerst positive Entwicklung ist und dass mehr solcher Fälle zu erwarten sind (auszuschließen ist das allerdings nicht). Unorthodoxe populistische Politik hat die Vereinigten Staaten in Form von Donald Trump kurzfristig in den Griff genommen. Sollte man jedoch erwarten, dass es tatsächlich einen strukturellen US-Populismus gibt? Und aus welchen spezifischen Gründen ist dieser entstanden?

Dabei heißt strukturell, dass Populismus nicht eine vorübergehende einmalige Laune der politischen US-Entwicklung ist, sondern dass es US-interne Kräfte gibt, die das Fortführen des traditionell auf die politische Mitte ausgerichteten Politiksystems nachhaltig erschweren. Viele Ökonomen haben gerade in den USA ein Zwei-Parteien-System gesehen, das durch das bekannte Downs-Modell gut in seiner Stabilität erklärt wird: Es gibt eine konservative Republikaner-Partei und eine eher linksliberale Demokraten-Partei, wobei sich der politische Wettbewerb auf den Median-Wähler im ideologischen Spektrum, „die Mitte", ausrichtet: Ob man von einer ideologisch eher rechten oder einer eher linken Parteiposition her den Wahlkampf aufnimmt, um 50 % plus einige Zusatzstimmen als Mehrheit zu erhalten – man muss sich letztlich an den Interessen des Median-Wählers orientieren: Das ist gerade die Position, wo man links und rechts davon jeweils 50 % der Wählerschaft hat. Strikt zu Ende gedacht heißt das, dass man im Zwei-Parteien-System ziemlich ähnliche Politikansätze bekommt – egal ob in den USA im Kongress die Demokraten oder die Republikaner die Mehrheit haben.

Diese Sichtweise ist problematisch, einerseits in einer Zeit polarisierter Parteien, deren ideologische Markenkerne sich voneinander wegbewegen. In Sachen Präsidentschaft in den USA ist die Situation auch anders, soweit man den Präsidenten nicht als eine Art politisches Anhängsel der jeweiligen, ihn tragenden Partei verstehen will. Beim Populisten Trump hat im Übrigen nicht so sehr die Partei der Republikaner Trump ausgewählt, sondern eher schon hat ein vom Partei-Establishment nicht unterstützter Bewerber Donald Trump die Partei der Republikaner quasi mit seinem Wahlerfolg gekapert. Die Sichtweise des Downs-Modells aber stimmt im Zeitalter von Internet und Cambridge Analytica gar nicht mehr, da zielgruppengerechtes digitales

Ansprechen verschiedener Wählerschichten möglich ist und man von daher auch eigentlich ideologisch widersprüchliche Mehrheiten durch Verbindung unterschiedlicher Wählerschichten (nicht auf der Ideologieskala jeweils zueinander benachbart) komponieren kann: Mit emotionalisiertem Dauerwahlkampf und immer neuen Versprechungen werden diese politischen Widersprüche durch einen kommunikationsstarken populistischen Präsidenten während der Amtszeit übertüncht. Je größer die Widersprüchlichkeiten in der eigenen Wählerschaft, desto mehr wohl die Neigung des Präsidenten, eine daueremotionalisierte Präsidentschaft zu realisieren; quasi permanent im Wahlkampfmodus unterwegs zu sein, was natürlich das Erzielen eines nationalen politischen Konsenses sehr erschwert und auf Dauer vermutlich die Handlungs- und Führungsfähigkeit der USA deutlich beschädigt.

Eine auch jenseits des eigentlichen Wahlkampfs – eben andauernd – emotionalisierte Politik kann kaum auf wissenschaftlicher Politikberatung aufbauen. Denn der Wissenschaft sind emotionalisierte Betrachtungen fremd (auch wenn man in Debatten über unterschiedliche Modelle und Methoden sowie Statistikinterpretationen natürlich gelegentlich emotionalisierte Äußerungen der Positionsvertreter und -vertreterinnen hören kann). Kaum je dürfte wissenschaftliche Politikberatung bei der Frage, was die beste Lösung für ein Problem sei, die Antwort anbieten: Das kann für kurze Zeit Politik A, dann aber Politik B nach einem Jahr und dann auch das Gegenteil von A, nämlich Politik C, kurz darauf sein.

Populistische Politik ist aber gerade durch Erzeugen und Nachlaufen aktueller Stimmungen geprägt, also eine gewisse Sprunghaftigkeit, Willkürlichkeit. Da ergibt sich eben eine spannungsgeladene Beziehung der Politik zu Wissenschaften, die eigentlich US-untypisch ist; aber beim Populisten Trump wiederum deutlich sichtbar wird. Wissenschaftliche Beratung in der Wirtschaftspolitik etwa spielt eine geringe Rolle und die Halbwertzeit von wissenschaftlichen Beratern in der Trump-Administration ist relativ gering – die Personalfluktuation ungewöhnlich hoch. Kann populistische Politik erfolgreich sein? Der Logik des politischen Wettbewerbs nach gibt es hierauf zwei Antworten; diese ergeben sich im Kontext einer Wiederwahl bzw. der Präsidentschaftsfortsetzung und der dann verstärkt erfolgenden internationalen Ausbreitung des populistischen Politikmodells. Ob Präsident Trump mit aggressiver Außenhandelspolitik von innenpolitischen – auch ökonomischen – Spannungen erfolgreich ablenken kann, ist unklar.

In den USA stagniert das mittlere Haushaltseinkommen über viele Jahre hinweg (d. h. das Einkommen desjenigen Haushalts, der die Einkommenspyramide in 50 % reichere und 50 % ärmere Haushalte aufteilt – ein nützliches Messkonzept für den repräsentativen Haushalt). Die moderne Globalisierung und Digitalisierung haben den Top-Ein-Prozent der Einkommensbezieher in den USA einen enormen Einkommenszuwachs gebracht; wäre die Entwicklung in den USA in dieser Hinsicht so bescheiden gewesen wie der entsprechende Zuwachs der Top-Ein-Prozent in Frankreich, hätte es wahrscheinlich keinen Wahlsieg für Trump bei den Präsidentschaftswahlen 2016 gegeben. Am Ende des ersten Jahrzehnts des 21. Jahrhunderts lag das jährliche US-Medianeinkommen bei etwa 57.000 US$ (ein typischer Wert über mehrere Jahre in der ersten Dekade des 21. Jahrhunderts), was bedeutet, dass nach Abzug der Gesundheitsausgaben, die als 17 % des Einkommens angenommen wurden, das effektive Monatseinkommen (effektiv bedeutet hier Nettogesundheitsausgaben) des durchschnittlichen Haushalts viel kleiner ist. Das ist nicht viel mehr, als ein typischer deutscher oder französischer Haushalt als effektives Einkommen hätte; mit Gesundheitsausgaben von nur etwa 11 % des Einkommens und Urlaubsreisen, die mehr als doppelt so lang sind wie bei US-Medianverdienern. Auch beträgt die Lebenserwartung in Deutschland und Frankreich fast drei Jahre mehr als in den USA. Es ist auch bemerkenswert, dass die US-Säuglingssterblichkeitsrate deutlich über der Westeuropas liegt, seit 1985 – weitere drei Jahrzehnte dieses transatlantischen Kindersterblichkeitsgefälles würden bedeuten, dass die US-Bevölkerung um 50 Millionen niedriger wäre, hätte die USA eine Säuglingssterblichkeitsrate von Westeuropa. In der Trump-Administration sind diese Zusammenhänge kaum bekannt.

Der erste US-Präsident, an dem ich ein besonderes Interesse entwickelt habe, war Thomas Jefferson. Ich erinnere mich an einen Besuch auf dem Jefferson Homestead (Heimatfarm), während ich in den USA an einer Schumpeter Society Conference in Charlottesville (University of Virginia) teilnahm. Viele Jahre später erhielt ich eine deutsche Ausgabe von Jeffersons Beschreibung seiner Rheintour 1788. Damals war Jefferson quasi der US-Botschafter in Paris und traf sich in Amsterdam mit John Adams (der später auch Präsident werden sollte). Adams war auf einer Abschiedstournee in Den Haag und reiste durch die Niederlande, wo er mit niederländischen Bankiers über die US-Staatsverschuldung verhandelte – sehr zur Beruhigung von Jefferson, der später dritter Präsident der Vereinigten Staaten werden sollte. Jefferson war ein praktischer Mann, der über viele Beobachtungen über den Weinbau (er wollte von europäischen Winzern und Winzern lernen und später Trauben in die USA bringen), den Bau von Häusern, das Ausmaß der Armut usw. schrieb, die er während seiner Reise durch Holland und entlang des Rheins (und auch nach Frankfurt/Main, Mannheim, Straßburg und dann zurück nach Paris) machte. Als er Holland verließ und weiter in die im Süden der Niederlanden grenzenden Teile Deutschlands reiste – damals ein Teil Preußens (Deutschland wurde erst 1871 gegründet) – notierte Jefferson (1788; [Überstzung PJJW]):

„Der Übergang von Leichtigkeit und Opulenz zu extremer Armut ist bemerkenswert, wenn man die Grenze zwischen dem niederländischen und dem preußischen Territorium überschreitet. Der Boden und das Klima sind gleich. Allein die Regierungen sind unterschiedlich. Mit der Armut ist die Angst auch vor Sklaven in den Gesichtern der preußischen Untertanen sichtbar. Es gibt jedoch eine Verbesserung der Physiognomie, insbesondere wenn sie etwas aufgehellt ist. Die Straße führt meist über die Hügel, manchmal aber auch über die Rheinebene. Diese sind immer umfangreich und gut. Sie wollen Gülle, die sichtbar abgenutzt ist. Die Hügel sind fast immer sandig, karg, unkultiviert und kulturunempfindlich, bedeckt mit Moos. Hier und da ein kleiner gleichgültiger Wald, der manchmal Strand ist. Die Ebenen bestehen hauptsächlich aus Mais, etwas Gras und Weide. Es gibt keine Schlösser oder Häuser, die die Existenz auch nur einer Mittelschicht verdeutlichen. Universelle und gleiche Armut überdeckt das Ganze. Auch in den scheinbar heruntergekommenen Dörfern ist der überproportionale Anteil der Frauen offensichtlich. Die Kultivierenden scheinen auf ihren Höfen zu leben. Die Bauernhäuser sind aus Lehm, der besseren Art von Ziegelstein, alle mit Stroh bedeckt. Kleve ist kaum mehr als ein Dorf. Wenn es Läden […] darin gibt, zeigen sie wenig. Hier und da an einem Fenster werden kleine Gegenstände in das Glas gehängt."

Er bemerkte aber auch, wie intolerant und populistisch die Mehrheit der einflussreichen Menschen in der Stadt Köln damals war (Jefferson 1788):

„Köln ist eine souveräne Stadt, die kein Territorium außerhalb ihrer Mauern hat. Sie hat etwa 60.000 Einwohner, scheint viel Handel zu haben und ist reich an Armen. Der Handel liegt hauptsächlich in den Händen von Protestanten, von denen es etwa 60 Häuser in der Stadt gibt. Sie sind in ihren Aktivitäten extrem eingeschränkt und werden ansonsten in jeder Form von der katholischen und übermäßig intoleranten Regierung unterdrückt. Ihr Senat hat ihnen vor einiger Zeit mit einer Mehrheit von 22 zu 18 erlaubt, eine Kirche zu haben; aber es wird angenommen, dass dieses Privileg widerrufen wird. Es gibt etwa 250 katholische Kirchen in der Stadt."

Bekanntlich waren Armut und religiöse Intoleranz in vielen europäischen Ländern die Haupttreiber der europäischen Auswanderung in die USA im 19. Jahrhundert.
Der siebte Mann, der das Amt des Präsidenten innehatte, Andrew Jackson, war ein populistischer Präsident, der nicht zur führenden Schicht an der Ostküste zählte und quasi von außen an die Macht kam und wiedergewählt wurde. Unter den bisher 45 Präsidenten konnte man im Großen und Ganzen fünf identifizieren, die allgemein als Populisten angesehen werden können. Mit Präsident Trump könnte sich jedoch ein signifikanter und nachhaltiger

Einfluss auf die Präsidentschaft ergeben. Wie aufgeschlossen ist dieser Präsident, inwieweit tragen Instabilität und Effizienzverluste zu den Veränderungen bei den Spitzenpositionen der Mitarbeiter bei? Die häufigen Personalwechsel scheinen entweder eine Unfähigkeit, von Anfang an die richtige Person auszuwählen, oder eine allgemeine Unterschätzung der Häufigkeit des Wechsels von Spitzenpositionen der Regierung zu signalisieren, was die Glaubwürdigkeit der US-Regierung beeinträchtigt.

Da die USA eine große Volkswirtschaft sind, die knapp ein Fünftel des Welteinkommens ausmacht und das größte Herkunftsland ausländischer Direktinvestitionen ist, sowie eine der größten Handelsnationen der Welt und das führende Land der NATO, ist es klar, dass große politische Veränderungen in den Vereinigten Staaten globale Auswirkungen haben werden. Dies wird umso mehr gelten, als die USA seit 1776 immer aktiv am Export ihrer Ideologie beteiligt waren. Wenn also Populismus und ein eher autokratischer Präsidentschaftsstil in den USA zum neuen Standard würden, hätte dies globale wirtschaftliche und politische Auswirkungen mit sehr vielen entscheidenden Aspekten, von denen die Wirtschaftsanalyse natürlich nur bestimmte Schlüsselbereiche abdecken könnte. Ergänzende Analysen aus dem Bereich der Politikwissenschaft wären für viele Themen und Fragestellungen erforderlich; die Politikwissenschaft bietet viele entscheidende Einblicke in den Trumpismus (z. B. Rojecki 2016; Lieberman et al. 2017; Sides et al. 2018; Morris 2019; zu Einwanderungs- und Identitätsfragen, s. aus ökonomischer Sicht Akerlof und Kranton 2010).

Der Trump-Ansatz für die US-Präsidentschaft ist sicherlich auch insofern neu, als er ein eher schlechtes Verständnis für die Schlüsselrolle hat, die die US-Regierungsinstitutionen bei der Dynamik des Privatsektors spielen. Obwohl dies ein eher technischer Aspekt zu sein scheint, könnte er in der Tat hohe Kosten für die USA und die Welt verursachen. Als führende Beamte der Obama-Administration bereit waren, die neuen Mitarbeiter der Trump-Administration aufzunehmen, tauchte im Januar 2017 oft niemand auf, sodass in vielen Ministerien eine kritische Wissenslücke besteht. Der Stil von Trump ist in vielerlei Hinsicht seltsam, und seine Neigung, seine US-mexikanische Grenzmauer durch eine lange Haushalts- und Regierungssperre zu ziehen, ist nur ein weiterer Aspekt. Im Bereich der Wirtschaftspolitik hat er nur wenige Berater, die ihn seit mehr als 18 Monaten unterstützen. Zu den wenigen führenden Ökonomen gehört der Vorsitzende des US Council of Economic Advisers, Kevin Hassett (zurückgetreten im Jahr 2019). Hassett, der in einer Senatsanhörung im März 2018 nach seiner Meinung zu den US-Importzöllen in den Sektoren Stahl und Aluminium gefragt wurde, antwortete, dass er seine Meinung nicht äußern könne, da die Zölle aus Gründen der nationalen Sicherheit eingeführt worden seien. Das ist die Antwort eines Ökonomen, der offensichtlich Zweifel an der wirtschaftlichen Logik solcher Einfuhrzölle hat.

Es gibt eine breitere Sichtweise in der Trump-Administration, die auf einer teilweisen Gleichgewichtsanalyse basiert, dass hohe Einfuhrzölle, die China auferlegt werden, erhebliche Vorteile für die USA bringen werden. Aber die teilweisen Gleichgewichtsanalysen sind unzureichend; sobald ausländische Direktinvestitionen und ein einfaches Wachstumsmodell mit Handel und ausländischen Direktinvestitionen einbezogen werden, wird schnell deutlich, dass man keine langfristigen Vorteile aus den US-Importzöllen für die USA erwarten sollte – ein solches Modell und das verbesserte Teilgleichgewichtsmodell sind im Anhang 3 des Buchs dargestellt.

Präsident Trump versuchte, den Präsidentschaftswahlkampf 2016 zu gewinnen, indem er sich einerseits auf die wohlhabenden Wähler konzentrierte, die auf niedrigere Steuersätze und Deregulierung hofften, während andererseits Trump sich zugleich auf die sogenanntenvergessenen Männer und Frauen fokussierte, die seine kurze Beschreibung für die Arbeiter und relativ armen Schichten waren. Dieser effektive zweigleisige Ansatz gab ihm schließlich die Mehrheit, die er im Wahlkollegium für das Amt des Präsidenten benötigte.

Die traditionelle Führung der Demokratischen Partei unter den relativ armen Schichten ging 2016 verloren. Nur zwei Jahre später aber brachten die Halbzeitwahlen 2018 einen klaren Sieg für die Demokraten, soweit man die nationalen Stimmergebnisse betrachtet. Die Demokraten erreichten bei den Stimmen für das US-Repräsentantenhaus einen Vorsprung von 7 % gegenüber der Republikanischen Partei. Das politische System der USA gibt dem Gewinner der Wahl als Volksabstimmung jedoch nicht unbedingt die Schlüssel zum Weißen Haus, wie es 2016 offensichtlich wurde (und wie auch im vorherigen Präsidentschaftswettbewerb zwischen George Bush Jr. und Al Gore im Jahr 2000). Die US-Halbzeitwahlen Ende 2018 könnten als Signal interpretiert werden, dass ein populistischer US-Präsident mit einer risikoreichen politischen Agenda die nächsten Präsidentschaftswahlen nicht leicht gewinnen würde. Doch selbst wenn Präsident Trump bei den nächsten Wahlen verlieren würde, könnte es bald neue Impulse für die Wahl eines ähnlichen populistischen US-Präsidentschaftskandidaten geben. Im Internetzeitalter – mit Millionen von nicht bewerteten Informationen, die täglich zirkulieren, und Nachrichtenplattformen, die oft gefälschte Nachrichten und Desinformationen oder Verschwörungstheorien präsentieren – gibt es neue Möglichkeiten für radikale politische Kandidaten. Man muss sicherlich auch berücksichtigen, dass die USA nach dem 11. September (2001) ein politisch nervöseres Land sind als zuvor. Dies gilt auch umso mehr für die unmittelbaren

Jahre nach der massiven Transatlantischen Bankenkrise. Diese Krise hat die Glaubwürdigkeit der herrschenden Eliten sowohl in den Vereinigten Staaten als auch anderswo – etwa im Vereinigten Königreich – eindeutig untergraben.

Die Tatsache, dass die Queen of England während eines Besuchs an der London School of Economics im Jahr 2009 die Frage stellte, warum niemand die Krise kommen sah, war ein Zeichen des Misstrauens sowohl gegenüber Ökonomen als auch gegenüber den Führern des modernen Wirtschaftssystems in Spitzenunternehmen. Die Königin stellte eine Frage, die von gewöhnlichen Wählern im ganzen Vereinigten Königreich (und darüber hinaus) gestellt wurde, und es gab keine wirkliche Antwort im Brief, den einige Ökonomen der Queen als Antwort schrieben. In den Vereinigten Staaten äußerte eine Mehrheit der Wähler ähnliche Zweifel an der ultimativen Weisheit der Klasse der führenden Banker in den großen US-Banken. Ohne den systemischen Wettbewerb aus sozialistischen Ländern in Osteuropa – der 1990 endete – wurden die westlichen kapitalistischen Systeme immer marktfreundlicher und die Regulierungen über eine angemessene Grenze hinaus geschwächt. Die westlichen Länder, mit Ausnahme Kanadas, haben sich in den 1990er-Jahren einer breiten Deregulierung der Banken und Finanzmärkte verschrieben. Das endete in einer massiven Bankenkrise im Jahr 2008, als die Investmentbank Lehman Brothers in New York bankrott ging und die Wirtschaft der USA und des Vereinigten Königreichs in die Nähe eines vollständigen Zusammenbruchs brachte: ein Alptraumszenario, das durch die Rettung der größten US-Versicherungsgesellschaft AIG durch Präsident George Bush Jr. und eine Reihe von Rettungsmaßnahmen zur Unterstützung großer Banken vermieden wurde (in Großbritannien und anderen EU-Ländern sowie in der Schweiz mit umfassenden Rettungsmaßnahmen, die mit einem hohen Preis von Milliarden Pfund/Euro/Schweizer Franken verbunden waren, während die Wähler hörten, dass für andere wichtige Haushaltslinien kein Geld verfügbar sei).

Präsident Obama musste das wirtschaftliche Chaos beseitigen, das teilweise von der Bush-Jr.-Regierung verursacht wurde. Die zweite Obama-Regierung hat versucht, ein breiteres Gesundheitssystem einzuführen, aber die Reform hatte ihre Probleme, und der mit den Obama-Reformen verbundene Anstieg der Versicherungsbeiträge half Trump offensichtlich, 2016 eine Mehrheit zu gewinnen. Aber auch bei den Zwischenwahlen 2018 in den USA war die Gesundheitsversorgung ein Thema und viele Wähler verstanden, dass Trumps Versuch, „Obamacare" zurückzudrängen, die Versicherung gegen das größte Risiko für den durchschnittlichen Haushalt, plötzlich arm zu werden, wegnehmen würde, nämlich den Fall einer schweren Krankheit in einer Familie ohne Versicherung. Das ist ein Befund, der im Kontext der Coronavirus-Weltepidemie in den USA im Jahr 2020 eine sehr ernste Bedeutung erlangte. Hillary Clinton hatte schon in der Zeit der Clinton-Präsidentschaft das Thema allgemeine Krankenversicherung voranzubringen versucht, aber ohne Erfolg.

Obwohl Hillary Clinton die Vorwahlen bei den Demokraten gewann, war die Demokratische Partei schlecht auf die Präsidentschaftswahl Ende 2016 vorbereitet. Der gerissene Donald Trump, der die Rivalen geschickt ausmanövriert hatte, um die Nominierung der Republikanischen Partei zu erhalten, tauchte schließlich als unerwarteter Sieger im Wahlkolleg auf und wurde so zum 45. Präsidenten der Vereinigten Staaten – ein Mann ohne politische Erfahrung, aber ein Geschäftsmann mit einem nachgewiesenen Darstellungs- und Kommunikationstalent. Im Lauf der Zeit wurde es jedoch offensichtlich, dass die von Präsident Trump eingerichtete Administration teilweise wenig kompetent war.

Ist „Trumpismus" einfach eine vorübergehende Abweichung des politischen und wirtschaftlichen Systems der USA von den etablierten Normen oder ist er ernsterer Natur: Stellt er tatsächlich eine strukturelle Abweichung dar, die durch feste Widersprüche verstärkt wird? Die Antwort ist ein klares Ja, und die fraglichen widersprüchlichen Überzeugungen beziehen sich auf die fehlgeleiteten Erwartungen einer Mehrheit der US-Wähler bei Schlüsselfragen. In der Zwischenzeit hat Präsident Trump sein Bestes getan, um das bereits bestehende politische System in den Vereinigten Staaten zu beschädigen, und wenn er erfolgreich ist, würde dem Westen in den kommenden Jahren eine rationale Führungsmacht vorenthalten. Trumps Wortwahl beim Umgang mit politischen Gegnern ist zeitweise sehr unhöflich, verletzend und undiplomatisch; die in Jahrzehnten gewachsenen Politikkommunikationsstandards im US-Regierungssystem hat er in wenigen Jahren zerstört. Trumps Rede zur Lage der Nation 2020 ist in manchen Passagen sonderbar und wiederum ist bezeichnend, dass Nancy Pelosi – von den Demokraten – als Parlamentspräsidentin den Trump-Redetext am Schluss der Rede vor laufenden TV-Kameras zerriss; Präsident Trump hatte ihr, der 80-Jährigen, den Handschlag beim Gang zum Rednerpult verweigert und nicht wenige Passagen der Rede waren aus Sicht der Demokraten keine auch nur halbwegs angemessene Darstellung der Realität. In seiner Rede betonte Trump als seine Erfolgsentscheidungsfelder nationale Sicherheit, Wirtschaft, Gesundheitsversorgung und Außenpolitik; häufig unterbrochen – einen Tag vor dem offiziellen Abschluss des Amtsenthebungsverfahrens – durch langen Applaus der Republikaner im Kongress. An diesem 4. Februar sagte Trump im Kongress in seiner Rede:

„We are coordinating with the Chinese government and working closely together on the coronavirus outbreak in China. My administration will take all necessary steps to safeguard our citizens from this threat" (Wir koordinieren uns mit Chinas Regierung und arbeiten eng im Kontext des Coronavirus-Ausbruchs in China zusammen. Meine Administration wird alle notwendigen Schritte unternehmen, um unsere Bürger vor dieser Bedrohung zu schützen; Übersetzung PJJW).

Am 26. April 2020 gab es in den Vereinigten Staaten 46.000 Tote nach Zählung der Weltgesundheitsorganisation. Noch Ende 2019 sah sich Trump im Jahr drei seiner Präsidentschaft, die wirtschaftlich gute Entwicklungen in einigen Teilbereichen vorweisen konnte. Die Selbstwahrnehmung der USA war über viele Jahre immer, politisch-militärische Supermacht und führende globale Wirtschaft der Welt zu sein.

Der transformative Prozess der Digitalisierung – in dem die USA weltweit führend sind – verstärkt die Globalisierung, da die Transaktionskosten sinken und internationale Netzwerkeffekte in einigen Bereichen entscheidend sind. Die digitale Weltwirtschaft hat eine beispiellose Konzentration des digitalen Markts gebracht, und die meisten der zehn führenden Aktiengesellschaften in den USA im Jahr 2018 stammten aus dem digitalen Sektor und dem Sektor der Informations- und Kommunikationstechnologie. Für den politischen Wettbewerb ist auch die Führung in der digitalen Kommunikation entscheidend geworden und Donald Trump konnte in der Tat in seiner Präsidentschaftskampagne 2016 einen Großteil der traditionellen Medien umgehen: via Internet. Später war er als 45. Präsident führend in der Twitter-Kommunikation, zumindest führend in der quantitativen Kommunikation. Die Qualität von Informationen und Nachrichten ist eine eher unbekannte Dimension in der digitalen Welt und daher ist eine gewisse Verwirrung in den Gesellschaften der westlichen Welt nach 2000 zu einem vorübergehenden Merkmal geworden – mit einem Höhepunkt um 2008, als die Transatlantische Bankenkrise aufkam. Diese selbst beruhte weitgehend auf übermäßiger Deregulierung und einer schlechten Informationsqualität in den Finanzmärkten, nämlich widersprüchlichen Rating-Signalen von sogenannten führenden Rating-Agenturen: Die sollten ja die Ausfallwahrscheinlichkeit etwa von Unternehmens- oder Bankenanleihen einschätzen. Aber die Qualität der Arbeit der Rating-Agenturen war häufig schwach, wie auch Untersuchungen des US-Kongresses zeigten.

Die Bankenkrise untergrub das Vertrauen der Wähler in die Weisheit und Zuverlässigkeit der politischen Elite in den USA, Großbritannien und anderen westlichen Ländern. Diese politische Elite hatte es ermöglicht, dass die

Vorschriften im Banken- und Finanzsystem so schwach wurden, dass die Bankenkrise 2008 fast zur Implosion der westlichen Welt (trotz ihres Sieges im Kalten Krieg zwei Jahrzehnte zuvor) führte. Die enorm steigenden Einkommensunterschiede in den drei Jahrzehnten nach 1985, vor allem zugunsten führender Banker und Top-Manager von Finanzunternehmen, signalisierten eine dramatische Veränderung der relativen Produktivität bzw. Knappheit, die nicht nur den Experten, sondern auch den meisten einfachen Bürger eher unplausibel erschien. Die Zentralbanken in den USA, Großbritannien, der Eurozone und der Schweiz reagierten in der Krise mit einer Politik der sogenannten quantitativen Lockerung, d. h. die Zentralbanken kauften Staatsanleihen und andere Vermögenswerte in großen Mengen; all dies in einer Situation, in der die Zinssätze der Zentralbanken bei der Nullgrenze lagen. Als Nebeneffekt der Quantitative Easing, die Banken und Unternehmen bei ihrer Investitions- und Risikobereitschaft unterstützte, hat die Ungleichheit in den westlichen Ländern zugenommen: Die Eigentümer vieler Unternehmen verzeichneten erhebliche Kapitalgewinne und ersetzten hochverzinsliche Unternehmensanleihen durch niedrig verzinsliche Kredite oder Unternehmensanleihen (eine durch Quantitative Easing geschaffene Möglichkeit), die weiter zur wirtschaftlichen Ungleichheit in den westlichen Gesellschaften beitrugen. Allerdings war die zunehmende Ungleichheit in den USA seit mindestens den 1980er-Jahren ein herausfordernder Trend, als Ronald Reagan die Einkommenssteuersätze, insbesondere die höchsten marginalen Einkommenssteuersätze in den USA, senkte.

Die Wahl von Trump zum 45. Präsidenten der Vereinigten Staaten – ein Machtwandel hin zum Populismus, der in den Medien zuvor weitgehend nicht auf dem Radar war – schien schwer verständlich zu sein. Eine genauere Untersuchung und Betrachtung der Meinungen der amerikanischen Wähler zeigt jedoch, dass die Gründe für den Sieg von Trump offensichtlicher sind als zunächst angenommen: Bis zu einem gewissen Grad suchen die Wähler verzweifelt nach Lösungen für das Problem der wachsenden wirtschaftlichen Ungleichheit – seit den 1980er-Jahren erwiesen sich die bisher angebotenen Lösungen als ineffektiv – und so wird die immer größer werdende Frustration unter den Benachteiligten der Gesellschaft in Richtung politischer Mehrheiten für Anti-Elite-Kandidaten gelenkt (Präsident Johnson hatte in den 1960er-Jahren ein Programm – die Große Gesellschaft – zur Verringerung der Einkommensungleichheit verabschiedet; s. Atkinson 2015). Dieser Effekt war in den 1990er-Jahren weniger sichtbar, als ein hohes Wirtschaftswachstum den unteren Gesellschaftsschichten reale Einkommensgewinne brachte. Die daraus resultierenden Probleme für Wirtschaft und Gesellschaft der USA werden sich nicht leicht korrigieren lassen – und die Frustration der ärmeren Wähler ist erheblich.

Die Widersprüche zwischen Erwartungen und Realität sind für die Mehrheit der Wähler enorm. Die wirtschaftliche Dynamik führt dazu, dass mittelfristig der Einkommensanteil der ärmeren 50 % der Haushalte noch weiter sinken wird. Die bevorzugte Korrekturmaßnahme zur Überwindung dieser Herausforderung der Ungleichheit – die freiwillige Senkung der Gehälter von Führungskräften und Top-Managern großer Unternehmen und die gleichzeitige Erhöhung der Löhne ungelernter Geringverdienter – ist nach Umfragen in den USA keine praktikable Option. Enttäuschte und frustrierte Wähler sind die Basis jeder populistischen Bewegung, ob in den Vereinigten Staaten oder in Italien 2018 oder in Italien unter Benito Mussolini. Darüber hinaus ist populistische Führung (Governance), die durch das Zusammenspiel von emotionalisierter Politik und fehlendem Selbstvertrauen in Bezug auf Problemlösungen gekennzeichnet ist, Teil des neuen widersprüchlichen Ansatzes von oben nach unten, nämlich zwischen politischen Versprechungen und Realität. Diese Grundwahrheit kann für einige Zeit mit ideologischer Fanfare verschleiert werden – auch im digitalen Bereich.

Es ist nicht zu übersehen, dass sich die Darstellung, Wahrnehmung und Beeinflussung der Realität aus politischer Sicht in den USA seit 2000 verändert hat. Das Internet bietet eine Plattform für absurde Ansichten und bewusste Lügen, die die Politik in Machtpositionen beeinflussen können – was in den 1980er-Jahren unter Präsident Reagan nicht einmal als Brief an den Herausgeber in einer Lokalzeitung gedruckt worden wäre, kann heute zu Millionen von Likes und Followern auf Facebook und anderen ähnlichen Seiten führen.

Sollte Präsident Trump mit seinem protektionistischen Ansatz die Globalisierung der US-Wirtschaft behindern, dann wird er auch den wirtschaftlichen Aufholprozess ärmerer Länder behindern (zu den positiven Aspekten der Globalisierung, s. Bhagwati 2004). Der Migrationsdruck vom globalen Süden in den globalen Norden würde zunehmen – und den Weg für noch weitere populistische Bewegungen bereiten, die Fragen der Identität, Nationalität und Kultur aufgreifen, was zu Forderungen nach einer Anti-Einwanderungspolitik führt. Dies geschieht oft auf der Grundlage des Glaubens, dass Einwanderer eine wirtschaftliche Belastung für den Staat darstellen und die Steuerzahler daher viel Geld kosten. Eine Gebühr, die häufig in den USA, Großbritannien und einigen anderen EU-Ländern erhoben wird, die jedoch nach Angaben der OECD für die meisten Industrieländer nicht gilt (mit Ausnahme von Deutschland, Frankreich, Irland und der Slowakei).

Obwohl die US-Wähler die wachsende Ungleichheit allgemein als ungerecht empfinden, haben Umfragen gezeigt, dass die Mehrheit der US-Wähler keine realistische Vorstellung davon hat, wie diese Entwicklung wirksam abgemildert werden kann. Das ist ein gefährlicher Widerspruch im US-Gesellschaftssystem, der immer neu politische Frustration produzieren dürfte. Gleichzeitig führen die Kräfte der Globalisierung und Digitalisierung sowie die Exportdynamik Chinas zu einer immer schlechteren relativen Einkommenssituation von ungelernten Arbeitern und auch der Mehrheit der ärmeren Wähler in den USA. Dass Präsident Trump mit seinen Reformen der Gesundheitspolitik der Obama-Ära Millionen von Menschen ein entscheidendes Sicherheitsnetz gegen den Absturz in die Armut genommen hat, ist ein Paradoxon der Machtspiele unter der Trump-Administration. Interessanterweise hat Trump auch eine Anti-Immigrations-Agenda verfolgt, die für einen US-Präsidenten eher ungewöhnlich ist; die er genutzt hat, um das ohnehin schon kleine amerikanische Sozialsystem zu reduzieren. Über den Bereich der Steuerpolitik hinaus verfügt Trump innerhalb der jetzigen Verwaltung über wenig wirtschaftliche Kompetenz, wofür es gute Gründe gibt. Der Widerspruch in der Wirtschaftspolitik von Trump ist groß. Bis 2025 könnte der Einkommensanteil der unteren 50 % der Haushalte in den USA mit 10 % gegenüber 1980 halbiert werden, und die Einkommensunterschiede werden weiter zunehmen. Nicht zuletzt, weil die Macht der Gewerkschaften in den USA parallel zum immer weiter schrumpfenden Anteil der Industrie am US-Bruttoinlandsprodukt abgenommen hat und weil den Empfängern von Kapitaleinkünften aus dem Ausland höhere Gesamtrenditen (nach Steuern) zufließen – wenn die Tendenz in den USA derjenigen der Schweiz folgt, einer führenden globalisierten Volkswirtschaft, was eine plausible Annahme erscheint. In der Schweiz ist es jedenfalls so, dass der starke Anstieg der Nachsteuereinkommen der Top-Ein-Prozent auf einen gemeinsamen Faktor zurückzuführen ist – das steigende Einkommen aus dem Ausland, wo Kapitaleinkünfte relativ günstig besteuert wurden. Die Niedrigsteuer-USA sind der Schweiz sehr ähnlich: die USA erhalten mehr Gewinne aus dem Ausland als aus den USA ins Ausland gehen. Dabei bunkerten viele US-Unternehmen Auslandsgewinne über sehr viele Jahre im Ausland, zumal in den USA eine höhere Besteuerung gegolten hätte als etwa in einigen Ländern der EU. Das änderte sich erst mit der Trumpschen Steuerreform 2017, die zu günstigen Konditionen US-Multis erlaubte, Auslandsgewinne aus dem Ausland in die USA in die Mutterkonzerne zurückzuholen. Die US-Multis, börsennotiert, konnten damit enorme Aktienrückkäufe finanzieren, was die US-Aktienkurse zwei Jahre lang mit nach oben trieb.

Donald Trump setzte offensichtlich eine sehr überzeugende populistische Botschaft in der Präsidentschaftskampagne 2016 ein: Er wiederholte seine Besorgnis über die Durchschnittsbürger und Arbeiter, die „vergessenen Männer und Frauen", und versprach ihnen in einigen Fällen ihre alten Arbeitsplätze zurück und in anderen Fällen, Millionen neuer Arbeitsplätze zu schaffen. Er versprach, das Ansehen und den Einfluss der USA auf der Weltbühne zu erhöhen und die Zahl der Einwanderer zu verringern – Einwanderer, von denen er sagte, dass sie Amerikaner ihren Arbeitsplatz kosten würden. Gleichzeitig missbrauchten Millionen von Einwanderern (laut Trump in seiner Rede in Pheonix, Arizona, Immigration) das amerikanische Sozialsystem – was Trump als Argument gegen die Sozialpolitik nutzte. Darüber hinaus bot Trump der Republikanischen Partei mit ihrer traditionellen Skepsis gegenüber der großen Regierung Versprechungen der Deregulierung und der Aktivierung neuer Geschäftsmodelle an. Trump schlug auch eine Politik der Steuersenkungen vor, von der die Spitzenverdiener langfristig am meisten profitieren könnten. Es steht außer Zweifel, dass Trumps Rhetorik Menschen mit niedrigerem sozioökonomischem Hintergrund tröstete. Aber die Wirtschaftspolitik von Trump wird nur dazu dienen, eine vorübergehende Atempause zu schaffen, die großen Risiken für die untere Hälfte der US-Einkommenspyramide werden nicht dauerhaft gemildert.

Im Gegenteil, die traditionell für freien Handel eingestellte Republikanische Partei hat Trump umgepolt, damit sich die USA zu einer treibenden Kraft hinter einem globalen Handelskrieg entwickelt – da liegt eine ideologische Identitätskrise offen vor uns. Trump hat protektionistische Handelsmaßnahmen gegen Mexiko, Kanada, China, die EU, Japan und Korea ergriffen: Importzölle für NATO-Verbündete wurden von Trump unter Berufung auf Gründe der nationalen Sicherheit bei Aluminium und Stahl erhoben, während andere Zölle und Zolldrohungen verfolgt wurden. Im Hinblick auf China war 2018 eine bilaterale Eskalation der Zölle zu beobachten. Diese handelspolitische protektionistische Politik ist über einen längeren Zeitraum nicht nachhaltig. Sie wird nur dazu dienen, die Volkswirtschaften der USA, Europas und auch der Weltwirtschaft zu schädigen. Da die USA deutlich gemacht haben, dass sie die europäische Integration nicht mehr unterstützen werden, was eine Abkehr von der über sechs Jahrzehnte andauernden traditionellen Unterstützung bedeutet, und da Trump einen bilateralen EU-stabilisierenden Ansatz des individuellen Umgangs mit Ländern und des Versuchs, die Rolle anderer internationaler Organisationen zu unterdrücken, vorantreibt, ist ein neuer Wettbewerb zwischen den Wirtschaftssystemen entstanden: Die freie Marktwirtschaft der USA gegen die Soziale Marktwirtschaft der EU –

und gegen China und seine autokratische Regierung, die ihr System einer hybriden staatlich-privaten Marktwirtschaft fördert.

Wenn Trump den Multilateralismus und die Rolle internationaler Organisationen in kritischen Bereichen, wie beispielsweise der Welthandelsorganisation, zerstören sollte, dann wird die Zahl der Konflikte steigen, die sich aus ungeordneten und unregulierten Handelsbeziehungen, Investitionen und Migration ergeben: Rückschritt in Richtung einer Weltwirtschaft, die an das 19. Jahrhundert erinnert. Mit dem BREXIT wird das Vereinigte Königreich, nachdem es aus der Europäischen Union ausgeschieden ist, eine noch engere „besondere" Beziehung zu den USA anstreben, die den US-Populisten neue Wege eröffnet, ihre nationalistischen und fremdenfeindlichen politischen Pläne nach Europa zu exportieren.

In Teilen Europas und Asiens, darunter einige Länder der Association of Southeast Asian Nations (ASEAN), sind die Regierungen mit zunehmenden Zweifeln an den Vorteilen der regionalen Integration bzw. des Multilateralismus konfrontiert; vor allem unter dem Druck, sich von solchen Ansätzen von den USA und Präsident Trump zu distanzieren. Daher ist es höchste Zeit für die EU 27, sich auf globaler Ebene für die Förderung von Integration und Multilateralismus zu engagieren. Es bleibt abzuwarten, ob es der EU gelingt, die europäische Soziale Marktwirtschaft zu reformieren und sie in ein Wirtschaftssystem zu verwandeln, das als attraktives Modell wahrgenommen wird – mit globalem Einfluss. Sollten die USA noch viele Jahre lang unter dem Bann des rechtsgerichteten Populismus stehen, würde es womöglich den EU-Ländern obliegen, die Bannerträger für Liberalismus, Rechtsstaatlichkeit und Achtung des Konstitutionalismus zu werden; das wäre eine neue und schwierige Rolle für die EU. Eine solche Rolle würde umfassende und beschleunigte Reformen erfordern und muss auch mit dem Anspruch verbunden sein, der Verteidiger des multilateralen Systems zu sein. Letzteres würde nur realisiert, wenn die EU vor allem China von einer Zusammenarbeit überzeugen könnte. Das würde eine Chance bedeuten, das umfangreiche und weitgehend funktionierende System der internationalen Organisationen zu retten. Nach einiger Zeit würden die USA nach eigenen Reformen wieder ihre Position im globalen System einnehmen. In diesem Ausblick wird die neue Phase der populistischen Politik in den USA zumindest als ein mittelfristiges Phänomen betrachtet – womöglich unter einem neuen US-Präsidenten führbar –, sodass es in der Tat sinnvoll wäre, wenn die EU im Wesentlichen eine strategische Neuausrichtung in den Bereichen Außen- und Wirtschaftspolitik vornehmen würde. Der Prozess wäre jedoch sicherlich schwierig. Wie soll eine in sich zerstrittene Europäische Union global eine

Führungsmacht sein? Besser wäre es, man könnte in den USA eine politische Normalisierung erreichen.

Ohne solide Reformen und eine verstärkte Zusammenarbeit zwischen der EU und Asien wird die EU wahrscheinlich nicht die Unabhängigkeit und den internationalen Einfluss erhalten, den sie genießen müsste, um langfristig international erfolgreich zu sein. Darüber hinaus ist es wichtiger denn je, sich der Beispiele für bedeutende Erfolge bewusst zu sein, die im Bereich der regionalen Integration in Europa (EU), Südamerika (Mercosur), Südostasien (ASEAN) und Afrika (ECOWAS) erzielt wurden.

Der Trumpismus, als neue US-Variante des Populismus, wird auch nach dem Ausscheiden von Trump noch viele Jahre bestehen bleiben – womöglich unterbrochen durch einen Wahlsieg eines Demokraten/einer Demokratin. Die sozialen und wirtschaftlichen Strukturen, die der Trumpismus hervorgebracht hat, bleiben wohl für eine Reihe von Jahren fast unverändert bestehen. Das ist mittelfristig ein Problem für Westeuropa, ebenso wie bei immer wieder auftretenden transatlantischen wirtschaftlichen und politischen Konflikten; dann wird der Druck auf die EU/Eurozone zunehmen, nach Asien – und insbesondere nach ASEAN und China – zu schauen, um verlässliche Partner zu finden. ASEAN, eine Gemeinschaft von Ländern mit über 600 Mio. Einwohnern, in denen die EU bei den Auslandsinvestitionen führend ist, wird durch den US-Protektionismus rasch unter den Einfluss chinesischer Investoren geraten. In einem Beispiel für das Zollhürden-Überspringen-Verfahren wird China versuchen, die ASEAN-Länder als Grundlage für die Ausfuhr von Produkten in die USA zu nutzen, um Maßnahmen zu vermeiden, die sich auf in China hergestellte Waren beziehen. Dies wird Chinas Handelsüberschuss mit den USA verringern, aber das China-Problem Amerikas wird bestehen bleiben; der einzige Effekt wird ein Verlust der amerikanischen Macht und des Einflusses in den ASEAN-Mitgliedstaaten sein.

In Anbetracht der Frage der Überwindung des US-Populismus ergeben sich drei Möglichkeiten der Eindämmung:

1. aus den USA heraus, durch interne Reformen und Veränderungen im politischen System;
2. von außerhalb der USA, angetrieben durch einen neuen transatlantischen Wettbewerb zwischen Systemen, auf den die EU weitgehend unvorbereitet ist und in dem die EU-Länder zunehmend versuchen würden, die Soziale Marktwirtschaft weltweit als ein Modell zu exportieren, das es verdient, in Ländern auf der ganzen Welt übernommen zu werden;
3. aus einer Art globaler Allianz zur Verteidigung des Multilateralismus – auch wenn der größte Wirtschaftspartner, China, bisher wenig Erfahrung

auf diesem Gebiet hat. Bislang hat China in dem Jahrzehnt seit dem Beitritt Chinas zur Welthandelsorganisation kaum eigene Gestaltungsideen für den Multilateralismus formuliert oder präsentiert.

Je länger der amerikanische Flirt mit dem Populismus als nationalistisches und protektionistisches Projekt dauert, desto stärker werden die politischen Strömungen sein, die nach der Verbreitung der Ideologie über den Globus streben; und dort werden Wohlstand und Stabilität der Länder im „alten" und „neuen" Europa gleichermaßen gefährdet sein, mit ihren eigenen Erfahrungen mit dem alten und neuen Nationalismus. Deutschland mit seinen eigenen vergangenen Dämonen könnte zu einem Schwachpunkt in Westeuropa werden: Damit gewinnt die rechtsgerichtete *Alternative für Deutschland* (AfD) sowohl nationale als auch internationale Bedeutung. Hier gibt es eine innerdeutsche Politikentfremdung mit Teilen der Wählerschaft, aber der AfD-Aufstieg flächendeckend in allen Landtagen und zuvor schon im Deutschen Bundestag wird auch für Transatlantische Entfremdung sorgen.

Aus Sicht der EU ist es sowohl bedeutsam als auch bedauerlich, dass die USA in eine Phase erheblicher innerer Widersprüche eingetreten zu sein scheinen. Rechte und nationalistische politische Parteien sowie US-Interessengruppen in Europa – aber auch in Asien sowie Mittel- und Südamerika – werden mit Unterstützung der USA an politischem Einfluss gewinnen wollen. In Deutschland ist ein differenzierter Ansatz der Industrie, der an die Situation Anfang der 1930er-Jahre erinnert, deutlich sichtbar: Einige multinationale Unternehmen, wie Siemens oder Bosch, verteidigen die Globalisierung und Führungskräfte sprechen sich gegen Fremdenfeindlichkeit und Rechtspopulismus aus. Dies schließt jedoch nicht aus, dass das ein oder andere Unternehmen selbst irgendwann versuchen könnten, von der Ausspielung einer nationalistischen Karte zu profitieren; dabei spielen in Ostdeutschland auch erstaunlich viele Selbständige die AfD-Karte. Die AfD-Expansion trägt zu einer transatlantischen Politikentfremdung bei. Es ist bezeichnend, dass die AfD ganz entschieden – schon bei der Obama-Präsidentschaft – gegen ein Transatlantisches Handelsabkommen Front machte.

Die US-Botschafter, die ihr Glaubensbekenntnis in Europa verbreiten wollen, sind zum Teil politisch radikal und werden vom ideologischen Trump-Camp finanziell unterstützt. Die alte Weltwirtschaft ist zum ersten Mal seit dem Ende der Sowjetunion 1991 mit massiven Veränderungen konfrontiert. Die Dynamik dieses Wandels zu verstehen und Maßnahmen zur Vermeidung eines globalen Wandels zur politischen Rechten – und damit einer internationalen Rückkehr in das späte 19. Jahrhundert – festzulegen, ist ein wesentlicher Aspekt dieser Analyse.

Literatur

Akerlof, G., & Kranton, R. (2010). *Identity economics: How our identities shape our work, wages, and well-being.* Princeton: Princeton University Press.

Atkinson, A. (2015). *Inequality—What can be done?* Cambridge, MA: Harvard University Press.

Bhagwati, J. (2004). *In defense of globalization.* New York: Oxford University Press.

Jefferson, T. (1788). Notes of a Tour through Holland and the Rhine Valley, 3 March–23 April 1788. US National Archives. https://founders.archives.gov/documents/Jefferson/01-13-02-0003#TSJN-01-13-0003-fn-0009-ptr. Zugegriffen am 1.04.2020.

Lieberman, R., et al. (2017). Trumpism and American democracy: History, comparison, and the predicament of liberal democracy in the United States. Working paper. https://doi.org/10.2139/ssrn.3028990.

Morris, E. K. (2019). Inversion, paradox, and liberal disintegration: Towards a conceptual framework of Trumpism. *New Political Science, 41*(1), 17–35.

Rojecki, A. (2016). Trumpism and the American politics of insecurity. *The Washington Quarterly, 39*(4), 65–81.

Sides, J., Tesler, M., & Vavreck, L. (2018). *Identity crisis: The 2016 Presidential campaign and the battle for the meaning of America.* Princeton: Princeton University Press.

2

Impeachment-Verfahren, Druck auf die US-Wirtschaft und die US-Wirtschaftspolitik und die US-Wirtschaftspolitik beim Corona-Shock

Amtsenthebungsverfahren und US-Wirtschaftsentwicklung vor und nach dem Corona-Schock

Präsidenten der USA starten ihre Amtszeit mit großen Ankündigungen: faktisch bei Trump mit dem Motto America First und dem Versprechen, dass er den Sumpf an etablierten Politikern und Experten in Washington DC austrocknen wolle. Als Populist hat Trump wenig Verständnis für die Rolle der Wissenschaft, speziell der Natur- und Umweltwissenschaften: Deregulierung von Naturschutz und der Ausstieg aus dem Pariser UN-Klimaabkommen waren Teil seiner Ankündigungen im Wahlkampf; und dass er Obamacare, die Krankenversicherungsreform seines Vorgängers Obama, zurückdrehen wollte. Die wissenschaftsfeindliche Einstellung von Donald Trump fiel ihm dann in der Corona-Krise allerdings auf die Füße. Denn er war etwa mit Blick auf seinen obersten Seuchenberater Dr. Fauci relativ beratungsunwillig und verkündete häufig Maßnahmen und Erwartungen, die sich als unrealistisch und unzweckmäßig erweisen sollten – eben dem Rat der Seuchenexperten nicht entsprachen. In der Wirtschaftspolitik folgte er immerhin eine Zeitlang dem Rat von führenden Experten. Zugleich ergab sich in der Trump-Administration eine hohe Fluktuationsrate, da Mitarbeiterinnen oder Mitarbeiter entweder nach einiger Zeit von sich aus die Administration verließen oder aber Trump entließ entsprechende Experten oder Berater.

Mit Blick auf die Präsidentschaft von Donald Trump kann man diese einteilen in die Jahre 2016–2019, die ökonomische Rekordzahlen brachten: beim Aktienkurs und in Sachen niedrige Arbeitslosenquote. Dann kam das Wahljahr 2020, das aus Sicht Trumps zu Jahresbeginn kaum hätte schief gehen können: Eben wegen der guten Wirtschaftslage und ziemlich unabhängig von erkennbaren Eitelkeiten des Präsidenten auf manchen Politikfeldern. Das Jahr 2020 kann man einordnen als stark innenpolitisch und letztlich auf Überwindung der Corona-Krise ausgerichtete zweite Phase in der Präsidentschaft von Donald Trump.

Schon im März 2020 sah es in den USA mit Blick auf die ökonomische Lage plötzlich ganz anders aus, als es noch Ende 2019 von Trump und seinen Beratern erwartet worden war. Die USA sahen sich einer massiven Coronavirus-Epidemie ausgesetzt, während zugleich die Aktienkurs- und Wirtschaftsentwicklung in der zweiten Märzhälfte dramatisch absackte. Am 27. März 2020 unterzeichnete Trump das vom Kongress verabschiedete ökonomische Rettungspaket, das mit 2220 Mrd. US$ zusätzlichen Ausgaben – darin enthalten auch Garantien des Bundesstaats für Kredite an Unternehmen – eine riesige Fiskalspritze zugunsten von Unternehmen und privaten Haushalten markierte. Den mittelständischen und kleinen Unternehmen gab der Staat zur Liquiditätssicherung verlorene Zuschüsse, Großunternehmen erhielten große Hilfskredite. Eine solche Stützung der Wirtschaft in Höhe von gut 10 % des Nationaleinkommens ist historisch einmalig. Allerdings treibt diese Maßnahmen auch das US-Haushaltsdefizit relativ zum Bruttoinlandsprodukt (BIP) – zur nationalen Produktion – deutlich in die Höhe. Der Stress in den US- und Weltfinanzmärkten im Jahr 2020 ist zeitweise enorm, starke Kursschwankungen gehören zum Bild der Finanzmärkte.

Der Corona-Schock ist ein sehr eigenständiges und ungewöhnliches globales Ereignis: Es geht um eine Weltseuche, auf die die meisten Staaten, so auch die USA so reagierten, dass künstliche „Sonderferien zu Hause" für fast alle Arbeitnehmer verordnet wurden und damit die Wirtschaft in einen unfreiwilligen Winterschlaf mitten im Frühjahr 2020 fiel. Unabhängig vom Wirtschaftssystem – egal ob Marktwirtschaft oder Sozialismus in Kuba, Venezuela und Nordkorea – die Produktionstätigkeit der Firmen geht massiv zurück, wenn ein großer Teil der Belegschaft zu Hause sitzt, um über eine nationale Quarantänesituation die Infektionsgeschwindigkeit der Seuche zeitweise zu vermindern – soweit, dass die Zahl der Neuinfizierten deutlich sinkt und der von Neuinfizierten mit Symptomen ausgehende Anstieg der Krankenhauspatienten mit den vorhandenen Behandlungskapazitäten in Übereinstimmung zu bringen ist.

Aus Seuchenabwehrgründen von den USA verhängte Grenzsperrungen zu Kanada und Mexiko – Ende März eingeführt – bringen Probleme bei Lieferketten und Produktionsnetzwerken, die über Jahre in der Freihandelszone NAFTA (USA, Kanada, Mexiko) entstanden sind. Dass es auch innerhalb der Vereinigten Staaten zu Grenzkontrollen und -sperren zwischen Bundesstaaten kommt, ist nicht ausgeschlossen. Ende März wollte offenbar New Jersey als Nachbarstaat des von Corona schwer getroffenen Bundesstaats New York faktisch eine Grenzsperre einführen: Autos mit New Yorker Autokennzeichen sollten nicht durchgelassen werden. Aber politische Gespräche des New Yorker Gouverneurs Cuomo mit seinem Amtskollegen Murphy konnten das Problem fürs erste bereinigen.

Der Anteil der Menschen an der Bevölkerung, die in den USA im Herbst 2020 ohne Krankenversicherung sind, könnte von 13 % Ende 2019 auf dann 20 % zu diesem Zeitpunkt ansteigen. Wer dann ohne Krankenversicherung eine Behandlung im Krankenhaus braucht, der kann binnen Monaten vor dem ökonomischen Ruin stehen. Geht man davon aus, dass 50 % der US-Bürgerschaft im Verlauf von 2020 infiziert sein wird, von denen 6–8 % kritische Symptome entwickeln, so könnte fast 1 % der US-Bürgerschaft sehr erhebliche Finanzprobleme wegen des Corona-Gesundheitsproblems haben (hinzu kommen Arbeitnehmer mit Finanzproblemen, die längere Zeit ihren Arbeitsplatz verloren haben, und Selbstständige, die in Konkurs gehen). Auch vor dem Corona-Schock galt schon, dass viele Menschen in den USA Probleme haben, ihre Arzt- und Medikamentenrechnungen zu bezahlen, sodass solche Rechnungen zum persönlichen Konkursrisiko werden (Welfens 2020a). Der Konsum könnte in den USA im Zuge der Corona-Epidemie stärker einbrechen als in der EU. Eine allgemeine Krankenversicherung haben in den USA nur die über 65-Jährigen (Medicare) und sehr arme Haushalte (Medicaid). Sofern das Virus vor allem sehr ernste Gesundheitsprobleme bei den über 65-Jährigen bringt, sind die USA in Sachen Krankenversicherung immerhin an einem Punkt gut aufgestellt.

Natürlich ist in den USA, neben der Wirtschaftskrise, das Hauptthema für 2020 und 2021 der unfreiwillige gewaltige Stresstest des US-Gesundheitswesens durch die Corona-Epidemie mit Millionenzahlen bei den Infizierten und die vielen Toten durch die Covid-19-Krankheit. Ende März 2020 war in New York und New Orleans das Gesundheitssystem über seine Grenzen hinaus beansprucht. In Washington DC, der US-Hauptstadt gab es schon im Februar 2020 eine erhebliche Zahl von Infizierten, was kein Wunder ist. Denn das Virus verbreitet sich mit den einströmenden Touristen sowie zu Besuch im Großraum Washington-Baltimore weilenden Geschäftsleuten und

Wissenschaftlern rasch. Natürlich ist Washington DC auch ein Ort, wo sich im Politiksystem tagtäglich Tausende Menschen eng begegnen; wo Abgeordnete und Senatoren sowie Trump-Berater Vertreter aller möglichen Einflussgruppen plus wichtige Experten treffen – lange noch mit Händeschütteln verbunden (wie auch Boris Johnson als UK-Populist womöglich seiner noch Mitte März 2020 unbändigen Neigung, Hände zu schütteln, die Coronavirus-Infektion verdankt).

Was mich betraf, so war ich selbst am 24. Februar 2020, einem Montag, in Washington DC zu einem Vortrag in der Georgetown University. Am Donnerstag zuvor war ich aus Frankfurt eingeflogen und traf noch am Abend einen Kollegen des Internationalen Währungsfonds – an der Bar des Trump Hotels, nicht weit vom Weißen Haus entfernt. Unser berufliches Gesprächsthema war im Kern der absehbare nationale und internationale Problemdruck durch die Coronavirus-Epidemie.

Am 26. Februar stellte ich an der University of California, Berkeley, mein Buch The Global Trump (2019b) vor (https://www.youtube.com/watch?v=92TzUcljceg&t=416s). Die Universität Berkeley ist wissenschaftlich großartig und hat einen wunderbaren, naturgeprägten Campus, den ich aus früheren Besuchen kenne. In Washington DC wie in der Region um San Francisco fühlte ich mich in der Vergangenheit immer gut und entspannt bei meinen beruflichen Arbeiten. Allerdings hatte ich schon vor dem Abflug in die USA versucht, via Internet ein Bild über die Coronavirus-Infektionslage in der Region um San Francisco zu erhalten. Es hieß, dass sich zwei Patienten mit Covid-19 in Krankenhäusern befänden. Also gab es, dachte ich beim Abflug in Frankfurt, keinen Grund zur Sorge. Das änderte sich aber schon bei meiner Ankunft in San Francisco; ich fürchtete, dass man in Kalifornien den Ausnahmezustand wegen des Coronavirus kurzfristig einführen werde. Tatsächlich dauerte es aber noch eine Woche, bis der Bundesstaat Kalifornien am 4. März 2020 den Ausnahmezustand erklärte. Ich habe keinen Zweifel, dass im späten Frühjahr die täglichen Riesenstaus in der Region um San Francisco nicht länger von morgens fünf Uhr bis etwa zehn Uhr und dann nachmittags bis spätabends andauern.

Der Virus zwang Ende März die meisten Firmen in Kalifornien, der Mitarbeiterschaft digitales Zuhause-Arbeiten zu verordnen: Kalifornien ist da als Computer- und Softwareführungsregion der Welt natürlich relativ gut aufgestellt. Am Tag meines Vortrags, am 26. März, gingen meine Gedanken Jahrzehnte zurück und mir fiel ein, dass man noch in den späten 1970er- und frühen 1980er-Jahren die Computer-Science-Professoren in Berkeley als ziemliche Exoten betrachtet hatte. Aber Kaliforniens Universitäten atmeten schon damals einen Geist von großer Freiheit der Wissenschaft und sind dabei geprägt von Bemühungen um herausragende wissenschaftliche Analysen. Dabei ist San Francisco so schön – trotz Erdbebengefahr –, dass die nicht wenigen Obdachlosen, ein Neuproblem seit der Bankenkrise 2008/2009, aus der bei Immobilienpreisen sehr teuren „Bay Area" (Region um San Francisco) nicht fortziehen wollen. Donald Trump hielt das Problem der vielen Obdachlosen in San Francisco und Los Angeles immer wieder den Demokraten-Politikern an der Spitze von Kalifornien vor. Allerdings wird das Obdachlosenproblem in diesem sonnigen Bundesstaat nun mit dem Corona-Virus tatsächlich zu einem größeren Problem. Natürlich müssen auch Obdachlose in die medizinische Bekämpfung gegen das Virus einbezogen werden. Der US-Kongress hat immerhin Ende März kostenlose Coronaviren-Tests für die USA beschlossen. Der erste an Corona verstorbene 16-Jährige in den USA war ein junger Mann ohne Krankenversicherung, den ein privates Krankenhaus trotz seiner Symptome abwies und auf eine staatliche Klinik verwies. Auf der Fahrt zum staatlichen Krankenhaus verstarb der junge Mann. Das konnte ich noch nicht wissen, als ich meinen Vortrag an der Universität Berkeley hielt.

Allerdings nahm ich im Frühstücksraum Gespräche von Medizinkollegen an einem Nebentisch wahr, die sich über Aspekte der Virusausbreitung in verschiedenen Ländern Asiens unterhielten. Die Problematik dicht besiedelter Großstädte und das Problem großer Menschenansammlungen mussten für die Epidemiebekämpfung wichtig erscheinen. Europa und die USA sind in wichtigen Regionen da auch betroffen.

Jedenfalls mied ich größere Menschenansammlungen in Berkeley und fuhr am 27. mit dem Taxi zum Flughafen San Francisco, um abends dann die Maschine nach München zu nehmen. Die freundliche Taxifahrerin berichtete im Gespräch, dass in San Francisco wegen der aus China eingeschleppten Viruskrankheit viele Menschen Asiaten ausgrenzten: Zum Beispiel kann man sich Essen nach Hause liefern lassen und bekommt dann angezeigt, wer das Essen abliefern wird – das soll Vertrauen erzeugen. Wenn aber die Besteller in diesen Tagen ein Gesicht mit asiatischer Prägung sehen, so bestellen viele Menschen die Lieferung gleich wieder ab; häufig natürlich aus Angst vor Ansteckung.

Das ist eigentlich kein guter Grund in einer Region, in der es seit dem späten 19. Jahrhundert Abertausende Menschen aus Asien, sehr häufig aus China, gibt. So waren es vor allem chinesische Arbeiter, die im Eisenbahnbau in Kalifornien im frühen 19. Jahrhundert aktiv waren – und viele ließen dort, bei schwierigen Bauabschnitten, ihr Leben. China Town in San Francisco ist ein alter Stadtteil und sehr viele Menschen aus Asien, die in Kalifornien leben, betrachten sich offenbar selbst als gut integriert.

Seit 1980 sind vor allem Studierende aus Asien, auch aus China, nach Kalifornien gekommen. In den großen Häfen Kaliforniens stapeln sich riesige

Containermengen, die aus Asien kommen; ganz ähnlich wie in Rotterdam und Hamburg. Mit den internationalen Logistikketten gibt es in der weltweiten Epidemie zeitweise ernste Probleme: Container müssen von Schiffen geladen und per LKW abtransportiert werden. Wenn sich aber im Hafenbetrieb mehr und mehr Arbeitnehmer krank melden und eigentlich erwartete LKW nicht auftauchen, dann verstopfen die Häfen und der Nachschub bei Gütern des täglichen Bedarfs, aber auch bei Vorprodukten für Autos und Medizingeräte stockt. Globale Arbeitsteilung sieht man indirekt beim Blick auf die großen Containerschiffe in Hamburg, San Francisco und Shanghai. Nicht sehr sichtbar, aber doch sehr wichtig ist die wissenschaftliche Kooperation zwischen den USA, Europa und China. Möglicherweise bringt auch dieses Kooperationsnetzwerk Lösungen für die Entwicklung eines Impfstoffs gegen die Corona-Weltepidemie.

Während in New York Ende März 2020 immer mehr Menschen mit Covid-19-Verdacht ins Krankenhaus mussten, litten die Rettungsfahrzeugflotten in der US-Finanzmetropole an einem ernsten Problem: etwa 20 % der Fahrer waren selbst am Coronavirus erkrankt, wurden allerdings bis zum Ausbruch handfester Symptome gebeten, weiter im Dienst zu bleiben. Das kann nur bedeuten, dass bis Frühsommer der größte Teil der Fahrer im New Yorker Gesundheitsdienst erkrankt sein wird – in der Regel dann hoffentlich auch wieder gesund wird (von vermutlich wenigen tragischen Fällen abgesehen). Allerdings ist es sicherlich keine Normalsituation, wenn infizierte Fahrer Krankenwagen fahren und dabei womöglich auch noch Patienten infizieren.

Die Situation am 28. März 2020 war global sehr besorgniserregend: Laut Weltgesundheitsorganisationsbericht von diesem Tag gab es weltweit 572.000 Corona-Infizierte weltweit, zugleich waren bis dahin 26.500 Tote zu verzeichnen. In den USA gab es 85.200 Infizierte, 1700 Tote: Tendenz rasch weiter steigend. Für Präsident Trump ist allerdings die Corona-Krise eine Möglichkeit, seine Handlungsfähigkeit und Tatkraft täglich neu – mitten im Wahljahr 2020 – zu beweisen. Dass dabei offenbar Bundesstaaten mit demokratischen Gouverneuren gegenüber manchem Bundesstaat – wie Florida und Texas (mit Republikaner-Gouverneuren) – bei der Zuteilung von bei der Bundesregierung in Washington angeforderten Medizinprodukten benachteiligt werden, war Ende März 2020 schon offensichtlich. Natürlich ist das nicht fair vonseiten Trumps. Hier ist ein solches Verhalten auch Ausdruck der großen Macht des US-Präsidenten und die Botschaft an die Wählerschaft ist klar: Wer mich wählt, der ist (relativ) gut medizinisch versorgt.

Man könnte manche Reaktion von Präsident Trump zynisch nennen, zugleich erscheinen einige seiner öffentlichen Einschätzungen als wenig durch gute Argumente abgestützt. Ende März erklärte er, wie es doch schön sein werde, wenn an Ostern die Kirchen voller Menschen wären. Trump wollte offenbar nicht verstehen, dass sein Top-Medizinberater Dr. Fauci ihm erklärt hatte: Eine rasche Rückkehr der US-Wirtschaft und der US-Gesellschaft zur Normalität sei nicht binnen ganz weniger Wochen sinnvoll zu machen. Wenn man bei 100.000 Infizierten alle vier Tage eine Verdoppelung hat, dann sind eben vier Tage später 200.000 Menschen infiziert, acht Tage später schon 400.000 und am 12. Tag dann 800.000, also nach gut zwei Wochen denn weit über eine Million Menschen. Etwa 6 % der Erkrankten erleiden einen schweren Krankheitsverlauf, rund 1–3 % der Erkrankten werden wohl sterben. Bei einer Million Infizierten gibt es also etwa 60.000 ernstlich Erkrankte, die alle einen Krankenhausplatz brauchen, zwischen 600 und 1800 Menschen werden sterben. Quarantänemaßnahmen – faktisch Vorgaben der Regierung der Bundesstaaten, dass Arbeitnehmer und Selbstständige, Schüler und Studierende sowie Rentner für Wochen zu Hause bleiben müssen –, können die Ausbreitung der Epidemie verlangsamen. Inwieweit die Gouverneure der US-Bundesstaaten mit Präsident Trump zusammenarbeiten wollen bzw. seinen Empfehlungen folgen werden, bleibt abzuwarten.

Wenn die USA erst einmal über 10 Mio. Infizierte und 60.000 Tote haben werden, so werden sich wohl Unruhe und Unmut in Teilen der Bevölkerung deutlich zeigen. Die USA haben in zehn Jahren Vietnamkrieg 58.000 Gefallene zu beklagen gehabt. Dass die Vereinigten Staaten binnen weniger Quartale einer Virusinfektion in den USA mehr Tote verzeichnen könnten als im ganzen Vietnamkrieg, das erscheint sicher vielen Amerikanern einfach unbegreiflich. US-Präsident Trump sagte am 29. März 2020, er hoffe die Zahl der Corona-Toten in den USA auf 100.000 begrenzen zu können. Die Zahlen könnten allerdings auch wohl höher sein. Dabei ist die Gesamtzahl der Einwohner der Vereinigten Staaten zu sehen, nämlich 330 Millionen im Jahr 2019.

So sehr man in der EU in der Öffentlichkeit und aus Wissenschaftlerperspektive die relativen Todeszahlen etwa von Italien, Spanien, Deutschland, Frankreich, Polen usw. vergleichen wird und nach den Gründen für ungünstig hohe Befunde in einigen Ländern kritisch fragt, so sehr wird man in den USA die Frage stellen: Warum sind die US-Zahlen und auch die Todeszahlen – relativ zur Bevölkerung – in einigen Bundesstaaten besonders hoch; welche internationalen Vergleichsperspektiven gibt es und inwieweit zeigen sich hier Schwachpunkte des Gesundheits- und Wirtschaftssystems?

Ob der Corona-Schock tatsächlich eine größere Reform des US-Gesundheitssystems bringen wird, bleibt abzuwarten. Bei einer Wiederwahl von Präsident Trump ist es jedenfalls unwahrscheinlich, dass die USA eine allgemeine staatliche Krankenversicherung ähnlich wie in Europa einführen werden; eine solche Vorstellung findet sich politisch eher bei den Demokraten. Der den

Republikanern zuneigende US-Ökonom Boskin fragte in einem kritischen Blogbeitrag zur Debatte der Demokraten-Kandidaten im Vorwahlkampf 2020, ob sie denn der eine Million zählenden US-Ärzteschaft mitteilen wollten, dass ihr Einkommen sich halbieren dürfte; der Hinweis erfolgte mit Bezug auf Zahlen unter anderem für Deutschland und die USA, wonach Ärzte in Deutschland nur ein etwa halb so hohes Einkommen haben wie in den Vereinigten Staaten. Allerdings wird ein erheblicher Teil der Ärzteeinkommen in den USA auch gleich ausgegeben für die staatlicherseits von Ärzten verlangten hohen Haftpflichtversicherungen (die Debatte zu Haftpflichtversicherung spielt in Deutschland nur bei den Hebammen eine wichtige Rolle). Den transatlantischen Unterschied bei den Gesundheitsausgaben – 18 % des Nationaleinkommens in den USA im Jahr 2019 und 12 % in Deutschland und Frankreich – können die Honorarunterschiede bei den Ärzten nur zu einem sehr kleinen Teil erklären. Wirklich wichtig sind die großen Preis- bzw. Kostenunterschiede im Krankenhausbereich, wo durchschnittliche US-Preise für Standardleistungen viel höher als in Westeuropa sind. Jedenfalls werden sich die Gesundheitssysteme der USA und der EU-Länder sowie von Großbritannien gerade in der Corona-Epidemie bewähren müssen – obendrein die Gesundheits- und die Wirtschaftspolitik.

Dass Wirtschaftssystem und Gesundheitssystem eine innere Verbindung haben, sei hier betont: Ein leistungsfähiges Wirtschaftssystem – wie etwa das in Deutschland, Frankreich und vielen anderen EU-Ländern – ist Basis dafür, dass man ein breites Krankenversicherungssystem und ein gutes Gesundheitssystem aufbauen kann. Dass es dabei immer einer sinnvollen Balance von staatlichen und privaten Elementen bedarf, sollte man bedenken. Das Gesundheitssystem eignet sich offenbar nur in Grenzen dafür, dass man etwa Krankenhausunternehmen mit Gewinnmaximierung zur Norm im Gesundheitswesen macht; es ergeben sich dann nämlich wohl zu viele unnötige Operationen. Krankenhäuser in der Trägerschaft von Kommunen oder auch kirchlicher/religiöser Trägerschaft wird man jedenfalls häufig als sinnvoll erwägen, zumal der übliche Wettbewerb auf Märkten im Gesundheitswesen nur eingeschränkt funktioniert. In den USA sind große Teile des Krankenhauswesens gewinnorientiert. Die Versorgungsdichte mit Krankenhausdiensten im ländlichen Raum ist häufig relativ gering. Da viele Ärmere gar nicht oder unzureichend versorgt sind, gibt es relativ wenig Vorsorgeuntersuchungen für einen Teil der schwangeren Frauen – ein wichtiger Grund dafür, dass die Säuglingssterblichkeitsquote der USA viel höher als in EU-Ländern und UK mit allgemeiner Krankenversicherung ist; die Zahl der Frauenärzte in den USA pro Frau ist nur halb so hoch wie in Deutschland, was Hinweis auf eine ernste Versorgungslücke in den USA ist. Im Übrigen sollte man nicht übersehen, dass gerade die transatlantische Bankenkrise 2008/2009 in UK die Regierungen der Konservativen dazu veranlasste, massive Kürzungen beim Nationalen Gesundheitssystem durchzuführen. Diese Kürzungen erweisen sich in der Corona-Gesundheitskrise 2020 als Achillesferse des Britischen Gesundheitssystems. Die sozialen Kosten einer schweren – in USA und Großbritannien wesentlich durch übermäßige Deregulierung der Banken verursachten – Finanzmarktkrise zeigen sich also auch noch gut eine Dekade nach der transatlantischen Bankenkrise. Ein transatlantisches Freihandelsabkommen zu schließen, wäre für die EU oder auch UK sinnvoll, aber sicherlich nur, wenn das Gesundheits- und Mediensystem ausgespart bliebe.

Vermutlich wird bei Trumps Verteidigungsstrategie – Trump unterschätzte noch im Februar 2020 die Coronavirusgefahren sichtbar – immer wieder auch der Hinweis zu hören sein, dass die verspäteten Informationen aus China über den Epidemieausbruch in der Großstadt Wuhan Schuld an den hohen US-Infektionszahlen habe. So äußerte sich im Übrigen auch die stellvertretende US-Botschafterin in Deutschland Ende März in einem Gastbeitrag in der Rheinischen Post (da wird offenbar berechtigte Kritik an Chinas Behörden geäußert, aber das US-Management der New-York-Krise ist wiederum zu kritisieren: Trumps Medizinberaterin forderte bei einer Pressekonferenz am 24. März, dass US-Touristen mit kürzlichem Besuch von New York zu Hause in eine zweiwöchige Quarantäne gehen sollten; kein erkennbarer Gedanke jedoch, dass ausländische Touristen ähnliches im eigenen Interesse und im Interesse der Nichtausbreitung des Virus in ihren Herkunftsländern tun sollten – US-Airlines und ausländische Airlines hätten zurückgeflogene Touristen informieren können). Die USA haben allerdings, sichtbar schon vor der Coronavirus-Epidemie, deutliche Effizienzprobleme im US-Gesundheitssystem; bei sicherlich vorhandenen Spitzenleistungen in einigen Feldern. Aber ein Vergleich des US-Gesundheitssystems mit dem in Deutschland und Frankreich fördert schon einige Sonderbarkeiten zutage. So kosten Standardoperationen in den USA etwa dreimal so viel wie in Deutschland (Göpffarth 2012). Bei der Zahl der Intensivbetten pro 1000 Einwohner über 65 Jahre – eine wichtige Krankenhauskennziffer bei der Bekämpfung der Coronavirus-Herausforderung – lag Korea im Jahr 2017 auf Rang 1 mit 52 Betten pro 1000 ältere Menschen; die USA sind auf Rang 22, während Deutschland auf Rang 7, Frankreich auf Rang 21 und Italien auf Rang 27 stand (UK auf Rang 28, unmittelbar hinter Italien; Tab. 2.1).

Die Coronavirus-Epidemie ist für die politischen und wirtschaftlichen Systeme der Welt ein schwieriger Test. Die Pandemie könnte eigentlich auch Politikmaßnahmen ermutigen, die verstärkt auf internationale Kooperation

Tab. 2.1 Zahl der Intensivbetten pro 1000 über 65-Jährige, ausgewählte Länder (Welfens 2020a, Tab. 6)

Land	Intensivbetten pro 1000 über 65-Jährige
Korea	51,92
Slowakei	32,78
Österreich	29,50
Polen	28,26
Litauen	28,13
Japan	28,08
Deutschland	27,80
Belgien	27,36
Ungarn	22,87
Slowenien	22,31
Tschechien	21,89
Irland	20,64
Chile	20,07
Schweiz	19,85
Israel	19,24
Neuseeland	18,44
Island	18,15
Estland	17,85
Griechenland	16,67
Lettland	16,52
Frankreich	16,07
USA	15,97
Niederlande	15,79
Dänemark	13,56
Finnland	13,36
Spanien	12,81
Italien	11,74
Vereinigtes Königreich	11,73
Kanada	11,62
Schweden	10,39

aufbauen. Sehr viel an solchen Kooperationen kann man dazu in den USA nicht erkennen.

Es dürfte in Teilen der USA ähnlich dramatische Bilder wie in Italien, Spanien und Frankreich geben und natürlich wird es eine lautstarke Debatte zur Frage geben, wer die Schuld an der miserablen Lage wichtiger Regionen in den USA trägt. Präsident Trump wird sicherlich jeden Versuch starten, um die Aufmerksamkeit von seiner Administration fernzuhalten. Eine internationale Führungsrolle beim Kampf gegen das Coronavirus zeigte Trump nicht, was man als Abweichung vom traditionellen internationalen Politikführungsanspruch der USA einstufen kann.

Die ersten drei goldenen Trump-Jahre 2016–2019 entsprachen dem Anspruch von Trump, „Make America Great Again", seinem Wahlspruch aus dem

Wahlkampf 2016. Da gewann er zwar drei Millionen Stimmen weniger als Hillary Clinton, aber Trumps Wahlkampfführung war klug angelegt: Mit klarem Fokus auf die sogenannten wahlentscheidenden Bundesstaaten, den Swing States, die man für die Mehrheit der Wahlmänner braucht. Denn der Präsident wird ja in den USA nicht durch die Mehrheit der Stimmen bestimmt, sondern durch die Mehrheit im „Electoral College": dem Wahlmännergremium.

Die Präsidentschaft Trumps verlief aus Sicht der Republikaner in den USA in den Jahren 2017–2019 eigentlich nach Wunsch, sofern sich die wichtigen Gruppen der Republikanischen Partei mit dem ursprünglichen Kandidatenaußenseiter von 2016, Donald Trump, befreunden konnten: Mehr konservative Richterbesetzungen, höhere Militärausgaben, Steuersenkungen und ein hohes Aktienkursniveau, was man als typische Wahlziele großer Teile der Republikaner-Wählerschaft einordnen kann. Diese relative Erfolgsbilanz kam ganz massiv unter Druck durch die Corona-Krise, die ab März 2020 die Vereinigten Staaten erfasste. Ihre Bedeutung unterschätzte der Präsident noch Ende Februar erkennbar, als er die Probleme der Coronavirus-Epidemie in verschiedenen Äußerungen – inklusive seinen Twitter-Botschaften – herunterspielte. In den letzten beiden Märzwochen hingegen stand Trump unter dem Eindruck sehr scharfer Rückgänge beim Aktienkursindex, rasant steigender Corona-Infektionszahlen im Großraum New York und in einigen anderen Regionen des Landes mit hohen Infektionszahlen und steigender Zahl von Corona-Toten. In New York wurde zudem eine ähnliche Überlastungstendenz im Gesundheitssystem sichtbar wie in Norditalien im März 2020. Die Arbeitslosenzahlen stiegen im Zuge von Betriebsschließungen und Entlassungen – sie sind in den USA viel leichter möglich als in Deutschland und anderen EU-Ländern – in der zweiten Märzhälfte dramatisch an.

Der US-Kongress verabschiedete ein Hilfsprogramm mit den Komponenten expansive Fiskalpolitik (inklusive Versand von Schecks an private Haushalte), Bürgschaften für Kredite an Unternehmen und erhöhte Finanzzuweisungen an die Bundesstaaten, damit der Corona-Schock beherrschbar bleiben sollte. Mit einem Gesamtrahmen von gut 10 % des Nationaleinkommens war dieser Schutzschirm des Staates noch größer als in der US-Bankenkrise 2008/2009. Dazu kam noch eine expansive Geldpolitik der US-Notenbank, was dann auch vorübergehend die Aktienkurse (auf vermindertem Niveau gegenüber Jahresende 2019) stabilisierte. Allerdings bedeuteten die verhängten Kontakteinschränkungen in den USA ähnlich wie in EU-Ländern, dass die Produktion deutlich einbrach. Wegen der politisch-ökonomischen Unsicherheiten und der Jobsorgen großer Teile der US-Bürgerschaft ging natürlich auch die gesamtwirtschaftliche Nachfrage zurück: Ein hoher Rezessionsdruck baute sich in den ersten beiden Quartalen 2020 in den Vereinigten Staaten auf.

Wie immer bei nationalen Notsituationen ergab sich in den USA in der Anfangsphase des Corona-Schocks eine Tendenz, sich um den Präsidenten zu scharen. Im Kongress wurde das gigantische Hilfspaket einmütig verabschiedet. Die Zustimmungswerte für Trump in den Umfragen bei der Wählerschaft stiegen Ende März 2020 an (Gallup 2020), ganz ähnlich wie sich auch in EU-Ländern und UK die Zustimmungswerte für die jeweilige Regierung und die sie tragenden Parteien erhöhten. Krisen sind die Stunde der Exekutive: die Regierungen – in den USA und Frankreich sowie Russland auch der Präsident – können ihre Macht sichtbar für die Krisenbewältigung einsetzen. Die durch den Corona-Schock erkennbare Wirtschaftsabschwächung in den USA mindert die Wiederwahlchancen von Präsident Trump, der in den Medien über Wochen sichtbare Anti-Coronavirus-Kampf der Trump-Administration gibt dem US-Präsidenten aber auch eine Chance, sich positiv zu profilieren. Als tatkräftig erwies sich Donald Trump schon Ende März, als er eigentlich für militärische Bedrohungslagen gedachte Sonderkompetenzen (Defense Production Act) in Kraft setzte: Er wies US-Autoproduzenten an, bei der Produktion von unzureichend verfügbaren Medizintechnikprodukten mitzuwirken; insbesondere Beatmungsgeräte bzw. Zulieferteile werden die Autoproduzenten herstellen. Demgegenüber tauchten die Autohersteller in Deutschland, Frankreich und anderen EU-Ländern im März ab. Die Bundesregierung in Deutschland war passiv. Zu den europäischen Schwachpunkten gehörte im Übrigen im März 2020 die Kontrolle von LKW an den nationalen Grenzen, die zu zeitweise fast eintägigen Staus und damit Störungen der Lieferketten in der EU führten. Demgegenüber haben die USA als vollintegriertes Land einen Vorteil. Allerdings haben die USA durch die Ende März eingeführten Grenzkontrollen zu Mexiko und Kanada sicherlich auch in einigen Wirtschaftssektoren Probleme in der Produktion mit der Zulieferung von Vorprodukten aus diesen Ländern. Die Politik gegen die Corona-Epidemie startete Trump kaum zwei Monate nach Beendigung des Amtsenthebungsverfahrens im Kongress.

Amtsenthebungsverfahren gegen Trump

US-Präsident Trump sah sich im Herbst 2019 einem Amtsenthebungsverfahren (Impeachment) gegenüber, da sein in Teilen dokumentiertes Telefongespräch vom 25. Juli 2019 mit dem ukrainischen Präsidenten zeigte, dass er diesen um Ermittlungen gegen den politischen Rivalen – und möglichen Präsidentschaftsbewerber – Joe Biden bat. Dabei steht auf Basis verschiedener Zeugenaussagen im Raum der Vorwurf, dass der US-Präsident 400 Mio. US$

US-Militärhilfe für die Ukraine zuvor zurückstellte und als Bedingung für eine Freigabe dieser Militärhilfe verlangte, dass der ukrainische Präsident Ermittlungen gegen Joe Biden und seinen Sohn Hunter Biden – mit Geschäftstätigkeit in der Ukraine – aufnahm. Joe Biden war unter Präsident Obama ein aktiver Vizepräsident.

Das drohende Impeachment-Verfahren veranlasste Präsident Trump zu zahlreichen aggressiven Twitter-Nachrichten im Herbst 2019. Am 18. Dezember 2019 begann das Impeachment-Verfahren im US-Kongress; zunächst mit Anhörungen im US-Parlament. Allerdings waren seine Wiederwahlaussichten gemäß dem Oxford-Economics-Modell da noch sehr gut, da Simulationen einen Fünf-Punkte-Vorsprung für die Präsidentenwahl im November 2020 vorhersagten und selbst bei einer normalen Rezession wäre der Vorsprung noch erheblich (Oxford Economics 2019). Die relativ erfolgreiche Wirtschaftspolitik des US-Präsidenten trägt zu dessen Popularität bei; zumindest bis im Februar und vor allem im März 2020 die Corona-Epidemie auf dramatische Weise auch die USA erreichte. Zu diesem Zeitpunkt hatte Trump das Impeachment-Verfahren überstanden. Denn am 6. Februar 2020 entschied die republikanische Mehrheit des US-Senats, das Verfahren zu beenden und Trump – ohne Anhörung neuer Zeugen – freizusprechen: Vom Vorwurf des Machtmissbrauchs einerseits und der Behinderung des US-Kongresses andererseits. Zeugenvorladungen hatte es nur bei den vorhergehenden Anhörungen im US-Parlament gegeben, wo die Demokraten die Mehrheit haben.

Am 6. Februar 2020 entließ Trump einen wichtigen Zeugen aus dem Weißen Haus, nämlich Oberstleutnant Alexander Vindman, der aus Trumps Sicht das „perfekte Telefonat" von Trump mit dem Präsidenten der Ukraine, Selenskyj, in seiner Stellungnahme vor dem Parlament falsch wiedergegeben hätte. Sonderbarerweise entließ Trump auch noch gleich den Zwillingsbruder von Vindman. Es drängt sich hier der Eindruck auf, dass Trump nach innen mit Furcht regieren will. Trump zeigt ein für die US-Demokratie nicht unproblematisches Verhalten, das nach einem Streben nach absoluter Macht aussieht und übliche Regeln im Politikbetrieb nicht anerkennt; für die Betroffenen sieht das nach Willkürherrschaft aus. In diese Richtung hatte sich schon früh der Ex-FBI-Chef Comey kritisch über Trump geäußert.

Auch in der Wirtschaftspolitik folgte Trump relativ wenig einer normalen Politikstrategie, allem in der Handelspolitik zeigte sich der US-Präsident mit einer widersprüchlichen Politik, die im Übrigen bei der Handelspolitik gegenüber China den Vereinigten Staaten schadete. Eine Optimalzollpolitik, die man hier aus ökonomischer Sicht sektoral ansetzen könnte, hat er wohl im Fall China in Auftrag gegeben (bei relativ preiselastischem Güterangebot eines Exportsektors Chinas sollte der US-Importzollsatz eher klein sein. Wenn hingegen das ausländische Angebot wenig auf Preiserhöhungen reagiert, sollte der US-Importzollsatz relativ hoch sein. Allerdings haben die USA nicht die Rolle von US-Auslandsdirektinvestitionen beachtet (Welfens 2020b); hier ergibt sich ein Minderungsfaktor gegenüber der herkömmlichen Optimalzollsatztheorie, der bei Nichtbeachtung einen Schaden für die USA bedeutet).

Die Trump-Wirtschaftspolitik war am Anfang relativ merkwürdig und kaum nachhaltig erfolgversprechend insoweit, als die Defizitquote mit 7 % im Aufschwung im Jahr 2019 enorm hoch war (bereits Anstieg der Defizitquote in 2017/2018): mitten in einem Konjunkturaufschwung.

Bei einer Rezession wären die USA rasch bei einer Defizitquote von 10 %, was die US-Schuldenquote weiter nach oben treiben müsste. Die unabhängige Institution Congressional Budget Office (CBO 2020) zeigte in einer Publikation Anfang 2020, dass bei Fortsetzung der Trump-Defizitpolitik – das war vor den Beschlüssen zur Bekämpfung der erwarteten Corona-Rezession – die staatliche US-Schuldenquote von knapp unter 100 % im Jahr 2019 bis 2050 auf 180 % ansteigen würde. Bei dieser Größe hätten die USA sicher ihre internationale Top-Bonität AAA (oder AA bei Rating-Agentur Standard & Poors) nicht halten können.

Der langfristige US-Staatsanleihenzinssatz ist von daher nicht überraschend schon im Jahr 2017 gestiegen, während die Zinssätze – bei vergleichbarer Inflationsrate – in der Eurozone bzw. Deutschland gesunken sind. Also sind US-Nominal- und -Realzinssatz angestiegen, bevor dann eine expansive Geldpolitik zur Bekämpfung der Corona-Krise im März 2020 einen Zinsrückgang brachte. Die Minderung des Notenbankzinssatzes wurde verstärkt durch sogenannte Sichere-Hafen-Effekte: In einer internationalen Wirtschaftskrise fließen erfahrungsgemäß die Anlegergelder global verstärkt in Länder, die als sicherer Hafen gelten. Hierzu zählen neben den USA vor allem Großbritannien und Deutschland sowie Frankreich und die Schweiz. Der erhöhte Kapitalzufluss aus dem Ausland führt zu einer Zinssatzsenkung.

Der größte Widerspruch der Trump-Politik 2018/2019 lag in der Handelspolitik, wo Trump auf die relativ hohen Handels- bzw. Leistungsbilanzdefizitquoten (vereinfacht: Nettogüterimporte relativ zum Nationaleinkommen) im Wesentlichen mit drei Maßnahmen reagierte:

- Protektionismus gegenüber China und anderen Ländern in den Jahren 2018/2019; das sorgte für eine gewisse Destabilisierung der Aktienmärkte weltweit, da verminderter globaler Außenhandel mit Gewinneinbußen einherging.

- Verstärkter Verkauf von US-Waffensystemen; abgesehen von einzelnen Transaktionen mit wichtigen Partnerländern wird hier eine weitere Militarisierung der internationalen Beziehungen unterstützt, was zum Frieden regional und global wohl eher nicht beiträgt.
- Erhöhter Druck bei europäischen und asiatischen Partnerländern, US-Flüssiggas zu importieren. Das ist u. a. eine gegen Handel der EU-Länder mit Russland gerichtete Maßnahme, wobei Pipelinegas i. d. R. deutlich billiger als Flüssiggas ist. Auf lange Sicht sind solche erhöhten US-Flüssiggasexporte als problematisch einzustufen, denn es gibt erstens einen Preisnachteil für US-Flüssiggas; und zudem ist mit Blick auf das Ziel Klimaneutralität 2050 in der Welt kaum davon auszugehen, dass Erdgas langfristig ein wichtiger Energieträger bleiben wird.

Alle drei Punkte sind keine vernünftigen Maßnahmen, um ein strukturelles Leistungsbilanzdefizit der USA zu bekämpfen. Aus ökonomischer Sicht sinnvoll wäre es, den US-Konsum zu vermindern bzw. die US-Sparquote zu erhöhen. Dazu könnten einerseits Konsumdämpfungsmaßnahmen – wie etwa die Einführung einer US-Mehrwertsteuer – oder auch mehr Innovationsfördermaßnahmen des Staats beitragen, die zu erhöhten Renditeerwartungen bzw. erhöhten Realzinssätzen und dann auch zu einer steigenden Sparquote beitragen könnten. Nicht ganz auszuschließen ist, dass das Leistungsbilanzdefizit der USA einfach nur ein Spiegelbild eines natürlichen Nettokapitalzuflusses aus dem Rest der Welt ist: Das wiederum spiegelt die relativen Wettbewerbsfähigkeitsvorteile der US-Banken und der US-Finanzmärkte, die Konkurrenzvorteile in Finanzgeschäften und bei den Risikomärkten haben. Mit 2,4 % Leistungsbilanzdefizit der USA – relativ zur nationalen Wertschöpfung (BIP) – ist die US-Defizitquote im Übrigen nicht in einer kritischen Höhe.

Während es in den EU-Ländern und China einen Mehrwertsteuersatz gibt, der letztlich eine Konsumsteuer darstellt, werden in den USA nur regionale Verkaufssteuern – auf Ebene der Bundesstaaten – verwendet, was jedoch ein anderes und weniger effizientes System als die Mehrwertsteuer ist. Den US-Konsum bremsen könnte man unter normalen Umständen im Rahmen des bestehenden US-Politiksystems wohl durch bundesstaatliche Maßnahmen nur durch eine Erhöhung der Einkommensteuersätze, was sicher wenig populär wäre.

Wie gut ist Trumps Wirtschaftspolitikbilanz 2017 bis Anfang 2020? Eine sehr niedrige Arbeitslosenquote wurde erreicht, das Wirtschaftswachstum überstieg das der EU; allerdings kaum auf Pro-Kopf-Basis – die Immigration in den USA ist etwas höher als in der EU. Die Aktienkurse haben einen nominalen Höchststand erreicht; relativ zum Preisniveau (für das BIP) war der Anstieg des S&P500-Aktienindexes auch erheblich. Allerdings hat Trump einen teilweise künstlichen Boom entfacht, zu dem auch enorme Aktienrückkäufe als Treiber des Rekordaktienkursniveaus gehören, die begünstigt werden durch einen Teil der Trumpschen Steuerreformen. Sie gaben US-Unternehmen Anreize, im Ausland geparkte kumulierte Gewinne in die USA zurückzuholen. Viele US-Firmen kauften Aktien zurück, was den Kurs hochtrieb.

Die starke Minderung des US-Körperschaftssteuersatzes von 35 auf 21 % in der Trump-Steuerreform 2017 hat sicherlich zu erhöhten Direktinvestitionszuflüssen der USA geführt (wie etwa auch die Analyse von Welfens und Baier 2018 nahelegt) und zudem alle Industrieländer unter Druck in Sachen Steuersenkungen gesetzt. Soweit das eine erhöhte reale Investitionsquote und höheres Wirtschaftswachstum in der EU zur Folge hatte, stimulierte dies dann die US-Exporte und stärkte den US-Aufschwung. Allerdings hat der USA-China-Handelskonflikt offenbar die EU-Exportexpansion Richtung China und Asien zeitweise geschwächt, was gerade auch die Wachstumsdynamik Deutschlands beeinträchtigte.

Ein langjähriger Treiber der US-Wirtschaftsexpansion und auch der Expansion im Westen und in China sowie Japan ist der seit Mitte der 1980er-Jahre sich ergebende Rückgang des US-Realzinssatzes (Staatsanleihezins minus Inflationsrate; Abb. 2.1), der natürlich auch zum starken Aktienkursniveau in den USA beigetragen und über internationale Zinssenkungsimpulse auch einen relativen Aktienkursanstieg in Europa und Asien begünstigt hat. Der Zinssatz in den USA ist zeitweise nominal und real etwas geringer als in anderen westlichen Industrieländern, da US-Dollar-Anleihen von Zentralbanken weltweit als Reserven gehalten werden.

Künstlich ist am Trump-Boom die 2018 und 2019 bei über 4 % liegende Defizitquote des Staates im Aufschwung. Trump hat die Leistungsbilanzdefizitquote der Vereinigten Staaten nur wenig gemindert in den Protektionsjahren 2018/2019, als er durch hohe Importzölle vor allem gegenüber China Druck machte, um die Importe aus China zu senken, zugleich aber die US-Exporte Richtung China deutlich erhöhte. Eine Anfang 2020 unterschriebene Vereinbarung zwischen den USA und China verpflichtet China, die Warenimporte aus den USA um etwa 100 Mrd. US$ zu erhöhen, was eine internationale Wettbewerbsverzerrung zulasten anderer Länder darstellt. Ebenso kann man eine US-Wettbewerbsverzerrung im Standortwettbewerb feststellen, indem die Trump-Administration mit Importzöllen gegenüber Ländern in Europa und Asien droht, um auf diese Weise mehr Direktinvestitionen in die USA zu ziehen; globale Wohlfahrts- und Einkommensverluste wegen Effizienzverlusten sind die Folge. Beide Arten von Wettbewerbsverzer-

Abb. 2.1 US-Realzinssatz, 1970–2019 (Vierteljahreswerte: Nominalzins minus Inflationsrate; letztere auf Basis Bruttoinlandsproduktsdeflator; FRED, Federal Reserve Bank of St. Louis; EIIW-Berechnungen)

rung könnten über Imitationseffekte bei anderen großen Ländern, die der Trump-Strategie folgen, zusätzliche globale Wohlfahrtsverluste auslösen.

Dabei steigern die hohen US-Defizite im Bundeshaushalt absehbar auch den Druck der Republikaner-Abgeordneten im Kongress, staatliche Gesundheitsleistungen – wie etwa Medicare für die Rentner oder Medicaid für jüngere arme Kranke – oder auch andere Ausgabenkategorien zu kürzen. Es ist letztlich fast unmöglich, die US-Defizitquote unter Kontrolle zu bringen, wenn es nicht zu Steuererhöhungen kommt. Die Trump-Politik ist widersprüchlich und nicht nachhaltig, gerade in der Außenwirtschaft:

- Die Leistungsbilanz relativ zum BIP (und die Nettoexporte von Gütern und Dienstleistungen relativ zum BIP) hat sich kaum verbessert, soweit man vorgenommene Verbesserungen durch die Trump-Administration wesentlich politisch vermittelten höheren Rüstungsexporten und Flüssiggasexporten zu verdanken hat.
- Die Trump-Administration ist sich offenbar nicht wirklich bewusst, dass die USA als Reservewährungsland unter tendenziellem Aufwertungsdruck

stehen – ein gewisser währungsseitiger Aufwertungsdruck kann allerdings durchaus auch ein Innovationstreiber sein, wie man etwa auch aus der Wirtschaftsgeschichte Westdeutschlands (der Bundesrepublik Deutschland) ablesen kann.

Es ergibt sich in der Außenwirtschaftspolitik also ein eher negatives Bild. Das gilt erst recht für die weithin fehlende Klimaschutzpolitik der USA.

Folgt man der Analyse der Deutschen Bundesbank, hat der Zollkrieg USA-China den Vereinigten Staaten im Übrigen keinen positiven Realeinkommenseffekt gebracht und in den USA zu einem erhöhten Preisniveau – mit einer realen Konsumdämpfung – geführt (Deutsche Bundesbank 2020). Das Wirtschafts- und Handelsabkommen USA-China vom Januar 2020 (Phase-I-Vertrag) sieht vor, dass China die Warenimporte aus den USA bis 2021 um 95 Mrd. US$ erhöht; damit gehen für die EU Handelsablenkungseffekte von 11 Mrd. US$ einher (Chowdhry und Felbermayr 2020). Die ökonomische Expansion in den USA könnte mittelfristig leicht von der Trump-Handelspolitik profitieren, wobei jedoch die niedrigen US-Realzinssätze die US-Investitionsquote und damit auch das Realeinkommen stärker positiv beeinflussen dürften als die zum Teil widersprüchliche Handelspolitik. Handelsablenkungseffekte bei Handelspartnern der USA, die bei diesen zu einer Dämpfung des realen Nationaleinkommens führen, dämpfen im Übrigen die US-Exporte: Was die USA im Handel mit China teilweise künstlich als Positionsverbesserung erreichen, das werden US-Unternehmen zum Teil im Handel mit anderen Ländern in Asien und der EU verlieren.

Die Frage stellt sich im Übrigen, woher die seit Mitte der 1980er-Jahre sich ergebende langjährige Rückbildung der Realzinssätze in den USA und im Westen sowie in Japan und der Republik Korea geführt hat: Die hier vertretene Sicht weicht etwa von der Analyse von Philip Lane – des EZB-Chefvolkswirts – ab, wobei dieser einige wichtige Punkte durchaus benannt hat (Lane 2019). Als Hauptpunkt wird hier das absolute Sinken der IKT-Kapitalgüter seit den 1970er-Jahren und das Fallen der Relativpreise von Kapitalgütern auf Basis der Informations- und Kommunikationstechnologie (IKT) gegenüber herkömmlichen Maschinen angesehen. Dabei gibt es im Jahr 2020 schon fast gar keine Maschinen ohne IKT-Elemente mehr. Das Sinken des Relativpreises für IKT-Kapitalgüter erhöht die unternehmensseitige Nachfrage nach solchen Kapitalgütern, das absolute Sinken des IKT-Kapitalgüterpreisindex bringt es mit sich, dass mit einer sinkenden Investitionsquote – gemessen als nominale Investitionen im Verhältnis zum nominalen BIP – ein etwa unverändert hohes reales Wirtschaftswachstum erreicht werden kann wie in früheren Jahren bei höherer nominaler Investitionsquote. Man kann es auch anders ausdrücken: Mit einer Investitionsquote – auf Basis nominaler Größen – von 16 % stehen die USA real gerechnet (reale Investitionen im Verhältnis zum realen BIP) so gut da wie drei Jahrzehnte früher mit 20 %. Mehr noch, da die nominale Investitionsquote gesunken ist, sinkt die relative unternehmensseitige Kreditnachfrage längerfristig; in den USA und in allen Industrieländern, inklusive China. Dann aber ist es wenig erstaunlich, dass der Realzinssatz bei US-Staatsanleihen und anderen Staatsanleihen mit Top-Rating-Einstufung (AAA) langfristig sinkt. Dabei hatte sich durch die transatlantische Krise und die Eurokrise der Anteil von Ländern in der EU28, die AAA-Ratings aufweisen, vermindert. Länder mit einem Top-Rating, darunter auch Deutschland, können daher bei global steigender Nachfrage nach AAA-Staatsanleihen eine Staatsverschuldung zu einem Nominalzins von nahe Null realisieren – nach Abzug der Inflationsrate ergibt sich dann eine negativer Realzinssatz. Unternehmen mit Top-Bonitätsbewertung (AAA) wiederum können sich zu ähnlich niedrigen Realzinssätzen verschulden.

Die Expansion immaterieller Investitionen dürfte noch viele Jahre in den Industrie- und Schwellenländern vorangehen. Mit einem Realzinssatz nahe Null entsteht allerdings in den westlichen Marktwirtschaften ein neues Problem, da nämlich mit einer Vielzahl wenig produktiver Investitionsprojekte zu rechnen ist, was längerfristig auch wachstumsdämpfend wirkt. Wie diese Problematik zu lösen ist, kann hier nicht diskutiert werden.

Eine andere Frage ist, wie sich die EU verhalten könnte, wenn Präsident Trump wiedergewählt werden sollte – und wenn weitere populistische US-Präsidenten mittelfristig an die Macht kämen. Denkbar ist es, dass sich die EU verstärkt mit China wirtschaftlich verbindet, da man eine einzigartige landbasierte Handelsverbindung – via Eisenbahn – hat, die seit 2013 schon enorm expandiert ist. Just-in-time-Lieferungen für wichtige Industrien, etwa die Automobilindustrie, sind auf dieser Basis denkbar. Im Jahr 2018 gab es gut 6000 Europa-China-Expresszüge, wobei etwa 3600 Züge von West Richtung Ost fuhren; 2014 betrug die Gesamtzahl der Güterzüge in beide Richtungen gerade einmal 300. Das langfristige Steigerungspotenzial ist sehr erheblich in beiden Richtungen. Indem Trump in den Verhandlungen mit China eine sehr aggressive Handelspolitik verfolgt, gibt er China Impulse, sich teilweise aus Misstrauen gegenüber den USA aus den Handelsbeziehungen zurückzuziehen und mehr als bisher auf eigene Produktion zu setzen.

Zugleich gibt Trump Impulse für China, sich stärker als bisher mit Ländern in Asien und der EU zu vernetzen. Die Länder der EU ihrerseits könnten mit Blick auf die aggressive US-Handelspolitik von Trump mittelfristig verstärkt auf eine Handelsexpansion mit China setzen. Wenn die Corona-Krise in der Weltwirtschaft überwunden ist, werden die Handelsbeziehungen zwischen der EU und China in besonderer Weise auch auf dem Landtransportweg deutlich zunehmen. Hier hat die EU wirtschaftsgeografisch gesehen einen Vorteil gegenüber den USA, deren Handelsverbindungen zu China nur über See- oder Luftfracht gehen. Die Zahl der Direktfrachtzüge zwischen der EU und China (in beiden Richtungen) hat von 80 im Jahr 2013 auf gut 6000 im Jahr 2018 zugenommen.

Selbst wenn die globalen Güterhandelsströme zu 90 % über Seefracht laufen, so besteht im EU-China-Handel eine besondere Möglichkeit der Handelsvernetzung: Just-in-time-Produktion auf Basis etwa von international gelieferten Vorprodukten ist in beiden Richtungen – etwa bei der Autoproduktion – möglich. Chinas Investitionspolitik bei der Neuen Seidenstraße setzt auf einen Infrastrukturausbau, der sicherlich auch mehr Investitionen im Eisenverkehr bringen wird. Schnellere Zuglaufzeiten heißt mehr Transportaufkommen für die Bahn. Im Fall breiter Elektrifizierungsmaßnahmen könnte der entsprechende Güterhandel logistisch gesehen auch als wenig umweltschädlich gelten.

Große ökonomische Interessengegensätze zwischen der EU und China sind relativ unwahrscheinlich, einige politische Gegensätze sind aber erkennbar. Im ökonomischen Bereich ist China dabei, in viele Länder der Neuen Seidenstraße chinesische Erfolgskonzepte zu exportieren, dazu gehören Industrieparks, zum Teil in Kombination von Sonderwirtschaftszonen. Viele EU-Länder und auch die USA wären durchaus gut beraten, solche Erfolgsansätze Chinas zu testen und bei guten Testergebnissen auch zu übernehmen. Die Errichtung der jungen klimaneutralen Stadt Lingang in der Nähe von Shanghai könnte zudem ein konkretes Modellprojekt für viele Länder in Europa sein, wie man für etwa 100.000 Menschen eine neue klimaneutrale Stadt errichten kann. Neue Städtepartnerschaften von Städten in der EU mit China, aber auch mit solchen in den USA oder Japan sind im Übrigen erwägenswert. Politische Vernetzung und Stabilisierung von unten kann global ein Stabilitätsbeitrag sein. Wirtschaftliche Stabilität und Wohlstand können wohl in vielen Ländern dem Populismus entgegenwirken. Allerdings könnte am Ende die Corona-Krise unter ungünstigen Umständen in einigen Ländern auch den Populismus verstärken.

Für die USA wird die Kombination von Corona-Epidemie und Wirtschaftsschock eine große Bewährungsprobe; ähnliches gilt für Großbritannien und die EU – nach dem BREXIT vom 31. Januar 2020. Die EU ist in Sachen Gesundheitssystem einiger westeuropäischer Länder zum Teil gut aufgestellt, aber die Europäische Kommission als Ganzes zeigte sich im Frühjahr 2020 wenig handlungsfähig. Kommissionspräsidentin Von der Leyen zeigte sich (offenbar schlecht beraten) als wenig energisch und handlungsfähig: Sie flog im März weder zu politischen Gesprächen in die von der Coronavirus-Epidemie besonders betroffenen Länder Italien und Spanien, wo sie wenigstens ein sichtbares Bild von politischer EU-Präsenz hätte zeigen können und müssen. Es gelang kaum, sinnvoll EU-Finanzmittel zu mobilisieren. Immerhin bekamen Italien und Spanien Hilfslieferungen aus China; darüber hinaus konnten beide Länder aus einer NATO-Unterinstitution medizinische Lieferungen erhalten. Aber die EU hatte wenig anzubieten.

Der Ansehensverlust der EU im Zuge der Corona-Epidemie ist deutlich, zumal die EU auch außerstande war, die Grenzschließungen zwischen EU-Ländern für LKW zu verhindern. Hier galt es, den EU-Binnenmarkt in einem wichtigen Punkt zu verteidigen, was jedoch nicht gelang. Nationale Regierungen – außer Schweden – machten zur Begrenzung des Personenverkehrs nationale Grenzen innerhalb der EU dicht, was dann wegen der unnötigen LKW-Staus die Liefer- und Produktionsketten nicht nur der Autoindustrie, sondern auch der Medizingeräteproduktion massiv störte. Im Übrigen: Der Populist Orban, Regierungschef in Ungarn, ließ gar im Parlament ein Gesetz beschließen, wonach ein permanenter Ausnahmezustand beschlossen wurde, verbunden mit weiteren Einschränkungen der Pressefreiheit. Hier gab es von der EU-Kommission nur einen leisen Protest, obwohl Ungarn hier offenbar gegen wichtige Demokratiegrundsätze verstößt. Die sofortige Ankündigung eines EU-Ausschlussverfahrens gegenüber Ungarn wäre angemessen gewesen. Die EU-Kommission ist daher unter Präsidentin von der Leyen weder bei der Corona-Abwehr gut aufgestellt, noch bei der Verteidigung von Binnenmarkt und Demokratie. Die Corona-Epidemie kann durchaus nicht nur in den USA den Populismus womöglich befördern, sondern auch in Teilen Europas. In Großbritannien ist das populistische BREXIT-Projekt ohnehin ein Signal, dass eine Mehrheit der Briten mit Boris Johnson einen Populisten regieren lassen will. Da China, die Republik Korea, Japan und Singapur mit der Bekämpfung der Corona-Epidemie offenbar schneller und besser vorankommen als westliche Länder, wird die Corona-Krise die westlichen Länder möglicherweise politisch und ökonomisch schwächen. Die Entwicklungen in den USA werden allerdings für den Westen von grundlegender Bedeutung sein; letztlich für die Weltwirtschaft insgesamt.

Auch das Ansehen der Marktwirtschaft könnte weiter unter Druck geraten. Interessant ist allerdings, dass eine kritische Sicht der Marktwirtschaft laut Umfragen von Edelman Communications im Jahr 2019 in vielen Ländern Asiens und auch in mehreren EU-Ländern eine mehrheitliche Unterstützung fand (www.edelman/trustbaromer, 2019). Der Schock der Bankenkrise 2008/2009 dürfte auch 2020 noch nachwirken und man wird sehen, wie die Länder Europas und wie die USA und andere Länder sich in der Corona-Krise bewähren. In den USA betrug der Anteil der Marktwirtschaftskritiker bei den Befragten immerhin auch 47 %. Das zeigt, dass es ein breites internationales Unbehagen an den Funktionsmechanismen und sicher auch mit Blick auf die Erfahrung mit der transatlantischen Bankenkrise 2008/2009 gab, als die westlichen Marktwirtschaften um Haaresbreite in Existenznot geraten wären – trotz Führungsposition der USA und von EU-Ländern etwa in wichtigen Technologiebereichen.

Die USA sind ein international führendes Land im Bereich der IKT und profitieren dabei vom absoluten Fallen der IKT-Kapitalgüterpreise im Zeitablauf. Wenn dieser Kapitalgüterpreis in der laufenden Periode relativ zum Güterpreisniveau fällt, so erhöht dies die Investitionen; wenn allerdings die erwartete Wachstumsrate der IKT-Kapitalgüterinflationsrate gegenüber der Inflationsrate bei den Güterpreisen sinkt – und dabei negativ ist –, so wird dies die Investitionen abbremsen (für Gewinnmaximierung muss das Kapitalgrenzprodukt jetzt verstärkt ansteigen: $Y_K = [[i - \pi_{Kt+1} - \pi] + \delta]P_K/P$, wobei Y_K das Kapitalgrenzprodukt ist).

Das gesellschaftliche politische Klima in den USA und Teilen Westeuropas droht unter dem Einfluss von Populisten zu verrohen; die Fähigkeit zu demokratischen Kompromissen in vielen Ländern des Westens hat sich nach 2016 erkennbar vermindert. Diese verminderte innere Kompromissfähigkeit könnte ein Spiegelbild auch in einer äußeren verminderten Kompromissfähigkeit in der internationalen Diplomatie haben: Weniger Kompromisse heißt mehr politische Konflikte und damit dann weniger gemeinsame internationale Rahmensetzung für die Wirtschaft via internationale Organisationen; also im Ergebnis weniger Globalisierung und damit auch weltweite Wohlstandsverluste. In Europa ist letztlich die Schwächung und langfristig die Auflösung der EU denkbar. Die dabei entstehenden Wohlfahrtsverluste einer EU-Auflösung werden in einer neueren Studie (Felbermayr et al. 2019) für die EU-Länder auf etwa 7 % geschätzt. Diese Einschätzung scheint allerdings als eine Unterschätzung der Wohlfahrtsverluste zu sein. Denn ein Übergehen auf ein System nur noch auf Basis von WTO-Zollsätzen bedeutet eben auch eine Schwächung der gemeinsamen Wettbewerbs- und Subventionskontrollpolitik, was zusätzliche Wohlfahrtsverluste (also auch höhere Preise und höhere Steuersätze) bringt, die insgesamt kaum unter 10 % des Nationaleinkommens sein dürften. Verminderte Direktinvestitionen in einem West- und Osteuropa ohne EU hieße auch, dass die Direktinvestitionen innerhalb Europas sich verminderten und damit auch der Technologietransfer sowie die Innovationsdynamik, die für Wirtschaftswachstum wesentlich sind. Vermutlich würde auch die Militärausgabenquote längerfristig ansteigen und die Weltwirtschaft könnte sich in einer Art Regime neuer Großmächterivalität wiederfinden. Noch bevor möglicherweise ein solcher fataler Schwenk entsteht, hat sich durch die Corona-Pandemie eine neue globale Herausforderung ergeben, die vor allem für Populismus-Präsidenten nicht leicht zu bestehen sein wird. Eine Mischung aus besonderer Eitelkeit von bestimmten Staatspräsidenten und wenig Neigung bei diesen, auf wissenschaftlichen Rat in einer Weltepidemiesituation zu hören, dürfte kaum zum politischen Erfolg von Populisten in einem Umfeld mit einer massiven Epidemie beitragen. Für ein rasches Umschwenken und Neues Lernen amtierender Politiker bleibt wohl bei einer Virusepidemie wenig Zeit

Denkbar ist längerfristig eine Änderung im Großmachtregime: Weg vom Multilateralismus und hin zu einer Konstellation mit mehreren rivalisierenden Großmächten. Ein Rückfall ins 19. Jahrhundert wäre sicherlich nicht zum Vorteil Kontinentaleuropas. Großmächterivalitäten entfalten sich nicht im luftleeren Raum, sondern ihre Konflikte entladen sich in der Regel in bestimmten Abständen gewalttätig auf dem Rücken anderer Länder; wenn also im 21. Jahrhundert die USA, China, Russland und UK sowie Frankreich – letzteres als politische Führungsmacht in der EU – als Großmächte Konflikte in Europa, Asien und Afrika austragen sollten, dann wird wohl ein großer Teil der EU hierbei ein Verlierer sein; in erster Linie bedroht erschiene etwa Osteuropa. Letzteres war auch im späten 19. Jahrhundert ein Verlierer in der Rivalität der Großmächte Deutschland, Frankreich, Großbritannien, Österreich-Ungarn und Russland. Nur Polen war dann nach dem Ersten Weltkrieg ein Gewinner mit seiner neuen Selbstständigkeit, zudem wegen des Zerfalls Österreich-Ungarns auch Ungarn und die Tschechoslowakei. Die drei bzw. aktuell vier osteuropäischen Länder spielen wiederum eine große Rolle beim Populismus in den osteuropäischen EU-Ländern.

Wenn in den USA Populismus längerfristig an der Macht wäre, so dürfte dies zu einer transatlantischen Entfremdung und vor allem zu einer Expansion des Populismus in Westeuropa und Lateinamerika führen. Führende EU-Länder könnten erwägen, verstärkt das Konzept der sozialen Marktwirtschaft zu exportieren. Allerdings muss man sich dann auch der bestehenden Stärken dieser Wirtschaftsordnung bewusst sein. Denkbar ist aber auch ein EU-Zerfall durch einen US-Populismusexport Richtung Europa. Dabei ist im Übrigen soziale Marktwirtschaft ohne eine Verbindung zu Rechtsstaat und Demokratie kaum denkbar (Der Rechtsstaat ist in der Zeit des Neopopulismus unter Druck. Wie in den 1930er-Jahren in Deutschland unter den Nazis – zunächst in den fünf Jahren nach 1933 –, so besteht in einigen Ländern Europas bei populistischen Parteien seit etwa 2010 ansatzweise eine Neigung, nicht nur emotionalisierte Politik zu fördern, sondern auch in der Rechtsprechung auf eine Art „gesundes Volksempfinden" zu setzen. Das aber hat nichts mit Rechtsstaat zu tun, sondern läuft oft erkennbar auf kollektive Gewalt- und Rachephantasien in einem politisch emotionalisierten Umfeld hinaus. Rechtsprechung im Rechtsstaat besteht gerade in einer standardmäßig nicht-emotionalisierten Entscheidung von Richtern und Gerichten. Wer der neuen politischen Gewalt und den Gewaltandrohungen etwa gegenüber Kommunalpolitikern nicht entgegentritt – z. B. auch ein Problem in Deutschland und in einigen anderen Ländern der EU –, der untergräbt Rechtsstaat und Demokratie. Die Demokratie hat ihre Basis letztlich auf der Ebene der Gemeinden und Städte. In Deutschland machten Drohungen gegen den Bürgermeister der Stadt Kerpen Anfang 2020 Schlagzeilen, der sich sowohl Bedrohungen von Klimafundamentalisten als auch von Rechtspopulisten ausgesetzt sah).

Die Trump-Administration leidet unter einem erheblichen Defizit an Experten – immerhin rund 1000 über alle Ministerien und das Weiße Haus selbst gerechnet, denn Trump konnte die vorigen politischen Expertenernennungen der Obama-Administration nur zu etwa drei Vierteln im Jahr 2017 mit eigenen Experten ersetzen (die alten Experten verlassen die US-Administration in der Regel mit Amtsabtritt des bisherigen Präsidenten). Dieses Problem fällt nicht auf in guten, „sonnigen" Zeiten. Aber es wird deutlich sichtbar werden, wenn die USA größeren ökonomischen Problemen gegenüberstehen sollte. Das aber ist mit der Coronavirus-Pandemie, einer weltweiten Epidemie bzw. der Covid-19-Krankheit nun gerade im Jahr 2020 der Fall. Die Wiederwahl des US-Präsidenten, der sich ausweislich seiner TV-Aussagen im März 2020 auch im Medizinbereich als sehr kompetent einschätzt (er hätte vielleicht besser Mediziner werden sollen als die Position des US-Präsidenten anzustreben, sagte er sinngemäß vor laufender Kamera), kann durch Selbstüberschätzung und eine wenig kompetente US-Gesundheits- und Wirtschaftspolitik zur Corona-Krise zum Verliererimpuls für die Präsidentschaftswahlen werden.

Corona-Schock in den USA und weltweit

Als aus China im Januar 2020 Nachrichten kamen, dass dort eine neuartige Corona-Epidemie ausgebrochen sei, stellte sich bald heraus, dass Chinas Behörden Nachrichten über die Epidemie zunächst – im Dezember 2019 – unterdrücken wollten. Westliche Geheimdienste und auch Russlands Nachrichtendienst dürften schon Ende Dezember vom Ausbruch der Epidemie in China erfahren haben. Dabei werden viele Beobachter sich an den Ausbruch der SARS-Epidemie von 2003 – auch in China bzw. Hongkong – erinnert haben. Der SARS-Erreger verbreitete sich kurzfristig auch international, da aber die Infizierten an klaren Symptomen erkennbar waren, führten Quarantänemaßnahmen für Infizierte rasch zur Eindämmung der damaligen Epidemie: Im zweiten Quartal, als die Seuche ausbrach, sank die Produktion in China deutlich, aber ein Quartal nach dem Ausbruch der Seuche konnte man schon Aufwärtsimpulse bei der Wirtschaftsentwicklung feststellen. Das liegt grundsätzlich daran, dass Konsumenten und Investoren Ausgaben zurückgestellt hatten, nach Abklingen der Seuche jedoch diese Ausgaben zum Teil nachholen. Große internationale Wirtschaftsschocks blieben aus.

Bei der Coronavirus-Epidemie 2020 ist die Sachlage anders gewesen: Der Ausbruch erfolgte in China, wobei die Symptome der Infizierten oftmals sehr schwach oder gar nicht vorhanden waren, sodass herkömmliche Quarantänemaßnahmen nur teilweise zielführend waren. Es fehlten Testmöglichkeiten für Infizierte, die es erst ab Ende Januar 2020 gab: Eine Forschergruppe an der Berliner Charité hatte einen ersten Test entwickelt. Zwischen Januar und Mitte März breitete sich die Epidemie immer weiter international aus. Am 11. März erklärte die Weltgesundheitsorganisation, dass es sich beim Coronavirus um eine weltweite Epidemie, um eine Pandemie, handele. Hieraus kann eine neue Weltwirtschaftskrise werden, wenn die Politik nicht energisch gegensteuert und Milliarden Menschen in 190 Ländern nicht selbst klug bei der Bekämpfung der Krise durch eigenes Verhalten mitwirken. Soziale Distanz erhöhen, also Abstand von anderen Menschen halten – und Home Office bzw. Zuhausebleiben – sind im Frühjahr und Frühsommer 2020 für Hunderte Millionen Menschen auf der Welt zu einer Aufforderung seitens der Regierungen geworden. Kontaktverbote für Milliarden Menschen auf der Welt bzw. Vorschriften, zu Hause zu bleiben – außer für bestimmte Berufe und Beschäftigten in wenigen Sektoren –, bedeuten, dass im ersten und zweiten Quartal 2020 die Produktion weltweit stark zurückgehen wird. Die ökonomischen Bremseffekte der Coronavirus-Pandemie werden viel stärker sein als die der Sars-Epidemie im Jahr 2003, die auch aus China kam.

Im Jahr 2003 betrug im Übrigen Chinas Anteil am Welteinkommen gut 4 %, 2020 aber nach Kaufkraftparitäten um 17 %. Ein ökonomischer China-Schock im Jahr 2020 wirkte daher viel stärker negativ auf die globale Wirtschaftsentwicklung als im SARS-Jahr 2003. Präsident Trump versicherte in verschiedenen Stellungnahmen im TV und auf Twitter im Februar 2020, dass seine Administration die Lage bzw. den Virus im Griff hätte. Es stellte sich aber Mitte März für sehr viele Beobachter sichtbar heraus, dass das gesundheitspolitisch gar nicht der Fall war. Am 21. März 2020 wiesen die USA eine der höchsten globalen Zuwachsraten bei den Covid-19-Infektionen (Covid-19 steht für den relevanten Coronavirus-Typ) aus. An diesem Tag wurde die

Schließung der US-Grenzen zu Kanada und Mexiko beschlossen, was sich vor allem gegen den Personenverkehr richtete und damit auch gegen eine weitere Ausbreitung des Coronavirus. Bis Ende März hatten rund 9 Mio. Arbeitnehmer ihren Arbeitsplatz verloren. Mit der Schließung der Schulen und Universitäten in vielen Bundesstaaten und der Anordnung für etwa 100 Mio. US-Bürger um den 25. März, zu Hause zu bleiben, ergab sich ein massiver negativer Wirtschaftsschock. Am 12. April hatten die USA knapp eine halbe Million Infizierte und fast 20.000 Coronavirus-Tote; Ende April lag die Zahl an Toten schon bei etwa 50.000.

Immerhin konnte Anfang April aus China gemeldet werden, dass dort die Güterproduktion umfassend wieder aufgenommen worden war; auch in der Corona-Krisenprovinz Hubei. Die USA werden für einen ökonomischen Aufschwung nicht nur auf eine expansive Geld- und Fiskalpolitik setzen müssen, sondern auch auf eine wieder funktionierende Zulieferung von Vorprodukten aus China und der EU. Umgekehrt brauchen China und die EU zuverlässige Zulieferung industrieller Vorprodukte aus den USA bzw. Nordamerika. Solange aber Zuhausebleiben-Anordnungen in den Vereinigten Staaten und der EU gelten, kann China kaum zuverlässig die früheren Zulieferungen an Vorprodukten aus den USA und Europa erwarten, was Chinas Wirtschaftsaufschwung beeinträchtigt. Wenn dieser aber 2020 schwach bleiben sollte, dann wird es auch in der EU und den USA schwierig, einen zügigen Aufschwung zu erreichen.

Der US-Präsident kann bei sinkenden Aktienkursen und stark steigenden Arbeitslosenquoten seine Wiederwahl kaum über Erfolge in der Wirtschaftspolitik absichern. Die Frage ist allerdings, wie erfolgreich Trumps Anti-Corona-Politik sein wird; das kann wahlentscheidend sein. Am 21. März wurde gemeldet, dass in den USA ein Coronavirus-Schnelltest zur Anwendung freigegeben worden sei. In den Vereinigten Staaten und vielen anderen Ländern der Welt besteht eine gewisse Hoffnung, dass man im Jahresverlauf 2020/2021 mit umfassenden Impfungen der Bevölkerung starten könnte. Nicht ausgeschlossen ist, dass schon im Oktober 2020 mit Anti-Coronavirus-Impfungen in Europa, China und den USA begonnen werden kann. Führende Forschungen in Sachen Impfung gegen Covid-19 gibt es wohl in den USA, UK, der Schweiz, Deutschland, Frankreich und einigen anderen Ländern.

Für US-Präsident Trump wurde der Widerspruch zwischen seiner Aussage, seine Regierung habe das Corona-Problem im Griff und der schlechten Infektionsentwicklung in den USA, zu einer absehbaren Wiederwahlproblematik. Eine Umfrage vom 26 bis 27. Februar von Yahoo News/YouGov (2020) zeigte, dass der voraussichtliche Präsidentschaftskandidat der Demokraten,

Joe Biden, auf nationaler Ebene mit deutlichem Vorsprung gegen Trump vorn lag (50:41 %). In den für die Wahlmännermehrheit wohl entscheidenden Bundesstaaten Michigan, New Hampshire, Wisconsin, Pennsylvania, Florida, Minnesota, Nevada, Maine, North Carolina und Arizona lag Biden im März 2020 mit 50:43 % gegen Trump in der Wahlumfrage für die Präsidentschaft klar vorn. Der Umfragevorsprung von Biden ist allerdings nur eine Momentaufnahme. Seine Sichtbarkeit in der Corona-Krise ist gegenüber der TV-Präsenz von Präsident Trump gering, in Sachen Twitter-Popularität liegt Biden weit hinter Trump. Ob die Anhänger von Bernie Sanders, der Anfang April 2020 das Rennen um die Vorwahlen der Demokraten aufgab, Joe Biden wirksam unterstützen wird, bleibt abzuwarten; und auch ob Biden und Trump beide gesund durch die Corona-Epidemie kommen werden.

Im Lauf seiner vielen Twitter-Nachrichten und TV-Auftritte im ersten Quartal 2020 hat US-Präsident Trump mehrfach den Coronavirus als China-Virus bezeichnet, was in den USA bei Teilen der Bevölkerung negative Reaktionen gegen asiatische Einwanderer in den Vereinigten Staaten ausgelöst hat. Im Kontext mit meinem Besuch bei der University of California, Berkeley, erfuhr ich in einem Gespräch, dass viele Menschen in San Francisco und Umgebung bei einer Essenslieferbestellung die Bestellung stornieren, sobald als persönlicher Lieferant vorab auf dem Handy das Bild von einem asiatisch aussehenden Zuwanderer gezeigt wird. Die Politik des Präsidenten gerade in den USA sollte sich eigentlich hüten, gegen die gut integrierten Asienamerikaner im Epidemiekontext Stimmung zu machen. Der Populist Trump lässt aber erkennbar kaum eine Gelegenheit aus, politischen Druck von sich auf andere umzulenken; zumal die Rezession 2020 in den USA seine bisherigen Wirtschaftserfolge in einem Schattenlicht erscheinen lässt.

Während das erste Quartal und vor allem das zweite Quartal 2020 in den USA und der Eurozone durch einen massiven ökonomischen Einbruch gekennzeichnet sein dürften, könnte auf beiden Seiten des Atlantiks im dritten und vierten Quartal ein klarer Aufschwung zustande kommen. Bei einem Rückgang des Realeinkommens im Jahr 2020 in den USA und der Eurozone um etwa 6–7 %, könnte 2021 eine rasche Expansion einsetzen, sofern es bis Frühjahr 2021 einen weltweit verfügbaren Impfstoff geben sollte. Dass Trump rechtzeitig vor den Präsidentschaftswahlen einen deutlichen ökonomischen Aufschwung und eine deutliche Minderung der Arbeitslosenquote vorweisen kann, ist kaum zu erwarten. Denkbar sind im Übrigen weitere interne Streitigkeiten von Trump mit seinem obersten Epidemie-Medizinberater Dr. Fauci, der schon Anfang April in einem CNN-Interview argumentierte, dass man die Zahl der Toten durch frühere Quarantäneempfehlungen des Weißen

Hauses hätte verringern können. Auf Basis der Gesamt-Corona-Todesrate für Deutschland vom 25. April 2020 hätten die USA nicht 44.000 Corona-Tote verzeichnet, sondern 22.000.

Allerdings gibt die Corona-Krise Trump auch viele Möglichkeiten, sich als energischer Präsident darzustellen. Sollte Trump rechtzeitig zur Wahl einen Impfstoff präsentieren können, dürfte er die Wahlen gewinnen. Im Übrigen sind Seuchenperioden Phasen der Verunsicherung und Ängstigung der Bevölkerung. Das schafft gute Wahlaussichten für konservative Parteien oder auch für einen Präsidentschaftskandidaten der Republikaner.

Das Abstimmungsergebnis am 3. November 2020 wird wohl von vier wesentlichen Punkten bestimmt werden:

- Wie erfolgreich kann die Trump-Administration den Kampf gegen die Corona-Krise medizinisch führen? Im Mai 2018 nahm die Trump-Administration die Auflösung der Pandemie-Task-Force im Weißen Haus vor. Das war kein kluger Schritt und musste im Frühjahr 2020 dann wegen des Corona-Virus korrigiert werden. Bei Krisen kann die Exekutive ihre Macht und ihre Kompetenz beweisen – hier kommt die große unerwartete Herausforderung der Trump-Administration. Formal hat Trump seinem Vize-Präsidenten Mike Pence die Aufgabe der Corona-Virus-Bekämpfung übertragen, sodass Trump ihn für Fehler bei der medizinischen Anti-Corona-Bekämpfung verantwortlich machen kann. Der US-Präsident aber hat gerade in der Krise große Macht und der Zugriff von Trump auf medizinische Ressourcen aus dem Militärbereich oder auf Vorratsbestände an Mundschutzmasken, Beatmungsgeräten oder anderen gesundheitskritischen Produkten gibt ihm zusätzliche Macht und Sichtbarkeit in den Medien.
- Inwieweit kann Trump eine schwere Rezession im Jahr 2020 in den USA – trotz Corona-Krise – verhindern? Dies hängt neben dem vom Kongress beschlossenen staatlichen Rettungsprogramm von 2200 Mrd. US$ wesentlich von raschen Erfolgen zur medizinischen Überwindung der Corona-Krise ab: Das Antirezessionsprogramm beträgt 11 % des EU-Nationaleinkommens, ein enorm hoher Betrag. Allerdings, die Defizite im US-Gesundheitssystem lassen sich kurzfristig nicht wegbügeln. Von daher könnte die US-Schuldenquote bis Ende 2021 von knapp 100 % im Jahr 2019 auf gut 115 % ansteigen (vor dem 3. November wird man davon relativ wenig sehen). Eine hohe Infektions- und Todesrate dürften das Ansehen des Präsidenten Trump schwächen. Ein Pandemieschock für Börsen und Wirtschaft ist etwas für die USA historisch ziemlich Neues – wenn man von der Spanischen Grippe absieht. Als Trump am 11. März 2020 eine Fernsehansprache an die Nation hielt, wollte er sich als Führer

gegen das Corona-Virus darstellen: auch als Nr. 1 im medizinischen Anti-Corona-Kampf, also in der Gesundheitspolitik, und natürlich als Beherrscher der US-Finanzmärkte. Aber am folgenden Tag stürzte das US-Börsenbarometer, der Dow Jones-Index, um gut 10 % – der höchste Tagesverlust seit dem 19. Oktober 1987. Bis Ende März hat sich der Aktienindex beachtlich erholt, dürfte aber auf viele Quartale relativ instabil in der Entwicklung sein. Wenn der Hochpunkt bei der Zahl der Toten voraussichtlich im zweiten Quartal 2020 überschritten ist, wird wohl eine harte US-Debatte über die Fehler der Trump-Administration in der Bekämpfung der Corona-Epidemie beginnen – und weshalb die traditionelle Führungsposition der USA in internationalen Krisenphase verloren ging.

- In welchem Ausmaß kann Trump noch einmal eine ideologisch attraktive Botschaft bei den Wählern platzieren? Hier hat Trump durchaus die Chance, den durch die Wirtschaftskrise 2008/2009 und jetzt durch die Corona-Krise neuerlich verunsicherten Wählerinnen und Wählern seine nationalistische Botschaft „America First" verdoppelt vorzutragen: Die Trump-Administration als Beschützerin der Nation gegen den „China-Virus" – so die von Trump gewählte Bezeichnung von Covid-19. Die Bezeichnung China-Virus ist unangemessen, gerade im Einwandererland USA, zu dessen Wirtschaftsentwicklung Einwanderer aus Asien seit den 1890er-Jahren enorm beigetragen haben. Trumps Etikett trägt hier zur Desintegration der US-Gesellschaft bei. Das ist nicht nur problematisch für die asiatischen Einwanderergruppen, sondern das Bild einer im Inneren wenig geeinten USA dürfte die internationale Führungsfähigkeit der USA und die Macht des Westens in der Weltwirtschaft mittelfristig beeinträchtigen.
- Wie stark ist der Wahlkampf von Joe Biden und seinem Team? Biden gewann gegen seine innerparteilichen Herausforderer beim sogenannten Super Tuesday und konnte dann auch beim nächsten Vorwahlen-Großtag einige wichtige Bundesstaaten klar für sich entscheiden: Florida, Arizona und Illinois. Auch wenn Biden eine breite Unterstützung auf dem offiziellen Nominierungskongress der Demokraten in Milwaukee gewinnen sollte, so liegt das Heft des Handelns in der Gesundheitspolitik bei Präsident Trump. Zudem führte er bei Twitter Ende März mit 75 Mio. digitalen Anhängern sehr deutlich vor Joe Biden mit 5 Mio. Anhängern; natürlich gibt es für Biden eine Chance, im Jahr 2020 seine Twitter-Anhängerschaft deutlich zu vergrößern: Aber Trump dürfte auch im Herbst 2020 weit vor Joe Biden liegen. Die Coronavirus-Epidemie gibt Trump 2020 eine große mediale Aufmerksamkeit – ein Vorteil für Trump.

Der Höhepunkt der Coronavirus-Infektion dürfte in den Vereinigten Staaten im Frühsommer 2020 liegen, wobei die USA wegen Schwächen im US-Gesundheitssystem relativ schlechte Kennzahlen zur Corona-Krise zu erwarten haben. Die Relation von Intensivbetten zu den über 65-Jährigen in der Bevölkerung – ältere Menschen gelten als mehr anfällig für schwere Covid-19-Krankheitsverläufe als jüngere – sieht für die USA nicht vorteilhaft aus:

- Die Republik Korea ist im internationalen Ranking bei den Intensivbetten pro Zahl der über 65-jährigen Nr. 1, Deutschland Nr. 7, die USA (hinter Frankreich) Nr. 22 – immerhin vor Spanien und Italien mit den schwachen Rängen 26 und 27. Hinter Italien liegen noch Großbritannien und Kanada. Vermutlich werden sich unversicherte US-Bürgerinnen und Bürger – sie machen 13 % der Bevölkerung unter Trump aus (bei Obama waren es am Ende von dessen zweiter Amtszeit 11 %) – relativ spät für Corona-Tests und Behandlungen melden, was das Gesundheitssystem dann zusätzlich ab einem Punkt belasten dürfte. Die Corona-Pandemie dürfte weltweit vor allem ältere Menschen treffen; in den USA aber auch überdurchschnittlich die Unversicherten, letztlich also auch die Ärmeren in der Gesellschaft.
- Im Vergleich zu den USA stehen die EU-Länder und UK mit ihren allgemeinen Krankenversicherungen, die fast 100 % der Bevölkerung abdecken, gut da; das gilt vor allem für nordeuropäische EU-Länder, Deutschland, Österreich und Frankreich. Faktisch sind Italien und Spanien in Sachen Corona-Gesundheitskrise in Europa eine negative Ausnahme, die den Eindruck des EU-Gesundheitssystems international negativ prägen dürfte (in einer für Schulkinder bestimmten Warnbroschüre der indischen Regierung wird darauf hingewiesen, dass der Coronavirus womöglich aus Italien nach Indien eingeschleppt werden könnte). Von daher wird es Trump vermutlich ausreichen, wenn er der US-Wählerschaft demonstrieren kann, dass die USA besser als die EU in Sachen Corona-Bekämpfung aufgestellt sind.

Impfstoffentwicklung verlangt unter normalen Umständen Zeit, sodass eigentlich erst 2021 ein Anti-Covid-19-Impfstoff zur Verfügung stehen dürfte. Ob es den Vereinigten Staaten gelingt, vor den Wahlen im November eine Schutzimpfung für alle zu haben, kann den Wahlausgang entscheidend beeinflussen. Wenn Trump der Präsident ist, der rechtzeitig vor dem 3. November allen US-Bürgerinnen und Bürgern politisch zu einer Corona-Schutzimpfung verholfen hat, dann könnte Trump einen hohen Wahlsieg schaffen. Vermutlich wird die Trump-Administration daher alle Hebel in Bewegung setzen, um auf Basis des ersten Impftestlaufs im März 2020 und nachfolgender Testserien bis zum Herbst 2020 einen Impfstoff rechtzeitig vor November verfügbar zu haben. Forscher und Forscherinnen aus vielen OECD-Ländern und aus China sowie einigen Schwellenländern sind aktiv in Sachen Impfstoffforschung gegen das Coronavirus. Gelingt es tatsächlich zum Jahresende 2020, eine allgemeine Impfung verfügbar zu haben, könnten einige der expansiven Maßnahmen der Geld- und Fiskalpolitik sich als zu stark dimensioniert erweisen. Mindestens wäre es bei der Geldpolitik mit ihren Sondermaßnahmen (unkonventionelle Geldpolitik: Quantitative Easing bzw. Ankauf von Staatsanleihen in großem Umfang) sinnvoll, dass diese für den Fall einer frühen Verfügbarkeit eines Impfstoffs auch eine schrittweise Rückgängigmachung von sogenannten Quantitative-Easing-Maßnahmen aus dem Jahr 2020 für die beiden Folgejahre ankündigte.

Die Probleme der Wirtschaft dürften sich durch massive expansive Fiskal- und Geldpolitik bis Jahresende halbwegs überschaubar gestalten. Expansive Fiskalpolitik, also höhere Staatsausgaben plus Steuersenkungen zur Konsumstimulierung, ist auch mit der Zustimmung der Demokraten im US-Parlament im März 2020 möglich geworden. Die Demokraten verfügen über die Mehrheit der Sitze im Parlament; wenigstens bis Jahresende 2020. Die meisten Antikrisenpakete sind in den USA bis Ende April 2020 mit großen Mehrheiten durch den Kongress verabschiedet worden. Nicht alle Arbeitnehmer, die ihren Arbeitsplatz verloren haben, sind automatisch ohne Krankenversicherungsschutz: Viele US-Arbeitgeber haben überzählige Beschäftigten erst einmal für einige Zeit beurlaubt, was bedeutet, dass letztere in der Krankenkasse bleiben können. Aber es gibt sicher rund 10 Mio. Arbeitslose im Frühjahr 2020, die in den USA ihren Job und gleichzeitig auch ihren Krankenversicherungsschutz verloren haben.

Es ist gar nicht klar, dass die für den 3. November 2020 angesetzte Präsidentschaftswahl wie geplant stattfinden kann, denn die Pandemie könnte technisch im Fall der Nichtverfügbarkeit eines Impfstoffs die Wahl nur schwer durchführbar machen. Es können nicht Millionen Menschen vor Wahllokalen Schlange stehen, um zu wählen; also könnte man erstmals komplett auf Briefwahl übergehen. Im Übrigen könnten die relativ alten Präsidentschaftsbewerber Biden – 77 Jahre – und Trump (74 Jahre) ernstlich am Covid-19 erkranken. Zu diesem Risiko und dem Ausgang einer etwaigen Erkrankung kann man kaum eine vernünftige Vorabschätzung machen.

Mit dem Corona-Epidemieschock 2020 sieht die Wirtschaftspolitikproblematik in den USA nochmals anders aus, wobei es sich sichtbar schon Ende März um eine weltumfassende Epidemie handelte. Das bedeutete, dass sich für die USA ein vierfacher Schock ergeben musste (Welfens 2020a):

- Realer Einkommensrückgang durch Chinas scharfe Wachstumsverlangsamung im ersten Quartal von 2020, als die Corona-Epidemie zu scharfen Rückgängen in der nationalen Produktion führte; vor allem im Epizentrum der Seuche, nämlich in Wuhan bzw. der Provinz Hubei. Chinas Wachstumsdämpfung führt zu einer Minderung des Exportwachstums der USA und der EU27 plus UK Richtung China, was wiederum die Wirtschaftsexpansion Chinas durch verminderte US-Importe und EU-Importe bremst, denn die Importe der USA und der EU (plus UK) hängen ja vom Nationaleinkommen in diesen Wirtschaftsräumen ab.
- Es ergab sich ein Angebotsschock, da internationale Wertschöpfungsketten teilweise unterbrochen wurden: Viele Firmen konnten weniger produzieren, weil üblicherweise vorhandene importierte Vorprodukte nun wegen der Corona-Krise fehlten: hier wirkten Lieferunterbrechungen aus Asien Richtung USA und EU.
- Hinzu kam ein Nachfrageschock, da die Corona-Krise Befürchtungen bei Konsumenten und Investoren hinterließ, dass die Einkommensentwicklung sich national und international verschlechtern werde. Wenn aber die Konsum- und Investitionsnachfrage sinkt, dann vermindert sich auch die gesamtwirtschaftliche Nachfrage, weshalb dann insgesamt weniger von den Unternehmen produziert wird – Entlassungen von Arbeitnehmern und Stilllegungen von Firmen drohen.
- Wenn die üblichen Bestell- und Zahlungsströme in der Wirtschaft gestört werden und Millionen von Freiberuflern und Unternehmen plötzlich Einnahmeausfälle in großer Höhe haben, dann kommt es zu Liquiditätsproblemen, die wiederum Konkurse und dann im weiteren Nachfragerückgänge oder auch Produktionsrückgänge verursachen können. Wenn bestimmte Einzelhändler keine Umsätze mehr haben, dann fehlen Einnahmen, um etwa die notwendigen Mietzahlungen vorzunehmen.

Man kann daher davon ausgehen, dass die Corona-Krise in den USA zu einer deutlichen Wachstumsverlangsamung führt. Die Arbeitslosenquote wird ansteigen, die Aktienkurse sind im März 2020 deutlich gesunken – trotz der Zinssenkungen der US-Notenbank (s. Anhang 2). Die globale starke Senkung der Ölpreise hilft zwar einigen Sektoren in den USA und Europa auf der Kostenseite, sofern Ölprodukte in Produktion verarbeitet werden, aber in den USA stehen Öl und Gas zunächst für wesentliche Exportgüter und die USA ist einer der weltgrößten Ölproduzenten. Ein starker Ölpreisrückgang dämpft daher die Ölproduktion in den USA und dabei könnten auch einige Banken – mit starkem Engagement bei der Finanzierung der US-Ölproduktion – in Schwierigkeiten geraten. Der starke Einbruch der US-Aktienkurse wirkt zusammen mit dem zeitweise fallenden Goldpreis investitions- und konsumdämpfend. Dagegen will die Trump-Administration mit einem großen fiskalpolitischen Expansionspaket antreten. Dabei helfen den USA auch parallel ähnlich aufgesetzte Fiskalpolitiken in UK, der EU und Japan. Wenn in diesen Ländern das Realeinkommen stabilisiert werden kann, dann hilft das auch den USA bei der Stabilisierung der US-Güterexporte. Schließlich ist nicht ausgeschlossen, dass bei absehbarer Verfügbarkeit eines Impfstoffs zum Jahresende 2020 die Aktienkurse schon im Herbst deutlich weltweit anziehen. Bei einem Abschwung im zweiten und dritten Quartal kann allerdings auch eine unnötig starke Weltrezession entstehen, wenn sehr massiv absinkende Ölpreise auch andere Rohstoffpreise erheblich nach unten ziehen.

Es ist durchaus möglich, dass die von Trump gewählte Mischung von Gesundheits- und Finanzpolitik seinen Wahlkampf für den 3. November beflügelt und er dann als wiedergewählter Präsident kraftvoll in eine zweite Amtszeit eintreten kann. Allerdings ist auch denkbar, dass Trump sich durch eigene Fehler in der Anti-Corona-Politik im Ansehen so beschädigt, dass Joe Biden als Bewerber der Demokratischen Partei die Präsidentschaftswahl 2020 klar gewinnt. Für die EU und die Weltwirtschaft wird diese Entscheidung von enormer Bedeutung sein. Denn voraussichtlich wäre ein Präsident Biden relativ pro-EU und für Multilateralismus eingestellt. Umgekehrt wäre ein erstarkter Präsident Trump – im Fall der Wiederwahl – ein hartnäckiger Gegner der EU-Integration und des Multilateralismus, also der bisher oft wichtigen Rolle internationaler Wirtschaftsorganisationen wie IWF, Weltbank, OECD oder Bank für Internationalen Zahlungsausgleich.

Abseits der transatlantischen Missstimmung in den Jahren 2017–2019 kann man immerhin feststellen, dass ein Teilelement der NATO in der Corona-Pandemie in Europa eine positive Rolle spielt: Das Euro-Atlantic Disaster Response Coordination Center hat medizinische Hilfslieferungen der Türkei und der Tschechischen Republik an Italien und Spanien erleichtert. Auch Hilfsanforderungen seitens der Ukraine bei der Coronavirus-Bekämpfung wurden positiv beantwortet.

Die Corona-Weltrezession hat am 20. April 2020 noch einen ungewöhnlichen Negativpreisschock gebracht: Der Rohölpreis ist auf 0 pro Fass gefallen, Terminkontrakte wurden mit negativen Preisen gehandelt. Denn bei weltweit stark einbrechender Ölnachfrage – Spiegelbild der Weltrezession – können Händler, die auf Termin Ölkontrakte gekauft hatten, bei weltweit schon fast randvollen Ölspeichern keine Öllieferungen haben wollen bzw. sie zahlen noch eine Prämie, um nicht das gekaufte Öl physisch abnehmen zu müssen. Der zeitweise Ölpreis von Null zeigt allzu deutlich, dass die OPEC-Länder plus Russland und Mexiko das Ausmaß der Weltrezession offenbar nicht verstanden haben: Längst hätten all die staatlichen Ölproduzenten radikal die Produktionsmengen kürzen müssen, damit nicht ein Übermaß an Produktionsmenge einer sehr deutlich geschrumpften Weltnachfrage gegenübersteht. Aber die Streitigkeiten innerhalb der genannten Ölländergruppe, wer denn wieviel an Produktionsmenge zurücknehmen muss – mit unangenehmen Effekten bei den Förderzinseinnahmen im Staatshaushalt –, haben schließlich trotz kurz zuvor erfolgter Einigkeit bei der Produktionskürzung zur Situation eines Ölpreises von Null geführt. Auch wenn der Ölpreis mittelfristig bei 15$ zu liegen käme, für die Ölförderländer ist ein so enormer Preisverfall um 70 % ein sehr großer Schock und der wird als Exportdämpfungseffekte auch Deutschland und die EU-Länder erreichen. Die OPEC-Länder, Mexiko und Russland werden ihre Importe in den Jahren 2020 und 2021 deutlich kürzen müssen. Mit sinkendem Ölpreis wird – gemäß Analyse von Welfens und Celebi (2020) – auch der Preis für CO_2-Emissionshandelszertifikate in der EU und vielen anderen Ländern mit CO_2-Zertifikatehandel sinken. Das führt zu Abschreibungen bei Unternehmen in der Bilanz (vorhandene Zertifikate, einst teuer eingekauft, werden abgeschrieben auf den verminderten Marktwert); aber auch zu einer gewissen Kostenentlastung für Unternehmen, die erst jetzt CO_2-Zertifikate preiswert kaufen, um damit CO_2-haltige Produktionsprozesse gemäß vorgegebenen Regulierungen abzudecken.

Im Übrigen ist bemerkenswert, dass der von Präsident Trump verfügte US-Austritt aus dem Pariser UN-Klimaabkommen am 4. November 2020, einen Tag nach der Präsidentenwahl, wirksam wird. Man wird sehen, ob Präsident Trump mit seiner Kombination aus Antiepidemie und expansiver Wirtschaftspolitik eine hinreichende Zahl von Stimmen der Wähler und letztlich der Wahlmänner und -frauen im Electoral College wird gewinnen zu können, um in eine zweite Amtszeit zu gehen. Seine oft zynischen und aggressiven Bemerkungen gegenüber politischen Gegnern und sein polarisierender Populismuspolitikstil haben die USA im Inneren auf viele Jahre deutlich gespalten; vermutlich so gespalten, dass die Vereinigten Staaten internationale Führung kaum noch wirksam werden ausüben können, da der notwendige innere Politikkonsens sogar in der US-Außenpolitik teilweise verloren gegangen ist.

Problempunkte der Fiskal- und Geldpolitik im internationalen Kontext

Die Weltrezession ist ein symmetrischer Schock, auf den die Industrie-, Schwellen- und Entwicklungsländer mit einer angemessenen Stabilisierungspolitik reagieren sollten. Aus einer üblichen Analysesicht ist es im Fall von

Geld- und Finanzpolitik in großen Ländern wichtig, dass die Politikakteure die gegenseitigen Abhängigkeiten etwa von USA, EU und China plus Japan betrachten. Dabei hat innerhalb der EU bzw. der Eurozone selbst eine sinnvolle Koordination der Fiskalpolitik – sie sei hier breit definiert – weithin in im ersten Quartal 2020 gefehlt (SVR 2020; Sondergutachten); und dabei ist kaum abzusehen, dass etwa Deutschland hier positiv auffällt: Im Gegenteil, Deutschland hat ja in der zweiten Jahreshälfte 2020 die rotierende EU-Ratspräsidentschaft inne und müsste dann ein politisches Arbeitsprogramm für die EU voranbringen. Wegen der Corona-Pandemie sind viele frühere Planungen auf Eis gelegt worden und Deutschland wird die Aufgabe haben, nach einem sehr massiven Wirtschaftseinbruch in den USA und der EU sowie Großbritannien und der Schweiz europäische Weichen für eine zuverlässige Überwindung der Wirtschaftskrise zu setzen. Davon war aber bis Mitte April bei Vorarbeiten Deutschlands in Sachen Ratspräsidentschaft kaum etwas zu erkennen.

Wirft man einen Blick auf die Situation in den USA im Frühjahr 2020, so ist die Herausforderung ähnlich wie in Deutschland und Frankreich; nur dass die medizinische Situation in den USA teilweise schwieriger als in Westeuropa ist. Im Kern geht es bei der Rezessionsüberwindung um eine doppelte Problematik, zunächst etwa bei der Fiskalpolitik (Staatsausgaben, zudem Bürgschaften; Steuerpolitik und Neuverschuldung des Staats); Aspekte der Geldpolitik kommen noch hinzu:

- Wenn die USA eine expansive kreditfinanzierte Fiskalpolitik (Anstieg des Staatsverbrauchs um 1 % des BIP) verfolgen, indem der Staatsverbrauch erhöht wird, so stabilisiert dies das US-Realeinkommen. Da die USA hohe Importe aus China und der EU sowie UK haben, ergeben sich damit auch Stabilisierungsimpulse für China und Europa: 1 % Einkommensplus in den USA bedeutet, dass das Realeinkommen in der EU (und UK) um 0,15–0,2 % steigt, in China um 0,1 %. Folgt man der Frühjahrsprognose des Internationalen Währungsfonds (IMF 2020), so schrumpft die US-Wirtschaft im Jahr 2020 um gut 6 %, was für sich genommen durch transatlantische Wirtschaftsvernetzung – etwa durch den Außenhandel – einen Rückgang des BIP der EU um 1 % bedeutet. Die US-Rezession wirkt auch in China als Wachstumsdämpfer, da eine Schrumpfung der Realeinkommen in den Vereinigten Staaten verminderte US-Importe bedeutet – spiegelbildlich also geringeren Export Chinas in Richtung USA.
- Man kann vereinfachend annehmen, dass die erhöhte Staatsverbrauchsquote der USA zu einem parallelen Anstieg der Staatsschuldenquote der Vereinigten Staaten führt, was den Zinssatz mittelfristig normalerweise um

0,3 % erhöhen wird. Dabei fließen dann erhöhte Kapitelexporte aus Europa (und China) in die USA. Ob es aber überhaupt einen Zinserhöhungseffekt in den Vereinigten Staaten geben wird, kann man für den Fall einer Weltwirtschaftsrezession bezweifeln: Denn es wird aus Entwicklungs- und Schwellenländern ungewöhnlich viel Kapital zurück in die Industrieländer und speziell Richtung USA fließen. Die EU-Länder wiederum (sagen wir Deutschland als EU-Land 1; Frankreich als EU-Land 2) müssten eine expansive Fiskalpolitik EU1 oder EU2 verfolgen, die auch kreditfinanziert ist, wobei eine Zinserhöhung in den USA um einen Prozentpunkt den Zinssatz in der Eurozone um 0,4 % normalerweise erhöhen soll. Wenn die EU allein eine expansive Fiskalpolitik in etwa gleicher Dimension wie die USA auflegt, dann dürfte der Zinssatz in der Eurozone bzw. der EU um 0,4 % ansteigen. Davon wiederum geht ein Zinserhöhungseffekt für die USA von 0,2 % aus, was dort die Investitionen und den kreditfinanzierten privaten Konsum dämpft – also letztlich den US-Realeinkommensanstieg. Allerdings gilt auch für die Eurozone, dass Auslandskapital auf der Suche nach sicheren Anlagehäfen stark in die Eurozone fließen könnten, jedenfalls solange ausländische Investoren nicht von einer neuen Eurokrise ausgehen (2010–2015 waren vor allem Griechenland, Irland, Portugal und einige andere Länder negativ betroffen: meist Länder mit hohen Defiziten im Außenhandel und im Staatsbudget). Unter Berücksichtigung von Realzins- und Wechselkurseffekten wäre zu ermitteln, welche Kombination von US-Fiskalpolitik mit EU-Fiskalpolitik für beide Länder zusammen am besten wirkt. Für die transatlantische Konjunkturübertragung ist natürlich die Intensität der Handelsvernetzung und der Direktinvestitionen der US-Multis in der EU und der multinationalen Unternehmen aus der EU in den USA wichtig. Es macht also einen Unterschied, ob man das USA-Maßnahmenpaket mit dem EU-Fiskalpaket verknüpft – oder auch mit EU- plus UK-Maßnahmen. Wenn die Akteure EU und USA unabhängig voneinander handeln, erhöht das die ökonomischen Kosten der Corona-Krise für beide und im Rest der Welt.

- Die Neigung der Trump-Administration sich mit der EU zu koordinieren, ist 2017–2020 sichtbar viel geringer gewesen als in den Jahrzehnten der US-Wirtschaftspolitik davor. Idealerweise gäbe es eine Koordination USA-EU-China-Japan. Von der war im Jahr 2020 und in den Jahren davor nichts zu sehen. Das ist ein Fehler, vor allem bei der Überwindung der Corona-Krise. Immerhin sorgt ein in etwa symmetrischer Schock in den großen Weltregionen dafür, dass ähnliche Fiskalmaßnahmen national auf den Weg gebracht werden.

- Hinzu kommt hier die Geldpolitik der Eurozone und der USA (sowie von UK) gegenüber China ins Spiel, wobei die nationale Geldpolitik mit der nationalen Fiskalpolitik einerseits zu koordinieren ist; zugleich sollte die nationale Geldpolitik – auch Eurozone hier „national" betrachtet – mit den Geldpolitikmaßnahmen der anderen großen Länder abgestimmt werden. Auch hier ist relativ wenig im Frühjahr 2020 sichtbar gewesen. Liquiditätsprobleme bei Unternehmen könnten mittelfristig zu Kreditausfällen bei den Banken führen und dann kann über eine stabilitätsrelevante Transmissionskette Liquiditäts- und Solvenzprobleme in der Realwirtschaft das Finanzsystem destabilisiert werden. Das Bankensystem ist immerhin nach der transatlantischen Bankenkrise durch bessere Bankenregulierung robuster als 2008/2009.

In der Eurozone ist mit Blick auf die Handlungsfähigkeit der Geldpolitik der Europäischen Zentralbank eine besondere Beschränkung aus dem Jahr 2019 zu beachten, da man ja schon im Ausgangszeitpunkt im Frühjahr 2020 bei einem Notenbankzins von 0 lag. Kann die Eurozone eine vergleichbar effektive Mischung von Fiskal- und Geldpolitik realisieren wie Großbritannien? Die staatliche Schuldenquote in beiden Ländern (Eurozone hier analytisch als Land betrachtet) lag 2019 annähernd gleich hoch, nämlich bei 85 %, wobei Großbritannien eine massiv expansive Fiskalpolitik bei gleichzeitig umfassendem Anleihenankauf durch die Bank of England in 2020 realisierte; und dieses Politikmuster könnte notfalls auch zwei bis drei Jahre fortgesetzt werden.

Gerade bei einem globalen Wirtschaftsschock wie der Corona-Pandemie wäre es sinnvoll, international in der Geld- und Fiskal- sowie auch in der Gesundheitspolitik zu kooperieren. Dass dies kaum zu sehen ist heißt, dass die Weltwirtschaft unnötig hohe ökonomische Kosten der Pandemie hat; dass Rezessionen in vielen Ländern viel schwerer ausfallen als bei Koordination. Und natürlich bedeuten auch starke Realeinkommensverluste in der Weltwirtschaft ein Mehr an persönlichen Problemen für Millionen von Menschen – auch den Verlust an Menschenleben durch Hunger oder Selbstmord in aussichtsloser wirtschaftlicher Lage. Zudem intensiviert sich in der Notsituation der globale Verteilungskampf der Länder unnötig stark, was wiederum zu politischen und auch zu neuen militärischen Konflikten führen könnte. In einer Seuche gibt es zudem eine Art Nationalreflex, dass nämlich Menschen als Arbeitnehmer oder Unternehmer vor allem Schutz vpr Auswirkungen der Corona-Krise beim Staat suchen: Der möge über Sonderhilfen und Sozial- plus Subventionspolitik helfen, die Krise abzufedern; auch Export- und Importbarrieren sind in der Corona-Krise in einigen Ländern neu sichtbar geworden.

Die Corona-Krise ist in gewissem Sinn auch eine Systemkonkurrenz alter Westen gegen Asien. Es scheint, dass zumindest einige Länder in Asien mit guter Gesundheitspolitik und sinnvollen Corona-Eindämmungsmaßnahmen die Epidemie weitgehend besiegen konnten. In den Ländern des Westens ist die Lage komplizierter und vielleicht ist es wegen einer anderen kulturellen Prägung zeitweise auch schwierig, eine üblicherweise sehr mobile und auf Freiheitsrechte hin orientierte Gesellschaft zur erfolgreichen Abwehr – auch mit strikten Quarantänemaßnahmen – gegen die Corona-Epidemie zu motivieren. Allerdings besteht auch in der Corona-Krise natürlich gerade aus Sicht der alten Ideale des Westens die Gefahr, dass populistische Präsidenten mit ihrer Neigung zu besonderer Eitelkeit und leicht erfolgter Ablehnung von Expertenmeinungen (Experten werden als Teil des Establishments gesehen und letzteres wird weitgehend abgelehnt) zwei Entwicklungen herbeiführen:

- Demokratie- und Freiheitsrechte werden unter der Überschrift Epidemieabwehrerfordernis zunehmend beschränkt – dabei erscheint Ungarn in Europa als Negativbeispiel im Kontext von Regierungschef Orban. Die Ausnahmegesetze in der Phase der Pandemiebekämpfung werden genutzt, um der Opposition zu schaden und die eigene Macht zu festigen. In den USA hat Präsident Trump Konflikte mit Demokraten-Gouverneuren von verschiedenen Bundesstaaten im April 2020 begonnen, etwa indem er Protestierer in US-Bundesstaaten mit Demokraten-Gouverneuren zu verstärktem Protest gegen eine regional angeordnete Zuhausebleiben-Politik dieser Bundesstaaten stärkte. Trump hat zudem am 21. April 2020 eine zeitweise Immigrationsbeschränkung veranlasst.
- Die Abwehr von Experteneinsichten durch Populisten ist eine eigene Gefahr. Denn unprofessionelles Handeln ist leichtfertig und kann am Ende durch eine besonders hohe Zahl von Corona-Toten am Ende die Fragwürdigkeit des Populismus dann auch zu einem hohen Preis deutlich machen. Brasiliens Präsident Bolsonaro ist hier ein Fallbeispiel; er erklärte noch im März 2020, dass die Menschen in seinem Land dem üblichen Alltagsleben nachgehen sollten. Dies geschah, bis Ende März ein Gericht in Brasilien dem Staatspräsidenten verbot, inhaltliche Maßnahmen zu treffen, die in Sachen Epidemiebekämpfung den medizinischen Beratern und Experten in der Regierung Brasiliens zuwiderliefen.

Trump könnte in beiden Kategorien einzuordnen sein – abhängig von seinem weiteren Verhalten und den realisierten Anpassungspfaden hin zu einem ökonomischen Aufschwung. Was das US-Leistungsbilanzdefizit angeht, so hat Trump im Übrigen im Zeitraum 2016–2019 wenig bewirkt, da sich nur die Handelsbilanz (Nettoposition beim Warenexport) verbessert hat. Aber relativ zum Bruttonationaleinkommen ist der Leistungsbilanzsaldo in etwa stabil geblieben und gibt auch nicht unbedingt Anlass zur Sorge aus Sicht der meisten Ökonomen im Bereich internationale Makroökonomik. Trumps Wirtschaftspolitik, die in der Handelspolitik zu teilweise unnötig harten Auseinandersetzungen mit China geführt hat, ist mit einem doppelten Widerspruch belastet: Die Trump-Administration erfindet Probleme, wo es aus Sicht der meisten Fachleute keine gibt, und zugleich unterschätzt sie gewichtige Probleme, wo Fachleute – wie bei der Coronavirus-Epidemie – ernst vor den Risiken solcher Probleme gewarnt hatten. Dass der Vorsitzende des US-Sachverständigenrats Kevin Hassett im Sommer 2019 sein Amt niederlegte, mag man als politische, Trump-bezogene Enttäuschung eines ökonomischen Experten interpretieren.

Koordinierung der internationalen Fiskalpolitik in der Corona-Krise

Es ist im Übrigen ein Problem für die Weltwirtschaft, dass die EU-Länder in der Corona-Krise in Sachen Fiskalpolitik nicht vernünftig zusammenarbeiten und die EU wiederum nicht richtig mit den USA, Japan, UK und China eine abgestimmte Fiskalpolitik zu realisieren versucht. Über die OECD (und deren Outreach-Programme, das auch China beinhaltet) könnte man eine Koordinierung versuchen. Eine unkoordinierte Fiskalpolitik großer Länder in der Corona-Krise bedeutet, dass die ökonomischen und sozialen Kosten der Krise unnötig hoch sein werden. Man wird im Übrigen sehen, ob die EU in der Corona-Krise in der Lage sein wird, eine Form von Eurozonen-Länder-Gemeinschaftsanleihe vernünftig aufzusetzen (oder auch eine EU-Gemeinschaftsanleihe), um letztlich schneller besser gemeinsam aus der Krise herauszukommen als ohne gemeinschaftliche Anleihen. Auch eine Joint-Bonds-Initiative EU-UK ist erwägenswert, wobei man die Gemeinschaftsanleihe zu einem Drittel als zehnjährige Anleihe ausgestalten könnte; zu zwei Dritteln als 30-Jahres-Anleihe. Eine gewisse Besicherung durch Gold und Währungsreserven ist hier zu erwägen, zumal das nordeuropäischen EU-Ländern, Deutschland, Österreich und den Niederlanden den Schritt erleichtern kann, eine Gemeinschaftsanleihe politisch zu unterstützen. Das brächte letztlich Risikoteilungsvorteile für die beteiligten Länder sowie eine erhöhte Liquidität dieser Anleihen und könnte den besonders schwer von der Corona-Krise betroffenen Ländern helfen, rascher die Krise zu überwinden. Je schneller Europa und China die Krise überwinden, umso besser wäre das wiederum für die USA.

Für die Trump-Administration wird es wichtig sein, bis zum Herbst 2020 den Aufschwung der US-Wirtschaft klar sichtbar eingeleitet zu haben und erste Eckpunkte zur Reform des US-Gesundheitssystems im Kongress zu vereinbaren. Allerdings sind die weiteren Entwicklungen und Umstände, bis hin zum erwarteten mittelfristigen ökonomischen Aufschwung, im Frühjahr 2020 hier nicht abzusehen. Präsident Trump dürfte sich allerdings selbstbewusst daran erinnern, wie sehr er im Wahlkampf 2016 von den Medien unterschätzt worden war und wie deutlich sein Sieg damals bei den Wahlmännern über seine Gegenkandidatin Hillary Clinton ausfiel.

John Boltons Berufung zum Nationalen Sicherheitsberater in der Trump-Administration ging im Mai 2018 einher mit der Auflösung der Abteilung für globale Gesundheit und Sicherheit im Nationalen Sicherheitsrat. Durch diesen strategischen Fehler war US-Präsident Trump in Sachen internationale Epidemiefragen durch eigene Regierungsfehler schlecht in der Coronavirus-Pandemie aufgestellt; ganz abhängig vom Center for Disease Control (CDC) als Seuchenabwehrbehörde und den Geheimdiensten – schon am 3. Januar 2020 soll die Trump-Administration über den Seuchenausbruch in Wuhan in China von den Diensten informiert worden sein. Aber Präsident Trump wollte von dieser Herausforderung und den Gefahren für die US-Bevölkerung nichts wissen. Er soll sich gegenüber Gesundheitsminister Alex Azar beschwert haben, dass eine hochrangige CDC-Mitarbeiterin vor dem Übergreifen der Seuche in China auf die USA gewarnt habe, was die Entwicklung der Börsenkurse beeinträchtige. Man sieht hier, dass Trump vor allem an guten Wirtschaftszahlen interessiert war und wenig Verantwortungssinn in Sachen Seuchenabwehr hatte. Die Lagebesprechungen mit den Nachrichtendiensten (sie betrachtete Trump als Teil des „tiefen Staats", den er loswerden wollte) interessierten Trump oft nicht. Den Chefkoordinator der Geheimdienste, Joseph Maguire, entließ Trump im Februar 2020, um ihn vorübergehend durch den Trump-loyalen US-Botschafter in Deutschland – Richard Grenell, ohne jede solide Fachkenntnis im Bereich Geheimdienste – zu ersetzen. Der damalige Stabschef im Weißen Haus, Mick Mulvaney, nahm die Coronavirus-Herausforderung offenbar ebenfalls wenig ernst: Covid-19 sei vor allem ein Angriffspunkt, so dessen Sicht, mit dem die Opposition den Präsidenten nach gescheitertem Amtsenthebungsverfahren aus dem Amt drängen wollte. Diese obigen Darstellungspunkte, die Sattar (2020) liefert, zeigen einen US-Präsidenten, der mit wenig Professionalität sein Amt führt und die ernste Gefahr der Coronavirus-Epidemie leichtfertig ignorierte.

Anfang April gab es zunehmend internationale Verteilungskonflikte über in fast allen Ländern sehr knappe Medizingeräte, medizinische Masken und Schutzkleidung für die Coronavirus-Bekämpfung. Ein Teil der Konflikte verlief transatlantisch, wobei China für die USA wie die EU-Länder und UK zu einem wichtigen Lieferanten bei einem Teil der benötigten Medizingüter wurde. In Sachen Stabilisierung der Wirtschaft setzten die USA und die Großbritannien jeweils auf eine Mischung von Geld- und Fiskalpolitik, bei der eine sehr expansive Fiskalpolitik – mit entsprechend hohen Haushaltsdefiziten (durch Anleihenverkauf) finanziert – mit expansiver Geldpolitik verknüpft wurde. Letztere setzte auf Zinssenkung und den mittelfristigen Ankauf von Staatsanleihen, was den Realzins auf niedrigem Niveau verankern dürfte und den Aufschwung in den USA und Großbritannien erleichtert. Hingegen fehlt in der Eurozone eine Gemeinschaftsanleihe der Euroländer – meist Eurobonds genannt. Dahinter müsste eine gemeinschaftliche Absicherung stehen, was laut Regierungspolitikverlautbarungen vom März 2020 nicht im Interesse von Deutschland, Niederlande, Österreich und Finnland sei. Anfang April wurde beschlossen, als EU-Paket sei verfügbar: 200 Mrd. € als Kredite via Europäische Investitionsbank, bis zu 410 Mrd. € aus dem Eurozonen-Rettungsfonds ESM (mit fast keinen Auflagen für das Kreditnehmerland) sowie 100 Mrd. € für eine Art Rückversicherungsfonds der EU für nationale Arbeitslosenversicherungen. Diese Sichtweise ist zu eng und nicht angemessen, da die Eurozone im Vergleich zu den USA und Großbritannien unzureichende Handlungsmöglichkeiten zur Aufschwungssicherung via Zinsverankerung auf Niedrigniveau hat. Im Übrigen ist die faktisch konditionslose Vergabe von Krediten aus dem Europäischen Stabilitätsmechanismus (Fonds ESM) problematisch, da der ESM – er vergibt Kredite eigentlich nur zu Bedingungen in Sachen Reformen der Wirtschaftspolitik und des Wirtschaftssystems – in seiner Glaubwürdigkeit geschwächt wird.

Es wäre in der Tat sinnvoll, in der Eurozone einen Joint Euro Bond (JEB) aufzusetzen, wobei die Euroländer die Hälfte der Anleihen mit nationalen Gold- und Devisenreserven sichern sollten. Das begrenzt grundsätzlich das Haftungsrisiko aller Emissionsländer, auch Deutschlands. Wenn man binnen vier Jahren etwa 5 % des Eurozonennationaleinkommens aufnähme und Italien plus Spanien als schwergetroffene Länder in der Coronavirus-Pandemie in den ersten zwei Jahren überdurchschnittlich hohe Mittel zukommen ließe – mit der Auflage, dass die Hälfte der Mittel infrastrukturbezogen sein soll –, dann wäre die Eurozone ähnlich gut handlungsfähig wie UK und die USA in Sachen Mischung von Geld- und Finanzpolitik; vorausgesetzt, dass die Europäische Zentralbank bis zu 40 % dieser JEB-Anleihen (Laufzeiten, 2,

10 und 30 Jahre) ankaufen könnte. Eine Gemeinschaftsanleihe JEB wäre wohl vertretbar, wenn JEB über eine eigene multilaterale Institution der Euroländer im Kapitalmarkt platziert wird und zumindest Spanien und Italien über eine Vermögensabgabe über einige Jahre – etwa 0,3 % des Vermögens – Zinszahlung und Tilgung der Euroanleihe beschließen. Bei der Verwendung des Mittelaufkommens wäre zu vereinbaren, dass die Hälfte für transeuropäische Netzwerke (Bahn- und Flugverkehr, Wasserstraßen sowie Strom- und Telekomnetzausbau) einzusetzen ist und zumindest in den Ländern mit in den vergangenen fünf Jahren unterdurchschnittlichem realen Wirtschaftswachstum ein Drittel für Innovations- und Wachstumsförderung verwendet werden muss – ein Punkt, der bei Italien zutrifft.

Die EU-Beratungen Anfang April dauerten sehr lange, was bedeutet, dass die EU keine internationale Führungsrolle in der Stabilitätspolitik übernehmen kann – es fehlt eine handlungsfähige EU-Institution und ein allgemein bei den EU-Staaten akzeptiertes Konzept. Es ergab sich obendrein das Problem, dass das vor Ostern vereinbarte 500-Milliarden-Euro-Kreditpaket der EU am 14. April von der Regierung Italiens zurückgewiesen wurde, nämlich in Bezug auf Kredite aus dem Europäischen Stabilitätsmechanismus; hier wird eine Stigmatisierung befürchtet, sodass Italien die mögliche 39-Milliarden-Euro-Kreditlinie nicht ziehen will (die EU-Ländern hatten sich auf zunächst 2 % des BIP als Kreditlinie beim EMS verständigt, wobei die Kredite nur für Corona-bedingte Projekte im Gesundheitssystem verfügbar sein sollen). Zugleich sieht Italien aber offenbar zu wenig, dass etwa die deutsche Bundesregierung nicht ohne sehr gute Gründe eine Gemeinschaftsanleihe mitzeichnen kann, bei der Deutschland eine Haftung jenseits des eigenen rechnerischen Anteils übernimmt. Immerhin könnte man darauf verweisen, dass JEB-Platzierungen ein generell geringes Haftungsrisiko durch die weitgehende Besicherung enthalten und zugleich bedacht werden muss, dass eine neue Eurokrise 2 (ohne JEB in scharfer Form zu erwarten) die Rezession im Jahr 2020 für Deutschland um etwa zwei Prozentpunkte verschärfen kann: 68 Mrd. € weniger Wertschöpfung und auch rund 27 Mrd. € weniger Steuer- und Sozialabgabeneinnahmen für den Sektor Staat sind ein hoher Preis, der sich bei Fehlen von JEB für Deutschland ergeben wird. Diese ökonomischen Verlustrisiken sind erweiterten Haftungsrisiken gegenüberzustellen, die sich bei JEB für jedes einzelne Mitgliedsland ergeben.

Gelingt keine JEB-Fonds-Gründung der 19 Euroländer mit nachfolgender JEB-Platzierung im Jahr 2020, so könnte die EU nicht nur eine Eurokrise 2, sondern auch bald ein Referendum zum Italexit erleben: in einer national aufgebrachten Wählerstimmung, könnte ein Referendum über ein Ausscheiden Italiens aus der EU durchaus eine Mehrheit finden. Dann wäre ein gefährlicher EU-Zerfallsprozess eingeleitet, zu dessen größten Verlierern sicherlich Deutschland, die Niederlande und Österreich sowie Frankreich und Belgien gehören dürften. Da die USA erstmals seit 60 Jahren als Führungsmacht ausfallen, geht der Westen ohne politische Führung in die Krise – ein Zeichen der Schwäche und sicherlich ein Kostentreiber, wenn es darum geht, die Corona-Krise zu überwinden. Wenn obendrein auch noch die EU einen weiteren Zerfallsprozess erlebt, bewegt sich der Westen auf einen politischen und ökonomischen Abgrund zu.

Die USA könnten von einer handlungsfähigen EU ebenso wie Asien in Sachen Nach-Corona-Aufschwung profitieren. Jedoch hat die Corona-Pandemie erst einmal den Nationalismus in den EU-Ländern befördert, wie zahlreiche nationale Grenzsperrungen im Frühjahr 2020, nationale Exportverbote für medizinische Geräte und unkoordinierte Verbote für Flugverbindungen mit China zeigten – letzteres im Fall Italien, was zu Umwegflügen via Frankfurt, Amsterdam und Paris führte. Da das alte Führungsduo Deutschland-Frankreich seit Jahren nicht funktioniert, ist kaum zu erkennen, wie hier Besserung entstehen sollte. Die Von-der-Leyen-Kommission hat ohne vernünftigen inhaltlichen Bezug Anfang April 2020 einen Marshall-Plan für die EU in Aussicht gestellt – das sind große Worte einer wirtschaftshistorisch schiefen Analogie bei kleiner Substanz. Es gibt in der EU keinen Hegemon und erst recht hat die EU-Kommission keine erheblichen finanziellen Angebote zu machen; über gut 1 % des BIP gehen ihre Einnahmen nicht hinaus und jenseits der Zolleinnahmen hat die EU keinerlei eigene Einnahmebasis. Es ist nicht auszuschließen, dass die EU-Mitgliedsländer mit Blick auf die Corona-Rezession höhere Beiträge an den EU-Haushalt überweisen und dann die EU-Haushaltsmittel zur Deckung einer EU-Anleihe über einige Hundert Milliarden Euro verwendet werden; aufgestockt mit Beträgen vom privaten Kapitalmarkt (diese Beträge aber hätten auch auf andere Weise an die Wirtschaft fließen können). Aber selbst ein Betrag von gut 320 Mrd. € wäre nicht mehr als 2 % des EU-Nationaleinkommens. Das kann man zwar als nennenswerten Wiederaufbauimpuls für den Neustart der Wirtschaft ansehen. Allerdings gibt es das Problem, dass die Verwendung von EU-Geldern in den EU-Mitgliedsländern erfahrungsgemäß oft mit wenig ökonomischem Nutzen erfolgt – etwa wenn man an EU-Regionalfondsgelder mit Blick auf die Empfängerregionen denkt.

Die EU will wohl über die Europäische Investitionsbank (EIB) gehebelte Projekte für den Aufschwung mobilisieren. Einen nennenswerten echten EU-Investitionsimpuls kann die EIB aber kaum entfalten. Wenn EIB-Kredite für Investitionsprojekte des Mittelstands in Europa vergeben werden, so werden dies häufig Kredite sein, die Unternehmen am Kapitalmarkt auch so hätten erhalten können; vielleicht zu etwas höheren Zinsätzen. Es besteht in einer Eurozonenbetrachtung vielmehr das Risiko, dass ohne die hier vorgeschlagenen JEB – zumindest zur Hälfte besichert und in der Verwendungsrichtung vorab weitgehend festgelegt für mehr öffentliche und private Investition plus mehr Innovationsdynamik – eine neue Eurokrise 2 in den Jahren 2020/2021 entsteht, was den Aufschwung der EU und des Westens beschädigt. Nach der Flüchtlingswelle von 2015, die die EU über Jahre wenig handlungsfähig in einem wichtigen Politikfeld erscheinen ließ, könnte der Corona-Schock zum zweiten EU-Schwachpunkt in der Wahrnehmung der Bürger werden. Allerdings ist auf Basis einer im März 2020 erfolgten Entscheidung des Europäischen Gerichtshofs in Sachen Verteilung der Flüchtlinge auf alle EU-Mitgliedsländer klar geworden, dass die Aufnahmeverweigerungsländer Polen, Ungarn und Tschechien ihre Position politisch nicht werden halten können.

Für den Wirtschaftsaufschwung in den USA und weltweit wäre ein vernünftig verankerter Aufschwung in der Eurozone ökonomisch sehr wichtig. Das brächte einen Hoffnungsschimmer für den Westen insgesamt und gerade auch für die USA in einer schwierigen Lage. EU28 plus China plus USA machen ökonomisch rund 51 % des Welteinkommens, gemessen in Kaufkraftparitäten, aus.

Eine internationale Wirtschaftskrise erstmalig nach 1945 ohne US-Führung wird ein sonderbares westliches Führungsvakuum aufzeigen und erst nach der Corona-Epidemie wird eine neue Debatte in den USA entstehen, weshalb Präsident Trump eine über viele Jahrzehnte aufgebaute Führungsposition preisgegeben hat. Die vielen von China geleisteten Sachspenden in der globalen Corona-Epidemie – vor allem in Italien – werden wohl Chinas Ansehen und Einfluss international erhöhen. Die medizinische Corona-Krise und die ökonomische Rezession sind eng miteinander verbunden. In den Vereinigten Staaten weiß man, wie man eine Rezession überwindet; ob aber mitten in der ökonomischen Krise eine sinnvolle Reform des relativ schwachen Gesundheitssystems gelingen kann, ist zweifelhaft. Zudem legt die US-Krise neue Gegensätze zwischen dem Präsidenten Trump und vielen Bundesstaaten offen. Für die USA gelten im Übrigen ähnliche ökonomische Probleme bei Neustart der Wirtschaft wie in der EU bzw. Europa und Teilen Asiens: Es macht wenig Sinn, einfach nur expansive Finanzpolitik mit expansiver Geldpolitik zu verknüpfen, wo doch der Staat selbst über Anordnungen im April 2020 ganze Sektoren geschlossen hat. Es wäre sinnvoll eine „produktionspotenzialorientierte Nachfragepolitik" des Staates zu organisieren: In dem Maß, in dem der Staat in Sektor X Schließungsanordnungen aufhebt – also das Produktionspotenzial, eben die Angebotsseite, regulatorisch erhöht –, kann eine angebotsfokussierte expansive Fiskalpolitik erfolgen; eine solche Fiskalpolitik als gesamtwirtschaftliche Nachfrageerhöhungspolitik macht nur Sinn, wenn tatsächlich auch ein erhöhtes Produktionspotenzial der Wirtschaft verfügbar ist. Einfach nur staatlicherseits eine breite Nachfrageexpansion zu fördern, macht wenig Sinn: Es bedarf einer ungewöhnlichen Angebots-Nachfrage-Synchronisation bei der staatlichen Nachfragepolitik. Denn schließlich hat der Staat ja selbst zuvor die Produktionsseite in vielen Sektoren direkt oder indirekt im Rahmen der Seuchenbekämpfung heruntergesetzt (wenn man das effektive Produktionspotenzial mit v'Ypot bezeichnet, wobei v' wertemäßig zwischen 0 und 1 liegt und den Nicht-Lockdown-Faktor wegen der Epidemiebekämpfung bezeichnet, dann sollte der Fiskalimpuls eine negative Funktion von v' sein; wenn der Lockdown komplett wäre, dann machte natürlich auch effektive Fiskalpolitik keinen Sinn.)

Wenn es in den USA 2020 zu den von Trump Ende März als „Befürchtungszahl" geäußerten über 100.000 Covid-19-Toten auch nur annähernd kommen sollte, so könnte sich die Stimmung in den USA vor den Präsidentschaftswahlen womöglich massiv gegen ihn drehen. Zudem ist zu erwarten, dass in den USA eine breite Debatte über das in Teilen unmoderne Gesundheitssystem beginnen wird, bei dem der Blick sich zumindest in einigen Punkten interessiert auf EU-Länder wie Deutschland und Frankreich richten wird. Auch wenn Trump nicht wiedergewählt werden sollte, heißt das nicht, dass der US-Populismus damit von der Bühne verschwunden wäre.

Literatur

CBO. (2020). *The budget and economic outlook: 2020 to 2030*. Congressional Budget Office. https://www.cbo.gov/publication/56073. Zugegriffen am 02.04.2020.

Chowdhry, S., & Felbermayr, G. (2020). *The US-China trade deal: How the EU and WTO lose from managed trade*. Kieler Institut für Weltwirtschaft, Policy Brief Nr. 132, Kiel.

Deutsche Bundesbank. (2020). Folgen des zunehmenden Protektionismus, Monatsbericht Januar 2020, Nr. 49.

Felbermayr, G., et al. (2019). Die (Handels-)Kosten einer Nicht-EU, Kiel Institut für Weltwirtschaft, Policy Brief Nr. 125, Kiel.

Gallup. (2020). Coronavirus response: Hospitals rate best, news media worst. Polling March 13–22. https://news.gallup.com/poll/300680/coronavirus-response-hospitals-rated-best-news-media-worst.aspx. Veröffentlicht am 25.03.2020. Zugegriffen am 30.03.2020.

Göpffarth, D. (2012). *Access, quality, and affordability in health care in Germany and the Uited States.* AICGS/Johns Hopkins University, Policy Report 51, Washington, DC.

IMF. (2020). *World economic outlook.* April. Washington, DC: IMF.

Lane, P. (2019). Determinants of the real interest rate, remarks by Philip R. Lane, Member of the Executive Board of the ECB, at the National Treasury Management Agency, Dublin. https://www.ecb.europa.eu/press/key/date/2019/html/ecb.sp191128_1-de8e7283e6.en.html. Zugegriffen am 28.11.2019.

Oxford Economics. (2019). The economy will favor Trump win in 2020. Oxford Economics Election Model. US Research Briefing. Fall 2019.

Sattar, M. (2020). Der Preis der Ignoranz. *Frankfurter Allgemeine Zeitung*, 3. April.

SVR. (2020). *Die gesamtwirtschaftliche Lage angesichts der Corona-Pandemie* (22. März 2020). Wiesbaden.

Welfens, P. J. J. (2019b). The global Trump: structural US populism and economic conflicts with Europe and Asia. Cham: Palgrave Macmillan/Springer.

Welfens, P. J. J. (2020a). Macroeconomic and health care aspects of the coronavirus epidemic: EU, US and global perspectives. *International Economics and Economic Policy, 17*(2), 295. https://doi.org/10.1007/s10368-020-00465-3.

Welfens, P. J. J. (2020b). The optimum import tariff in the presence of outward foreign direct investment. EIIW Diskussionsbeitrag 269. https://uni-w.de/e5uwe.

Welfens, P. J. J., & Baier, F. (2018). BREXIT and foreign direct investment: Key issues and new empirical findings. *International Journal of Financial Studies, 6*(2), 46. https://doi.org/10.3390/ijfs6020046.

Welfens, P. J. J., & Celebi, K. (2020). CO2 Allowance price dynamics and stock markets in EU countries: Empirical findings and global CO2-perspectives. EIIW Diskussionsbeitrag 267. https://uni-w.de/ndf2l.

Yahoo News/YouGov. (2020). Joe Biden holds the largest lead over President Donald Trump in battleground states. https://today.yougov.com/topics/politics/articles-reports/2020/03/02/biden-leads-trump-poll. Zugegriffen am 30.03.2020.

3

Ungleichheit, Ergebnisse einer US-Umfrage und Wirtschaftsanalyse: Das Argument für strukturellen Trumpismus

Diese Studie über Trump präsentiert einen neuen analytischen Blick auf die Gründe für die Wahl von Donald Trump zum Präsidenten der Vereinigten Staaten Ende 2016 und auf die ersten beiden Jahre der Trump-Präsidentschaft, die so viele neue politische Ansätze und populistische Wahrnehmungen gebracht hat und das traditionelle politische System der USA und die gesamte Weltwirtschaft erschüttert haben. Während 1991 die westlichen Marktwirtschaften – die auch weitgehend Demokratie und Rechtsstaatlichkeit repräsentieren (auf internationaler Ebene über multilaterale internationale Organisationen) – wie die großen Gewinner des Kalten Krieges und der Rivalität zwischen Marktwirtschaft und sozialistischer Kommandowirtschaft aussahen, steht 2016 für einen Rückschlag gegen die westliche Welt. Im Vereinigten Königreich stimmt eine Mehrheit der Wähler überraschend für den Austritt aus der EU (obwohl es für mich persönlich nicht so überraschend kam, wenn ich den Argumenten des Financial-Times-Journalisten Gideon Rachman folgte und meine eigenen Argumente formulierte, die nach der Bankenkrise 2007/2009 Zweifel an einem Teil der US-amerikanischen und britischen Eliten aufkommen ließen; Rachman 2016; Welfens 2016). In den Vereinigten Staaten errang der republikanische Präsidentschaftskandidat Donald Trump den Sieg gegen die politisch erfahrenere Hillary Clinton, die Kandidatin der Demokratischen Partei im Präsidentschaftswahlkampf – ein Ergebnis, das für die meisten Medien in den USA wiederum eine Überraschung war. Die von der Trump-Administration – die eine hohe Instabilität in Bezug auf die vom Präsidenten für das Team gewählten Sekretärinnen und anderen Beamten erfuhr – beschlossenen politischen Veränderungen waren in

Bezug auf die Außen-, Handels- und Steuerpolitik von Bedeutung, um nur die kritischsten Bereiche zu nennen. Die Trump-Administration vertrat die eher seltsame Ansicht, dass sich die US-Wirtschaft 2016 in einer schwachen Position befand und dass die USA nach vielen der internationalen Handelsverhandlungen, an denen sie im Lauf der Jahre teilgenommen hatte, unfaire Vereinbarungen getroffen hatten: Die Vereinigten Staaten würden stattdessen einen neuen bilateralen Politikansatz verfolgen und damit mit sechs Jahrzehnten internationaler Zusammenarbeit und Multilateralismus brechen – hier unter Hinweis auf die entscheidende Rolle der internationalen Organisationen. Diese neuen politischen Ansätze brachten die Trump-Administration in Konflikt mit den wichtigsten Verbündeten, von Kanada bis Mexiko, Deutschland plus Frankreich, der Republik Korea, Japan und der Türkei plus China. Wenn die vorgelegte Analyse korrekt ist, basierend auf neuem US-Erhebungsmaterial und der Kombination meines eigenen Wissens über die internationale Wirtschaft, unterstützt durch Dutzende von akademischen Papieren und Büchern sowie digitalen Informationsquellen und -daten, sind die Schlussfolgerungen für die USA und die Weltwirtschaft ziemlich dramatisch:

- Die neue Phase des US-Populismus ist nicht nur ein vorübergehendes Trumpismus-Phänomen, sondern eine tiefer verwurzelte strukturelle Herausforderung, die ohne erhebliche systemische Anpassungen des politischen und wirtschaftlichen Systems der USA nicht überwunden werden kann: Es gibt Reformbedürfnisse, die nicht unmöglich sind, aber ein einfaches Projekt sieht anders aus, und dasselbe könnte man über die EU sagen. Der US-Populismus der Marke Trump steht für Wunschdenken, illusorische politische Versprechungen in vielen Bereichen und eine plötzliche Schwächung der US-Wissenschaftsgemeinschaft, deren Einfluss auf die Politik durch die Expansion des Internets stark reduziert wurde.
- Die EU wird seit mehr als zwei Jahren von der BREXIT-Mehrheit am 23. Juni 2016, dem Tag des EU-Referendums im Vereinigten Königreich, übernommen. Während die britischen Wähler 1975 in einem Referendum eine starke Zwei-Drittel-Mehrheit zeigten, um Teil des europäischen Integrationsprojekts zu bleiben, dem sie beigetreten waren, brachte das britische Referendum 2016 eine 51,9%ige Pro-Leave-Mehrheit (d. h. Pro-BREXIT): Der Austritt aus der EU schien eine Mehrheit erreicht zu haben (für Argumente, dass das Referendum ungeordnet war, s. Welfens 2017a, b; das normale Ergebnis, basierend auf einer Standardpopularitätsfunktion des Vereinigten Königreichs, wäre 52,1 % für Remain gewesen). Die EU-Länder wiederum tun weitgehend so, als würden sie auf eine breite, standardisierte Weise mit US-Präsident Trump zusammenarbeiten, aber die

aufgetretenen transatlantischen Widersprüche sind ziemlich ernst und deutlich sichtbar. Und selbst wenn die EU28 die direkten transatlantischen politisch-ökonomischen Spannungen stark ignorieren möchte, sollte man in Europa nicht übersehen, dass der China-US-Handelskonflikt, der weitgehend von der Trump-Administration geprägt ist, so weitreichende internationale Auswirkungen auf die Wirtschaft hat, dass die EU28-Länder sowohl von Washington DC als auch von Präsident Trump vor massiven neuen Herausforderungen stehen werden.

Die doppelte Herausforderung für die USA besteht mittelfristig darin, in Zukunft mehr von den EU-Ländern im Bereich der Sozialen Marktwirtschaft zu lernen, während die EU von den USA in anderen entscheidenden Bereichen lernen könnte und sollte – zum Beispiel beim Risikokapitalismus. Zwei Säulen des westlichen Systems sind 2016/2017 mit den USA und dem Vereinigten Königreich instabil geworden. Das heißt, die beiden führenden westlichen globalisierten Mächte (das Vereinigte Königreich, das hier als der frühere Führer der Globalisierung in einem historischen Kontext bezeichnet wird) haben begonnen, den westlichen Orbit zuverlässiger Markt- und Rechtsstaatlichkeitsökonomien zu verlassen. Die internationale Rechtsstaatlichkeit wird sowohl durch BREXIT als auch durch die Trump-Präsidentschaft deutlich geschwächt. Könnten die traditionellen westlichen Führer, der Grad der politisch-ökonomischen Stabilität und das Vertrauen der Industrie- und Entwicklungsländer in die USA (und Großbritannien) bald wieder hergestellt werden? Es gibt keine einfache Antwort, außer dass, sobald die USA oder das Vereinigte Königreich große internationale Organisationen verlassen haben, für deren Kompetenz und Einfluss beide Länder recht wichtig waren, eine neue fragile globale Architektur entstehen könnte – ein institutionelles Umfeld, das sich sehr von dem unterscheidet, was die westliche Welt in den sieben Jahrzehnten nach dem Krieg in der internationalen Zusammenarbeit unter verschiedenen US-Präsidenten geschätzt hat. Es ist klar, dass China der neue aufstrebende globale Wirtschaftsstern ist. Obwohl es nur etwa ein Drittel des US-Pro-Kopf-Einkommens ausmacht, hat es das US-Nationaleinkommen in Kaufkraftparität bereits 2017 leicht übertroffen, und man sollte davon ausgehen, dass China bis etwa 2030 oder 2035 eine Einkommensposition von zwei Dritteln gegenüber den USA erreichen kann. Der globale Einfluss Chinas hat zugenommen, während die normalerweise zu erwartende gemeinsame Reaktion der USA und der EU nicht zu erkennen ist. Gleichzeitig hat Donald Trump zwar ein starkes digitales Kommunikationsformat auf der Twitter-Plattform entwickelt, aber unter normalen Umständen hätte man eine gemeinsame wirtschaftliche Zusammenarbeit zwischen den USA und der EU mit China bzw. Asien erwartet. Mit BREXIT und Trump ist eine gemeinsame EU28-US-Kooperation mit China eher unwahrscheinlich. Der US-Präsident selbst sendet viele zweifelhafte Kommunikationssignale: Ein Projekt der Washington Post (2019) hat sich auf die Lügen und falschen Vermutungen von Präsident Trump konzentriert, mit einer Datenbank über die tägliche Anzahl falscher und irreführender Behauptungen. Was für ein neues Zeitalter der westlichen Verwirrung ist das, und wie ernst könnten die Auswirkungen in Zukunft für Europa, Nordamerika, Asien und andere Regionen der Weltwirtschaft sein?

Man sollte nicht ausschließen, dass die transatlantische Zusammenarbeit, die unter Präsident Trump stark geschwächt wurde, im Rahmen eines neuen Konzepts verstärkt werden könnte. Für die EU-Sozialmarktwirtschaften wäre es einfacher, mit den USA zusammenzuarbeiten, wenn sich die institutionellen Unterschiede zwischen beiden verringern würden. Aus europäischer Sicht sollte dies bedeuten, dass die USA den wichtigsten EU-Ländern im Bereich der Sozialpolitik ähnlicher werden; dies könnte in der Tat der Fall sein, wenn das politische System der USA beginnt, die Vorteile eines moderneren Sozialversicherungssystems für die USA genauer zu untersuchen, das eine recht breite Krankenversicherung und bessere Gesundheitsdienste umfasst, einschließlich der vielen (europäischen Standard-)Routinekontrollen für Schwangere und ihre ungeborenen Babys. Eine niedrigere Säuglingssterblichkeitsrate in den USA würde die Bevölkerung innerhalb von 60 Jahren um etwa 50 Millionen erhöhen, sofern die US-Zahl für Säuglingssterblichkeit das niedrige Niveau von Deutschland, Frankreich und Großbritannien erreicht. Das derzeitige System in den USA lässt viele schwangere Frauen aus relativ armen Familien ohne routinemäßige pränatale Vorsorgeuntersuchungen zurück, was zu einer relativ hohen Kindersterblichkeitsrate in den USA beiträgt. Viele EU-Mitgliedstaaten verfügen über nützliche institutionelle Regelungen, die für die USA nützlich wären, möglicherweise nach einigen Änderungen; gleichzeitig könnte die EU in vielen Bereichen von den USA lernen. Aus Sicht der EU gibt es eine interessante und einzigartige Option zur Stärkung der wirtschaftlichen und politischen Zusammenarbeit mit China – die landgestützte logistische Verbindung zwischen der EU und China bietet einzigartige Möglichkeiten für eine neue europäisch-chinesische Just-in-time-Lieferzusammenarbeit, die für viele Branchen, einschließlich des Automobilsektors, nützlich ist. Es liegt auf der Hand, dass die EU auch versuchen sollte, die soziale Marktwirtschaft stärker in Richtung Assoziation Südostasiatischer Nationen (ASEAN) und anderer Länder Asiens zu exportieren. Dies wiederum könnte die USA ermutigen, europäische Reformelemente für das eigene Land genauer zu prüfen.

Die Studie wirft auch die Frage auf, warum die USA das wichtigste Armutsrisiko des Landes, nämlich die Chance, ohne Krankenversicherung krank zu werden, nicht beseitigen und warum die politische Debatte in den USA nicht die große Vielfalt guter Krankenversicherungssysteme berücksichtigt. Beispiele für solche Systeme reichen von denen in den EU-Ländern bis hin zu Schweiz und Norwegen sowie Island in Europa. Die westlichen EU-Länder (EU15) geben deutlich weniger für die Gesundheitsversorgung aus – im Verhältnis zum Volkseinkommen – als die USA und haben alle eine höhere Lebenserwartung als die USA, sodass es natürlich erscheint, die europäischen Modelle der Krankenversicherung zu untersuchen. Diese Studie enthält auch eine Reihe von Reformvorschlägen sowohl für die EU und Europa im Allgemeinen als auch für China. Da sich China noch im Aufholprozess befindet, muss es sich noch überlegen, in welchen Bereichen es quasi europäische und nicht nordamerikanische Politikansätze verfolgen sollte. Jedes „Land" (hier auch die EU) in diesem Dreiklang von Wirtschaftsmächten könnte auch von den beiden anderen Riesen lernen. Dies schließt jedoch nicht aus, dass in einigen Fällen das beste Modell, das in Betracht gezogen werden kann, z. B. das der Schweiz oder Singapurs ist. Die Globalisierung kann nur dann nachhaltig sein, wenn man bereit ist, einen ernsthaften Ansatz für die Organisation eines globalen Benchmarking zu verfolgen.

Der US-Gini-Koeffizient – als Indikator für Ungleichheit – war 2010 höher als der der EU (EU27 ist EU28 ohne Kroatien, das 2013 der EU beigetreten ist; Tab. 3.1). S10 bezieht sich auf den Anteil der oberen 10 % am Gesamteinkommen, während S1 auf den Anteil der unteren 10 % oder Dezil in Bezug auf das Einkommen verweist – die Aktienquote ist ein Indikator für die Einkommensungleichheit und man kann sehen, dass das Verhältnis für die

Tab. 3.1 Vergleich der Ungleichheit zwischen der EU und den USA (Gesamteinkommen* Ungleichheiten, 2010; Salverda 2015, Tab. 3, S. 22)

	EU27 (KKP*)	Wechselkurs	US$
Gini-Koeffizient	0,303	0,305	0,380
S10:S1 Verhältnis der Ertragsanteile	13,8	22,8	15,9
S10 Einkommensanteil	25,9 %	26,8 %	
Bruttoeinkommen	31,0 %	32,2 %	46,4 %
P90:P10 Verhältnis der Dezilgrenzen	5,5	8,3	6,1
Armut			
• Anteil der Haushalte	23,2 %	26,9 %	32,9 %
• Einkommensanteil	7,5 %	7,5 %	7,9 %
• Mittlere Armutslücke	37 %	46 %	37 %

*Anmerkung: Das Einkommen bezieht sich auf das Nettoäquivalenzeinkommen, sofern nicht anders angegeben. *KKP bezieht sich auf die Kaufkraftparität*

USA höher ist als für die EU. Das Verhältnis P90:P10 hingegen zeigt das Verhältnis der Einkommen, die auf der unteren Grenzebene oder dem Grenzpunkt des oberen Dezils einerseits (d. h. dem 90. Perzentil) und der oberen Grenze des unteren Dezils andererseits (d. h. dem 10. Perzentil) liegen. Der Anteil der Haushalte unter dem Begriff Armut lag in der EU27 bei etwa 23 %, in den USA bei 33 %. Gemessen an der mittleren Armutslücke (KKP = Kaufkraftparität) hatten die EU27 und die USA den gleichen Wert.

Unter der Obama-Regierung wurden erhebliche staatliche Anstrengungen unternommen, um die Bankenkrise zu überwinden und auch die wirtschaftliche Ungleichheit zu verringern und gleichzeitig für mehr Amerikaner das Armutsrisiko durch einen Mangel an Krankenversicherung zu reduzieren. Der US-Rat der Wirtschaftsberater (Council of Economic Advisers (CEA), 2017) schrieb im Wirtschaftsbericht des Präsidenten (S. 181; Anmerkung ACA:= Affordable Care Act in the Obama health care reform of 2010): „Die Auswirkungen der während der Obama-Administration verordneten Finanzpolitik auf die Ungleichheit variieren je nach Maßnahme, von einer 3-prozentigen Senkung des Gini-Index bis hin zu einer mehr als 20-prozentigen Verringerung des Verhältnisses der Durchschnittseinkommen in den oberen 1 Prozent bis zu den unteren 20 Prozent, aber alle Maßnahmen zeigen eine deutliche Verringerung der Ungleichheit." Der Rat betonte weiter (S. 181), dass steuerpolitische Änderungen seit 2009 und steuerliche Deckungsbestimmungen des ACA den durchschnittlichen Steuersatz für die oberen 0,1 % im Jahr 2017 um 7 Prozentpunkte erhöhen sollten, nämlich von 31 % auf 38 %. Für Familien unter den ersten 1 %, aber nicht unter den ersten 0,1 % ganz oben in der Einkommenspyramide, sollten diese Veränderungen die durchschnittlichen Steuersätze um 4 Prozentpunkte erhöhen. Der Einkommensanteil der Top-Ein-Prozent in der Einkommenspyramide soll sich 2017 um 1,2 Prozentpunkte (7 %) verringern, und zwar von 16,6 auf 15,4 %. Der Rat weist ferner darauf hin, dass nach CBO-Angaben der Anteil des Nachsteuereinkommens des untersten Quintils (unterstes Fünftel der Haushaltsverteilung) von 7,4 % auf 5,6 % gesunken ist, während der Anteil der obersten 1 % von 7,4 auf 16,7 % im Jahr 2007 gestiegen ist. Es ist ziemlich klar, dass die Trump-Administration die Verringerung der Ungleichheit durch ihre neue Wirtschaftspolitik und die Trump-Steuerreformen Ende 2016 zurückgenommen hat. Im Bereich der Gesundheitsversorgung reduzierte die erste offene Registrierung des ACA den Anteil der Unversicherten in den USA von rund 15 auf 10 %; die Einführung von Medicare and Medicaid im Jahr 1965 hatte den Selbstbehalt innerhalb weniger Jahre von 20 auf rund 15 % gesenkt (CEA 2017, S. 202). Es ist bemerkenswert (CEA 2017, S. 207), dass die nichtversicherten Anteile für Kinder (< 19 Jahre) stetig gesunken sind und 2015 etwa 6 % erreichten, aber für Erwachsene in der Altersgruppe 26–64 Jahre gab es einen Anstieg von etwa 17 % im Jahr 2000 auf fast 20 % im Jahr 2010 und erst nach 2013 – mit der ersten offenen ACA-Umsetzung (Obamas Gesundheitsreformgesetz) – ging der nichtversicherte Anteil dieser Altersgruppe zurück und erreichte 2015 etwa 14 %. Für junge Erwachsene in der Altersgruppe 19–25 Jahre (CEA 2017, S. 211) sank die Selbstbeteiligung, die 2010 bei knapp 35 % lag, auf rund 17 % im Jahr 2016. Unter der Überschrift „Wirtschaftliche Folgen eines breiteren Krankenversicherungsschutzes" schreibt der Rat (S. 223): „Die Belege zeigen, dass es dem Gesetz bereits gelungen ist, den Zugang zu Pflege, Gesundheit und finanzieller Sicherheit für die Neuversicherten zu verbessern und die Belastung durch unkompensierte Pflege für das gesamte Gesundheitssystem zu verringern. Über den Gesundheitssektor hinaus trägt das Gesetz dazu bei, die Einkommensungleichheit zu verringern".

Der Wahlsieg von Donald Trump Ende 2016 basierte auf einem Programm, das versprach, „Obamacare" bzw. die Gesundheitsreformen unter der Obama-Regierung zurückzufahren; und es versprach eine Antiimmigrationspolitik zusammen mit einer Steuerreform sowie eine neue internationale Politikorientierung, nämlich Bilateralismus und das Ende des Multilateralismus – lesen Sie die Rolle der internationalen Organisationen. Der Sieg von Donald Trump bei den US-Präsidentschaftswahlen 2016 markiert einen populistischen Präsidenten, der den politischen Höhepunkt in der führenden Wirtschafts- und Militärmacht der Welt erreicht.

Populistisch im Sinn der vorliegenden Analyse bedeutet, dass die Regierung (US-Administration) eher radikale politische Maßnahmen durchführt und versucht, die Verfassung zu untergraben, im Allgemeinen sehr opportunistisch und damit für ausländische Partner unzuverlässig ist und antiimmigrations- und nationalistische Rhetorik einsetzt, eine protektionistische Handelspolitik betreibt und eine antimultilaterale außenpolitische Agenda zur Schwächung internationaler Organisationen verabschiedet. „Neuer Nationalismus" könnte eine zusammenfassende Überschrift für diesen Populismus sein, soweit er alle Bestandteile des traditionellen europäischen Nationalismus der 1920er- und 1930er-Jahre widerspiegelt, aber er hat auch eine digitale Kommunikations- und Destabilisierungsagenda, bei der das Internet ein entscheidendes neues Element dieses populistischen Ansatzes ist. Der digitale Populismus treibt oft Nachrichten bzw. Informationen voran, die in Wirklichkeit keine Grundlage haben, sondern die Vorurteile widerspiegeln und verstärken, die bereits in Teilen der weniger gebildeten Schichten der Gesellschaft verbreitet sind. Geschichten von führenden Regierungsakteuren werden verwendet, um das Vertrauen der Gesellschaft bzw. der Wähler in die Verfassung und die etablierten führenden Parteien und Institutionen zu untergraben.

Im Lauf ihrer Geschichte hatten die USA mehrere populistische Präsidenten, und mit der Wahl von Donald Trump hat sie nun einen weiteren. Natürlich stellt sich die Frage, wie Trump die Wahl gewinnen konnte? In der anschließenden Analyse wird eine neue Antwort auf diese Frage angeboten. Darüber hinaus werden Argumente vorgebracht, dass der Trumpismus – die Art von Populismus, die für Trumps Wahl und nachfolgende Präsidentschaft entscheidend ist – ein strukturelles US-amerikanisches Politikproblem darstellt, das viele Jahre lang vor Herausforderungen steht. Dies wiederum muss erhebliche Folgen für Europa, Asien und die Weltwirtschaft haben.

Unter den vielen Beiträgen zur Analyse der Trump-Administration und Trumps Sieg 2016 kann man auf mehrere interessante Bücher verweisen:

- Levitsky und Ziblatt (2018) zeigen in „How Democracies Die", wie instabil die Demokratie in einigen westlichen Ländern – vielen lateinamerikanischen, asiatischen und europäischen Ländern – sein kann. Die Zerstörung der Demokratie hat oft nicht ihren Ursprung in äußeren Kräften oder von innen durch einen Zusammenbruch der Unterstützung für die Demokratie unter den Wählern, sondern wird in der Regel von der Regierung oder dem jeweiligen Präsidenten selbst angegriffen, die oft über das demokratische System selbst an die Macht gekommen sind. Die Zerstörung politischer Institutionen, die Pressefreiheit und populistische Politiken, die Vorteile für breite Schichten von Wählern versprechen, sind in den meisten Fällen ein typisches Element. Die Trump Administration gilt als am Rand des autoritären Verhaltens, für das die Autoren vier Indikatoren haben (S. 65 ff.; Übersetzung PJJW): „(1) Ablehnung von (oder schwaches Bekenntnis zu) demokratischen Spielregeln, (2) Verweigerung der Legitimität politischer Gegner, (3) Duldung oder Förderung von Gewalt, (4) Bereitschaft, die bürgerlichen Freiheiten von Gegnern, einschließlich der Medien, einzuschränken". Ein wesentliches Element der autoritären Herrschaft ist auch, dass der Präsident versucht, föderale Behörden, z. B. die Steuerbehörden oder den Geheimdienst (CIA), direkt zu nutzen, um Druck auf politische Gegner auszuüben – dies zerstört die Neutralität großer Institutionen, die in einem rechtsstaatlichen System nicht im Namen des Präsidenten des Tages bewaffnet werden sollten. In der Türkei und in Russland gibt es solche Probleme – und jetzt, unter Präsident Trump, ist sie teilweise auch in den USA Realität. Die Autoren argumentieren deutlich, dass die Aufgabe der politischen Nachsicht und des Respekts vor politischen Gegnern seit vielen Jahren Teil der Schwächung der informellen Regeln des politischen Systems ist; Präsident Trump beschleunigte den Prozess, der ursprünglich von der eher radikalen Bewegung der Tea Party innerhalb der Republikanischen Partei eingeleitet wurde.

- Barry Eichengreens Studie über „The Populist Temptation" (Eichengreen 2018) ist ein interessanter Beitrag, in dem er einige historische Episoden des Populismus in den USA betrachtet und einige der wichtigsten Probleme des Trumpismus bzw. des US-Populismus aufzeigt. Er weist darauf hin, dass Globalisierung und technologischer Fortschritt nicht zum Nulltarif gehen, wie Präsident John F. Kennedy, der 1962 (über das Trade Expansion Act) ermächtigt worden war, die Einfuhrzölle um 50 % zu senken, Programme zur Umschulung von Arbeitnehmern und zur Unterstützung bei der Arbeitssuche entwickelte „und eine außerordentliche Einkommensunterstützung für durch den Außenhandel aus bisherigen Jobs vertriebene Arbeitnehmer vorsah, indem er die Unterstützung der Gewerkschaftsführer für das Gesetz zur Erweiterung des Handels in Anspruch nahm". Eichengreen argumentiert, dass viele Politiker des frühen 21. Jahrhunderts diesen Zusammenhang noch nicht hergestellt haben: „ein Versagen des Mutes […] oder ein einfaches Versagen der Logik". Man kann hinzufügen, dass Investitionen in die Aus- und Weiterbildung von ungelernten Arbeitnehmern möglicherweise keine geringere soziale Rendite haben als die Aus- und Weiterbildung von Fachkräften, wie die Forschung für die Niederlande zeigt (Fouarge et al. 2013). Während ungelernte Arbeitskräfte gewisse Motivationsprobleme haben, sich für Ausbildungs- bzw. Umschulungsprogramme anzumelden, gibt es insgesamt keine guten Gründe zu erwarten, dass nur die Ausbildung von Fachkräften einen erheblichen wirtschaftlichen Nutzen bringen würde. Wenn die wirtschaftliche Globalisierung eine Beschleunigung der Produktinnovationszyklen bedeutet, ist es klar, dass es eine Umschulung von Fachkräften in Unternehmen geben sollte, die im globalen Wettbewerb stehen – viele führende Unternehmen aus den USA und der EU führen solche Programme tatsächlich durch. Eichengreen betont auch die Sichtweise von Trump in seiner Phoenix-Rede zur Einwanderung – während der Präsidentschaftskampagne 2016 –, in der Trump als Präsidentschaftskandidat argumentierte, dass ein hoher Anteil der sozialpolitischen Leistungen an Einwanderer fließt, die oft das System der sozialpolitischen Zahlungen ausgenutzt hätten; und dass dies daher ein Grund sein sollte, die Einwanderung sowie die sozialpolitische Expansion zu bekämpfen. Diese Vermutung ist nicht korrekt, wie Analysen der US-Sozialpolitik gezeigt haben. Das Prinzip der populistischen Propaganda besteht darin, fiktive Behauptungen über die Realität

unerbittlich zu wiederholen, bis eine Mehrheit der Öffentlichkeit die Propagandavorurteile als neue Realität akzeptiert.
- Pollak und Schweikart (2017) haben argumentiert, dass die traditionellen Medien – darunter Zeitungen und Fernsehsender – die Popularität von Donald Trump in der Präsidentschaftskampagne unterschätzt haben. Trumps Strategie, jeden Monat ein Schlüsselthema zu präsentieren, und seine digitale Kampagne sowie eine hohe Anzahl von Treffen mit Unterstützern in vielen Städten landesweit funktionierten, während die Kampagne von Hillary Clinton nicht erfolgreich war.
- Ein interessantes Buch mit vielen anschaulichen Erkenntnissen ist Isabel Sawhills *The Forgotten Americans*, in dem sie die Probleme des sinkenden Vertrauens der Wähler in die Bundesregierung und den langfristigen relativen Rückgang der Löhne ungelernter Arbeiter hervorhebt (Sawhill 2018); es besteht jedoch die Notwendigkeit, diese Ergebnisse in einem breiten analytischen Rahmen zu erklären, der sowohl wirtschaftliche als auch andere Schlüsselperspektiven umfasst. Das Verständnis der wirtschaftlichen Dynamik in den USA ohne Berücksichtigung der Expansion Chinas und der Dynamik in Asien im Allgemeinen – möglicherweise einschließlich der Rolle Japans, das bei den Expansionsplänen Chinas im Rahmen internationaler Infrastrukturinvestitionen tatsächlich ein Konkurrent sein könnte – wird nicht möglich sein. Mit dem Prozess der Digitalisierung wird die Welt auch zunehmend zu einer globalen politischen Arena, in der digitale Debatten, digitale Einmischung in Wahlkämpfe im Ausland und digitale Wirtschaft neue Elemente im nationalen politisch-ökonomischen Wandel sind.

Es ist zwar wahr, dass Trump Stimmen aus allen Schichten der Wirtschaft erhalten hat, aber es ist auch wahr, dass seine Rivalin Hillary Clinton einen eher geringen Stimmenanteil unter denjenigen mit einem Einkommen von weniger als 30.000 US$ erhielt (BBC 2016): Obama hatte 63 % Unterstützung von dieser Gruppe, verglichen mit 35 % der Stimmen für Mitt Romney – Hillary Clinton erreichte 53 % Unterstützung, Donald Trump 41 %; 51 % der Wähler mit einem High-School-Diplom unterstützte Donald Trump, während Hillary Clinton 45 % Unterstützung erhielt. Wähler mit High-School-Abschluss könnten sich Sorgen über das Risiko gemacht haben, dass die Einkommensanteile für den mittleren Haushalt (oder die unteren 50 % der Einkommenspyramide) in den USA sinken.

Wenn der Trumpismus ein vorübergehendes US-Phänomen ist, dann gibt es nicht viel Grund für die wichtigsten internationalen Partner der USA – und auch nicht für internationale Organisationen –, umfassende politische Anpassungen vorzunehmen oder neue Strategien zu entwickeln. Es wird jedoch nachträglich argumentiert, dass die langfristige Zunahme der US-Ungleichheit, in Kombination mit den Ansichten bestimmter US-Wähler und den anhaltenden dreifachen Triebkräften der Ungleichheit, nämlich IKT-Expansion, Globalisierung und Chinas starkes Exportwachstum, einem strukturellen Trumpismusproblem gleichkommt: In den USA ist aus nicht schwer verständlichen Gründen eine starke populistische politische Kraft entstanden. Es gibt keinen einfachen Weg, diesen Populismus zu besiegen – obwohl die Mehrheit der Wähler am Ende, vielleicht nach etwa einem Jahrzehnt, verstanden haben könnte, dass der US-Populismus nicht die Ergebnisse liefern kann, die ihnen versprochen wurden. Trumps Politik ist sowohl in der Wirtschaftspolitik als auch im Bereich der Klimapolitiken zutiefst widersprüchlich; sie ignoriert wissenschaftliche Gutachten auf breiter Ebene und steht damit selbst im Widerspruch zu den politischen Traditionen der USA und dem „höheren gesunden Menschenverstand" (wenn man mit diesem Ausdruck auf akzeptierte wissenschaftliche Analysen verweisen darf). Der folgende Abschnitt untersucht eine neue Erklärung des Trumpismus und die dargestellten Elemente deuten eindeutig darauf hin, dass selbst wenn Präsident Trump die nächste Wahl verlieren würde, der Trumpismus bzw. US-Populismus noch nicht vorbei ist. Wenn der Trumpismus jedoch eine strukturelle Herausforderung für Europa, Asien und andere Regionen der Weltwirtschaft ist, sehen die adäquaten politischen Reaktionen ganz anders aus als im Fall eines Trumpismus, der ein vorübergehendes Phänomen ist.

Was die Ansichten der Ökonomen zum Populismus betrifft, so haben die Autoren Dornbusch und Edwards (1991) in ihrem Beitrag „The Macroeconomics of Populism in Latin America" eine nützliche Definition formuliert: „Populismus bedeutet, sich auf die Umverteilung der Einkommen zu konzentrieren und gleichzeitig das Risiko für breite wirtschaftliche Stabilität durch einen starken mittelfristigen Anstieg der realen Staatsausgaben, die inflationäre Finanzierung staatlicher Programme und politische Interventionen, die die Anpassungen der Märkte überlagern, zu verringern."

Seit den 1960er-Jahren haben sich immer mehr Länder für den internationalen Handel geöffnet und die Handelsbarrieren zwischen den Ländern haben sich aufgrund der Verhandlungen in den verschiedenen Runden des Allgemeinen Zoll- und Handelsabkommens (GATT) und der anschließenden Diskussionen der Welthandelsorganisation (WTO) zur Liberalisierung des Handels verringert. Die WTO ist eine wichtige internationale Organisation und soll dazu beitragen, internationale Handelskonflikte zu vermeiden, Konflikte friedlich zu lösen und Zölle und andere Handelshemmnisse weltweit zu reduzieren. Die WTO steht zusammen mit dem Internationalen Währungsfonds (IMF) und der Bank für Internationalen Zahlungsausgleich (Bank for

International Settlements (BIS)) für führende globale internationale Organisationen. Die Handelsglobalisierung wird zu einer internationalen wirtschaftlichen Konvergenz des Pro-Kopf-Einkommens führen – im Einklang mit der Logik des auf Handel basierenden Heckscher-Ohlin-Theorems, der Annahme der Verfügbarkeit der gleichen Technologie im In- und Ausland. Dieser Satz besagt, dass sich die Länder nach dem komparativen Vorteil spezialisieren werden, sodass Länder, die relativ reich an Kapital ausgestattet sind (einschließlich Maschinen und Ausrüstungen, wie im Fall der USA oder der EU), hauptsächlich kapitalintensive Güter produzieren und exportieren werden, z. B. Automobile, während Länder, die relativ reich an Arbeitskräften sind (z. B. Bangladesch), Waren, beispielsweise Textilien, produzieren und exportieren werden, die arbeitsintensiv sind. Das Kapital-Arbeit-Verhältnis ist ein guter Indikator für die relative Ausstattung eines Landes mit Kapital und Arbeit. China öffnete sich 1978 für den Handel und wurde erst 2001 Mitglied der WTO. Der Heckscher-Ohlin-Ansatz ist ohne internationale Faktormobilität, wie z. B. die Mobilität von Arbeit und Kapital. In Wirklichkeit hat jedoch ein hohes Maß an internationaler Kapitalmobilität die Weltwirtschaft (hier ohne China) seit den 1970er-Jahren geprägt. Darüber hinaus wird die Globalisierung des Handels mit anderen Kräften wie ausländischen Direktinvestitionen, dem Ausbau der globalen IKT oder der internationalen Migration kombiniert. Steigende Handels- und Kapitalströme haben das durchschnittliche Pro-Kopf-Einkommen weltweit erhöht, gleichzeitig hat sich in vielen Ländern die Streuung des Pro-Kopf-Einkommens erhöht. Es könnte mehr Abwärtsbewegungen in Richtung Armut geben, als es Aufwärtsbewegungen aus niedrigeren Schichten gegeben hat, oder es könnte eine hohe Einwanderung von eher armen Menschen geben. Im Zeitalter der modernen Globalisierung gab es sowohl die Handelsliberalisierung als auch ausländische Direktinvestitionen aus den meisten OECD-Ländern sowie ausländische Direktinvestitionen im Inland. Direktionsvestitionszuflüsse bringen in der Regel einen internationalen Technologietransfer mit sich, der die Arbeits- und Kapitalproduktivität im jeweiligen Gastland erhöht.

Zusammenfassend lässt sich die Hauptdynamik der zunehmenden Ungleichheit in den USA und einigen anderen OECD-Ländern wie folgt zusammenfassen: IKT/Robotik stärkt den Einkommensanteil des Kapitals; zum einen durch die Möglichkeit, viele IKT-bezogenen Produkte als differenzierte Produkte zu verkaufen, zum anderen im Kontext einer hohen digitalen Innovationsdynamik in Kombination mit Netzwerkeffekten – wie Welfens (2002) betont. Soweit die IKT eine perfekte – oder breite – Preisdifferenzierung in digitalen Märkten und verwandten Märkten ermöglicht, wird sich die Menge nicht vom üblichen Wettbewerbsmarktmodell unterscheiden, bei dem die

Schnittmenge aus Nachfrage- und Angebotskurve (Grenzkostenkurve) den Gleichgewichtspunkt bestimmt. Der Durchschnittspreis (p_1) liegt nun jedoch über dem wettbewerbsfähigen Einheitspreis (p_0) und damit höher (s. Anhang 5). Damit werden die Gewinnrate in der jeweiligen Branche und der Gesamtanteil der Gewinne am Bruttoinlandsprodukt (BIP; Gesamtwert der neu produzierten Waren und Dienstleistungen) deutlich erhöht – die Kehrseite ist der Rückgang der Lohnquote. Darüber hinaus sind digitale Märkte oft durch Größenvorteile und Netzwerkeffekte gekennzeichnet. Beide Phänomene erhöhen die Marktmacht in der jeweiligen Branche und damit den Aufschlag auf die Kosten und damit erneut die Gewinnrate.

Die digitale Expansion wird noch viele Jahre andauern, ebenso wie die finanzielle Globalisierung; letztere, bis große Länder Hindernisse für den internationalen Kapitalfluss schaffen. Die finanzielle Globalisierung bedeutet niedrigere Realzinsen, was Haushalten mit einem angemessenen Arbeitseinkommen – gelesen: qualifizierte Arbeitskräfte – und Haushalten zugute kommt, die bereits über einen beträchtlichen Reichtum verfügen und damit den Banken die Sicherheiten bieten können, die oft für Großkredite erforderlich sind. Ungelernte Arbeitskräfte sind die Verlierer dieser digitalen und finanziellen Globalisierungsdynamik – und die Arbeitskräfte wurden in der Tat oft durch die wettbewerbswidrige Bündelung von Krediten und Ratenschutzversicherungen der Banken ausgenutzt. Letzteres bedeutet ungerechte finanzielle Globalisierung und könnte einfach durch eine nationale oder internationale Wettbewerbspolitik behoben werden, die Entflechtungsanforderungen auferlegen sollte; aber selbst in Deutschland hatte diese Bündelung bis 2016 gedauert, als die deutsche Gesetzgebung geändert wurde und die Banken verpflichtet wurden, alternative Anbieter von Zahlungssicherungsverträgen zuzulassen (Entflechtung). Auch der verzerrte technologische Fortschritt spielt zugunsten von Fachkräften eine Rolle; auf den Arbeitsmärkten fast aller Länder erhöht der zunehmende Einsatz von IKT/ICT-Kapital den relativen Bedarf an Fachkräften. Dieser Aspekt wird in der Tat in den empirischen Befunden auf Jaumotte et al. (2008) hervorgehoben; diese Autoren zeigen, dass sich durch bestimmte Elemente der Globalisierung die internationalen Einkommensunterschiede zwischen Ländern erhöhen, dass aber zugleich innerhalb der betrachteten Länder größere Einkommensunterschiede – etwa nach Qualifikation – entstehen. Zudem wird gezeigt, dass die Vorteile der Finanzglobalisierung ungleichmäßig bei verschiedenen Schichten der Gesellschaft ankommen.

Die wirtschaftliche Globalisierung im Sinn der Handelsglobalisierung trägt zum wirtschaftlichen Aufholprozess des Südens und zur internationalen wirtschaftlichen Konvergenz bei. Aber die finanzielle Globalisierung begünstigt

Fachkräfte und der einseitige IKT-basierte technologische Fortschritt erhöht die relative Nachfrage nach Fachkräften, sodass das Verhältnis der Löhne von Fachkräften zu denen von ungelernten Arbeitnehmern in fast jedem Land erhöht wird – wie in Jaumotte et al. betont wird (2008). Durch die Direktinvestitionsglobalisierung – und steigende internationale Portfolioinvestitionen – bringt die Globalisierung auch eine effektive Reduktion der Kapitalertragsbesteuerung mit sich, wie Foellmi und Martinez (2017) für die Schweiz zeigt; der größte Teil der Zunahme der Top-Ein-Prozent-Einkommensbezieher wurde durch Personen mit ausländischen Einkommensquellen erklärt. Aus dem Ausland stammende Einkünfte werden mit niedrigeren Effektivsteuersätzen als inländische Einkommensquellen besteuert. Im Übrigen könnte auch hier eine Risikoprämie auf Einkünfte aus dem Ausland eine Rolle spielen. Auslandsrenditen von Investoren aus OECD-Ländern sind üblicherweise höher als im Inland, sodass Länder mit hohen Auslandsinvestitionen auch relativ hohe Einkommenszuflüsse aus dem Ausland haben. Werden internationale Einkommensquellen relativ wenig besteuert, so kann die Multinationalisierung der Weltwirtschaft zu höheren Kapitaleinkommensanteilen bei Investoren mit internationaler Investitionsorientierung führen.

Steuervermeidungsprobleme, ausländische Direktinvestitionen und G20

Bei den Direktinvestitionsdaten gibt es überraschende Lücken – auch in den OECD-Ländern. Ein Teil der Forschungslücken bei ausländischen Direktinvestitionen („foreign direct investment" FDI) bezieht sich auf versteckten Offshore-Wohlstand, sodass man sich nicht allzu sehr auf offizielle Statistiken verlassen kann, die wiederum neue Fragen zur empirischen Analyse von Ersparnissen und internationalen Investitionen aufwerfen; einschließlich des sog. Feldstein-Horioka-Puzzles, das darauf hindeutet, dass alle Investitionen im Inland in OECD-Ländern finanziert werden; trotz der offensichtlichen Zunahme der Kapitalmobilität ab den 1970er-Jahren sowohl in der OECD als auch in einigen Schwellenländern. Diese Feststellung könnte jedoch lediglich kritische Datenprobleme widerspiegeln, da die ausländischen Direktinvestitionsbestände und reinvestierten Gewinne im Ausland nicht vollständig gemeldet werden. Tatsächlich ist ein Teil des Feldstein-Horioka-Puzzles mit Datenproblemen verbunden, wie sie von Alvaredo et al. (2018) im Weltungleichheitsbericht identifiziert wurden. Im Kapitel über die Vermögensungleichheit in Spanien diskutieren die Autoren die Ergebnisse von Martinez-Toledano (2017), der Daten der Schweizerischen Nationalbank in Kombination mit der Steueramnestie 2012 in Spanien verwendete (es ist schon bemerkenswert, dass man Daten der Schweizerischen Nationalbank verwenden muss!). Martinez-Toledano stellt fest, dass das nicht angemeldete Offshore-Vermögen spanischer Bürger auf 150 Mrd. € oder 8,6 % des privaten Finanzvermögens geschätzt wurde. Im Jahr 2012 wurden 50 % des nichtdeklarierten Offshore-Vermögens in Form von Investmentfonds, 30 % in Aktien und 18 % in Sparanlagen gehalten.

Betrachtet man Investmentfonds und Aktien, so ergibt sich ein Betrag von 120 Mrd. €. Angenommen, dass die Hälfte dieses Betrags Investitionen in Unternehmen mit mehr als 10 % Eigentum – und damit eine Direktinvestition – darstellt, bedeutet dies versteckte ausländische Direktinvestitionsbestände von 60 Mrd. €, was etwa 5 % des spanischen BIP entspricht. Wenn die (Brutto- = Netto-)Eigenkapitalrendite 4 % beträgt, bedeutet dies einen jährlichen versteckten spanischen Direktinvestitionsabfluss von 2,4 Mrd. €, was 0,2 % des spanischen BIP entspricht (Was wiederum mehr als ein Sechstel der offiziellen spanischen Direktinvestitionen im Ausand ausmacht. Wäre die tatsächliche Direktinvestitionsabflussquote 1,5 % – bei 2 % Wachstumstrend des Realeinkommens –, so wäre die Relation Auslandsvermögen in Form von Realkapital zum BIP 0,68, sofern man bei den Direktinvestitionsabflüssen davon ausgeht, dass hierbei ein Zehntel für Abschreibungen bzw. Reinvestitionen steht). Man kann nicht ohne Weiteres feststellen, dass die Zahlen für andere OECD-Länder von ähnlicher Größenordnung sind – aber sie unterscheiden sich wahrscheinlich in der Tat von Land zu Land in Bezug auf versteckte Direktinvestitionen im Ausland und versteckte ausländische Direktinvestitionen, was wiederum für korrekte Zahlen zum Bruttosozialprodukt von Bedeutung ist. In Ländern mit einer großen versteckten Nettoausgangsposition wird die Differenz zwischen Bruttosozialprodukt und BIP unterschätzt, was nicht zuletzt bei der Schätzung von Konsumfunktionen, Sparfunktionen und Importfunktionen, die alle proportional zum Bruttonationaleinkommen sind, ein allgemeines Problem darstellt.

Es gibt sicherlich gute Argumente für die Annahme, dass die Zahlen für Spanien eine Untertreibung des versteckten Auslandsvermögens darstellen, da die Steueramnestie von 2012 wahrscheinlich nicht das gesamte versteckte Offshore-Vermögen der spanischen Bürger enthüllt hat. Versteckte Direktinvestitionsbestände im Ausland könnten doppelt so hoch sein wie von den Autoren des World Inequality Report 2018 geschätzt. Dies würde bedeuten, dass 0,4 % des BIP für Spaniens versteckte ausländische Direktinvestitionen sind; und möglicherweise gilt dies auch für alle anderen Länder. Dies bedeutet für eine Investitionsbruttoinlandsquote von 18 % in den OECD-Ländern, dass 2,2 % aller Investitionen versteckte ausländische Direktinvestitionen sind, die natürlich in einer einfachen Feldstein-Horioka-Regressionsanalyse nicht identifiziert würden. Würde man davon ausgehen, dass versteckte ausländische Direktinvestitionen ein Achtel der gesamten ausländischen Direktinvestitionen ausmachen, würden die ausländischen Investitionen fast 1,8 % des BIP betragen. Eine solche Größenordnung ist wirtschaftlich relevant und Ökonomen – als internationale Forschungsgruppe – sollten in der Lage sein, dieses Phänomen mit einiger Genauigkeit zu identifizieren und zu analysieren. Man mag es seltsam finden, dass einige Regierungen der OECD-Länder wenig Interesse daran haben, solche statistischen Lücken zu schließen.

Es scheint jedoch, dass nicht viele Länder nicht wirklich daran interessiert sind, die Geheimnisse der Offshore-Vermögensbildung aufzudecken. Während die USA seit Jahrzehnten den Schwerpunkt auf die Bekämpfung der Steuerhinterziehung im Ausland legen, sind viele EU-Länder eher zögerlich – vor allem das Vereinigte Königreich (wo ein Forscher einer offiziellen Institution meine Bitte, Bankdirektinvestitionsdaten zu erhalten, mit der Frage beantwortete: Glauben Sie wirklich, dass jemand Ihnen diese Daten zur Verfügung stellen möchte, die es erleichtern würden, internationale Steuerhinterziehung zu erkennen?)

Es ist auch klar, dass bestimmte Länder – die Schweiz, das Vereinigte Königreich und bestimmte karibische Inseln, die hohe versteckte Kapitalzuflüsse aus OECD-Ländern und anderen Ländern anziehen – besonders von Offshore-Vermögensbeständen profitieren. Man kann davon ausgehen, dass eine große länderübergreifende Divergenz zwischen den OECD-Ländern im Bereich der Unternehmenssteuersätze und der Spitzeneinkommenssteuersätze internationale Steuerflucht stimuliert. Die Schlussfolgerung zur Vermeidung von immer mehr unfairer Steuerhinterziehung wäre dann eine verstärkte steuerpolitische Zusammenarbeit auf G20-Ebene und zwar eine Gruppe von G20+, zu der auch die Schweiz gehören sollte. Ein Mindestkörperschaftsteuersatz und eine ähnliche Definition der Steuerbemessungsgrundlage in allen Ländern könnten durchaus nützlich sein, um mehr Fairness im globalen Steuersystem zu erreichen und den Populismus zurückzudrängen, der nicht zuletzt eine politische Strömung ist, die auf eine Umverteilung für bestimmte arme Schichten abzielt, die die wirtschaftliche Globalisierung als ein Phänomen fürchten, das zulasten dieser Schichten geht. Mit einer globaleren gerechteren Besteuerung wäre die Notwendigkeit, die wirtschaftliche Globalisierung zu befürchten, für ein normales politisches System jedoch natürlich weniger intensiv. Eine große Herausforderung für die westlichen Länder besteht in der Tat darin, immer mehr steuerfinanzierte Umverteilung für arme Schichten zu finden (z. B. in Deutschland der bevorstehende Plan des Ministers für Arbeit und Soziales, Hubertus Heil, für alle, die mindestens 35 Jahre gearbeitet haben und in diesem Zeitraum mit niedrigem Einkommen konfrontiert waren, einen Anspruch auf eine Grundrente von fast 1000 € zu haben: monatliche Zuschüsse bis zu etwa 450 €). Es wird von der Politik oft nicht verstanden, dass eine solche steuerfinanzierte Grundrente einen doppelten wirtschaftlichen Nebeneffekt hat, nämlich dass die Sparquote gesenkt wird und dass der höhere Einkommensteuersatz durch mehr Sozialleistungen auch ein niedrigeres langfristiges Niveau des Wachstumspfads impliziert. Dies ist in der Tat die einfache Botschaft der verstärkten Solow-Wachstumsmodellierung, nämlich dass mehr Sozialversicherungsbeiträge aus Steuern die effektive Sparquote typischerweise verringern und damit zu einem realen Einkommensverlust führen werden. Als Minister Heil Anfang Februar 2019 argumentierte, dass sich die Kosten für die 3–4 Mio. Rentner, die in das System einbezogen werden sollen, auf 5–6 Mrd. € belaufen würden, informierte er die Öffentlichkeit nicht darüber, dass eine Senkung der Sparquote um einen Prozentpunk zu erwarten ist. Im Wachstumsmodell sinkt dann das Wachstumspfades bzw. das langfristig Pro-Kopf-Einkommensniveau. Bei einem kombinierten Steuersatz plus Sozialversicherungssatz von 40 % würde sich die damit verbundene Minderung der Produktion auf 17 Mrd. € und die des Steueraufkommens und der Sozialversicherung auf 7 Mrd. € belaufen. Das bedeutet, dass die effektiven Kosten einer schlecht geplanten Rentenreform – so beliebt sie auch sein mag – viel mehr betragen könnten als die direkten Haushaltskosten. Es ist auch klar, dass höhere Steuersätze nicht geeignet sind, höhere Direktinvestitions-Zuflüsse anzuziehen, sodass alternde Gesellschaften im 21. Jahrhundert in einer Welt des zunehmend mobilen Kapitals vor entscheidenden Herausforderungen stehen dürften.

Man würde erwarten, dass die wichtigsten negativen Nebenwirkungen von den Beamten eines professionellen Ministeriums berücksichtigt statt einfach ignoriert oder unterdrückt werden. Dies ist nicht vereinbar mit dem Geist einer westlichen Demokratie, die immer auf kritische Analysen und eine angemessene Modellierung von Reformen setzen sollte. Je weniger erfolgreich Parteien der Mitte in den westlichen Demokratien sind (d. h. je weniger professionelle Regierungen organisiert sind), desto leichter wird es für populistische Parteien sein, an die Macht zu kommen und für einige Zeit eine ziemlich volle Welt des Wunschdenkens zu etablieren.

Lohndifferenzierung

Ein letzter Schlüsselfaktor für die zunehmende Lohnungleichheit in den Industrieländern ist laut einer OECD-Studie China (s. Breemersch et al. 2017), dessen starkes Exportwachstum seit etwa 1985 bemerkenswert ist. Chinas Exporte haben in den USA und anderen Industrieländern zu einer Lohnpolarisierung beigetragen – die mittlere Einkommensklasse steht vor einer neuen Herausforderung, da mittel bezahlte Arbeitsplätze durch die Exportdynamik bzw. das strukturelle Exportmuster eliminiert werden. Chinas Exporte haben die Position der US-Unternehmen in bestimmten Sektoren untergraben und zu einer Beschleunigung des US-Strukturwandels geführt (Autor et al. 2016). Die Tatsache, dass China als große Volkswirtschaft und Hauptexporteur in Schlüsselsektoren zu sinkenden relativen Warenpreisen für diejenigen Sektoren führt, in denen chinesische Unternehmen begonnen haben, große Mengen in die Weltwirtschaft zu exportieren, impliziert einen massiven potenziellen Lohndruck in den jeweiligen OECD-Sektoren. In den Ländern der westlichen EU mit einer breiten Humankapitalbasis und breiten Umschulungsprogrammen könnten Unternehmen, die mit Importkonkurrenz aus China konfrontiert sind, auf Produktinnovationen zurückgreifen, um rückläufige Marktanteile und Exporteinheiten zu vermeiden. In den USA – und im Vereinigten Königreich – waren die Umschulungsausgaben pro arbeitslosem Menschen jedoch traditionell niedrig (Deutschlands Zahl ist viermal so hoch wie im Vereinigten Königreich und auch viel höher als in den USA).

In Deutschland nahm die Lohndispersion nicht viel zu, wenn man die Besonderheit der deutschen Einheit und die neue Ungleichheit – aber ein höheres Pro-Kopf-Einkommen – in Ostdeutschland (der ehemaligen sozialistischen Deutschen Demokratischen Republik) ignoriert. Deutschland profitierte stark von der wirtschaftlichen Expansion Chinas und den damit verbundenen Wachstumsimpulsen in Asien, die alle zu höheren Exporten deutscher Maschinen und Anlagen führten). Sinkende reale Mindestlöhne im Zeitablauf könnten auch eine Rolle für die zunehmende Ungleichheit in den USA spielen, und die sinkende Gewerkschaftsdichte in den USA ist ein Phänomen, das 1980–2016 beobachtet wurde (Eichengreen 2018).

Es sei darauf hingewiesen, dass die untere Hälfte der US-Einkommensbezieher einen Rückgang des Nationaleinkommensanteils von 20 % im Jahr 1981 auf etwa 13 % im Jahr 2015 erlitten hat (Abb. 3.1; für Westeuropa s. Abb. 3.2) und die Überschneidung der Digitalisierung, relativ steigende ausländische Direktinvestitionen der USA und wachsende globale Exporte aus China zu einem anhaltenden mittleren Trend steigender US-Disparitäten beitragen sollten.

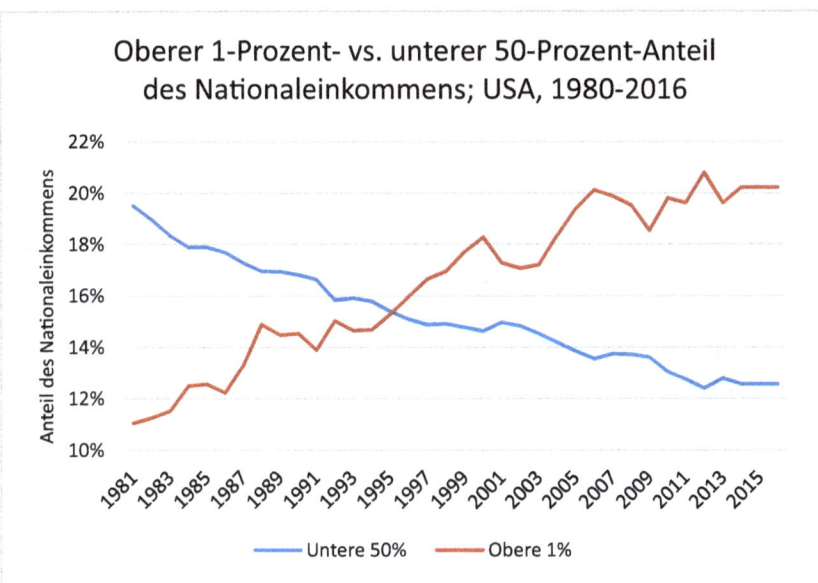

Abb. 3.1 Obere 1 % vs. untere 50 %: Anteil am Nationaleinkommen der Vereinigten Staaten, 1980–2016. Der Anteil des Nationaleinkommens bezieht sich auf das Einkommen vor Steuern. (Eigene Darstellung auf der Grundlage von Daten aus der World Inequality Database, https://wid.world. Zugegriffen am 12.02.2020)

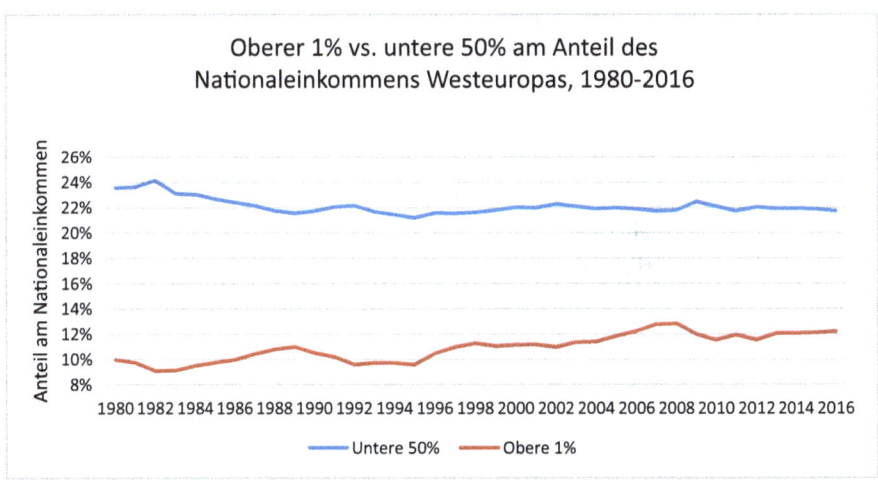

Abb. 3.2 Obere 1 % vs. untere 50 %: Anteil am Nationaleinkommen Westeuropas, 1980–2016. Der Anteil des Nationaleinkommens bezieht sich auf das Einkommen vor Steuern. Westeuropa ist die gemeinsame Verteilung von Deutschland, Frankreich, Großbritannien und dem Rest Europas. Der Rest Europas ist eine normalisierte Verteilung von Deutschland, Frankreich und Großbritannien. (Eigene Darstellung auf der Grundlage von Daten aus der World Inequality Database, https://wid.world. Zugegriffen am 13.02.2020)

In Westeuropa hat sich der Anteil der unteren Hälfte der Einkommensbezieher am Volkseinkommen im gleichen Zeitraum nicht wesentlich verringert, nur von etwa 22 % im Jahr 1981 auf etwa 20 % im Jahr 2015. Diese Dynamik der Ungleichheit in den USA erklärt zusammen mit den Ergebnissen von Umfragen in den USA den Anstieg des dortigen Populismus:

- Die Mehrheit der US-Umfrageteilnehmer ist der Ansicht, dass es ein Problem mit der Zunahme der Ungleichheit gibt (obwohl sie der Meinung sind, dass harte Arbeit eine Grundlage für die Mobilität nach oben ist), aber das bevorzugte Korrekturmittel der relativen Mehrheit ist, dass große Unternehmen hier angemessene Veränderungen herbeiführen sollten (Lindh und McCall 2018). Es ist auch bemerkenswert, dass staatliche Maßnahmen zur Verringerung der Ungleichheit keine Mehrheit der US-Wähler finden. Die Ergebnisse von Lindh und McCall lassen sich in einer kompakten Zusammenfassung interpretieren: Dies ist eine illusorische Sicht der US-Bevölkerung. In einer Aktionärswirtschaft des US-Typs kann man nicht erwarten, dass große börsennotierte Unternehmen irgendwie bereitwillig die Vergütung von Top-Managern senken oder die Gehälter von ungelernten Arbeitnehmern erheblich erhöhen würden. Im Übrigen ist anzumerken, dass die Probleme der USA in Teilen des Handelssektors nicht mit den US-Importen aus China in bestimmten Sektoren zusammenhängen, sondern mit den steigenden Exporten Chinas in alle Importländer bzw. fallenden Weltmarktpreisen. Wenn die Trump-Administration also Einfuhrzölle auf chinesische Waren erhebt, wird dies nicht zu einer Erhöhung der Weltmarktpreise für die betreffenden Waren führen, sondern den Weltmarktpreis (ohne Einfuhrzölle) senken.
- Der starke Widerspruch zwischen einem zunehmenden Ungleichheitsproblem und der Unfähigkeit bzw. Ideologie der USA, die Einkommensumverteilung bzw. die Sozialpolitik zu erweitern, ist ein Garant für die anhaltende Frustration der armen Bevölkerungsschichten – kurz- und langfristig. Populistische Präsidenten, die versprechen, die Situation der „vergessenen Männer und Frauen" zu verbessern (um die Worte von Donald Trump in der Präsidentschaftskampagne 2016 zu verwenden), könnten daher in den USA zu einem eher langfristigen Phänomen werden; zusammen mit einem breiten Importprotektionismus und einer antimultilateralistischen Politik, die den Wählern vor allem ein gewisses Maß an internationalem politischem Aktivismus demonstrieren und einen Sündenbock für populistische Politiken haben, die am Ende nicht funktionieren.

- US-Populisten werden versuchen, den Populismus nach Europa, Lateinamerika und Asien zu exportieren. Indem sie auf Bilateralismus und Populismus in anderen Ländern drängt, wird die Trump-Administration die Weltwirtschaft destabilisieren und zu neuen internationalen Konflikten sowie zum Rückgang des globalen Wohlstands beitragen. Die USA könnten die EU tatsächlich destabilisieren, und Trumps Unterstützung für den BREXIT während seiner Kampagne 2016 war ein erster Schritt in diese Richtung (Trumps Vorschlag, Nigel Farage, den Chef der populistischen Anti-EU-Partei UKIP, zum neuen britischen Botschafter in die USA zu ernennen, ist ein Beispiel für die seltsamen neuen politischen Ideen der populistischen USA). Somit dürften die USA zu neuen Sicherheitsproblemen in anderen Teilen der Welt beitragen; das ist das Gegenteil der bisherigen Rolle der USA über Jahrzehnte. Trumps Drängen auf höhere Rüstungsexporte als strategisches Element zur Verbesserung der Handelsbilanz der USA wird letztendlich zudem wahrscheinlich neue Sicherheitsprobleme schaffen.
- Dieses populistische Problem der USA könnte so lange andauern, bis die Wähler verstehen, dass die populistischen Versprechungen eitel sind. Dieses Problem der Unfähigkeit des Populismus, sie zu erfüllen, war auch in den 1920er- und 1930er-Jahren in Teilen Europas sichtbar (noch länger im autokratischen Spanien und Portugal; in Deutschland und Österreich bis zum Ende des Zweiten Weltkriegs). Die erste Expansionsphase des Populismus ist geprägt von großen Versprechungen und oft religiösen oder starken ideologischen (nationalistisch-patriotischen) Elementen, die zweite Phase ist eine Phase der teilweisen Umsetzung und des Antiinternationalismus – oder Antiglobalismus, wie am 25. September 2018 in Trumps Rede vor der UNO erläutert. Die Endphase ist eine Phase wachsender interner Widersprüche und nationaler oder internationaler Konflikte. Die Unfähigkeit der Trump-Administration, eine konsistente Handelspolitik zu gewährleisten, ist Teil des populistischen radikalen Beginns von Trumps Präsidentschaft. Da Donald Trump nur etwa drei Viertel der politischen Beauftragten seines Vorgängers Präsident Obama ersetzen konnte, leidet auch die Trump-Administration unter einem gefährlichen Mangel an Kompetenz in Schlüsselbereichen – rund 1000 Experten fehlen der Trump-Administration. Im Fall einer internationalen Wirtschaftskrise wüssten die IWF-Mitarbeiter wahrscheinlich nicht wirklich, mit wem sie im Finanzministerium zusammenarbeiten sollten – es gibt buchstäblich viele Positionen, die nach der Obama-Präsidentschaft nicht besetzt wurden (mit der Coronavirus-Pandemie ist im Jahr 2020 gerade eine neue Weltwirtschaftskrise eingetreten, die eigentlich US-Führung

und auch Koordination zwischen dem Internationalen Währungsfond und der US-Regierung verlangt). Die widersprüchliche US-Handelspolitik unter Präsident Trump spiegelt teilweise die Abwesenheit von mehreren Dutzend Wirtschaftsexperten im Handelsministerium wider. Es ist interessant, ein Papier aus dem Büro des US-Handelsbeauftragten zu lesen, das sich mit den Wohlfahrtseffekten der US-Zollpolitik beschäftigt und deutlich feststellt, dass langfristige wirtschaftliche Auswirkungen auf die USA negativ sind (Kim und Shikher 2017). Bis zu einem gewissen Grad erinnert Trumps Administration an Goethes Zauberlehrling – der Top-Experte ist nicht zu Hause und der Lehrling versucht, alle Arten von Zaubersprüchen anzuwenden, die er zuvor beobachtet hat, aber da er die analytischen Grundlagen seiner Interventionen nicht versteht, gelingt es ihm nur, das Gebäude zu überfluten: Bis schließlich der Meisterzauberer nach Hause kommt und alles wieder in Ordnung bringt und der Standardmodus zurückkehrt (siehe die ersten Zeilen des Gedichts im Anhang 8).

- Es ist nicht auszuschließen, dass eine zukünftige US-Regierung beschließen würde, mehr von einem EU-System der Sozialen Marktwirtschaft zu übernehmen, das – mit Einkommensumverteilung und Sozialpolitik – keine natürliche Reform für die USA ist, die in einer traditionellen Politik der begrenzten staatlichen Intervention und einer eher begrenzten Sozialpolitik verwurzelt ist. Letztere könnte teilweise den Status eines weltweit führenden Einwanderungslands widerspiegeln, in dem die Wähler befürchten, dass eine zu großzügige Sozialpolitik zu viele unqualifizierte Einwanderer anziehen könnte. Dass die USA vor einer ernsthaften Herausforderung stehen könnten, zeigt sich im Bereich der Krankenversicherung, wo die Ausgaben in den USA – bezogen auf das BIP – etwa ein Drittel höher sind als in Deutschland, Frankreich und Großbritannien, während die Lebenserwartung in den USA etwa 2,5 Jahre niedriger ist. Der Pro-Kopf-Verbrauch in den Ländern der westlichen EU, ohne Berücksichtigung der Gesundheitsausgaben und unter Berücksichtigung des Werts längerer Urlaubstage in diesen Ländern (im Vergleich zu den USA), ist etwa so hoch wie in den USA. Der traditionelle transatlantische Lebensstandardrückstand der westlichen EU-Länder von etwa 30 %, wie ihn herkömmliche Jahresstatistiken zeigen, verschwindet fast vollständig.

Die wirtschaftliche Polarisierung in Westeuropa ist schwächer als in den USA (Abb. 3.2). Der steigende Kapitalanteil in den OECD-Ländern und die steigenden Qualifikationslohnprämien in allen Ländern stimulieren die Süd-Nord-Migration, was wiederum die fremdenfeindliche und populistische

Politik in einigen Ländern verstärken könnte, insbesondere wenn Länder vor einer Flüchtlingswelle stehen. Die politische Verwirrung von Flüchtlingen und Einwanderern ist Teil der abnehmenden politischen Rationalität in Teilen der westlichen Welt. Die zunehmende potenzielle Ungleichheit in vielen Ländern des Nordens und des Südens könnte durch eine angemessene Umverteilungspolitik sowie durch Sozialpolitik, Bildungspolitik und neue Umschulungsprogramme verringert werden, die digitale Formate umfassen sollten, die allgegenwärtig, effizient und auf dem mobilen Internet basieren. Die Erfahrung aus den Niederlanden zeigt, dass die Umschulung von ungelernten Arbeitnehmern keine geringere Bildungsrendite hat als die Umschulung von Fachkräften, jedoch scheint die Motivation von ungelernten Arbeitnehmern generell schwächer zu sein als die von Fachkräften. Internationale Organisationen sollten eine wichtige Rolle bei der Erhebung relevanter Daten und der Organisation von Benchmarking spielen.

Unter dem Strich lässt sich die Erklärung für Trumps Sieg und die Ausweitung von Trumpismus/Populismus in den USA also recht einfach zusammenfassen (Abb. 3.3): Solange die Frustration der Wähler über den Widerspruch der zunehmenden Einkommensungleichheit und die Tatsache, dass in diesem Bereich keine Veränderungen herbeigeführt wurden, anhält, wird der Populismus in den USA ein einfaches politisches Spiel haben.

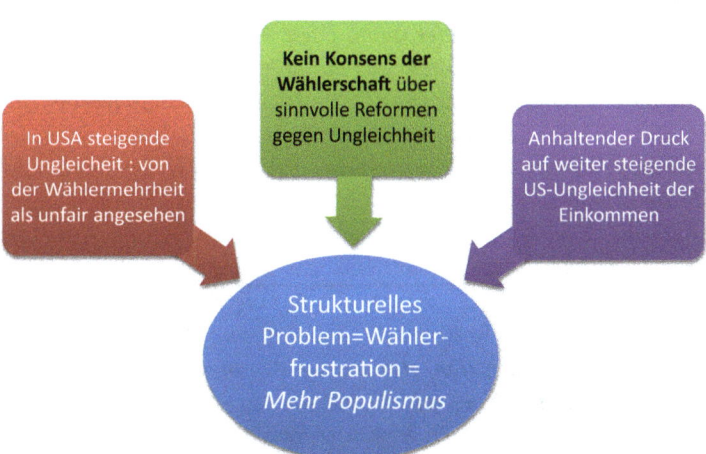

Abb. 3.3 Strukturelles Populismusproblem in den USA (Eigene Darstellung)

Ansatz der ökonomischen Ungleichheit versus Hypothese des kulturellen Rückschlags

Mit Blick auf die westlichen Länder, insbesondere die europäischen Länder, haben Inglehart und Norris (2016) argumentiert, dass die Expansion des Populismus in den europäischen Ländern nicht so sehr an die Dynamik der wirtschaftlichen Ungleichheit gebunden ist, sondern an einen kulturellen Rückschlag: Basierend auf der Chapel Hill Expert Survey von 2014 identifizieren die Autoren den ideologischen Standort von 268 politischen Parteien in 31 Ländern Europas. Basierend auf Statistiken aus der gepoolten Europäischen Sozialerhebung analysieren die Autoren die länderübergreifenden Hinweise für die Auswirkungen von wirtschaftlicher Unsicherheit/Ungleichheit auf der einen Seite und kulturellen Werten als Prädiktoren für die Wahl populistischer Parteien auf der anderen Seite – die stärkeren Beweise für die kulturelle Gegenreaktionshypothese werden gefunden. Die Autoren fassen die beiden Ansätze zusammen, um den Aufstieg populistischer Parteien zu erklären (Inglehart und Norris 2016, S. 2 f. – Übersetzung PJJW):

„Es gibt überwältigende Beweise für mächtige Trends zu größerer Einkommens- und Vermögensungleichheit im Westen [...] Nach dieser Ansicht hat die zunehmende wirtschaftliche Unsicherheit und soziale Benachteiligung der Linken den Widerstand der Bevölkerung gegenüber den politischen Klassen angeheizt [...]. Eine weitere verwandte Darstellung, die kulturelle Backlash-These, deutet darauf hin, dass der Anstieg der Stimmen für populistische Parteien nicht als rein wirtschaftliches Phänomen, sondern größtenteils als Reaktion auf den fortschreitenden kulturellen Wandel erklärt werden kann. Diese Argumente bauen auf der Theorie der stillen Revolution des Wertewandels auf, die besagt, dass das beispiellos hohe Maß an existentieller Sicherheit, das die Menschen in den entwickelten westlichen Gesellschaften in den Nachkriegsjahrzehnten erfahren haben, einen generationsübergreifenden Wandel hin zu post-materialistischen Werten wie Weltoffenheit und Multikulturalismus mit sich brachte und eine zunehmende Unterstützung für linksliberale Parteien wie die Grünen und andere fortschrittliche Bewegungen, die sich für den Umweltschutz einsetzen, hervorrief, Menschenrechte und Geschlechtergleichstellung [...]. Es war von Anfang an klar, dass Reaktionen auf diese Entwicklungen eine konterrevolutionäre Rückwirkung auslösten, insbesondere bei der älteren Generation, den weißen Männern und weniger gebildeten Sektoren, die den Niedergang spüren und die steigende Flut progressiver Werte aktiv ablehnen, die Verdrängung vertrauter traditioneller Normen ablehnen und einen Pool von Unterstützern bereitstellen, die potenziell anfällig für populistische Appelle sind."

Obwohl die Autoren empirische Beweise für die Relevanz der kulturellen Gegenreaktionshypothese für europäische Länder vorlegen, sollte man nicht ausschließen, dass eine solche Hypothese auch für den Fall der Vereinigten Staaten überzeugend sein könnte. Es gibt jedoch mehrere Argumente zu berücksichtigen:

- Es ist natürlich möglich, dass der US-Populismus stärker von der Ungleichheitsdynamik getrieben wird – und tatsächlich sind die Ungleichheitsprobleme in den USA viel größer als in Westeuropa, wie oben gezeigt –, während ein beträchtlicher Teil der Bevölkerung in den europäischen Ländern eher durch das kulturelle Gegenspiel geprägt ist, das von Inglehart und Norris (2016) betont wird. Die EU-Länder sind stärker der Einwanderung aus muslimischen Mehrheitsländern ausgesetzt, die Identitätsprobleme und kulturelle Unsicherheit schafft, und das in einer Zeit neu aufsteigender religiöser Kräfte, die – nach dem Ende des Kalten Krieges – dazu neigen, traditionelle Werte zu stärken. Zumal Einwanderer und Flüchtlinge aus vielen arabischen Ländern sowie aus der Türkei, Afghanistan und Pakistan von einem Teil der Bevölkerung in vielen EU-Ländern als Sicherheitsbedrohung angesehen werden, da sich der islamistische Terrorismus seit mehreren Jahren in einem Teil der muslimischen Welt ausbreitet – seit 1979, als der politische Islam von dem im Iran an die Macht kommenden Religionsführer Ayatollah Khomeini – nach dem Sturz des Schah-Regimes – stark gefördert wurde.
- Man kann nicht ausschließen, dass beide Hypothesen für Anteile des Populismus in den USA und Europa oder in beiden relevant sind.
- Seit dem Zusammenbruch der Sowjetunion im Jahr 1991 sind die westlichen Länder durch eine Schwächung des Klebers der politischen Angst gekennzeichnet, der sie zuvor miteinander verband, und eine verminderte politische Disziplin ist auch in vielen europäischen Ländern zu beobachten. Die Vereinigten Staaten sind nicht mehr der dominante Führer, der ein allgemeines Interesse daran hat, hinter den Kulissen in Europa einzugreifen, um aus Sicherheitsgründen eine wirtschaftlich starke und stabile westliche Gemeinschaft zu organisieren. So ist es beispielsweise unvorstellbar, dass es eine konservative Regierung – wie bei den Wahlen in Griechenland 2009 – gewagt hätte, der Europäischen Kommission eine Defizit-BIP-Quote von 4 % mitzuteilen und dann eine geheime Defizit-BIP-Quote von 15 % zu realisieren. Die Angst, die Unterstützung der USA in einer selbstverschuldeten Wirtschaftskrise zu verlieren, hätte dies verhindert. Die Verlagerung der Obama-Regierung hin zu einem stärkeren

US-Engagement in Asien, wie beispielsweise durch die noch 2016 geplante Trans-Pazifik-Partnerschaft TPP, ließ den EU-Ländern ebenfalls mehr Spielraum. Deutschland und andere EU-Länder beklagten in Washington, dass die USA Europa nicht genügend Aufmerksamkeit schenken, und erst dann beschloss die Obama-Regierung, Verhandlungen über eine Transatlantische Handels- und Investitionspartnerschaft (Transatlantic Trade and Investment Partnership TTIP) anzubieten, die jedoch nicht bis Ende 2016 abgeschlossen werden konnten, sodass der neu gewählte Präsident Trump die populistische Gelegenheit nutzen konnte, dieses Projekt zu begraben.

Es gibt gute Argumente, die Ansicht zu unterstützen, dass sich die USA mit ihrem dramatischen langfristigen Anstieg der Ungleichheit – versteckt, wie sie bei den US-Halbzeitwahlen 2018 nicht auf dem Radar der Ausgangsbefragungen erschienen ist (einfach weil eine relative Mehrheit der US-Wähler der Meinung ist, dass Ungleichheit kein politisches Problem ist, sondern dass große Unternehmen sich darum kümmern sollten – eine illusorische Sichtweise, die zwangsläufig zu anhaltender politischer Frustration führt) –, von Europa unterscheidet. Sobald jedoch ein populistischer Präsident (wieder) gewählt wurde, sollte dies eine ausreichende populistische Dynamik und Finanzierung der USA erzeugen, um den Populismus in einer breiten Welle nach Europa und Lateinamerika zu exportieren.

In Brasilien vertritt der neue populistische Präsident Jair Bolsonaro ähnliche Ansichten wie Präsident Trump; nach Trump hat er auch betont, dass nicht Klimaschutz politische Priorität hat, sondern Wirtschaftswachstum. Es ist klar, dass der US-Populismus leichter gedeihen wird, wenn er ideologische Partner in der Region hat, da dies die Zusammenarbeit in bestimmten Bereichen zwischen den USA und den jeweiligen Partnerländern erleichtern wird. Darüber hinaus schafft eine solche ideologische regionale Vernetzung eine breite Wahrnehmung, dass Populismus auf dem Vormarsch ist und eine erfolgreiche Ideologie ist, die sie für diejenigen schwebenden Wähler attraktiver macht, die auf der Gewinnerseite einer Wahl stehen möchten. Der Fall des Vereinigten Königreichs mit seinem populistischen BREXIT unterscheidet sich eher von den USA, obwohl Antiimmigrationsfragen sowohl für den Trump-Sieg als auch für die BREXIT-Mehrheit eine Rolle gespielt haben.

Nigel Farage, damals Vorsitzender der Anti-EU-UKIP, einer populistischen rechten Partei, betonte während der Referendumskampagne Anfang 2016, dass Großbritannien 2015 mit massiven Einwanderungs- und Asylproblemen ähnlich wie Deutschland konfrontiert sei – UKIP-Fernsehfilme zeigten Bilder aus Deutschland im Jahr 2015, als im September eine unkontrollierte Flüchtlingswelle ins Land kam, nachdem Bundeskanzlerin Merkel die deutsche

Grenze für Flüchtlinge aus Syrien und anderen Ländern „geöffnet" hatte (leider ohne parlamentarische Debatte in Berlin, sodass diese Entscheidung in Deutschland eher begrenzte Unterstützung und Legitimität genießt). Die Sichtweise von Farage ist recht irreführend, da das Vereinigte Königreich – wie Irland – nicht Teil des Schengen-Raums in der EU ist; innerhalb des Schengen-Raums wird der Personenverkehr über die Grenzen hinweg normalerweise ohne Einwanderungskontrollen durchgeführt. Boris Johnson hatte in der Referendumskampagne 2016 gewarnt, dass Großbritannien, wenn es in der EU bleiben würde, mit großen Einwanderungswellen aus der Türkei konfrontiert würde. Farage und Johnson schufen eine politische Projektangst, die darauf abzielte, mehr politische Unterstützung aus den unteren Schichten der Gesellschaft zu gewinnen, wo potenzielle Wähler durch die Angst motiviert werden könnten, dass mehr Einwanderer und Asylbewerber die Löhne drücken, Arbeitsplätze wegnehmen und den Druck auf das Wohnen erhöhen würden.

Der Fall der USA unterscheidet sich von dem der meisten EU-Länder. In Europa trägt das System einer sozialen Marktwirtschaft – mit obligatorischer Krankenversicherung – zu einer geringeren Ungleichgewichtsdynamik als in den Vereinigten Staaten bei. Es ist auch offensichtlich, dass die USA der wichtigste westliche Handelspartner Chinas sind und damit stärker dem Strukturwandel ausgesetzt als viele EU-Länder. Der Strukturwandel und die Lohnpolarisierung in den USA könnten durch eine starke und schnelle digitale Modernisierung in den USA weiter verstärkt werden, die zur Monopolmacht in bestimmten Teilbereichen der digitalen Wirtschaft und damit auch zu einem höheren Einkommensanteil am Kapital beiträgt; das bedeutet, der Anteil der Spitzenverdiener in den USA dürfte weiter steigen. Man könnte jedoch argumentieren, dass etwa 40 % der Haushalte (s. CEA 2017) in den USA einige Investitionen – entweder direkt oder indirekt – in Aktien tätigen und somit tatsächlich von einem steigenden Gewinnanteil an der funktionalen Einkommensverteilung profitieren könnten. Es ist bemerkenswert, dass die unteren Schichten der Gesellschaft heute leichter organisiert werden können als in den 1970er- oder 1980er-Jahren. Das Internet und die digitalen Social-Media-Plattformen bieten eine recht kostengünstige und effektive Möglichkeit, Millionen von Menschen politisch relevant zu vernetzen – das ist in der Internetgesellschaft durchaus möglich geworden. Daher kann der politische Populismus auf eine leichte Zeit der Massenunterstützung hoffen, und das gilt sowohl in den USA, Lateinamerika und Europa als auch möglicherweise außerhalb dieser Regionen. Es wurde argumentiert, dass es keine Beweise dafür gibt, dass das Internet zu einer Polarisierung von Gruppen in westlichen Ländern führt (Conover et al. 2011). Es ist jedoch nicht so einfach, empirische Erkenntnisse aus dem Internet auf einfache und überzeugende Weise zu sammeln. Nur wenige Beobachter werden leugnen, dass die Trump-Kampagne im Jahr 2016 das Internet in einer ziemlich effektiven Weise genutzt hat – einschließlich der Instrumente von Cambridge Analytica –, um ihre eigenen Anhänger zu ermutigen, ein ziemlich radikales politisches Programm zu unterstützen und einige potenzielle Hillary-Clinton-Anhänger mit ihrem Programm eines eher mittelfristigen politischen Pakets abzuschrecken (Howard et al. 2017). Zumindest in den USA kann man argumentieren, dass das Internet die politische Polarisierung aufseiten von Donald Trump erleichtert hat; und nach seiner Wahl hat er weiterhin das Internet und seinen Twitter-Kanal genutzt, um sich für mehr politische Unterstützung für seine Politik einzusetzen, einschließlich einiger seiner ziemlich radikalen Projekte (wie die Mauer an der US-mexikanischen Grenze).

Relative Einkommensanteile und absolute Einkommensniveaus

Im Fall der USA ist ein langfristiger Rückgang der unteren Hälfte der Einkommensbezieher zu verzeichnen, und zwar in Bezug auf ihren Anteil am Volkseinkommen (oder am BIP). Wenn sich dieser Rückgang in den nächsten 35 Jahren mit der in den Jahren 1981–2013 beobachteten Geschwindigkeit fortsetzen würde, dann würde der Anteil der unteren 50 % der Einkommensbezieher (d. h. Haushalte bzw. Wähler) im Jahr 2050 nur etwa 6 % des Volkseinkommens betragen. Dies ist in dem Sinn unvorstellbar, dass eine so massive wirtschaftliche Polarisierung zu einem deutlichen Anstieg der US-Migrationsströme nach Europa führen dürfte, wenn es keine parallele Entwicklung in den EU-Ländern gäbe; man müsste auch bedenken, dass eine so starke wirtschaftliche Polarisierung in den USA eine massive politische Radikalisierung auslösen würde: Die unteren 50 % der US-Einkommenspyramide sollten in der Lage sein, einen politischen Konsens in der US-Gesellschaft zu finden, sodass ein Präsident gewählt wird, der den Schwerpunkt auf die Stärkung der Chancen der ärmeren Schichten legt – etwa durch die Senkung der Studiengebühren an Universitäten und die Erhöhung der Staatsausgaben für Umschulung und Bildung im Allgemeinen. Auch die direkte Einkommensumverteilung könnte verändert werden, beispielsweise durch höhere Einkommenssteuersätze für Hochverdiener sowie höhere Transfers an Haushalte mit niedrigem Einkommen (sei es auf Bundes- oder Bundesstaatenebene). Man sollte nicht ausschließen, dass digitale Arbeitsplätze so standardisiert und Software so einfach zu bedienen sein werden, dass in den drei Jahrzehnten nach 2018 die Lohnprämie für Fachkräfte deutlich sinken würde. Dies ist jedoch eine offene Frage.

Ein starker und nachhaltiger Rückgang der relativen Einkommensposition der unteren Hälfte der Einkommensbezieher in den USA ist nicht nur eine entscheidende wirtschaftliche Entwicklung, sondern hat auch politische Implikationen, die man aus der Perspektive der New Political Economy analysieren kann:

- Was sind die Treiber dieser Einkommenspolarisation in den Vereinigten Staaten?
- Wie stark ist diese Entwicklung in den USA im Vergleich zu EU, Japan, China und anderen Ländern?
- Inwieweit schafft die digitale Gesellschaft bessere oder schlechtere Bedingungen für die Organisation der politischen Interessen der ärmeren Schichten der Gesellschaft?
- Ist das absolute Einkommensniveau der Medianverdiener (real) hoch genug, um sicherzustellen, dass für diese Gruppe und für die untersten 10 % der Einkommensverdiener ein angemessener Lebensstandard erreicht wird? Einkommensteuergutschriften sind entscheidend, insbesondere für diejenigen, die ein sehr geringes Markteinkommen erzielen – bietet das politische System ausreichende Aufstockungen durch staatliche Mittel?
- Stagnierende Reallöhne für ungelernte und angelernte Arbeitskräfte in den USA könnten die hohen Wachstumsraten der chinesischen Exporte in bestimmten Sektoren widerspiegeln, was wiederum zu einem Preisverfall bei Produkten führt, die ebenfalls in den USA produziert werden. Werden die betreffenden Waren – z. B. Fernsehbildschirme – in den USA nicht in nennenswerter Zahl produziert – ist der wirtschaftliche Hauptaspekt der steigenden US-Importe von Billigverbrauchsgütern (z. B. Flachbildfernseher, Computer/Tablets) ein Anstieg des Realeinkommens durch absolut fallende Preise, insbesondere von Waren aus dem digitalen Sektor (IKT-Güter).

Was die USA betrifft, so stellt sich jedoch die Frage, ob die Reallöhne wirklich das Wachstum der Arbeitsproduktivität widergespiegelt haben oder nicht: Wenn die Reallöhne entsprechend dem Wachstum der Arbeitsproduktivität steigen würden, würde der Anteil der Lohneinkommen nicht sinken. Feldstein (2008) argumentiert im Rückblick auf einen Zeitraum von 50 Jahren, dass die Antwort ja lautet, wenn auch unter Berücksichtigung von Lohnnebenleistungen. Was das reale Medianeinkommen in den USA betrifft, so ist es offensichtlich, dass die Wachstumsraten seit vielen Jahren recht bescheiden sind (Abb. 3.4). Gleichzeitig ist das reale BIP pro Kopf in den USA gestiegen, was zu einer scheinbar zunehmenden Diskrepanz zwischen dem realen BIP und dem realen mittleren Haushaltseinkommen führt.

Die moderaten Wachstumsraten des realen Medianeinkommens könnten die Rolle des fachspezifischen technischen Fortschritts widerspiegeln, der den relativen Bedarf an Fachkräften erhöht. Jovanovic und Rousseau (2005) haben gezeigt, dass die Qualifikationsprämien in den USA in den Jahren 1870–1915 recht hoch waren; in den späteren Jahren der Elektrifizierungswelle sank die Qualifikationsprämie stark, nämlich von etwa 1,7 auf 1,1, und in der Computer-IT-Welt seit 1978 ist sie wieder gestiegen: 1,2 auf 1,4 könnte die Qualifikationsprämie in den drei Jahrzehnten nach 1980 sein. Man sollte nicht übersehen, dass Spitzenverdiener einen relativ hohen Anteil ihres Einkommens aus Vermögen in Form von Renditen auf Aktien, Anleihen, Immobilien und andere Vermögenswerte erhalten.

Es ist jedoch zu beachten, dass das mittlere Haushaltseinkommen der USA etwas irreführend ist, da die Zahl der Menschen in jedem amerikanischen Haushalt im Lauf der Zeit zurückgegangen ist. Die Zahl der Haushalte ist also schneller gestiegen als die Bevölkerung. Die Folge dieser Änderung ist, dass jede auf Pro-Kopf-Basis ermittelte Maßnahme, einschließlich des Medianeinkommens, schneller wächst als eine, geteilt durch die Anzahl der Haus-

Abb. 3.4 Reale mittlere Einkommensentwicklung in den USA, 1984–2017 (Eigene Darstellung auf der Grundlage von Daten der Federal Reserve Economic Data, Federal Reserve Bank of St. Louis)

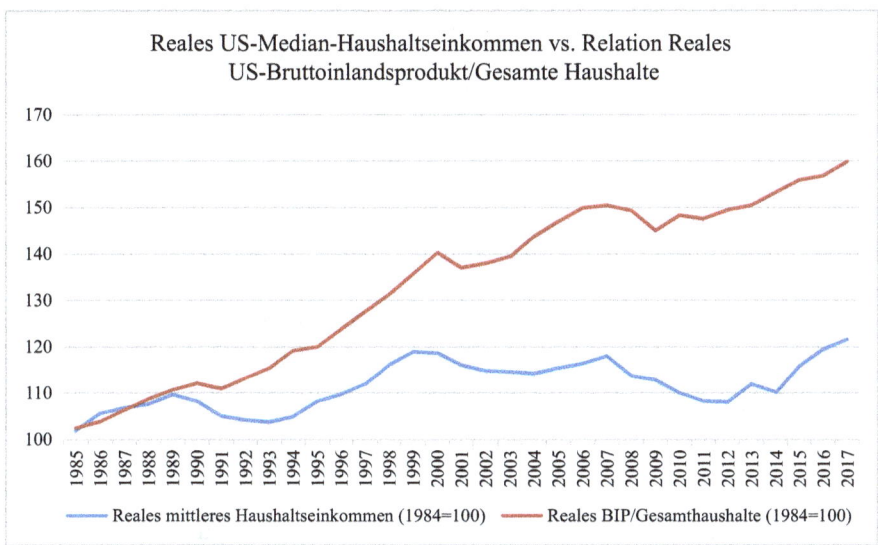

Abb. 3.5 Reales US-Median-Haushaltseinkommen vs. Relation des realen US-BIP zur Gesamtzahl der Haushalte, 1985–2017; Jahreszahlen basierend auf verketteten 2012 US$. Index 1984 = 100 (Eigene Darstellung auf der Grundlage von Daten der Federal Reserve Economic Data, Federal Reserve Bank of St. Louis)

halte. Die Berücksichtigung der sich ändernden Zusammensetzung der Haushalte führt zu einer geringeren Kluft zwischen dem realen BIP pro Kopf und dem realen Medianeinkommen der Haushalte, wobei die Kluft – wenn auch verringert – immer noch beträchtlich ist (Zimmermann 2016). Die Abb. 3.5 zeigt diesen Unterschied.

US-Umfrage der Verbraucherfinanzen: Analyse durch Janet Yellen

Was die Statistiken über Einkommen und Vermögen betrifft, so bietet der US Survey of Consumer Finances (SCF) interessante Erkenntnisse über die Ungleichheit von Einkommen und Vermögen in den Vereinigten Staaten. Janet Yellen, damals Vorsitzende des Board of Governors des Federal Reserve System, fasste wichtige Erkenntnisse zusammen (Yellen 2014, S. 4; Übersetzungen PJJW):

„Während der jüngste Trend zur Ausweitung von Einkommen und Vermögensungleichheit eindeutig ist, hängen die Auswirkungen auf eine bestimmte Familie zum Teil davon ab, ob der Lebensstandard dieser Familie steigt oder nicht, wenn sich ihre relative Position ändert. Es gab einige Zeiten relativen Wohlstands, in denen das Einkommen für die meisten Haushalte gestiegen ist, aber die Ungleichheit zugenommen hat, weil die Gewinne für die Spitzenreiter proportional größer waren; die Zunahme der Ungleichheit könnte nicht so groß sein, wenn sich der Lebensstandard für die meisten Familien verbessert. Das war für einen Großteil der 90er-Jahre der Fall, als die Realeinkommen für die meisten Haushalte stiegen. Zu anderen Zeiten hat sich die Ungleichheit jedoch vergrößert, weil Einkommen und Vermögen für diejenigen an der Spitze gewachsen sind und für andere stagnierten oder fielen. Und zu noch anderen Zeiten hat sich die Ungleichheit vergrößert, als die Einkommen der meisten Haushalte sanken, aber die Rückgänge nach unten waren proportional größer. Leider hat die Ausweitung der Ungleichheit in den letzten Jahrzehnten für viele Familien oft mit einem stagnierenden oder sinkenden Lebensstandard zu kämpfen."

Die Aussage wird anschließend wie folgt fortgesetzt (Yellen 2014, S. 5):

„Die Verteilung des Vermögens ist noch ungleicher als die des Einkommens, und der SCF zeigt, dass die Vermögensungleichheit seit 1989 stärker zugenommen hat als die Einkommensungleichheit. Die reichsten 5 Prozent der amerikanischen Haushalte hielten 54 Prozent des gesamten in der Umfrage von 1989 gemeldeten Vermögens. Ihr Anteil stieg 2010 auf 61 Prozent und erreichte 2013 63 Prozent. Im Gegensatz dazu hielt der Rest derjenigen in der oberen Hälfte der Vermögensverteilung – Familien, die 2013 einen Nettowert zwischen 81.000 und 1,9 Millionen Dollar hatten – 1989 43 Prozent des Vermögens und 2013 nur 36 Prozent. Die untere Hälfte der Haushalte nach Vermögen hielt 1989 nur 3 Prozent des Vermögens und 2013 nur 1 Prozent."

Schließlich schreibt Yellen über die Herausforderungen im Bildungswesen in den USA (2014, S. 9–11).

„Für Haushalte mit Kindern können Familienmittel für Dinge verwendet werden, die nachweislich das zukünftige Einkommen und andere wirtschaftliche Ergebnisse verbessern – Häuser in sichereren Stadtvierteln mit guten Schulen, z. B. bessere Ernährung und Gesundheitsversorgung, frühkindliche Bildung, Intervention für Lernbehinderungen, Reisen und andere potenziell bereichernde Erfahrungen. Wohlhabende Familien verfügen über erhebliche Ressourcen für Dinge, die Kindern als Erwachsene wirtschaftliche Vorteile bringen, und die von mir zitierten SCF-Daten zeigen, dass viele andere Haushalte zu diesem Zweck nur sehr wenig Zeit haben. Diese Unterschiede erstrecken sich auch auf andere Haushaltsmerkmale, die mit besseren wirtschaftlichen Ergebnissen für die Nachkommen verbunden sind, wie Hausbesitzquoten, Bildungsabschluss der Eltern und eine stabile Familienstruktur.

Dem SCF zufolge hat sich die Vermögenslücke zwischen Familien mit Kindern am unteren und oberen Rand der Verteilung in den letzten 24 Jahren stetig vergrößert, aber dieses Tempo hat sich in letzter Zeit beschleunigt. Der Medianwert des Vermögens für Familien mit Kindern in der unteren Hälfte der Vermögensverteilung sank von 13.000 Dollar im Jahr 2007 auf 8000 Dollar im Jahr 2013, inflationsbereinigt ein Verlust von 40 Prozent. Diese Vermögensmengen erscheinen gering, ebenso wie das viel höhere Vermögen der nächsten 45 Prozent der Haushalte mit Kindern. Aber auch diese Familien erlebten einen dramatischen Rückgang ihres mittleren Vermögens – real um ein Drittel – von 344.000 Dollar im Jahr 2007 auf 229.000 Dollar im Jahr 2013. Die Top 5 Prozent der Familien mit Kindern sahen, wie ihr mittlerer Reichtum nur um 9 Prozent zurückging, von 3,5 Millionen Dollar im Jahr 2007 auf 3,2 Millionen Dollar im Jahr 2013, nach der Inflation."

Im Endeffekt gibt diese Analyse der Vorsitzenden des Federal Reserve System einen beeindruckenden Überblick und bietet viele interessante Reflexionen über die Ungleichheitsdynamik und einige Schlüsselprobleme im US-Bildungssystem. Ein Teil der Bundesgelder, die für die Unterstützung der Bildungs- und Schulqualität in ärmeren Ländern vorgesehen sind, könnte eine Möglichkeit sein, mehr Chancengleichheit für zukünftige Generationen zu schaffen.

Die OECD (2018a) hat sich mit dem Thema Einkommensmobilität beschäftigt (die Fähigkeit von Einzelpersonen oder Haushalten, die Einkommensverteilung nach oben oder unten zu verschieben), wobei sie das Konzept der Mobilität mit der Einkommensungleichheit verknüpft. Sie stellen fest, dass bei geringerer Einkommensungleichheit in einer Gesellschaft die intergenerationelle Einkommensmobilität umso höher ist. Die generationenübergreifende Einkommensmobilität ist auch von der OECD stark mit dem Bildungswesen verknüpft, wie der folgende Auszug zeigt (OECD 2018a, Übersetzung PJJW).

Die OECD untersucht die Aufwärts- und Abwärtsmobilität

Größere Chancen und höhere Risiken in der Mitte
   Haushalte in der Mitte der Einkommensverteilung (d. h. das zweite, dritte oder vierte Quintil) erleben eine höhere Einkommensmobilität. Dies bedeutet jedoch nicht nur größere Chancen für die Aufstiegsmobilität, sondern auch ein höheres Risiko, in der Einkommensverteilung nach unten zu rutschen, manchmal bis ganz unten: Einer von sieben Haushalten mit mittlerem Einkommen fällt über einen Zeitraum von vier Jahren in das untere Quintil der Einkommensverteilung (Quintile in der Einkommenspyramide; Quintile sind ein Fünftel der gesamten Haushalte).

Darüber hinaus gibt es Anzeichen für eine zunehmende Verwundbarkeit von Personen mit Einkommen in der unteren Mittelgruppe, viel mehr als in der Mitte und darüber. Das Risiko, dass die Einkommensverteilung in den letzten zwei Jahrzehnten im Durchschnitt weiter abnimmt, ist für Personen im erwerbsfähigen Alter im 2. Quintil leicht gestiegen (d. h. der Teil der unteren 40 %, nicht aber die unteren 20 %). Unterdessen sind diejenigen mit Einkommen um die Mitte und darüber (3. und 4. Quintil) heute etwas *weniger anfällig* als in den späten 1990er-Jahren, auf den Boden zu fallen.

Gleichzeitig haben sich die Chancen, von der Mitte in Richtung des oberen Quintils der Einkommensverteilung zu steigen, generell verringert.

Was bedeutet geringe soziale Mobilität für Ungleichheit?

Das geringe Maß an sozialer Mobilität macht die hohe Einkommensungleichheit in vielen OECD-Ländern sozial weniger akzeptabel. In Ländern mit hoher Einkommensungleichheit ist die intergenerationelle Einkommensmobilität in der Regel geringer. Diese negative Beziehung wird als „Great Gatsby Curve" bezeichnet (Abb. 3.6, Corak 2006; OECD 2008). Am oberen linken Ende dieser Kurve befinden sich die nordischen Länder, die eine hohe Einkommensmobilität mit geringer Ungleichheit verbinden; am unteren rechten Ende Chile, einige andere lateinamerikanische Länder und einige Schwellenländer, die eine geringe Mobilität und ein sehr hohes Ungleichheitsniveau haben. Für einige europäische Länder ist das Bild jedoch differenzierter: Österreich, Frankreich, Deutschland und Ungarn weisen sowohl eine unterdurchschnittliche Ungleichheit als auch eine geringere Einkommensmobilität auf. Kein Land verbindet hohe Ungleichheit mit hoher Mobilität.

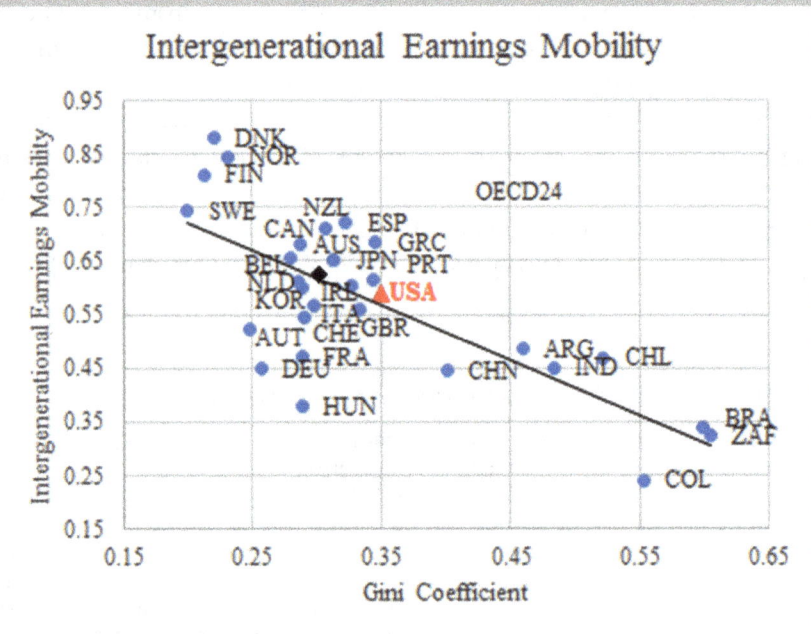

Abb. 3.6 Einkommensmobilität über Generationen hinweg tendenziell höher ist, wenn die Einkommensungleichheit geringer ist.

Hinweis: Die intergenerationelle Einkommensmobilität wird durch 1 abzüglich der intergenerationellen Einkommenselastizität der Väter gegenüber ihren Söhnen belegt. Die Gini-Koeffizienten beziehen sich auf die Mitte der 1980er- bzw. den Anfang der 1990er-Jahre.

Der negative Zusammenhang zwischen Ungleichheit und Einkommensmobilität zwischen den Generationen erklärt sich zu einem großen Teil daraus, wie Ungleichheiten die Akkumulation von Humankapital beeinflussen. In ungleicheren Gesellschaften können es einkommensschwache Eltern schwerer haben, kostspielige Investitionen in die Bildung und Gesundheit ihrer Kinder zu tätigen, sowohl in Bezug auf das Niveau als auch auf die Qualität. Inzwischen leben einkommensstarke Eltern häufiger in Nachbarwolken mit guten Schulen, sie können es sich leisten, hohe Studiengebühren zu zahlen und sie können sich auf ihre beruflichen Netzwerke verlassen, um den Übergang ihrer Kinder von der Schule ins Berufsleben zu unterstützen. Kinder aus wohlhabenden Familien sind daher besser in der Lage, den vollen Nutzen aus der Bildung zu ziehen. Solche Effekte über Generationen hinweg sind selbstverstärkend: Kinder aus einkommensschwachen Familien verbringen nicht nur weniger Zeit in der Bildung in Ländern mit hohen Einkommensungleichheiten, sondern haben auch ein geringeres Leistungsniveau *auf jedem Bildungsniveau*. Die Qualitätslücke in der Bildung ist daher noch größer als die Einkommenslücke allein (Cingano 2014; OECD 2015).

Effektive reale Pro-Kopf-Einkommen und Probleme des Gesundheitssystems

Wenn man die USA und Westeuropa im Hinblick auf den effektiven Pro-Kopf-Verbrauch vergleichen will, sollte ein angemessener transatlantischer Vergleich die Unterschiede in der Dauer der nationalen Feiertage berücksichtigen, wobei die Tab. 3.2 auf der Grundlage von OECD-Daten einige klare Statistiken liefert: Europäische Arbeitnehmer haben Anspruch auf viel mehr Urlaub als Menschen in den USA. Der wirtschaftliche Wert der Urlaubszeit kann auf der Grundlage des Medianeinkommens bewertet werden, und da westeuropäische Länder längere Ferien haben als die USA, haben die Bevölkerungsgruppen der europäischen Länder in dieser Hinsicht einen wirtschaftlichen Vorteil. In den USA beträgt der gesetzliche Mindesturlaub 0, in Frankreich, Deutschland, Italien, Spanien und Großbritannien liegt die entsprechende Anzahl von Tagen zwischen 20 und 28. So liegt das effektive Einkommen beispielsweise in Frankreich und Großbritannien rund 10 % über dem des typischen Arbeiters in den USA.

Darüber hinaus kann eine effektive verfügbare Nominaleinkommensquote berechnet werden, die transatlantische Unterschiede sowohl bei den Ferien als auch bei den Gesundheitsausgaben in den USA, Deutschland und Frankreich sowie die Auswirkungen der unterschiedlichen Länge der nationalen Urlaubs-

Tab. 3.2 Jahresurlaub in ausgewählten OECD-Ländern (Eigene Darstellung von Daten aus der OECD-Familiendatenbank, Direktion für Beschäftigung, Arbeit und Soziales)

Land	Gesetzlicher mindestbezahlter Jahresurlaub	Feiertage	Gesamt
Frankreich	25	11	36
Deutschland[a]	20	9–13	29–33
Italien	20	10	30
Spanien	22	14	36
Vereinigtes Königreich[b]	28	9	37
Vereinigte Staaten von Amerika[c]	0	10	10

Anmerkung: [a]*In Deutschland werden Feiertage fast ausschließlich auf staatlicher Ebene und nicht auf Bundesebene geregelt, die Anzahl der bezahlten Feiertage variiert je nach Bundesland zwischen 9 und 13.* [b]*Im Vereinigten Königreich müssen Feiertage nicht als bezahlter Urlaub angegeben werden und die Arbeitgeber können wählen, ob sie Feiertage als Teil des gesetzlichen Jahresurlaubsanspruchs der Arbeitnehmer einbeziehen wollen.* [c]*Daten zu Feiertagen in den USA spiegeln staatlich festgelegte Feiertage wider. In der Privatwirtschaft liegt das Angebot an bezahltem Urlaub im Ermessen des Arbeitgebers*

ansprüche berücksichtigt (Tab. 3.3). Es ist offensichtlich, dass die offizielle relative Einkommensquote der USA zu Deutschland und Frankreich viel höher ist als die hier erstmals berechnete wirtschaftlich sinnvollere effektive verfügbare nominale Einkommensquote.

Bemerkenswert ist, dass effektive Einkommenszahlen einschließlich der Schattenwirtschaft den Vorsprung für Deutschland und Frankreich gegenüber den USA erhöhen (beide rund 16 % des BIP, während die Schattenwirtschaft für die USA rund 9 % des offiziellen BIP beträgt); zum Vergleich: Die hoch besteuerten skandinavischen Länder haben laut Forschungsergebnissen für den Zeitraum 1991–2015 von Medina und Schneider (2017) einen Anteil an der Schattenwirtschaft von rund 20 %. Für OECD-Daten zum Thema Gesundheitsausgaben und Lebenserwartungen, siehe Tab. 3.4.

Tab. 3.3 Relativ effektives* verfügbares Nominaleinkommen (y'; Jahresdaten) von Deutschland und Frankreich relativ zu den USA, 1995–2015 (Tausend US$ Kaufkraftparität [KKP]; EIIW-Berechnungen unter Verwendung von Daten aus der OECD-Einkommensverteilungsdatenbank)

	1995	2000	2005	2010	2015	Lebenserwartung (L')	L' x y'
Frankreich	14.244	16.741	19.549	22.909	24.576	82,4	2.025.056
Deutschland	15.221	17.894	19.643	23.580	25.855	81,1	2.096.881
Vereinigte Staaten	15.706	19.639	22.154	23.826	26.302	78,6	2.067.298
Durchschnittliche Differenz [%] (FR+DE)/US	6	12	12	2	4		

*Hinweis: Effektiv bedeutet hier korrigiert um transatlantische Unterschiede in der Urlaubszeit und den Gesundheitsausgaben: Für Deutschland und Frankreich wurde das jährliche Nominaleinkommen mit 1,1 multipliziert, um einen Monat zusätzlichen Urlaub in diesen Ländern im Vergleich zu den USA widerzuspiegeln; die offiziellen US-Zahlen wurden um 18 % (erwartete US-Gesundheitsausgaben im Verhältnis zum BIP) und die von Deutschland und Frankreich um 11 % (Gesundheitsausgaben im Verhältnis zum BIP in Frankreich und Deutschland im Jahr 2017) reduziert. Die letzte Spalte multipliziert das jährliche effektive Einkommen 2015 mit der Lebenserwartung; dies überschätzt etwas den EU-Vorteil bzw. den Vorsprung Deutschlands und Frankreichs, da zukünftige Einkommen unter normalen Umständen mit einem angemessenen Abzinsungsfaktor abgezinst werden sollten

Tab. 3.4 Gesundheitsausgaben im Verhältnis zum Bruttoinlandsprodukt und Lebenserwartung; USA, Kanada, Westeuropa (OECD-Daten, Gesundheitsausgabenindikator und OECD-Daten Lebenserwartung bei Geburt Indikator)

Land	Gesundheitsausgaben, insgesamt, Prozentsatz des BIP	Land	Lebenserwartung, gesamt [Jahre]
Vereinigte Staaten	**17,15**	Schweiz	83,7
Schweiz	12,26	Spanien	83,4
Frankreich	11,46	Italien	83,3
Deutschland	11,27	Luxemburg	82,8
Schweden	10,92	Norwegen	82,5
Kanada	10,41	Frankreich	82,4
Norwegen	10,37	Schweden	82,4
Österreich	10,32	Kanada	81,9
Dänemark	10,22	Irland	81,8
Niederlande	10,14	Österreich	81,7
Belgien	10,02	Niederlande	81,6
Vereinigtes Königreich	9,65	Belgien	81,5
Finnland	9,22	Finnland	81,5
Portugal	8,99	Griechenland	81,5
Italien	8,90	Vereinigtes Königreich	81,2
Spanien	8,84	Portugal	81,2
Griechenland	8,37	Deutschland	81,1
Irland	7,10	Dänemark	80,9
Luxemburg	6,08	**Vereinigte Staaten**	**78,6**

Hinweis: Die Gesundheitsausgaben beziehen sich auf 2017 und sind vorläufig oder geschätzt. Die Angaben zur Lebenserwartung beziehen sich auf 2016 oder die letzten verfügbaren Werte. Beide Indikatoren sind im Rang absteigend sortiert

Ineffizientes US-Krankenversicherungssystem im Vergleich zum europäischen System: US-Bevölkerung 50 Millionen geringer als mit einem westlichen EU-Stil-System

In Wirklichkeit ist das transatlantische Geburtengefälle geringer, da erst seit den 1990er-Jahren ein Gefälle zu ungunsten der USA besteht. Eine Kindersterblichkeitslücke von 0,25 in den letzten 30 Jahren bedeutet jedoch, dass die US-Bevölkerung um fast 8 Mio. geringer ist als bei den westeuropäischen Kindersterblichkeitszahlen; die Zahl 50 Millionen wird jedoch für den Zeitraum 1988–2048 relevant sein, es sei denn, die USA verbessern ihre Kindersterblichkeitsstatistik (siehe Abb. 3.7).

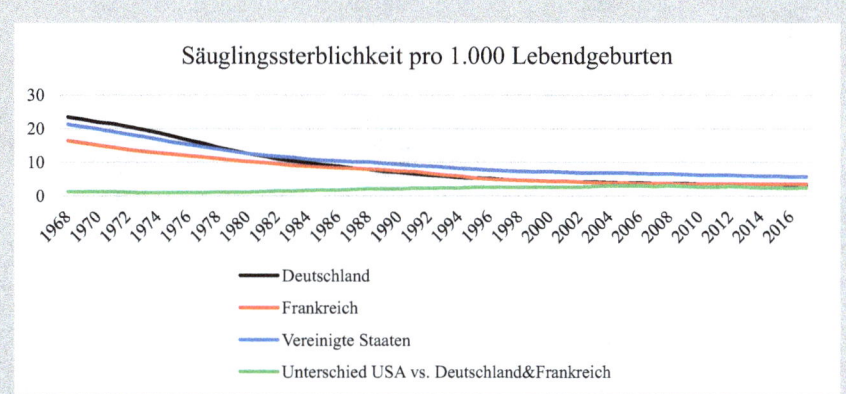

Abb. 3.7 Entwicklung der Säuglingssterblichkeit in den Vereinigten Staaten, Deutschland und Frankreich (1960–2016). (Eigene Darstellung der bei der Weltbank verfügbaren Daten, World Development Indicators)

Anmerkung: Für den Unterschied zwischen den USA und Deutschland und Frankreich wurde der Sterblichkeit dieser Länder eine 50-50-Gewichtung gegeben.
Teile des US-Medizinsystems sind hervorragend. Das US-Gesundheitssystem und das Krankenversicherungssystem sind jedoch überraschend schwach, nämlich in dem Sinn, dass das System für die US-Gesellschaft teuer ist – etwa 6 % teurer in Bezug auf die Ausgaben im Verhältnis zum Volkseinkommen als in Deutschland oder Frankreich – und gleichzeitig eine Lebenserwartung liefert, die etwa drei Jahre niedriger ist als in Westeuropa. Die Vollkaskoversicherung wird implizit für alle über 65-Jährigen (Medicare) angeboten und die eher armen Haushalte, die nicht versicherte Bevölkerung von etwa einem Sechstel aller Amerikaner besteht aus denen, die relativ jung und gesund sind und Ausgaben für die Krankenversicherung vermeiden wollen (das Problem der Nachselektion). Es gibt eine weitere Gruppe von eher armen Haushalten – aber nicht arm genug, um Anspruch auf Medicaid zu haben. Das US-Gesundheitssystem ist in zwei Bereichen recht teuer, nämlich bei der Vergütung von Ärzten, die oft eine extrem teure Arzthaftpflichtversicherung abschließen müssen; dies macht die Arztpreise höher als in den meisten EU-Ländern. Auch in den USA sind die Ausgaben für medizinische Geräte eher hoch und die Krankenhäuser verlangen in einem undurchsichtigen Preissystem sehr hohe Preise – hohe Preise werden oft an eher arme Menschen gezahlt, die keinen Anspruch auf Medicare haben und keine oder nur unzureichende Versicherungen haben (Reinhardt 2006). Die von Medicare gezahlten Preise für diagnostische Krankheitsgruppen (DRG) sind oft deutlich niedriger als die offiziellen Angebotspreise der Krankenhäuser, typischerweise nur etwa die Hälfte (effektiv wird für jede DRG eine Pauschale bezahlt). Die Preise für Krankenhausleistungen sind eher hoch und weisen eine große räumliche Variation auf.

In Deutschland verhandeln öffentliche oder private Versicherungen mit der Angebotsseite des Gesundheitswesens, die auch durch bestimmte Interessengruppen bzw. Institutionen vertreten wird. In den USA basieren die Krankenhauspreise in vielen Fällen (insbesondere für nichtversicherte arme Personen) auf Einzelverträgen – und sind daher in der Regel in allen Ballungszentren recht hoch –, es sei denn, es bestehen spezifische Einschränkungen durch Gesundheitseinrichtungen oder es gibt diagnosebezogene Gruppenvergütungen im Rahmen von Medicare. Unternehmen bieten den Arbeitnehmern in der Regel eine Krankenversicherung an und dürfen solche Ausgaben von der Steuer absetzen, was ihnen einen künstlichen Anreiz gibt, medizinische Leistungen zu überzahlen – dieser „schlechte Anreiz" hängt vom Körperschaftsteuersatz ab. Das kombinierte Angebot von Krankenkasse und Arbeitsplätzen stellt effektiv eine Bündelung von Produkten dar – sagen wir, Sie bekommen einen Kredit von einer Bank und müssen bei dieser Bank eine Ratenschutzversicherung kaufen: Durch die Bündelung wird die Nachfrage nach Krediten weniger zinslastig, da die Bereitschaft der Kreditkunden, zu einer anderen Bank zu wechseln, reduziert wird (relevant in Deutschland). Stellen Sie sich vor, Sie kaufen ein Auto von General Motors und müssten Benzin ausschließlich von Exxon kaufen – dies ist kein echter Fall, weil es absurd wäre und den Wettbewerb auf dem Gasmarkt schwächen würde. Ziel eines kombinierten lohn- und krankenversicherungsrechtlichen Deckungsangebots ist es, das Arbeitsangebot weniger elastisch zu gestalten (s. unelastisches Arbeitsangebot in Abb. 3.8), sodass die Arbeitskräfteangebotskurve (L^s) steiler ist, was bedeutet, dass sich die Differenz zwischen Nettolohn (w_1) und „Bruttolohn" (w_1'; die Differenz $w_1' - w_1$ = steuerähnlicher Gesundheitsbeitragssatz) weitgehend in einem reduzierten Nettolohn widerspiegelt (den der Arbeitnehmer erhält), sodass es nur zu einem geringen Anstieg des Bruttolohnsatzes kommt.

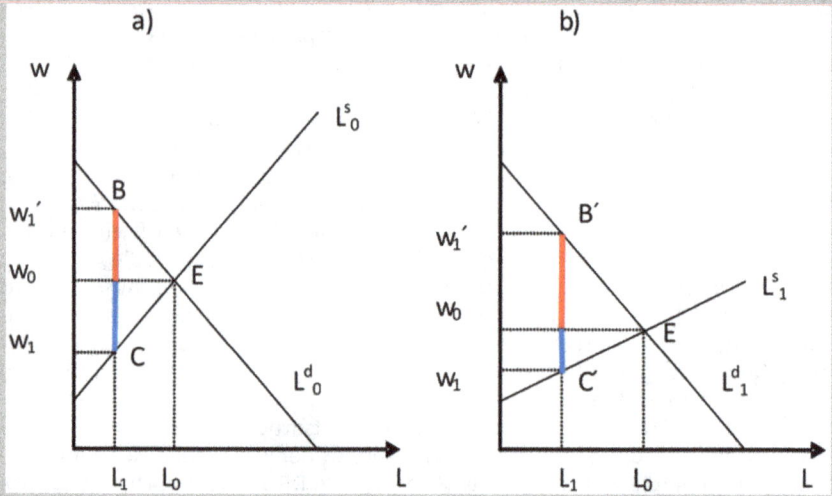

Abb. 3.8 Krankenversicherungsbeitraginzidenz mit (a) inelastischer Arbeitsangebotskurve (L^s_0) vs. (b) elastischer Arbeitsangebotskurve (L^s_1). Die Nachfragekurve der Unternehmen ist Ld; L ist Beschäftigung. (Eigene Darstellung)

Anmerkung: Die blaue Linie (W_0W_1) zeigt den reduzierten Nettolohn an. Man sieht, dass bei unelastischem Arbeitsangebot, eine Situation, die sich aus der Bündelung von Löhnen und Krankenversicherungsschutz ergibt, der Nettolohnkürzungseffekt deutlich größer ist als bei einem elastischeren Arbeitsangebot – zum Beispiel ohne Lohnversicherungsbündelung (s. blaue Linie in einem Umfeld des elastischen Arbeitsangebots (hier ist die Reduzierung des Nettolohns geringer, während sich die Häufigkeit eines Krankenversicherungsbeitrags stärker im Bruttolohn w_1' widerspiegelt). Die Konsequenz ist, dass die von dem Unternehmen angebotene Krankenversicherung weitgehend von den Arbeitnehmern in den USA bezahlt wird. Tatsächlich führt das Angebot der Unternehmen an Krankenversicherungsschutz zu einem stark reduzierten Nettolohnsatz; der Effekt ist größer, je höher der Krankenversicherungsprämiensatz und die Lohn- bzw. Einkommensquote der Krankenversicherung ist. Das bestehende traditionelle US-Krankenversicherungssystem begünstigt indirekt die arbeitsintensive Produktion, was für ein Land mit einer relativ kapitalreichen Faktorausstattung interessant ist.

Das Fehlen einer vollständigen Krankenversicherung der US-Bevölkerung bedeutet, dass eher arme Arbeitnehmer oder Selbstständige – ohne Krankenversicherung oder mit geringer Krankenversicherung – einen eher schlechten Gesundheitszustand haben werden, der ihre Arbeitsfähigkeit beeinträchtigt (negativer Faktor Input-Effekt), sodass sich dies negativ auf das Produktionspotenzial auswirkt. Im Gegensatz dazu könnte eine vollständige Abdeckung zu einem besseren durchschnittlichen Gesundheitsniveau für ältere Arbeitnehmer führen und somit das Produktionspotenzial bzw. das BIP/Nationaleinkommen erhöhen. Daher könnte das Verhältnis von Gesundheitsausgaben zu Einkommen eines vollständigen Krankenversicherungssystems niedriger sein als im traditionellen US-Gesundheitssystem. Was die Auswirkungen einer besseren Gesundheitsversorgung betrifft, so könnten die Experiment-Statistiken von Oregon genutzt werden. Im Jahr 2008 beschloss Oregon, einen Teil der Staatseinnahmen in eine Krankenversicherungslotterie zu investieren – erweiterte Medicaid (für ein breiteres Spektrum von Menschen), sodass die Regierung von Oregon eine Art Naturversuch geschaffen hatte, dessen Ergebnisse sorgfältig analysiert werden sollten. Es gab keine Auswirkungen auf Einkommen und Beschäftigung (Jameel 2014). Dies zu betonen bedeutet jedoch, eine Schlüsselfrage zu ignorieren, die wie folgt lautet: Zeigen krankenversicherte Personen ein besseres Niveau oder eine bessere Gesamtgesundheit und damit eine geringere Fehlzeitenquote bei der Arbeit oder eine höhere Bereitschaft, das Humankapital durch Umschulung zu verbessern? Werden Eltern eine geringere Kindersterblichkeit erleben – da schwangere Frauen häufiger Ärzte zur Vorsorgeuntersuchung während der Schwangerschaft aufsuchen werden, sodass Gesundheitsrisiken für Babys eher frühzeitig erkannt werden und die Kindersterblichkeit abnimmt (einige deutsche Versicherungsgesellschaften bieten sogar einen kleinen Bonus für schwangere Frauen – diejenigen, die teilnahmen, empfehlen Vorsorgeuntersuchungen)? Langfristig würde dies den effektiven Arbeitseinsatz im Bundesstaat Oregon verstärken und damit das regionale Produktionspotenzial und das Realeinkommen erhöhen, was wiederum zu einem niedrigeren Verhältnis von Gesundheitsausgaben zu Einkommen beitragen könnte.

Beachten Sie auch, dass ein allgemeines Krankenversicherungssystem (mit obligatorischer Krankenversicherung für Studenten und Arbeitnehmer) wie in den meisten EU-Ländern, das unabhängig von der Beschäftigung wäre, die Arbeitskräfteangebotskurven nach oben verschieben würde – effektiv, um die Kosten der Krankenversicherung widerzuspiegeln; und die Arbeitskräfteangebotskurven wären eher flach, da die Mobilität zwischen den Unternehmen erhöht wird, sodass die Häufigkeit von Krankenversicherungszahlungen stärker zugunsten der Arbeitnehmer wäre. Die Unternehmen müssten einen höheren Anteil der Belastung durch den Krankenversicherungsbeitrag tragen.

Die Gesundheitssysteme der westeuropäischen Länder sind nicht ohne Schwachstellen, aber es scheint, dass die USA von einer sorgfältigen Untersuchung der führenden EU-Länder sehr profitieren könnten.

David Squires und Chloe Anderson, Autoren einer Gesundheitsstudie des Commonwealth Fund (einer US-Stiftung) über die USA, schrieben (Squires und Anderson 2015, S. 16; Übersetzung PJJW: Bezug genommen wird unter anderem auf den Median: die Lebenserwartungshöhe, die die Bevölkerung in 50% oberhalb dieser Zahl und 50 % unterhalb dieser Zahl teilt):

„Bei mehreren Messungen der Bevölkerungsgesundheit hatten die Amerikaner schlechtere Ergebnisse als ihre internationalen Kollegen. Die USA hatten bei der Geburt der untersuchten Länder mit 78,8 Jahren im Jahr 2013 die niedrigste Lebenserwartung, verglichen mit dem OECD-Median von 81,2 Jahren. Darüber hinaus hatten die USA mit 6,1 Todesfällen pro 1.000 Lebendgeburten im Jahr 2011 die höchste Säuglingssterblichkeit unter den untersuchten Ländern; im OECD-Medianland lag die Rate bei 3,5 Todesfällen.

Die Prävalenz chronischer Krankheiten schien auch in den USA höher zu sein. Die 2014 Commonwealth Fund International Health Policy Survey ergab, dass 68 Prozent der US-Erwachsenen im Alter von 65 Jahren oder älter mindestens zwei chronische Erkrankungen hatten. In anderen Ländern reichte dieser Anteil von 33 Prozent (Großbritannien) bis 56 Prozent (Kanada)."

Die relativ hohe Adipositasquote ist ein besonderes Problem, das eine verstärkte Aufklärung – und die Förderung des Sports in allen Unternehmen und

Verwaltungen – sowie digitale Informationsnetze und spezielle Steuern auf traditionelle kalorienreiche Erfrischungsgetränke erfordern könnte.

Wenn das US-Gesundheitssystem verbreitert und strukturell ähnlicher wäre als in Westeuropa – die Ausgaben-BIP-Quote würde etwa 12–13 % des Nationaleinkommens betragen –, könnten die USA dann eine kostenlose Hochschulausbildung auf Bachelor-Niveau anbieten, da 4–5 % der Staatsausgaben – bezogen auf das Bruttoinlandsprodukt – für den Staat neu verfügbar würden: zu gegebenen Einkommenssteuersätzen.

Betrachtet man die Sozialausgaben ohne Gesundheitsversorgung, so geben die USA ein Drittel des Werts der Schweiz und nur ein Sechstel des Werts Deutschlands aus (Tab. 3.5). Es scheint, dass die USA eine nicht optimale Sozialausgaben-BIP-Quote haben.

Bei einem Gesundheitssystem, das dem westeuropäischen sehr ähnlich ist, wäre die Kindersterblichkeit in den USA niedriger und damit das Bevölkerungswachstum höher. Man kann also argumentieren, dass die US-Bevölkerung 2018 viel höher gewesen wäre, wenn die US-Kindersterblichkeit seit 1958 so niedrig gewesen wäre wie in Westeuropa: 0,25 % ist das US-Gefälle gegenüber Westeuropa und wenn man dieses Gefälle (hypothetisch für tatsächliche Entwicklungen: s. Anhang 11) in den letzten 60 Jahren betrachtet, wäre die US-Bevölkerung 2018 52 Millionen höher gewesen als die (geschätzten) tatsächlichen 328 Millionen; die 380 Mio. Einwohner hätten auch eine Lebenserwartung gehabt, die zwei Jahre höher gewesen wäre. Auch das

Tab. 3.5 Sozialausgaben ohne Gesundheitsausgaben, in Prozent des Bruttoinlandsprodukts, 2016 (EIIW-Berechnungen unter Verwendung von Daten aus den OECD-Daten, Gesundheitsausgaben insgesamt, in Prozent des BIP, 2016 [Gesundheitsausgaben und -finanzierung: Gesundheitsausgabenindikatoren] und Sozialausgaben öffentlich, in Prozent des BIP, 2016 [Sozialausgaben: aggregierte Daten])

Land	Sozialausgaben ohne Gesundheitsausgaben, Prozentsatz des BIP, 2016
Vereinigte Staaten	2,2
Schweiz	7,5
Niederlande	11,6
UK	11,7
Polen	13,7
Deutschland	14,2
Norwegen	14,6
Spanien	15,6
Dänemark	18,3
Italien	19,9
Frankreich	20,0
Finnland	21,3

US-Nationaleinkommen wäre 2018 um rund 16 % gestiegen, das wären rund 3200 Mrd. US$. Während Präsident Trump stolz auf das US-Wirtschaftswachstum von fast 3 % im Jahr 2018 (+600 Mrd. US$) hinweist – das zum Teil durch eine expansive Fiskalpolitik im wirtschaftlichen Aufschwung erzielt wird – wären höhere sozialpolitische Ausgaben in den USA in Kombination mit einem effizienteren universellen Gesundheitssystem für den Wohlstand der USA sehr wichtig, für mehr Gleichheit und langfristige politische und wirtschaftliche Stabilität.

Betrachtet man das Verhältnis der Gesundheitsausgaben zum BIP im Verhältnis zur Lebenserwartung, so sind die Vereinigten Staaten im Vergleich zu anderen OECD-Ländern eher ineffizient. Dies ist ein Thema, das in den USA nicht diskutiert wird. Der in Abb. 3.9 dargestellte Indikator zeigt, dass die USA in dieser Hinsicht nur halb so effizient sind wie Großbritannien oder Italien.

Betrachtet man die Entwicklung der Lebenserwartung in den USA und anderen wichtigen westeuropäischen Ländern seit 1960 (Abb. 3.10), so ist es interessant festzustellen, dass die Lebenserwartung in den USA höher war als beispielsweise in Deutschland in den 1970er-Jahren, nachdem sie in der ersten Hälfte dieses Jahrzehnts deutlich gestiegen war. Seit Anfang der 1980er-Jahre hat sich die Wachstumsrate der Lebenserwartung in den USA jedoch deutlich verlangsamt, während die Lebenserwartung in Deutschland und

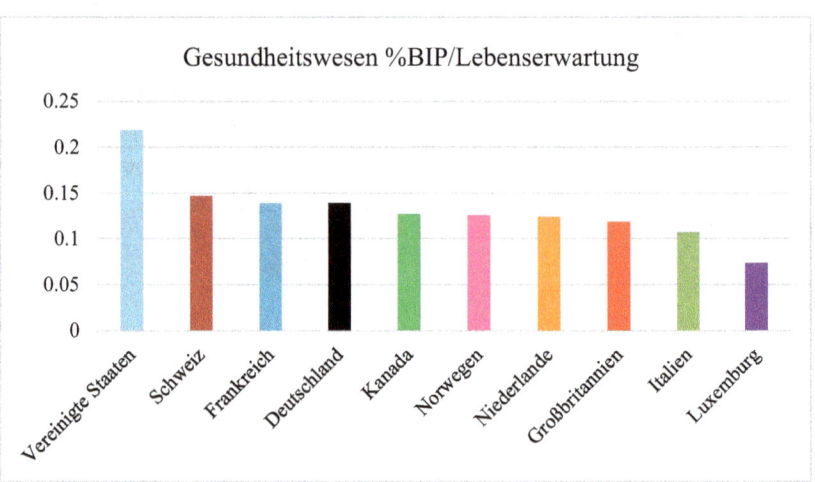

Abb. 3.9 Gesundheitsausgaben in Prozent des Bruttoinlandsprodukts/Lebenserwartung, 2016 (EIIW-Berechnungen unter Verwendung von Daten über Gesundheitsausgaben in Prozent des BIP und der Lebenserwartung der OECD)

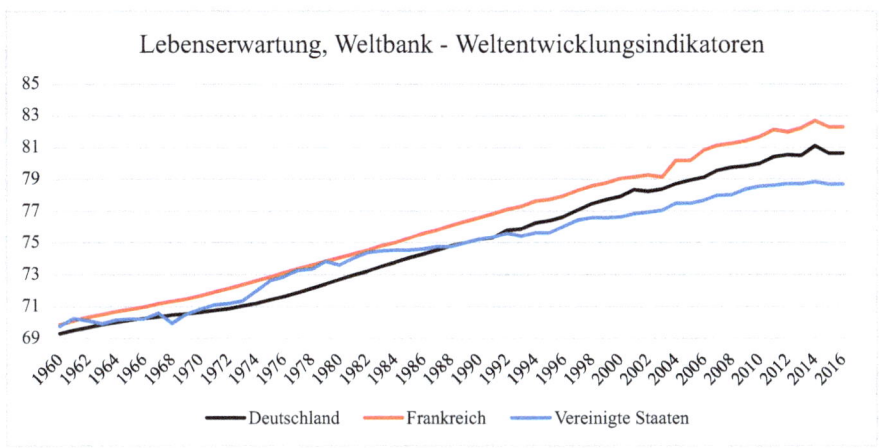

Abb. 3.10 Lebenserwartung in den USA, Deutschland und Frankreich, 1960–2016 (Eigene Darstellung der bei der Weltbank verfügbaren Daten, World Development Indicators)

Frankreich weiter gestiegen ist (Deutschland hat die USA in den 1990er-Jahren überholt).

Was treibt die Gesundheitskosten in den USA an?

In vielen Studien wurden Vergleiche der Gesundheitsausgaben (bezogen auf das BIP) in den OECD-Ländern vorgestellt. Eine ausgezeichnete Zusammenfassung der wichtigsten Beiträge liefern Horenstein und Santos (2019). Die Autoren zeigen, dass der langfristige Anstieg der medizinischen Versorgungsausgaben, der in den USA seit 1978 recht stark ist, nicht durch einen verstärkten Einsatz von Kapital und Arbeitskräften in den USA erklärt werden kann, sondern dass die Nutzung fortschrittlicher Technologien, die in den USA häufiger im Gesundheitswesen eingesetzt werden, oft mit höheren Preisaufschlägen verbunden ist. Daher ist es eher die Marktmacht, die einen entscheidenden Treiber für die US-Gesundheitspreise darstellt. Tatsächlich werden Krankenhäuser und damit verbundene Dienstleistungen als Hauptreiber der Inflationsdynamik im Gesundheitswesen im Zeitraum 1978–1990 identifiziert. Typischerweise steigen die Krankenkassenprämien im Lauf der Zeit stark an, deutlich höher als der Verbraucherpreisindex (und der CPI-Medical Care Index: CPIMC). Die Kosten pro stationärem Tag im Verhältnis zum Verbraucherpreisindex deuten nach Ansicht der Autoren auf einen starken kumulierten Anstieg von rund 70 % in den Jahren 1978–1990 hin. Im

Vergleich dazu zeigt der CPIMC im gleichen Zeitraum einen kumulierten Anstieg um 35 % – relativ zum Verbraucherpreisindex. Versicherungsprämien für Fehlbehandlungen haben sich Jahren 1978–1990 etwa verdreifacht, aber Fehlbehandlung gilt nicht als ein wichtiger Treiber für die Gesundheitskosten; es erreichte etwa 1,25 % der Gesundheitsausgaben oder 0,14 % des Volkseinkommens. Man kann jedoch argumentieren, dass dies ein hoher Anteil des Volkseinkommens ist, da Ärzte für einen eher geringen Anteil aller Arbeitnehmer in den USA stehen.

Council of Economic Advisers: Verzerrter Pro-Kopf-Verbrauchsvergleich der USA mit Europa

Im Oktober 2018 veröffentlichte der US Rat der Wirtschaftsberater (CEA 2018) eine Studie mit dem Titel *The Opportunity Costs of Socialism*, in der einige Vergleiche mit Venezuela vorgelegt wurden (das so bizarrerweise zu einem Bezugspunkt in der politischen Debatte in den USA wird, obwohl kein Kandidat in den Vorwahlen 2016 den USA empfohlen hat, der verantwortungslosen Politik Venezuelas zu folgen). Darüber hinaus gibt es breitere Vergleiche zwischen den USA und den nordeuropäischen Ländern, die seltsamerweise als quasisozialistische Länder eingestuft werden, obwohl europäische Ökonomen diesen Begriff nur auf Nordkorea, Kuba, Venezuela, die ehemalige Sowjetunion und ihre osteuropäischen Satellitenländer anwenden würden, die eine zentralisierte Planung hatten: einen monopolistischen Exportsektor innerhalb eines staatseigenen Spezialsystems mit einem staatlich verwalteten Wechselkurs, staatliche Unternehmen – mit einigen Ausnahmen, z. B. in Polen in einem Teil des Agrarsektors – und vollständig staatlich verwaltete Preise (außerhalb der sozialistischen Schattenwirtschaft). Wenn man die USA mit Kuba und Venezuela vergleicht, wie es die CEA tut, sieht das nach einer anomalen ideologischen Übung aus – oder würde ein Kandidat für den Kongress oder die Präsidentenvorwahlen wirklich die Einführung einer sozialistischen Diktatur befürworten? Offensichtlich nicht. Die vergleichende Analyse der CEA – unter dem Vorsitz von Hassett – mit den nordeuropäischen Ländern wird anschließend analysiert; das wichtigste Ergebnis der Analyse ist, dass die CEA-Studie verzerrt und unzureichend ist: irreführend für den Präsidenten und die US-Bevölkerung.

Wenn man den Pro-Kopf-Verbrauch bzw. die wirtschaftliche Wohlfahrt vergleichen will, gibt es mehrere kritische Punkte zu beachten:

- Sollte man nur den privaten Konsum berücksichtigen oder auch einen Teil der öffentlichen Dienstleistungen hinzufügen? Letzteres wurde beispielsweise in einem kanadischen Ansatz vorgeschlagen (Wolff et al. 2012).
- Betrachtet man nur den privaten Konsum, wäre es natürlich angebracht, den Quasikonsumwert der Freizeit einzubeziehen; wenn die Länder i und j in dieser Hinsicht unterschiedlich sind, macht der internationale Vergleich nur Sinn, wenn die Opportunitätskosten der Freizeitstunden mit einbezogen werden, die wiederum durch die Zahl des Verbrauchs pro Stunde angenähert werden können. Nur bei unfreiwilliger Arbeitslosigkeit müsste man die Änderung vornehmen, dass nur ein Teil des Freizeitvorteils der nordeuropäischen oder westeuropäischen EU-Länder in einen erhöhten Pro-Kopf-Verbrauch einbezogen würde.
- Internationale Unterschiede bei den Gesundheitsausgaben sollten berücksichtigt werden, sodass beispielsweise hohe Gesundheitsausgaben in den USA und die niedrigeren privaten Gesundheitsausgaben der Haushalte in den nordischen Ländern oder Deutschland und Frankreich berücksichtigt werden sollten. Mit 11,1 % der Ausgaben aus der Tasche im Verhältnis zu den gesamten Gesundheitsausgaben der USA – die selbst etwa 17 % des BIP ausmachen – wird der effektive Pro-Kopf-Verbrauch in den USA um 1,87 % reduziert, während eine Pro-Kopf-Gesundheitsausgabenquote in Frankreich von 9,7 % bedeutet, dass (bei 11 % der gesamten Gesundheitsausgaben im Verhältnis zum BIP in Frankreich) das effektive verfügbare Einkommen und damit der Konsum in Frankreich um 0,76 % reduziert wird (zu den Gesundheits ausgaben, s. ausgewählte Statistiken in Anhang 11); da der Verbrauch im Verhältnis zum Einkommen steht, kann man argumentieren, dass Frankreich in transatlantischen Pro-Kopf-Vergleichen effektiv einen gesundheitsbezogenen Vorteil von fast einem Prozentpunkt hat. Für Deutschland ist der Vorteil gegenüber den USA geringer, da die deutsche Gesundheitsausgabenquote höher ist als in Frankreich, während die gesamte Gesundheitsausgabenquote in Deutschland 2016/2017 die gleiche war wie in Frankreich.
- Die Größe der Wirtschaft spielt eine Rolle, nicht nur die Art des wirtschaftlichen (und politischen) Systems. Eine große Volkswirtschaft wie die USA oder die Eurozone – wobei sowohl der Dollar als auch der Euro führende globale Reservewährungen darstellen – sollte natürlich einen höheren Pro-Kopf-Verbrauch haben als ein kleines Land, das normalerweise keinen Reservewährungsstatus hat (wobei die Schweiz eine bemerkenswerte Ausnahme bildet). Der Vorteil einer globalen Reservewährung liegt effektiv in einer gewissen Menge an freien Warenimporten; der effektive freie Import von Konsumgütern in den USA beträgt etwa 1 % des BIP, in

der Eurozone etwa 0,5 % des BIP. Das bedeutet zum Beispiel, dass man davon ausgehen sollte, dass Länder wie Schweden, Dänemark oder Norwegen – die nicht zur Eurozone gehören – natürlich mit einem transatlantischen Pro-Kopf-Konsumgefälle von etwa 0,5 % konfrontiert werden. Wenn also die Pro-Kopf-Einkommenslage der USA 100 und die Schwedens, Dänemarks oder Norwegens 99,5 betragen würde, könnte man nicht behaupten, dass das Wirtschaftssystem der USA besser ist als das dieser nordischen Länder.

Anschließend wird davon ausgegangen, dass der transatlantische Unterschied bei den Gesundheitsausgaben aus eigener Tasche (im Durchschnitt) 1 % des Einkommens zugunsten der nord- und westeuropäischen Länder beträgt.

US-Sachverständigenrat Wirtschaft geht von einem Vergleich des Pro-Kopf-Einkommens zwischen den USA und Skandinavien aus

Was die Vergleiche der CEA mit Norwegen, Schweden, Finnland und Dänemarkbetrifft, so sind diese verzerrt, wenn die CEA über das Gesundheitssystem und den relativen Pro-Kopf-Verbrauch (in Kaufkraftparität) schreibt. Die CEA stellt den Pro-Kopf-Verbrauch für die USA und die nordischen Länder in einer Tabelle dar (Tab. 3.6).

Die CEA berücksichtigt mehrere Kernpunkte nicht (Tab. 3.7):

- Die Lebenserwartung in den nordischen Ländern ist höher und die Kindersterblichkeit ist niedriger als in den USA, was offensichtlich teilweise mit einem besseren Gesundheitssystem zusammenhängt – z. B. werden schwangere Frauen, auch aus einkommensschwachen Schichten, regelmäßig vorsorglich von Ärzten untersucht, was dazu beiträgt, die Kindersterblichkeit in den nordischen Ländern im Vergleich zu den USA zu senken.
- Die Arbeitszeiten pro Jahr sind in den nordischen Ländern kürzer als in den USA, sodass die nordischen Länder ein zusätzliches Quasieinkommen aus mehr Freizeit haben, das etwa dem Zwanzigsten des Jahreseinkommens entspricht; und da der Verbrauch im Verhältnis zum Einkommen steht, ist es angemessen, die OECD-Konsumzahlen pro Kopf entsprechend dem Freizeitvolumen zu korrigieren – es sei denn, höhere Freizeitzahlen spiegeln

Tab. 3.6 Tatsächlicher individueller Pro-Kopf-Verbrauch zu aktuellen Preisen und Kaufkraftparitäten, Vereinigte Staaten = 100 (CEA 2018, Tab. 5, S. 36)

Länder	2016
Dänemark	69
Finnland	70
Island	69
Norwegen	82
Schweden	68
Vereinigte Staaten	100

Hinweis: Daten von der OECD, volkswirtschaftliche Gesamtrechnungen. Der tatsächliche individuelle Konsum (AIC) besteht aus den von den einzelnen Haushalten erworbenen Konsumgütern und -dienstleistungen. Nach Angaben der OECD ist AIC die Summe aus drei Komponenten: 1) „der Wert der Ausgaben der privaten Haushalte für Konsumgüter oder -dienstleistungen, einschließlich der Ausgaben für nicht marktbestimmte Güter oder Dienstleistungen, die zu Preisen verkauft werden, die wirtschaftlich nicht bedeutsam sind"; 2) „der Wert der Ausgaben der staatlichen Einheiten für individuelle Konsumgüter oder -dienstleistungen, die den privaten Haushalten als soziale Sachtransfers zur Verfügung gestellt werden" und 3) „der Wert der Ausgaben der NPISHs für individuelle Konsumgüter oder -dienstleistungen, die den privaten Haushalten als soziale Sachtransfers zur Verfügung gestellt werden"

weitgehend die unfreiwillige Arbeitslosigkeit wider; dieser Vorbehalt spielt eine Rolle in Frankreich, aber nicht in Deutschland und auch nicht in den nordischen Ländern (mit einem geringen Vorbehalt gegenüber Finnland).
- Die Gesundheitsausgaben im Verhältnis zum BIP sind in den nordischen Ländern etwa sechs Prozentpunkte niedriger als in den Vereinigten Staaten. Transatlantische Wohlfahrtsvergleiche müssen dies natürlich berücksichtigen, zumal die Lebenserwartung in Nordeuropa und Westeuropa höher ist als in den USA.

Alle drei hier genannten Punkte stehen im Einklang mit den Argumenten für den Vergleich zwischen den USA und Deutschland plus Frankreich, wo das effektive Pro-Kopf-Lebenseinkommen der USA das gleiche ist wie in Deutschland und Frankreich, der transatlantische Einkommensvergleich jedoch die Differenz der nationalen Gesundheitsausgaben-BIP-Quoten vollständig berücksichtigt. Die Vermutung der CEA, dass der Pro-Kopf-Verbrauch in den nordischen Ländern um 30 % niedriger ist als in den Vereinigten Staaten, ist falsch, wenn man einen aussagekräftigen Vergleich anstellt, der über ein einzelnes Jahr hinausgeht. Die CEA (2018, S. 36) schreibt: „Die einzige nordische Wirtschaft, in der der Durchschnittsverbrauch innerhalb von 20 Prozent des US-Niveaus liegt, ist Norwegen, wo der Durchschnittsverbrauch pro Kopf 82 Prozent des US-Niveaus beträgt"; die

Tab. 3.7 Lebenserwartung, Säuglingssterblichkeit, geleistete Arbeitsstunden und Arbeitslosigkeit in den USA, Skandinavien, Großbritannien, Deutschland und Frankreich, 1995, 2000, 2005, 2010, 2015, 2016. * Weltbank (Eigene Berechnungen von Daten aus der OECD-Datenbank)

Jahr	Indikator	US	NOR	SWE	FIN	DNK	UK	GE	FR
1995	Lebenserwartung [Jahre]	75,7	76,7	77,9	76,6	75,3	76,7	76,6	78,1
	Säuglingssterblichkeit [%]	7,6	4	4,1	3,9	5,1	6,2	5,3	5
	Geleistete Arbeitsstunden	1840	1488	1481	1668	1419	1563	1528	1590,67
2000	Lebenserwartung [Jahre]	76,7	77,9	78,8	77,7	76,9	77,9	78,2	79,2
	Säuglingssterblichkeit [%]	6,9	3,8	3,4	3,8	5,3	5,6	4,4	4,5
	Geleistete Arbeitsstunden	1832	1455	1483	1636	1466	1539	1452	1549,98
2005	Lebenserwartung [Jahre]	77,6	79,2	80,3	79,1	78,3	79,2	79,4	80,4
	Säuglingssterblichkeit [%]	6,9	3,1	2,4	3	4,4	5,1	3,9	3,8
	Geleistete Arbeitsstunden	1794	1422,8	1449	1594	1451	1515	1411,3	1527,35
2010	Lebenserwartung [Jahre]	78,6	80,6	81,2	80,2	79,3	80,6	80,5	81,8
	Säuglingssterblichkeit [%]	6,1	2,8	2,5	2,3	3,4	4,2	3,4	3,6
	Geleistete Arbeitsstunden	1773	1415,3	1476	1566	1422	1476	1389,9	1527,96
2015	Lebenserwartung [Jahre]	78,7	81	82,4	81,6	80,8	81	80,7	82,4
	Säuglingssterblichkeit [%]	5,9	2,3	2,5	1,7	3,7	3,9	3,3	3,7
	Geleistete Arbeitsstunden	1785	1423,9	1454	1537	1407	1501	1367,8	1509,43
2016	Lebenserwartung [Jahre]	78,6	81,2	82,5	81,5	80,9	81,2	81,1	82,3*
	Lebenserwartung [% von US (=100)]	100	103,31	104,96	103,69	102,93	103,31	103,18	104,71
	Säuglingssterblichkeit [%]	5,7*	2,2	2,5	1,9	3,1	3,8	3,4	3,7
	Geleistete Arbeitsstunden	1781	1424,4	1465	1535	1414	1515	1363,4	1502,73
	Geleistete Arbeitsstunden [% der US (=100)]	100	79,98	82,26	86,19	79,39	85,06	76,55	84,38
	Arbeitslosenquote [%]	4,87	4,68	6,99	8,81	6,18	4,81	4,12	10,06

CEA-Tabelle zeigt, dass andere nordische Länder 2016 etwa 70 % des US-Niveaus erreichen werden, wie die Tab. 3.6 zeigt.

Eine adäquate ökonomische Analyse für den internationalen Vergleich des Verbrauchs besteht nicht darin, einen Blick auf ein einzelnes Jahr zu werfen, sondern den Lebenszyklusverbrauch zu berücksichtigen. Betrachtet man den Lebensverbrauch ohne Gesundheitsausgaben, um die erheblichen transatlantischen Unterschiede bei den Gesundheitsausgaben im Verhältnis zum BIP (oder BSP) zu berücksichtigen, so zeigt sich, dass die Zahlen für die USA und die nordisch-europäischen Länder in etwa gleich sind, wenn man davon ausgeht, dass die höhere Freizeit in den nordischen Ländern einem Zehntel des Jahreseinkommens entspricht und die Lebenserwartung der nordischen Länder bei 4 % liegt (Tab. 3.7), sodass wir für den effektiven Lebenskonsum in den nordischen Ländern C' – ohne Norwegen – im Vergleich zu den USA erhalten: $C'/C'*$ (* für die USA): $C'/C'* = (C/L)(1,2)(1,04)/C'* = 0,7(C*/L*)(1,2)(1,04)/C'* = 0,8736/C'*$; der nordeuropäische Freizeitvorsprung spiegelt sich im Faktor 1,2 wider, die höhere Lebenserwartung in Nordeuropa im Faktor 1,04. Bereinigt um die Differenz zwischen dem transatlantischen Gesundheits- und Einkommensniveau beträgt die korrigierte US-Zahl (ursprüngliches Niveau des Pro-Kopf-Einkommens $C*/L* = 100$) $C'* = 0,99$. Daraus folgt, dass die Differenz des effektiven Pro-Kopf-Verbrauchs der USA gegenüber Dänemark, Finnland, Island und Schweden nicht 30 %, sondern 12 % beträgt, während der effektive Pro-Kopf-Lebensdauerverbrauch in Norwegen tatsächlich höher ist als in den USA:

- Das Niveau von 0,82 (von CEA angegebene Zahl) mal 1,2 × 1,03 ergibt 1,0135, während die Zahl für den Lebenszyklusverbrauch in den USA 0,996 beträgt.
- Der effektive norwegische Pro-Kopf-Verbrauch auf Lebenszeit ist damit 1,8 % höher als der der USA. Die Behauptung der CEA, dass die USA gegenüber Norwegen mit 18 % führend sind, ist äußerst irreführend; die Reihenfolge der Fehler liegt bei 20 % und das ist kein kleiner zufälliger Unterschied – es gibt einen erheblichen Fehler.

Würde man die zusätzliche Lebenserwartung der Menschen in Norwegen diskontieren, wären die Zahlen für die USA für einen angemessenen Diskontierungssatz immer noch niedriger als in Norwegen. Darüber hinaus werden in den nordischen Ländern (und den westlichen EU-Ländern) schwangere Frauen und ihre Ehemänner/Partner eine bessere Quasikonsumleistung – ein geringeres Familienrisiko – haben als in den USA, da Eltern ein geringeres Kindersterblichkeitsrisiko für ihre erwarteten Nachkommen haben. Das wirtschaftliche Wohlergehen des durchschnittlichen Norwegers übersteigt das des durchschnittlichen Amerikaners, wenn angenommen wird, dass die Nutzungsfunktionen in beiden Ländern gleich sind. Und wenn es eine Form von Altruismus in der Familie gibt, sodass sich das Wohlergehen der Kinder positiv auf das Einkommen der Eltern auswirkt, bedeutet die niedrigere nordisch-europäische (und westeuropäische) Säuglingssterblichkeit einen noch größeren Vorsprung Norwegens gegenüber den USA und könnte durchaus als Argument dafür angesehen werden, dass nordeuropäische und westeuropäische EU-Länder beim wirtschaftlichen Wohlergehen führend sind gegenüber den USA. Eine Schlussfolgerung könnte wie folgt zusammengefasst werden: Asiatische Länder sollten das Modell der sozialen Marktwirtschaft der EU sorgfältig prüfen und sich nicht nur auf den angeblichen Vorsprung der USA konzentrieren; dieser Vorschlag bedeutet nicht, wichtige Reformbedürfnisse in vielen EU-Ländern zu ignorieren.

Da die CEA offenbar den Vergleich der USA mit den nordischen europäischen Ländern nutzen will, um mögliche zukünftige politische Reformen in Richtung einer sozialen Marktwirtschaft abzuwehren – wie sie in den nordischen Ländern/Westländern der EU (z. B. Deutschland und Frankreich) zu finden sind –, kann man sagen, dass die sorgfältige Neuberechnung der Zahlen für eine angemessene vergleichende Analyse tatsächlich darauf hindeutet, dass es keine Gründe gibt, nicht zu einer Variante einer modernen europäischen Marktwirtschaft überzugehen. Das Niveau der Studie liegt unter der üblichen hohen CEA-Qualität – ein Problem der Trump-Administration.

Natürlich brauchen die USA ihre eigene Art einer sozialen Marktwirtschaft, hoffentlich mit einem wettbewerbsfähigen System von Krankenkassen und einem angemessenen Wettbewerb im US-Krankenhaussystem. Es wäre jedoch ratsam, die europäischen sozialen Marktwirtschaften zu untersuchen und nicht zu versuchen, einer ansonsten nützlichen transatlantischen Diskussion über systemische Reformen vorzugreifen, bei der beide Seiten, die USA und Europa, voneinander lernen könnten.

Der Rat der Wirtschaftsberater zeigt in Standardungleichheitsstatistiken (Tab. 3.8), nämlich Gini-Koeffizienten, Nachsteuer und Transfers, dass der Gini-Koeffizient in den nordischen Ländern bei etwa 0,26 liegt, während er für die USA viel höher ist, nämlich bei 0,39 im Jahr 2015; und der Palma-Wert (P90-zu-P50-Verhältnis des verfügbaren Einkommens im Dezilbereich) ist auch in den USA höher, nämlich 2,3 gegenüber 1,7 in den nordischen Ländern Europas. Man kann über alle Arten von Problemen streiten, die in den nordischen Ländern existieren können, aber die Analyse der CEA ist schockierend verzerrt, eine ziemlich schlechte wirtschaftliche Analyse, die den Kongress, den Präsidenten und die US-Bevölkerung irreführt. Ob die ameri-

Tab. 3.8 Relative Einkommensungleichheit, 2015 (CEA 2018, Tab. 6, S. 37)

Land	Gini-Koeffizient (verfügbares Einkommen, nach Steuern und Transfers)	Palma-Verhältnis (P90-zu-P50-Verhältnis des verfügbaren Einkommens im Dezilbereich)
Dänemark	0,26	1,7
Finnland	0,26	1,7
Island*	0,25	1,7
Norwegen	0,26	1,7
Schweden	0,27	1,7
Vereinigte Staaten	0,39	2,3

Hinweis: Die Daten für Island sind für 2014

kanische Öffentlichkeit im Allgemeinen weniger für die Gleichheit eintritt als die Bevölkerung in nordeuropäischen Ländern oder der EU, ist zunächst eine Frage für Forscher. Zahlen aus dem World Value Survey (Inglehart et al. 2014) deuten darauf hin, dass die US-Bevölkerung in der Tat schwächere Präferenzen für Gleichheit hat als Gesellschaften in EU-Ländern. Es besteht jedoch kein Zweifel daran, dass die Sorge der US-Wähler über die Ungleichheit in den USA nach 2008 deutlich zugenommen hat (Lindh und McCall 2018). Ein paradoxes Ergebnis von Lindh und McCall ist, dass eine Mehrheit der US-Antwortenden die Ansicht vertritt, dass die Ungleichheit in den USA zu hoch ist, während eine relative Mehrheit erwartet, dass dieses Problem von Großunternehmen bzw. US-Multis behoben werden sollte – dies ist jedoch Wunschdenken in einer Aktionärswirtschaft und steht für eine überraschende Fehlsicht der US-Bürger.

Der Rat der Wirtschaftsberater schlägt auch vor, dass das US-amerikanische Hochschulsystem viel besser ist als das in den nordischen Ländern, in denen Studenten in der Regel keine Studiengebühren zahlen müssen. Es gäbe Verbindungen zwischen dem Zugang verschiedener Schichten zur Hochschulbildung und Ungleichheit. Darüber hinaus findet man in dieser Hinsicht beispielsweise interessante Vergleiche zwischen Dänemark und den USA, aber die CEA (2018) zitiert nicht die entsprechende Literatur. In einer breiteren Sichtweise bezieht sich diese Debatte auch auf Präferenzen für die Einkommensumverteilung, die teilweise mit dem Pro-Kopf-Einkommen und anderen persönlichen oder haushaltsspezifischen Merkmalen zusammenhängen – der Leser wird hier auf Welfens und Udalov (2018) und die zugehörige Literatur verwiesen (z. B. Sonderausgabe des Scandinavian Journal of Economics 2018).

In den nordeuropäischen Ländern wird oft die Ansicht vertreten, dass eine Politik der Einkommensumverteilung in Verbindung mit einer aktiven Bildungspolitik zu mehr Effizienz und einer gerechteren Gesellschaft beitragen wird; skandinavische Länder werden oft als gute Beispiele dafür angesehen. Landersø und Heckman (2017) haben jedoch in ihrem Vergleich zwischen sozialer Mobilität in den USA und Dänemark eine differenzierte Sichtweise gezeigt: Dänemark ist eine eher mobile Gesellschaft in Bezug auf die Einkommensmobilität, aber nicht, wenn man sie an Indikatoren der Bildungsmobilität misst. Die hohe dänische Einkommensmobilität ist weitgehend auf die Umverteilungssteuer, großzügige Transfers und die Politik der Lohnkompression zurückzuführen. Die Sozialpolitik für Kinder führt zu günstigeren kognitiven Testergebnissen für benachteiligte Kinder in Dänemark, führt aber nicht zu günstigeren Bildungsergebnissen – dies ist zum Teil auf mangelnde Anreize für den Erwerb einer ausreichenden Bildung zurückzuführen, da die dänische Umverteilungspolitik die Anreize für Einkommensmobilität untergräbt. So deutet der Vergleich zwischen Dänemark und den USA in der Tat auf einige Vorteile des US-Systems und bestimmte Einschränkungen des dänischen Systems hin, da die Hochschulbildung als ein Element zur Verringerung der Ungleichheit angesehen wird. Es scheint, dass das US-System weitgehend offen für alle Schichten der Gesellschaft ist und auf jeden Fall stärkere Anreize für die Bildung von endogenem Humankapital bietet als Dänemark. Es ist nicht klar, wie die Situation im Vergleich zu anderen skandinavischen Ländern oder Deutschland/Frankreich/Niederlande und den USAist.

Unterm Strich kann man feststellen, dass die CEA-Studie über die Opportunitätskosten des Sozialismus ein eher ideologisches Werk ist. Sie ist nicht sehr literaturbezogen und schon gar nicht sehr überzeugend, wenn es darum geht, einen aussagekräftigen transatlantischen Vergleich von Pro-Kopf-Verbrauch bzw. ökonomischem Wohlstand zu erstellen. Als Leser kann man den Haupteindruck gewinnen, dass diese Institution, die Teil der Regierung ist, den Präsidenten und die US-Bevölkerung verwirrend berät und mit sehr schlechten Argumenten vorzuschlagen scheint, dass die US-Regierung die nordeuropäischen Länder nicht als Modell für systemische Reformen betrachten sollte. Wenn man die USA und diese Länder in einer sinnvollen langfristigen Perspektive vergleicht, deuten die von der CEA vorgelegten Statistiken teilweise auf das Gegenteil von dem hin, was die CEA geschrieben hat.

Messung der wirtschaftlichen Leistungsfähigkeit

Traditionell werden die Wirtschaftsleistung der Länder bzw. das wirtschaftliche Wohlergehen anhand von Daten aus dem System der Volkswirtschaftlichen Gesamtrechnungen gemessen; von besonderer Bedeutung sind hier das reale BIP pro Kopf und das reale BIP pro Kopf sowie der Verbrauch pro Kopf. Ein breiterer Ansatz für wirtschaftlichen Wohlstand hängt mit einer Debatte über soziale Indikatoren und neuere Ansätze zur Messung des Glücks zusammen. Der Weltglücksbericht (Helliwell et al. 2019) liefert eine umfassende und fundierte Analyse. Darüber hinaus steht der Social Development Goal Index (SDG-Index) auch für einen umfassenden Ansatz, der über die engen Indikatoren aus dem System der Volkswirtschaftlichen Gesamtrechnungen hinausgeht, die jedoch in der internationalen politischen Debatte nach wie vor prägend sind. Es ist bemerkenswert, dass der SDG-Index 2018 (Sachs et al. 2018) zeigt, dass die 14 am höchsten eingestuften Länder alle europäisch sind, mit den drei Top-Ländern Schweden, Dänemark und Finnland. Der Weltglücksbericht 2019 zeigt auch, dass die glücklichsten sieben Länder alle in Europa sind – die führenden sind Finnland, Dänemark und Norwegen. Dies zeigt offensichtlich, dass die Gesellschaften in diesen Ländern wohlhabend, integrativ und ökologisch nachhaltig sind.

Kinderarmut in den USA versus Kinderarmut in der Schweiz

Alleinerziehende Haushalte stehen in vielen Gesellschaften vor dem Problem der Armut. Die Herausforderung ist bescheiden in der Schweiz, wo der Staat quasi unbedeutende Zahlungen an Mütter leistet, wenn der Vater keinen für sein Kind geschuldeten Unterhalt zahlt, der Staat aber seinerseits die Zahlungen vom jeweiligen Vater zurückfordert (oder von der Mutter, wenn das Kind bei seinem Vater wohnt). In Deutschland gibt es ein ähnliches System, aber die Erholungsquote des Staates – d. h. die Erfolgsquote bei der Rückzahlung der Zahlungen des jeweiligen Vaters – ist weniger effektiv als in der Schweiz. In den USA bedeutet die traditionelle schlechte Registrierung von Menschen an Adressen in Gemeinden bzw. Staaten, dass ein Vater, der nicht bereit ist, Unterhalt zu zahlen, einfach seinen jeweiligen Staat verlässt, wodurch die Wahrscheinlichkeit, dass er die grundlegenden Lebenshaltungskosten seines Kindes bzw. seiner Familie nicht mehr finanziell unterstützt, sehr hoch ist.

Man kann argumentieren, dass die Vereinigten Staaten ein besonderes Problem der Kinderarmut haben, das eher leicht zu lösen wäre. Bessere Registrierungssysteme und ein Unterhaltsystem, das dem der Schweiz oder Deutschlands ähnelt, würden einen erheblichen Teil der Kinderarmut beseitigen und damit zur Chancengleichheit in den USA beitragen.

Politische Prioritäten in einer offenen Volkswirtschaft: Der Fall der Schweiz

Wie wichtig sind verschiedene Bereiche der Wirtschaftspolitik und andere Politikbereiche aus der Sicht eines führenden OECD-Landes mit einer langen Tradition von Referenden? Betrachtet man die Schweiz, ein Land mit einer langen Geschichte von Vollbeschäftigung und Wohlstand, so deutet dies darauf hin, dass die Sozialpolitik ein Spitzenfeld darstellen würde. Von allen Referenden (und ähnlichen Abstimmungsinitiativen) im Zeitraum 2001–2017 betrafen 50 die Sozialpolitik; 28 Infrastruktur und Umwelt, 12 öffentliche Finanzen, 10 die Wirtschaft, 9 die Außenpolitik, 8 die Verteidigung, 17 verfassungsrechtliche Fragen und 10 Stimmen zu Bildung und Kultur, Medien standen für 10 Stimmen (Zahlen des Bundesamtes für Statistik 2018; Abb. 3.11).

Dies zeigt, dass sozialpolitische Fragen viele Wählerinnen und Wähler betreffen und dass ein kleines Land mit vielen Referenden – wie die Schweiz – diese Herausforderungen politisch aufgegriffen hat; es ist auch klar, dass die Schweiz eine besonders offene Wirtschaft ist, die dem Druck der Globalisie-

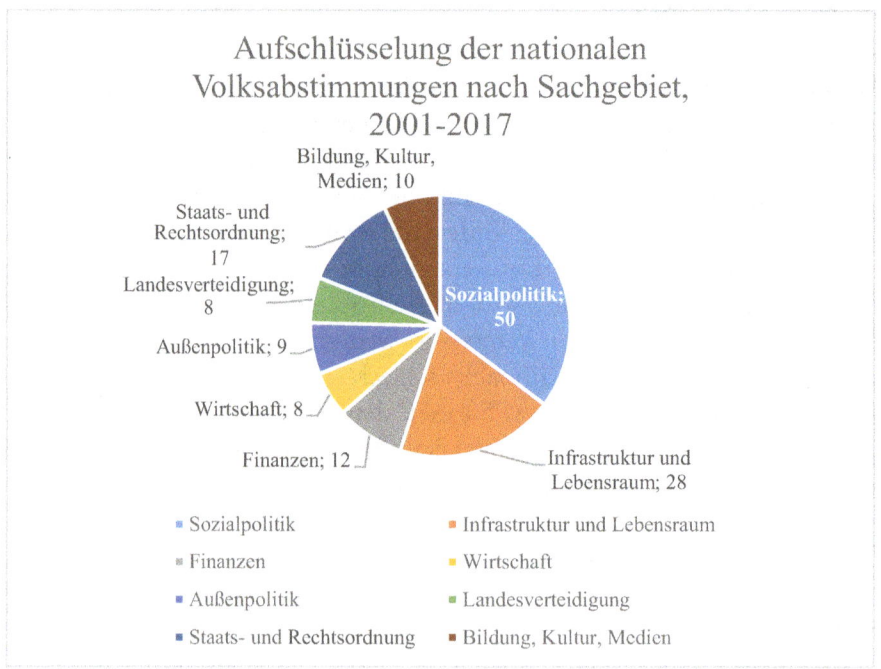

Abb. 3.11 Aufschlüsselung der nationalen Volksabstimmungen in der Schweiz 2001–2017 nach Themenbereichen (Eigene Darstellung der Daten des Bundesamtes für Statistik 2018)

rung in vielerlei Hinsicht ausgesetzt ist. Interessanterweise ist es der Schweiz gelungen, ein Freihandelsabkommen mit China abzuschließen. In den USA hat sich die Bundesregierung jedoch nicht viel mit der Sozialpolitik unter der Clinton-Administration (außer einem gescheiterten Versuch einer Gesundheitsreform) und der Bush-Jr.-Administration beschäftigt. Die Obama-Regierung hat sich stark für die Reform der Krankenversicherung und damit der Sozialpolitik eingesetzt, und ein Teil der Reform der Krankenversicherung hat funktioniert. Im Gegensatz dazu argumentierte Donald Trump während seiner Präsidentschaftskampagne, dass die Sozialpolitik in den USA nicht wichtig sei, sondern dass die Sozialpolitik reduziert werden sollte, da die Ausgaben für die Sozialpolitik hauptsächlich von Einwanderern verwendet würden. Das ist das Vorurteil eines Aktivisten, der nicht viel über die Realität in den USA weiß. Darüber hinaus hat Präsident Trump versucht, die Gesundheitsreformen Obamas zurückzufahren.

Was sind die Ursachen für die zunehmende Ungleichheit in den OECD-Ländern?

Die steigende Einkommensungleichheit ist in vielen Ländern eine Herausforderung. In den 1960er- und 1970er-Jahren gab es Perioden abnehmender Ungleichheit, eine Entwicklung, die Piketty (2014) für eine eher ungewöhnliche Situation hält. Die normale kapitalistische Langzeitdynamik besteht vielmehr darin, dass die Ungleichheit zugunsten der Kapitalbesitzer im Zusammenhang mit dem Realzins – oder der Rendite der Investitionen – steigt, da der Realzins die Wachstumsrate der Produktion übersteigt. Was die USA, das Vereinigte Königreich und Deutschland betrifft, so kann man darauf hinweisen, dass die Wachstumsrate der Produktion im Zeitraum 2010–2017 den realen Zinssatz übersteigt. Für Frankreich begann die Wachstumsrate des realen BIP im Berichtszeitraum höher, fiel unter den Realzins für die Jahre 2011–2014, bevor sie in den letzten drei Jahren wieder über dem Realzins lag. In Italien hat der Realzins im gleichen Zeitraum jedoch tendenziell die Wachstumsrate des realen BIP bis 2015 deutlich überschritten (Abb. 3.12, 3.13 und 3.14). Pikettys Sichtweise ist in Ländern, in denen viele wohlhabende Menschen hohe Dividendeneinnahmen aus dem Ausland erzielen, nicht sehr überzeugend, sodass man sich auf die Wachstumsrate des realen BSP und nicht auf das BIP konzentrieren müsste.

Wenn der Realzins höher (oder niedriger) ist als die Wachstumsrate des realen BIP (wie in Deutschland und den USA seit mehreren Jahren), ist die

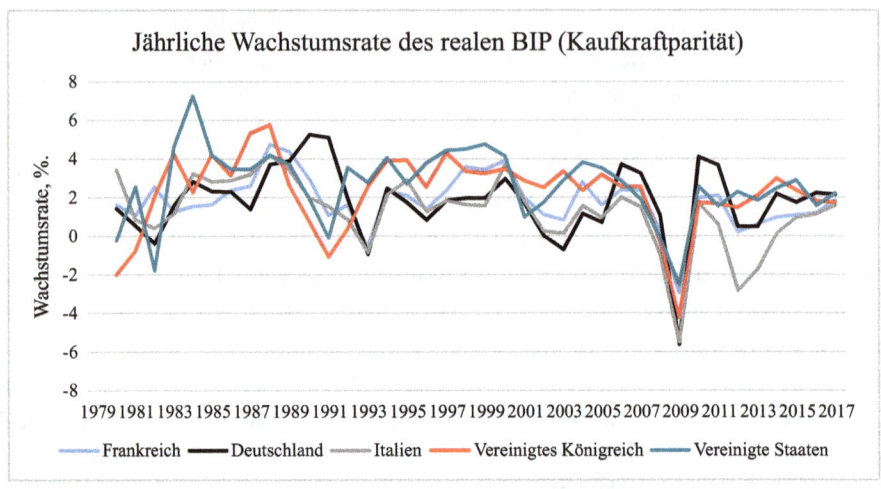

Abb. 3.12 Jährliche Wachstumsrate der realen Produktion, 1980–2017: USA, Großbritannien, Deutschland, Frankreich und Italien (Eigene Berechnungen auf der Grundlage von Daten der OECD)

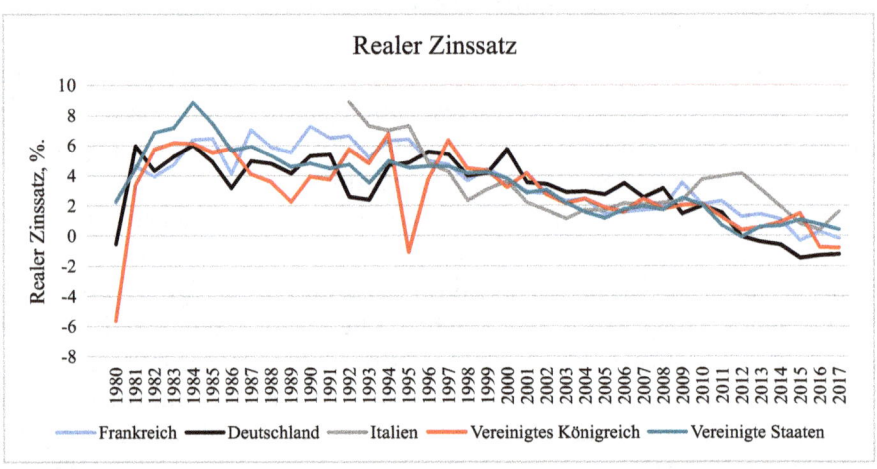

Abb. 3.13 Realer Zinssatz (langfristiger Zinssatz abzüglich der Wachstumsrate des Bruttoinlandsproduktdeflators), 1980–2017: USA, Großbritannien, Deutschland, Frankreich und Italien (Eigene Berechnungen auf der Grundlage von Daten der OECD)

Kapitalintensität (Maschinen und Anlagen pro Arbeitskraft) zu hoch (zu klein), um den Verbrauch pro Kopf zu maximieren. Dies folgt aus der sogenannten goldenen Regel. Eine zu hohe Kapitalintensität führt zu einem Rückgang des wirtschaftlichen Wohlstands und zu übermäßigen Emissionen, insbesondere durch den Einsatz von zu viel Maschinen und Anlagen. Dies erhöht

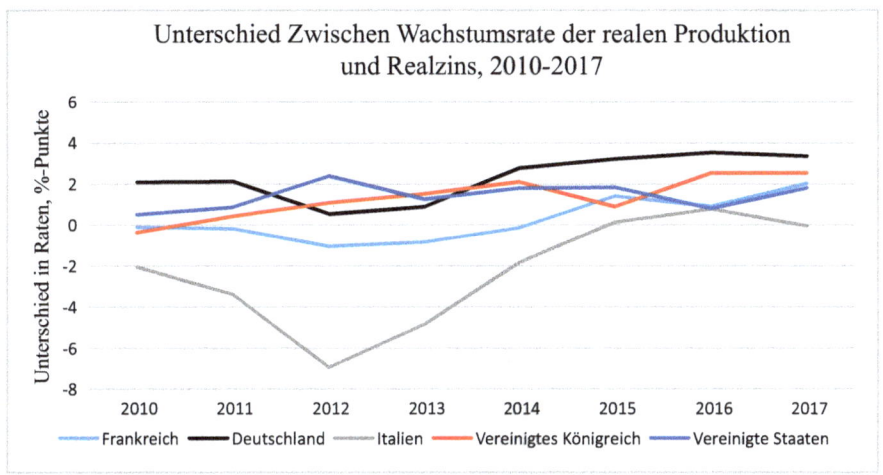

Abb. 3.14 Reale Bruttoinlandsproduktwachstumsrate abzüglich realer Zinssätze, 2010–2017 (Eigene Berechnungen auf der Grundlage von Daten der OECD)

künstlich die Exporte von Maschinen und Ausrüstungen aus Ländern, die sich auf Investitionsgüter spezialisiert haben (z. B. die Republik Korea, Deutschland oder Japan). Temin (2017) hat zusätzlich eine Variante des Lewis-Modells der Dual Economy (Lewis 1954) entwickelt, um die wachsende Ungleichheit in den USA zu erklären. Das ursprüngliche Lewis-Modell bezieht sich auf Entwicklungsländer, die aus einem Agrarsektor (hauptsächlich mit Land und Arbeit), einem sehr elastischen Arbeitskräfteangebot und einem modernen Sektor bestehen, der auf dem Einsatz von Maschinen und Geräten in Verbindung mit moderner Technologie und Arbeit basiert. Die Kapitalbesitzer des modernen Sektors werden einen Lohn anbieten, der ausreicht, um Arbeitnehmer aus dem Agrarsektor anzuziehen, nämlich den Reallohn in diesem Sektor sowie eine Art Mobilitätsprämie, die den Arbeitnehmern vom Land den notwendigen Anreiz gibt, in die Städte zu ziehen, um dort industrielle Arbeitsplätze im modernen Sektor aufzunehmen. Die Kapitalgeber haben keinen Anreiz, die Modernisierung der Landwirtschaft zu erleichtern, die die Arbeitsproduktivität und damit den Reallohn im Agrarsektor erhöhen würde. Temin wendet diesen dualen Sektoransatz auf die USA an, wo der moderne Sektor als Finance-Technology-Electronics(FTE)-Sektor bezeichnet wird, in dem etwa 30 % der Arbeitskräfte arbeiten könnten, nämlich mit Hochschul- oder Universitätsabschluss; d. h. FTE benötigt Kapitaleinsatz plus qualifizierte Arbeitskräfte – aber nicht alle Fachkräfte und Arbeitnehmer werden einen gut bezahlten Arbeitsplatz im FTE-Sektor finden können. Die Mehrheit der Arbeitskräfte ist in anderen Sektoren beschäftigt und hat ein eher niedriges Realeinkommen bzw. einen niedrigen Reallohn. Die führenden Kapitalgeber sind politisch einflussreich, sichtbar in den USA seit den 1970er-Jahren unter Präsident Nixon und auch stark sichtbar während der Reagan-Periode und in der Tat während anderer Perioden mit republikanischen Präsidenten, die alle Deregulierungsmaßnahmen und Steuersenkungen, insbesondere Körperschaftsteuersenkungen, durchgeführt haben – seit Präsident Reagan deutlich reduziert.

Bei eher niedrigen Einkommenssteuersätzen und Körperschaftsteuersätzen wirkt sich dies negativ auf die Verfügbarkeit von Mitteln zur Finanzierung angemessener staatlicher Bildungsausgaben und zur angemessenen Finanzierung der Sozialprogramme des Bundes aus. Viele Einwanderer aus Lateinamerika haben Probleme bei der Verbesserung ihrer jeweiligen Fähigkeiten in den USA, sodass die Gefahr besteht, dass ein erheblicher Teil dieser Einwanderer nicht über die erforderlichen Fähigkeiten verfügt, um einen Arbeitsplatz im modernen Vollzeitäquivalent(VZÄ)-Sektor zu finden. Da die Vermögensbildung überproportional von den reichen Schichten und Hochverdienern betrieben wird, wird es in den USA einen Einkommenspolarisationseffekt geben, der nicht nur die Qualifikationsprämie auf den Arbeitsmärkten widerspiegelt, sondern auch den Effekt von zusätzlichen Kapitaleinkünften für diejenigen, die in der Lage und bereit waren, Ersparnisse zu sammeln. Temins Ansatz betont auch die Rolle des Sozialkapitals bei der Erzielung eines angemessenen Einkommens, nämlich die Rolle des Vertrauens und der Vernetzung in modernen Gesellschaften im Hinblick auf die Suche nach einem guten Arbeitsplatz. Alle der oben genannten Argumente sind in den interessanten Ansatz von Temin einbezogen, der darauf abzielt, die seit den 1970er-Jahren in den Vereinigten Staaten wachsende Einkommensungleichheit zu erklären.

Aus dieser Sicht würden die Reformen, die notwendig wären, um die Einkommenspolarisation in den USA einzudämmen, darin bestehen, höhere persönliche Einkommensteuersätze für diejenigen in den oberen Einkommensklassen durchzusetzen und bestimmte Grenzen der Deregulierung in den USA zu berücksichtigen. Präsident Trump hat sich jedoch für eine andere Politik entschieden: niedrigere Steuersätze und Deregulierung in vielen Bereichen. Seine radikale Rhetorik und seine scheinbare Weigerung, einen breiten politischen Konsens in Schlüsselbereichen zu schaffen, polarisieren die US-Gesellschaft sowohl politisch als auch sozial – so wird Vertrauen und Vernetzung untergraben, und dies könnte das langfristige Wachstum der Vereinigten Staaten untergraben. Soweit der Rassismus durch die Trump-Administration verstärkt wird, könnte dies die Rolle der Sozialpolitik bzw. der Einkommensumverteilung beeinträchtigen. Der Anteil der Armen (d. h. die

Armutsquote) lag 1999 bei den nichthispanischen Weißen bei 7,7 %, bei den Afroamerikanern bei 23,6 %; die nichthispanischen Weißen machten 70,7 % der US-Bevölkerung aus, aber nur 40 % der Armen (Alesina et al. 2001). Bei den gesamtstaatlichen Ausgaben ist das Verhältnis der US-Ausgaben zum BIP der Vereinigten Staaten geringer als das der EU-Länder. Insbesondere war die Quote der Transfers und sonstigen Sozialleistungen in den USA in den Jahren 1999 und 2017 geringer als in den EU-Ländern (Tab. 3.9). Wie man sieht, liegt das Vereinigte Königreich ziemlich nahe am EU-Durchschnitt, aber seine Sozialtransferquote ist in der Tat geringer, und in naher Zukunft könnte das Vereinigte Königreich unter politischen Druck geraten, dem US-Modell mehr zu folgen als dem EU-Modell – sobald BREXIT umgesetzt ist. Sollte das Vereinigte Königreich tatsächlich zu einem Vasallenstaat der USA werden, könnte der neue systemische Wettbewerb in der westlichen Welt, nämlich zwischen dem Vereinigten Königreich (freie Marktwirtschaft) und der EU27 (soziale Marktwirtschaft), im 21. Jahrhundert zu einem wichtigen Element des globalen systemischen Wettbewerbs werden.

Die Analyse von Alesina et al. (2001) argumentiert, dass der EU-Einkommensteuerplan progressiver ist als der der USA, wo Geringverdiener relativ hohe Steuersätze und Spitzenverdiener im Vergleich zu Europa relativ niedrige Steuersätze zahlen. Gleichzeitig sind die Sozialversicherungsbeiträge in der EU höher als in den USA, auch weil die EU-Länder höhere Leistungen anbieten. Kranken- und Unfallversicherungsleistungen in Deutschland und Schweden bringen eine Ersatzleistungsquote im Krankheitsfall von 70 bis 80 % des Bruttoverdiensts; wenn der Kopf des repräsentativen Haushalts einer von den Autoren betrachteten vierköpfigen Familie stattdessen 1999 in den USA leben würde, würde er (1999 Kaufkraftparität Dollar) zwischen 18 und 63 % des Bruttoverdiensts erhalten – aber nur in einem der fünf Staaten (von 50 Staaten), in den USA, in denen solche Leistungen angeboten werden; Krankengeld wird in den USA für maximal 52 Wochen gezahlt, während in Deutschland solche Ersatzzahlungen nach 78 Wochen enden und Zahlungen in Schweden bis zur Pensionierung dauern können. Bei den Arbeitslosenleistungen zeigen die Autoren, dass die Einkommensersatzquote in den USA 50 % und die Dauer sechs Monate betrug, in der EU 59 % und 2,6 Jahre; in Großbritannien waren es nur 38 %, aber die Dauer betrug vier Jahre. In Bezug auf die Frage „Hat es funktioniert?" argumentieren die Autoren (S. 200; Übersetzung PJJW):

> „[…] es ist ganz klar, dass die Einkommensungleichheit nach Steuern in den nordischen Ländern relativ gering ist, in Mittel- und Südeuropa mittelhoch, im Vereinigten Königreich höher und in den Vereinigten Staaten noch höher."

Tab. 3.9 Zusammensetzung der Ausgaben des Staates. (a) 1999[a] (Prozentsatz des Bruttoinlandsprodukts; Alesina et al. 2001, Tab. 1, S. 190) und (b) 2011 (Eigene Darstellung auf Basis des OECD Economic Outlook Nr. 89, Ausgabe 2011/1)

(a)

Land		Verbrauch		Subventionen	Transfers und andere Sozialleistungen[b]	Bruttoinvestitionsvolumen
	Gesamt	Waren und Dienstleistungen	Löhne und Gehälter			
Vereinigte Staaten	35,1	5,1	9,2	0,3	10,7	3,4
Europäische Union	47,9	8,4	12,0	1,5	18,1	2,8
Frankreich	51,0	10,0	13,7	1,3	20,1	3,0
Deutschland	47,4	10,7	8,3	1,7	20,5	1,8
Schweden	60,2	10,3	16,7	2,0	21,1	2,5
Vereinigtes Königreich	38,3	11,0	7,4	0,6	15,7	1,0

Anmerkungen: a) Details können aufgrund der ausgeschlossenen Kategorien nicht zu Gesamtwerten führen; b) einschließlich Sozialversicherung; c) einfacher Durchschnitt für 14 EU-Länder (ohne Luxemburg)

(b)

Land	Verbrauch		Löhne und Gehälter	Subventionen	Transfers und andere Sozialleistungen[a]	Bruttoinvestitionsvolumen
	Gesamt	Waren und Dienstleistungen				
Vereinigte Staaten	41,8	6,7	10,2	0,4	31	3,8
Europäische Union[b]	–	–	10,5	–	17,4[c]	3,6
Frankreich	56	11,4	13,2	1,6	41,4	3,9
Deutschland	44,7	11,9	7,6	1,0	33,3	2,6
Schweden	50,3	12	14,5	1,4	34,8	3,3
Vereinigtes Königreich	45,9	8,8	8,1	0,3	28,8	2,6

Anmerkungen: *Die Gesamtzahl bezieht sich auf die Ausgaben des Staates in Prozent des BIP, die Daten sind von der OECD verfügbar a) Transfers und andere Sozialleistungen setzen sich aus den vom Staat gezahlten Sozialversicherungsbeiträgen und den laufenden Transfers der Haushalte zusammen b) Die Europäische Union besteht aus 15 Ländern des Euroraums c) In der EU beinhalten Transfers und andere Sozialleistungen nur vom Staat gezahlte Sozialversicherungsbeiträge

In Deutschland haben die Schröder-Regierungen das Arbeitslosengeld leicht gekürzt, gefolgt von weiteren kleineren Reformen unter der Regierung Merkel; 2017/2018 gibt es aber immer noch ein großzügigeres Arbeitslosengeldregime in Europa als in den USA. In Schweden wurde auch der Sozialstaat reformiert – er wurde schlanker als in den 1990er-Jahren. Was die Teilnahme an privaten Wohltätigkeitsgruppen betrifft, so scheint es einen gewissen Kompromiss zwischen öffentlichen Wohlfahrtszahlungen und privaten Wohltätigkeitsorganisationen zu geben. Letzteres ist in den USA eher üblich (wo 11 % der Befragten an einer solchen Gruppe teilgenommen haben), aber eher selten z. B. in Dänemark (nur 2 % der Befragten), das einen weitreichenden Sozialstaat hat.

Rodrik (1998) hat argumentiert, dass die Forderung nach sozialer Sicherheit mit der Offenheit der Wirtschaft zusammenhängt. Das traditionelle Offenheitsindikatorverhältnis von Export/BIP oder (Export + Import)/BIP ist nützlich, um einen ersten Eindruck über den Grad der Offenheit zu gewinnen, aber dies ist nicht der Fall, wenn man die Risikoexposition aus dem Exportgeschäft berücksichtigen will. Stattdessen sollten Wertschöpfungsexporte/Bruttoinlandsprodukt berücksichtigt werden und die ländergrößenkorrigierten Export/BIP-Perspektiven, wie in den Grafiken im Anhang dargestellt. Wahre Exportoffenheit wird hier durch einen ländergrößenkorrigierten Indikator dargestellt (nach dem Offenheitskonzept von Bretschger und Hettich 2002). Aus den in Abb. 3.15 und 3.16 dargestellten Zahlen lässt sich ersehen, dass ein leicht positiver Zusammenhang zwischen der tatsächlichen Öffnung der Direktinvestitionen und den Transfers an die Haushalte besteht, während ein negativer Zusammenhang zwischen der tatsächlichen Öffnung der Direktinvestitionen und den Transfers besteht.

Was Transfers und Output-Volatilitätsindikatoren betrifft, so könnte man argumentieren, dass eine höhere Output-Volatilität mit einer höheren Transfer-BIP-Relation einhergehen sollte. Hinsichtlich der Kausalität stellt sich jedoch die Frage, in welche Richtung die Impulse gehen:

- Es ist nicht auszuschließen, dass eine höhere Transferquote zu einer höheren Volatilität der Produktion führt, was wiederum zu einer höheren Risikoprämie in den Märkten und damit zu einer niedrigeren langfristigen Wachstumsrate führen dürfte, wenn die Investitions-BIP-Relation sinkt.
- Der Impuls könnte auch in die andere Richtung gehen: Eine höhere Transferquote ermöglicht es den Menschen, mehr in Humankapital zu investieren (z. B. können Studierende/Kinder in jedem EU-Land ihr Studium abschließen und müssen das Studium nicht unterbrechen, wenn einer ihrer Elternteile schwer krank wird – im Gegensatz zu 15 % der Bevölkerung

3 Ungleichheit, Ergebnisse einer US-Umfrage und …

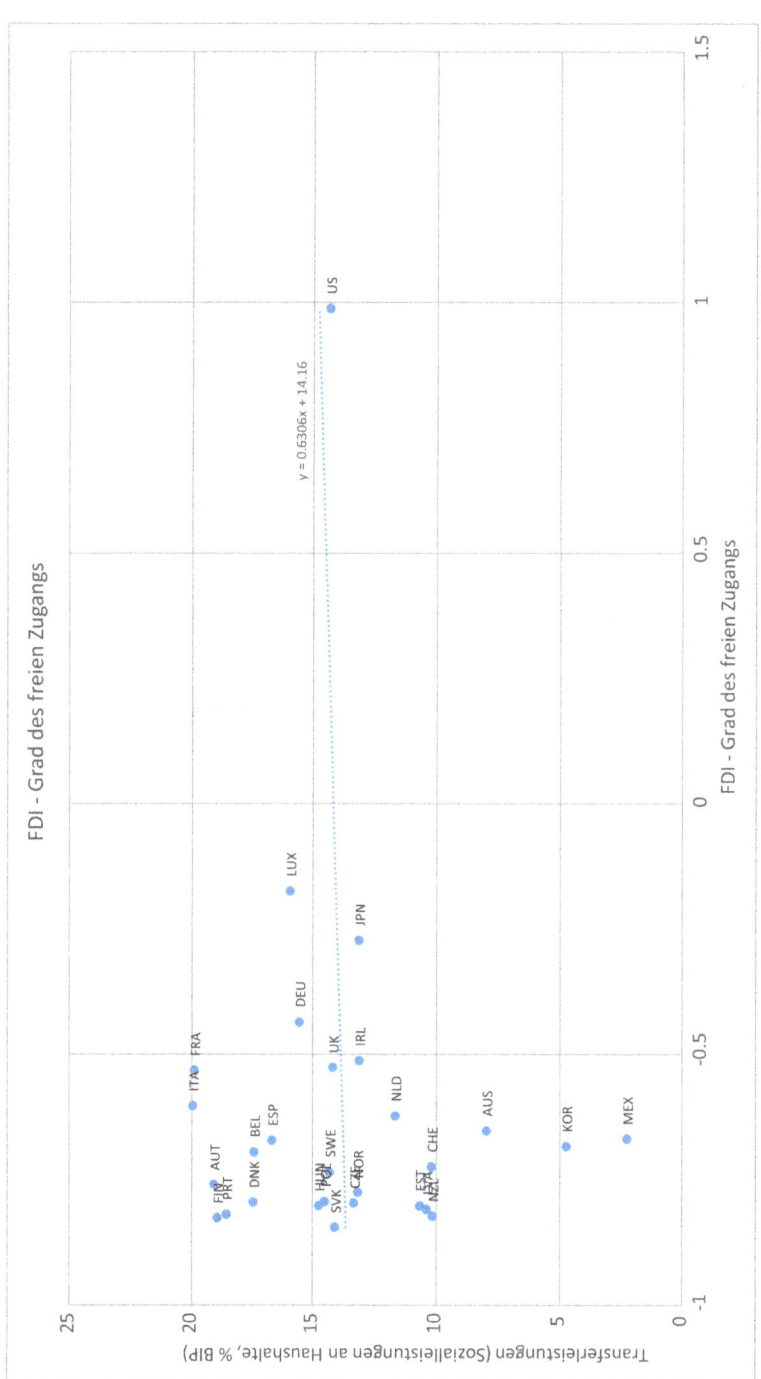

Abb. 3.15 Wahre Öffnung und Transfers* der FDI, ausgewählte Länder, 2013. Transfers beziehen sich auf Sozialleistungen in bar an Haushalte gezahlt (EIIW-Berechnungen)

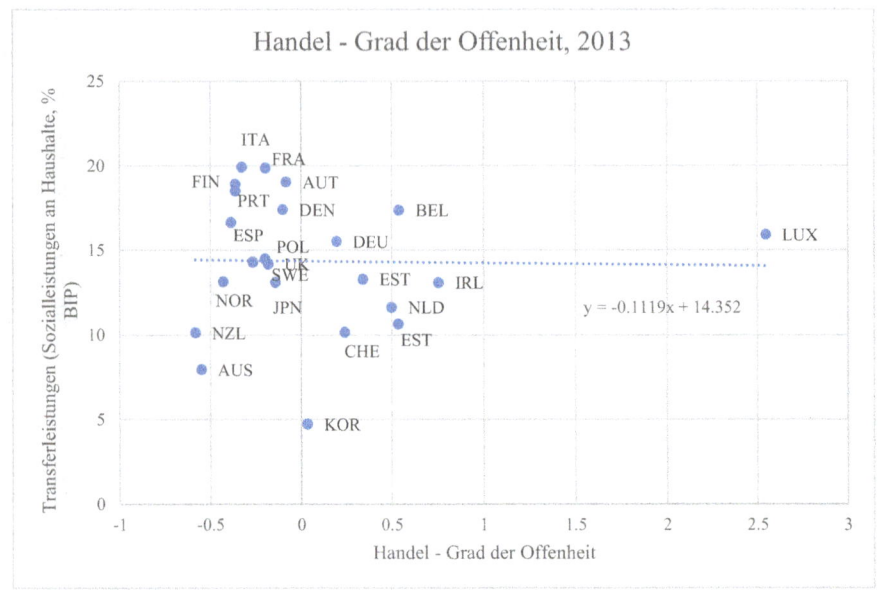

Abb. 3.16 Handel Wahre Offenheit und Transfers, Ausgewählte Länder, 2013. Transfers beziehen sich auf Sozialleistungen in bar an Haushalte gezahlt (EIIW-Berechnungen)

ohne Krankenversicherung in den USA), sodass die gesamte Realeinkommenswachstumsrate höher sein könnte, was jedoch mit einer höheren Volatilität einhergehen könnte.

Über diese wichtigen analytischen ökonomischen Verbindungen besteht sowohl in Industrie- als auch in Schwellenländern noch erheblicher Forschungsbedarf.

Hinsichtlich der Volatilitätsindikatoren für die USA und die EU deutet die Tab. 3.10 darauf hin, dass nur die extern induzierte Volatilität der EU viel höher ist als der US-Indikator. Das Papier von Alesina et al. (2001) nennt mehrere Gründe, die erklären könnten, warum die Präferenzen für die Einkommensumverteilung in den USA schwächer sein könnten als in der EU:

- Ein auf Verhältniswahlen in kontinentalen EU-Ländern basierendes Abstimmungssystem gibt relativ ärmeren Minderheiten ein größeres Mitspracherecht in der Politik als ein Mehrheitswahlrecht – d.h. ein in den USA und im Vereinigten Königreich etabliertes Mehrheitswahlsystem –; die armen Schichten in den EU27-Ländern können ihre Umverteilungspräferenzen ziemlich klar zum Ausdruck bringen und

Tab. 3.10 Standardabweichungen ausgewählter Wirtschaftsindikatoren in den USA und der Europäischen Union, 1960–2000 (Alesina et al. 2001, Tab. 7, S. 215)

Indikator	Zeitraum	Vereinigte Staaten	Europäische Union
BIP-Wachstum	1960–1997	0,020	0,017
Arbeitsproduktivität in der Fertigung	1980–1996	0,026	0,016
Arbeitslosenquote[a]	1970–2000	0,414	0,220
Wettbewerbfähigkeit	1975–1999	0,057	0,046
Handelsbedingungen (terms of trade)[c]	1971–1990	0,086	0,088
Extern induzierte Volatilität[d]	1971–1990	1,650	7,010

Anmerkung: [a]Standardabweichung geteilt durch den Mittelwert; [b]Index des relativen Exportpreises der hergestellten Waren, der EU-Durchschnitt liegt für Frankreich, Deutschland, Italien, Spanien und das Vereinigte Königreich vor; [c]Diese Kennzahl zeigt die Standardabweichung der Unterschiede in den Terms of Trade (ausgedrückt als Logarithmen; Rodrik 1998); [d]Terms-of-Trade-Volatilität mal der Summe der Exporte und Importe als Anteil am BIP

bestimmte Koalitionsregierungen können dann eine Umverteilungspolitik umsetzen.
- Die US-Gesellschaft ist offener als die europäischen Gesellschaften, sodass selbst relativ arme (junge) Menschen möglicherweise keine große politische Unterstützung für die Umverteilung in den Vereinigten Staaten zeigen – Einzelpersonen, die erwarten, dass sie schnell zu höheren Einkommensschichten aufsteigen werden, könnten ihre politischen Präferenzen beeinflussen, um eher gegen die politische Umverteilung zu sein. Dieses Argument ist jedoch nicht wirklich überzeugend, wie empirische Ergebnisse über die Mobilität von Generationenrang und Einkommensanteilen für die Vereinigten Staaten, Deutschland, Norwegen und Schweden von Bratberg et al. (2017) gezeigt haben: Die Rang-Mobilität – d. h. die Bewegung von einer unteren (Perzentil)Position nach oben oder die Abnahme von einer oberen Position nach unten – ist in Deutschland, Norwegen und Schweden ziemlich ähnlich, während die Vereinigten Staaten eine Ausreißerposition einnehmen, da die Rang-Persistenz eher wichtig ist. Die Rang-Mobilitätsanalyse, basierend auf einem linearen Modell, für Deutschland und die USA zeigt, dass beide Länder eine geringere Aufwärtsmobilität aufweisen als Schweden und Norwegen (Zum Beispiel werden Kinder, deren Eltern im unteren Bereich von 5 % der Einkommensverteilung lagen, voraussichtlich auf etwa das 40. Perzentil der Einkommensverteilung in Schweden und Norwegen steigen; aber nur auf das 31. Perzentil in den Vereinigten Staaten und Deutschland. Hinweis: Die Einkommensverteilung wird auf der Grundlage

von 100 gleichen Teilen analysiert, wobei 1/100 als Perzentil bezeichnet wird und die Position von Einzelpersonen kann von Rang 1/100 bis zu den oberen 1 % geordnet werden). Die aufstiegsmäßig mobilste US-Region ist weniger mobil als die am wenigsten mobilen Regionen in Schweden, Norwegen und Deutschland.

Darüber hinaus impliziert die Politik der Trump-Administration, dass die Einkommensungleichheit in den USA langfristig weiter zunehmen dürfte – kurz- und mittelfristig könnten niedrigere Arbeitslosenquoten dazu beitragen, armutsbezogene Probleme in den USA zu verringern, insbesondere in den ersten Jahren der Trump-Präsidentschaft. Bei eher niedriger Arbeitslosigkeit ist mit einem Anstieg des Medianeinkommens zu rechnen. Die Reallöhne von qualifizierten und ungelernten Arbeitnehmern werden angehoben, da die Vollbeschäftigung die Löhne in die Höhe treiben wird.

Einige der Probleme für Einwanderer in den USA könnten weniger schwerwiegend sein als von Temin (2017) beschrieben, da zumindest ein kleiner Teil der Einwanderer in der ersten – und vor allem in der zweiten Generation – zu erfolgreichen Unternehmern wird. Der Zugang zu Universitäten für Kinder von Einwanderern ist wichtig, und dies würde in der Tat eine größere finanzielle Unterstützung für Studenten aus den ärmeren Schichten oder eine gewisse Begrenzung der Studiengebühren der Universitäten erfordern. Der politische Ansatz von Präsident Trump deutet nicht auf eine Entwicklung in diese Richtung hin.

US-Politikaspekte

In Bezug auf Trumps Wirtschaftspolitik 2016/2017 ist zu erwarten, dass seine Steuerreformen von 2016 (Tax Cuts and Jobs Act: TCJA) – mit niedrigeren Einkommenssteuersätzen und reduzierten Unternehmenssteuersätzen – für mehrere Jahre zu einem höheren Wirtschaftswachstum führen werden und zwar nicht nur zu niedrigeren Arbeitslosenquoten, sondern auch zu höheren Beschäftigungsquoten, die die USA vor der Bankenkrise 2007–2009 wieder auf die Beschäftigungsquote bringen (Burda 2018): Die USA waren im Sommer 2018 noch immer unterdurchschnittlich ausgelastet (78, was einen gewissen Spielraum für die kritische 85er-Marke lässt) und die Arbeitslosenzahlen für alle ethnischen Gruppen lagen auf historischen Tiefständen (Abb. 3.17). Trumps Mischung aus nachfrageseitigem Stimulus und angebotsseitigem Stimulus scheint in gewissem Maß funktioniert zu haben, und neue Arbeitsplätze wurden sowohl von Großunternehmen als auch von klei-

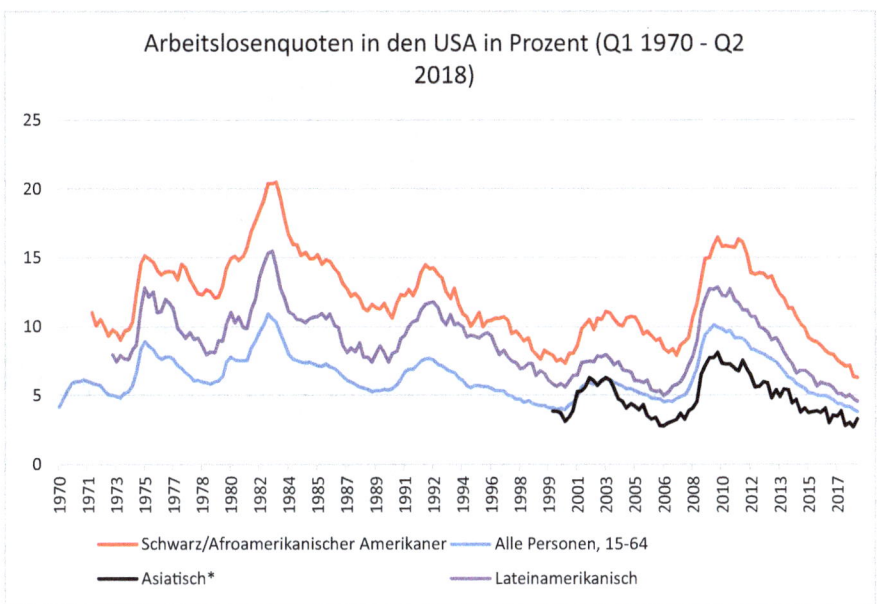

Abb. 3.17 US-Arbeitslosenquoten, im Alter von 15 bis 64 Jahren, alle Daten vierteljährlich und saisonbereinigt, mit Ausnahme der Daten für Asien, die nicht saisonbereinigt sind (Gesamt, hispanoamerikanisch/lateinamerikanisch, schwarz/afroamerikanisch), 1970–2018 (Eigene Darstellung auf der Grundlage von Daten des FRED [Federal Reserve Economic Data], St. Louis Federal Reserve)

nen und mittleren Unternehmen geschaffen; die annualisierten Wachstumsraten des realen BIP im zweiten und dritten Quartal lagen bei fast 4 %, offensichtlich stimuliert durch eine expansive Finanzpolitik, einschließlich höherer Militärausgaben, eines höheren Verbrauchs und höherer Investitionen. Letzteres scheint von einem höheren Patentniveau und dem Wachstum der IKT-Kapitalinvestitionen zu profitieren, was die Produktivität erhöht. Die hohe Staatsverschuldungsquote könnte jedoch schnell zu einem Problem werden, da steigende Zinsen 2018/2019 die Schuldenlast des Staates erhöhen werden (mit eher kurzen Laufzeiten der Staatsanleihen in den USA im Vergleich zu Deutschland und Frankreich).

Wenn man den CEA nach dem Haupttreiber für ein höheres US-Wirtschaftswachstum fragt, antwortet der Vorsitzende Kevin Hassett – ein Steuerexperte –, dass das höhere Wachstum 2018/2019 in den USA vor allem auf niedrigere Kapitalkosten zurückzuführen ist (ein Rückgang der Kapitalkosten um 1 % erhöht die Investitionen um etwa 1 %), was wiederum Unternehmenssteuerreformen widerspiegelt; und US-Unternehmenssteuerreformen haben sogar positive Spillover-Effekte auf Europa.

Chairman Hassett erläuterte seine Sichtweise im August 2018 in einer Rede in Tokio vor dem Japan Center for Economic Research

„Die Entwicklung der jüngsten Prognoserevisionen ist recht aufschlussreich und steht im Einklang mit dem Steuergesetz, das einen großen Einfluss auf die Wachstumserwartungen hat. Betrachtet man beispielsweise die Blue Chip-Konsensusprognose für das reale BIP-Wachstum in den Jahren 2018 und 2019 im vierten Quartal, so war sie während des größten Teils des Jahres 2017 nahezu unverändert, da die Medien über die legislativen Aussichten für die Wirtschaftsagenda der Verwaltung generell pessimistisch berichteten. Die Konsensusprognosen bis November 2017 lagen daher bei niedrigen 2,3 bis 2,4 Prozent im Jahr 2018 und 2,1 Prozent im Jahr 2019.

Seit November sehen wir jedoch stetige Aufwärtskorrekturen der privaten Prognosen. Seit letztem Monat ist die Blue Chip Konsensus-Prognose nun für 2018 ein Wachstum von 2,9 Prozent und 2019 von 2,3 Prozent, Aufwärtsrevisionen von 0,6 und 0,2 Prozentpunkten seit Verabschiedung des Steuergesetzes. Offizielle Prognoserevisionen deuten auf einen noch größeren Anstieg hin. In seiner letzten Prognose vor Verabschiedung des Steuergesetzes prognostizierte das Congressional Budget Office für 2018 und 2019 ein Wachstum von 2,0 und 1,5 Prozent. Diese wurde nun deutlich auf 3,3 bzw. 2,4 Prozent angehoben. Mit anderen Worten, der CBO prognostiziert nun, dass das Wachstum in den nächsten zwei Jahren im Durchschnitt mehr als einen Prozentpunkt höher sein wird als vor einem Jahr. Darüber hinaus hat das CBO im gleichen Zeitraum seine Prognose für die Auswirkungen des Wirtschaftswachstums auf die prognostizierten Körperschaftsteuereinnahmen im Zeitraum 2018–2027 um 476 Milliarden US-Dollar angehoben, was über dem statischen Wert des TCJA von 409 Milliarden US-Dollar liegt.

Im April veröffentlichte der Internationale Währungsfonds seinen World Economic Outlook (WEO) vom April 2018. Das globale Wachstum für 2018 wurde von der Oktober-WEO-Veröffentlichung um 0,2 Prozentpunkte auf 3,9 Prozent gegenüber dem Vorjahr erhöht. Der IWF führt etwa die Hälfte der globalen Wachstumsrevision auf Veränderungen in der US-Finanzpolitik zurück. Im April 2018 aktualisierte der IWF seinen Weltwirtschaftsausblick vom Oktober 2017 und hob seine Wachstumsprognose um 0,6 Prozentpunkte von Oktober auf 2,9 Prozent gegenüber dem Vorjahr an. Ein Grund für diese Aufwärtsrevision sind nach Angaben des IWF die makroökonomischen Effekte aus dem im Dezember verabschiedeten Steuersenkungs- und Beschäftigungsgesetz.

[...]

Was das globale Wachstum betrifft, so kommt die CEA-eigene, sehr vorläufige interne Analyse zu dem Schluss, dass exogene Steueränderungen in der größten Volkswirtschaft der Welt überraschend große Auswirkungen auf das globale Wachstum haben können, was darauf hindeutet, dass der jüngste Anstieg der Wachstumserwartungen in der ganzen Welt eher das Ergebnis der fiskalischen Entwicklungen in den Vereinigten Staaten ist als umgekehrt. Die Anwendung der exogenen Steuerschockserie von Romer & Romer auf ein globales autoritäres Vektor-Modell zeigt, dass eine Senkung der US-Steuern um 1 Prozent als Anteil am BIP das Wachstum in der Europäi-

schen Union und dem Rest der Welt im Jahr unmittelbar danach um fast 1 Prozent erhöht, mit einem Spitzeneffekt von über 1 Prozent nach 2 Jahren. Während weite Fehlerbänder darauf hindeuten, dass wir diesen Punkteschätzungen nicht viel Gewicht beimessen sollten, ist das wichtige Ergebnis, dass wir die Nullhypothese ohne Effekt mit 95 Prozent Sicherheit ablehnen können.

Obwohl die Mechanismen, die exogene US-Steueränderungen mit dem globalen Wachstum in Verbindung bringen, offen und, wie ich glaube, faszinierend für unsere laufende Arbeit bleiben, legt das Ausmaß des Effekts nahe, dass sie weit über die arithmetische Beziehung hinausgehen, die der US-Anteil am globalen BIP impliziert. Unsere eigene Intuition ist, dass andere Länder oft vom Erfolg der USA lernen und auf die ersten Schritte von 25 Prozent der Weltwirtschaft mit ähnlichen Strategien reagieren.

Aber glauben Sie nicht nur den Prognosen. Sie können bereits sehen, welche Auswirkungen sich aus den Daten ergeben. Das Wachstum der Anlageinvestitionen der Unternehmen stieg jedes Quartal 2017 auf durchschnittlich 6,3 Prozent für das Jahr, nach Angaben des Bureau of Economic Analysis, gegenüber nur 0,7 Prozent im Jahr 2016. Im ersten Quartal 2018 stieg sie wieder auf 10,4 Prozent. Das Wachstum der Ausrüstungsinvestitionen stieg auf 11,6 Prozent im Jahr 2017:Q4 und 5,8 Prozent im Jahr 2018:Q1, was vor allem auf die steuerliche Förderung der vollen Aufwendungen für Ausrüstungsinvestitionen rückwirkend zum September 2017 zurückzuführen ist.

Auch die Investitionen der Unternehmen in Strukturen und geistiges Eigentum sind im ersten Quartal um 16,2 Prozent bei Strukturen und 13,2 Prozent bei geistigem Eigentum gestiegen. Im ersten Quartal waren die privaten Anlageinvestitionen als Anteil am BIP tatsächlich die höchsten seit dem ersten Quartal 2008. Im Einklang mit dieser deutlichen Trendwende erreichen die geplanten Investitionsindizes von Morgan Stanley und Goldman Sachs Rekordhöhen oder nahezu Rekordhöhen.

All dies ist letztendlich eine gute Nachricht für die amerikanischen Arbeiter. Die Belastung durch die Unternehmensbesteuerung wird unverhältnismäßig stark von der Arbeit getragen, und sie wird von der Arbeit über einen langfristigen Investitionskanal getragen, der zu weniger Einrichtungen, weniger Fabriken und Anlagen, weniger Ausrüstung und am Ende des Tages zu weniger Beschäftigung, weniger Stunden, geringerer Produktivität und damit niedrigeren Löhnen führt.

Wenn wir also die Unternehmenssteuerbelastung senken, wie wir es gerade getan haben, erwarten wir langfristig, dass die Arbeitskräfte einen überproportionalen Anteil an dieser Entlastung erhalten, und zwar durch erhöhte Investitionen, ein höheres Zielkapital, ein höheres Kapital pro Arbeitnehmer und damit eine höhere Produktivität und Löhne. Es ist daher spannend, in den Dateneffekten 2018 zu sehen, die in diesem Punkt konsistent sind mit Top-Artikeln, die im Journal of Political Economy, American Economic Review und American Economic Journal erst im vergangenen Jahr veröffentlicht wurden.

Eine ebenso spannende Herausforderung für die Zukunft wird es sein, die relativen Geschwindigkeiten der Anpassung an einen positiven Steuerschock zu identifizieren, wie wir sie gerade erlebt haben. In Übereinstim-

> mung mit dem Prinzip von Le Chatelier können liquide Kapitalmärkte sofort reagieren, indem sie Kapital von reifen, bargeldreichen Unternehmen auf dynamischere, bargeldbegrenzte Unternehmen umverteilen, während die Reaktionen der Arbeits- und Sachkapitalmärkte längeren Zeithorizonten unterliegen können.
> Aber auf jeden Fall würde ich sagen, dass die Fundamentaldaten der amerikanischen Wirtschaft derzeit stark sind, mit verbessertem Potenzial auf der Angebotsseite." (Hassett 2018, Übersetzung PJJW)

Die Steuerreform der Trump-Administration scheint funktioniert zu haben, nicht zuletzt seit viele multinationale US-Unternehmen begonnen haben, kumulierte Gewinne ins Ausland in die Vereinigten Staaten bzw. in die Hauptverwaltung zu transferieren. Während die Änderung der Steuersätze sowohl auf der Angebotsseite – durch höhere Investitionen und mehr Innovationen – als auch auf der Nachfrageseite expansiv gewirkt zu haben scheint, sind die Impulse der US-Geldpolitik, d. h. die Umstellung auf höhere Zinsen, wachstumsdämpfend. Der Weltwirtschaftsausblick des IWF vom Oktober 2018 ist für das mittelfristige Wachstum der USA nicht so optimistisch (IMF 2018b; s. Anhang 7).

Steigende US-Zinsen werden für viele Schwellenländer eine Herausforderung darstellen. Sollten bestimmte Schwellenländer wie Brasilien, Argentinien, die Türkei, Pakistan, Indien und andere Länder mit Problemen an den Kapitalmärkten und sogar mit Problemen des internationalen Marktvertrauens konfrontiert sein, werden die USA und die Eurozone hohe Kapitalzuflüsse verzeichnen, die auf Safe-Haven-Effekte zurückzuführen sind. Das Vereinigte Königreich könnte auch von hohen Kapitalzuflüssen profitieren, aber im Fall von BREXIT könnte die Qualität des sicheren Hafens im Vereinigten Königreich beeinträchtigt werden. Ein Nebeneffekt der hohen Kapitalzuflüsse wird eine Aufwertung der Währung sein – daher könnten sich das US-Handelsbilanz- und das US-Leistungsbilanzdefizit verschärfen, was wiederum die Trump-Administration noch protektionistischer machen könnte als 2017/2018.

Es sollte klar sein, dass der US-Protektionismus mit Vergeltungsmaßnahmen seitens Chinas und anderer Länder rechnen muss, sodass das globale Wirtschaftswachstum beeinträchtigt wird. Ein ernsthaftes Risiko besteht darin, dass Präsident Trump hohe Einfuhrzölle auf immer mehr Exporte Chinas erheben könnte – bis zu den vollen 500 Mrd .US$ chinesischer Exporte, die in die USA gehen. Da China auf der Handelsseite keine vollständigen Gegenmaßnahmen ergreifen kann – wobei die US-Exporte nach China etwas weniger als die Hälfte der chinesischen Exporte in die Vereinigten Staaten ausmachen – wird die chinesische Regierung wahrscheinlich Beschränkungen im Bereich der ausländischen Direktinvestitionen der USA oder der internationalen Transfers von Gewinnen US-amerikanischer Unternehmen in Betracht ziehen. Dies wiederum könnte das Vertrauen in globale ausländische Direktinvestitionen untergraben und würde auch den Interessen der europäischen und japanischen sowie der koreanischen ausländischen Direktinvestitionen in China schaden.

Es ist zu erwarten, dass Präsident Trump seine massiven – und oft eher spontanen – Twitter-Aktivitäten fortsetzt, die darauf abzielen, die US-Wähler bzw. die globale Öffentlichkeit zu beeinflussen. Dies führt in einer Zeit internationaler Handelskonflikte zu erheblicher Nervosität in der Weltöffentlichkeit. Die Aktienmärkte in China haben bereits Ende 2018 unter dem Handelskonflikt zwischen den USA und China gelitten. Soweit der relative Fall des chinesischen Aktienindex ein Impuls für geringere Investitionen chinesischer Unternehmen in China ist, tendiert die chinesische Regierung dazu, sich auf eine expansive Geld- und auch Fiskalpolitik zu verlassen – solange noch Handlungsspielraum besteht. Wird das BIP-Wachstum Chinas jedoch durch den US-China-Handelskonflikt erheblich beeinträchtigt, hat dies weltweit negative Folgen. Der IWF hat in einem Analyseteil für einen Artikel-IV-Bericht über China (IMF 2015) darauf hingewiesen, dass die Umsetzung der vorgeschlagenen IWF-Reformen in China nicht nur die Produktion Chinas erhöhen würde, sondern dass es tatsächlich globale Auswirkungen geben würde: Im Durchschnitt würde das Pro-Kopf-Einkommen außerhalb Chinas um 100 $ steigen – mehr in Ländern, die eher nahe an China liegen und damit relativ mehr Handel mit China und einen geringeren Betrag in entfernteren europäischen und lateinamerikanischen Ländern haben.

Populismus und Internet

Das Wiederaufleben des Populismus ist mit der Expansion des Internets verbunden. Es gibt mehrere wichtige Merkmale des Internets, die hier relevant sind:

- Die Grenzkosten für die Nutzung des Internets für Privatnutzer liegen nahe bei Null, sinkende absolute Gerätepreise und mobile digitale Dienste machen das Internet zu einer Plattform für alle. Dies führt zu einer Vielzahl von Beschwerden und Gruppen, die darauf abzielen, die Unzufriedenheit der Nutzer zu teilen – alle Arten von seltsamen Ansichten erhalten

Hunderttausende von Fans auf Facebook und in anderen sozialen Netzwerken, was bedeutet, dass die Öffentlichkeit stark fragmentiert ist. Die traditionellen politischen Parteien sind im Vergleich zu antielitischen populistischen Parteien oft passiv (z. B. hat die *Alternative für Deutschland* (oder AfD) in Deutschland mehr Facebook-Anhänger als die CDU – eine konservative Partei – und die sozialdemokratische SPD zusammen).

- Die Ranking-Algorithmen von Suchmaschinen sind so ausgelegt, dass extreme Schlagzeilen es ziemlich leicht an die Spitze von z. B. Google-Suchergebnissen bringen. Die Tatsache, dass viele Internetdienste für die Nutzer scheinbar kostenlos sind – lesen: Sie werden tatsächlich über Quersubventionierung oder auf der Grundlage einer Finanzierung durch Werbung bereitgestellt – hat zu sehr niedrigen Qualitätsstandards im Internet geführt; ein Teil des globalen Internets ist voll von gefälschten Nachrichten und die oben genannten Algorithmen laden extreme Politikgruppen ein, die digitale politische Welt zu erobern. Wissenschaft ist im Internet im Übrigen wenig spektakulär vertreten, da solide Darstellung das Kennzeichen der Wissenschaft ist. Die Demokratie braucht den Respekt der konkurrierenden Parteiführer untereinander, aber wenn die politischen Botschaften (fast) radikal und extrem sind, wird die Fähigkeit, gegenseitigen Respekt unter den politischen Führern zu erzeugen, gering sein. Kein Wunder auch, dass US-Präsident Trump das Internet mit seinem Twitter-Account sehr intensiv nutzt.

Der moderne Populismus ist ein Antieliteprojekt in den westlichen Marktwirtschaften. Marktwirtschaften basieren auf Preisen, Wettbewerb und Rechtsstaatlichkeit. Das Internet ist weitgehend das Gegenteil des traditionellen Trios aus Marktwirtschaft, Demokratie und Rechtsstaatlichkeit: Im Internet gibt es keine direkte Rolle der Preise für digitale Dienste, in sehr vielen Fällen ist der Preis Null. Dies beeinträchtigt die Qualität der Informationsinhalte im Internet. In Europa und den USA mangelt es fast völlig an digitalen Dateneigentumsrechten – aus traditioneller westlicher Rechtsperspektive sind Eigentumsrechte an Daten kein klares Konzept. Die effektive Bezahlung in der digitalen Welt mit eigenen Daten oder Datenlinks zu Freunden ist für eine Marktwirtschaft seltsam, es ist eine versteckte Zahlung, bei der die privaten Haushalte oft keine Ahnung vom Marktwert der Daten haben, die sie kostenlos weitergeben. Diese undurchsichtige Welt ist eine globale digitale Welt, in der die Rechtsstaatlichkeit teilweise sehr schwach ist: Es gibt konkurrierende Regierungen, die versuchen, ihre eigenen Regeln durchzusetzen, was oft bedeutet, dass es keine wirksamen Regeln gibt. Das Internet ist eine quasisozialistische Welt und es hat viele der Widersprüche des sozialistischen Systems. Das heutige Internet hat einige Merkmale, die sowohl die Demokratie als auch die Marktwirtschaft langfristig zerstören könnten.

Politische Polarisierung

Es gibt viele Gründe für den starken Trend zur politischen Polarisierung in den USA. Der Zugang zu digitalen Social Media für fast jeden – zu sehr niedrigen Grenzkosten – hat zur digitalen Veröffentlichung vieler extremer Positionen im Internet beigetragen. Darüber hinaus ist die alte Regel, dass ein Zweiparteiensystem natürlich dazu führen würde, dass sich die beiden Parteien, die sich näher an der Präferenz des Medianwählers positionieren wollen, zu einem eher unwahrscheinlichen Ergebnis des politischen Wettbewerbs entwickelt haben, und das Internet plus Big-Data-Technologien erleichtern die Identifizierung aller Minderheiten in der Gesellschaft, sodass individualisierte und differenzierte Programmelemente der Parteien entwickelt werden. Blankenhorn (2018) hat besondere Punkte hervorgehoben, darunter:

- Ein erneuter Fokus auf den linken und rechten politischen Tribalismus, der eine starke Rolle bei der Bildung von Identitätsgruppen spielt – anstatt zu versuchen, einheitliche Werte zu schaffen.
- Die geografische Sortierung in den USA scheint eine Rolle zu spielen: Es gab 25 Bezirke mit einer Erdrutschmarge von 20 % oder mehr der Stimmen bei den Präsidentschaftswahlen von 1976, aber 60 im Jahr 2016.
- Politische Parteiensortierung: In der Vergangenheit gab es liberale Republikaner und konservative Demokraten, aber solche Positionen sind selten geworden: Basierend auf den Ergebnissen des Pew Research Center von 2017 ist die Feststellung, dass sich die durchschnittliche parteipolitische Lücke von 15 Prozentpunkten auf 36 Punkte mehr als verdoppelt hat.
- Zunehmendes Gerrymandering – was bedeutet, dass die Grenzen der Bezirkswahlen bewusst so manipuliert werden, dass ein klarer Sieg für die Demokraten oder die Republikaner sehr wahrscheinlich ist. Wenn die Landkreise also weniger vom politischen Wettbewerb um den Medianwähler und damit von der politischen Konvergenz geprägt sind, kann man mit einer Radikalisierung rechnen: Kandidaten in gerrymanderten Bezirken sind besorgt darüber, von einem extremeren Vertreter ihrer eigenen Partei „primaried" zu werden, als darüber, die Wahl an einen Gegner der konkurrierenden Partei zu verlieren.

Die Polarisierung des politischen Systems der USA macht es oft recht schwierig, einen politischen Kompromiss zu finden und trägt zum politischen Radikalismus im eigenen Land bei, was wiederum die internationale Zusammenarbeit zu einer eher unerwünschten Option macht. Urteile des US Supreme Court haben zu Veränderungen wie der Aufhebung der Grenzen für Spenden einzelner Parteien geführt, sodass eine kleine Gruppe sehr reicher US-Amerikaner – nach Präsident Clinton – einen zunehmenden Einfluss auf die US-Regierung gewonnen hat. Die Superreichen können sich leicht für mehr Deregulierung und niedrigere Steuersätze einsetzen, insbesondere zu ihrem eigenen Vorteil. Das hat Präsident Trump 2017/2018 getan. Es ist offensichtlich, dass Trump die US-Gesellschaft nicht vereint, im Gegenteil. Viele eher arme Menschen sind beeindruckt vom vermeintlichen Reichtum von Donald Trump und denken offensichtlich, dass ein solcher reicher Mann natürlich auch ein guter wirtschaftlicher (und politischer) Führer sein muss und somit den Wohlstand der USA steigern wird, so wie diese Qualitäten vermutlich seinen eigenen persönlichen Wohlstand gesteigert haben. Diese Wahrnehmung entspricht jedoch nicht der Realität. Trump verfügt weder über eine breite persönliche Kompetenz in Wirtschaftswissenschaften noch hat er Top-Wirtschaftsberater, die für ihn arbeiten. Larry Kudlow, ein führender Wirtschaftsberater von Trump (nach dem Rücktritt von Gary Cohn im Frühjahr 2018), wurde bekannt für seine naiven Ansichten über die Risiken vor der US-Bankenkrise und er scheint nicht viel über die wichtigsten nationalen und internationalen Wirtschaftsprobleme zu wissen.

Zwei Destabilisierungsmechanismen der Weltwirtschaft: Nationalismus und übermäßige Bankenliberalisierung

Der Nationalismus ist – als Nebenprodukt von mehr Populismus in der Welt – seit Ende der 1990er-Jahre in vielen Ländern auf dem Vormarsch. Es scheint, dass die Dynamik der regionalen Wirtschaftsintegration mit einem Rückgang der politischen Unterstützung konfrontiert ist, sei es in der EU, sei es in den ASEAN-Ländern oder im Mercosur. Was letzteres betrifft, so gibt es in einigen Ländern erst seit der Wahl des populistischen neuen Präsidenten Brasiliens, Jair Bolsonaro, im Jahr 2018 eine Wiederbelebung des Nationalismus. In einigen Ländern nimmt auch der Nationalismus und die Fremdenfeindlichkeit erheblich zu.

Der Aufstieg des wirtschaftlichen Nationalismus ist Teil des zunehmenden Populismus in mehreren westlichen OECD-Ländern, darunter den USA, Großbritannien und einigen anderen EU-Ländern. Wie Harry G. Johnson argumentiert hat (Johnson 1967), kann Nationalismus als kollektives politisches Gut verstanden werden, das jedem Einzelnen mit einer nationalistischen Einstellung einen zusätzlichen Nutzen bringt; daher ist selbst ein gewisser Rückgang des realen Konsums pro Kopf nicht unbedingt ein Rückgang des Gesamtnutzens des jeweiligen Individuums, wenn ein verstärkter Nationalismus das jeweilige Land charakterisiert. So wird ein aggressiverer Nationalismus beobachtet – wie Trump in den USA (und andere Präsidenten in einigen anderen Ländern; und Brexiteers in Großbritannien) – und dies könnte eine erfolgreiche politische Wiederwahlstrategie widerspiegeln. Es ist jedoch klar, dass das Aufkommen des neuen Nationalismus in den OECD-Ländern und in anderen Ländern die Aussichten auf internationale Zusammenarbeit, Frieden und Stabilität untergräbt; zumindest wenn internationale Organisationen und damit internationale Regeln, die Vertrauen schaffen und zur Minimierung der internationalen Transaktionskosten beitragen, dadurch geschwächt werden. Es mag für die EU, die USA, Japan, China und Russland nicht einfach sein, ein neues internationales Klima für mehr politische Zusammenarbeit zu schaffen, aber hier könnten tatsächlich mehr Handels- und Investitionsbeziehungen hilfreich sein.

Es ist ein altes – und nicht ganz überzeugendes Argument von David Ricardo (Ricardo 1817) –, dass die Liberalisierung des Handels breitere Handelsnetze mit sich bringt und dies zum Frieden beitragen wird. Man kann argumentieren, dass auch ein institutioneller Rahmen für die internationale Zusammenarbeit zwischen den Ländern notwendig ist. Aus dieser Perspektive ist die Schwächung internationaler Organisationen durch Trump problematisch; und die Schwächung der EU durch Großbritannien trägt auch nicht zur Stärkung des globalen Multilateralismus bei.

Sowohl Großbritannien als auch die USA drängen auf eine neue Welle der nationalen und internationalen Bankenderegulierung. Man sollte nicht erwarten, dass die Politik einen sehr langen Zeithorizont hat und dass negative internationale externe Effekte sorgfältig abgewogen werden – ein strategisches Problem in einer Zeit der zunehmenden Globalisierung. Ohne eine breite internationale Internalisierung positiver und negativer externer internationaler Effekte wird es viele wirtschaftliche Ineffizienzen geben. Die historische Erfahrung zeigt, dass die Deregulierung des Bankensektors in einigen Fällen, insbesondere in der Transatlantischen Bankenkrise 2007–2009, ein Treiber für wirtschaftliche und politische Instabilität ist. Es hat sich gezeigt, dass die Deregulierung des Auslandsbankgeschäfts innerhalb eines Systems flexibler

Wechselkurse eher ein Standardproblem sein dürfte, da die Deregulierung in einem Finanzplatzland mit einer Produktionssteigerung im Land und der Deregulierung des Bankensektors einhergehen wird (Welfens 2017d), vor allem weil höhere Kapitalzuflüsse angezogen werden, was bei einem erweiterten Mundell-Fleming-Makromodell expansiv ist.

Die Transatlantische Bankenkrise 2007–2009 in den USA und Großbritannien, die auf eine jahrelange übermäßige Deregulierung in beiden Ländern folgte, hat die Länder der Eurozone unter starken parallelen Deregulierungsdruck gesetzt. Da eine schwere Bankenkrise große Vermögensverluste und einen erheblichen Verlust an politischem Vertrauen verursacht, destabilisieren internationale Bankenkrisen die westlichen OECD-Länder; und die Krise 2007–2009 steht im Einklang mit dieser Logik. Da Bankenkrisen auch das Vertrauen in die Normalparteien untergraben, ist die Folge einer schweren Krise im Bankensektor eine politische Radikalisierung, wie sie in einigen EU28-Ländern und den USA nach 2008 zu beobachten ist (der 15. September 2008 ist der historische Tag des Zusammenbruchs der US-Investmentbank Lehman Brothers). Mangelnde politische Rücksichtnahme seitens der Ökonomen hat zu den Bankenkrisen in den USA bzw. im Vereinigten Königreich undindirekt auch zum Aufkommen des Populismus in Großbritannien und den USA beigetragen.

Literatur

Alesina, A., Glaeser, E., & Sacerdote, B. (2001). Why doesn't the United States have a European-style welfare state? *Brookings Papers on Economic Activity, 2*, 187–277.

Alvaredo, F., et al. (2018). World inequality report 2018. World inequality report. https://wir2018.wid.world/.

Autor, D., Dorn, D., & Hanson, G. (2016). The China shock: Learning from labor-market adjustment to large changes in trade. *Annual Review of Economics, 8*, 205–240.

BBC. (9. November 2016). Reality Check: Who voted for Donald Trump. https://www.bbc.com/news/election-us-2016-37922587. Zugegriffen am 26.09.2018.

Blankenhorn, D. (2018). The top 14 causes of political polarization. *The American Interest*. Veröffentlicht am 16.05.2018.

Bratberg, E., Davis, J., Mazumder, B., Nybom, M., Schnitzlein, D., & Vaage, K. (2017). A comparison of intergenerational mobility curves in Germany, Norway, Sweden and the US. *Scandinavian Journal of Economics, 199*, 72–101.

Breemersch, K., Damijan, J., & Konings, J. (2017). Labour market polarization in advanced countries: Impact of global value chains, technology, import competition from China and labour market institutions. *OECD Social, employment and*

migration working papers, no. 197. Paris: OECD Publishing. https://doi.org/10.1787/1815199X.
Bretschger, L., & Hettich, F. (2002). Globalisation, capital mobility and tax competition: Theory and evidence for OECD countries. *European Journal of Political Economy, 18*, 695–716.
Bundesamt für Statistik. (2018). Bundesamt für Statistik der Schweiz, Statistische Daten der Schweiz 2018. Neuchâtel.
Burda, M. (2018). Der Elefant im Zimmer. *Frankfurter Allgemeine Zeitung.* Druckausgabe. 15. Oktober 2018. Nr. 239. S. 16.
CEA. (2017). Economic Report of the President. https://obamawhitehouse.archives.gov/sites/default/files/docs/2017_economic_report_of_president.pdf. Zugegriffen am 02.04.2020.
CEA. (2018). The opportunity cost of socialism. Washington, DC.
Cingano, F. (2014). Trends in income inequality and its impact on economic growth. *OECD social employment and migration working paper no. 163.* Paris: OECD Publishing.
Conover, M. D., Ratkiewicz, J., Francisco, M., Goncalves, B., Flammini, A., & Menczer, F. (2011). Political polarization on Twitter. *Proceedings of the Fifth International, AAAI Conference on Weblogs and Social Media* (S. 89–96). Menlo Park.
Corak, M. (2006). Do poor children become poor adults? Lessons for public policy from a cross country comparison of generational earnings mobility. *Dynamics of Inequality. Research on Economic Inequality* (Bd. 13, S. 143–188). Amsterdam: Elsevier Press.
Dornbusch, R., & Edwards, S. (1991). The macroeconomics of populism in Latin America. *Journal of Development Economics, 32*, 247–277.
Eichengreen, B. (2018). *The populist temptation – Economic grievance and political reaction in the modern era.* New York: Oxford University Press.
Feldstein, M. (2008). Did wages reflect growth in productivity? *Journal of Policy Modeling, 30*, 591–594.
Foellmi, R., & Martinez, I. (2017). Volatile top income shares in Switzerland? Reassessing the evolution between 1981 and 2010. *Review of Economics and Statistics, 99*(5), 793–809. https://doi.org/10.1162/REST_a_00644.
Fouarge, D., Schils, T., & De Grip, A. (2013). Why do low-educated workers invest less in further training? *Applied Economics, 45*(18), 2587–2601.
Hassett, K. (2018). Vorsitzender des US Council of Economic Advisers, Rede vor dem Japan Centre for Economic Research, Imperial Hotel, Tokyo, am 1. August. Transkript veröffentlicht vom Weißen Haus am 3. August. https://www.whitehouse.gov/briefings-statements/remarks-cea-chairman-kevin-hassett-japan-center-economic-research/. Zugegriffen am 02.04.2020.
Helliwell, J. F., Layard, R., & Sachs, J. (2019). *The world happiness report 2019*, Helliwell, J. F., Layard, R., & Sachs, J. (Hrsg.). https://s3.amazonaws.com/happiness-report/2019/WHR19.pdf. Zugegriffen am 02.04.2020.

Horenstein, A. R., & Santos, M. S. (2019). Understanding Growth Patterns in US Health Care Expenditures. *Journal of the European Economic Association, 17*(1), 284–326. https://doi.org/10.1093/jeea/jvx059.

Howard, P., et al. (2017). Social media, news and political information during the US Election: Was polarizing content concentrated in Swing States? Data Memo 2017.8, The Computational Propaganda Project, Oxford Internet Institute, University of Oxford.

IMF. (2015). People's Republic of China: Staff Report for the 2015 Article IV Consultation, IMF Country Report 15/234. Washington, DC: IMF.

IMF. (2018b). World Economic Outlook, October 2018. Washington, DC: IMF.

Inglehart, R., & Norris, P. (2016). Trump, Brexit, and the rise of populism: Economic have-nots and cultural backlash. Harvard Kennedy School. Faculty Research Working Paper, RWP16-026.

Inglehart, R., Haerpfer, C., Moreno, A., Welzel, C., Kizilova, K., Diez-Medrano, J., Lagos, M., Norris, P., Ponarin, E., Puranen, B., et al. (Hrsg.). (2014). *World value survey: Round six-country-pooled datafile*. Madrid: JD Systems Institute. http://www.worldvaluessurvey.org/WVSDocumentationWV6.jsp.

Jameel, A. L. (2014). Insuring the Uninsured, Abdul Latif Jameel Poverty Action Lab, Poverty Action 5. (Briefcase; Featuring an evaluation by principal investigators Katherine Baicker and Amy Finkelstein).

Jaumotte, F., Lall, S., & Papageorgiou, C. (2008). Rising income inequality: Technology, or trade and financial globalization. IMF Working Paper WP/08/185. Washington, DC: IMF.

Johnson, H. G. (1967). *Economic nationalism in old and new states*. Chicago: University of Chicago Press.

Jovanovic, B., & Rousseau, P. I. (2005). General purpose technologies. In P. Aghion & S. Durlauf (Hrsg.), *Handbook of economic growth*. Amsterdam: Elsevier North Holland.

Kim, S. H., & Shikher, S. (2017). Can protectionism improve the trade balance? Working paper 2017-10-B. Washington, DC: U.S. International Trade Commission.

Landersø, R., & Heckman, J. (2017). The Scandinavian fantasy: The sources of intergenerational mobility in Denmark and the US. *The Scandinavian Journal of Economics, 119*(1), 178–230.

Levitsky, S., & Ziblatt, D. (2018). *How Democracies Die*. New York: Crown Publisher.

Lewis, C. A. (1954). Economic development with unlimited supplies of labour. *Manchester School, 22*, 139–191.

Lindh, A., & McCall, L. (12.–13. September 2018). Reconsidering the popular policy of redistribution: Preferences for reducing economic inequality in the US. Demnächst, Papier, das auf dem Treffen der Expertengruppe „New research on inequality and its impacts" am UN-Hauptsitz in New York (12.–13. September) vorgestellt wurde.

Martinez-Toledano, C. (2017). Housing bubbles, offshore assets and wealth inequality in Spain (1984–2013). WID.world working paper series.

Medina, L., & Schneider, F. (2017). Shadow economies around the world: New results for 158 countries over 1991–2015. CESifo Working Paper Nr. 6430.
OECD. (2008). *Growing unequal? Income distribution and poverty in OECD countries*. Paris: OECD Publishing.
OECD. (2015). *In it together – Why less inequality benefits all*. Paris: OECD Publishing.
OECD. (2018b). A broken social elevator? How to promote social mobility. COPE Policy Brief. Paris: OECD Publishing.
Piketty, T. (2014). *Capital in the 21st century*. Cambridge, MA: Harvard University Press.
Pollak, J. B., & Schweikart, L. (2017). *How Trump won: The inside story of a revolution*. Washington, DC: Regnery Publishing.
Rachman, G. (2016). Wake up – Britain is heading for Brexit, opinion Brexit. *Financial Times*. 21 März. https://www.ft.com/content/35bef41c-ecfe-11e5-bb79-2303 682345c8. Zugegriffen am 02.04.2020.
Reinhardt, U. (2006). The pricing of U.S. hospital services: Chaos behind a veil of secrecy. *Health Affairs*, 57–69.
Ricardo, D. (1817). *On the principles of political economy and taxation*. London: John Murray.
Rodrik, D. (1998). Why do more open economies have bigger governments? *Journal of Political Economy, 106*(5), 997–1032.
Sachs, J., Schmidt-Traub, G., Kroll, C., Lafortune, G., & Fuller, G. (2018). *SDG index and dashboards report 2018*. New York: Bertelsmann Stiftung and Sustainable Development Solutions Network.
Salverda, W. (2015). EU policy making and growing inequalities. DG ECFIN Discussion Paper 008, 2015, Fellowship Initiative 2014–2015.
Sawhill, I. (2018). *The forgotten Americans: An economic agenda for a divided nation*. New Haven: Yale University Press.
Squires, D., & Anderson, C. (2015). *U.S. health care from a global perspective: Spending, use of services, prices, and health in 13 countries*. New York: Commonwealth Fund.
Temin, P. (2017). *The vanishing middle class*. Cambridge, MA: MIT Press.
Washington Post. (2019). Trump Claims Database, Fact Checker. https://www.washingtonpost.com/graphics/politics/trump-claims-database/?utm_term=.9a76e855ffcd. Zugegriffen am 02.04.2020.
Welfens, P. J. J. (2002). *Interneteconomics.net*. Heidelberg/Berlin: Springer.
Welfens, P. J. J. (2016). British Referendum Pains and the EU Implications of BREXIT. *AICGS Foreign Policy*. https://www.aicgs.org/2016/03/british-referendum-pains-and-the-eu-implications-of-brexit/. Zugegriffen am 30.03.2016.
Welfens, P. J. J. (2017a). *Brexit aus Versehen: Europäische Union zwischen Desintegration und neuer EU*. Wiesbaden: Springer.
Welfens, P. J. J. (2017c). *An accidental BREXIT*. London: Palgrave Macmillan.

Welfens, P. J. J. (2017d). Foreign Financial Deregulation under Flexible and Fixed Exchange Rates: A New Trilemma. EIIW Diskussionsbeitrag 238. https://uni-w.de/4slxr.

Welfens, P. J. J., & Udalov, V. (2018). International inequality dynamics: Issues and evidence of a redistribution Kuznets curve. EIIW Diskussionsbeitrag 250. https://uni-w.de/7f24u.

Wolff, E. N., Zacharias, A., Masterson, T., Eren, S., Sharpe, A., & Hazell, H. (2012). A comparison of inequality and living standards in Canada and the United States Using an expanded measure of economic well-being. Working paper No. 703. Levi Economics Institute of Bard College.

Yellen, J. L. (2014). Perspectives on inequality and opportunity from the survey of consumer finances. Remarks presented at the Conference on Economic Opportunity and Inequality, Federal Reserve Bank of Boston, Boston, MA. Boston: Federal Reserve Bank of Boston.

Zimmermann, C. (2016). The puzzle of real median household income, St. Louis Federal Reserve. FRED Blog. https://fredblog.stlouisfed.org/2016/12/the-puzzle-of-realmedian-household-income/. Zugegriffen am 15.11.2018.

4

Protektionistische US-Politik und expansive Fiskalpolitik: Anhaltende Widersprüche

Die politische Debatte über Handel und Globalisierung

Der Freihandel hatte viele historische Anhänger wie Adam Smith – mit seinem 1776 veröffentlichten Buch *Wealth of Nations* (kurz gesagt) und mit Ricardos nachdenklicher Theorie des komparativen Vorteils. Länder, die sich auf Freihandel bzw. Handelsliberalisierung verlassen haben, haben eine steigende Arbeitsproduktivität und ein steigendes Pro-Kopf-Einkommen erreicht, vor allem Großbritannien mit seinen historischen Liberalisierungsschritten, die mit seinem Freihandelsabkommen mit Frankreich im Jahr 1860 beginnen. Das französische Parlament war damals kein Befürworter des Freihandels, sondern suchte die Unterstützung des Vereinigten Königreichs für die Expansion in der südlichen Ecke Frankreichs, in der Gegend um die Stadt Nizza, die damals zum Piemont (heute Teil Italiens) gehörte.

Das Prinzip des komparativen Vorteils ist für Laien und viele Politiker nicht leicht zu verstehen; es besagt, dass selbst wenn ein Land A sich für den Freihandel mit Land B öffnet – und Land A Produktivitätsvorteile sowohl bei der Produktion von Gut 1 (Automobil) als auch von Gut 2 (Textilien) hat – der Freihandel beiden Ländern zugute kommen wird (die Argumente hier folgen teilweise Blinder 2019). Nach der Öffnung wird sich Land B stärker auf die Produktion spezialisieren, in der die relative Produktivitätslücke gering ist, z. B. bei Textilien; und Land A wird sich noch stärker auf die Produktion dieses Guts spezialisieren, in dem sein relativer Produktivitätsvorsprung hoch ist, nämlich bei Autos. Beide Länder werden dadurch den wirtschaftlichen Wohlstand verbessern, und Land A wird mehr Autos exportieren und Land B wird mehr Textilien exportieren. In diesem Zusammenhang wird davon ausgegangen, dass beide Länder Arbeit und Kapital als Produktionsfaktoren nutzen, die innerhalb jedes Landes – zwischen den beiden betrachteten Sektoren – mobil sind, aber es gibt keinen Faktor Mobilität über Grenzen hinweg. Meinungsumfragen in den USA haben gezeigt, dass eine Mehrheit der Amerikaner der Meinung ist, dass Freihandel viele Arbeitsplätze kostet und dass es klug wäre, protektionistischer zu sein – in der Tat ein Ansatz, den der politische „Demagoge Trump" – um Blinder zu zitieren – in seiner Politik anbietet. Diese Ansicht ist jedoch unzureichend; es ist als wenn jemand argumentieren würde, dass man größere und stabilere Wolkenkratzer bauen könnte, indem man den Stahl in modernen Hochhäusern wegnimmt. Viele werden zumindest verstehen, dass der Protektionismus im Bereich Stahl und Aluminium den Preis für diese beiden importierten Zwischenprodukte erhöhen wird und somit der Preis für alle Aluminiumdosen und -autos, die die beiden Metalle als Input für die Produktion verwenden, expansiver wird. Das durchschnittliche Realeinkommen wird sinken, wenn die wenigen hundert neuen Arbeitsplätze in der Stahl- und Aluminiumindustrie im Vergleich zu vielen tausend Arbeitsplätzen, die in fast jeder anderen Branche, einschließlich der Automobil- und Aluminiumdosenindustrie, verloren gehen, verblassen. Die Nachfrage ist immer eine negative Funktion des relativen Preises und eine positive Funktion des realen Pro-Kopf-Einkommens. Da die Preise für Stahl und Aluminium (und viele andere Produkte) steigen, sinkt das reale Pro-Kopf-Einkommen und damit die Nachfrage in den meisten Märkten – und das reale Volkseinkommen und der Pro-Kopf-Verbrauch könnten tatsächlich sinken. Selektiver Protektionismus ist daher zum Nachteil der Wirtschaft; nur in sehr wenigen Fällen würde ein Ökonom den Importschutz (oder die Besteuerung der Produktion im Ausland) in Betracht ziehen, z. B. wenn die Importe aus einem Land stammen, in dem die Produktion des jeweiligen guten Erzeugnisses im importierenden Land Schaden anrichtet. Letzteres ist der Fall, wenn die Produktion von Waren im Ausland mit erheblichen Treibhausgasemissionen einhergeht, die zur globalen Erwärmung und zu klimapolitischen Problemen in allen Ländern beitragen. Der beste Weg, diese negativen internationalen externen Effekte zu internalisieren, ist jedoch der internationale Handel mit Emissionszertifikaten. Dieser Emissionszertifikatehandel (ECT) wird in der EU, in Teilen der USA sowie in Teilen Kanadas und Chinas eingesetzt (Welfens et al. 2017). Solche Zertifikate müssen von Unternehmen gekauft werden, die fossile Brennstoffe verwenden, sodass es sich tatsächlich um eine flexible Steuer handelt, nämlich um einen Steuersatz, der auf dem internationalen ECT-Markt festgelegt wird. Bisher gibt es jedoch nur regionale ECT-Märkte, der Schritt zur globalen Integration fehlt – und die Trump Administration unterstützt weder US ECT noch Global ECT (er ignoriert die wissenschaftlichen Beweise der globalen Erwärmung und hat seine eigene Theorie, die einer Flat-Earth-Theorie entspricht).

Ein zentrales Problem in der politischen Ökonomie ist, dass Unternehmen, die Schutz suchen, wie z. B. in einer Rezession, besser organisiert sind als die Millionen von Verbraucher, die höhere Preise zahlen müssen, sobald Einfuhrzölle oder Kontingente zum Schutz einer bestimmten Branche eingeführt werden. Im 21. Jahrhundert besteht mehr als die Hälfte des gesamten Handels aus dem Handel mit Zwischenprodukten, sodass Unternehmen, einschließlich politisch einflussreicher multinationaler Unternehmen, die auf den Import von Zwischenprodukten angewiesen sind, auch eine Lobby für den freien Handel sein werden. Multinationale Unternehmen aus vielen Sektoren unterstützen daher den Freihandel in einflussreicher Weise (Bhagwati 2004).

Was den Strukturwandel in den USA und der EU betrifft, so ist es bemerkenswert, dass die US-Regierung kaum eine Umschulung von Arbeitnehmern unterstützt. Für Arbeitnehmer, die öffentliche Mittel beantragen wollen, ist das Verfahren kompliziert, und die dafür bereitgestellten Mittel betragen weniger als 0,2 % des US-BIP oder ein Zehntel dessen, was in der Schweiz, einem relativ kleinen Land, investiert wird, sodass die Verlagerungskosten für Arbeitnehmer, die ihren Arbeitsplatz in Sektor 1 verloren haben und in einen anderen Teil des Landes ziehen müssen, in dem Sektor 2 expandiert, nicht sehr kostspielig sind. In den USA, einem sehr großen Land, können die Kosten für die Umsiedlung von Personen und Unternehmen viel höher sein als in den meisten kleinen europäischen Ländern. Hier sollten die USA politische Reformen durchführen.

Die Einstellung zur Globalisierung ist in Ländern mit einem strukturellen Leistungsbilanzüberschuss eher positiv, obwohl aus wirtschaftlicher Sicht klar ist, dass die Länder nicht nur von den Exporten profitieren, sondern dass importierte Vor- und Endprodukte bei wettbewerbsfähigen Märkten Wohlfahrtsgewinne generieren. Logischerweise ist auch klar, dass nicht alle Länder gleichzeitig einen Leistungsbilanzüberschuss aufweisen könnten. Ein Leistungsbilanzdefizit sollte eine kritische Grenze im Verhältnis zum BIP oder Nationaleinkommen nicht überschreiten, da das Defizit sonst nicht nachhaltig wäre – irgendwann würde das Land mit einer internationalen Vertrauenskrise bzw. einem plötzlichen Stopp konfrontiert, da die Kapitalimporte auf Null fallen würden (und schnelle Nettoabflüsse einsetzen könnten). Es ist daher Aufgabe der Wirtschaftspolitik, dafür zu sorgen, dass sich die Defizite in einem angemessenen Rahmen bewegen.

Was die Handelsbilanz bzw. die Leistungsbilanz betrifft, so ist es für die Öffentlichkeit nicht leicht zu verstehen, dass der Nettoexport von Waren und Dienstleistungen – bezogen auf das BIP – durch die Summe aus der privaten Sparquote plus dem Staatsüberschuss (Steuereinnahmen minus Staatsausgaben) minus der Investitionsquote bestimmt wird. US-Präsident Trump argumentiert oft, dass das hohe US-Handelsbilanzdefizit durch Protektionismus im Ausland erklärt wird, oder er argumentiert einfach, dass Länder, die einen bilateralen Handelsbilanzüberschuss gegenüber den USA haben, die USA ungerecht behandeln. Die letztgenannte Ansicht ist völlig unzureichend, da die USA normalerweise einige Länder haben werden, mit denen sie ein bilaterales Defizit haben, und andere, mit denen sie einen bilateralen Überschuss haben. Wenn die aggregierte Leistungsbilanz oder die Handelsbilanzdefizit-BIP-Quote zu groß erscheint, sollte die US-Wirtschaftspolitik natürlich die Ersparnisse der privaten Haushalte durch angemessene Anreize stimulieren; dies mag beim Präsidenten jedoch nicht populär sein und würde in der Tat eine Dämpfung des US-Konsums erfordern, beispielsweise durch höhere Verkaufssteuern oder die Einführung einer Mehrwertsteuer zu einem angemessenen Satz.

China hat einen hohen Leistungsbilanzüberschuss, weil seine Sparquote so hoch ist (und weil seine Industrieprodukte eher billig und meist von guter Qualität sind). Die Sparquote ist wiederum so hoch, weil viele junge Männer in China aus kulturellen Gründen nur dann heiraten können – außer bei Ehen in Peking –, wenn sie die Familie der Braut mit einem Auto plus Wohnung beeindrucken können. Junge Männer im Alter von 20 bis 30 Jahren haben daher in China eine viel höhere Sparquote als in den USA. Die Investitions-BIP-Quote in den USA ist höher als in China, aber Chinas Defizit-BIP-Quote ist eher gering und die der USA ist recht hoch, insbesondere unter Trump. Wenn die USA eine höhere Sparquote hätten, wäre die Inlandsnachfrage nach Waren und Dienstleistungen geringer, und da die Nettoexporte der Differenz zwischen nationaler Produktion und inländischer Gesamtnachfrage entsprechen, ist der Schlüssel zur Verbesserung der US-Handelsbilanz und der US-Leistungsbilanz im Weißen Haus. Daher hätte die Trump-Administration die Gesamtnachfrage nicht so stark steigern, wie durch höhere Staatsausgaben und niedrigere Einkommenssteuersätze sowie niedrigere Unternehmenssteuersätze –, und damit den Inlandsverbrauch und die privaten Investitionen sowie die Staatskäufe erhöhen sollen.

Die Rhetorik von Trumps State of the Union Address vom Februar 2019 ist seltsam, als er argumentierte – implizit unter Hinweis auf Chinas bilateralen Handelsbilanzüberschuss –, dass China amerikanische Arbeitsplätze und Wohlstand stiehlt. Ein chinesischer Exportüberschuss gegenüber den USA bedeutet nicht, dass China Arbeitsplätze aus den USA stiehlt. Trumps Rhetorik ist demagogisch. Trump hat einen eher künstlichen Boom geschaffen, der nach dem Ende des Aufschwungs durch ein erhebliches inhärentes Risiko gekennzeichnet ist.

In Wirklichkeit – mit der modernen Globalisierung – gibt es einen internationalen Faktor Mobilität. Aus Sicht der OECD-Länder sind ausländische Direktinvestitionen, d. h. Investitionen multinationaler Unternehmen, von entscheidender Bedeutung. Sie tragen oft zur Kapitalbildung bei (Greenfield-Investitionen) und führen fast immer zu einem internationalen Technologietransfer, der zu einer höheren Produktivität in den Gastländern beiträgt. Aus theoretischer Sicht besteht kein Zweifel daran, dass die Arbeitnehmer im Gastland von den Zuflüssen ausländischer Direktinvestitionen durch höhere Produktivität und Reallöhne profitieren werden (es sei denn, einige monopolistische Gewerkschaftsvertreter besteuern das Produktivitätswachstum, wie es in Teilen der mexikanischen Industrie der Fall zu sein scheint). Arbeitnehmer im Herkunftsland ausländischer Direktinvestitionen sind ein Verlierer dieser Art der Globalisierung, wenn sie nicht die Aktien solcher multinationalen Unternehmen halten – entweder direkt oder indirekt über einen Pensionsplan. Der Wert dieser Aktien wird aufgrund höherer Gewinnraten im Ausland steigen. In den USA sind jedoch nur etwa 40 % der Bevölkerung im Besitz von Aktien (CEA 2017). Die USA sind jedoch nicht nur ein Quellland für ausländische Direktinvestitionen, sondern auch das zweitgrößte Gastland der Welt – hinter China. Daher haben die USA nicht viel Grund, sich über ausländische Direktinvestitionen zu beschweren.

Die Geschwindigkeit des Strukturwandels hat sich jedoch durch die Kombination von Chinas Wirtschaftswachstum (und hohem Exportwachstum) und der schnellen Expansion der Informations- und Kommunikationstechnologie (IKT), die Fachkräfte begünstigt, beschleunigt. Für die untere Hälfte der US-Einkommenspyramide gibt es oft gravierende Anpassungsprobleme. Wenn Handel, ausländische Direktinvestitionen und IKT-Expansion etwa 1 % zum Wirtschaftswachstum beitragen, dürfte es für die US-Regierung nicht schwierig sein, mehr Mittel für Ausbildung und Umschulung bereitzustellen, vorausgesetzt, die US-Regierung erhebt angemessene Steuern auf die höheren Einkommensklassen – hier stehen Arbeitnehmer, Manager und Kapitalgeber für diejenigen Gruppen, die am meisten von diesem Wachstum von Produktion und Einkommen profitieren. Die Steuerreform der Trump-Administration hat das Gegenteil getan, sie hat die Steuersätze dieser Gruppen mehr reduziert als die Steuersätze der Arbeitskräfte insgesamt. Die Expansion des IKT-Sektors selbst – hier sind die USA weltweit führend – trägt auch zu einer stärkeren Einkommenskonzentration bei, da digitale Märkte bzw. Produkte die Preisdiskriminierung erleichtern (Verbraucher mit einer höheren Zahlungsbereitschaft zahlen einen höheren Preis für dasselbe Produkt oder dieselbe Dienstleistung), was die Gewinne und damit die Kapitaleinkommensanteile in den USA erhöht; dies wird auch in Asien, Europa und anderen Regionen der Welt beobachtet.

Handel, Protektionismus und Produktion in nationaler und globaler Perspektive

Der zunehmende internationale Handel war eine zentrale Säule der Industriellen Revolution und des modernen Wohlstands. Der Handel zwischen den Industrieländern im frühen 21. Jahrhundert erfolgt weitgehend mit technologieintensiven Gütern (Vandenbussche 2014), sodass Protektionismus, zum Beispiel in den USA oder im Vereinigten Königreich (wobei BREXIT hier als eine Form des Protektionismus betrachtet wird, da es bedeutet, eine große Freihandelszone, nämlich die EU, zu verlassen), erhebliche negative Auswirkungen auf andere Industrieländer haben wird. Im Gegensatz dazu sind die chinesischen Exporte weniger technologie- und wissensintensiv als die der OECD-Länder. Die Rolle Chinas ist jedoch entscheidend, da seine steigende globale Produktion zum Teil das Wachstum der globalen Wertschöpfungsketten widerspiegelt. Da führende OECD-Länder zunehmend Vorprodukte in China beziehen, können sich diese Industrieländer stärker auf Hochtechnologie und wissensintensive Güter konzentrieren. Die internationale Arbeitsteilung trägt zu globalen Effizienzsteigerungen bei und der Handel der OECD-Länder mit China steht für einen Teil der weltweiten Einkommensgewinne aus dem Handel. Gleichzeitig sollte man nicht übersehen, dass ausländische Direktinvestitionen ein Schlüsselelement des internationalen Handels bzw. des Wissenstransfers sind. Der Handel mit Technologien ist vor allem ein unternehmensinternes Phänomen, das besonders in multinationalen Unternehmen relevant ist – der Technologiehandel zwischen der Muttergesellschaft und Tochtergesellschaften im Ausland ist für solche Unternehmen typisch. Wissen bzw. Technologie ist entscheidend für die Produktion in den Unternehmen und in der Gesamtwirtschaft. Daher müssen die ausländischen Direktinvestitionsströme und -bestände in eine umfassendere Handelsanalyse einbezogen werden. Es sollte auch berücksichtigt werden, dass ein Teil der ausländischen Direktinvestitionen multinationaler Unternehmen darauf abzielt, Einfuhrzölle zu überwinden. Man kann nicht ausschließen, dass die

Trump-Administration zum Beispiel die Einfuhrzölle strategisch erhöht, um das Interesse ausländischer Unternehmen an Investitionen in den Vereinigten Staaten zu stärken.

Der internationale Handel betrifft Konsumgüter, Vorprodukte – einschließlich Dienstleistungen – und Investitionsgüter. Dies bedeutet, dass Protektionismus den wirtschaftlichen Wohlstand auf verschiedene Weise untergraben könnte:

- Die Vielfalt der Konsumgüter könnte reduziert werden, was einer negativen Produktinnovation gleichkommt, da sich die Nachfragekurve in einem Preis-Mengen-Diagramm in Richtung Herkunft dreht – dies spiegelt den Rückgang des marginalen und durchschnittlichen Nutzens der den Verbrauchern zur Verfügung stehenden Konsumgüter wider.
- Wenn Vorprodukte aus dem Ausland weniger verfügbar werden, werden die Produktionskosten steigen und damit wird die Gleichgewichtsmenge in vielen Märkten sinken: Das bedeutet eine geringere Nachfrage nach Arbeitskräften, es sei denn, die Arbeitskräfte könnten die normalerweise aus dem Ausland importierten Vorprodukte leicht ersetzen. Das Preisniveau wird steigen und die realen Einkommen sinken.
- Wenn Investitionsgüter aus dem Ausland weniger verfügbar werden – es handelt sich dabei typischerweise um hochspezialisierte Maschinen und Anlagen –, dann wird sich die Investitionsbildung verlangsamen: Die Gleichgewichtskapitalintensität und damit die Arbeitsproduktivität und damit auch die Reallöhne werden sinken (wenn der technologische Fortschritt Null ist) und langsamer steigen als sonst (mit einer positiven Fortschrittsrate). Die Weltbank hat betont, dass protektionistisch bedingte Erhöhungen von Investitionsgütern insbesondere Länder mit niedrigem Einkommen negativ beeinflussen würden (World Bank 2017).
- Wenn solche Entwicklungen große Länder betreffen, wird es negative Interdependenzeffekte geben. Wenn die Vereinigten Staaten beispielsweise protektionistische Maßnahmen ergreifen, die die Produktion und das Realeinkommen in China verringern, wird dies die Importe Chinas verringern; da die Importe Chinas in einer einfachen trilateralen Sichtweise – in einer spiegelbildlichen Perspektive – die Exporte der USA und der EU nach China sind, wird das Realeinkommen in den USA und der EU gedämpft. Reagiert der Handelspartner der USA auf protektionistische US-Maßnahmen mit Vergeltungszöllen, wird dies (als kombinierter Effekt der US-Zollpolitik und der Reaktion der Partnerländer) zu einem negativen Realeinkommenseffekt in den USA, China und der EU führen.

Die USA waren von 1949 bis 2016 ein führender Befürworter des Freihandels, aber seit dem Amtsantritt von Präsident Trump sind die Vereinigten Staaten stattdessen ein Motor des Protektionismus. Dies hat einen Teil der jüngsten globalen Handelsliberalisierung rückgängig gemacht und den etwas versteckten Trend zu mehr Protektionismus verstärkt, der durch die Große Rezession 2008/2009 in den westlichen OECD-Ländern ausgelöst wurde, die wiederum durch die Transatlantische Bankenkrise verursacht wurde. Evenett und Fritz (2017) belegen den zunehmenden Einsatz protektionistischer Maßnahmen in den westlichen Industrieländern nach der Großen Rezession. Die Handelsbeschränkungen in der Weltwirtschaft haben zugenommen, wie die Jahresberichte der Welthandelsorganisation zeigen (WTO 2017b, 2018).

Mitgliedsländer der Welthandelsorganisation, die ihre jeweiligen Einfuhrzölle unter die vereinbarten Obergrenzen gesenkt haben, haben Spielraum, die Zölle wieder zu erhöhen, und viele Länder haben dies nach 2008 getan; außerdem hat sich der Druck auf die nationale Beschaffung von Waren im öffentlichen Beschaffungswesen nach der großen Rezession in vielen Ländern verstärkt (Kutlina-Dimitrova 2017). Simuliert man die wirtschaftlichen Folgen der Umstellung aller WTO-Länder auf Meistbegünstigungszollsätze und den Übergang zur nach WTO-Regeln zulässigen Zollobergrenze (gebundene Sätze) – zuzüglich einer Erhöhung der Handelskosten um 3 % als Stellvertreter für die gestiegene internationale Unsicherheit –, wäre der weltwirtschaftliche Effekt eine Verringerung des Welteinkommens um 0,8 % (Kutlina-Dimitrova und Lakatos 2017). Dieser Effekt spiegelt die Erhöhung der durchschnittlichen globalen Zölle von 2,7 auf 10,2 % wider; mit hohen Erhöhungen der Einfuhrzölle in vielen asiatischen Ländern. Die Welthandelsströme würden nach 2020 um 9 % – mehr als 2,6 Bio. $ – gegenüber dem Ausgangswert sinken. Diese Ergebnisse, die aus einem berechenbaren allgemeinen Gleichgewichtsmodell stammen, stellen sehr konservative Schätzungen dar, da das Modell die Auswirkungen auf Wechselkurse, ausländische Direktinvestitionen, Unternehmensrisikoprämien (d. h. die Differenz zwischen Unternehmensanleihezinsen und relevantem Staatszins) und Innovationsdynamik nicht berücksichtigt. Die negativen Auswirkungen auf die globale Kapitalbildung, Innovation, das Pro-Kopf-Einkommen und die Beschäftigung könnten viel höher ausfallen, wenn solche dynamischen Effekte in die Analyse einbezogen würden. Darüber hinaus werden im Zuge eines Handelskriegs früher oder später auch die nichttarifären Handelshemmnisse zunehmen, was einer weiteren Zollerhöhung gleichkäme. Was die Auswirkungen des Protektionismus betrifft, so ist darauf hinzuweisen, dass der Anteil der handelbaren Güter am Konsum einkommensschwacher Haushalte relativ hoch ist, sodass der Protektionismus die untere Hälfte der Einkommenspyramide stark beeinträchtigen wird: Protektionismus ist regressiv und betrifft damit Einzelpersonen und Haushalte mit einem bescheidenen Einkommen mehr als einkommensstarke Gruppen (Fajgelbaum und Khandelwal 2016; Furman et al. 2017).

In der Weltwirtschaftskrise Anfang der 1930er-Jahre (1929–1933) sank der Welthandel um fast zwei Drittel (Crucini und Kahn 1996; Madsen 2001) und das Realeinkommen in den großen westlichen Ländern um etwa 10 . Während der größte Teil der Einkommensverluste mit reduzierten Investitionen und steigender Arbeitslosigkeit zusammenhängen kann, spielte sicherlich auch der rückläufige Handel eine entscheidende Rolle: Anfang der 1930er-Jahre bestand eine Wechselwirkung zwischen den negativen dynamischen Wirtschaftselementen und erhöhter politischer Unsicherheit, und die massive US-Rezession – mit einem Produktionsrückgang von rund 20 – hatte einen starken negativen Einfluss auf den Welthandel und untergrub damit auch das Einkommenswachstum in Europa. Es ist nicht klar, dass die westliche Welt aus dieser negativen historischen Dynamik gelernt hat. Während empirische und Simulationsanalysen (Kutlina-Dimitrova 2018) zum Beispiel zeigen, dass Vergabevorschriften, die Protektionismus darstellen, zu Ineffizienz und Verlust von Arbeitsplätzen in den USA führen, scheint die Trump-Administration entschlossen zu sein, eine Buy-American-Policy-Orientierung im öffentlichen Beschaffungswesen zu verstärken. Dies liegt nicht im langfristigen wirtschaftlichen Interesse der Vereinigten Staaten und auch nicht im Interesse der amerikanischen Handelspartner. Allerdings scheinen kurzfristige politische Überlegungen die Trump-Administration in den USA zu dominieren. Da Dutzende von Experten nach den Präsidentschaftswahlen im November 2016 das Handelsministerium – ersatzlos – verlassen haben, ist nicht auszuschließen, dass der Grad der wirtschaftlichen Professionalität im Bereich der US-Wirtschaftspolitik stark geschwächt ist.

Während handelspolitische Experten und Ökonomen weltweit die Vorteile des Freihandels stark einschätzen, scheint die US-Regierung unter Präsident Trump davon auszugehen, dass vor allem Protektionismus und höhere Einfuhrzölle den Vereinigten Staaten zugute kommen. Dies ist jedoch selbst dann recht zweifelhaft, wenn eine teilweise Gleichgewichtsanalyse darauf hindeutet, dass die USA 18 Mrd. $ an Vorteilen aus den Einfuhrzöllen auf China ziehen könnten (Zoller-Rydzek und Felbermayr 2018). Aber dies basiert auf der Betrachtung nur einer begrenzten Anzahl von wirtschaftlichen Auswirkungen, nämlich der Substitution und des Einkommenseffekts. Aspekte der US-amerikanischen ausländischen Direktinvestitionen und die geringere Rentabilität der US-Tochtergesellschaften in China als Folge der US-Importzölle sollten ebenfalls berücksichtigt werden, und ein breiteres makroökonomisches Wachstumsmodell wäre ebenfalls angemessener und deutet in der Tat darauf hin, dass selbst einseitige US-Importzölle auf China negative Auswirkungen auf das Wohlergehen der USA haben könnten (Welfens 2018c).

Seit Trumps Eröffnungsrede hat der neue US-Präsident seltsame wirtschaftliche Ansichten vertreten, darunter die Auffassung – s. Eröffnungsrede vom Januar 2017 –, dass die wirtschaftliche Situation der USA recht schwach ist. Der Kernaussage von Trump in der Eröffnungsrede lautet, mit Schwerpunkt auf seiner Position gegenüber den Eliten, den wirtschaftlichen Problemen der USA und dem Wunsch nach einer neuen Politik, wie folgt:

„Das Establishment hat sich selbst geschützt, aber nicht die Bürger unseres Landes. […] Aber für zu viele unserer Bürger existiert eine andere Realität. Mütter und Kinder, die in Armut in unseren Innenstädten gefangen sind; verrostete Fabriken, die wie Grabsteine über die Landschaft unserer Nation verstreut sind; ein Bildungssystem, das mit Bargeld gespült wird, aber unsere jungen und schönen Schüler ohne Wissen lässt. […] Jede Entscheidung über Handel, Steuern, Einwanderung, Außenpolitik wird zugunsten der amerikanischen Arbeiter und Familien getroffen."

In seiner Präsidentschaftskampagne 2016 hatte Trump geschworen, sich auf „America First" zu konzentrieren und betont, wie schwach die US-Wirtschaft geworden war. Letzteres ist eine ungewöhnliche Bewertung für ein Land, das 2016 bereits auf dem Weg zur Vollbeschäftigung war und 2015/2016 ein erhebliches Wirtschaftswachstum erzielt hatte. In Bezug auf das Wirtschaftswachstum hatte der US-Präsident in seiner Kampagne versprochen, dass die USA unter seiner Präsidentschaft ein Wachstum von 3 % erzielen würden, was etwa einen vollen Prozentpunkt über der langfristigen Wachstumsrate der USA liegt.

Wie bei vielen republikanischen Präsidenten vor ihm, begann Trump seine Präsidentschaft mit höheren Ausgaben und Steuersenkungen, sodass die Defizit-BIP-Ratio stieg und die mittelfristige Schulden-BIP-Ratio voraussichtlich steigen wird. Mit steigender Inlandsnachfrage stiegen die US-Importe von Waren und Dienstleistungen, sodass die Leistungsbilanz-BIP-Ratio angehoben wurde und sich die ersten Jahre der Trump-Präsidentschaft nicht wesentlich von den ersten Jahren der Reagan-Präsidentschaft mit ihrem Doppeldefizitproblem unterscheiden. Das Thema der Doppeldefizite wurde von Frankel (2006) diskutiert, der auch feststellte, dass die Ausgaben als Anteil am BIP in den USA tendenziell steigen und sich der Bundeshaushalt unter republikanischen Präsidenten verschlechtert. Dieser Trend wurde auch in jüngster Zeit von Blinder und Watson (2016) hervorgehoben, die argumentieren, dass die Daten des Congressional Budget Office zeigen, dass das strukturelle Haushaltsdefizit des Bundes unter demokratischen Präsidenten (mit 2,1 % des potenziellen BIP) im Durchschnitt geringer war als unter republikanischen Präsidenten (mit 2,8 % des potenziellen BIP).

Trumps fiskalischer Impuls

Das Hutchins Center on Fiscal and Monetary Policy am Brookings Institute zeigt, dass die Wirtschaftspolitik der Trump-Administration für eine leichte fiskalische Expansion im Jahr 2017 und eine eher starke fiskalische Expansion – sowohl durch niedrigere Steuern als auch durch höhere Ausgaben der Bundesregierung – im Jahr 2018 stand. Der Impuls der Trump-Administration für die US-Wirtschaft inmitten eines wirtschaftlichen Aufschwungs in den USA – nämlich 2018 (s. nachfolgende Zahlen) – lag bei rund 0,5 % des BIP, was fast so stark ist wie ein typischer finanzpolitischer Impuls in einer normalen Rezession. Die Trump-Administration hat damit eine expansive prozyklische Politik eingeschlagen, die ein Impuls zu einem zyklischeren Aufschwung ist. Die Defizitquote der USA (Abb. 4.1) wird 2017/2018 den ungewöhnlich hohen Wert von rund 5 % erreichen. Dies steht im völligen Widerspruch zu der üblichen ökonomischen Weisheit, wonach die Defizit-BIP-Quote in einem wirtschaftlichen Aufschwung sehr niedrig sein sollte, sodass in einer Zeit der anhaltenden Rezession genügend Handlungsspielraum bleibt. Bei sinkenden Realeinkommen werden die Steuereinnahmen sinken und höhere Steuerausgaben würden die Defizit-BIP-Quote erhöhen.

Trumps Fiskalpolitik der niedrigeren Besteuerung zuzüglich höherer Ausgaben der Bundesregierung dürfte ziemlich früh im Aufschwung eine eher kontraktive Geldpolitik auslösen, da die US-Notenbank politisch gesehen einer Taylor-Regel folgt (breite Wahrnehmung unter Ökonomen): Das bedeutet, dass die Zentralbank den Nominal- und Realzins anheben wird, wenn die Kapazitätsauslastung steigt – lesen Sie, ob sich die Produktionslücke schließt – und wenn die Inflationsrate über dem Zielwert liegt; aufgrund der Importzölle von Trump ist ein Anstieg der Inflationsrate in der Tat wahrscheinlich. Die expansive Politik verwendet erhöhte Staatsausgaben, was die Weisheit eines jeden Lehrbuchs suggerieren würde, dass die Regierung in den wirtschaftlichen Abschwung investieren sollte, um das Risiko einer starken Rezession zu bekämpfen. Die expansive Fiskalpolitik in den USA im Jahr 2018 hat die Produktionslücke verringert, d. h. die Kapazitätsauslastung steigt und löst damit eine Zinserhöhung des Federal Reserve System aus, die die Produktion dämpft, wenn sie zu einem höheren Realzins oder einer aus-

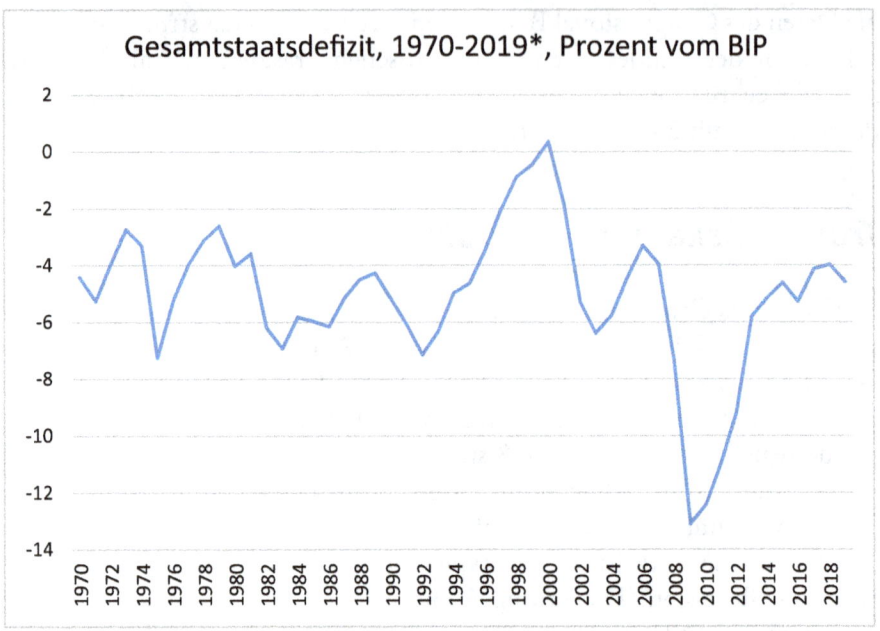

Abb. 4.1 Vereinigte Staaten, gesamtstaatliches Defizit-Bruttoinlandsprodukt-Verhältnis, 1970–2019; Prognosezahlen der OECD (2018a) für 2018 und 2019 (Eigene Darstellung der verfügbaren Daten aus OECD-Daten, General Government Deficit, 1970–2017 [Hinweis: Prognosezahlen der OECD (2018a) für 2018 und 2019].)

reichend hohen Aufwertung des realen Dollarkurses führt; erstere führt zu geringeren Investitionen, letztere zu niedrigeren realen Nettoexporten.

Aus dieser Perspektive ist unklar, warum Trump sich über die Zinserhöhungen der Fed beschwert hat – die Finanzpolitik von Trump ist nicht weniger widersprüchlich als seine Handelspolitik von 2018. Die expansive Fiskalpolitik stimuliert das Wachstum von Produktion und Realeinkommen, sodass das Importwachstum zunimmt und damit die Handelsbilanz und damit die Leistungsbilanz steigen (Abb. 4.2 und 4.3).

Am Ende stehen zwei wichtige Wirtschaftsbeziehungen, die für die USA entscheidend sein werden: (1) Der erste ist die Schuldenstandsquote, deren langfristige Quote nach der Domar-Regel durch das Verhältnis der strukturellen Defizit-BIP-Quote (SDGDP) des Staats zur Wachstumsrate des realen Wirtschaftstrends (gY#) gegeben ist. In Analogie zur Domar-Regel ergibt sich die langfristige Auslandsverschuldung im Verhältnis zum realen BIP (hier als

4 Protektionistische US-Politik und expansive Fiskalpolitik ... 161

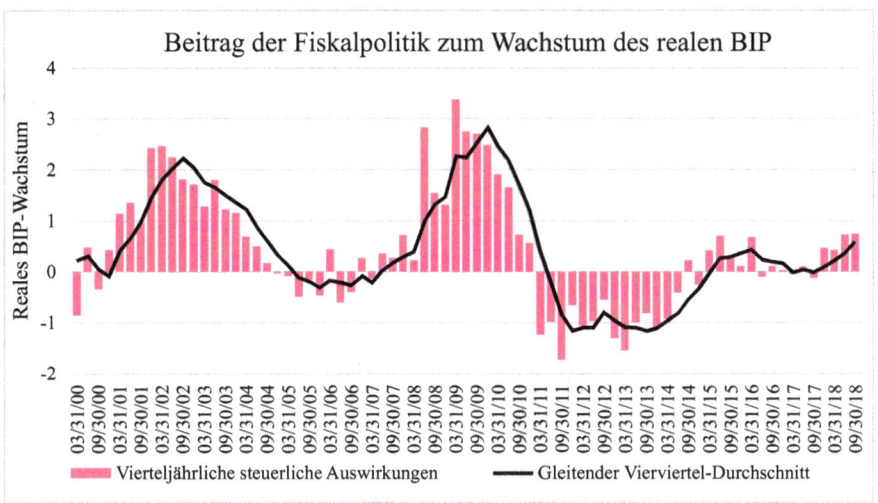

Abb. 4.2 Beitrag der Fiskalpolitik zum realen Bruttoinlandsproduktwachstum, USA (2000–2018) (Eigene Darstellung auf der Grundlage von Daten, die von Brookings Institution zur Verfügung stehen [Hutchins Center Fiscal Impact Measure])

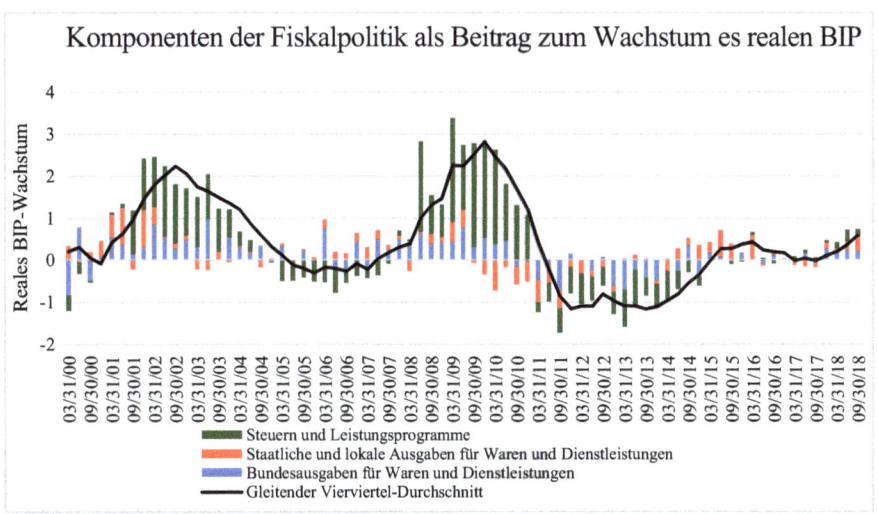

Abb. 4.3 Komponenten des fiskalpolitischen Beitrags zum realen Bruttoinlandsproduktwachstum (Eigene Darstellung auf der Grundlage von Daten, die von Brookings Institution zur Verfügung stehen [Hutchins Center Fiscal Impact Measure])

FIGDP bezeichnet) aus dem Verhältnis der Leistungsbilanz-BIP-Defizitquote (CAGDP) zur Produktionswachstumsrate: FIGDP= CAGDP/gY#. Diese Formeln sind sowohl für die Vereinigten Staaten als auch für Japan und viele andere Länder von entscheidender Bedeutung – ein Überschreiten der kritischen Schwellenwerte für die Verschuldung relativ zum BIP und die Auslandsverschuldung relativ zum BIP würde zu einer Verschlechterung des Rating der Staatsanleihen des jeweiligen Landes und damit zu einem höheren Realzinsabstand führen.

Uneinheitliche Ansichten zur Position der USA im internationalen Handel

Die US-Regierung hat sich auch darüber beschwert, dass viele Länder der EU über die USA hohe Warenbilanzüberschüsse aufweisen – wobei Deutschland das größte EU-Güterexportüberschussland in diesem Bereich ist. Die aggressive US-Handelspolitik im Rahmen von Trumps Amtszeit wurde im Juni 2018 verstärkt, als er zu Beginn des Monats US-Importzölle auf Stahl- und Aluminiumprodukte aus NAFTA-Partnerländern und der EU einführte; Mitte Juni wurden US-Importzölle von 25 % auf chinesische Exporte in Höhe von 50 Mrd. US$ angekündigt, woraufhin die chinesische Regierung ihrerseits schnelle Vergeltungszölle ankündigte, die jedoch nur etwa die Hälfte dieses Volumens abdecken würden. Die Trump-Administration erklärte, dass weitere 200 Mrd. US$ an chinesischen Waren auch für US-Importzölle vorgesehen seien. Dies wirft die Frage auf, warum Präsident Trump so begierig darauf ist, einen globalen Handelskrieg zu beginnen, was seine Erwartungen sind und welche Ergebnisse tatsächlich zu erwarten sind.

Donald Trump wurde von vielen Wählern aus der unteren Hälfte der US-Einkommenspyramide gewählt, die 2016 13 % des Volkseinkommens ausmachten; eine atemberaubende Reduktion um 8 % gegenüber 1980, dem Jahr vor dem Amtsantritt von Präsident Reagan (in Westeuropa hingegen ist der Anteil der unteren Hälfte der Einkommenspyramide im Zeitraum 1980–2016 ziemlich stabil geblieben – minus 2 % – s. Abb. 3.1 und 3.2). Es scheint, dass der populistische politische Fokus von Präsident Trump weitgehend auf dieser Gruppe liegt, die die untere Hälfte der Einkommenspyramide umfasst, und dass er der Meinung ist, dass eine Verbesserung der Warenhandelsbilanz der natürliche Weg wäre, um mehr Arbeitsplätze in der Fertigungsindustrie zu schaffen. Dies ist eine seltsame Verzerrung zugunsten von Arbeitsplätzen in der Industrie, als ob Arbeitsplätze im Dienstleistungssektor in den USA nicht mindestens so gut wären (diese Ansicht hat eine seltsame Ähnlichkeit mit der Besessenheit von Karl Marx, dass der Dienstleistungssektor keine Wertschöpfung darstellt, nur die Industrie würde dies tun). Präsident Trump hat in seinen Reden betont und twittert, wie unfair das Defizit der US-Warenhandelsbilanz von angeblich rund 800 Mrd. US$ pro Jahr ist, aber alle diese Beschwerden sind schlecht platziert, da die Waren- und Dienstleistungsbilanz auf mechanische Weise für die Erklärung des totalen Arbeitsplatzverlusts durch den internationalen Handel relevant ist: Diese mechanische Sichtweise bedeutet, dass man bei einer gegebenen inländischen Produktivität berechnen könnte, wie viele Arbeitsplätze im Dienstleistungssektor oder im verarbeitenden Gewerbe geschaffen werden könnten, wenn die Nettoeinfuhren von Waren und Dienstleistungen durch inländische Produktion ersetzt werden würden. So zeigt die Studie von Lawrence (2017), dass das Handelsbilanzdefizit der USA in diesem Sinn etwa 30,5 Mio. Arbeitsplätzen in den USA entspricht. Die wirtschaftliche Sichtweise des internationalen Handels unterscheidet sich jedoch von der mechanischen Sichtweise der Laien: Mit mehr Handel (oder mehr regionaler Integration, die den Gesamthandel fördert; die Schaffung von Handel im Regional Integration Club der jeweiligen Länder übersteigt die Effekte der Handelsumlenkung für die Außenländer – eine traditionelle Annahme) nimmt die internationale Spezialisierung und das Produktivitätswachstum in jedem Handelspartnerland zu, sodass alle Länder vom Handel profitieren.

Einige von Trumps Handelsberatern haben ihm offenbar gesagt, dass viele Arbeitsplätze in der verarbeitenden Industrie der USA durch steigende US-Importe im Lauf der Zeit bzw. durch die wirtschaftliche Globalisierung verloren gehen. Wie die Forschung von Lawrence (2017) gezeigt hat, ist der Rückgang der US-Produktionsindustrie ein langfristiges Phänomen. Man kann hinzufügen, dass die USA eine starke Position im Dienstleistungsexport (Überschuss) haben, sodass viele neue Arbeitsplätze in den Dienstleistungssektoren in den USA geschaffen wurden. Es ist jedoch bemerkenswert, dass die verarbeitende Industrie viele gut bezahlte Arbeitsplätze für ungelernte Arbeitskräfte in den USA geschaffen hat. Die USA waren jedoch über Jahrzehnte hinweg nicht stark in der aktiven Arbeitsmarktpolitik, sodass der globale Strukturwandel im Kontext der steigenden Exporte asiatischer Volkswirtschaften von Waren und Dienstleistungen das Lohnwachstum in den USA, insbesondere von ungelernten Arbeitskräften, gebremst hat.

Die USA haben eine starke Tradition im modernen Unternehmertum (Audretsch 2007) und sind führend in der IKT. Da IKT mit hohen Gewinnraten verbunden ist, könnte der Ausbau der IKT teilweise den internationalen Vorsprung der USA bei der Einkommensungleichheit erklären.

Was die USA, Frankreich, Deutschland, das Vereinigte Königreich und Italien betrifft, so scheint es, dass die inländischen Wertschöpfungsanteile an den Bruttoexporten im Lauf der Zeit rückläufig waren, was natürlich die wirtschaftliche Globalisierung widerspiegelt; nämlich in dem Sinn, dass zunehmend Vorprodukte importiert werden, was wiederum zu einer verbesserten internationalen Wettbewerbsfähigkeit beiträgt. Dies bedeutet, dass die US-Importzölle die internationale Wettbewerbsfähigkeit indirekt erheblich beeinträchtigen könnten.

Seit Beginn seiner Präsidentschaft betont Trump, dass die USA ein sehr hohes Handelsbilanzdefizit haben und dass er regionale Handelsabkommen wie die mit Mexiko und Kanada, die zusammen mit den USA den Bereich des North American Free Trade Agreement (NAFTA) bilden, korrigieren will. Nachdem Präsident Trump Ende 2016 die Steuerreform unter der Schirmherrschaft von Steven Mnuchin und Gary Cohn verwirklicht hatte, wandte sich die US-Regierung dem 800-Dollar-Handelsbilanzdefizit zu und attackierte die vielen Länder, die einen bilateralen Warenhandelsbilanzüberschuss gegenüber den USA haben; während seines Besuchs in Großbritannien im Juli 2018 beschwerte sich Präsident Trump öffentlich über den bilateralen Warenhandelsbilanzüberschuss der EU von rund 150 Mrd. US$ gegenüber den USA, obwohl dies wirtschaftlich überhaupt keinen Sinn macht. Es scheint, dass Gary Cohn, Direktor des National Economic Council von seiner Ernennung am 20. Januar 2017 bis zu seinem Rücktritt im April 2018 (der durch Larry Kudlow am 2. April ersetzt wurde), Trumps neuen protektionistischen Ansatz für die USA nicht unterstützt hat, und er hielt Trumps Fokus auf das Handelsbilanzdefizit für unzureichend (Woodward 2018).

Mit der Drohung, Einfuhrzölle auf Stahl- und Aluminiumimporte zu erheben, hat die US-Regierung unter Trump versucht, einen offeneren Marktzugang zu anderen Ländern zu erhalten; mit besonderem Augenmerk auf China und die Probleme des illegalen Technologietransfers von den USA nach China über verschiedene Kanäle. Am 1. Juni 2018 hat der US-Präsident einen Einfuhrzoll von 25 % auf Stahl und einen Einfuhrzoll von 10 % auf Aluminium für Exporteure aus Kanada, Mexiko und der EU eingeführt. Für China wurden Mitte Juni 2018 Einfuhrzölle von 25 % von 50 Mrd. US$ chinesischer Exporte angekündigt – dies fiel unter Abschnitt 301 des Trade Act, der in der Vergangenheit selten verwendet wurde, aber diesmal wurde er auf ein breites Spektrum von Waren angewendet, die nach Ansicht der US-Regierung für eine Verletzung der geistigen Eigentumsrechte der USA stehen.

Der Handelskonflikt mit der EU fällt unter die Rubrik 232 und verweist damit auf nationale Sicherheitsgründe.

Ein Sonderfall von Handelskonflikten betrifft die Frage der Bereitschaft von Präsident Trump, das Freihandelsabkommen mit der Republik Korea zu ändern. Dieser Vertrag (KORUS) ist für die USA von strategischer Bedeutung, da er ein Schlüsselelement der strategischen militärischen Zusammenarbeit zwischen den Vereinigten Staaten und der Republik Korea ist. Die Stationierung von Truppen in Südkorea – und fortschrittliche Radaranlagen zur Erkennung eines möglichen Angriffs aus Nordkorea – sind ein zentrales Sicherheitsinteresse der USA. Vor diesem Hintergrund ist es umso merkwürdiger, dass Präsident Trump ein vorzeitiges Ende des Vertrags in seiner jetzigen Form und eine Neuverhandlung von KORUS in Betracht gezogen zu haben scheint; und Trump scheint nicht bereit gewesen zu sein, seinen wirtschaftlichen und militärischen Chefberatern viel zuzuhören (Woodward 2018).

Das hohe bilaterale Handelsdefizit der USA mit Korea (18 Mrd. US$ im Jahr 2017) war ein wichtiger Grund für Trumps Interesse an Neuverhandlungen über den KORUS. Der Bestand an US-amerikanischen ausländischen Direktinvestitionen in Korea ist jedoch hoch, sodass die US-amerikanische Auslandsproduktion in Korea effektiv hohe Gewinne erzielt, die an US-amerikanische Muttergesellschaften übertragen oder in Korea reinvestiert werden, um höhere zukünftige Gewinne von US-amerikanischen Tochtergesellschaften in Korea zu erzielen. Das bilaterale Leistungsbilanzdefizit der USA gegenüber der Republik Korea ist – bezogen auf das US-BIP – geringer als das bilaterale US-Warenhandelsdefizit; hier ist ein hoher bilateraler Überschuss der USA bei den Dienstleistungsexporten nach Korea zu verzeichnen. Darüber hinaus ist eine rein bilaterale Sichtweise, die will, dass die USA ein ausgeglichenes Handelsgleichgewicht mit allen wichtigen Handelspartnern haben, Unsinn und würde künstlich einen erheblichen Teil des Handels und damit positive Produktivitäts- und Wachstumseffekte weltweit stoppen. Wenn die globale Produktion durch einen solchen Trumpian-Push für einen künstlichen Ausgleich der Handelsbilanzen reduziert würde, würden die US-Exporte von Waren und Dienstleistungen reduziert, d. h. sie wären kleiner als sonst. Schließlich sollten die USA eine permanente Leistungsbilanzdefizit-BIP-Quote von mindestens 1 % aufweisen, da sonst eine globale Dollarknappheit eintreten würde, die den Welthandel, das Wachstum und den Wohlstand beeinträchtigt: Der US-Dollar ist die wichtigste globale Reserve- und Transaktionswährung, und nur durch ein US-Leistungsbilanzdefizit kann der Rest der Welt, der bereit ist, Dollarreserven in der jeweiligen Zentralbank zu halten, zusätzliche Dollar erhalten, die er parallel zu einem steigenden Handelsvolumen akkumulieren will. Nicht viele Wirtschaftsberater um Trump herum verstehen diesen Punkt: Lawrence B. Lindsey ist offensichtlich einer von denen, die das tun, während es unklar ist, ob Peter Navarro (ein Ökonom) oder Handelsminister Wilbur Ross die internationale Wirtschaft versteht oder nicht.

Laut Woodward (2018) soll Gary Cohn Präsident Trump gefragt haben, warum er einen solchen Nachdruck auf seine Ansicht legt, dass die USA ihren Produktionssektor erhöhen und mehr Waren exportieren sollten; Trumps Antwort war, dass dies seit über 30 Jahren seine Ansicht war, auf die Cohns Antwort lautete, dass er 15 Jahre lang gedacht habe, dass er eine professionelle Baseballkarriere verfolgen könnte, „aber das bedeutete nicht, dass ich Recht hatte". Dieser 30 Jahre alte, veraltete Politikentwurf könnte Teil einer trumpianischen wirtschaftspolitischen Katastrophe sein.

Während der Handelskonflikt zwischen den USA und China ein Sonderfall ist, ist der transatlantische Handelskonflikt von größerem Interesse, nicht zuletzt seit die Verschlechterung der Handelsbeziehungen zwischen der EU und den USA durch das gescheiterte G7-Treffen von Charlevoix vom 8. bis 9. Juni 2018 in Kanada verstärkt wurde. Einen Tag nach der Unterzeichnung des traditionellen G7-Kommuniqués zog der US-Präsident seine Unterschrift unter dem Dokument zurück, in dem unter Punkt 4 hervorgehoben worden war (Übersetzung PJJW):

> „Wir erkennen an, dass freier, fairer und für beide Seiten vorteilhafter Handel und Investitionen, bei gleichzeitiger Schaffung gegenseitiger Vorteile, Schlüsselmotoren für Wachstum und Schaffung von Arbeitsplätzen sind. Wir bekräftigen die Schlussfolgerungen zum Handel auf dem G20-Gipfel in Hamburg, insbesondere betonen wir die entscheidende Rolle eines regelgestützten internationalen Handelssystems und kämpfen weiterhin gegen den Protektionismus. Wir stellen fest, wie wichtig es ist, dass bilaterale, regionale und plurilaterale Abkommen offen, transparent, integrativ und WTO-konform sind, und verpflichten uns, darauf hinzuwirken, dass sie die multilateralen Handelsabkommen ergänzen. Wir verpflichten uns, die WTO zu modernisieren, um sie so schnell wie möglich fairer zu gestalten. Wir streben den Abbau von Zollschranken, nichttarifären Schranken und Subventionen an."

Betrachtet man die Handelspolitik von Trump, so kann man betonen, dass sich der US-Präsident im Januar 2017 nicht nur geweigert hat, den Trans-Pazifik-Partnerschaftsvertrag – an dem die USA und 11 Partnerländer, darunter Japan und Australien, beteiligt waren – dem US-Kongress zur Genehmigung zu übermitteln, sondern auch beschlossen hat, die Verhandlungen über die Transatlantische Handels- und Investitionspartnerschaft (TTIP) mit der EU nicht fortzusetzen; außerdem hat er die (Wieder-)Wahl von Richtern zum Berufungsorgan der WTO blockiert, sodass der Streitbeilegungsmechanismus der WTO ab Herbst 2019 tot sein wird. Der Artikel-IV-Bericht des IWF über die USA (IMF 2018a) vom 14. Juni 2018 nimmt unter der Rubrik Handelspolitik Stellung: „Die USA unterhalten ein sehr offenes Handelsregime. Im Laufe der Jahre hat dies das Wachstum und die Schaffung von Arbeitsplätzen in den USA gefördert und dazu beigetragen, den Lebensstandard anzuheben. Die Führung der USA im Handelsbereich hat eine Reihe von Ländern ermutigt, ihr eigenes Handelsregime zu öffnen und zollrechtliche und nichttarifäre Handelshemmnisse abzubauen. Es besteht auch weitgehend Einigkeit darüber, dass sich die Weltwirtschaft auf ein offenes, faires und regelbasiertes internationales Handelssystem verlassen kann."

Es ist merkwürdig, dass der IWF einen Bericht nach Artikel IV veröffentlicht, der teilweise Behauptungen aufstellt, die mit der Realität der USA unter der Trump-Administration im Widerspruch stehen und die Trump-Botschaften vor und unmittelbar nach dem G7-Kanada-Treffen zu ignorieren scheint. Die USA unter Trump stehen für den Bilateralismus und sind, ganz im Gegensatz zu den sechs Jahrzehnten der US-Politik zuvor, nicht für den Multilateralismus. Die Trump-Administration ist auch eine Ausnahme, wie der IWF in seinem Bericht feststellt, da sie von der Regel abweicht, in einem wirtschaftlichen Aufschwung keine expansive, starke prozyklische Politik zu betreiben (der IWF stellt fest: „Die kombinierte Wirkung der Steuer- und Ausgabenpolitik der Verwaltung wird dazu führen, dass das Defizit der Bundesregierung bis 2019 4,5 Prozent des BIP übersteigt. Das ist fast doppelt so viel wie noch vor 3 Jahren. Eine so stark prozyklische Fiskalpolitik ist im US-Kontext recht selten und wurde seit der Johnson-Regierung in den 1960er-Jahren nicht mehr beobachtet"). Der IWF geht davon aus, dass die Experten erwarten, dass die US-Leistungsbilanzdefizit-BIP-Quote von 2,4 % im Jahr 2017 auf einen Höchstwert von 3,6 % im Jahr 2020 und 3 % im Jahr 2023 steigt.

Es ist schwer zu verstehen, warum sich der US-Präsident Trump öffentlich und wiederholt über die enorme Warenhandelsbilanz beschwert hat: Das US-Handelsbilanzdefizit betrug 2016 etwa 4 % des BIP, das US-Leistungsbilanzdefizit 2,7 % des BIP, sodass die Dienstleistungsbilanz der USA einen Überschuss von etwa 1,3 % des BIP aufwies und das US-Leistungsbilanzdefizit 2,4 % des BIP betrug – letzteres sind die Waren- und Dienstleistungsbilanzen plus die Primäreinkommensbilanz (hauptsächlich Dividenden von US-Unternehmen im Ausland, ohne Dividenden ausländischer Tochtergesellschaften in den USA plus andere Nettoeinnahmen aus dem Ausland) plus einseitige internationale Transfers (z. B. Zahlungen an die UNO und andere internationale Organisationen). Eine Verbesserung der Handelsbilanz könnte zur Schaffung von Vollbeschäftigung beitragen, und aus dieser Perspektive könnte man die Klage von Präsident Trump über das große Handelsbilanzdefizit der USA verstehen; die USA hatten jedoch bereits Anfang 2018 Vollbeschäftigung erreicht. Daher ist es absurd, sich über das US-Handelsbilanzdefizit zu beschweren, und dass US-Präsident Trump diese Beschwerde wiederholt, ist ein tragischer Aspekt seiner Präsidentschaft, da Trump in den USA viele der weltweit besten Handelsökonomen hat, aber er scheint ihnen in keiner Weise zuzuhören. Hier sieht man ein Schlüsselelement des Populismus: Die Erfindung eigener pseudowissenschaftlicher Gesetze, und im Fall von Trump betrifft dies sowohl die Analyse des Klimawandels als auch die internationale Wirtschaft (der türkische Präsident Erdogan ist ein verwandter Fall im Wunschdenken eines populistischen Präsidenten; er kündigte im Juli 2018 an, dass die hohe Inflationsrate in der Türkei dadurch reduziert werden könnte, dass die türkische Zentralbank den Zinssatz der Zentralbank senkt, was wirtschaftlicher Unsinn ist).

Die Leistungsbilanzdefizitposition von 2,4 % der USA in den Jahren 2016 und 2017 ist nicht dramatisch, da der US-Dollar als führende globale Reservewährung 1 % der Importe – bezogen auf das BIP – praktisch kostenlos finanzieren kann, da die USA von den ausländischen Zentralbanken profitieren, die US-Dollar-Reserven halten, die so groß sind (und die Differenz zwischen dem von den USA und dem Weltkapitalmarkt gezahlten Zinssatz ist so groß), dass sie für die USA das Äquivalent von 1 % des US-BIP generiert. Daher ist die effektive Leistungsbilanzdefizit-BIP-Quote von 1,4 % in den Jahren 2016 und 2017 kein Problem, wenn man davon ausgeht, dass die USA eine langfristige Wachstumsrate der realen Produktion von 2 % haben. Die Implikation wäre eine langfristige stationäre Außenverschuldung der USA – im Verhältnis zum BIP – von 70 % und bei einem Zinssatz, den die USA zahlen müssen, sagen wir 1,95 %, würden die Nettozinszahlungen der USA 1,4 % des BIP betragen, sodass die Leistungsbilanz recht stabil ist. Es ist jedoch offensichtlich, dass die Fiskalpolitik von Trump dazu beiträgt, die Leistungsbilanzdefizit-BIP-Quote mittelfristig anzuheben, wie der IWF betont hat, aber für diese Entwicklung sollten die US-Partnerländer nicht verantwortlich gemacht werden.

Können die USA vom Protektionismus in dem Sinn profitieren, dass er die Handelsbilanz verbessert? Die Analyse von Kim und Shikher (2017) ist recht interessant, obwohl sie die Auswirkungen ausländischer Direktinvestitionen (FDI) ignoriert, die zusätzliches Licht auf das Thema hätten werfen können – und sowohl die Direktinvestitionszuflüsse als auch die US-Direktinvestition im Ausland sind im Fall der USA wichtig. Die Autoren betrachten ein

Drei-Länder-Modell (USA, China, Rest der Welt [RdW]) mit Waren- und Anleihemärkten. Insbesondere analysieren sie den Fall, dass die USA einen Einfuhrzoll von 10 % auf China oder auf alle Länder erheben (gelesen: China und der Rest der Welt). Der Anstieg der US-Zölle verbessert kurzfristig die Handelsbilanz, aber nicht auf lange Sicht. Sowohl die Ersparnisse als auch die Investitionen in den USA sinken, aber der anfängliche Rückgang der US-Investitionen übersteigt den Rückgang der Ersparnisse. Die wichtigsten Auswirkungen des oben genannten Gleichgewichtsmodells sind:

- In den USA werden mehr einheimische Produkte konsumiert.
- In einigen Fällen kommt es zu Handelsumlenkungen.
- In Sektoren, in denen die US-Einfuhrzölle steigen und damit die US-Verbrauchseinfuhren sinken, wird der Erzeugerpreis im Ausland sinken, sodass es zu einem relativen Anstieg der US-Warenpreise kommt, der die US-Ausfuhren beeinträchtigt.
- Die Produktion von nicht handelbaren Gütern wird zunehmen.
- Die Handelsbilanz verzeichnet eine leichte und vorübergehende Verbesserung.
- Das Ausmaß der Verbesserung der Handelsbilanz ist eher gering.
- Für die USA gibt es Wohlfahrtsverluste, während das Ausland Wohlfahrtsgewinne erzielt.

Somit kann man erhebliche Zweifel an der aggressiven Handelspolitik von Präsident Trump haben. Darüber hinaus besteht die Gefahr eines sich beschleunigenden globalen Handelskriegs, der das globale Realeinkommenswachstum dämpfen wird, sodass sich das Exportwachstum der USA verringern könnte. Unter Berücksichtigung des US-amerikanischen Direktinvestitions-Kapitalstocks im Ausland ist auch klar, dass sich die US-Gewinne von Tochtergesellschaften verringern werden.

Was den Ausgleich der Leistungsbilanzungleichgewichte betrifft, so hat Obstfeld und Rogoff (2005) betont, dass Veränderungen im Preisverhältnis von handelbaren Gütern zu nicht handelbaren Gütern für die Anpassung der Handelsbilanz doppelt so wichtig sind wie eine Änderung des realen Wechselkurses. Eine Grundvoraussetzung ist es, eine reale Abwertung mit einem relativen Rückgang der Preise für nicht handelbare Güter in Ländern mit einem Leistungsbilanzdefizit zu kombinieren: Bei sinkenden relativen Preisen für nicht handelbare Güter wird der Anreiz zur Produktion von nicht-handelbaren Gütern verringert, sodass es in Zukunft zu einem zunehmenden Überangebot im handelbaren Sektor kommen wird. Umgekehrt sollten Länder mit einem Leistungsbilanzüberschuss mit einer Aufwertung und einem Anstieg des nicht handelbaren Preises rechnen müssen: Letzteres ist besonders relevant für ein Land wie Deutschland mit einem hohen strukturellen Leistungsbilanzüberschuss; die Eurozone scheint auch für einen strukturellen Leistungsbilanzüberschuss (und insbesondere für einen Überschuss gegenüber den USA) zu stehen. Aus dieser Perspektive könnten steigende öffentliche Investitionen und steigende Löhne in der Eurozone ein Ansatzpunkt sein, um das Preisverhältnis von Nichthandels- zu Handelsgütern zu erhöhen – mehr empirische Forschung ist notwendig.

Da die USA die WTO untergraben und den traditionellen westlichen Verbündeten der USA Einfuhrzölle auferlegen, ist die westliche Welt mit einer gemeinsamen Unterstützung für die wirtschaftliche Globalisierung und für eine langfristigere Liberalisierung des Handels keine starke politische Gruppe mehr. Im Zusammenhang mit der Wahl von Donald Trump zum Präsidenten der Vereinigten Staaten und im Zusammenhang mit BREXIT als historischem Schritt, d. h. dem Ausscheiden des Vereinigten Königreichs aus der EU, der es mehr als 45 Jahre als Vollmitglied angehörte (1973 beigetreten), und auch mit Blick auf die breiteren EU-internen Konflikte, die die EU eher instabil erscheinen lassen, sind mehrere Fragen zu stellen; und man könnte nicht einmal ausschließen, dass die EU mittelfristig vollständig zerfallen könnte.

Das Leistungsbilanzdefizit der USA wird sich mittelfristig erhöhen – wie im Artikel-IV-Missionsbericht des IWF von 2018 (IMF 2018a) dargelegt. Man kann hinzufügen, dass das Handelsbilanzdefizit der USA, das von Präsident Trump stark betont wurde, ebenfalls weiter zunehmen wird. Dies dürfte die Handelspolitik der Trump-Administration gegenüber der EU/Eurozone bzw. Deutschland noch protektionistischer machen. Die bloße Fokussierung auf die Warenhandelsbilanz der USA ist seltsam, da der Handel mit Dienstleistungen auf diese Weise ignoriert würde, aber jede Exportdollareinnahme aus Dienstleistungsexporten ist so gut wie ein Dollar, der aus dem Export von Warengütern stammt; daher ist die Betonung des US-Warenhandelsbilanzdefizits durch Präsident Trump völlig unzureichend – es sieht fast wie eine internationale Version des neuen Marxismus aus, denn es war Marx' unsinnige Vermutung in seinem Buch *Das Kapital*, dass Dienstleistungen nicht wirklich wertschöpfend sind, nur die Produktion von Waren sollte als Wertschöpfung angesehen werden.

Die Leistungsbilanz (Handelsbilanz plus Dienstleistungsbilanz plus Primäreinkommen – wie z. B. Dividenden aus dem Ausland ohne Berücksichtigung von Dividenden, die an die Hauptverwaltung ausländischer multinationaler Unternehmen im Ausland gezahlt werden) aus Sicht der USA und der Eurozone in den Mittelpunkt zu stellen, wäre für einen transatlantischen poli-

4 Protektionistische US-Politik und expansive Fiskalpolitik …

tischen Dialog angemessen. Der Leistungsbilanzüberschuss zwischen der EU und den USA ist irrelevant, vielmehr ist der Leistungsbilanzsaldo der Eurozone relevant: Zumindest der Wechselkurs (€/$) könnte bei der Anpassung grundsätzlich eine Rolle spielen. Der US-Dollar braucht jedoch eine Abwertung des realen Dollars, während steigende US-Zinsen und vorübergehend höheres US-Wachstum zu einer Aufwertung führen werden. Der beträchtliche US-Fiskalimpuls von 2018 geht einher mit einer sehr hohen Defizit-BIP-Quote der USA von fast 5 %, die in einem wirtschaftlichen Aufschwung völlig unzureichend ist. Es besteht ein hohes Risiko, dass eine zukünftige Rezession dann zu einer Defizit-BIP-Quote von über 6 % führen würde, was wiederum die Schulden-BIP-Quote der USA langfristig erhöhen würde. Der US-Länderbericht der OECD (2018a) legt nahe, dass eine Fortsetzung der derzeitigen Politik der Trump-Administration bis 2040 zu einem Schulden/BIP von fast 140 % führen würde (Abb. 4.4).

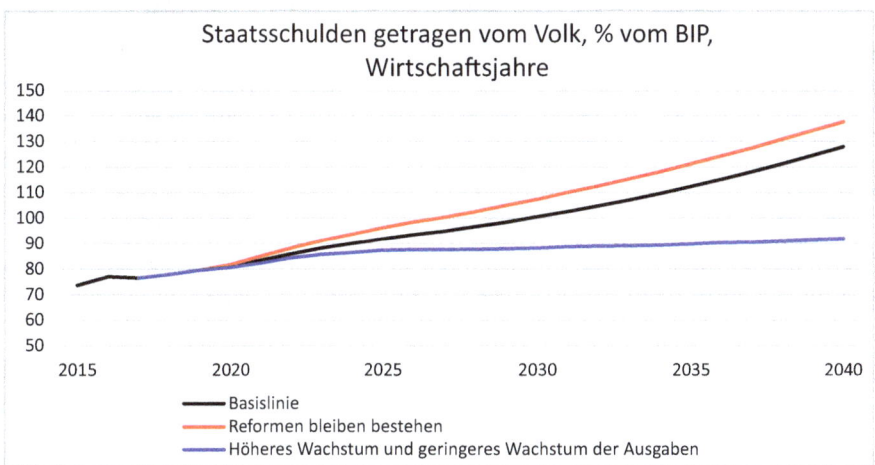

Abb. 4.4 Voraussichtliche Höhe der US-Verschuldung im Verhältnis zum Bruttoinlandsprodukt (BIP) der USA. Das Basisszenario ist die Prognose des Congressional Budget Office (CBO) vom April 2018, die über das Jahr 2027 hinaus mit den Annahmen aus den Langfristprognosen 2017 ergänzt wird. Das permanente Reformszenario reduziert den Steueranteil um 0,8 % des BIP im Vergleich zum Ausgangswert. Das Szenario erhöht die Ausgabenobergrenzen für 2018 und 2019 um rund 150 Mrd. US$ pro Jahr. Es wird davon ausgegangen, dass diese Reformen das reale BIP-Wachstum in den Jahren 2018 und 2019 auf jeweils 3 % erhöhen werden. Der anschließende Weg führt über die Berechnungen von Barro und Furman (2018), wonach die Steuerreformen das jährliche Wachstum gegenüber dem Rest des Szenarios im Hinblick auf die CBO-BIP-Prognose um 0,12 Prozentpunkte erhöhen werden. Das Szenario eines höheren Produktionswachstums und eines langsameren Ausgabenwachstums baut auf dem vorherigen Szenario auf, indem es die durchschnittliche Wachstumsrate gegenüber dem Szenario auf 3,4 % anhebt und den Anstieg der zinslosen Ausgaben auf 1,6 % des BIP gegenüber der Simulation begrenzt (OECD-Simulationen; Eigene Darstellung der bei der OECD verfügbaren Daten, OECD 2018a, Abb. 1.8, S. 23)

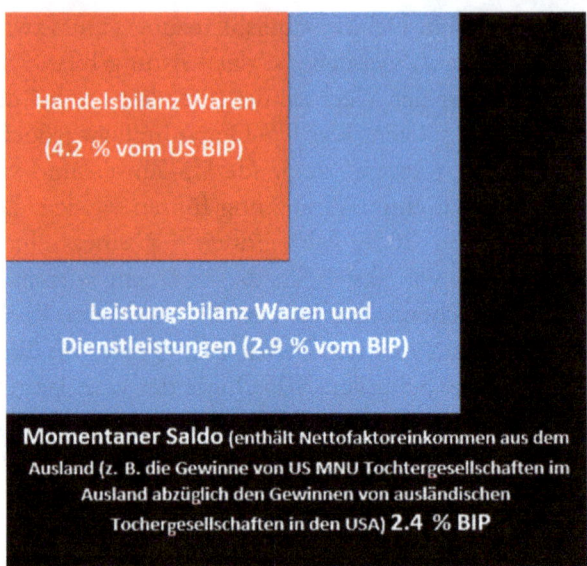

Abb. 4.5 Trump Beschwerdebox. Zahlen für 2017, mit Ausnahme der Salden aus Waren und Dienstleistungen aus dem Jahr 2016 (Eigene Darstellung unter Verwendung von Daten des Bureau of Economic Analysis, Preliminary Estimates of US International Transactions, März 2018 (BEA 2018))

Der Protektionismus der USA wird die Export-BIP-Relation und Import-BIP-Relation sowohl in den USA als auch in anderen Ländern verringern und könnte auch die Volatilität der Aktien- und Finanzmärkte weltweit erhöhen – durch die Dominanz der USA als Finanzmarktplatz; eine solche Destabilisierung ist in einer Zeit, in der der BREXIT auch die Stabilität der globalen Finanzmärkte untergraben wird, sicherlich nicht willkommen. Mit dem BREXIT steht der EU-Großhandelsfinanzmarkt – der sich größtenteils in der City of London befindet – vor besonderen Problemen. Die EU27 steht vor der seltsamen Situation, dass ein Mehrheitsanteil an auf Euro lautenden Derivaten, Devisengeschäften usw. außerhalb der EU angesiedelt und reguliert ist, was wiederum neue Unsicherheiten hervorrufen und zu Konflikten beitragen könnte (Abb. 4.5).

Was ist das Problem der Globalisierung?

US-Präsident Trump ist kein Befürworter der wirtschaftlichen Globalisierung. Seiner Ansicht nach ist die Globalisierung zum Nachteil der USA bzw. der Schlüsselschichten der US-Gesellschaft. Was sagt die Wirtschaftstheorie zur Handelsliberalisierung, die im Kontext Chinas, das 1978 und einige Jahre später – in einem zunächst regional begrenzten Rahmen – seine Wirtschaft für den Handel geöffnet hat, für die ausländischen Direktinvestitionen multinationaler Unternehmen so beeindruckend war? Haben wir die analytischen Bausteine, die uns helfen, die Handels- und Investitionsdynamik zwischen den USA und der EU und China zu verstehen; und verstehen wir die Handels- und Auslandsdirektinvestitionen zwischen den USA, Kanada und Mexiko, die durch eine erneuerte NAFTA liberalisiert wurden (erneuert in einem etwas anderen Rahmen im Oktober 2018 unter der Trump-Administration)?

- Die Handelsglobalisierung in einem wettbewerbsfähigen Zwei-Länder-Modell – mit Wettbewerb in beiden Ländern und ohne internationale Faktormobilität (also keine internationale Arbeitsmobilität und keine ausländischen Direktinvestitionen, d. h. multinationale Unternehmen, die im Ausland investieren) – ist gut für beide beteiligten Länder. Das traditionelle vereinfachte Lehrbuchmodell soll davon ausgehen, dass es zwei Produktionsfaktoren gibt, nämlich Arbeit (L) und Kapital (K), und dass es zwei verschiedene Güter gibt (ein Faktor ist kapitalintensiv in der Produktion, zum Beispiel ein Automobilsektor oder der Maschinenbau; der andere ist arbeitsintensiv in der Produktion, zum Beispiel Textilien). Beide Länder profitieren von der Handelsliberalisierung und der Freihandel wird vor allem dem ärmeren Land – mit der geringeren Kapitalintensität (Verhältnis K/L) – helfen: Es wird einen Aufholprozess geben und die Löhne werden im Verhältnis zum Vergütungssatz des Kapitals, nämlich dem Realzins (Nominalzins abzüglich Inflationsrate), steigen. Am Ende führt der Handel zu einem Ausgleich von Löhnen und Realzinsen. Das Land mit der eher hohen Ausstattungsquote K/L (z. B. die USA) wird einen Anstieg des kapitalintensiven Sektors verzeichnen, sodass in dem relativ reichen Land der Automobilsektor expandieren und Autos exportiert werden. Der Lohn in dem relativ armen Land wird steigen und langfristig wird das internationale Lohngefälle durch den Handel beseitigt sein. In jedem handelstheoretischen Lehrbuch steht dies unter der Überschrift Heckscher-Ohlin-Ansatz, benannt nach zwei schwedischen Ökonomen, die die Schlüsselargumente in den 1930er-Jahren entwickelten.
- Der Stolper-Samuelson-Satz zeigt, was mit relativer Vergütung in einem einfachen Lehrbuchmodell mit zwei Ländern, zwei Gütern und zwei Produktionsfaktoren geschehen wird (sagen wir Fachkräfte, die als Humankapital bezeichnet werden können – also verwenden wir eine Art Analogie zum Kapital K – und ungelernte Arbeitskräfte). Wenn der relative

Preis eines handelbaren Guts i in einer Welt mit Freihandel (exogen) erhöht wird, kann man zeigen, dass der relative Faktorpreis dieses Produktionsfaktors, der relativ intensiv für die Produktion des jeweiligen Guts verwendet wird, erhöht wird. Wenn die Öffnung der USA/EU und Chinas für den bilateralen Handel in den 1980er-Jahren – China öffnete sich 1978, aber es dauerte mehrere Jahre, bis in beiden Ländern deutliche wirtschaftliche Auswirkungen zu verzeichnen waren – den Preis für Maschinen im Vergleich zu Textilien erhöhte –, müsste die Vergütung der US/EU-Fachkräfte, die intensiv bei der Herstellung von Maschinen in den USA/EU eingesetzt wurden, relativ steigen, während der Lohn der Hilfsarbeiter, die intensiv in der Textilproduktion eingesetzt wurden, in den USA/EU sinken würde. Rodrik (2018) hat einige US-bezogene Fragen des Populismus und der Globalisierung im Kontext der internationalen Handelstheorie angesprochen und auch darauf hingewiesen, dass der Wohlfahrtsverlust durch Importzölle in der Regel eine quadratische Funktion des Importzollsatzes ist. Beide Länder, nämlich China und das an der Liberalisierung des Handels beteiligte synthetische Land „USEU", würden „im Durchschnitt" davon profitieren, aber die Löhne ungelernter Arbeiter würden in den USA und in der EU sinken. Regierungen in den EU-Ländern sowie in der Schweiz/Norwegen würden spezielle öffentliche Mittel für die Umschulung von Arbeitslosen und sogar von Arbeitnehmern mit einem Arbeitsplatz bereitstellen. In den USA hingegen würde die Regierung den Arbeitslosen oder ungelernten Arbeitnehmern mit reduzierten Löhnen wenig Kompensation oder Unterstützung anbieten. Die Ausgaben der US-Regierung für Aus- und Weiterbildung liegen typischerweise nahe oder unter 0,03 % des BIP, was weniger als 1/25 des jeweiligen Anteils in Dänemark und sogar nur etwa einem Zehntel des Werts für die Schweiz oder die meisten westlichen kontinentalen EU-Länder entspricht (Tab. 4.1). Ist das klug?

- Ein nützlicher Ansatz in der Handelstheorie ist die Analyse des Zusammenhangs zwischen relativer Verfügbarkeit von Produktion und Output-Struktur (der sogenannte Rybczynski-Satz): Eine exogene Erhöhung der Ausstattung eines Produktionsfaktors j – bei relativen Warenpreisen – wird zu einer höheren Produktion des Guts führen, das den reichlich vorhandenen Faktor relativ intensiv nutzt. Die Produktion des anderen Guts wird absolut gesehen sinken. Beispiel: Flüchtlinge kommen in das Land 1, dann wird die Produktion jener Güter, die relativ arbeitsintensiv sind, zunehmen. Ein weiteres Beispiel: Betrachten Sie ein versehentliches digitales Wissensleck in Land 1, sodass viele Unternehmen in dem relativ armen Land 2 ihre eigene Wissensbasis stark verbessern können: In diesem Fall

Tab. 4.1 Öffentliche Ausgaben für Arbeitsmarktprogramme (Ausbildung) in ausgewählten Ländern in Prozent des Bruttoinlandsprodukts (Eigene Darstellung von bei der OECD verfügbaren Daten)

	2004	2005	2006	2007	2008	2009	2010	2011	2012	2013	2014	2015	2016
Dänemark	0,52	0,49	0,42	0,37	0,35	0,46	0,68	0,64	0,61	0,60	0,59	0,60	0,53
Deutschland	0,44	0,38	0,35	0,30	0,30	0,35	0,27	0,25	0,22	0,22	0,21	0,20	0,19
Schweiz	0,28	0,26	0,21	0,17	0,15	0,18	0,20	0,17	0,16	0,17	0,17	0,18	0,19
UK	0,03	0,02	0,01	0,01	0,01	0,02	0,02	0,01					
USA	0,05	0,05	0,04	0,04	0,07	0,05	0,04	0,04	0,04	0,04	0,03	0,03	0,03

wird die Produktion von wissensintensiven Gütern in Land 2 zunehmen, die von Gütern, die eher arbeitsintensiv sind, absolut sinken.
- Während der Heckscher-Ohlin-Ansatz und die beiden anderen Ansätze davon ausgehen, dass es keine internationale Faktormobilität gibt, kann man das McDougall-Theorem betrachten, das sich mit der internationalen Faktormobilität beschäftigt: Anschließend könnte das zu berücksichtigende Länderpaar Mexiko und die USA sein. In einer Welt mit freien Kapitalflüssen wird die Öffnung zweier Länder – einschließlich des freien Kapitalverkehrs – folgende Konsequenzen haben: Das Welt-BIP wird steigen, wobei beide Länder zulegen werden. Das relativ arbeitsreiche Land (hier Mexiko) wird Kapitalzuflüsse anziehen, die zu steigenden Reallohnraten beitragen werden (die Arbeit wird nicht nur aus diesem Grund, sondern auch wegen eines internen Umverteilungseffekts zwischen Kapital und Arbeit profitieren). Das kapitalreiche Quellland der ausländischen Direktinvestitionen (hier die USA) wird ein höheres Einkommen für Kapitalgeber verzeichnen, die vom Anstieg der weltweiten Realzinsen bzw. Profitraten profitieren.

Was ist in Mexiko in Wirklichkeit falsch? Während etwa 8 Mrd. US$ pro Jahr an ausländischen Direktinvestitionen aus den USA über fast ein Jahrzehnt nach Mexiko gingen, stiegen die Löhne ungelernter Arbeiter in Mexiko kaum an. Der Hauptgrund dafür ist, dass die mexikanische Wirtschaftsordnung seltsam ist und es mächtigen Gewerkschaften erlaubt, „Arbeitsplätze" zu einem bestimmten Lohnsatz an ausländische Unternehmen zu „verkaufen", die bereit sind, eine neue Fabrik in Mexiko zu gründen – die Gewerkschaftsvertreter erhalten von dem ausländischen multinationalen Unternehmen eine gewisse Bestechungszahlung, um dies zu ermöglichen und so den normalen Reallohnanstieg in einer Wirtschaft mit vielen ausländischen Direktinvestitionen und keiner Korruption zu vermeiden (eine aktuelle Veröffentlichung, Gandolfi et al. 2017 über US-mexikanische Wirtschaftsbeziehungen ignorierte diese seltsame Rolle der mexikanischen Gewerkschaften und kam so zu seltsamen Schlussfolgerungen). Seit mehr als einem Jahrzehnt verhindern mächtige mexikanische Gewerkschaften, dass das normale Ergebnis der Zuflüsse ausländischer Direktinvestitionen, d. h. ein Anstieg der Löhne der Arbeitnehmer in Mexiko auf breiter Basis, eintritt, sodass der mexikanische Einwanderungsdruck auf die USA ungewöhnlich hoch geblieben ist. Mit rund 90 Mrd. US$, die von US-amerikanischen multinationalen Unternehmen in Mexiko investiert wurden, hätten die Löhne dort massiv steigen müssen, und ein hoher Lohnanstieg verringert in der Regel den Anreiz für Abwanderung. Das Problem ist jedoch komplex. Eine der wesentlichen Auswirkungen der

NAFTA war ein starker Anstieg der US-Weizen- und anderen Agrarexporte nach Mexiko, wodurch die mexikanischen Bauern im Süden des Landes verdrängt wurden, was zu einem Abwärtsdruck auf die mexikanischen Löhne führte.

Globalisierung und Handel aus internationaler Perspektive

Die Ansicht von Präsident Trump, dass die Globalisierung zu Lasten der USA bzw. wichtiger Schichten der US-Gesellschaft geht, widerspricht somit weitgehend der Wirtschaftstheorie. Normalerweise sollte man davon ausgehen, dass der Handel in der Exportindustrie höhere Reallöhne und in vielen Sektoren niedrigere relative Einfuhrpreise mit sich bringt. Die öffentliche Wahrnehmung ist jedoch oft sehr unterschiedlich. Frühere Untersuchungen haben gezeigt, dass die US-Bevölkerung die Intensität der Globalisierung deutlich überschätzt hat (Ghemawat 2017). Ghemawat untersucht Umfrageergebnisse aus dem Jahr 2012, in denen die US-Antworten die Exporte von Waren und Dienstleistungen als Prozentsatz des BIP um über 10 %, die ausländischen Direktinvestitionen (als Prozentsatz der Bruttoanlageinvestitionen um den Faktor vier – Schätzung von fast 40 %, wenn die tatsächliche Zahl unter 10 % liegt) und der Anteil der Migranten als Prozentsatz der Bevölkerung – wo eine Schätzung von fast 30 % weitaus größer ist als die tatsächliche Zahl, die unter 5 % liegt (siehe Ghemawat 2017, S. 5) – überschätzt wurden. Neuere Forschungen haben auch zu interessanten Erkenntnissen geführt. Die Ansichten der Befragten in den USA, europäischen Ländern, Japan, Indien usw. unterscheiden sich oft in Bezug auf die Handelseffekte:

> **Die Ergebnisse der PEW (2018) Umfrage geben einige wichtige Erkenntnisse**
>
> Umfrageergebnisse zeigen zum Beispiel, dass 74 % der US-Antwortenden im Jahr 2018 der Meinung sind, dass internationale Handels- und Geschäftsbeziehungen zwischen den USA und anderen Ländern eine gute Sache für die USA sind. Dies ist zwar der höchste Anteil, der eine solche Stimmung seit mehr als einem Jahrzehnt ausdrückt, liegt aber nach den PEW-Daten immer noch unter dem entsprechenden Wert zum Beispiel 2002 (wo 78 % positiv reagierten). Die relevanten Zahlen für die amerikanischen NAFTA-Partner Kanada und Mexiko liegen 2018 bei 89 bzw. 79 %. Auch beim Anteil der Befragten, die die internationalen Handels- und Geschäftsbeziehungen für ihre jeweiligen Heimatländer positiv bewerten, hinken die USA hinter anderen Ländern hinterher (PEW 2018,

S. 6). Noch bemerkenswerter ist, dass nur 56 % der US-Befragten der Meinung sind, dass Freihandelsabkommen zwischen den USA und anderen Staaten eine gute Sache für die USA sind. Gleichzeitig ist ein wachsender Teil der US-Bevölkerung zwar auch der Meinung, dass Handel Arbeitsplätze schafft (36 % im Jahr 2018, gegenüber nur 20 % im Jahr 2014) – das waren immer noch 9 Prozentpunkte weniger als in anderen Industrieländern und 20 Prozentpunkte weniger als in Schwellenländern. In Bezug auf die Löhne stimmen 31 % der US-Antwortenden zu, dass der Handel zu höheren Löhnen führt (gegenüber 17 % im Jahr 2014). Die Ansichten der USA zum internationalen Handel variieren auch erheblich mit dem Bildungsniveau – diejenigen mit einem höheren Bildungsniveau haben eine günstigere Sichtweise als diejenigen mit bescheidenem Bildungsniveau – und mit parteipolitischen Orientierungen; mit Unterstützung für den Handel, der unter den Demokraten zu steigen scheint, wenn ein demokratischer Kandidat das Weiße Haus besetzt, und unter den Republikanern, wenn ein republikanischer Kandidat Präsident ist. Im Gegenzug scheint die Unterstützung des Handels zwischen beiden Wählergruppen zu sinken, wenn ein Kandidat der Gegenpartei den Vorsitz übernimmt.

In Europa (mit einem Medianwert, der auf den Antworten in Frankreich, Deutschland, Griechenland, Italien, Polen, Spanien und dem Vereinigten Königreich basiert) glauben 85 %, dass der internationale Handel gut für Europa ist (nur 10 % geben an, dass der internationale Handel schlecht ist). Im Gegensatz zu den USA ist jedoch in Europa der Anteil der Befragten, die 2018 der Meinung waren, dass der internationale Handel Arbeitsplätze schafft, seit 2014 gesunken (40 bzw. 44 %), während der Anteil, der den internationalen Handel als Folge der gestiegenen Löhne sieht, ebenfalls gesunken ist (allerdings nur 1 % von 28 % [2014] auf 27 % [2018]). Während eine relative Mehrheit in den USA den internationalen Handel als verantwortlich für Preissenkungen ansieht, sieht eine relative Mehrheit in Europa im Jahr 2018 den internationalen Handel als preissteigernd an (40 %, verglichen mit 27 %, die glauben, dass der Handel die Preise senkt).

Eine genauere Betrachtung der Antworten in den einzelnen europäischen Ländern zeigt jedoch deutliche Unterschiede. In den Niederlanden, Spanien und Schweden sehen über 90 % den internationalen Handel als eine gute Sache für ihr Land an. In Italien sind es 64 %. Bei der Schaffung von Arbeitsplätzen sind über 60 % in Polen und den Niederlanden der Meinung, dass Handel Arbeitsplätze schafft – in Italien sind es 16 %. Während über 50 % der Polen der Meinung sind, dass der Handel die Löhne erhöht, betragen die entsprechenden Anteile in Griechenland, Frankreich und Italien nur 20, 13 bzw. 12 %. Laut PEW (2018) ist es in einigen europäischen Ländern wahrscheinlicher, dass diejenigen, die sich für populistische, rechtsgerichtete Parteien wie die Nationale Rallye in Frankreich einsetzen, eine negative Einschätzung des internationalen Handels abgeben.

Für Japan ist die Skepsis gegenüber dem internationalen Handel noch größer als in den USA. In Japan halten nur 72 % der Befragten den Handel mit anderen Ländern für gut, während eine relative Mehrheit der Meinung ist, dass der Handel eher Arbeitsplätze zerstört als schafft (32 gegenüber 21 %), die Löhne eher senkt als erhöht (35 bzw. 15 %) und die Preise eher erhöht als senkt (39 bzw. 21 %). So ist trotz einer relativ niedrigen und stabilen japanischen Inflationsrate seit vielen Jahren der Anteil der japanischen Befragten, die Handel als zu Preis-

> erhöhungen führend ansehen, fast doppelt so hoch wie der Anteil, der Handel als Folge von Preissenkungen sieht.
> Für Indien sehen 71 % der Befragten den Handel als gut für das Land an (9 % sehen den Handel als negativ für Indien), während 56 % der Befragten der Meinung sind, dass Handel Arbeitsplätze schafft (gegenüber 15 %, die glauben, dass Handel zu Arbeitsplatzverlusten führt). Auch in Indien sind 57 % der Meinung, dass der Handel zu Lohnerhöhungen führt (und 13 %, die die entgegengesetzte Meinung vertreten), während 52 % der indischen Befragten argumentieren, dass der Handel die Preise erhöht, und 15 % sind anderer Meinung.

US-Halbzeitwahlen 2018

In den USA ist es nicht ungewöhnlich, dass die Halbzeitwahlen eine Korrektur zu den vorangegangenen Präsidentschaftswahlen bringen. In den meisten Fällen nach 1945 brachten die Halbzeitwahlen im Repräsentantenhaus eine Stimmabgabe zugunsten der Partei, die bei den letzten Präsidentschaftswahlen verloren hatte. Dies ist auch das Ergebnis der Zwischenwahlen 2018, bei denen die Demokratische Partei in den USA viele zusätzliche Sitze und sogar eine Mehrheit gewinnen konnte. Umfragen haben gezeigt, dass die Krankenversicherung – wo die Initiativen Präsidents Obama von Präsident Trump zurückgeworfen wurden – und die Einwanderungskontrolle zwei Schlüsselthemen aus Sicht der Wähler waren. Schwer krank zu werden, ohne über eine angemessene Versicherung zu verfügen, ist laut der Forschung von Krishna (2018, s. auch Krishna 2010) das wichtigste Risiko für US-Bürger, in Armut zu geraten. Die Unfähigkeit des politischen Systems der USA, eine breite Krankenversicherung zu organisieren – d.h. unter 65 Jahre alt; ab diesem Alter wird von der Regierung eine Krankenversicherung für alle gewährt – ist bemerkenswert. Menschen in der Altersgruppe von 0–64 Jahren haben im Durchschnitt ein geringeres Gesundheitsrisiko als Menschen in der Altersgruppe 65+. Das US-Produktionspotenzial würde sich mit einer breiteren Krankenversicherung für die 16- bis 64-Jährigen erhöhen, da der Anteil der kranken Arbeitnehmer abnehmen würde: Diejenigen, die eine Krankenversicherung haben, können angemessene Behandlungen erhalten, was eine Erhöhung der effektiven Arbeitseinsätze bedeutet. Außerdem würde der Anteil der Kranken, die trotzdem zur Arbeit gehen, sinken – diese Gruppe von Arbeitnehmern wird später oft schwer krank werden. Eine breitere Versicherungsdeckung in den USA könnte dazu beitragen, das Verhältnis von Gesundheitsausgaben zu Volkseinkommen und damit die durchschnittlichen Beitragssätze zur Krankenversicherung zu senken. Außerdem würde die Lebenserwartung steigen.

Nach den Halbzeitwahlen im November 2018 wird Präsident Trump in der zweiten Hälfte seiner ersten Amtszeit mehr parlamentarische Kontrolle erhalten als in der ersten Hälfte (die Republikaner verteidigten jedoch die Mehrheit im Senat). Es ist nicht klar, dass dies zu einem gemäßigteren Präsidenten Trump führen wird; politisch gesehen könnte sich ein Präsident, der mit mehr Druck seitens des Parlaments konfrontiert wird, noch radikaler verhalten. Man muss sich mit dem Problem befassen, dass sich das US-Handelsbilanzdefizit mittelfristig verschärft, was vor allem auf Trumps Wirtschaftspolitik zurückzuführen ist, Steuern zu senken und die Staatsausgaben inmitten eines wirtschaftlichen Aufschwungs zu erhöhen. Dies ist ein seltenes Beispiel für eine prozyklische Regierungspolitik, was bedeutet, dass die Wirtschaftspolitik von Trump die Standardregeln aus dem Wirtschaftslehrbuch ignoriert. Was die Trump-Steuerreform, die US-Leistungsbilanz und das US-Handelsbilanzdefizit betrifft, so sollte man bedenken, dass die US-Steuerreform eine implizite Exportsubvention von etwa 6 % darstellt.

Wir übernehmen die Kontrolle zurück: Wunschdenken und die internationale Welt

Zu Beginn des 21. Jahrhunderts ist der Populismus in vielen europäischen Ländern zu einem weit verbreiteten Phänomen geworden, von der Türkei und Russland über Ungarn, Polen, Italien (seit 2018) bis hin zur Schweiz, wo die rechte Schweizerische Volkspartei (SVP) 2014 erfolgreich auf ein Referendum gegen die freie Arbeitsmobilität zwischen der Schweiz und der EU gedrängt hat. In der Schweiz sind viele der neuen politischen und digitalen Taktiken recht einfach zu identifizieren, da man in diesem Land fast alle 6–8 Wochen ein Thema in ein Referendum stellen lässt. Auch die konservative populistische christdemokratische Volkspartei CVP hat versucht, auf mehr nationale politische Autonomie zu drängen und will die „nationale Selbstbestimmung" wiederherstellen, zum Beispiel ohne vom Europäischen Gerichtshof für Menschenrechte (EGMR) abhängig zu sein. Im Fall eines Asylbewerbers (der möglicherweise in sein Heimatland zurückgeschickt wird) erklärte das Schweizer Verfassungsgericht 2012, dass im Fall eines Widerspruchs zwischen der nationalen Verfassung und dem EGMR die internationalen Entscheidungen des EGMR ausschlaggebend wären. Die CVP-Partei hat argumentiert, dass die Schweiz allein über die Abschiebung gescheiterter Asylbewerber entscheiden sollte und dass keine Einschränkungen aus den internationalen Verträgen der Schweiz relevant sein sollten. Für eine kleine offene Wirtschaft ist eine solche Sichtweise jedoch Wunschdenken; die CVP sowie Donald Trump, Victor Orban in Ungarn, die Conte-Regierung in Italien sowie Nigel Farage mit seiner Anti-EU-UKIP in Großbritannien (und die May-Regierung mit ihrem

4 Protektionistische US-Politik und expansive Fiskalpolitik ...

Fokus auf BREXIT) wollen alle die Kontrolle „zurückerobern" (Bernet 2018). Dies ist jedoch eine zutiefst widersprüchliche Sichtweise:

- Dieselben Politiker wünschen sich natürlich, dass die Bevölkerung ihres jeweiligen Landes einen hohen Lebensstandard genießt; dies verlangt jedoch in der Tat eine internationale politische Zusammenarbeit, die es erfordert, auf eine gewisse politische Kontrolle zu verzichten, um die wirtschaftlichen Vorteile des Freihandels und der freien Kapitalströme zu nutzen, einschließlich freier ausländischer Direktinvestitionen, nicht nur für die Kapitalakkumulation im Ausland (wie bei Greenfield-Investitionen), sondern auch für internationale Fusionen und Übernahmen, die oft mit internationalen Technologietransfers einhergehen (ausländische Direktinvestitionen aus OECD-Ländern bringen den meisten OECD-Ländern einen internationalen Technologietransfer, der langfristig das Produktionswachstum bzw. die Produktivität erhöht).
- Sobald alle Länder die Zusammenarbeit über internationale Organisationen aufgegeben haben, wird die Rolle der Militärmacht viel relevanter werden und das Verhältnis der Militärausgaben zum BIP würde stark ansteigen, sodass der Pro-Kopf-Verbrauch in vielen Ländern real zurückgehen wird. Der Slogan „take back control" in einer Welt der wirtschaftlichen Globalisierung – und mit den beiden wirtschaftlichen Supermächten USA und China – ist nicht nur Wunschdenken, sondern auch Widerspruch. Sie legt nahe, dass man in Zukunft mehr nationale Macht haben könnte, wenn die Rolle der internationalen Organisationen geschwächt wird. Wenn jedoch alle Länder die Kontrolle zurückerobern, indem sie internationale Organisationen untergraben, wird die Weltwirtschaft durch viele neue und kostspielige Konflikte gekennzeichnet sein, und da Macht eine relative Kategorie ist, wird man feststellen, dass fast kein Land Macht gewonnen hat, während die Unsicherheit und die Risiken für fast alle Länder zugenommen haben. Es wird klare negative Auswirkungen auf das Wohlergehen der meisten oder aller Länder geben. Diejenigen, die in einem Umfeld leben wollen, das an das Ende des 19. Jahrhunderts erinnert, könnten uns zwar dorthin bringen, aber die Aussichten auf ein solches Großmächteregime (mit Militärausgaben der europäischen Großmächte im Verhältnis zum BIP von 4 % im späten 19. Jahrhundert) sind erschreckend.

Der Populismus kann sich ausweiten, indem er die Ängste breiter Bevölkerungsschichten schürt und die wissenschaftliche Analyse führender Wissenschaftler in vielen Bereichen und das Management vieler internationaler Unternehmen ignoriert. Nicht ein einziges Mal in der Weltgeschichte hat die Kombination von Unwissenheit, Angst und aggressiver internationaler Politik dauerhaften Wohlstand und Frieden gebracht. Der Kontrast ist stark, wenn man zum Beispiel auf die Ära des Imperialismus im späten 19. Jahrhundert, die 1920er-Jahre in Italien unter Mussolini oder die 1930er-Jahre in Deutschland unter Hitler schaut. Die hier geäußerte Ansicht soll nicht heißen, dass unter bestimmten Umständen die führenden Gruppen der Gesellschaft – also die Eliten – nicht wegen schlechter Politik, schlechtem Krisenmanagement oder mangelnder Informationsgesellschaft kritisiert werden sollten; aber eine Politik, die fast ausschließlich auf Wunschdenken basiert, kann nicht erfolgreich sein.

Im zweiten Jahrzehnt des 21. Jahrhunderts ist die populistische Kampagne zur „Rückeroberung" der westlichen OECD-Länder eine allgemeine Herausforderung für viele Länder, die zahlreiche internationale Verträge unterzeichnet haben. Nur für die Vereinigten Staaten als wirtschaftliche und militärische Supermacht besteht die Möglichkeit, auf ein internationales Regime hinzuarbeiten, das die politischen Präferenzen der USA weitgehend widerspiegelt, sodass kein großer Widerspruch zwischen dem internationalen Regelwerk und den nationalen (US-)Regeln entsteht. Es ist offensichtlich, dass Einwanderungsfragen und Asylfragen für populistische Parteien einen hohen symbolischen Wert haben. Für eine kleine, offene Wirtschaft wird es immer notwendig sein, die internationale Zusammenarbeit zu suchen und damit den Einfluss internationaler Regeln zu akzeptieren. Mit populistischen Bewegungen, die auf die Wiederherstellung der nationalen Autonomie abzielen, bedeutet dies die Zerstörung des internationalen Systems des Multilateralismus. Die Konsequenz könnte sein, dass es ein neues internationales System geben wird, in dem einzelne kleine Länder scheinbar mehr Autonomie in speziellen Bereichen (z. B. bei der Einwanderung) haben, aber das System würde sich schließlich integrieren und zu einem neuen System von Großmächten verschmelzen, in dem kleine Länder entscheiden müssten, ob sie ein Vasall der USA, Russlands oder Chinas sein wollen. Die Erzählung der Brexiteer, dass das Verlassen der EU eine Rücknahme der Kontrolle bedeuten würde, ist weitgehend naives Wunschdenken. Das alleinstehende Vereinigte Königreich ist in der Tat schwach in den internationalen Handelsverhandlungen, und dies könnte – obwohl es mit immer größeren chinesischen und indischen Volkswirtschaften konfrontiert ist – ein Post-BREXIT-Großbritannien dazu bringen, im Wesentlichen ein Vasallenstaat der Vereinigten Staaten zu werden. Was hätte das Vereinigte Königreich gewonnen, wenn es seine Sitze im Europäischen Parlament aufgegeben und die politische Autonomie aus Brüssel zurückerhalten hätte, diese Autonomie in der Folge jedoch schnell an die USA verloren ginge (ohne britische Sitze im US-Kongress, sodass eine Art umgekehrter Kolonialismus die politischen Beziehungen zwischen den USA und Großbritannien in Zukunft charakterisieren könnte)?

Literatur

Audretsch, D. (2007). *The Entrepreneurial Society.* New York: Oxford University Press.

Barro, R., & Furman, J. (2018). The macroeconomic effects of the 2017 tax reform. Brookings Papers on Economic Activity. https://www.brookings.edu/wpcontent/uploads/2018/03/4_barrofurman.pdf.

BEA. (2018). US International Transactions, Bureau of Economic Analysis, Preliminary Estimates, March 2018.

Bernet, L. (2018). Der Fiebertraum von der selbstbestimmten Schweiz. *Neue Zürcher Zeitung, NZZ*, Veröffentlicht am 3. November 2018. https://nzzas.nzz.ch/hintergrund/der-fiebertraum-von-der-selbstbestimmten-schweizld.1433659?reduced=true. Zugegriffen am 02.04.2020.

Bhagwati, J. (2004). *In defense of globalization.* New York: Oxford University Press.

Blinder, A., & Watson, M. (2016). Presidents and the US Economy: An Econometric Exploration. *American Economic Review, 106*(4), 1015–1045.

Blinder, A. S. (2019). The free-trade paradox – The bad politics of a good idea. *Foreign Affairs, 98*(1), 119.

CEA. (2017). Economic Report of the President, January 2017. https://obamawhitehouse.archives.gov/sites/default/files/docs/2017_economic_report_of_president.pdf. Zugegriffen am 02.04.2020.

Crucini, M. J., & Kahn, J. (1996). Tariffs and Aggregate Economic Activity: Lessons from the Great Depression. *Journal of Monetary Economics, 38*, 427–467.

Evenett, S., & Fritz, J. (2017). *Will Awe Trump Rules – The 21st Global Trade Alert Report.* London: Centre for Economic Policy Research.

Fajgelbaum, P. D., & Khandelwal, A. K. (2016). Measuring the Unequal Gains from Trade. *Quarterly Journal of Economics, 131*(3), 1113–1180.

Foellmi, R., & Martinez, I. (2017). Volatile top income shares in Switzerland? Reassessing the evolution between 1981 and 2010. *Review of Economics and Statistics, 99*(5), 793–809. https://doi.org/10.1162/REST_a_00644.

Frankel, J. (2006). Twin Deficits and Twin Decades. In R. Kopcke, G. Tootell, & R. Triest (Eds.), *The Macroeconomics of Fiscal Policy.* Cambridge, MA: MIT Press.

Furman, J., Russ, K., & Shambaugh, J. (2017), US Tariffs are an Arbitrary and Regressive Tax, VoxEU blog, published January 12, 2017.

Gandolfi, D., Halliday, T., & Robertson, R. (2017). Trade, FDI, Migration and the Place Premium: Mexico and the United States. *Review of World Economics, 153*(1), 1–37.

Ghemawat, P. (2017). Globalization in the Age of Trump. *Harvard Business Review*, Ausgabe Juli/August 2017.

IMF. (2018a). United States of America: Staff concluding Statement of the 2018 Article IV Mission. Veröffentlicht am 14. Juni 2018. Country Report 18/207. Washington, DC: IMF.

Kim, S. H., & Shikher, S. (2017). Can Protectionism Improve the Trade Balance? *Working Paper 2017-10-B*, Washington DC: U.S. International Trade Commission.

Krishna, A. (2010). *One Illness Away: Why People Become Poor and How they Escape Poverty.* Oxford: Oxford University Press.

Krishna, A. (2018). *Poverty Dynamics and Opportunity*. Präsentation auf dem Treffen der Expertengruppe „New research on inequality and its impacts" am UN-Hauptsitz in New York (12.–13. September).

Kutlina-Dimitrova, Z. (2017). Can We Put a Price on Extending the Scope of the GPA? First Quantitative Assessment, DG Trade, Chief Economist Note, Issue 1, March 2017, Brussels.

Kutlina-Dimitrova, Z. (2018). Government Procurement: Data, Trends and Protectionist Tendencies, DG Trade, Chief Economist Note, Issue 3, September 2018, Brussels.

Kutlina-Dimitrova, Z., & Lakatos, C. (2017). The Global Costs of Protectionism. *Policy Research Working Paper No. 8277*. Washington, DC: World Bank Group.

Lawrence, R. (2017). Recent US Manufacturing Employment: The Exception that Proves the Rule. Working Paper 17–12. Peterson Institute for International Economics.

Madsen, J. B. (2001). Trade Barriers and the Collapse of World Trade During the Great Depression. *Southern Economic Journal, 67*, 848–868.

Obstfeld, M., & Rogoff, K. (2005). Global Current Account Imbalances and Exchange Rate Adjustments. *Brookings Papers on Economic Activity, 2005*(1), 67–123.

OECD. (2018a). *OECD 2018 Economic survey: United States*. Paris: OECD Publishing. https://www.oecdilibrary.org/economics/oecdeconomic-surveys-united-states-2018_eco_surveys-usa-2018-en Zugegriffen am 02.04.2020.

Pew Research Center. (2018). Americans, Like Many in Other Advanced Economies, Not Convinced of Trade's Benefits. September 2018. Pew Research Center.

Rodrik, D. (2018). Populism and the Economics of Globalization. *Journal of International Business Policy, 1,* 12–33.

Vandenbussche, H. (2014). Quality in Exports, DG Economic and Financial Affairs. *Economic Papers No. 528.* Brussels: European Commission.

Welfens, P. J. J. (2018c). Import Tariffs, Foreign Direct Investment and Innovation: A New View on Growth and Protectionism. EIIW Diskussionsbeitrag 252. www.eiiw.eu.

Welfens, P. J. J., Yu, N., Hanrahan, D., & Geng, Y. (2017). The ETS in China and Europe: Dynamics, Policy Options and Global Sustainability Perspectives. *International Economics and Economic Policy, 14*(3), 517–535. https://doi.org/10.1007/s10368-017-0392-4.

Woodward, B. (2018). *Fear: Trump in the White House.* New York: Simon & Schuster.

World Bank (2017). *A Fragile Recovery. Global Economic Prospects June 2017.* Washington, DC: World Bank.

WTO. (2017b). Annual Report 2017. Geneva: World Trade Organization.

WTO. (2018). Annual Report 2018. Geneva: World Trade Organization.

Zoller-Rydzek, B., & Felbermayr, G. (2018). Who is Paying for the Trade War with China? EconPol Policy Brief 11. November 2018.

5

Trumps Politikansatz und EU-Perspektiven

Die Trump-Administration sieht offenbar, dass China und ganz Asien ökonomisch gegenüber den USA aufholen, während Westeuropa einen hohen Lebensstandard hat, den die USA über viele Jahre wesentlich auf eigene Kosten mit verteidigt haben. Die USA könnten unter Trump und populistischen Präsidentennachfolgern egozentrischer werden; längerfristig deutlich höhere Finanzbeiträge von Deutschland und anderen Partnern in der NATO sowie grundsätzlich eine klare Unterstützung bei der US-Chinapolitik von Europa verlangen. Dabei besteht ein erheblicher Interessengegensatz zwischen den kontinentaleuropäischen EU-Ländern und den USA. Denn es gibt eine EU-China-Landverbindung, die sich für Just-in-time-Produktionsnetzwerke etwa in der Auto- oder Flugzeugindustrie zum Nutzen Chinas und Europas nutzen lässt; das erleichtert hochwertige europäische Handelsvernetzung mit China. Die Vereinigten Staaten haben keine Landverbindung nach China bzw. Asien, nur der See- und Luftweg sind für den Handel relevant. Die Chance auf verbesserte Handelsbeziehungen zu Asien hat Trump im Übrigen zum Teil selbst zerstört, indem er das von der Obama-Administration fertig ausgehandelte Transpazifische Freihandelsabkommen nach Amtsantritt politisch beerdigt hat. Das Jahr 2020 könnte die Wiederwahl von Donald Trump bringen, was für die EU ein politisch erschwertes Problem im Verhältnis zu den USA brächte und im Übrigen den Populisten Boris Johnson im Vereinigten Königreich stärkte.

Das Vereinigte Königreich verlässt 2020 unter etwas sonderbaren Umständen nach fast 47 Jahren Mitgliedschaft die EU, die grundsätzlich ohne UK weiter Integrationspolitik durchführen kann. Aber Präsident Trump wird die

EU weiter schwächen wollen und es wäre erstaunlich, wenn die Johnson-Regierung nicht ähnliches anstrebte – jedes weitere Land, das die EU verlassen wollte, wäre in einem neuen von UK geführten „Politik-Club Neu-UKEFTA" (bis 1973 war UK Mitglied der Freihandelszone EFTA) wohl sehr willkommen. Boris Johnson hat die britischen Unterhauswahlen im Dezember gegen einen schwachen Labour-Chef Corbyn sehr klar gewonnen und von daher könnte Johnson wohl eine Dekade oder mehr UK regieren; womöglich mit einem Ausbau der Kooperation mit dem US-Populisten Trump, der Ende 2020 seine Wiederwahl anstrebt.

Trumps Wahlkampf 2016 hatte aus Sicht vieler seiner Wähler einen ungewöhnlichen Charme, nämlich ökonomische Versprechungen für erhöhtes Wirtschaftswachstum mit populistischen Protestelementen wie Antizuwanderungspolitik sowie Globalisierungskritik zu verbinden: gerichtet auch gegen die traditionelle Elite in Washington DC, die das wirtschaftliche Wohlergehen der einfachen Leute vergessen hätte. Noch im Kalten Krieg war fast aller Politikprotest in westlichen Ländern im breiteren Sinn „links" oder auch „grün" im Politikspektrum. Kommunistische Länder in Osteuropa schienen vielen Linken in Westeuropa als in Teilen attraktive Vision von Antikapitalismus. Der Kalte Krieg mit seinem ideologischen Wettrennen der Marktwirtschaften gegen die sozialistischen Planwirtschaften prägte Politik und gesellschaftliche Debatten breit. Die USA waren der sichtbare Gegenpol zur sozialistischen Sowjetunion und setzten diese vielfältig unter Druck. In den Jahren 1988/1989 zerbröselte die osteuropäische sozialistische Traumwelt in einer wirtschaftlich-politischen Krise – die kommunistischen Parteien verloren in den neu vereinbarten Wahlen überall die Macht. Im Westen ergab sich ein weithin deregulierter Kapitalismus, mit den USA als Führungsland.

Man sah sich seitens des Westens wie auch der sozialistischen Länder seit den späten 1980er-Jahren der wachsenden Wirtschaftsmacht Chinas als Marktwirtschaft gegenüber. Chinas politische Führung sah etwa zwei Jahrzehnte lang, nämlich 1985–2015, die USA als Vorbild an. Seit den US-Präsidentschaftswahlen 2016 haben sich die US-China-Wirtschafts- und -Politikbeziehungen deutlich verschlechtert. Der Zollprotektionismus von Trump gegenüber China hat die US-Importe aus China 2019 gegenüber 2018 um gut 70 % einbrechen lassen. Im Gegenzug haben die USA verstärkt unter anderem aus Kanada und den EU-Ländern sowie der Republik Korea und auch aus Japan importiert. Das von Trump beklagte US-Handelsbilanzdefizit hat sich von daher kaum verbessert.

Nur die EU-Mitgliedschaft schützt das Leistungsbilanzüberschussland Deutschland vor ähnlichem Zollprotektionismus der Trump-Administration.

Mit dem UK-Austritt aus der EU zum 31. Januar 2020 kann Trump sich aber schon einmal ein aggressiveres Vorgehen gegenüber der EU27 vornehmen. Der BREXIT bedeutet, dass die EU(28) ein Fünftel ihrer Marktgröße verliert und die USA faktisch eine Machtvergrößerung erfahren. Denn UK-Premier Boris Johnson wird sich verstärkt auf die US-Seite in den meisten Konfliktfällen schlagen. Im Übrigen ist Johnson aus EU-Sicht kaum bei seinen Versprechungen zu trauen, denn er steht für einen sonderbaren Umgang mit wichtigen Fakten bzw. der Wahrheit. Im Referendumswahlkampf 2016 sprach er von 350 Mio. £ britischer EU-Wochenbeitrag, der nach dem BREXIT für das Nationale Gesundheitssystem zusätzlich zur Verfügung stehe. In Wahrheit ist es kaum die Hälfte des genannten Betrags, denn die bisher aus Brüssel an UK bzw. britische Firmen, Regionen und Universitäten gehenden Zahlungen der EU werden natürlich künftig von der nationalen UK-Regierung (nach EU-Austritt) ersetzt. Sir David Norgrove, UK Statistics Authority-Chef, hat 2017 nach schriftlicher Wiederholung der Behauptung durch den damaligen Außenminister Johnson einen offenen Protestbrief an Johnson geschrieben – offenbar ohne jede Konsequenz. US-Präsident Trump ist ebenfalls dafür bekannt, es mit der Wahrheit häufig nicht genau zu nehmen. Nicht wenige Entscheidungen trifft er offenbar relativ impulsiv; auf Berater zu hören, ist Trumps Sache häufig eher nicht.

In der neuen digitalen Variante der Marktwirtschaft ergab sich in den USA zeitweise ein Mehr an Wirtschaftswachstum in den 1990er-Jahren – noch unter Präsident Clinton –, vor allem aber eine weitere langfristige Zunahme der Ungleichheit bei den Einkommen. Der Anstieg der Ungleichheit in den USA im Zeitraum 1981–2015 war enorm. Traditionell gibt es in den USA wenig regierungsseitige Umverteilungs- oder Sozialpolitik, sodass weltwirtschaftliche und technologische Treiber für mehr Einkommensungleichheit in den Vereinigten Staaten ziemlich ungefiltert – mit wenig wirtschaftspolitischer Korrektur – auf die US-Gesellschaft wirken.

In den USA und Europa stiegen nach 2015 einzelne rechtspopulistische Führer mit Bereitschaft zu einer digital vernetzten, populistischen Wahlkampagne auf, die auch Protest gegen alte Eliten und herrschende ökonomische Sichtweisen war. Donald Trump, mit eigenen Wahlkampfmillionen aus seinem Vermögen zum Präsidentschaftswahlkampf 2016 angetreten, schaffte es auf Anhieb, die Demokratin Hillary Clinton als Kandidatin des alten US-Establishments zu besiegen. Es war kein Sieg bei den Wählerstimmen, aber bei der für die Wahl des Präsidenten entscheidenden Zahl der Wahlmänner. Es ist kein Geheimnis, dass die traditionellen Parteien Deutschlands fürchten, dass eines fernen Tages auch ein ehrgeiziger reicher Unternehmer über eine eigene radikale Parteigründung an die Macht in Berlin streben könnte.

In den USA wollte die Republikanische Partei den New Yorker Bauunternehmer Donald Trump eigentlich nicht als Präsidentschaftskandidaten 2016. Aber in den Vorwahlen setzte er sich deutlich durch und mit den beiden Politikelementen höhere Verteidigungsausgaben und Steuersenkung auf Kredit setzte Trump dann 2017 auch auf zwei typische Pfeiler einer Republikanischen US-Politik. Einzig mit den Zollerhöhungen als Handelsprotektionismus, der sich gegen China und viele andere Länder richtete, brachte Trump einen Politikbaustein, der nicht mit der Tradition der Republikaner vereinbar ist. Diese haben eigentlich eine starke Neigung hin zum Freihandel. Im Übrigen sagte Trumps Wahlspruch „America First", dass die alten Zeiten eines freiwillig recht hohen US-Ausgabenanteils in der NATO vorbei seien. Speziell die EU-Länder in der NATO sollten zumindest 2% des Nationaleinkommens für Verteidigung ausgeben, wobei Deutschland und Italien als Länder mit viel zu geringen Verteidigungsausgaben kritisiert wurden.

Die USA unter Trump wollten sich zudem nicht länger in neue Kriege verwickeln lassen, was allerdings angesichts der von Trump übernommenen US-Problemlage im Nahen Osten – hier waren die Republikanischen Präsidenten Bush Senior und Bush Junior jeweils in den Irak einmarschiert – seltsam klang. Unter Trump kämpften die USA schließlich in Irak und Syrien den Terrorstaat IS nieder, wobei Syrien zu einem komplizierten Konfliktfeld wurde. Flüchtlingsströme aus Syrien, Irak und Afghanistan richteten sich wesentlich Richtung EU, das mit den neuen Problemen nicht vernünftig fertig wurde.

Die BREXIT-Mehrheit in der britischen Volksbefragung zur EU-Mitgliedschaft im Jahr 2016 wurde zu einer historischen Niederlage der EU, die man in Brüssel gern so deutet, dass ein ewig unzufriedenes Großbritannien die EU verlassen hätte. Das ist sicher eine zu billige Sicht, die nicht erkennt, dass die EU ein institutionelles Stabilitätsproblem hat, das im Zeitalter der Populisten längerfristig – bei fehlenden Reformen – weiter zunimmt; zumal die USA unter Trump die Unterstützung der EU-Integration eingestellt haben, im Gegenteil den BREXIT begrüßt haben und sicherlich eine weitere Schwächung der EU gemäß ihrer neuen Politikphilosophie Bilateralismus begrüßen werden.

Sollte Trump wiedergewählt werden, wird die Schwächung der EU von außen weitergehen. Denn Trumps Betonung von Bilateralismus heißt, dass die USA am liebsten mit jedem Land in Westeuropa handelspolitisch einzeln verhandeln möchten. Italien ist selbst in der ersten Conte-Regierung (Mitte 2018 gestartet) rechtspopulistisch ausgerichtet gewesen und könnte wegen seiner 20-jährigen Stagnationsprobleme – sie zeigen ein Politikversagen der traditionellen Parteien – bald wieder eine Populistenmehrheit haben.

Frankreich konnte mit dem Wahlsieg Macrons, der ein liberalsozialer Überraschungssieger gegen das Parteien-Establishment war, im Jahr 2017 einen Sieg von Rechtspopulisten vermeiden. Aber in den Meinungsumfragen Anfang 2020 ist die Rechtspopulistenpartei unter Führung von Marine Le Pen an die Macron-Partei herangerückt. Macron hat zu Anfang seiner Präsidentschaft versucht, eine verstärkte EU-Politikintegration durch Kooperation mit Deutschland auf den Weg zu bringen. Aber Kanzlerin Merkel hat Macron bis Ende 2019 wenig angeboten – die deutsche Ratspräsidentschaft in der zweiten Jahreshälfte 2020 könnte eine Chance sein, Versäumtes in Berlin und Paris nachzuholen. Bislang konnte US-Präsident Trump zufrieden registrieren, dass die alte EU-Kooperationsachse Deutschland-Frankreich schwach geworden ist.

Selbst wenn Trump nicht wiedergewählt würde, muss sich Deutschland bzw. die EU auf eine grundlegend veränderte USA auf mittlere Sicht einstellen. Dort dürfte sich ein langfristiger Populismusdruck in der Politik durch die Kombination von immer größerer Einkommensungleichheit und fehlender staatlicher Umverteilungs- und Sozialpolitik ergeben. Die Widersprüchlichkeit des US-Wirtschaftssystems ist aus im weiteren aufgezeigten Gründen strukturell hoch; die EU wird auf viele Jahre in den USA kam noch einen zuverlässigen transatlantischen Politikpartner haben. Das läuft auf eine Destabilisierung des Westens, der EU und der Weltwirtschaft hinaus, auf einen drohenden großen Machtverlust des Westens und auf einen Machtzugewinn Russlands und Chinas. Die von manchen Beobachtern vorgebrachte These, auch in Westeuropa seien ähnliche Ungleichheitsprobleme wie in den USA zu erkennen und immer mehr Umverteilungspolitik in Deutschland sei notwendig, ist vor dem Hintergrund der Statistiken als Unfug zurückzuweisen. Eine traditionelle Partei in Deutschland ist in ihrer Realitätsanalyse besonders weit von der Realität entfernt und erliegt einer ideologischen Selbsthypnose seit einigen Jahren, die erkennbar weit ins politische Abseits führt. Vor dem Hintergrund der Transatlantischen Bankenkrise 2008/2009 kann man allerdings eine breite Notwendigkeit zu mehr Selbstkritik im Westen feststellen – diese Selbstkritik fehlt weitgehend und vernünftige Schlussfolgerungen zur Vermeidung einer neuen Bankenkrise sind in der EU und der Eurozone nur teilweise gezogen worden. Eine Kombination von UK-Bankenderegulierung unter der Johnson-Regierung und US-Bankenderegulierung unter Trump stellt im Übrigen neue Weichen für die nächste Finanzkrise.

Die Perspektive für eine Krise in der Eurozone wird ergänzend auch von der EZB mitbestimmt: Die Europäische Zentralbank mit ihrer überzogenen Nullzinspolitik unter Präsident Draghi war wenig vernünftig aufgestellt und hat Möglichkeiten einer Notenbank-Zinserhöhung im Jahr 2018 nicht genutzt. Damit fehlte Druck auf Deutschland und andere Länder, mit Reformen und mit höheren Infrastruktur- sowie Innovationsförderausgaben wirtschaftliche Expansionsimpulse zu geben. Dank der fortgesetzten Null-Zinspolitik der EZB konnten sich die Regierungen in den meisten Eurozonenländern stur stellen, im Zweifelsfall nur Konsolidierungspolitik zum Abbau der staatlichen Schuldenquote betreiben. Ein vernünftiger Politikmix von Geld- und Fiskalpolitik müsste aber anders aussehen; es gäbe gute Gründe in der Eurozone, traditionellen Rezepten zur Mischung von Geld- und Fiskalpolitik im Interesse effizienter Stabilisierung der Wirtschaft zu folgen.

Bestehende Politikregeln ignorieren, alte Ansätze als verfehlt brandmarken und breites Wunschdenken in Teilen der Bevölkerung als neue Weisheit bejubeln, das sind wichtige Elemente von Trumps Politikansatz. In Westeuropa hat Boris Johnson diese Elemente für UK weithin schon übernommen und im Rahmen des BREXIT-Prozesses in seine Politik integriert. Der Trump-Wahlsieg 2016 ist eine Zäsur für die Vereinigten Staaten, ein historischer Schub an Populismus, was im Kern Nationalismus und auch Protektionismus bedeutet. Der Zollprotektionismus der USA unter Präsident Trump führt gegenüber China, aber auch Kanada, Mexiko und der EU zu neuartigen Konflikten. Dass die Vereinigten Staaten vom eigenen neuen Zollprotektionismus klar profitieren, ist in den Jahren 2018/2019 kaum zu erkennen. Allerdings ist der Rückgang von Importen aus China in diesem Zeitraum mit über 70% sehr erheblich, doch importierten die USA umso mehr aus Kanada, Japan, Deutschland und anderen EU-Ländern. Präsident Trump hat Ende 2019 ein erstes Teilabkommen zur Befriedung des Zollkonflikts mit China geschlossen, allerdings dürfte wohl kaum jemand glauben, dass Trump im Fall einer Wiederwahl nicht bald eine neue aggressive Zollpolitik gegenüber China und anderen Ländern ansetzen wird. Chinas Regierung wird sich daher vor allem technologisch verstärkt von den USA unabhängig machen wollen.

Natürlich bedeuten verminderte Exporte Chinas in die USA, dass chinesische Firmen versuchen werden, mehr im Inland abzusetzen, aber auch mehr Richtung EU zu exportieren – zu sinkenden Preisen, was in der EU viele Firmen mit konkurrierenden Produkten neu unter Druck setzt. In der neuen Weltwirtschaft des 21. Jahrhunderts, wo die USA, die EU und China in gegenseitiger Abhängigkeit miteinander verbunden sind, wird jeder Wirtschaftskonflikt zwischen den USA und China immer auch Einflüsse auf Europa haben. Sollte es durch Trumps Handels-, Wirtschafts- und Militärpolitik zu einer Verlangsamung des globalen Wirtschaftswachstums kommen, wird Deutschland als besonders exportorientiertes Land sicherlich unter besonderen Anpassungsdruck geraten. Dabei ist aus Sicht der EU und Deutschlands festzustellen, dass US-Präsident Trump wenig auf Ratschläge oder Vorschläge aus EU-Ländern hört und nicht selten auch seine eigenen ökonomischen Berater ignoriert. Nur im Bereich der Steuerpolitik, wo Trump die Körperschaftssteuersätze für die Unternehmen enorm absenkte, nämlich von 35 auf 21 %, ist der US-Präsident erkennbar seinen ökonomischen Hauptberatern in den Jahren 2016/2017 gefolgt – in vielen anderen Bereichen der Wirtschaftspolitik allerdings nicht.

Im Übrigen hält sich Trump – ohne Selbstironie – laut eigener Twitter-Infos für unglaublich weise und er meint, seine Wirtschaftspolitik und seine außenpolitischen Verhandlungsstrategien seien exzellent. Eine hohe Zahl von Ratgebern hat Trump in den ersten drei Jahren seiner Präsidentschaft entlassen; ohnehin arbeitet die Trump-Administration mit etwa 1000 weniger Ratgebern in der Administration als noch Präsident Obama. Einbildung kann Kompetenz längerfristig nicht ersetzen. Seine unkritische Sicht auf die eigene Wirtschaftspolitik zeigt nur, dass offenbar in der Trump-Administration eine umfassende längerfristige Analyse der Wirtschaftspolitik nicht stattfindet. In der Wirtschaftspolitik fällt dies bei gutem Konjunkturwetter kaum auf, in der Außenpolitik sind unbedarfte Entscheidungen schon eher auch kurzfristig riskant.

Trump hat einige kurzfristige Expansionsimpulse national und international gegeben, die US-Steuerreform – bei den Unternehmensgewinnen – kann gar mittelfristig international wirken. Denn die USA als großes Land erzeugen bei wichtigen Entscheidungen, etwa in der Unternehmenssteuerpolitik, Anpassungsdruck in eine parallele Richtung in der EU, wo es viele US-Tochterunternehmen der großen US-Multis gibt. Österreichs neue Regierung hat Anfang 2020 schon eine Senkung der Körperschaftssteuersätze von 24 auf 21 % angekündigt; und Deutschlands Regierung steht hier auch sichtbar unter Anpassungsdruck. Von Westeuropas Steuerreformen wiederum können sich positive Rückwirkungen auf die USA ergeben. Aber längerfristig stimmig ist Trumps Politik von breiten Steuersenkungen eher nicht. Allerdings werden die Widersprüche erst in einigen Jahren deutlich werden und für eine differenzierte, realistische Sicht zur Trump-Politik fehlen in Berlin, Brüssel, Paris und anderen Hauptstädten sonderbarerweise gute Analyseansätze. Mit seiner zum Teil sonderbaren Wirtschaftspolitik kann Trump die USA durchaus auch mittelfristig wohl noch auf Wachstumskurs halten.

Die US-Beziehungen zu Deutschland und anderen EU-Ländern werden allerdings weiterhin bestenfalls stagnieren. Kanzlerin Merkel hat zu Trump ein eher schwieriges Verhältnis, Frankreichs Präsident Macron hat sich zumindest 2017 geschickt positioniert und wird von Trump auch ernst genommen. Frankreichs Präsident wird seinen relativ guten Draht zu Trump vor allem für Frankreich nutzen, das durch den BREXIT politisch-militärisch in der EU an Bedeutung gewinnt – als einzig verbliebene Atommacht. Macrons Wahlsieg in den französischen Präsidentschaftswahlen war auch schon der Wahlsieg eines politischen Außenseiters – teilweise mit einem liberalen Wahlprogramm rechts der traditionellen Mitte Frankreichs. Eine ungeschickte Benzinpreiserhöhungspolitik im Namen der Umwelt brachte Macron allerdings neuartige Gelbwesten-Proteste der „normalen und einfachen Leute" in den Jahren 2018 und 2019 ein. Dieser Protest ist teilweise links, aber auch teilweise rechts im politischen Spektrum verankert. In Deutschland ist seit 2015 der politische Hauptprotest im rechtspopulistischen Parteienspektrum angesiedelt.

Man kann sich gute Beziehungen – der Realität über Jahrzehnten folgend – zwischen den Vereinigten Staaten und der Bundesrepublik Deutschland vorstellen. Seit 2016 sind sie aber schlecht; viel mäßiger als in den sieben Jahrzehnten nach 1945. Diese Politikbeziehungen könnten über viele Jahre relativ unergiebig bleiben, bis eines Tages eine rechtspopulistische Regierung mit einem weiteren rechtspopulistischen US-Präsidenten zusammenarbeitet: eine sonderbare und beunruhigende Perspektive. Populisten neigen zu riskanter Wirtschaftspolitik und zum Eingehen vieler symbolischer internationaler Konflikte, um zu Hause Wählergruppen zu umgarnen. Populistische Regierungen sind sicher das letzte, was man sich wünschen wird in einer Weltwirtschaft, wo schon wegen des globalen Bevölkerungswachstums bis etwa 2050 und den Erfordernissen breiter Kooperation in der Klimaschutzpolitik (s. mein gleichnamiges Buch – Welfens (2019c)) vor allem verstärkt zusammengearbeitet werden müsste.

Auf den ersten Blick ist es nur die Wahl von Donald Trump zum US-Präsidenten Ende 2016, die für die Verschlechterung der USA-Deutschland-Beziehungen entscheidend ist. Aber im Hintergrund wirken jenseits des neuen populistischen US-Präsidenten wohl doch auch drei mächtige neue Destabilisierungskräfte im Westen. Zunächst die neue Welt des Internets, wo die USA führend sind und das den politischen Wettbewerb verändert sowie neue rechtspopulistische Radikalisierung in Politik und Gesellschaft begünstigt. Darüber hinaus spielt die schwere US-Bankenkrise von 2008/2009 eine wichtige Rolle, die das Vertrauen der Bevölkerung in staatliche Institutionen geschwächt hat.

Die Bankenkrise war auch für Teile Westeuropas ein erheblicher Schock (hinzu kam für einige EU-Länder auch die mehrjährige Eurokrise ab 2010). Wird Präsident Trump für eine zweite Amtszeit gewählt? Es gibt angesichts weniger Präsidenten mit nur einer Wahlzeit in den USA – nach 1945 Jimmy Carter, Gerald Ford und George Bush Jr. – und wegen der relativ guten

US-Wirtschaftslage in den ersten drei Jahren der Trump-Präsidentschaft eine erhebliche Wahrscheinlichkeit für eine Trump-Wiederwahl im Jahr 2020. Wegen des Ende 2019 eingeleiteten Amtsenthebungsverfahrens, das die Partei der Demokraten im US-Parlament auf den Weg gebracht hat und im US-Senat behandelt wurde, zugunsten des Präsidentens, gibt es für Trump einige ernste Wiederwahlrisiken. Hinzu kommt die Sprunghaftigkeit der Trumpschen Militär- und Außenpolitik, die den USA Glaubwürdigkeit und damit Macht nimmt. Schließlich sind im Wahljahr 2020 die besonderen Herausforderungen der Corona-Weltrezession zu bedenken, wie sie im Kap. 2 behandelt worden sind.

Trumps Wahl 2016 war einigermaßen überraschend für viele Beobachter. Selbst Moody's Wahlmodell hatte Hillary Clinton als Siegerin prognostiziert, die ja auch nach Stimmen der Wählerschaft vorn lag. Aber die für die Mehrheit der Wahlmänner und -frauen entscheidenden Bundesstaaten bzw. die Wahlmännerstimmen hatte eben Trump gewonnen. Es wird von Moody's – einer US-Rating-Agentur zur Beurteilung der Qualität von Anleihen – argumentiert, dass die ungewöhnlich hohe Wahlbeteiligung von 2016 den Erfolg Trumps ausmachte. Trump nutzte das Internet sicher besonders geschickt zur Wählermobilisierung in jenem Jahr und sein populistischer Kurs in Verbindung mit breiter Politikunzufriedenheit bei der Wählerschaft brachte ihm den Sieg, auch mit den Stimmen vieler relativ armer Wähler mit eher geringem Bildungsgrad. So jedenfalls eine Kurzfassung zum Hintergrund für den unerwarteten Republikaner-Sieger Trump im Jahr 2016, als im Übrigen auch die Mehrheit des US-Parlaments und des Senats in die Hände der konservativen Republikaner-Partei fiel. Damit war es bei den Zwischenwahlen 2018 aber auch schon wieder vorbei; denn die Demokraten gewannen immerhin die Mehrheit im Parlament zurück. Im Übrigen sagt auch das bekannte Fair-Politik-Wirtschaftsmodell Anfang 2020 eine Wiederwahl von Trump voraus. Das Modell von Ray Fair findet sich mit jeweils aktueller Wahlprognose im Internet, nämlich auf einem Computer an der Universität Yale (Fair 2020).

Das Internet sorgt für erhöhte politische Gegensätze in der Gesellschaft, für Polarisierung, und es gibt gerade auch bislang politisch wenig einflussreichen Wählern aus einfachen Schichten – mit relativ geringer Bildung – eine Stimme. Das mobile Internet bedeutet zudem globale Informationen über Lebensstandards in allen Ecken des Globus für fast alle weltweit: auch über Gesundheitsstandards plus übliche Rentenniveaus und lokale oder nationale staatliche Haushaltsprobleme oder auch die Umweltqualität. Da die große Mehrheit der Weltbevölkerung 2020 internetfähige Mobiltelefone hat, sorgt das mobile Internet mit seinen Weltbildern auch für neuen Auswanderungsdruck aus vielen armen Ländern. Natürlich kann auch das potenzielle Aufregerthema erhöhter Zuwanderungsdruck erst recht für mehr politische Polarisierung sorgen. Das Internet kann also doppelt polarisierend sein. Für Konservative im Westen ist durch drohende hohe Zuwanderung – erst recht, wenn sie aus muslimischen Ländern kommt – ein Bedrohungsszenario entstanden, gegen das man sich erklären sollte.

Eine steigende Wahlbeteiligung in vielen Ländern zeigt als Echoeffekt auch eine wahlrelevante Mobilisierung gerade neuer armer Wählerschichten, von der Populisten mit ihren einfachen Heilsrezeptangeboten besonders profitieren. Diese Stimme ist in Teilen nationalistisch und zuwanderungsskeptisch; Angst vor hohen Zuwanderungszahlen oder auch Flüchtlingszahlen gibt es in vielen Ländern der Welt. Donald Trump hat 2016 einen populistischen, zuwanderungsfeindlichen Wahlkampf geführt und ökonomische Wunder versprochen. Durch die Verletzung einiger ungeschriebener Regeln für vernünftige Wirtschaftspolitik schaffte Trump ein Börsenfeuerwerk 2018/2019 und auch ein recht hohes realen Wachstum von über oder um 2 % pro Jahr. Dabei ist die digitale Wirtschaft in den USA – und in anderen Industrieländern – unverändert ein Treiber von Produktivitätsfortschritten. Dass Trump eine aggressive Handelspolitik gegen viele Länder entwickeln sollte, hatten 2016 wohl wenige Beobachter erwartet. Denn die Republikaner-Partei, für die Trump das Weiße Haus 2016 eroberte, neigt traditionell zu einer wirtschaftsfreundlichen Freihandelspolitik. Allerdings ist Präsident Trump unter anderem in den Jahren 2017–2020 im Bereich Wirtschaftspolitik durch einen großen Verschleiß an Beratern aufgefallen und man kann Trump wohl als ziemlich beratungsresistent in diesem Politikbereich einordnen. Trump, ein gelernter Bauunternehmer, meint offenbar, dass er viele Problemlösungen einfach selbst am besten weiß und im Internet macht er seine jeweils aktuellen Sichtweisen zu vielen Problemfeldern auch häufig deutlich.

Die sozialen Medien bieten im Übrigen ausländischen Geheimdiensten offenbar neue Möglichkeiten, um Wahlen zu beeinflussen. Russland soll auf die US-Präsidentschaftswahl 2016 zugunsten von Trump über die sozialen Medien eingewirkt haben. Inwieweit die USA ähnliches in Russland versucht haben, ist unklar. Aber es wäre erstaunlich, wenn nicht einige der US-Geheimdienste nicht auch das Internet nach 1991 genutzt hätten, um Wahlen in Russland zu beeinflussen. Trump selbst ist ein starker Twitter-Kommunikator. Fast täglich teilt er über Twitter seine Sicht von Problemen und Herausforderungen mit, lästert auch häufig heftig über die politische Konkurrenz. Trumps Ansehen, das nach seinem unerwarteten Wahlsieg Ende 2016 in den USA gestiegen war, ist in Umfragen des US-Forschungszentrums PEW im Jahr 2019 bei der US-Wählerschaft deutlich gesunken.

US-Vizepräsident Pence schrieb am 1. Januar 2020, dass die US-Aktienindices neue historische Höchststände erreicht hätten (Pence 2020). Das kann man so sehen, aber den US-Aktienindex Dow Jones und den S&P500-Index gilt es aus ökonomischer Sicht eigentlich immer in relativer Entwicklung zum nationalen Preisniveauindex zu sehen; das relativiert den angeblich so großen Erfolg der ersten Trump-Administration in der Wirtschaftspolitik. Wird es eine zweite Trump-Präsidentschaft geben? Zu Beginn 2020 kann man die Wahrscheinlichkeit als sehr hoch ansehen. Es bleibt abzuwarten, wie gut sich der Gegenkandidat der Demokraten im Präsidentschaftswahlkamp 2020 in der Wählergunst positionieren kann.

Nicht wenige Ökonomen und politische Beobachter haben sich sehr kritisch über Trumps Wirtschaftspolitik geäußert und natürlich über seinen rüden Stil sowie allzu spontane Twitter-Nachrichten in heiklen außenpolitischen Themenbereichen. Paul Krugman meinte Anfang 2020 in einem Beitrag in der New York Times, dass Trumps Steuerpolitik gar nicht klar expansiv für die USA wirke (Krugman 2020). Das ist aber eine Kritik, die mit ihrer nationalen Fokussierung nicht klar trifft. Man muss für eine vernünftige Beurteilung von Trumps Unternehmersteuerpolitik schon auch die internationale Reaktionswirkung und die Rückwirkung auf die USA mitbedenken – von Trumps Politik ausgelöst: UK und viele EU27-Länder senken nämlich wiederum wegen der steuerpolitisch verschärften transatlantischen Standortkonkurrenz (es geht da vor allem um US-Körperschaftssteuersenkungen der Trump-Administration im Jahr 2017) die Körperschaftssteuersätze, die Unternehmensgewinne betreffen – und zwar natürlich auch für die Gewinne von US-Tochterfirmen in der EU27 und in UK. Höhere Gewinne von US-Tochterfirmen in Europa erhöhen den gegenwärtigen Gewinn der US-Konzernmütter und den erwarteten künftigen Gewinn der US-Tochterfirmen. Genau das treibt die US-Aktienkurse hoch. Außerdem stimulieren erwartete Körperschaftssteuersatzsenkungen in Europa die Investitionen und das Wachstum in der EU. Dann aber steigen auch die US-Exporte Richtung EU27 und Großbritannien. Das wiederum erhöht das US-Realeinkommen: Mit einer positiven Rückwirkung für die EU28. Die Weltwirtschaft im Kern ökonomisch und damit auch politisch zu verstehen, das verlangt seit etwa dem Jahr 2000, als China nach 20 Jahren wirtschaftlicher Öffnungspolitik als Markt groß geworden war, die Verbindungen USA-EU-China/Asien zu untersuchen: Da ist eine neuartige gegenseitige Abhängigkeit, die man erstmals seit einem Jahrhundert in einer Art Länderdreieck (EU als „Land") wahrnimmt und verstehen sollte. Handels-, Technologie- und multinationale Unternehmensinvestitionsaspekte gilt es parallel zu sehen. Es gibt kaum Lehrbuchanalysen dazu, und das heißt, dass die Politikakteure in den USA, der EU und in China – plus Japan – selten einen vernünftigen Analyserahmen haben und Politikentscheidungen oft widersprüchlich sind. Die Kommentare in manchen Zeitungen spiegeln ein Lehrbuchwissen wider, dem ein solides Verständnis dieser Zusammenhänge häufig fehlt.

Nicht wenige Kritiker von Trumps Wirtschaftspolitik meinten, dass der US-Aufschwung unter Präsident Trump rasch in den Politikwidersprüchlichkeiten Washingtons hängen bleiben wird. Das ist aber eine Fehlsicht. Auch wenn man 2020 in einigen US-Bundesstaaten eine rückläufige Wirtschaftsentwicklung haben dürfte, so ist für die USA insgesamt weiterhin Wirtschaftswachstum von nahe 2 % für einige Quartale denkbar. Dies gilt, weil die US-Beschäftigungsquote noch einige Jahre lang ansteigen könnte (Einschränkung zur positiven Wirtschaftsentwicklung: sofern nicht der US-China-Handelskonflikt aus dem Ruder läuft). Oxford Economics-Untersuchungen aus dem Herbst 2019 ergaben in Simulationen für die US-Präsidentschaftswahl 2020 einen Fünf-Prozentpunkte-Vorsprung von Trump (Oxford Economics 2019). Auch das Fair-Modell von der Universität Yale geht zu Jahresanfang 2020 von einer Trump-Wiederwahl aus. Zwar zeigen die Wahlumfragen Ende 2019 einen im Ansehen beschädigten US-Präsidenten, aber um die Wahlen 2020 zu gewinnen, muss Trump eben nur mehr Wahlmänner und -frauen finden als der Gegenkandidat/die Gegenkandidatin von den Demokraten im Wahlkampf zum Jahresende. Joe Biden hat viel Politikerfahrung, aber im Corona-Krisenjahr 2020 war er zumindest in der ersten Jahreshälfte eher wenig sichtbar in der Öffentlichkeit.

Eine Politikkooperation des BREXIT-Populisten Boris Johnson in UK mit einem achtjährig wirkenden US-Populisten Trump wäre wohl das Ende des Westens in der bisherigen Form; auch die USA dürften sich institutionell und personell enorm ändern, zumal Präsident Trump schon bis Weihnachten 2019 immerhin 167 Bundesrichter neu ernannt hatte (darunter zwei Richter des Verfassungsgerichts). Dabei könnte Johnson selbst ohne weiteres zehn Jahre im Amt sein. Die Expansion von Populistenparteien auf dem europäischen Kontinent ginge dann mit Macht voran, die EU wäre wohl bald vom nächsten Austrittsproblemfall bedroht und wenn am Ende Deutschland in einer geschrumpften EU 2040 als eine Art Neues Mitteleuropa dastünde, so wäre das für Europa eine fast maximale Destabilisierung. Man sollte nicht vorschnell erklären, dass eine solche Schockentwicklung nicht binnen ein bis zwei Jahrzehnten möglich wäre. Dieselben, die dies für unmöglich erklären, sind gerade wohl jene, die Anfang 2016 auch einen BREXIT oder eine Trump-Wahl für unmöglich hielten (in Sachen BREXIT gehörte ich selbst zu den

Skeptikern, nachzulesen in *BREXIT aus Versehen* 2017a, 2. Auflage 2018b; englische Ausgabe 2017c). Wer hätte im Übrigen vor Jahren prognostiziert, dass die EU 2020 nach über 40 Jahren Mitgliedschaft ihr zweitgrößtes Mitglied, das Vereinigte Königreich, verlieren werde?

Man kann auch alten Institutionen und Mitgliedschaften in den Zeiten von Populismus und Internet sowie schlechtem Risikomanagement der EU-Führungsländer und der EU-Kommission in Sachen Stabilität kaum vertrauen. Ob der neuen Kommissionschefin Von der Leyen in Gesprächen gelingt, das EU-USA-Verhältnis zu verbessern, bleibt abzuwarten. Je mehr im Übrigen sicherheitspolitische internationale Probleme auf die Politikagenda kommen, desto stärker bzw. einflussreicher dürften die Positionen der USA sowie Großbritanniens und Frankreichs werden. Der Einfluss Deutschlands in der EU könnte deutlich zurückgehen. Die Politik der Euroländer hat im Übrigen die Europäische Zentralbank absehbar massiv geschwächt, indem sie ihr die Großbankenaufsicht nach der Transatlantischen Bankenkrise übertragen hat. Diese Zentralbank wird zudem zunehmend den Widerwillen der von Null-Zinspolitik der EZB geschädigten Sparerinnen und Sparer in Deutschland spüren und wenn der institutionelle Konsens auf der Ebene der Bevölkerung großer Mitgliedsländer weiter geschwächt wird, ist es nur eine Frage der Zeit, bis auch die Eurozone in ernsten Problemen ist. Dass die EZB im Aufschwung 2018 den Notenbankzins nicht auf wenigstens 1 % hochgesetzt hat, wie dies ähnlich ja in den USA und UK zuvor der Fall gewesen war, ist ein historischer Fehler von EZB-Notenbankchef Draghi. Frau Lagarde als seine Nachfolgerin, die keine ökonomische Ausbildung hat, wird sich schwer tun, die Qualität der EZB-Politik zu verbessern. Je schwächer die EU und die Eurozone auf internationaler Bühne dastehen, desto leichter werden es die Johnson-Regierung und eine neue Trump-Administration haben, die EU27 weiter zu schwächen. Es ist nicht ausgeschlossen, dass die neue Von-der-Leyen-Kommission eine sinnvolle Strategie entwickelt, um die EU zu stabilisieren – vielleicht über eine durchdachte Klimapolitik der EU und anderer G20-Länder, womit man die USA zumindest längerfristig auch unter Druck setzen kann. Präsident Trump hat im Jahr 2019 den Ausstieg aus dem Pariser UN-Klimaabkommen vollzogen.

Erfolgt keine Wiederwahl von Donald Trump als US-Präsident, so heißt das noch lange nicht, dass der US-Populismus erledigt ist. Vielmehr stehen die USA aus klar nachvollziehbaren Gründen – wie gezeigt werden wird – vor einem langfristigen, strukturellen Populismusproblem, das von großer Bedeutung für die ganze Weltwirtschaft sein wird. Eine ökonomisch frustrierte untere Einkommenshälfte der US-Bevölkerung und der US-Wählerschaft wird sich wohl für viele Jahre immer aufs Neue von der US-Wirtschafts- und -Sozialpolitik enttäuscht sehen. Bei weiter wachsender Einkommensungleichheit in den USA und der Möglichkeit für radikale Politiker, über das Internet eine Polarisierung der Wählerschaft zu entfachen, gibt es für neue Populisten in den Vereinigten Staaten für eine Reihe von Jahren beste Aussichten, die Macht zu erringen – mit personell neuen Besetzungen von Obersten Gerichten und wichtigen Politikinstitutionen das ganze Wirtschafts- und Politiksystem der USA allmählich radikal zu verändern; sich immer neue populistische Kooperationspartner im Ausland aufzubauen und die großen internationalen Institutionen immer weiter zu beschädigen, damit am Ende eine Art „neu-altes" Regime einer Rivalität der Großmächte entsteht: fast wie im späten 19. Jahrhundert. Natürlich mit neuen Akteuren, wie etwa China, Indien und USA sowie alten wie Russland und UK – plus womöglich einer EU27.

Polarisierungen schwächen die repräsentative Demokratie, die häufig auf Kompromisse der Parteien angewiesen ist, um Stabilität politisch-ökonomisch zu erzeugen. Fehlende Kompromissfähigkeit war ein Kennzeichen der bürgerlichen Parteien in der Weimarer Republik nach dem Ersten Weltkrieg in Deutschland und am Ende stand die Machtergreifung des Populisten Hitler und dann kamen nach dem März 1933 Diktatur und dann 1939 die Entfesselung des Zweiten Weltkriegs.

Politische Polarisierung im Internet wirkt im Übrigen in all den gut fünf Dutzend Ländern, die man 2020 als Demokratien bezeichnen kann, natürlich auch in Europa – und klar auch in Deutschland. Zur Polarisierung der Wählerschaft beitragen dürfte die Alterung der Gesellschaften in westlichen Ländern bzw. in Europa, wo die Mehrheit der älteren Wähler weniger EU-freundlich ist als die jüngeren Generationen. Migrationsangst ist auch eher eine Problemwahrnehmung älterer Arbeitnehmer und von Rentnern, die sich oft um die Finanzierbarkeit ihrer Rente sorgen (und Immigranten als Konkurrenten beim Staatsbudget bzw. bei den Sozialkassen sehen). Das britische EU-Referendum und die britischen Wahlen 2019 haben dies exemplarisch gezeigt, wobei 2019 die Konservative Partei – mit Anti-EU-Programmatik – in allen Altersgruppen über 45 Jahren gewonnen hat – eine demografische Teilung der Wählerschaft, die auch schon im EU-Referendum 2016 ähnlich galt. In den USA war Trump ebenfalls der Gewinner in den Altersgruppen oberhalb 45 Jahren und wie in UK beim EU-Referendum 2016 war der populistische Wähleranteil in den USA besonders hoch bei weniger Gebildeten. In den USA konnte man auf Basis von Nachwahlbefragungen („exit polls") teilweise von einer Koalition der besonders reichen 1 % der Wählerschaft mit den relativ armen Wählerschichten sprechen. Als wichtige Trump-Themen, die bei der Wählerschaft 2016 breite Unterstützung fanden, galten – gemäß Wählernachfragen des Roper-Center der Cornell Universität – Einwanderungsprobleme und Terrorfurcht.

Ein zweiter Hintergrundpunkt für die Trump-Wahl ist die schockierende massive US-Bankenkrise von 2008/2009, die für die meisten Experten so überraschend kam und so gar nicht zum lauten Siegerecho des Westens passen wollte, der den Kampf der Wirtschaftssysteme West gegen Ost 1917–1991 so glänzend gewonnen hatte. Das Vertrauen der Bevölkerung in die meisten Institutionen in den USA – außer der Wissenschaft – zeigt eine langfristige Schwächung. Noch unter Präsident Clinton, gut versorgt mit Wahlkampfspenden von Banken und Fonds von der Wall Street, hatte in den USA eine überzogene Bankenliberalisierung begonnen. Zusammen mit schlecht arbeitenden „führenden" Rating-Agenturen – die kaum Regeln beim Benoten von Unternehmensanleihen unterworfen waren und überzogen viele Top-Ratings an Finanzprodukte bzw. Fonds und Banken verteilten – führte das zu dem sonderbaren Problem, dass die Risikoprämie (Differenz zwischen Unternehmens- und Staatsanleihen) in den USA im fortschreitenden Konjunkturaufschwung 2003–2006 immer geringer wurden. Mit fortschreitendem Konjunkturaufschwung werden die Risiken von Investitionsprojekten allmählich zunehmen. Also wurden in den USA 2003–2006 viel zu große Risiken von Banken und Investmentfonds eingegangen. Das führte zur US-Bankenkrise, die erhebliche Auswirkungen auf EU-Länder hatte. Großbritannien war in Europa das wichtigste Krisenland in der Transatlantischen Bankenkrise, Irland war ebenfalls massiv von der Bankenkrise betroffen. In Deutschland waren auch einige Banken von dieser Bankenkrise hart erwischt. Mangel an Regulierung von Banken und Finanzmärkten war der Hauptgrund der Bankenkrise in den USA und UK sowie Deutschland, Frankreich, Belgien und der Niederlande.

Man hatte 2008/2009 den Eindruck, dass vor allem die Regierungen in den USA, Großbritannien und Deutschland den Überblick verloren und die Kunst soliden Regierens in der Wirtschaftspolitik verlernt hatten. Es ergab sich der Eindruck eines politischen Kontrollverlusts, der sich in westeuropäischen Ländern im Zuge der Flüchtlingswelle von 2015/2016 nochmals verstärkte (ein wesentlicher Grund für die Flüchtlingswelle aus dem Nahen Osten lag darin, dass die USA und einige reiche arabische Länder die Beiträge an das UN-Flüchtlingshilfwerk gekürzt hatten, was zu deutlichen Kürzungen der Essensrationen in den Flüchtlingslagern der UN im Nahen Osten und einer folgenden Hungeremigration führte). Kaum ein Politiker oder Manager von Großbanken in diesen drei Ländern musste vor Gericht erscheinen, während für normale Bürgerinnen und Bürger schon ein ungemeldeter Parkrempler mit dem Auto auf dem Parkplatz ein Gerichtsverfahren nach sich ziehen kann. Das Vertrauen der Menschen in die Politik in führenden westlichen Ländern ist im Zuge der Bankenkrise zeitweise erheblich gesunken.

Die meisten Menschen in Europa hatten 2008/2009 keinen Einblick, wie massiv die Krise des US-Bankensystems war, in das auch noch die größte US-Versicherung, AIG, verwickelt war (der republikanische Präsident George Bush Jr. rettete die AIG nur wenige Tage nach dem Konkurs der US-Investmentbank Lehman Brothers am 15. September 2008). Ohne die staatliche AIG-Rettung wären zahlreiche weitere Banken in den USA und in der EU Richtung Konkurs geschlittert. Denn es ging um Großbanken, die sich gegen Kreditausfälle bei AIG versichert hatten: Wenn AIG in Konkurs gegangen wäre, dann wären diese in der Bankenkrise besonders wichtigen Kreditversicherungen nichts mehr wert gewesen und große Bankenkonkurse wären gefolgt). In den USA musste die Obama-Administration mit der schwierigen und sonderbaren Hinterlassenschaft der Regierung von Bush Jr. fertig werden, der viele Verantwortlichkeiten der US-Bankenkrise zu vernebeln suchte. Einen Bericht des Internationalen Währungsfonds zur US-Bankenkrise ließ Präsident Bush Jr. erst nach seinem Ausscheiden zu. Während die erste Obama-Administration 2009 ins Amt kam und sich mit der Rettung des US-Wirtschaftssystems abplagte, standen in der zweiten Obama-Amtszeit 2013–2016 Themen wie Krankenversicherungsreform, Umweltschutz und Verhandlungen über ein Transatlantisches Freihandelsabkommen (TTIP) auf dem Arbeitsprogramm.

Dabei war TTIP für die Europäer als eine Art Ausgleich für das geplante Transpazifische Freihandelsabkommen der USA mit elf weiteren Partnerländern in Lateinamerika und Asien – darunter am Ende auch Japan – gedacht. Das transatlantische TTIP-Projekt beerdigten zur Hälfte Deutschland und Frankreich durch ihre politischen Zögerlichkeiten, wobei sozialdemokratische Wirtschaftsminister in Deutschland und Frankreich wesentlich verantwortlich waren, dass man mit der Obama-Administration 2016 keinen Vertragsabschluss in den Verhandlungen erreichte; man jammerte vor allem über Probleme im Bereich des Investitionsschutzes, die bei guter Verhandlungsführung wohl zu lösen gewesen wären. Einen gewissen Anteil am Scheitern von TTIP hatte auch die EU-Kommission, die offenbar nicht verstand, dass man in der Zeit des Internets Handelsverhandlungen anders der Öffentlichkeit präsentieren musste als früher. Aus Eigeninteressen waren die öffentlich-rechtlichen TV-Sender in Deutschland gegen TTIP, was zu einer völlig verzerrten TV-Berichterstattung führte: Pro-TTIP-Argumente wurde unterdrückt. Der Beerdigungsstoß für TTIP kam dann durch den neuen US-Präsidenten Trump, der mit einer neuartigen Politikvermutung auftrat: Die USA seien bei allen Freihandelsverhandlungen über den Tisch gezogen worden.

Nur von Trump in Einzelfällen angeordnete Neuverhandlungen boten laut dem neuen US-Präsident die Chance, für die USA bessere, angemessene Bedingungen zu erzielen. Scharf ging Trump China an, zudem auch zeitweise Kanada, Korea, Japan und die EU.

Während also Trump seit 2016 die USA von der EU wegführt, gleitet auch Großbritannien vor dem Hintergrund der BREXIT-Mehrheit im EU-Referendum und des Johnson-Wahlsiegs im Dezember 2019 in UK aus der EU. Jeder normale Club hätte eine ziemlich heftige interne Auseinandersetzung, wenn der zweitgrößte Beitragszahler nach über 45 Jahren den Club unerwartet verlässt. Nur die EU-Kommission unter Präsident Juncker stellte sich blind und ahnungslos, konnte sich in der Zeit der britischen BREXIT-Politikwirren 2016 bis Herbst 2019 in die Büsche schlagen: die Juncker-Kommission war in weiten Teilen verantwortungslos und auch ideenlos über die Ursachen der Misere und die Perspektiven für vernünftige Reformen. Die Kommission ist sich ihrer Sache bei der Argumentation für EU-Vorteile für die EU-Mitgliedsländer offenbar auch nicht sicher: Eine Pressekonferenz zu den Brutto- und Nettobeitragszahlungen gab es 2018 in Brüssel erst gar nicht. Das ist ein unmöglicher Zustand bei der EU und ist eine Einladung an alle EU-Gegner, gegen die EU politisch Front zu machen. Hier wird sichtbar, dass es offenbar einer neuen besseren Ausbalancierung von Kosten und Nutzen der EU-Mitgliedschaft geben müsste.

Kanzlerin Merkel wurde in den Jahren 2015–2019 nicht bekannt dafür, dass sie EU-Reformimpulse gegeben hätte; eher schon sorgte die widersprüchliche und konfuse deutsche Flüchtlingspolitik 2015/2016 dafür, dass die Wählerschaft die EU-Schwächung im BREXIT-Kontext nicht wahrnahm und das Asyl- und das Zuwanderungsthema auf die Agenda kamen. Die intellektuelle und politische EU-Schwäche und die Reformpassivität Deutschlands blieb den großen Politikakteuren auf der Welt, Russlands, Chinas und der USA, sicher nicht verborgen.

Deutschland und mit Abstrichen auch Frankreich hätten immerhin in den Jahren 2016–2020 verstärkt die Vorteile westeuropäischer sozialer Marktwirtschaften im Vergleich mit dem effektiven Lebenszeitstandard verdeutlichen können; Deutschland und Frankreich stehen, wenn man die Zahlen zur niedrigeren europäischen Säuglingssterblichkeit hinzunimmt, in einer ökonomisch besseren als oder in einer gleichwertigen Position wie die USA (s. allerdings: Welfens 2019b: The Global Trump). Aber hierfür fehlt in Berlin und Paris fast jedes politische Bewusstsein und auch relevantes Wissen. Mit wichtigen Statistiken beschäftigt sich die Politik oft gar nicht. Die Oberflächlichkeit der Analyse in Wirtschafts- und Finanzministerien einiger EU-Länder in wichtigen Bereichen ist besorgniserregend. Strategische europäische Positionsvorteile, die für politischen Konsens und sinnvolle Reformen eine optimistische Grundstimmung in Deutschland und Frankreich sowie anderen EU-Ländern erzeugen könnten, werden oft nicht erkannt und nicht benannt. Stattdessen sorgen regierungsseitige Fehler, die allgemeine internetbasierte Aufregungsverstärkung und ein medialer Hang, Ungleichheitsprobleme zu bejammern, dafür, dass man sich in einer gefühlt schlechten Wirklichkeit unzufrieden fühlt.

Dazu gesellen sich in der Internetgesellschaft bei einer Negativgrundstimmung gern Wutbürger, die zumindest in Deutschland eher relativ selten echten Grund zur Unzufriedenheit haben. In Deutschland zeigt eine Statista-Statistik, dass die Chancen für Arbeiterkinder, sozial aufzusteigen, allgemein als groß angesehen werden, was kaum bekannt ist. Der Journalist Thomas Fricke hat im Oktober 2019 eine Umfrage durchführen lassen, die nach der Wahrnehmung von Abstiegsrisiken in der Bevölkerung fragt: Die Antworten sehen relativ häufig Abstiegsrisiken (Fricke 2019). Diese isolierte Abstiegsperspektive plus einige andere Befragungsergebnisse führen zum Befund „Angst im Aufschwung". Hätte Fricke nicht nur die breite Wahrnehmung von Abstiegsrisiken gesehen, sondern auch die wahrgenommenen guten Aufstiegschancen für Arbeiterkinder beachtet, hätte das vernünftige Gesamtbild einfach nur geheißen: Deutschland ist eine offene Gesellschaft mit Aufstiegs- und Abstiegschancen, keine statusmäßig festgemauerte feudale Gesellschaft! In den USA sind die Aufstiegschancen immer noch relativ gut, aber die untere Hälfte der Einkommensbezieher sieht sich mit starken Positionsverlusten im Zeitraum 1981–2015 – im Gegensatz zum westlichen Kontinentaleuropa, wo nur geringe Positionsverluste für die untere Hälfte der Einkommensbezieher zu verzeichnen waren.

Wer führt die USA aus dieser schwierigen Situation und einer breiten politischen Frustration heraus, die nur die Superreichen und einige höhere Einkommensschichten nicht betreffen? Das ist eine Frage für die Präsidentschaftswahlen 2020. Donald Trump will wieder antreten, wobei die Demokraten eine ganze Phalanx von Präsidentschaftskandidaten aufbieten. Die transatlantischen US-EU-Beziehungen und auch die USA-Deutschland-Beziehungen könnten, falls Trump wiedergewählt wird, nach 2020 nochmals schlechter werden, als sie es in der ersten Präsidentschaft von Trump waren.

Die transatlantischen Politikverbindungen Deutschland-USA waren schon einmal schwach unter Bundeskanzler Helmut Schmidt und US-Präsident Jimmy Carter, Mitglied der Demokraten. Seit 2016 sind die Beziehungen zwischen Deutschland plus auch der EU und den USA unter dem Republikaner-Präsidenten Donald Trump wirklich schlecht in vielen wichtigen Feldern. Der US-Präsident untergräbt mit immer neuen Angriffen auf Deutschlands angeblich zu geringe Militärausgaben und die hohen Handelsüberschüsse der

EU bzw. Deutschlands die transatlantische Kooperation in Wirtschaft und Politik. Indem Trump im Dezember 2019 die Welthandelsorganisation (WTO) beim Streitbeilegungsmechanismus stilllegte, hat er für eine neue Risikoquelle des Welthandels gesorgt; für Deutschland als globale Exportmacht ist das ein Alarmsignal und für die große Mehrzahl der EU-Länder auch. Die Wachstumsraten beim globalen Außenhandel sind unter Präsident Trump zurückgegangen, wobei dessen aggressive Zollpolitik zunächst eher geringen Schaden in der Weltwirtschaft im Jahr 2017 anrichtete. Die zunehmend heftigen USA-China-Zollkonflikte 2018/2019 sorgten allerdings für internationale konjunkturelle Dämpfungseffekte und zeitweise auch für eine Dämpfung der Börsenentwicklung in Westeuropa bzw. Deutschland. Ist die unter Trump eingetretene Verschlechterung der USA-Deutschland-Beziehungen nur eine vorübergehende Beschädigung einer stabilen transatlantischen Vernetzung? Was bedeuten strukturell verschlechterte Beziehungen USA-Europa für Deutschland und andere EU-Länder sowie die USA selbst?

Egal ob Trump wiedergewählt wird oder nicht, die US-Beziehungen zu Deutschland und der EU werden auf mindestens ein Jahrzehnt in eine Schieflage geraten, wie sie bisher unbekannt ist – dies zeigt diese Studie deutlich. Denn in den USA ist der Populismus aus bestimmten Gründen für viele Jahre auf dem Vormarsch. Das schließt eine zeitweise Rückkehr zur „alten Normalität" in den Vereinigten Staaten nicht aus. Aber der US-Populismus ist ein strukturelles, also auch längerfristiges Phänomen des frühen 21. Jahrhunderts. Wenn der Populismus sich in den USA – und auch in UK – ausbreitet, dann wird das wohl nicht ohne ernste Folgen für Deutschland und die kontinentaleuropäischen Länder plus Irland bleiben. Populismus heißt Nationalismus plus Protektionismus und eine riskante makroökonomische Politik. Wegen der Größe der US-Wirtschaft sind damit erhöhte Risiken für Europa, China bzw. Asien und die ganze Weltwirtschaft verbunden. Es herrscht seit 2016 eine neue Populismusneigung im Westen, der national und international destabilisierend wirkt und ein Risiko für die globale Stabilität ist.

Es ist nicht ausgeschlossen, dass der Westen implodiert und eine neue Konkurrenz der Großmächte entsteht; mit einer massiv verkleinerten Rolle der internationalen Organisationen, mit viel neuem Bilateralismus und mit ganz neuen Konfliktlinien. Ob sich Deutschland und die EU in dieser neuen globalen Entwicklung werden behaupten können, ist ziemlich unklar. Die zum Teil verschlafene Politik in Berlin und Brüssel, das naive Denken in weiten Teilen der Politik, die Unlust an einer vorausschauenden Analyse sind gefährliche Entwicklungen für die EU27 (EU28 ohne Vereinigtes Königreich). Schon unter Präsident Obama haben die USA ihren Wirtschafts- und Politikfokus mit einer gewissen neuen Priorität auf Asien ausgerichtet, wobei China dort Nr. 1 im ökonomischen Sinn geworden ist: eine autokratische Marktwirtschaft, die in allen Regionen der Welt vordrängt.

Die USA und Westdeutschland sowie Westeuropa stehen nach 1945 für eine lange gute Beziehung. Durch die Mitgliedschaften in EU (1957) und NATO (Gründung 1949, Bundesrepublik Deutschland Mitglied seit 1955) war die Bundesrepublik Deutschland zunächst klar institutionell im Westen verankert. Die Bundesrepublik Deutschland verließ sich bei ihrer Verteidigungsstrategie gegenüber dem Warschauer Pakt unter Führung der Sowjetunion letztlich auf die US-Atomwaffenabschreckung. Die deutsche Bundesregierung stand daher stets eng an der Seite der USA, auch bei der Blockade der Olympiade in Moskau, wobei diese Blockade sich nach dem sowjetischen Einmarsch in Afghanistan 1979 ergab. Eine Dekade danach zog die sowjetische Armee geschlagen aus diesem Land ab, wo die USA islamistische Kämpfer gegen diese Armee mit modernster Waffenausrüstung unterstützte, bis diese sich in den 1990er-Jahren dann gegen die USA selbst wandten; unter anderem mit dem Angriff auf das World Trade Center in New York am 11. September 2001.

Bundeskanzler Schröder erklärte nach dem Angriff mit zwei gekaperten zivilen Flugzeugen auf die beiden Türme des World Trade Center die uneingeschränkte Solidarität mit den Vereinigten Staaten. Da war Deutschland wiedervereinigt – sicher auch dank der Hilfe des „neuen" Russlands unter Präsident Gorbatschow – und sah sich fest in der NATO und in der EU verankert. Aus Sicht der westeuropäischen Länder war die Gründung der EU nicht nur motiviert von der Hoffnung auf wirtschaftliche Vorteile durch zollfreien innergemeinschaftlichen Handel, sondern es ging auch darum, einer denkbaren neuen militärischen Aggressionsneigung Deutschlands durch eine feste politische Verankerung im Westen vorzubauen.

Mit der Wiedervereinigung 1991 sollte Deutschland politisch souverän, stabil und erwachsen sein. Im Jahr 2019 kann man allerdings feststellen, dass das wiedervereinigte Deutschland politisch ziemlich instabil geworden ist und die rechtspopulistische AfD in allen Länderparlamenten vertreten ist, zudem im Deutschen Bundestag und im Europäischen Parlament. In Thüringen gibt es eine denkbare negative Blockademehrheit von AfD und Die Linke im Landtag. Es sei angemerkt: In der Weimarer Republik hatte es eine Links-SPD-Koalitionsmehrheit zeitweise in den Landtagen von Thüringen und Sachsen gegeben.

Die Große Koalition von CDU/CSU und SPD hat wenig an guter Regierungsarbeit nach 2017 geleistet: Nicht einmal eine Lösung für eine Grundrente – etwas oberhalb der Altersgrundsicherung (quasi Sozialhilfeniveau für Rentner) – konnte man mit vernünftigem Timing erreichen. Die wahltaktisch wegen des starken Bezugs auf Teilzeitarbeit und mindestens 35 Jahren Arbeitszeit eigentlich gerade für Ostdeutschland wichtige Grundrente wurde vereinbart *nach* den drei Landtagswahlen im Herbst 2019 in Sachsen, Brandenburg und Thüringen. Die AfD hat wohl gute Expansionschancen auf mittlere Sicht, während die SPD in 2019 in nationalen Meinungsumfragen auf unter 15 % fiel; in einigen Umfragen unter das Niveau der AfD.

Noch 1990 war die Bundesrepublik Deutschland nicht souverän, es gab die Besatzungsmächte USA, Frankreich und Großbritannien mit ihren jeweiligen Truppenteilen in der Bundesrepublik Deutschland – inklusive West-Berlin. Letzteres hatte geografisch eine Insellage mitten in der von Sowjettruppen kontrollierten Deutschen Demokratischen Republik. Die Kohl-Regierung schaffte in klugen Zwei-plus-Vier-Verhandlungen und dem Einigungsvertrag zwischen der Bundesrepublik Deutschland und der DDR die historische Wiedervereinigung Deutschlands. Mit dem Zerfall der Sowjetunion und der sozialistischen Staaten in Osteuropa begannen im wiedervereinigten Deutschland und in der EU neue Tendenzen:

- Die sozialistische Desillusionierung in Osteuropa bedeutet vorübergehend: In den meisten EU-Ländern wurden radikallinke Parteien zunehmend unpopulär, zugleich ergab sich eine Expansion populistischer und nationalistischer Politikströmungen in einigen Ländern. Darunter waren Frankreich und UK, wo populistische nationale Anti-EU-Parteien 2014 die höchsten Stimmenanteile gewannen (rechtspopulistischer Front National in Frankreich unter Führung von Marine Le Pen; rechtspopulistische UKIP unter Führung von Nigel Farage).
- Es ergab sich eine unkritische politische Euphorie bei Marktliberalisierungen in den USA und vielen EU-Ländern. In diesem Kontext wichtig ist eine Überliberalisierung von Banken und Finanzmärkten in den USA, UK und einigen Ländern der Eurozone im Zeitraum 1998–2008; es war eigentlich völlig klar, dass die Finanzglobalisierung destabilisierend wirken musste (so der Chef-Volkswirt des Internationalen Währungsfonds Rajan in einem wichtigen Vortrag auf der internationalen Tagung der Notenbankchefs in Jackson Hole im Jahr 2006. Mit dem Zusammenbruch der Lehman Brothers Investmentbank am 15. September 2008 ergab sich dann eine existenzbedrohende Systemkrise in den USA und später in UK, die zu staatlichen Rekorddefizitquoten in beiden Ländern führten. In UK kam es sonderbarerweise in der Folge mit Verzögerung dann zum EU-Austritt bzw. der BREXIT-Mehrheit im EU-Referendum, wie sich zeigen lässt (s. meine Beiträge Welfens 2016, 2017a, c, 2018b). Auch wenn der BREXIT-Prozess zeitweise nach einer UK-Instabilität aussah und womöglich sich

später noch ein Zerfall des Vereinigten Königreichs ergibt – denkbar sind die Abspaltung von Schottland und Nordirland von UK –, so zeigt der haushohe Wahlsieg des entschiedenen BREXIT-Befürworters Boris Johnson im Dezember 2019: Ein EU-Austritt ist ein politisch lohnender Schritt. Denn er bringt für die Konservativen als Partei wohl eine Zehn-Jahres-Mehrheit im Britischen Parlament; so hoch ist der Wahlsieg der Konservativen im Jahr 2019 gewesen. Den Wahlsieg errang Boris Johnson mit seinem Motto „Lass uns den BREXIT umsetzen". Für die Labour-Partei unter dem Alt-Linken und EU-Binnenmarktgegner Corbyn war die Wahlniederlage verheerend. Jahrzehnte Pro-EU-Tradition von Labour hat Corbyn in politischer Verwirrung aufgegeben: Labour Premier Wilson hatte 1975 ein EU-Referendum durchgeführt und dabei eine Zwei-Drittel-Mehrheit pro EU erreicht. Helmut Schmidt als westdeutscher SPD-Kanzler hatte als Gastredner auf einem dem damaligen Referendum vorgeschalteten Labour-Parteitag gute Argumente für eine britische EU-Mitgliedschaft zu geben versucht.

- Die EU ist ein Verlierer des britischen BREXIT-Referendums. Für die EU kam die BREXIT-Mehrheit im Referendum 2016 überraschend und Kommissionschef Juncker hatte sich auch im Vorfeld des Referendums nicht in Großbritannien sehen lassen oder wenigstens eine allgemeine EU-Infokampagne durchgeführt. Boris Johnson wiederum stellte sich vor einen roten Kampagnenbus im Referendumswahlkampf 2016, auf dem stand: 350 Mio. £ pro Woche sei der britische EU-Beitrag und diesen Betrag werde man nach einem EU-Austritt (BREXIT) dann ins nationale Gesundheitssystem NHS stecken. Dann hieß es noch „Take Back Control" – holen wir uns die Macht aus Brüssel zurück, damit wir wieder volle nationale Macht haben werden. Die Johnson-Aussage einer 350 Millionen-Pfund-Spritze nach BREXIT fürs Gesundheitssystem war eine politische Lüge und der Chef des Britischen Statistikamts Sir Norgrove schrieb das auch – nach Wiederholung der falschen Zahlen durch Johnson – in einem offenen Brief am 17. September 2017 an den damaligen Außenminister Johnson (die Juncker-EU-Kommission sandte keine blauen Infobusse mit den korrekten Nettowochenbeitragszahlen in die EU-Länder als Aufklärungsinfo; nicht erstaunlich, da der Kommission die Nettozahlungsübersichten eher peinlich sind und Sorge mit Blick auf die Hauptzahlerländer bestehen, dass hier Anti-EU-Wut entstehen könnte). Denn natürlich würde jede künftige britische Regierung die bisher von der EU empfangenen Zahlungen an bestimmte Regionen, Universitäten und Firmen im Vereinigten Königreich aus dem nationalen Staatsbudget ersetzen, was bedeutete: Nach dem EU-Austritt konnte man nur etwas weniger als die Hälfte der berühmten 350 Mio. £ pro Woche, nämlich Nettozahlungen von etwa 170 Mio. £, ins Nationale Gesundheitssystem stecken. Die Konservative Premierministerin May, die den Referendumsverlierer Cameron abgelöst hatte, kündigte an, einen Freihandelsvertrag nach dem BREXIT mit den USA und anderen Ländern schließen zu wollen, wobei US-Präsident Trump zu Beginn seiner Präsidentschaft den BREXIT und den späteren Wahlsieg von Boris Johnson euphorisch begrüßte. Trump hatte im Übrigen zu Beginn seiner Amtszeit im Jahr 2017 gesagt, dass er die EU-Integration nicht unterstützen wolle und er hatte auch öffentlich Zweifel an der NATO geäußert.

- Der Labour-Premier Blair hatte in seinem Wahlprogramm 1978 die Verankerung der Menschenrechte in nationalem Gesetz als wichtigen Punkt aufgeführt, was die Blair-Regierung nach gewonnener Wahl durchsetzte. Die zuvor nur auf Ebene der EU-Mitgliedschaft und des Europäischen Gerichtshofs verankerten Menschenrechte wurden Teil der nationalen Gesetze in den EU-Ländern. Verletzungen der Menschenrechte wurden damit für britische Bürger individuell einklagbar vor nationalen Gerichten in UK und auch dem Europäischen Menschenrechtsgerichtshof beim Europarat in Straßburg. Für UK mit seiner fehlenden schriftlichen Verfassung bedeutete dieser Schritt von Labour einen wichtigen rechtlichen Schritt, der unter anderem Arbeitnehmerrechte besser absichern helfen konnte. Für konservative und nationalistische britische Anti-EU-Gruppierungen war hier allerdings ein wichtiger Impuls, sich nunmehr noch verstärkt gegen alle europäischen Souveränitätsbeschränkungen zu wenden: also auch gegen die EU und den Europäischen Gerichtshof. Im Übrigen lud die Labour-Partei 2015 keineswegs den deutschen Bundespräsidenten oder hochrangige deutsche oder französische Regierungsmitglieder ein, um Pro-EU-Argumente in der britischen EU-Mitgliedschaftsdebatte zu stärken. Corbyns öffentlich erklärte Hoffnung für den Fall eines EU-Austritts hieß vereinfacht: Austreten aus dem EU-Binnenmarkt bringt freie Hand für nationale Subventionierung der Industrie in UK, etwa der Stahlindustrie. Im EU-Binnenmarkt wäre dies wegen der EU-Subventionskontrolle nicht möglich gewesen. Die Johnson-Regierung setzt nach ihrem hohen Wahlsieg im Dezember 2019 auf den britischen EU-Austritt Ende Januar 2020, um danach in Verhandlungen EU-UK einen für Industrie und Wirtschaft günstigen Freihandelsvertrag mit der EU27 zu erreichen. Der EU kann man von einem großzügigen Freihandelsvertrag nur abraten, da ein solcher einer Einladung auf baldige weitere EU-Austrittsmanöver gleichkäme.

Es wird wohl kaum ein Jahrzehnt dauern, bis der nächste EU-Austrittskandidat sich präsentiert, wenn das EU-Integrationsprojekt nicht klug weitergeführt wird. Wegen der raschen Alterung der Gesellschaften in Deutschland, Italien und Spanien nach 2025 dürfte die EU-Müdigkeit in diesen Ländern weiter zunehmen. Schon die BREXIT-Mehrheit in UK im Referendum 2016 und die Mehrheit der Konservativen Partei in der Dezemberwahl in UK in 2019 zeigte klare Mehrheiten der älteren Wähler gegen die EU. Im Jahr 2019 hatten die Konservativen in den Altersgruppen oberhalb von 45 Jahren bei der Wählerschaft ein relative Mehrheit, im Übrigen waren laut Untersuchungen des Wahlforschers John Curtice für Pro-BREXIT-Parteien 45 % der Wählerschaft, 52 % waren für Parteien mit Pro-EU-Orientierung oder mit dem Wahlprogrammpunkt 2. Referendum zur EU-Mitgliedschaft. Eine Minderheit älterer Anti-EU-Wählerinnen und -wähler hat den jüngeren Generationen in UK das Verbleiben in der EU genommen. Bei einer weiteren Polarisierung der europapolitischen Auseinandersetzungen in den EU27-Ländern und zunehmender Alterung der Wahlbevölkerung in den großen genannten EU-Ländern ist es nur eine Frage der Zeit, bis in Italien, Frankreich oder Deutschland ein EU-Austritt auf die politische Agenda rückt. Vermutlich werden mit zunehmender zeitlicher Entfernung vom Zusammenbruch der sozialistischen Länder in Osteuropa bald neue linksromantische Wirtschaftsideen in Linksparteien in den EU27-Ländern hochwachsen. Das schließt nicht aus, dass in Ostdeutschland zugleich verstärkt rechtspopulistische Parteien expandieren: also vor allem die AfD, die sich noch 2019 in vielen Bundesländern gern bürgerlich gab, deren Führungspersonal aber auf Bundes- und Landesebene noch 2019 zunehmend rechtsradikal oder völkisch auftrat. Die Themen Flüchtlingswelle und Einwanderungsdruck spielen in der politischen Auseinandersetzung eine wichtige Rolle in Deutschland und anderen EU-Ländern. Natürlich wird das Thema politisch auch dadurch hochgekocht, dass US-Präsident Trump sich scharf gegen ein Zuviel an Einwanderung aussprach bzw. sich gegen illegale Einwanderer positionierte.

Die 2019 erkennbare Neigung einiger Politikerinnen der Grünen, „Klimaflüchtlinge" nach Deutschland in großer Zahl oder gar grundsätzlich unbegrenzt einzuladen, könnte die politische Polarisierung und Radikalisierung im politischen System weiter anheizen. Dabei ist die SPD seit Jahren ein politischer Verlierer in vielen Landtags- und Bundestagswahlen und hat zunehmend auch Wählerschaft an die AfD in Ost- und Westdeutschland verloren. Es fällt auf, dass die SPD seit etwa 2018 mit immer neuen Sozialprogrammvorschlägen Wählerschaft zu gewinnen versucht und damit eine Art bessere Linkspartei darstellt, während man wichtige Themen wie Europa-, Verbraucherschutz-, Innovations- und Wachstumspolitik fallen lässt; und das obwohl das für eine Volkspartei völlig unerlässlich ist, gerade auch diese Themen erkennbar kompetent abzudecken. Kanzlerin Merkel wiederum hat mit ihrer recht einsamen Entscheidung zur Öffnung Deutschlands für eine unkontrollierte Flüchtlingswelle im Sommer 2015 das Parlament in Deutschland geschwächt und das politische System auf viele Jahre destabilisiert. Man mag es als paradox ansehen, dass sich die ehemalige neue Politikerin aus der DDR zur CDU-Reihen-Wahlsiegerin entwickelte und im Verlauf ihrer letzten Koalitionsregierung Deutschland erkennbar destabilisierte. Ein Hauptdestabilisierungsimpuls des Westens war allerdings die durch Unterregulierung der Banken und Finanzmärkte sich ergebende Transatlantische Bankenkrise. Die übermäßige Deregulierung von Banken und Finanzmärkten hatten fast alle bürgerlichen Parteien westlicher Länder – mit Treiberfunktion von USA und UK – seit Ende der 1990er-Jahre mehrjährig auf ihre Fahnen geschrieben; oft mit erkennbarer Naivität im Politikbereich.

Die DDR nahm innerhalb des sowjetischen sozialistischen Länderimperiums eine Frontstellung ein und galt vielen Beobachtern als ökonomisch relativ gut entwickelt; und ging doch im Jahr 1989 praktisch politisch und ökonomisch in Konkurs. Mit dem Zusammenbruch der DDR 1989 und dem Ende des sozialistischen Länderimperiums in Osteuropa 1990 sowie dem Zerfall der Sowjetunion selbst Anfang 1991 hatte der Westen mit seinen Marktwirtschaften den Sieg im jahrzehntelangen Wettstreit der Systeme gewonnen. Danach sah es in den 1930er-Jahren sicher nicht aus. Denn 1929–1934 erlebten die USA und die meisten westeuropäischen Länder eine Weltwirtschaftskrise, während die Sowjetunion halbwegs stabil in ihrer Wirtschaftsentwicklung aussah. Dabei übersahen nicht wenige Beobachter aus dem Westen die Willkür und Grausamkeit bei den Kollektivierungen von Landwirtschaft und Industrie sowie die enorme Willkür der Justiz in der Stalin-Zeit der frühen 1930er-Jahre.

Die USA konnten ihre Große Depression – mit vier aufeinanderfolgenden Jahren ökonomischer Schrumpfung des realen Nationaleinkommens, Bankenkonkursen und Massenarbeitslosigkeit (Arbeitslosenquote bis gut 20 %; Rückgang des Realeinkommens in Summe um fast 25 % in den vier Rezessionsjahren, Fall des Aktienkursindexes um gut 80 % in der Spitze) – ab 1934 überwinden. Auch in Westeuropa ging es ab 1933/1934 ökonomisch wieder aufwärts, allerdings war in Deutschland das politische System, die Demokratie, mit dem Machtantritt der Nazis und dem von ihnen im Parlament durchgesetzten Ermächtigungsgesetz zerstört. Dabei hatte Deutschland nur drei Jahre Rezession hintereinander erlitten, war allerdings politisch in der Weimarer Republik dann in den 20 Jahren zunehmend polarisiert. Anfang der 1930er-Jahre ging die Polarisierung so weit, dass es in einer Kombination von links- und rechtsextremen Parteien eine „Negativmehrheit" gegen die bürgerlichen systemtreuen Parteien gab. Damit war die parlamentarische Demokratie bald am Ende. Denn die Macht ging zunehmend an den Reichspräsidenten über, der der Regierung in Berlin freie Bahn für ein unparlamentarisches Regieren mit Notverordnung gab. Nach 1933 kamen die Nazis an die Macht und wenig später, nach dem Tod von Reichspräsident Hindenburg, war Hitler Regierungschef und Reichspräsident in einer Person, damit auch militärischer Oberbefehlshaber: Absolute rechtspopulistische Macht entstand in einer Zeit, in der die Nazis ihren Aufstieg mit gezielter Radiopropaganda und einem gezielten Aufputschen von Wutbürgern in Bevölkerungsteilen gegen die Juden voranbrachten.

Deutschlands Verbindungen mit den Vereinigten Staaten liefen mit Blick aufs 19. Jahrhundert lange von den USA Richtung Deutschland, was Studierende an deutschen Universitäten vor 1914 anging. Nach 1945 hatte sich die Welt grundlegend verändert, Nazideutschland war von den Alliierten, den kombinierten Demokratien USA, Großbritannien und Frankreich sowie der Sowjetunion besiegt worden. Das resultierende Sowjetimperium mit den osteuropäischen Satellitenstaaten erwies sich als ökonomisch instabil. Die DDR, die 1950 noch eine Arbeitsproduktivität von 50 % der westdeutschen hatte, stand 1989 bei kaum noch 33 %, wurde aber in einschlägigen Publikationen westlicher Analyseinstitute – wie etwa dem DIW, West-Berlin, auf fast zwei Drittel geschätzt (s. auch das von mir herausgegebene Buch *Economic Aspects of German Unification* (Welfens 1996)). Man kann staunen über so viel Vieleinschätzung und Überschätzung der Deutschen Demokratischen Republik. Der methodische Hauptfehler lag beim DIW wohl darin, dass man in der westlichen – und östlichen – Preisstatistik die Qualitätsunterschiede von Waren und damit die unterschiedliche Innovationsdynamik von West und Ost nicht vernünftig betrachtet. Man kann sich das Problem an 40 Jahren bzw. sechs aufeinanderfolgenden Autogenerationen im Westen leicht klarmachen: Wenn für einige Monate das alte Modell in der Bundesrepublik Deutschland noch und das neue schon auf dem Markt war, so sank der Marktpreis für das alte um etwa 15 %. Man könnte mit einiger Vereinfachung auch sagen, dass das neue Modell um 15 % wertvoller als das alte sei, was bedeutet, dass qualitätsbereinigt (mit einem Innovationszyklus in der DDR und sechs in der Bundesrepublik Deutschland) das qualitätsbereinigte BIP der Bundesrepublik Deutschland etwa zweifach so groß war, wie es ein naiver Statistikvergleich nahelegte. Geht man insgesamt für den Ost-West-Vergleich in Deutschland von dieser Größenordnung aus, landet man für 1989 bei der effektiv richtigen Einschätzung der Produktivitätsunterschiede. Zugunsten der DDR-Wirtschaft könnte man hinzufügen, dass dort die Staatsunternehmen im sowjetischen

Imperium quasi zur Winterolympiade angetreten waren – mit entsprechender Spezialisierung der DDR-Wirtschaft – während in der Bundesrepublik Deutschland die Unternehmen in der Weltwirtschaft zur Sommerolympiade an den Start gegangen waren.

Die junge Bundesrepublik Deutschland wurde zeitweise stark unterstützt von den USA als Politiksystem, das für Deutschland und andere westliche Länder zunächst eine Europäische Zahlungsunion – eine Clearing-Stelle zur Abrechnung der verschiedenen Außenhandelssalden der westeuropäischen Länder – nach dem Zweiten Weltkrieg aufsetzte. Das war in Verbindung mit Dollarkrediten der USA an westeuropäische Länder die Basis, um den innereuropäischen Handel nach 1945 neu zu starten – wichtig für den Wiederaufbau –, obwohl es zunächst keine Konvertibilität der europäischen Währungen gab. Ein US-Exporteur von Traktoren, der in Deutschland solche verkauft hatte, konnte den D-Mark-Erlös damals nicht einfach in Dollar umtauschen und deutsche Firmen konnten nicht ohne Weiteres in den USA bestellte Güter ohne Begrenzung kaufen. Erst mittelfristig konnte nach dem westeuropäischen Wiederaufbau der transatlantische Handel expandieren. Auf breiter Front geschah dies im Zuge des Korea-Krieges 1952/1953 – Deutschland begann Exportüberschüsse zu verzeichnen – und dann ab 1958, als die westeuropäischen Währungen konvertibel geworden waren.

Unterstützung und Widerstände zu Trump

Widerstände gegen Präsident Trump gab es vor allem in großen Teilen der Digitalen Wirtschaft in den USA, während Kohle- und Stahlindustrie Trump eher unterstützten, da sie auf Protektionismusmaßnahmen hofften. Einige Industriesektoren beschwerten sich beim Präsidenten über die Nichtachtung von geistigen Eigentumsrechten bzw. erzwungene Technologieübertragung in China.

Auch einige Ökonomen unterstützten Trump, darunter Kevin Hassett, der neuer Chef des Council of Economic Advisors (CEA, US-Sachverständigenrat Wirtschaft) unter Trump wurde, dann allerdings im Sommer 2019 zurücktrat. Er verantwortet wesentlich die recht sonderbare Publikation des CEA über Probleme der sozialistischen Wirtschaften (Venezuela, Kuba als Abschreckungsfälle; zudem werden skandinavische Länder wie Dänemark, Schweden und Norwegen genannt); die Schrift *The Opportunity Cost of Socialism* ist eine ideologiebetonte Publikation im Vorfeld der Zwischenwahlen 2018. Venezuela und Kuba werden offenbar mit Blick auf die Reformdiskussion bei den Demokraten als Abschreckungsbeispiele für Ineffizienz und relative Armut genannt. Für sich kann man eine kritische Diskussion der in der Tat ineffizienten Länder Kuba und Venezuela wohl sinnvoll finden und zudem kann man warnend auf die Diktatur in Kuba und die Autokratie in Venezuela hinweisen. Allerdings hat Trump selbst autokratische Tendenzen, da er Kritik und politische Opposition offenbar als Teil des US-Systems nicht schätzt. Die Unterstützung Trumps für den populistischen Präsidenten Brasiliens ist auffällig und die Leugnung des Klimaproblems bei Trump könnte man als Mangel an Urteilskraft einstufen. Autokratisch ist zudem die erkennbare Neigung von Trump, sich den Staat als Mittel seiner privaten Ziele – zum Beispiel Wiederwahlprojekt als Präsident – untertan zu machen: Außenpolitik und Steuersystem werden von Trump sichtbar ansatzweise instrumentalisiert, um private Ziele zu verfolgen und nicht etwa das Wohlergehen der US-Bevölkerung. Trump als Präsident möchte nicht der Erste unter Gleichen sein, sondern sich über die allgemeinen Gesetze stellen; da wäre er vermutlich bald nicht weit von Napoleon III entfernt. Der war als Charles Louis Napoléon Bonaparte während der Zweiten Republik von 1848–1852 Staatspräsident in Frankreich und von 1852 bis 1870 als Napoleon III der Kaiser von Frankreich. Nach dem Staatsstreich vom 2. Dezember 1851 hatte der in einer Wahl gekürte Präsident eine Diktatur in Frankreich aufgebaut und nur ein Jahre später hatte er Frankreich zum Zweiten Kaiserreich und sich selbst zum Kaiser erklärt. Dem Parlament Frankreichs blieben nur geringe Rechte. Auf Basis des populistischen Charakters der Herrschaft von Napoleon III stand der „Neu-Kaiser" stark unter Druck, durch immer neue spektakuläre Politikerfolge die Gunst des Volkes zu sichern. Dabei führte ihn eines dieser Abenteuer zu Einmischungen in Mexiko, was auf den entschiedenen Widerstand der USA traf und letztlich auch ein Misserfolg wurde. In seiner ersten Amtszeit hat Trump vor allem innenpolitische Politikprojekte verfolgt.

Der US-Präsident hat erkennbar geringe Fähigkeiten, sich in komplizierte Politikfelder einzuarbeiten und Interesse an wissenschaftlichen Analysen und Studien hat er wohl selten. Das ist im Gegensatz zu der großen Mehrzahl der US-Präsidenten im 20. Jahrhundert – und auch zu Bush Jr. und Obama als seine beiden Vorgänger. Präsident Trump hat offenbar großes Interesse an TV-Berichterstattung über ihn selbst und ist im Übrigen für eine sehr große Vielzahl an spontanen Twitter-Nachrichten bekannt sowie eine oft geringe Neigung, sich Expertenrat in seiner Administration zu holen. Das Buch *A Warning* (Anonymous 2019), gibt offenbar aus Sicht eines ranghohen Mitarbeiters im Weißen Haus eine Darstellung zu internen Problemen in der Arbeit des US-Präsidenten Trump: Im Kap. 4 stellt der Autor dar, dass Trump sein präsidentielles Begnadigungsrecht auf neue sonderbare Weise einzusetzen gedenkt, indem nämlich Mitarbeiterinnen und Mitarbeiter, die bei einem Trump-Projekt gesetzeswidriges Verhalten für den Präsidenten entwickeln, Straffreiheit dank eines zu erwartenden präsidentiellen Begnadigungsakts erwarten könnten. Hier gibt es offenbar eine Verfassungslücke in den USA: Denn ganz sicher ist das Begnadigungsrecht des Präsidenten in der Intention der Verfassungsväter und -mütter nicht so gedacht, dass der Präsident seine Mitarbeiter und Mitarbeiterinnen zunächst zu gesetzeswidrigem Verhalten auffordern und deren Gesetzesbrüche anschließend vom Präsidenten via Begnadigungsrecht folgenfrei für politische Rechtsbrecher stellen darf. Auch hier ergäbe sich ein Verstoß gegen den Grundsatz der Demokratie, wonach Präsident und Regierung nicht außerhalb der allgemeinen Gesetzgebung stehen. Trump ist als Präsident und Präsidentschaftskandidat wiederholt mit Allmachtphantasien an die Öffentlichkeit getreten und seine Twitter-Nachricht über seine „unerreichte Weisheit" („unmatched wisdom") aus 2019 zeigen eine enorme Einbildung und Arroganz bei Donald Trump.

Im Übrigen hat der Wahlkampf 2016 zu einer Polarisierung der US-Gesellschaft beigetragen, wobei nicht nur rassistische und frauenfeindliche Positionen von Trump bemerkbar waren. Die Bezeichnung von Trump-Wählern als „Bemitleidenswerte" („deplorables") durch die Kandidatin Hillary Clinton war sicherlich auch eine verbale Entgleisung, die negativ auf die Demokraten zurückfiel. Trumps Wahlkampfteam leistete im Übrigen kluge Arbeit, da es gelang, viele auf der Kippe stehende Bundesstaaten für die Republikaner im Wahlkampf zu gewinnen. Trump hatte sich im Übrigen als erfolgreicher Unternehmer – wie er sich sieht – vorgenommen, die Weichen für mehr Wirtschaftswachstum zu stellen.

Ein Wirtschaftsprofessor von der Universität Chicago, Casey Mulligan, unterstützte Trump als Berater einige Jahre und erklärte in einem Interview am 24. Dezember 2019 in der Frankfurter Allgemeinen Zeitung (von Petersdorff 2019), dass der US-Wirtschaftsaufschwung unter Trump auf Deregulierung und Steuersenkungen zurückzuführen gewesen sei; und der Handelskonflikt USA-China mit der Verhängung von Zöllen den Vereinigten Staaten Vorteile bringen können, wenn China US-Urheberrechte stärker als bisher anerkenne. Mulligan weist auf ein Problem der Obama-Gesundheitsreform hin: Arbeitgeber wurden verpflichtet, Vollzeitbeschäftigten eine Krankenversicherung zu geben, was Arbeitgebern Anreize gab, weniger Vollzeitbeschäftigtenstellen anzubieten. Man kann allerdings nicht übersehen, dass die Trump-Administration mit ihren Steuersenkungen nicht nur 300 Mrd. US$ an die Haushalte und Unternehmen gab, sondern zugleich die Einkommensungleichheit weiter vergrößerte. Diese ist in den USA enorm hoch und steigt seit 1981 immer weiter an, wenn man den Einkommensanteil der unteren Hälfte der Einkommensbezieher betrachtet. Mulligan geht im FAZ-Interview davon aus, dass die US-Importzölle die Haushalte 100 Mrd. US$ durch Preiserhöhungen gekostet hätten, sodass insgesamt eine deutliche wirtschaftliche Expansionswirkung der Trump-Maßnahmen blieb, zumal weil die Deregulierungen ähnliche Wirkungen – in der Größenordnung – wie die Steuersenkungen gebracht hätten.

Geht man davon aus, dass die Deregulierung 150 Mrd. US$ an Vorteilen für einige Gruppen brachte, aber auch 50 Mrd. US$ an Schäden für andere Gruppen oder die ganze Gesellschaft verursachten (etwa beim Thema höherer Methangasausstoß bei der Förderung von fossilen Energien, verminderter Naturschutz), so kann der Gesamtexpansionseffekt der Trump-Wirtschaftspolitik 2017/2018 auf etwa 0,5 % des Jahresnationaleinkommens der beiden Jahre gesetzt werden. Was Mulligan verschweigt ist, dass die Steuersenkungen plus Militärausgabenerhöhungen zu einem Rekorddefizit in den USA in Boom-Zeiten nach 1945 geführt haben, nämlich 5 % des Bruttoinlandsproduktes im Jahr 2018, sodass ein Strohfeuer-Boom entstanden ist. Indem Trump im Boom die Defizitquote entgegen aller Lehrbuchweisheit und Vernunft im Boom deutlich hochzieht, wird für den Fall einer Rezession mit dem Problem zu rechnen sein, dass die Defizitquote dann auf sehr hohe Wert von nahe 10 % des BIP ansteigen wird. Diese Perspektive bedeutet einen weiteren Anstieg der US-Staatsschuldenquote auf deutlich über 100 % und von daher sind steigende US-Realzinssätze unter Trump (bis 2020) auch nicht erstaunlich; zugleich fielen die Realzinssätze in 2017–2019 in der Eurozone.

Unter Trump – in der ersten Präsidentschaft – dürfte die US-Schuldenquote im Zeitraum 2016–2020 um 20 Prozentpunkte des BIP steigen (das ist ohne Berücksichtigung der Corona-Rezession). Geht man von einer normalen Realverzinsung von 2,5 % aus, so wird der langfristige durchschnittliche US-Einkommenssteuersatz um 0,5 % Trump-bedingt höher sein müssen. Trumps Wirtschaftspolitik ist eine widersprüchliche Expansionsstrategie, denn sie hat eine spätere Realeinkommensdämpfung fast unweigerlich zur Folge. Im Übrigen kommt den USA unter Trump die zum Teil sonderbare Nullzinspolitik der Europäischen Zentralbank zugute, die künstlich die Realeinkommensentwicklung in der EU stützt, was höhere US-Exporte nach Europa bedeutet. Die Geldpolitik der Eurozone hat ihre eigenen Probleme und Widersprüchlichkeiten. Bemerkenswert ist, dass die EZB-Geldpolitik über Jahre eine umfassende Ankaufspolitik von Staatsanleihen praktizierte, aber die Inflationsrate kaum Richtung Zielmarke 2 % zu erhöhen verstand. Dieses Problem ergab sich unter anderem deswegen, weil die EZB Staatsanleihen vor allem von Banken ankaufte statt von Nichtbanken (zum Beispiel Versicherungen). Die Wachstumsrate der Geldmenge in der Eurozone wäre stärker gestiegen, wenn die EZB wesentlich auch von Versicherungen Staatsanleihen angekauft hätte.

Keinerlei Bezug nimmt Mulligan auf die von US-Importzöllen gegenüber China verursachten Minderungseffekte von US-Tochterfirmen in China: Direkt und indirekt sorgen US-Importzölle für eine Dämpfung der Wirtschaftsentwicklung in China und bei den Gewinnen von Exportfirmen in China – dazu zählen auch US-Tochterfirmen. Es ist erstaunlich, dass Mulligan nur über Außenhandelsaspekte beim Handelskonflikt USA-China spricht, der im Dezember 2019 einer ersten Teillösung zugeführt wurde. Die USA und China sind schließlich die beiden größten Zielländer für Direktinvestitionen im frühen 21. Jahrhundert und die USA wiederum ist ein großes Quellenland auch in China. Schließlich gibt es einen weiteren Problemaspekt für die USA, dass nämlich die Exportfirmen aus China, die wegen der US-Importzölle weniger als geplant nach USA exportieren, einen erhöhten Export Richtung EU vornehmen; dies geschieht bei sinkenden Exportpreisen von Firmen aus China und führt zu einem Preisniveaudämpfungseffekt in der Eurozone. Es gibt daher einen positiven Realeinkommenseffekt in der EU über diesen Kanal einerseits, andererseits wird ein durch US-Protektionismus verursachter Dämpfungseffekt beim Nationaleinkommen Chinas zu einer Dämpfung von EU-Exporten Richtung China und damit zu einem realen Einkommensdämpfungseffekt in der EU führen. Sofern dieser US-verursachte China-Effekt dominant ist – gegenüber dem Preisniveaudämpfungseffekt in der Eurozone und der EU –, werden die US-Exporte Richtung EU gedämpft und US-Tochterfirmen in der EU dürften geringere Gewinne in der EU realisieren als sonst. Die einzelnen Größenordnungen gilt es empirisch genauer zu analysieren.

Trumps Deregulierung im US-Energiesektor hat bei Förderstätten auf Bundesland zu erhöhtem Methanausstoß geführt, was sehr klimaschädlich ist; hier immerhin ist Mulligan im Interview selbstkritisch. Sofern Deregulierung zu negativen externen Effekten – etwa mehr Umweltschäden – führt, kann nicht einfach von umfassenden Deregulierungserfolgen in den Vereinigten Staaten gesprochen werden.

Die Wirtschaftsbeziehungen mit der USA mit China und auch mit der EU bzw. mit Deutschland verschlechterten sich unter Trump. Gegen das Northstream2-Gas-Pipeline-Projekt zwischen Russland und Deutschland meldeten die USA erst in der Endphase der Pipeline-Verlegung deutliche Vorbehalte an; Sanktionen gegen die beteiligten Firmen verhängten die USA im Dezember 2019. Dieser Monat brachte aus der Sicht von Trump auch eine positive Wendung im Vereinigten Königreich, da der populistische Premier Boris Johnson einen großen Wahlsieg gegenüber Labour errang und damit den BREXIT

Ende Januar 2020 durchsetzen konnte. Die davon ausgehende Schwächung der EU ist Trump offenbar willkommen und mit UK will der US-Präsident zügig einen Freihandelsvertrag aushandeln. Der britische Premier Boris Johnson wird sich wohl stark an die Seite der USA stellen, um einen günstigen UK-USA-Freihandelsvertrag zu erhalten. Zugleich könnte in der EU eine Phase der Instabilität, des Selbstzweifels und des schrittweisen Zerfalls beginnen – jedenfalls wenn der Von-der-Leyen-EU-Kommission keine zügige sinnvolle Reform geling. Für solche Reformen braucht die EU-Kommissionschefin auch die Hilfe einflussreicher EU-Länder.

Corona-Krise als Doppelschock für die USA und die EU28 – bei Risiko einer neuen Eurokrise

Der anfängliche Politikansatz von Donald Trump wies einige typische Elemente von vorherigen republikanischen Präsidenten auf, nämlich die Erhöhung der Verteidigungsausgaben und Steuersenkungen, was im Zuge erhöhten Wachstums bis 2019 auch die Arbeitslosenquote massiv senkte – bis auf 3,5 %. Aber schon im Mai des Corona-Krisenjahres 2020 stand die US-Arbeitslosenquote bei fast 15 %, ein Anstieg der Arbeitslosenzahl um 33 Millionen in nur neun Wochen. Die langjährig erhöhte Ungleichheit in den USA schwächt das Vertrauen der Bevölkerung in den Bankensektor, wie neuere Untersuchungen zeigen (Limbach et al. 2020); damit wird ein neuerer Expansionssektor der USA unter Druck kommen und die US-Wachstumsrate könnte sinken. Die USA werden durch die Corona-Krise 2020 in Sachen Gesundheits- und Wirtschaftssystem deutlich geschwächt, wobei eine Mehrheit der US-Bürger Anfang Mai erklärte, dass sie in Sachen Epidemiepolitik (Quarantänemaßnahmen, Produktionsbeschränkungen) eher den Gouverneuren der jeweilgen Bundesstaaten vertrauten als Präsident Trump – so der Bericht der Financial Times am 7. Mai 2020 (Fedor und Zhang 2020) zu den Ergebnissen einer von der FT und der Peter G Peterson Foundation in Auftrag gegebenen Umfrage in den USA.

Die USA mit einer Defizitquote von etwa 17 % im Jahr 2020 stehen vor ernsten Finanzproblemen (die ergeben sich zunächst deshalb, weil Trump mitten im Aufschwung 2019 schon 4 % Defizitquote hatte, wo man eigentlich allenfalls 1 % als Normalwert erwartet hätte). Denn bei einem angenommenen jährlichen Rückgang der Defizitquote von 3 % steigt die Schuldenquote bis 2025 auf fast 160 %; ausgehend von 100 % im Jahr 2020. Bei einer solchen Entwicklung des Verhältnisses von Staatsschuld zu Nationaleinkommen wäre die Top-Benotung AAA für die US-Staatsanleihen Vergangenheit und eine strukturelle Zinserhöhung könnte das US-Wachstum mittelfristig dämpfen; schon nach der Transatlantischen Bankenkrise hat die USA bei der Rating-Agentur S&P nur noch AA, aber andere führende Rating-Agenturen geben den USA bei der Staatsschuld noch AAA. Da auch in Großbritannien und der Eurozone die Schuldenquoten im Zuge der Corona-Weltrezession deutlich ansteigen werden, wird man im Westen eine längere Zeit mit der Aufgabe konfrontiert sein, die staatlichen Schuldenquoten allmählich zurückzufahren: Durch gebremste Staatsausgaben und höhere Steuersätze, in einigen Ländern wohl auch durch eine Vermögensabgabe auf hohe Vermögen für einige Jahre.

Die britische Zentralbank geht in ihrem Mai-Bericht 2020 (Bank of England 2020) von einer Schrumpfung des realen britischen BIP von 14 % im Jahr 2020 aus, allerdings soll die Wirtschaftskraft 2021 um 15 % zunehmen. Ob man Konjunktur- und Klimapolitik sinnvoll kombinieren kann, wird in Europa zu prüfen sein. Die Klimaherausforderungen sind ja in der Tat ernst zu nehmen (Welfens 2019c) und die zeitweilige Zurückstellung der Klimaproblemdebatte ist ja im Kern nur vorübergehend.

Es gibt einen globalen ökonomischen Preis für die Coronavirus-Epidemie einerseits, natürlich auch für die mangelnde Bevorratung an medizinischen Schutzprodukten in den OECD- und Schwellenländern andererseits. Einige ökonomische Hauptaspekte der Corona-Krisenanalyse finden sich in der neueren Fachliteratur (unter anderem die Europäische Kommission 2020; Welfens 2020a, c, d).

In der Eurozone ist nicht ausgeschlossen, dass sich eine neue Eurokrise ergibt, die sicherlich schwerer wäre als die Eurokrise 2010–2014, die den Aufschwung in der Eurozone deutlich verlangsamte und besondere Probleme für die Krisenländer Griechenland, Irland und Portugal sowie – im Kontext einer Bankenkrise – Spanien brachte; Italien verzeichnete zeitweise etwas erhöhte Zinssätze, musste aber anders als die vorgenannten Länder keine Hilfskredite aus EU-Rettungsfonds in Anspruch nehmen. Im Fall einer Eurokrise 2 in der Corona-Rezession wären Italien (und wohl auch Spanien) im Zentrum der Eurokrise und da Italien eine große Volkswirtschaft ist, wäre der Schaden einer solchen neuen Krise enorm. Es ist im Mai 2020 nicht zu erkennen, dass die EU eine vernünftige Strategie zur Krisenvermeidung hat, obwohl man eine Eurokrise 2 durchaus vermeiden könnte (Welfens 2020a, c, d). Das angebliche 540-Milliarden-Euro-EU-Kreditpaket vom April 2020 ist in Wahrheit nur eines für gut 350 Mrd. €, da die Europäische Investitionsbank (EIB) ja nur 25 Mrd. € an Eigenmitteln bei einem gehebelten 200-Milliarden-Euro-Kreditpaket gibt. Die 175 Mrd. €, die als Kredite von privaten Banken kommen, wären auch ohne die EIB weitgehend an den Mittelstand gegangen – zu etwas erhöhtem Zinssatz gegenüber dem EIB-Paket und im Volumen vielleicht 20 % geringer. Der Nettoeffekt des EIB-Pakets dürfte wohl bei 50–70 Mrd. € liegen. Im EU-Kreditpaket fehlt also im Volumen gegenüber der 500-Milliarden-Ankündigung etwa 1 % des BIP der Eurozone. Tatsächlich hat der EU-Finanzministerrat am 8. Mai auch noch formal beschlossen, dass Kredite über gut 200 Mrd. € – als Teil des 500-Milliarden-Euro-Pakets – aus dem Rettungsfonds ESM genommen werden dürfen; allerdings nur für Corona-bedingte Mehrausgaben im Gesundheitssystem. Das ist eine sonderbare Festlegung, die eigentlich notwendigen Prioritäten der Finanzpolitik keinen vernünftigen Spielraum gibt, höchstens indirekt. Über die Gründung eines Europarlamentes sollte man nachdenken, damit man künftig politische Verantwortlichkeiten in der Eurozone klar benennen kann.

Wenn die Eurokrise erst einmal neu ausbricht, ist es eigentlich zu spät für vernünftige Stabilisierungsmaßnahmen in der Eurozone: Dann hat man vonseiten Deutschlands, Italiens und aller anderen Länder der Eurozone eben einfach hohe volkswirtschaftliche Zusatzkosten der Krise, die man unbedingt durch kluges Handeln der Regierungen, auch der deutschen Bundesregierung und insbesondere auch der Regierung Italiens, hätte vermeiden können. Hier war die Eurozone im Mai und Juni – vor dem Beginn der deutschen Ratspräsidentschaft am 1. Juli 2020 – gefordert.

Kommt die Eurokrise 2, so geht es um einen Zusatzeinkommensrückgang von 6 bis 7 % des BIP der Eurozone und der EU binnen vier Jahren im Vergleich zum Fall ohne Eurokrise. Das aber dämpft dann das US-BIP in den USA um fast 1 %, in UK um mehr als 1 %, in China und Japan um fast 0,5 %. Da im Zuge der Corona-Rezessionspolitik im Westen der Staat an Gewicht zunimmt, könnte ein langfristiger Effekt eine Minderung wirtschaftlicher Freiheit und der westlichen Wachstumsdynamik sein.

Literatur

Anonymous. (2019). *A Warning*. New York: Twelve.
Bank of England. (2020). Monetary Policy Report, May 2020, Monetary Policy Committee. London: Bank of England.
Europäische Kommission. (2020). Wirtschaftsprognose Sommer 2020: Noch tiefere und uneinheitlichere Rezession. Juli 2020. Brüssel: Europäische Kommission.
Fair, R. (2020). Vote-Share Equations: Vote2020. 30. Januar 2020. https://fairmodel.econ.yale.edu/vote2020/index2.htm. Zugegriffen am 06.08.2020.
Fedor, L., & Zhang, C. (2020). Most Americans trust governors over Trump on reopening, poll shows. Financial Times online edition. 7 Mai 2020. https://www.

ft.com/content/f1a86b43-391e-42bf-8686-d74d6433e336. Zugegriffen am 04.08.2020.

Fricke, T. (2019). Angst im Aufschwung. Repräsentative Umfrage zu ökonomischen Ansichten der Deutschen. Wirtschaftsdienst. 99. Jahrgang. Heft 12. S. 849–854.

Krugman, P. (2020). The Triumph of Fiscal Hypocrisy. New York Times online edition. 6. Februar 2020. https://www.nytimes.com/2020/02/06/opinion/economy-republicans-deficit.html. Zugegriffen am 04.08.2020.

Limbach, P., Raghavendra Rau, P. & Schürmann, H. (2020). The Death of Trust Across the Finance Industry. Aktualisiert am 15. Mai 2020. https://papers.ssrn.com/sol3/papers.cfm?abstract_id=3559047. Zugegriffen am 04.08.2020.

Oxford Economics. (2019). The economy will favor Trump win in 2020. Oxford Economics Election Model. US Research Briefing. Fall 2019.

Pence, M. (2020). Vize-Präsident Mike Pence auf twitter am 1. Januar 2020. https://twitter.com/VP/status/1212157651360079872. Zugegriffen am 04.08.2020.

von Petersdorff, W. (2019). Trump gaukelt wenigstens nichts vor. Interview mit Casey Mulligan. Frankfurter Allgemeinen Zeitung. 24. Dezember 2019. https://www.faz.net/aktuell/wirtschaft/ex-berater-casey-mulligan-trump-gaukelt-nichts-vor-16551162.html. Zugegriffen am 04.08.2020.

Welfens, P. J. J. (1996). *Economic Aspects of German Reunification* (Welfens, P. J. J. (Hrsg.)). Heidelberg/Berlin: Springer.

Welfens, P. J. J. (2016). British Referendum Pains and the EU Implications of BREXIT. *AICGS Foreign Policy*. https://www.aicgs.org/2016/03/british-referendum-pains-and-the-eu-implications-of-brexit/. Zugegriffen am 30.03.2016.

Welfens P. J. J. (2017a). *BREXIT aus Versehen: Europäische Union zwischen Desintegration und neuer EU*. Wiesbaden: Springer

Welfens, P. J. J. (2017c). *An accidental BREXIT*. London: Palgrave Macmillan.

Welfens, P. J. J. (2018b). *BREXIT aus Versehen: Europäische Union zwischen Desintegration und neuer EU* (2. Aufl.). Wiesbaden: Springer.

Welfens, P. J. J. (2019b). *The global Trump: structural US populism and economic conflicts with Europe and Asia*. Cham: Palgrave Macmillan/Springer Nature Switzerland.

Welfens, P. J. J. (2019c). *Klimaschutzpolitik – Das Ende der Komfortzone*. Wiesbaden: Springer.

Welfens, P. J. J. (2020a). Macroeconomic and health care aspects of the coronavirus epidemic: EU, US and global perspectives. *International Economics and Economic Policy, 17*(2), 295. https://doi.org/10.1007/s10368-020-00465-3.

Welfens, P. J. J. (2020c). Corona world recession and health system crisis: Shocks not understood so far. EIIW Diskussionsbeitrag 273. https://uni-w.de/2tzbc.

Welfens, P. J. J. (2020d). *Corona-Weltwirtschaftskrise*. Im Druck.

Teil II

Transatlantische Wirtschaftsbeziehungen

6

Handel, Beschäftigung und transatlantische Politikaspekte

Der NAFTA-Handelskonflikt, die neue NAFTA und der US-China-Handelskrieg aus globaler Perspektive

Präsident Trump hat Kanada und Mexiko gedrängt, 2018 ein neues Abkommen zu akzeptieren, und die US-Zölle auf Stahl- und Aluminiumimporte hätten ein strategisches Instrument sein können, um neue Zugeständnisse für die USA zu erhalten, auch im Bereich der Agrarexporte amerikanischer Landwirte. Eine Berufung auf Artikel 301 zur Verteidigung der Einführung von Zöllen, wie es die Trump-Administration tat, wurde seit Jahrzehnten nicht mehr angewandt und steht nicht im Einklang mit den Regeln der Welthandelsorganisation (WTO). Kanada hat einen Handelsbilanzüberschuss mit den USA wie Mexiko (Tab. 6.1; es ist erwähnenswert, dass, wenn man den Handel mit Waren und Dienstleistungen betrachtet, der kanadische Überschuss zu einem Defizit wird – d. h. aus der Sicht der USA zu einem Überschuss) und Präsident Trump hat sich seit seinem Amtsantritt immer wieder über die Defizite der Handelsbilanz beschwert, obwohl die Handelsbilanz von eher begrenzter Relevanz ist, während die Leistungsbilanzposition dies tatsächlich ist (Abb. 6.1).

Aus mehr oder weniger offensichtlichen Gründen hat sich die Trump-Administration für ein revidiertes Handelsabkommen mit Mexiko und Kanada (NAFTA II, das United States-Mexico-Canada Agreement, kurz USMCA) eingesetzt; ursprünglich hatte die NAFTA als Freihandelsabkommen zwischen den USA und Kanada begonnen, dem Mexiko 1994 beigetreten

Tab. 6.1 Handelsbilanzdefizitpositionen der USA gegenüber den wichtigsten Handelspartnern (als Prozentsatz des US-Bruttoinlandsprodukts, Durchschnitt 2015–2017; EIIW-Berechnungen auf der Grundlage von Handelsdaten des US Bureau of Economic Analysis, BIP-Zahlen der Weltbank)

Land	Handelsbilanz mit Waren und Dienstleistungen	Land	Handelsbilanz mit Waren
China	−1,743	China	−1,944
Europäische Union	−0,527	Europäische Union	−0,817
Deutschland	−0,376	Mexiko	−0,379
Mexiko	−0,337	Japan	−0,377
Japan	−0,300	Deutschland	−0,365
Italien	−0,170	Italien	−0,158
Indien	−0,154	Korea, Süd	−0,139
Korea, Süd	−0,079	Indien	−0,126
Frankreich	−0,073	Kanada	−0,107
Taiwan	−0,059	Frankreich	−0,088
Kanada	0,026	Taiwan	−0,077
Vereinigtes Königreich	0,076	Vereinigtes Königreich	0,002

Anmerkung: Die Angaben beziehen sich auf einen ungewichteten einfachen Durchschnitt der drei Jahre 2015–2017. Die Länder rangieren nach dem Defizit (oder dem Überschuss)

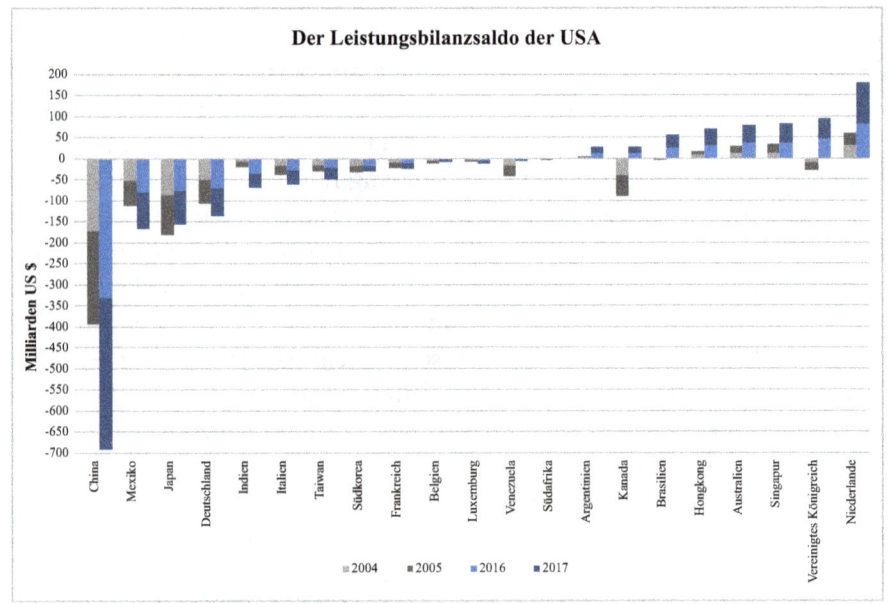

Abb. 6.1 Saldo der US-Leistungsbilanz nach Handelspartner (in Milliarden US$; EIIW-Berechnungen unter Verwendung von Daten des US Bureau of Economic Analysis)

war. NAFTA II folgt teilweise dem Transpazifik-Partnerschaftsabkommen, das 2017 von Präsident Trump für die USA abgelehnt wurde, insbesondere in den digitalen Kapiteln. Die US-Banken erhielten im neuen Abkommen zwischen den USA und Kanada und Mexiko ein noch besseres Ergebnis, nämlich dass es keine Lokalisierungsanforderungen für Daten von Ländern geben sollte, die internationale Banken normalerweise zwingen wollen, Server in jedem Partnerland zu halten, in dem sie Geschäfte tätigen und Finanzdienstleistungen anbieten.

Der Bedarf an lokalen Inhalten wurde von 60 auf 75 % angehoben, was mittelfristig nicht zum Vorteil der USA ist, auch wenn eine solche Klausel beispielsweise die mexikanischen Exporte in die USA für einige Zeit schwächen würde, da Unternehmen mit einem nationalen Wert von weniger als 75 % (aber mehr als 60 %) keinen Zugang mehr zum US-Markt hätten. Sofern die Wertschöpfung Mexikos nicht schnell gesteigert werden kann, indem die Einfuhren von Zwischenprodukten, z. B. aus der EU, durch die mexikanische Produktion bzw. Wertschöpfung ersetzt werden, bedeutet diese höhere lokale Inhaltsanforderung eine Verringerung der US-Importe aus Mexiko. Gleichzeitig ist klar, dass US-Unternehmen in den meisten Branchen nicht über viele Vorleistungen aus dem Ausland verfügen (siehe z. B. Welfens und Irawan 2014) und somit die Exporte nach Kanada und Mexiko problemlos fortsetzen können.

Das mittelfristige Problem für die USA wird jedoch darin bestehen, dass viele US-Tochtergesellschaften, die in Mexiko produzieren, ihre US-amerikanischen oder kanadischen Lieferanten dazu drängen werden, mittelfristig mehr Produktion von Zwischenprodukten nach Mexiko zu verlagern, sodass die Exporte der US-Tochtergesellschaften aus mexikanischen Werken in die USA das lokale Mindestmaß von 75 % problemlos erreichen könnten. Das bedeutet, dass mittelfristig mehr Arbeitsplätze in der US-amerikanischen Fertigungsindustrie – z. B. in der Automobilzulieferindustrie – verloren gehen werden, da diese Arbeitsplätze teilweise nach Mexiko verlagert werden. Dies geht einher mit einem zusätzlichen Wissenstransfer nach Mexiko – über US-amerikanische Direktinvestitionen –, sodass das mexikanische Exportwachstum in die USA langfristig zunimmt; einer kurzfristigen Reduzierung der mexikanischen US-Exporte folgt also langfristig ein erhöhtes Exportwachstum. Hier ist ein weiteres Beispiel für die inkonsistente Handelspolitik der Trump-Administration. Es ist auch klar, dass eine reine Handelsperspektive unzureichend ist, da die Dynamik der ausländischen Direktinvestitionen berücksichtigt werden muss.

Qualifikationen und Beschäftigungsquoten in den Industrieländern

Arbeitslosigkeit und Armut hängen zum Teil mit eher schwachen Grundkenntnissen zusammen – hier liegt Deutschland, das 2012 einen Anteil von rund 22 % hat (mit geringer Alphabetisierung, geringer Rechenleistung und sowohl geringer Alphabetisierung als auch geringer Rechenfertigkeit), etwa im OECD-Durchschnitt. Großbritannien stand für einen Anteil schwacher Grundkenntnisse von über 25 %, noch höher waren die Anteile von Irland, den USA und Frankreich – die beiden letztgenannten mit einem Anteil von rund 30 % – sowie Spanien und Italien; letztere haben einen Anteil von über 35 % (Abb. 6.2).

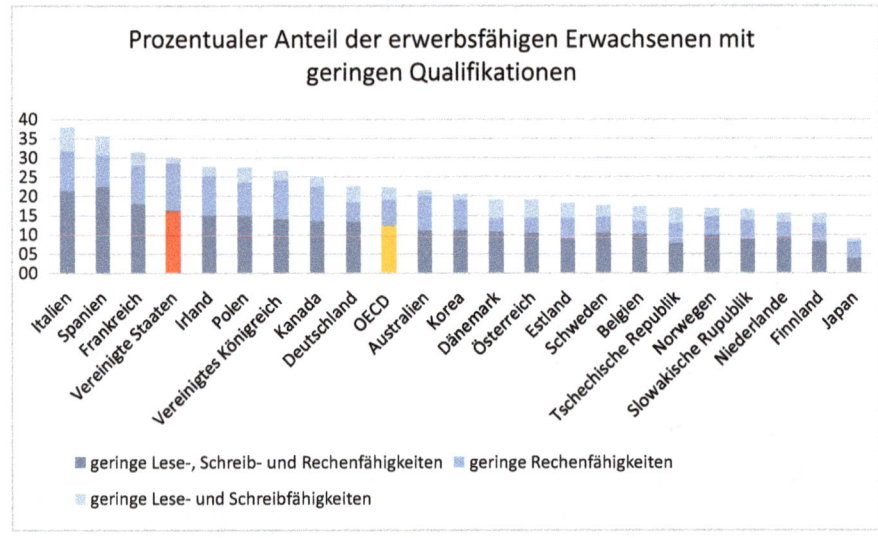

Abb. 6.2 Anteil der Erwachsenen im erwerbsfähigen Alter mit geringen Grundfertigkeiten in den USA und anderen ausgewählten OECD-Ländern. Das erwerbsfähige Alter der Erwachsenen bezieht sich auf alle Erwachsenen im Alter von 16 bis 65 Jahren. Die Daten stammen aus dem Jahr 2012. Geringqualifizierte Personen sind definiert als Personen, die durch die Erhebung der Fähigkeiten von Erwachsenen des OECD-Programms zur internationalen Bewertung von Kompetenzen von Erwachsenen (PIAAC) unter der Stufe 2 in Lesen und Schreiben oder Rechnen liegen. Geringqualifizierte Erwachsene kämpfen mit grundlegenden quantitativen Überlegungen oder haben Schwierigkeiten mit einfachen schriftlichen Informationen. Die Daten für Belgien beziehen sich auf Flandern. Die Daten für das Vereinigte Königreich werden als der bevölkerungsgewichtete Durchschnitt von England und Nordirland berechnet. Das OECD-Aggregat wird als ungewichteter Durchschnitt von 22 OECD-Ländern berechnet (wobei die Daten für England und Nordirland nach Bevölkerungsgewichten zusammengefasst sind), die an der ersten Runde der Erhebung über die Fähigkeiten von Erwachsenen teilgenommen haben (Eigene Darstellung der in der OECD verfügbaren Daten 2017b, Abb. 38, S. 51)

6 Handel, Beschäftigung und transatlantische Politikaspekte

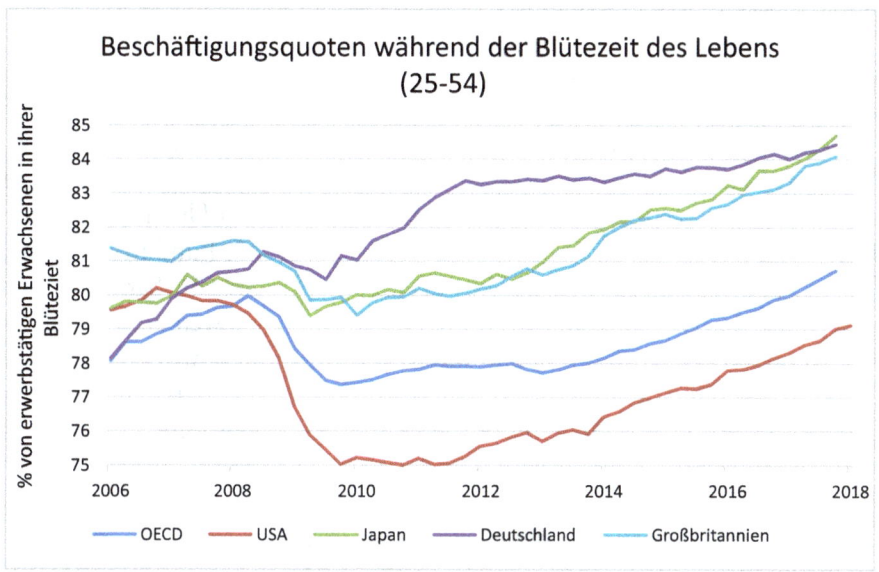

Abb. 6.3 Beschäftigungsquoten im Spitzenalter in ausgewählten OECD-Ländern. Erwachsene im Spitzenalter sind Personen im Alter von 25 bis 54 Jahren. Die Beschäftigungsquote für eine bestimmte Altersgruppe wird gemessen als die Zahl der Erwerbstätigen eines bestimmten Alters im Verhältnis zur Bevölkerung im erwerbsfähigen Alter in dieser Altersgruppe. OECD bezieht sich auf einen einfachen Durchschnitt (Eigene Darstellung der bei der OECD verfügbaren Daten 2018a, Abb. 1.21, S. 48)

Es scheint, dass ein hoher Anteil von Arbeitnehmern mit niedrigen Grundkenntnissen zu einer eher niedrigen Beschäftigungsquote führt, mit Ausnahme des Vereinigten Königreichs, das jedoch eine extreme Lohnflexibilität aufweist – so heißt es: Arbeitnehmer mit Nullstundenverträgen, was bedeutet, dass diese Arbeitnehmer zu ihrem Arbeitgeber kommen müssen, wenn und wann etwas getan werden muss (OECD 2017b). Seit 2008 sind die Beschäftigungsquoten in sehr vielen Industrieländern gesunken, insbesondere in den USA, aber nicht in Japan. Die Rekordtiefstarbeitslosenquote der USA von 2018 verdeckt die Tatsache, dass die Beschäftigungsquote im Jahr 2017 noch unter der Beschäftigungsquote von 2007 in den USA lag. Die Beschäftigungsquote in Deutschland, Japan und dem Vereinigten Königreich übertraf 2017 die des Vereinigten Königreichs um 4–6 Punkte (Abb. 6.3).

Heterogene Unternehmen, Handel und Beschäftigung

In Bezug auf die moderne (d. h. nach 1980) internationale Handels- und Arbeitsdynamik haben theoretische und empirische Analysen die Rolle der Ricardianischen Aspekte, nämlich die Heterogenität von Unternehmen und Technologien, betont. Dies wurde auch von Melitz (2003) und in der breiten internationalen empirischen Studie für Industrieländer von Santacreu und Zhu (2018) hervorgehoben. Arbeitsplätze und Aufgaben werden wahrscheinlich komplizierter werden und die Automatisierung vieler Arbeitsplätze ist zu erwarten, doch hat die OECD in einer Studie (Arntz et al. 2016) gezeigt, dass in den USA weniger als 9 der Arbeitnehmer einem hohen Automatisierungsrisiko ausgesetzt sind, was weniger als die 11 % in Spanien und die 12 % in Deutschland und Österreich ist.

Der Welthandelsbericht (WTO 2017a) hat darauf hingewiesen, dass in vielen Ländern die Exporte 15–25 % aller Arbeitsplätze ausmachen: Im Jahr 2011 haben die USA und Brasilien etwa 10 % aller Arbeitsplätze, die durch Wertschöpfungsexporte unterstützt werden, Australien, China und Indien etwa 15 %, die EU etwas mehr als 26 % – letzteres einschließlich Intra-EU-Handel.

Die Größe der transatlantischen effektiven Pro-Kopf-Einkommenslücke

Die Armut in den USA hat nach 2014, dem Jahr, in dem auch das mittlere Haushaltseinkommen vor Steuern zu steigen begann, abgenommen; dieser Prozess begann also in den letzten zwei Jahren der zweiten Amtszeit der Obama-Regierung (Abb. 6.4). Betrachtet man das mittlere verfügbare Einkommen der Haushalte (Kaufkraftparitäten), so liegen die USA um rund 30 % vor Deutschland und Frankreich (Abb. 6.5).

Korrigiert man dies jedoch um die länger bezahlten Ferien in Deutschland und Frankreich, so erhält man ein anderes effektives verfügbares Einkommen:

- Man muss die Zahlen von Deutschland und Frankreich mit 1,1 multiplizieren, wenn man die höheren deutschen und französischen Urlaubszahlen berücksichtigen will: 25.000 US$ mal 1,1 entspricht 27.500 US$.
- Unter Berücksichtigung der Gesundheitsausgabenzahlen (11 % des Volkseinkommens in Deutschland und Frankreich, 17 % in den USA) liegt der

6 Handel, Beschäftigung und transatlantische Politikaspekte 229

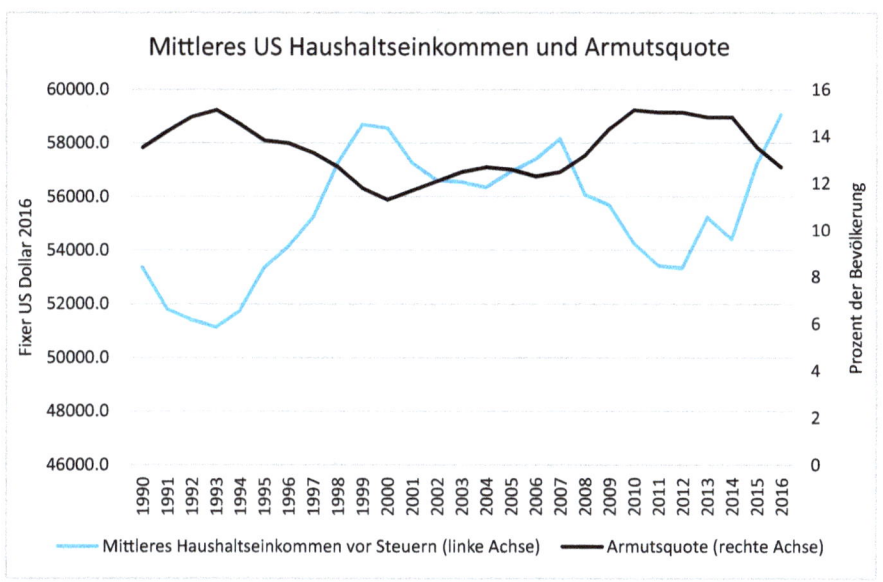

Abb. 6.4 Mittleres Haushaltseinkommen und Armutsquote der USA (Eigene Darstellung der bei der OECD verfügbaren Daten 2018a, Abb. 1.24A, S. 51)

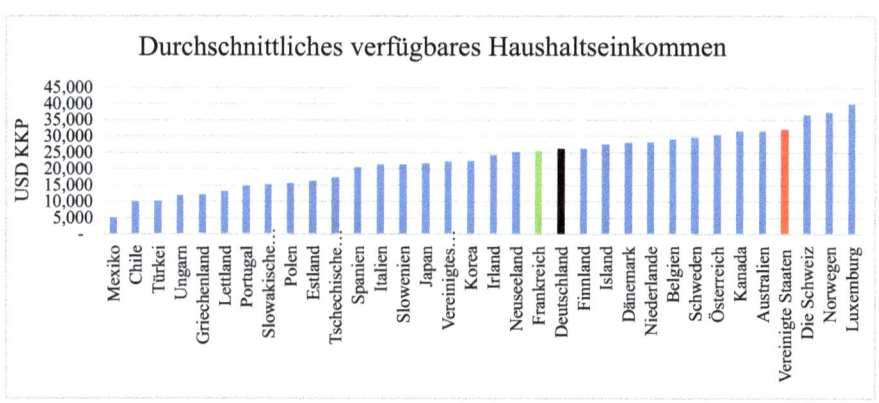

Abb. 6.5 Mittleres verfügbares Einkommen in den USA und anderen ausgewählten OECD-Ländern. Die Daten beziehen sich auf das Jahr 2016 oder sind die letzten verfügbaren Daten (Eigene Darstellung der bei der OECD verfügbaren Daten 2018a, Abb. 1.24B, S. 51)

US-Wert bei 26.600 US$, während Deutschland und Frankreich – einschließlich der Korrektur des europäischen Urlaubsüberschusses – bei 24.500 US$ liegen. Ignoriert man die mögliche Diskontierung zukünftiger Erträge, so kann man schließlich die Tatsache berücksichtigen, dass die

Lebenserwartung in Westeuropa die der USA um etwa 3,5 % übersteigt, was das effektive Nettoeinkommen der Gesundheitsausgaben für Deutschland und Frankreich auf etwa 25.400 US$ erhöht, sodass der US-Einkommensführer nicht mehr als etwa 5 % beträgt. Dies wiederum deutet darauf hin, dass die USA von der EU so viel lernen können, wie Europa von den Vereinigten Staaten lernen könnte.

Die EU weist beispielsweise bei Risikokapital eine erhebliche Lücke zu den USA auf, und der digitale Sektor der EU – der für die Innovationsdynamik und das Wirtschaftswachstum entscheidende Sektor der IKT – liegt ebenfalls hinter den USA zurück. Die weltweit führenden digitalen Unternehmen kommen aus den USA, Japan und China, mit Ausnahme des deutschen SAP. Die stark fragmentierten Telekommunikationsmärkte der EU sind problematisch; die Konsolidierung der Telekommunikationsmärkte der EU wurde von der Europäischen Kommission und den nationalen Regulierungsbehörden nicht ausreichend erleichtert. Größere Telekommunikationsunternehmen in der EU könnten zu mehr Investitionen in digitale Netze und innovative Dienste führen. Es ist nicht ganz klar, dass die totale Netzneutralität die beste Antwort der Politik im Kontext der digitalen Modernisierung in der EU und den USA ist, eine gewisse Netzneutralität würde dazu beitragen, digitale Innovationen und Wachstum zu fördern. Die Regierungen sollten in der Tat den Wettbewerb nicht nur bei der Preisgestaltung, sondern auch in fortgeschrittenen Qualitätsstufen und bei digitalen Produktinnovationen fördern. Hier könnten die EU-Länder bis zu einem gewissen Grad von den USA lernen.

Ein wichtiger Bereich, in dem die EU gegenüber den Vereinigten Staaten im Nachteil ist, betrifft die Innovationsdynamik in bestimmten Bereichen. In sehr schnell wachsenden Hochtechnologiebereichen sind die EU-Unternehmen nicht besonders stark, der Bereich der IKT steht für einen Bereich, in dem die Dynamik der US-Patente die der EU übertrifft, und allgemeiner kann man darauf hinweisen, dass neue Unternehmen mit hohen Wachstumsraten, die an den Börsen notiert sind, in den USA häufiger zu finden sind als in Europa oder Japan (Sapir et al. 2004). Aus Sicht der EU27 könnte es auch nützlich sein, Unternehmen aus dem Süden bei der Notierung an den EU-Börsen zu unterstützen: Dynamischen Unternehmen, beispielsweise aus Afrika, zu helfen, die Ersparnisse der EU zu nutzen und weltweit mehr privates Kapital anzuziehen, könnte nützlich sein, um ein höheres Realeinkommenswachstum in Afrika, insbesondere in afrikanischen Ländern südlich der Sahara, zu erzielen. Ein höheres Einkommenswachstum könnte den Einwanderungsdruck auf den globalen Norden bzw. die EU verringern. Eine solche

Strategie würde im Allgemeinen nicht darauf abzielen, die Einwanderung allgemein zu verringern, sondern sollte dazu beitragen, einerseits eine Situation einer kontrollierbareren Einwanderung in der EU zu erreichen und andererseits zu mehr Wohlstand und wirtschaftlicher sowie politischer Stabilität in Afrika beizutragen. Es wäre angemessen, dass die EU den Binnenmarktzugang für Länder des globalen Südens verbessert, wenn es eine neue TTIP-Initiative und sogar ein neues Abkommen zwischen der EU und den USA gäbe. Ein Freihandelsabkommen mit China könnte auch langfristig in Betracht gezogen werden – und eine ähnliche EU-Politik für den Süden wäre notwendig.

US-Importe von EU-Autos als Bedrohung der US-Sicherheit?

Anfang 2019 verfasste das US-Handelsministerium einen Bericht über die Automobilindustrie in der EU, einschließlich der Produktion und Ausfuhr von Automobilteilen, und untersuchte, inwieweit die Einfuhren der USA aus der Automobilindustrie der EU eine Bedrohung für die Sicherheit der USA darstellen. Wenn es sich um eine Bedrohung handelt, ist der Präsident der USA berechtigt – ohne die Zustimmung des Kongresses –, Einfuhrzölle auf EU-Exporte in dem betreffenden Sektor zu erheben. Ein Einfuhrzoll von z. B. 25 % würde die EU-Exporte in einem wichtigen Sektor stark dämpfen. Bundeskanzlerin Merkel bezeichnete in einer Rede auf der Münchner Sicherheitskonferenz 2019 die Androhung eines solchen Einfuhrzolls als inakzeptabel und wies darauf hin, dass BMW und andere deutsche Automobilhersteller nicht nur für EU-Exporte in die USA, sondern auch für die Produktion in US-amerikanischen Tochtergesellschaften stehen (die Logik des Abschnitts 232 des US Trade Expansion Act von 1962 berücksichtigt jedoch nicht die Frage der Produktion innerhalb der USA selbst).

Wenn die USA ohne triftigen Grund Einfuhrzölle auf die Automobilausfuhren der EU erheben würden, ist es klar, dass die EU27 auch Zölle auf die US-Ausfuhren erheben würde. Es ist in der Tat absurd zu behaupten, dass die US-Sicherheit durch die Automobilausfuhren der EU gefährdet ist, es sei denn, man ist der Ansicht, dass der Handel dem wirtschaftlichen Wohlergehen und der Sicherheit der Handelspartner schadet – Donald Trump als Pseudoökonom, der Adam Smith, David Ricardo, Paul Samuelson und Tausende von Ökonomen in den USA und weltweit widerlegen will. Die Ansicht des Ökonomen ist einfach, nämlich, dass die EU-Automobilausfuhren zum Wohl der US-Wirtschaft beitragen und die Spezialisierung der USA erleichtern – z. B. US-Unternehmen, die mehr Hightech-Güter und Militärgüter produzieren als sonst –, sodass die EU-Exporte von Automobil- und Automobilteilen indirekt die Sicherheit der USA stärken.

Präsident Trump sucht lediglich nach einem Vorwand, um Druck auf die EU-Länder auszuüben, insbesondere auf Deutschland und einige andere Länder, die eine positive bilaterale Handelsbilanz aufweisen. Es scheint, dass er der Meinung ist, dass er damit seine Position am Verhandlungstisch verbessern könnte. Dies ist jedoch nicht sehr wahrscheinlich, da der vorgetragene Fall so absurd ist, dass er die Führungsrolle der USA in der westlichen Welt und in Asien tatsächlich schwächt. Wenn US-Verbündete mit solchen unsinnigen wirtschaftlichen Bedrohungen konfrontiert werden, wird die Bereitschaft der Öffentlichkeit in verbündeten westeuropäischen Ländern, die USA politisch oder militärisch zu unterstützen, geschwächt, und deshalb würde Präsident Trump durch die Umsetzung einer so seltsamen Tarifpolitik die Sicherheit der USA in Zukunft tatsächlich schwächen.

Nochmals, man kann hinzufügen, es wird sichtbar, welches Kompetenzproblem die Trump-Administration in Schlüsselabteilungen hat; sie ist unfähig, viele der politischen Beauftragten bzw. Experten der Obama-Administration zu ersetzen. Sowohl das Handelsministerium als auch das Finanzministerium stehen während der Trump-Präsidentschaft vor einem Mangel an Kompetenz, der den US-Kongress und die amerikanische Öffentlichkeit beunruhigen sollte. Wenn man eine scharfe Kritik übt, könnte man argumentieren, dass die gegenwärtige US-Regierung zwar die Entwicklung der künstlichen Intelligenz fördert, die Trump-Regierung jedoch nicht über die wirtschaftliche Intelligenz in Schlüsselabteilungen verfügt, um eine konsistente Wirtschaftspolitik im Allgemeinen und die Handelspolitik im Besonderen zu entwickeln. Eine derart inkonsistente Politik liegt nicht im Interesse der USA, da sie die politische Vernetzung der USA weltweit schwächt und auch die amerikanische Wirtschaft untergräbt, die mit einem höheren US-Importzoll nicht nur unter der geringeren Verfügbarkeit von aus der EU importierten Hightech-Autoteilen leiden wird, sondern auch mit einem künstlichen Anstieg der US-Autopreise und damit einem negativen Realeinkommenseffekt in den USArechnen müsste. Ein Teil dieses Effekts würde auf die niedrigeren Gewinne der US-Tochtergesellschaften in der EU zurückzuführen sein, die in vielen Fällen auch in die USA exportieren. Trump erlegt den USA mit seinen Anti-EU-Zöllen selbstverschuldete wirtschaftliche Verluste auf und untergräbt die Glaubwürdigkeit der US-Politik weltweit. Sieben Mitglieder der Welthandelsorganisation (WTO), nämlich die EU, Kanada, China, Indien, Mexiko, Norwegen und Russland, haben sich bei der WTO über die Nutzung von Abschnitt 232 durch Präsident Trump im Zusammenhang mit Stahl- und Aluminiumzöllen beschwert. Die Trump-Administration hat jedoch geltend gemacht, dass die

WTO keine Zuständigkeit auf dem Gebiet der US-Sicherheitsfragen hat. Darüber hinaus untergraben die USA das Funktionieren der WTO auf andere Weise, da der Streitbeilegungsmechanismus der WTO ab Ende 2019 nicht mehr funktioniert, wenn das Berufungsorgan der Organisation nicht mehr über die Mindestanzahl von Richtern verfügt, die für die Erteilung gültiger Urteile erforderlich ist. Präsident Trump scheint daher zu denken, dass er ab Ende 2019 volle Autonomie in seiner Handelspolitik haben wird, da die WTO den Protektionismus der USA nicht mehr behindern könnte. Diese Antimultilateralismuspolitik wiederum ist jedoch kostspielig und gefährlich für die USA. Letztendlich würde das komplexe Geflecht der wirtschaftlichen Globalisierung, von dem so viele US-Unternehmen und Verbraucher seit Jahrzehnten profitieren, ernsthaft untergraben werden. Die Politik von Trump signalisiert auch, dass eine Welt, die mit vielen protektionistischen Ländern gefüllt ist – ähnlich wie Anfang der 1930er-Jahre – ernsthafte neue internationale Konflikte hervorrufen würde; der Westen wurde entscheidend geschwächt.

Neue Handelskonflikte und die Reform internationaler Organisationen

Das Zeitalter des modernen Multilateralismus begann 1865 mit der Gründung der International Telegraph Union; fünf Jahre nach Abschluss des britisch-französischen Cobden-Chevalier-Vertrags, der den freien Handel zwischen dem Vereinigten Königreich und Frankreich ermöglichte. Die Gründung der Internationalen Telegrafenunion (heute die Internationale Fernmeldeunion oder ITU) war Teil eines neuen globalen institutionellen Rahmens, der die historische Globalisierungswelle erleichtern sollte, die eine Säule der industriellen Revolution war, die zum ersten Mal seit vielen Jahrhunderten wieder ein nachhaltiges Wirtschaftswachstum in der Weltwirtschaft – vor allem in der westlichen Welt – gebracht hatte. Das Vereinigte Königreich war das geografische Zentrum der wirtschaftlichen Globalisierung in Europa, es war das globale Bankenzentrum – das einzige – und auch das größte industrialisierende Land; es hatte zu diesem Zeitpunkt auch ein gewaltiges Kolonialimperium. Doch auch diese Großmacht der Zeit brauchte die Unterstützung internationaler Organisationen. Internationale Organisationen zur Überwachung der internationalen Postdienste und für Patente wurden ebenfalls geschaffen. Die wichtigste Volkswirtschaft des Jahres 1900, die Vereinigten Staaten, war jedoch nicht wirklich aktiv in solchen Foren der internationalen Wirtschaftsbeziehungen. Der Isolationismus war zu dieser Zeit in den USA eine populäre politische Doktrin.

Die Zwischenkriegszeit, die nicht von starken internationalen Organisationen geprägt war (die USA hatten sich beispielsweise entschieden, dem Völkerbund nicht beizutreten), war dramatisch, was den Rückgang des Handels nach 1930 betrifft, als die USA die Smoot-Hawley-Zölle einführten. Die Einführung dieser Zölle stieß auf den öffentlichen Widerstand von etwa 200 US-Ökonomen, die vor dem wirtschaftlichen Schaden warnten, den höhere US-Zölle mit sich bringen würden: Importierte Waren würden teurer werden, sodass europäische Länder, darunter Deutschland mit seiner hohen Auslandsverschuldung und einer hohen Rechnung für Kriegsreparaturen, geringere Exporte und damit ein rückläufiges Realeinkommen sowie geringere Beschäftigung verzeichnen würden. Dies wiederum bedeutete, dass die USA mit einem geringeren Exportwachstum nach Europa konfrontiert sein würden: Ein Teufelskreis. Die Situation im Jahr 2018 ist etwas anders: Es gibt viele globale Organisationen, die funktionieren, darunter der Internationale Währungsfonds (IWF/IMF) und die Welthandelsorganisation (WTO) sowie die Bank für Internationalen Zahlungsausgleich (BIZ/BIS). Präsident Trump drängt jedoch auf neue Zölle, und wenn es Gegenzölle aus China und der EU gibt, könnte die Situation bald ähnlich aussehen wie die Dynamik der 1930er-Jahre. Man sollte nicht den Einwand erheben, dass das Wirtschaftswachstum in den USA recht hoch ist – auch die Wachstumsraten der ASEAN-Länder (Association of Southeast Asian Nations) in den Jahren 1995/1996 waren hoch und dennoch wurde die Asienkrise von 1997/1998 zu einem ernsthaften Problem für Asien und einen Teil der Weltwirtschaft. Sicherlich kann man eine reibungslose Anpassungsdynamik im Kontext von BREXIT und US-Protektionismus nicht ausschließen, aber die Wirtschaftspolitik von Präsident Trump ist sehr schwer zu prognostizieren.

Sollte der Populismus in den USA ein mittel- oder sogar langfristiges Phänomen sein, wäre dies für die transatlantischen und globalen Wirtschaftsbeziehungen von Nachteil. Der Schlüssel zum Protektionismus ist nationalistisches und protektionistisches Verhalten. So könnten mehr als sieben Jahrzehnte des internationalen politischen Engagements der USA in der Außenpolitik rückgängig gemacht werden; politische und militärische Allianzen unter der Führung der USA könnten zerfallen, ein Mangel an Führung könnte in vielen Politikbereichen auf internationaler bzw. globaler Ebene zu einem großen Problem werden. Dies wird die internationale und politische Stabilität untergraben, was wiederum zu höheren Transaktionskosten und Risiken für Handel und internationale Investitionen führt. Daher werden die Handelswachstumsraten und die Wachstumsraten der ausländischen Direktinvestitionen zurückgehen, sodass das Wachstum der Weltproduktion zurückgehen wird. Wenn die USA einen Mangel an Führung und politischer Orientierung zeigen, könnten einige Länder Lateinamerikas destabilisiert werden – neben Venezuela, wo vor allem die chaotische und widersprüchliche Politik von Präsident Maduro das Land wirtschaftlich destabilisiert hat. Die Trump-Administration hat auch ihre Mittelzuweisungen an die palästinensischen Gebiete gekürzt, die den Nahen Osten destabilisieren könnten. Die Tatsache, dass China Ende September 2018 beschlossen hat, die vorgeschlagenen China-US-Handelsgespräche abzusagen, ist ein Signal dafür, dass die Trump-Administration auf eine neue Form des Isolationismus zusteuert. China wird sich um eine Neuausrichtung seines Handelsschwerpunkts bemühen und könnte versuchen, engere Wirtschaftsbeziehungen mit ASEAN, Japan und der EU anzustreben. Wirtschaftlich macht die EU insofern wenig Sinn, als die EU weit von China entfernt ist – die Transportkosten sind im Vergleich zu den ASEAN-Ländern relativ hoch. Die von China in den USA angebotenen Qualitätssegmente und die dort von chinesischen Exporteuren erzielten Preise können jedoch in der ASEAN nicht erreicht werden. Solche hohen Preise könnten in den Ländern der westlichen EU erzielt werden, deren Pro-Kopf-Einkommen (bereinigt um die Gesundheitsausgaben) fast so hoch ist wie das der USA. Deutlich höhere chinesische Exporte in die EU27 könnten nicht nur über den Schiffsverkehr, sondern auch über eine intensivere Nutzung des Eisenbahnnetzes zwischen China und Westeuropa möglich sein. Russland ist ein wichtiges Transitland und sowohl die EU als auch China können nur hoffen, mehr Waren über internationale Eisenbahnnetze zu tauschen, wenn ausreichende Investitionen in die Modernisierung der Eisenbahninfrastruktur zwischen China und Deutschland/Frankreich getätigt werden und wenn die politischen Beziehungen der EU zu Russland verbessert werden. Dies würde jedoch die Frage der Ukraine wieder aufwerfen, und es ist unklar, ob die EU-Länder und Russland hier eine Lösung finden könnten – ohne eine starke Beteiligung der USA. Eine populistische Politik der USA wird höchstwahrscheinlich keinen internationalen Beitrag zur Stabilisierung einer Region oder eines Landes der Weltwirtschaft leisten, ohne die EU bzw. China aufzufordern, einen Preis für jede nützliche Beteiligung der USA an diesem Prozess zu zahlen.

Die protektionistische und antimultilateralistische Trump-Politik wird die EU-Integration sicherlich nicht unterstützen, und dies ist eine wichtige politische Veränderung gegenüber 1945–2016. Präsident Eisenhower begrüßte Jean Monnet, den Präsidenten der Europäischen Gemeinschaft für Kohle und Stahl (EGKS: 1952 von Deutschland, Frankreich, Italien, den Niederlanden, Belgien und Luxemburg gegründet) in Washington DC im Jahr 1953, und er war der festen Überzeugung, dass die europäische Wirtschaftsintegration dazu beitragen könnte, Europa schneller wieder aufzubauen und auch einen Block von Ländern aufzubauen, die im Kalten Krieg mit der Sowjetunion nützlich sein könnten. Aus französischer Sicht sollte die Gründung der EGKS zu einer sektoralen wirtschaftlichen Integration, aber auch zu einer gemeinsamen politischen Kontrolle über Deutschland und die damals kritischen Militärbereiche führen. Die geschaffenen Institutionen waren Vorläufer der 1957 geschaffenen EU-Institutionen – die EU hatte damals tatsächlich den Namen Europäische Wirtschaftsgemeinschaft. Sobald die USA neutral gegenüber der EU-Integration oder sogar offen feindlich gesinnt sind, wird Europa mit wachsenden Herausforderungen und sogar mit Desintegrationsdruck konfrontiert sein, der von einem populistisch getriebenen und von Trump unterstützten BREXIT ausgelöst wird.

Nationale Wirtschaftspolitik und Globalisierung sowie Chinas Wachstum

In vielen EU-Ländern haben Politiker die halbrhetorische Frage gestellt: Stellen die aktuellen Entwicklungen das Ende der Demokratie dar? Dies entspringt der Auffassung, dass die nationalen Regierungen nicht mehr in der Lage sind, eine bestimmte nationale Politik durchzusetzen, sondern der Politik führender Volkswirtschaften wie der USA, Deutschlands, des Vereinigten Königreichs, Frankreichs, Italiens, Spaniens oder Chinas folgen müssten. Und im Fall eines Bedarfs an spezifischen Anpassungsprogrammen folgen sie internationalen Organisationen wie der IWF? Selbst in Deutschland, Großbritannien, Frankreich, Italien und Spanien beklagen sich Politiker über diesen wahrgenommenen Mangel an politischer Autonomie. Die natürliche Antwort für kleine und mittlere Länder wäre die Zusammenarbeit in Form von Programmen zur regionalen Wirtschaftsintegration, damit die EU, ASEAN, Mercosur, ECOWAS und andere Integrationsbereiche politisch sinnvoll sind, zumindest wenn es einen breiten Konsens und ähnliche politische Prioritäten zwischen den teilnehmenden Ländern gibt. Das Referendum des Vereinigten Königreichs über die EU-Mitgliedschaft im Jahr 2016 brachte eine ziemlich seltsame und populistische Antwort: Eine knappe Mehrheit befürwortete „Leave", d. h. dass das Vereinigte Königreich seine Mitgliedschaft in der EU aufgeben sollte (die sicherlich einige Schwächen hat und sich der Notwendigkeit dringender Reformen gegenübersieht) und seine Souveränität als völlig unabhängiges Land wiedererlangen sollte – oder BREXIT, wie es bekannt wurde (ein Portmanteau Großbritanniens und Ausstieg). Ein Schlüsselsatz und Thema, das von den Brexiteers, wie die Pro-BREXIT-Kämpfer genannt wurden, oft wiederholt wurde, war die „Rücknahme der Kontrolle". Dass dies keine leichte Aufgabe ist und eigentlich wenig Sinn macht, zeigt jedoch der BREXIT-Prozess selbst. Sollte das Vereinigte Königreich tatsächlich in der EU-Zollunion verbleiben, wäre sein Status im Bereich der Handelspolitik dem der Türkei ähnlich; Freihandelsabkommen würden in Brüssel im Namen der EU27 sowie der Türkei und des Vereinigten Königreichs in Zukunft geschlossen. Das Vereinigte Königreich würde nur einen besonderen Grad an Freiheit in Bezug auf die Finanzmarktregulierung genießen und die volle Kontrolle über die Einwanderung wiedererlangen, aber es stellt sich die große Frage, ob selbst diese Gewinne viel Sinn machen:

- Die EU27-Länder werden sich stark für eine Verlagerung von im Vereinigten Königreich ansässigen Finanzdienstleistern zu EU27-Kunden in die EU27-Länder einsetzen, um die Kontrolle der Regulierungspolitik auf den Finanzmärkten zurückzugewinnen. Im Jahr 2018 befanden sich mehr als 60 % des EU27-Bankengroßhandelsmarkts in Großbritannien, was kein großes Problem darstellte, da die EU-Finanzmarktrahmenvorschriften für alle EU28-Länder gelten. Ab dem 29. März 2019 gelten die EU-Vorschriften jedoch nicht mehr für Großbritannien, und dies wird großen Druck auf die britische Regierung ausüben, das britische Finanzsystem stark zu deregulieren. Dies liegt nicht im Interesse der EU27-Mitgliedstaaten, der EU und der Europäischen Zentralbank (die auf dem Gebiet der EU-weiten makroprudenziellen Aufsicht tätig ist). Die EU und die EZB werden Druck auf das Vereinigte Königreich nach dem BREXIT ausüben, mit dem Ziel, viele Banken und Finanzdienstleister der City of London zu zwingen, eine vollständig kapitalisierte Tochtergesellschaft in der EU27 zu gründen – so ist mit höheren Kapitalabflüssen aus dem Vereinigten Königreich in die EU27 im Jahr 2018/2019 zu rechnen. Um den EU-Vorschriften zu entsprechen, haben die meisten Stadtbanken bereits 2018 mit dem Umsiedlungsprozess begonnen. Ende 2018 waren es fast 60 britische Institute, die mit der EZB Gespräche über die Erteilung einer Lizenz für Finanzunternehmen aus dem Vereinigten Königreich geführt haben, während nur 25 Banken beteiligt waren, bei denen sich die Gespräche bis Mitte November in einem fortgeschrittenen Stadium befanden. Unter Einbeziehung anderer Finanzinstitute, wie z. B. Wertpapierfirmen, steigt diese Zahl auf fast 40 (Reuters 2018).
- Die Eurozone könnte von der Verlagerung der Londoner Banken im Zusammenhang mit BREXIT in die Eurozone profitieren, da ihr Finanzsektor gestärkt wird. Es besteht kein Zweifel daran, dass Großbritannien ein globales Finanzzentrum bleiben wird, aber New York

wird wahrscheinlich auch von BREXIT profitieren, da viele US-Banken mit Aktivitäten in London, die auf die Betreuung von Kunden in der EU27 abzielen, wahrscheinlich einige Aktivitäten zurück in die Vereinigten Staaten verlagern werden, was die Position von New York stärken dürfte.

Ob es nun die Vereinigten Staaten oder die EU sind, im 21. Jahrhundert wird es eine gemeinsame Herausforderung geben, und das ist der wirtschaftliche Aufstieg Chinas. Aus westlicher Sicht ist eine traditionelle Kritik an China der Mangel an Demokratie (zumindest im Sinn einer Demokratie nach westlichem Vorbild). Die neuen westlichen Tendenzen in den USA, Brasilien, Polen und Ungarn, nämlich die Verlagerung zu autoritären politischen Strukturen, schwächen jedoch den Anspruch der westlichen Demokratien, ein gutes Beispiel für Reformen in vielen Entwicklungs- und Schwellenländern (NIC) zu sein. Die brasilianische Wahl des rechten Populisten Jair Bolsonaro zum neuen Präsidenten Brasiliens im Oktober 2018 deutet darauf hin, dass das alternative politische Spektrum, die brasilianische Arbeiterpartei, tiefes Misstrauen empfand, nachdem führende Mitglieder und ehemalige Präsidenten in viele große Korruptionsskandale verwickelt waren. Fernando Haddad, der Präsidentschaftskandidat von links, verlor damit in der zweiten Runde der brasilianischen Wahlen am 28. Oktober 2018. Bolsonaro hat viele Ansichten, die denen von US-Präsident Trump ähnlich sind: Er hat Vorurteile gegen Frauen und Minderheiten, die er in seinen Reden offen erklärt hat; dieser Mangel an Respekt vor Minderheiten findet sich auch in den Reden von Trump und in seinem Twitter-Feed sowie in vielen der Tweets von Brexiteers. Mit der stillen politischen Vernetzung zwischen den USA, Brasilien und Großbritannien sowie Italien – mit seiner populistischen Conte-Regierung – wendet sich der traditionelle Westen vom politischen Erbe des US-Unabhängigkeitskrieges und der Französischen Revolution ab, wobei beide historischen Ereignisse seit mehr als 200 Jahren das Argument für grundlegende Menschenrechte und damit die Rechte von Minderheiten stärken. Bolsonaro ist eine besondere Herausforderung für die westlichen demokratischen Traditionen, da er die Jahre der Militärdiktatur Brasiliens (1964–1985) verteidigt, sich offen für Folterungen durch staatliche Institutionen einsetzt und es den brasilianischen Bürgern erleichtern will, eine Waffe zu bekommen. Er wird wahrscheinlich die Militarisierung des „Krieges gegen Drogen" der brasilianischen Regierung verstärken, aber das Endergebnis könnte der Situation in Mexiko ähneln, wo die öffentliche Sicherheit tatsächlich zurückging, nachdem die mexikanische Regierung einen ähnlichen Ansatz gewählt hatte.

Die frühere brasilianische Lula-Regierung war bei der wirtschaftlichen Aufholjagd bzw. dem Wirtschaftswachstum ziemlich erfolgreich gewesen, aber die Nachfolgerin, Präsidentin Dilma Rousseff (2011–2016), verfolgte eine uneinheitliche Wirtschaftspolitik, die zu sehr hohen Defizit-BIP-Quoten (rund 8 %) und einer schweren zweijährigen Rezession im Jahr 2015/2016 führte. Es folgten zwei Jahre mit moderaten Wachstumsraten. Im Jahr 2010 hatte die Wachstumsrate des realen BIP 7,5 % betragen, aber danach sank das Produktionswachstum, während die Inflationsrate von 2012 bis 2016 stieg und fast 9 % erreichte. Es folgten zwei Jahre mit einer Inflationsrate von fast 3,5 %. Die Schuldenstandsquote lag 2010 bei 63,1 %, hat 2018 aber fast 90 % erreicht und ist für ein Schwellenland nicht nachhaltig. Die Weltbank (World Bank 2016) hat die brasilianische Wirtschaft, die für 210 Millionen Einwohner steht, kritisch hinterfragt und viele Maßnahmen identifiziert, die für mehr Wachstum und niedrigere Defizit-BIP-Quoten in Brasilien nützlich sein könnten. Bemerkenswert ist auch, dass sich die Arbeitslosenquote in Brasilien im Zeitraum 2014–2018 mit rund 12 % fast verdoppelt hat. Brasilien braucht ein Programm der Privatisierung, des verstärkten Wettbewerbs, der Innovationsförderung und des Einfrierens der Löhne des öffentlichen Sektors, dessen Niveau für die Bundesregierung etwa 60 % über dem der Privatwirtschaft und für die einzelnen Staaten etwa 30 % über dem der Privatwirtschaft liegt. Es bleibt abzuwarten, ob Präsident Bolsonaro in der Lage sein wird, angemessene Reformen, einschließlich der Bekämpfung der Korruption, durchzuführen oder nicht. Wenn die neue brasilianische Regierung eine gezielte Liberalisierungspolitik in Verbindung mit einer stärkeren Betonung von Wettbewerb und Rechtsstaatlichkeit verfolgen würde, könnte ein nachhaltiges Wirtschaftswachstum in Brasilien wiederhergestellt werden. Die Tab. 6.2 zeigt, dass der Gini-Koeffizient (Markteinkommen) als Standardmaß für Ungleichheit in Brasilien, Indien und China ziemlich hoch ist. Letzteres hat eine noch geringere Einkommensumverteilung als Brasilien.

Tab. 6.2 GINI-Koeffizienten in den USA und Deutschland im Vergleich zu Brasilien und anderen Schwellenländern (OECD, Einkommensverteilung und Armutsdatensat)

Land	Gini (Markterfolg, vor Steuern und Transfers)	Gini (Verfügbares Einkommen, nach Steuern und Transfers)	Jahr
USA	0,508	0,389	2011
Deutschland	0,506	0,293	2011
Brasilien	0,579	0,483	2011
China	0,548	0,514	2011
Russische Föderation	0,485	0,376	2011
Indien	0,508	0,495	2011

Hinweis: Der Gini-Koeffizient auf der Skala von 0–1, wobei 0 anzeigt, dass jede Person das gleiche Einkommen hat und 1, dass das gesamte Einkommen an eine Person geht

Fast drei Jahrzehnte nach dem Ende der Ära des Kalten Krieges gibt es eine Weltwirtschaft, die durch eine erhebliche Expansion autoritärer/populistischer Regierungen gekennzeichnet ist:

- Die USA unter Präsident Trump gehen in diese Richtung; Brasilien und Italien gehören seit 2018 ebenfalls zu dieser Gruppe.
- Zu dieser Gruppe illiberaler Demokratien gehören auch Russland, die Türkei, Ungarn und Polen – um eine Äußerung des ungarischen Ministerpräsidenten aufzunehmen, der dieses neue Regime beschreibt.

Es besteht kein Zweifel daran, dass die Angst vor Terrorismus über viele Jahre hinweg populistische Antiimmigrationstendenzen im Westen verstärkt hat. Nigel Farage, bis Mitte 2016 Vorsitzender der britischen Anti-EU United Kingdom Independence Party (UKIP), hat mehrfach erklärt, dass freie Migration in der EU seiner Meinung nach nicht akzeptabel ist. Es stellt sich jedoch die Frage, warum die scheinbare Schwächung des internationalen Terrorismus im Jahr 2018 dann nicht als Signal für die Akzeptanz einer wieder freieren Migration in der EU28 angesehen werden sollte. Nigel Farage ist ein typischer populistischer Politiker, da sein primärer Ansatz ein politisches Projekt ist, das auf Angst basiert und den Nationalismus stärken soll, was wiederum der Ausgangspunkt für die Lösung wichtiger Probleme mit autonomen nationalen Politiken sein dürfte.

In einem Jahrhundert, in dem das chinesische BIP nach 2030 die Weltwirtschaft bei Weitem dominieren wird – wirtschaftlich gesehen wird es größer sein (mit einem globalen Spitzenwert um 2040) als die USA – wird die Frage für alle europäischen Länder sein, wie sie darauf reagieren sollen. Die kontinentalen EU-Länder sowie Russland, Weißrussland (und Kasachstan) haben alle einen Vorteil gegenüber dem Vereinigten Königreich, da eine landgestützte Verkehrsverbindung zur Verfügung steht, die 2018 nur einen geringen Teil des chinesisch-europäischen Handels ausmachte, aber Investitionen in eine bessere und schnellere Eisenbahninfrastruktur und -ausrüstung sollten es ermöglichen, die Rolle des Landverkehrs enorm zu erhöhen.

Gemeinsamer Populismusnenner in den USA und der EU?

Da die Vereinigten Staaten nach der Wahl von Präsident Donald Trump mit einem (strukturellen) Populismusproblem konfrontiert sind, haben einige Beobachter angedeutet, dass der US-Populismus ungefähr dasselbe Phänomen ist wie das in der EU. Diese Sichtweise ist jedoch völlig unzureichend, da die westeuropäischen Länder nicht vor dem gleichen Kernproblem stehen, das in den USA entscheidend ist, nämlich dem eines massiven langfristigen Rückgangs des Gesamteinkommensanteils der unteren 50 % der Einkommensbezieher. Die einzigen drei gemeinsamen Nenner zwischen den USA und den EU-Ländern sind:

- Teilweise gibt es eine gemeinsame Angst vor zu viel Einwanderung und eine damit verbundene ernsthafte langfristige wirtschaftliche Belastung – zum Beispiel im Vereinigten Königreich in der BREXIT-Debatte 2016–2018, was sowohl auf der Seite der Cameron- als auch auf der Seite der May-Regierung sichtbar war; im Gegensatz zu der wissenschaftlichen Analyse der OECD, die gezeigt hat, dass das Vereinigte Königreich - bzw. das Britische Schatzamt - tatsächlich von der Einwanderung profitiert (der durchschnittliche Nettoeinkommenseffekt von Einwanderern von rund 2500 $ dürfte für die Untergruppe der EU-Immigranten noch höher sein, da ihre Erwerbsquote und ihr durchschnittliches Niveau an Humankapital höher ist als der des gesamten britischen Einwanderungsbestands). Die Rolle des Unternehmertums von Einwanderern wird auch in den USA und Großbritannien stark unterschätzt: 40 % der Fortune-500-Unternehmen in den USA wurden von US-Immigranten der ersten oder zweiten Generation gegründet. Die USA mit ihrer langen Geschichte der Einwanderung dürften eher keine kontinuierliche Antieinwanderungspolitik haben, aber Trump drängt in der Tat auf verschiedene Weise auf Antieinwanderungsmaßnahmen. Er hat öffentlich seinen eigenen Stolz darauf erklärt, Nationalist zu sein, und das ist ein Kernbestandteil seiner Botschaft gegen die Einwanderung. Die Präferenz für eine Antieinwanderungspolitik ist zum Teil mit der islamistischen Kampagne gegen die USA und die westliche Welt verbunden: Dieser Kampf wirft die Frage der Identität auf eine neue Art und Weise auf, und die Flüchtlingswelle, mit der Westeuropa Mitte 2015 konfrontiert war, brachte die Frage der Identität auch in den kontinentalen EU-Ländern an die Spitze der politischen Debatte, deren EU-Binnenmarkt plus Schengen-Abkommen (d. h. keine Binnengrenzkontrollen außer dem Vereinigten Königreich und Irland und einigen osteuropäischen EU-Ländern) natürlich für fast jedes EU-Land die Frage aufwirft, wie eingehende Flüchtlinge unter den Mitgliedstaaten verteilt werden sollen; die meisten Flüchtlinge kamen aus Syrien mit seinem tödlichen Bürgerkrieg. Die Tatsache, dass sich die illegale Einwanderung in großem Maßstab und die Flucht legaler Flüchtlinge zeitlich überschneiden, erschwerte die Situation für die EU noch mehr. Es besteht kein Zweifel daran, dass das Risikomanagement der EU wie in den meisten EU-Ländern eher schlecht ist: Die schwerwiegende Nichtzahlung der Mittel durch die Länder an das UNHCR (die Flüchtlingsorganisation der Vereinten Nationen), die 2013–2014 stattgefunden hatte, machte es notwendig, dass diese und andere Agenturen in den Flüchtlingslagern in Syrien und im Libanon Kürzungen, einschließlich der Bereitstellung von Nahrungsmitteln, vornehmen mussten, und die daraus resultierenden Engpässe und Nöte wurden dann zu einem wichtigen Impuls für Flüchtlinge, in die EU zu fliehen. Die wichtigsten nicht zahlenden Länder waren die USA und Saudi-Arabien sowie einige EU-Länder. Während US-Präsident Trump die NATO-Länder genau im Auge behält, um sicherzustellen, dass sie die Militärausgaben erhöhen und damit die diesbezüglich gemachten politischen Zusagen einhalten, gibt es keine offizielle Überwachung des „pledge and pay" der UN-Länder; viele Geberkonferenzen werden abgehalten und riesige Summen zugesagt, aber die Überwachung der tatsächlichen Zahlungen ist ziemlich dürftig.

- Das Internet ist ein gemeinsamer Nenner für den Populismus auf beiden Seiten des Atlantiks, da alarmierende digitale Vernetzung und extremer Rechtspopulismus leicht über digitale Medien verbreitet werden können. Die USA und Großbritannien sind zwei der am weitesten entwickelten OECD-Wirtschaften, und deshalb ist die Verbreitung aggressiver populistischer politischer Kampagnen über Social Media in beiden Ländern recht einfach. Im „freien" westlichen Internet wurden fast keine Qualitätsstandards für Informations- und Nachrichtenwebseiten festgelegt. Menschen haben ein gemeinsames psychologisches Merkmal, nämlich eine gewisse Präferenz in Bezug auf die besondere Aufmerksamkeit für Warnsignale vor Risiken und potenziellen Gefahren in unserer Umwelt; und populistische Führer und politische Aktionsgruppen nutzen diesen Effekt oft, um Aufmerksamkeit für ihre Ideologie zu erregen, indem sie gefälschte Nachrichtenmeldungen oder übertriebene Statistiken mit der Botschaft kombinieren, dass sie „bereit sind, dieses Problem zu lösen, und dass sie die einzige Partei sind, die dies effektiv tun kann". Die USA und das Vereinigte Königreich (plus Irland) gehören zur gleichen Sprachgruppe im Internet und so werden viele populistische Botschaften der USA die Bevölkerung beider Länder ansprechen, was zu einer natürlichen Überschneidung des Populismus über den Atlantik durch digitale Verbindungen zwischen den USA und Großbritannien führt.
- Die Transatlantische Bankenkrise, die die USA und Großbritannien – sowie einige EU-Länder – schwer getroffen hat, war auch ein gemeinsamer

Nenner des Populismus. Viele Wähler waren offenbar ziemlich enttäuscht, dass die Deregulierung durch Regierungen in den USA und Teilen Westeuropas die Bankenkrise und die anschließende Große Rezession ermöglicht hatte. Dies untergrub das Vertrauen in die politische und wirtschaftliche Elite: Schaffung einer weiteren neuen Möglichkeit für politische antielitische populistische Bewegungen, diese zu nutzen.

Aus Sicht der Neuen Politischen Ökonomie sind diese drei Aspekte sehr wichtig, und es kann keine langfristige Normalisierung der westlichen Demokratien geben, wenn keine Antwort darauf gefunden wird, wie ein besseres System der Aufsicht über die Finanzinstitute und ein solideres Bewertungssystem für Nachrichten und Informationsquellen geschaffen werden kann.

Es gibt noch einen weiteren langfristigen Nenner aller Formen des Populismus, nämlich die Ignorierung der grundlegenden Systemmechanismen und Gesetze der Ökonomie, also zu viele einfache Versprechungen machen, die nie eingehalten werden können. In einer gut informierten Gesellschaft mit einem normalen Maß an öffentlicher Frustration werden nur wenige Wähler die sirenenartigen Lieder des Populisten hören, die in eine unsichere Zukunft führen. In einer digitalen Gesellschaft mit unklaren und bewusst irreführenden Informationen und Nachrichten über die Realität und in einer Welt mit zunehmender Ungleichheit bei Einkommen, Reichtum und Wert digitaler Daten besteht jedoch die neue Gefahr, dass extreme politische Parteien bzw. populistische Stimmen die Aufmerksamkeit eines großen Publikums auf sich ziehen. Der Populismus ist fast immer nationalistisch und tendiert daher zum Protektionismus und damit zur Stimulierung neuer internationaler Konflikte. Anstelle eines friedlichen internationalen Wettbewerbs könnte es bald zu erneuten Rivalitäten zwischen den großen Militärmächten kommen und die Weltwirtschaft könnte in das späte 19. Jahrhundert zurückfallen: Great-Power-Spiele, jedoch mit dem Hinzufügen von zwei neuen Mächten, nämlich den USA und China – und dem neuen Russland. Dass das Vereinigte Königreich dem Wunschdenken von Nigel Farage und Boris Johnson in ihrem populistischen und gegen die EU gerichteten Vorgehen gefolgt ist, ist ziemlich seltsam: Die Mehrheit der britischen Wähler im EU-Referendum lehnte die akzeptierte Weisheit des Mannes ab, der auf jeder £ 20-Note steht, nämlich Adam Smith. Das Land, das einst die mächtige Speerspitze des Freihandels zwischen 1860 und 2016 war, wird den populistischen und protektionistischen US-Präsidenten Trump begrüßen, während der Post-BREXIT sich schnell als ein Vasallenstaat der USA von Trump wiederfinden könnte.

Populismus in Italien

Der italienische Populismus bzw. der Wahlsieg der populistischen italienischen politischen Parteien 2018 lässt sich weitgehend auf das langsame Wachstum der italienischen Wirtschaft über mehr als zwei Jahrzehnte und die daraus resultierende Stagnation des realen Pro-Kopf-Einkommens der Haushalte im Zeitraum 1995–2015 zurückführen. Zwischen 1995 und 2015 stiegen die realen Pro-Kopf-Einkommen der Haushalte in den USA und Großbritannien um 30 %, in Deutschland und Frankreich um rund 40 %, in Italien war der Anstieg vernachlässigbar (Abb. 6.6). Dies ist eine enorme Diskrepanz, die zeigt, dass die traditionellen Mittel- und Mainstreamparteien in der italienischen Politik keine ausreichenden angebotsseitigen Reformen durchgeführt haben. Die eher schlechten durchschnittlichen Einkommenserwartungen dürften zu einem breiten Pessimismus in der Bevölkerung führen und zu einer politischen Radikalisierung beitragen. Aus der Sicht der EU weist die wirtschaftliche Entwicklung Italiens auch auf ein schlechtes Funktionieren des EU-Benchmarkings hin: Die Kluft zwischen der Entwicklung Italiens und derjenigen Deutschlands, Frankreichs und des Vereinigten Königreichs war beträchtlich und blieb es auch über mehr als ein Jahrzehnt. Die Ungleichheit in Italien hat sich erhöht, während gleichzeitig der Realzins höher war als die Wachstumsrate des realen Einkommens.

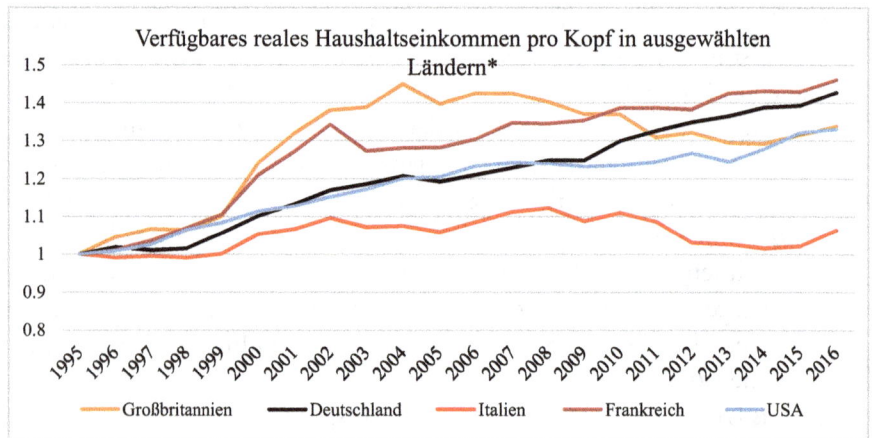

Abb. 6.6 Verfügbares reales Haushaltseinkommen pro Kopf in ausgewählten Ländern: USA, Großbritannien, Deutschland, Frankreich, Italien. Index 1995 = 1; Nominalwerte deflationiert mit dem Verbraucherpreisindex (EIIW-Berechnungen auf der Grundlage von Daten der OECD, Indikator für das verfügbare Einkommen der Haushalte)

Ungleichheitswahrnehmung

Was die Wahrnehmung von Einkommensungleichheiten betrifft, so ist interessant festzustellen, dass in Deutschland beispielsweise der Anteil der armen Haushalte unterschätzt und der Anteil der reichen Haushalte überschätzt wird. So haben viele Menschen in der mittleren Einkommensklasse übermäßige Ängste, unter ungünstiger Wirtschaftsentwicklung arm zu werden, aber viele überschätzen auch die Chancen, zu den Haushalten mit dem höchsten Einkommen aufzuholen. Diese Wahrnehmungslücke ist politisch relevant; in der öffentlichen Debatte über Armut in Deutschland gibt es eine Verzerrung.

Trumpismus und die Conte-Regierung in Italien

Die populistische Wirtschaftspolitik der italienischen Regierung Conte sah sich mit einigen Problemen in Bezug auf die Kommunikation mit der Europäischen Kommission konfrontiert, die den von der italienischen Regierung vorgelegten italienischen Haushalt für 2019 abgelehnt hat. Es gibt eine kritische Frage zu der Entscheidung der italienischen Regierung, die Ausgabenquote des Staates zu erhöhen, um eine Art Grundeinkommen für Arme und Langzeitarbeitslose in Italien zu finanzieren. Die populistische Conte-Regierung besteht aus der rechten Anti-Immigrations-Lega-Partei unter Matteo Salvini und der überwiegend linken populistischen Fünf-Sterne-Bewegung mit ihrem Führer Luigi di Maio. Der stellvertretende Premierminister Di Maio hat in einem Interview erklärt, dass die italienische Regierung einfach die Wirtschaftspolitik von Trump zur Erhöhung der Ausgaben und zur Senkung der Steuern fortsetzen will – und dass bald die gesamte EU diesem Ansatz folgen und die Option einer Sparpolitik nicht mehr in Betracht ziehen wird (FT 2018). Dies zeigt, dass die Trump-Administration in Italien an Einfluss gewonnen hat. Italien hat jedoch viele langfristige Probleme, vor allem in Bezug auf Produktivitätswachstum, Innovation/Patentdynamik und Produktionswachstum. Solche Probleme könnten in der Tat teilweise durch niedrigere Steuersätze angegangen werden, um ein höheres Investitionsniveau von Privatunternehmen zu fördern. Die italienische Regierung hat jedoch keine Vorschläge zur Erhöhung der öffentlichen Investitionen oder zur Förderung von Forschung und Entwicklung durch private Unternehmen unterbreitet. Italien steht auch vor dem Problem, dass seine Schuldenstandsquote bei fast 130 % des BIP liegt und damit deutlich über der der USA liegt, die ein AA/AAA-Rating aufweisen, während die italienischen Staatsanleihen im Herbst 2018 mit BB/BBB bewertet wurden.

Wenn Italien die Defizit-BIP-Quote von 0,8 % – dem geplanten Wert der vorherigen Regierung – auf 2,4 % (wie von der Conte-Regierung gewünscht) anhebt, würde sich die langfristige Schuldenquote im Verhältnis zum realen BIP auf einen Wert von 200 % annähern, wenn die Trendwachstumsrate Italiens 1,2 % und die Defizit-BIP-Quote bei 2,4 % bleiben würden. Dies folgt der Logik der sogenannten Domar-Regel zur Berechnung der langfristigen Schulden-BIP-Ratio. Die internationalen Kapitalmärkte würden eine italienische Verschuldungsquote von 200 % nicht akzeptieren und auch die Rating-Agenturen würden reagieren: Italien würde mit einem BBB-Rating oder noch schlechter abschneiden und damit das Investor-Grade-Rating verlieren. Institutionelle Anleger wären daher gezwungen, alle italienischen Anleihen zu verkaufen, da die Vorschriften verlangen, dass diese Anleger Anleihen halten, die mindestens dem Investor-Grade (etwa BB) entsprechen. Würden die Zinsen in der Folge stark steigen, würde der Wert der italienischen Staatsanleihen, die größtenteils von italienischen Banken gehalten werden, sinken: Die Abwertung von Anleihen bedeutet, dass das Eigenkapital der Banken zurückgehen wird, was wiederum ihre Fähigkeit, Kredite an private Investoren und private Haushalte zu vergeben, beeinträchtigt. Die Wirtschaftspolitik der Regierung Conte birgt somit ein erhebliches Risiko. Die Unflexibilität der italienischen Regierung und ihre mangelnde Bereitschaft, die EU-Haushaltsregeln einzuhalten, stellen nicht nur für Italien, sondern auch für Europa ein großes Problem dar.

Im Fiskalpakt von 2012 haben sich die EU-Länder darauf geeinigt, dass die maximale strukturelle Defizit-BIP-Quote 0,5 % betragen sollte; als strukturell wird ein Defizit beschrieben, das um die Auswirkungen der Konjunktur korrigiert wurde. Da die Verschuldung Italiens deutlich über der offiziellen EU-Grenze von 60 % liegt, müsste sie die Überschuldungsquote jedes Jahr um 1/20 senken. Die ehemalige italienische Regierung hatte versprochen, die strukturelle Defizit-BIP-Quote bis 2019 um 0,8 Prozentpunkte zu senken, aber die neue Regierung Conte will sie stattdessen um 0,8 Prozentpunkte erhöhen. Dies ist für die Europäische Kommission und die EU-Partnerländer Italiens nicht akzeptabel.

Die italienische Regierung hofft natürlich, dass die Wahlen zum Europäischen Parlament im Mai 2019 einen hohen Stimmenanteil für italienische populistische Parteien bringen werden – mit Wählern, die durch die Haltung der Europäischen Kommission gegen die Pläne der italienischen Regierung motiviert sind. Da die EU-Partnerländer ein solches Wahlergebnis vermeiden wollen, könnten diese Länder dem politischen Ansatz der italienischen Regierung nachgeben. Solange es einen wirtschaftlichen Aufschwung in der Eurozone gibt, sind dramatische Probleme mit der italienischen Fiskalpolitik unwahrscheinlich, aber sobald eine Rezession einsetzt, könnten die Spreads für italienische Staatsanleihen ein kritisches Niveau erreichen. Die Reformen der Regierung Conte sind nicht ausreichend auf die Erhöhung der Staatsausgaben für Bildung, öffentliche Infrastruktur und Innovationsförderung ausgerichtet.

Literatur

Arntz, M., Gregory, T., & Zierahn, U. (2016). The Risk of Automation for Jobs in OECD Countries. *OECD Social Employment and Migration Working Papers*, No. 189. Paris: OECD Publishing.
FT. (2018). Italy's Recipe for Growth Will Work for Whole of Europe, Says di Maio. *Financial Times*. Druckausgabe. 5. November. S. 1.
Melitz, M. J. (2003). The impact of trade on intra-industry reallocations and aggregate industry productivity. *Econometrica, 71*, 1695–1725.
OECD. (2017b). *OECD Economic Surveys: United Kingdom*. Paris: OECD Publishing. https://read.oecd-ilibrary.org/economics/oecd-economic-surveys-united-kingdom-2017_eco_surveys-gbr-2017-en#page1. Zugegriffen am 02.04.2020.
OECD. (2018a). *OECD Economic Surveys: United States. Paris*: OECD Publishing. https://www.oecd-ilibrary.org/economics/oecdeconomic-surveys-united-states-2018_eco_surveys-usa-2018-en. Zugegriffen am 02.04.2020.
Reuters. (2018). Twenty-Five Banks 'Well Advanced' in Talks for post-Brexit EU licence – ECB. *Reuters*, Online, 19. November. https://www.reuters.com/article/uk-britain-eu-ecb/twentyfive-banks-well-advanced-in-talks-for-post-brexit-eu-licence-ecbidUSKCN1NO15N. Zugegriffen am 21.11.2018.
Santacreu, A. M., & Zhu, H. (2018). Domestic Innovation and International Technology Diffusion as Sources of Comparative Advantage. *Federal Reserve Bank of St. Louis Review, 100*(4), 317–336.
Sapir, A., et al. (2004). *An Agenda for a Growing Europe: The Sapir Report*. Oxford: Oxford University Press.
Welfens, P. J. J., & Irawan, T. (2014). Transatlantic Trade and Investment Partnership: Sectoral and Macroeconomic Perspectives for Germany, the EU and the US. *International Economics and Economic Policy, 11*(3), 293–328. https://doi.org/10.1007/s10368-014-0292-9.
World Bank. (2016). *Retaking the Path to Inclusion, Growth and Sustainability: Brazil Systematic Country Diagnostic*. Washington, DC: World Bank.
WTO. (2017a). *World Trade Report 2017 – Trade, Technology and Jobs*. Geneva: World Trade Organization.

7

EU-Reformprobleme und das Aufkommen des Populismus in Europa

Die moderne europäische Integration begann 1952 mit der Gründung der Europäischen Gemeinschaft für Kohle und Stahl (EGKS) durch Deutschland, Frankreich, Italien, Belgien, die Niederlande und Luxemburg, gefolgt von der Gründung der EU (oder der Europäischen Wirtschaftsgemeinschaft, wie sie damals genannt wurde) im Jahr 1957. Die Überwindung des Nationalismus und die Abschaffung der Einfuhrzölle im regionalen Handel sowie die Stärkung der wirtschaftlichen Konvergenz zwischen den Ländern und die Förderung von Frieden und Wohlstand waren die Ziele der EU. Die EU-Integration wurde von den USA zwischen 1950 und 2016 entschieden unterstützt. Diese Unterstützung endete mit der Trump-Administration – Donald Trump unterstrich während seiner Präsidentschaftskampagne 2016, wie sehr er BREXIT unterstützt und dass er weitere X-EXIT-Entscheidungen in der EU28 erwartet. In der Pro-BREXIT-Kampagne wurde der vorgeschlagene Austritt aus der EU durch Argumente gestützt, dass die EU-Mitgliedschaft einen Mangel an politischer Autonomie, eine Unfähigkeit zur Kontrolle der Einwanderung aus EU-Ländern, zu viel bürokratische EU-Macht und auch die Verschwendung von britischen Steuergeldern bedeutet (Welfens 2017a, c). Der europäische Konsens über die EU-Integration wurde 2016 gebrochen und neue populistische Kräfte gewinnen seither in vielen EU-Ländern an Boden. Die Eurokrise brachte in Griechenland eine populistische Mehrheit, nämlich auf der Grundlage einer Koalition aus einer Partei der extremen Linken und einer populistischen Partei der Rechten, während in Italien eine starke rechte Lega-Partei und die eher populistische Fünf-Sterne-Bewegung (gegründet vom Komiker Beppe Grillo) im Sommer 2018 eine Koalitionsregierung gründeten.

Traditionell haben in Westeuropa Frankreich, Norditalien und Teile Belgiens populistische Parteien erlebt. Seit 2016 – vor allem nach der Flüchtlingswelle und der schlecht vorbereiteten Entscheidung von Kanzlerin Merkel, die Grenzen Deutschlands Ende August 2015 zu öffnen – ist Populismus auch in Deutschland eine starke neue politische Strömung. In vielen EU-Ländern ist ein Teil dieses populistischen Anstiegs als Reaktion auf die Transatlantische Bankenkrise und die gesamte staatliche Rettungsfinanzierung der Banken entstanden; Garantien für die Platzierung von Bankenanleihen werden jedoch oft mit der tatsächlichen Finanzierung auf Kosten der Steuerzahler verwechselt. In Deutschland taten die Merkel-Regierungen nicht genug, um zu erklären, wie begrenzt die tatsächlichen Kosten der Rettung von Banken am Ende tatsächlich waren. In Deutschland und vielen Ländern der westlichen EU, darunter Großbritannien, herrschte in den Jahren 2008–2010 die weit verbreitete Auffassung, dass Regierungen, die argumentiert hatten, dass es kein Geld im Haushalt für die Sozialpolitik gäbe, fast unbegrenzte Mittel zur Rettung der wohlhabenden Eigentümer von Banken anbieten würden.

Was den Populismus in Deutschland betrifft, so ist der Ausbau der Partei *Alternative für Deutschland* (AfD) als rechte politische Kraft im deutschen Bundestag und in den Parlamenten der Länder eine ernsthafte Herausforderung für die politische Stabilität in Deutschland und der EU. Was die digitalen Netzwerke betrifft, so scheint es, dass AfD-Aktivisten sehr stark in der Verbreitung gefälschter Nachrichten mit sensationellen Click-bait-Titeln sind. Untersuchungen der Bertelsmann Stiftung zu den digitalen Aktivitäten rechter Gruppen haben ergeben, dass ein erheblicher Anteil der FAZ-Digitalleser eng mit der AfD verbunden ist (Hoffmann 2014).

In Deutschland wurde die Gründung der populistischen AfD zunächst von der Befürchtung einiger Ökonomen und Journalisten motiviert, dass die Eurokrise den deutschen Steuerzahler 10 Mrd. € kosten würde; dies ist eine Wahrnehmung, die oft von der Frankfurter Allgemeinen Zeitung (FAZ) propagiert wurde, einer führenden nationalen Zeitung mit einem Wirtschaftsteil, der seit 1999 gegen den Euro arbeitet. Diese Zeitung hat eine Sonntagsausgabe, die Frankfurter Allgemeine Sonntagszeitung, in der der Hauptwirtschaftsjournalist – er hat keine formale Ausbildung in Wirtschaft oder Business (er hat einen Schwerpunkt in Literatur, katholischer Religion und Philosophie) – die EZB mit einer im Zweiten Weltkrieg gegründeten NS-Bank mit Sitz in Wien verglich. Einer der führenden Schöpfer der AfD war selbst ein ehemaliger Journalist der FAZ, und ihr heutiger Chef, Herr Gauland, war einige Jahre nach der Wiedervereinigung Deutschlands als Redakteur einer Zeitung in Potsdam (in den neuen Bundesländern) tätig, die der FAZ gehörte.

Im März 2015 zeigten Meinungsumfragen den erwarteten Wähleranteil der populistischen AfD bei den Bundestagswahlen mit rund 5 %, was die kritische Schwelle für die Bundestagswahl in Deutschland ist. Nach dem Jahr mit der Flüchtlingswelle lag die AfD oft nahe bei 10 % und im Oktober 2018 lag die AfD in einigen Meinungsumfragen sogar knapp vor der Sozialdemokratischen Partei, die unter 20 % gefallen war. Meinungsumfragen in der ehemaligen Deutschen Demokratischen Republik, d. h. Ostdeutschland, stellen die AfD in einigen Ländern im Herbst 2018 vor alle anderen Parteien. In Sachsen, das zum Teil ein geografisches Zentrum für offen antiimigrantisch-nationalistische Gruppen (wie Pegida) oder manchmal sogar faschistische politische Gruppen ist, gewann die AfD bei den Bundestagswahlen eine relative Mehrheit der Stimmen. Bis Mitte 2018 ist die AfD in allen 16 Landesparlamenten in Deutschland etabliert. Seine Führer unterstützen offen die Ansichten von Trump in vielerlei Hinsicht: Nationalismus, Protektionismus und antiimigrantische sowie antimuslimische Slogans gehören zu dieser Ideologie.

Laut einer Studie von Vehrkamp und Wratil (2017) für die Bertelsmann Stiftung ist die Förderung des Populismus sowohl im rechten Spektrum als auch im politischen Zentrum stark; und es ist bemerkenswert, dass ein großer Teil der Anhänger des Populismus in Deutschland über geringe formale Fähigkeiten und ein relativ niedriges Pro-Kopf-Einkommen verfügt. Bei den Nichtwählern liegt der Populismus vor allem auf der rechten Seite des politischen Spektrums in Deutschland.

Am 6. Oktober 2018 erklärte der Vorsitzende der AfD und Fraktionsvorsitzende der AfD im Deutschen Bundestag in einer Stellungnahme der FAZ („Warum muss es Populismus sein?" Gauland 2018), was die wichtigsten Motive für die Unterstützung der AfD sind und was der Kern ihrer Ideologie ist – die Ignorierung der radikaleren rechten Ansichten in Ostdeutschland. Gauland argumentiert, dass Donald Trump das Symbol des modernen Populismus ist, und wenn er, Gauland, sich fragt, wie der Populismus wieder auftauchte, gibt er die folgende Antwort (aus einer englischen Fassung übersetzt: PJJW):

„Im Zuge der Globalisierung, nach dem Ende des Ost-West-Konflikts eine neue urbane Elite entstanden. […] Menschen aus Wirtschaft, Politik und dem Unterhaltungs- und Kultursektor gehören dazu – und vor allem die neuen Arten von digitalen Mitarbeitern, die mit Informationen umgehen. Diese globalisierte Klasse ist in international tätigen Unternehmen tätig, in Organisationen wie der UNO, den Medien, Start-up-Unternehmen, NGO, in den Stiftungen der Parteien und deren Management; und da sie die Informationsflüsse kontrollieren, gestalten sie die Gesellschaft im Bereich Kultur und Politik. Ihre Mitglieder sprechen in der Regel fließend Englisch und wechseln bei einem Jobwechsel von Berlin nach London oder Singapur. […] Dieses Milieu vermischt sich nicht mit anderen und strebt danach, „bunt" zu sein. Die Folge ist, dass die Verbindungen dieser neuen Elite zu ihrem jeweiligen Heimatland schwach sind. In ihrer elitären Parallelgesellschaft verstehen sie sich als Weltbürger. Der Regen, der die Heimatländer trifft, ist für sie nicht spürbar. Sie träumen von der Einen Welt und der globalen Republik. Gegen diese globalistische Klasse gibt es zwei heterogene Gruppen, die innerhalb der AfD ein Bündnis geschlossen haben: Auf der einen Seite eine bürgerliche Schicht, zu der wirtschaftlich die KMU-Gruppe gehört, die die Produktion nicht ohne Weiteres nach Indien verlagern konnte; auf der anderen Seite eher die normalen einfachen Menschen, deren Arbeitsplätze oft so kläglich bezahlt werden oder gar nicht mehr existieren. […] Das sind die Gruppen, die der Heimat einen Wert, einen einzigartigen Wert als solchen zuweisen, und sie werden die ersten sein, die die Heimat verlieren, weil Einwanderer in ihr Milieu ziehen. […] Durch alle westlichen Gesellschaften gibt es heute eine solche Kluft. Es wurde stark vertieft, als plötzlich Milliarden und Abermilliarden von Steuergeldern mobilisiert wurden, um Banken zu retten, kranke europäische Länder zu finanzieren und Hunderttausende von Einwanderern zu bezahlen. Diese Konstellation erforderte eine radikale Opposition. Eine solche Opposition hätte von rechts oder von links kommen können, aber sie war natürlich populistisch. Populismus bedeutet: Anti-Establishment. […] Niemand sollte dieser Ansicht mit kindlichen Plattitüden wie „wir sollten nicht protektionistisch sein" begegnen. Aber ein Mann wie Donald Trump wurde gewählt, weil er seinen Landsleuten versprochen hatte, sie vor internationalem Lohndumping und illegaler Masseneinwanderung zu schützen […]. Die Globalisierung sieht für diejenigen in einem Penthouse viel besser aus als für diejenigen im sozialen Wohnungsbau.

Der Egoismus der Globalisierungsakteure ist nicht besser als die privaten Interessen derjenigen, die den Fraktionalismus betonen; aber die Globalisierungsanhänger haben mehr auf dem Spiel. Wir sind dabei, auf Befehl der Globalisierungselite viel von dem zu gefährden, was unser Land und unseren Kontinent lebenswert macht: interner Frieden, Rechtsstaatlichkeit, soziale Sicherheit, Gleichberechtigung von Männern und Frauen, Meinungsfreiheit und Religionsfreiheit. Mit einem Ausdruck: Unsere liberale Lebensweise, d. h. unsere Heimat. Wenn diese Heimat einmal weg ist, wird sie nie wieder zurückkommen."

Kurz gesagt, dies ist eine romantische, aber illusorische Sichtweise, die viele Ängste zum Ausdruck bringt und internationales Unternehmertum als unerwünscht erachtet (und das ist die Sicht eines Mannes, der Venedig oft besucht und die Stadt bewundert hat, deren mächtige und wohlhabende historische Vergangenheit auf geschickten Institutionen, fleißigen Menschen und dem

7 EU-Reformprobleme und das Aufkommen des Populismus in Europa 253

internationalen Handel beruht). Man kann auf die Ansichten Gaulands mit mehreren Punkten antworten:

- Die rechten Gruppen innerhalb der AfD – die 2018 vielleicht die Mehrheit in dieser Partei gehabt haben – sind radikal, fremdenfeindlich und aggressiv gegen andere Gruppen, einschließlich Journalisten. Sie respektieren den Rechtsstaat und die Rechte von Minderheiten nicht, sie scheinen teilweise bereit zu sein, Gewalt in der Öffentlichkeit anzuwenden – und Gewalt in Briefen oder E-Mails anzudrohen – und zerstören damit den inneren Frieden. Sie behindern ihre Gegner mit allen möglichen Interventionen an der Meinungsäußerung: Die AfD steht teilweise für die Unterdrückung der Freiheit, sich öffentlich zu äußern, und die Religionsfreiheit soll offenbar nicht auf muslimische Bürger in Deutschland ausgedehnt werden. Das ist genau das Gegenteil von dem, was der AfD-Chef argumentiert hat. Herr Gauland hat Schwierigkeiten zu akzeptieren, dass ein deutscher Musikkomponist jahrzehntelang in Kalifornien leben kann, erfolgreich Filmmusik komponiert und dann sagt: Auch wenn ich nicht in Deutschland lebe, hat meine Musik immer dieses deutsche Element. Umgekehrt, wenn ein US-Komponist in Deutschland lebt und sagen würde, dass seine Musik immer noch mit seinen US-amerikanischen Wurzeln verbunden ist, warum sollte das ein Problem für Menschen in Deutschland oder Europa sein; und wenn dieser Komponist und Musiker wie Cat Stevens wäre, später zum Islam konvertiert und weiterhin Songs unter einem neuen Namen schreibt oder komponiert: Welches Problem sollte das für Deutsche oder Westeuropäer sein? Es ist auch klar, dass die AfD, sobald sie an der Macht wäre, alle Arten von Freiheiten einschränken wollen würde. Herr Gauland hat eine romantische, antirealistische Haltung – als ob die Welt am besten wäre, wenn alle Länder der Welt geschlossene Volkswirtschaften wären (klingt wie Europa im 10. Jahrhundert, als das Leben in den meisten Teilen Europas unglücklich war, wenn das Wetter in der ersten Jahreshälfte ungünstig war). Wenn Gauland sich auf Trump bezieht und all die wunderbaren Versprechungen, die Trump seinen Wählern gemacht hat, ist es einfach offensichtlich, dass Gauland Vertrauen in Herrn Trump hat, dessen wirtschaftliche Ansichten voller Widersprüche sind und der selten bereit ist, Wirtschaftsberatern bzw. Experten zuzuhören. Die Ideen von Herrn Gauland sind weitgehend Wunschdenken, er hat keine Ahnung, welche Antwort Deutschland oder die EU auf den historischen Aufstieg Chinas geben soll. Seine romantische und illusorische Agenda schlägt vor, dass Deutschland die Macht aus der EU zurückgewinnt und dann mit seiner neuen politischen Autonomie eine Gesetzgebung verabschiedet, die mehr im Interesse der Deutschen liegt. Für ein Land, das 3 % der Weltwirtschaft ausmacht, ist die Idee, die EU-Integration und die Rolle der EU als Institution aufzugeben, die für die Aushandlung von Freihandelsabkommen und internationalen Investitionen zuständig ist (eine Rolle, die die EU seit dem Vertrag von Lissabon spielt), nicht überzeugend. In einer Weltwirtschaft, in der das Realeinkommen der USA weiter steigen wird – nicht zuletzt durch das Bevölkerungswachstum, das zum Teil durch Einwanderung verursacht wird – und in der China kurz davor steht, die Wirtschaftsmacht der USA zu übernehmen, wäre es für Deutschland allein eine seltsame Situation, später Handelsabkommen mit den USA und China abschließen zu müssen; gleichzeitig würden Russland, das Vereinigte Königreich und Frankreich Druck auf Deutschland ausüben, einem militärischen und wirtschaftlichen Kooperationsvertrag beizutreten; und dann wären Deutschland und Europa wieder bei den politischen Instabilitäten der 1890er-Jahre und der Jahrzehnte danach. Deutschland, Italien, Spanien, Griechenland und Portugal stehen für alternde Gesellschaften – mit einer schnell alternden Erwerbsbevölkerung, was einen Rückgang der Produktivität und des Produktionswachstums bedeutet – nach 2025, ganz im Gegensatz zu Frankreich und dem Vereinigten Königreich.

- Die Sichtweise von Herrn Gauland besteht aus einem romantischen Nichtrealismus und zeigt den Wunsch, in einer Situation zu leben, die an das 17. Jahrhundert erinnert – vor der industriellen Revolution und dem Cobden-Chevalier-Vertrag von 1860 zwischen Großbritannien und Frankreich (und nachfolgenden Freihandelsabkommen zwischen einzelnen europäischen Ländern). Herr Gauland hat den Blick auf eine erträumte Welt mit einer globalen, hochfliegenden, Jet-Setting-Gruppe von Managern und anderen Eliten, die seit einigen Jahren in diesem Land oder in diesem Land arbeiten – und das gilt als eine schlechte Sache. Erstens leben die meisten Top-Manager nur für eine begrenzte Zeit im Ausland; und das Ausland, das Lernen und die Rückkehr nach Hause waren für einige Unternehmer und Bankiers in der Hanse – also einem Netzwerk von miteinander verbundenen Handelsstädten – in Europa bereits in den Jahren 1150 bis 1650 Realität. Denken Sie an Erasmus van Rotterdam (*1466 in Rotterdam, †1536 in Basel), der in den Niederlanden, England, Frankreich, Deutschland (Freiburg), Italien und der Schweiz lebte und veröffentlichte. Er war ein kritischer Geist mit einem breiten Kommunikationsnetzwerk in Europa, ein Teil seiner Philosophie war sehr kritisch gegenüber Missbrauch in der römisch-katholischen Kirche und er setzte sich für Toleranz ein. Laut Gauland ist ein solcher Mann repräsentativ für eine internationale Elite und sollte nicht akzeptiert werden – was für eine seltsame Idee. Es waren auch nicht nur Gelehrte – viele junge Handwerker lernten im Mittelalter ihr Handwerk in verschiedenen Ländern. Der große Feind des AfD-Führers Gauland sind die Menschen, die in der IKT-Branche arbeiten; Gauland hat Angst vor dem technologischen Fortschritt, aber dann argumentiert er, dass die Armen von der Globalisierung nicht profitieren würden. Die digitale Revolution hat jedoch dazu beigetragen, neue Unternehmen und neue Arbeitsplätze zu schaffen, in vielen Fällen stehen sie für höhere Produktivität und damit höhere Löhne. Im Mittelalter wäre Herr Gauland misstrauisch gegenüber Bibliotheken und Universitäten (sie hatten Bibliotheken) gewesen, die zu dieser Zeit eigentlich die Informations- und Wissensressourcen waren. Herr Gauland scheint eine Person zu sein, die Angst vor Innovationen und Strukturwandel hat. Er argumentiert, dass kleine und mittlere Unternehmen die Produktion nicht ohne Weiteres ins Ausland verlagern können – im Vergleich zu Großunternehmen. Und eher immobile Menschen mit relativ begrenzten Fähigkeiten wären die ersten Opfer der Einwanderung, so wie die KMU einem starken Konkurrenzrisiko durch die Globalisierung ausgesetzt wären. Warum sollte jemand ein Opfer der Einwanderung werden? Die USA, Kanada und einige andere Länder, darunter Israel, die Niederlande und Deutschland, zeigen, dass die Einwanderung für eine große Mehrheit der Bevölkerung erhebliche wirtschaftliche Vorteile bringen kann.

- Was die wirtschaftlichen Auswirkungen der Globalisierung betrifft, so kann man dies sagen: Durch die Globalisierung des Handels sinken die Importpreise vieler Tagesprodukte, was das Realeinkommen aller Schichten der Gesellschaft erhöht. Der Anteil der unteren Hälfte der Einkommensbezieher in Westeuropa verzeichnete zwischen 1981 und 2015 einen leichten Rückgang: Von 22 auf 20 %; die USA sind jedoch anders, da dort der Anteil dieser Gruppe in diesem Zeitraum von 20 auf 13 % gesunken ist. Es ist sicherlich richtig, dass viele Menschen in Ostdeutschland mit der wirtschaftlichen Dynamik und einem anhaltenden Lohngefälle zwischen der ehemaligen Bundesrepublik und der ehemaligen DDR unzufrieden sind, aber real ist das Ost-West-Einkommensgefälle eher gering, da die lokalen Preise in Ostdeutschland in einigen Regionen viel niedriger sind als in Westdeutschland. Es sei auch darauf hingewiesen, dass das Haushaltseinkommen des Landes Brandenburg (ehemals in Ostdeutschland) dem Bremer Einkommen nahe kommt. Die Differenz zwischen dem durchschnittlichen Pro-Kopf-Einkommen in Deutschland und den beiden ärmsten Ländern Ostdeutschlands, nämlich Mecklenburg-Vorpommern und Sachsen, betrug 2017 rund 500 € (das durchschnittliche monatliche Haushaltseinkommen in Deutschland 2700 €).

Es ist interessant, einen Teil einer Mussolini-Rede von 1927 zu betrachten, in der er einige wichtige populistische Ansichten hervorhob, die damals relevant waren und möglicherweise – früher oder später – von vielen Populisten in Italien (oder Frankreich oder Deutschland) im Jahr 2018 und darüber hinaus angenommen würden (Blom 2014, S. 34; aus einer englischen Fassung übersetzt: PJJW):

> „Die aktuelle Situation sieht wie folgt aus: In einem dekadenten Europa, das durch seine Laster geschwächt ist, durch exotische Gewohnheiten pervertiert, in einem Delirium, das versucht, die Träume von einem sozialdemokratischen Humanitarismus zu verwirklichen, ist das einzig wichtige Prinzip das eines faschistischen Italiens. Europa hat seinen Glauben verloren. Sie weist den religiösen Werten keine Relevanz zu und verehrt nur Geld, den Einzelnen und den kollektiven Überlebensinstinkt. Es ist die Jagd nach dem Vergnügen und sucht ein friedliches Leben. Das faschistische Italien – katholisch, diszipliniert, kämpferisch – wird Europa dominieren können, wenn es seine körperliche und moralische Gesundheit verteidigen kann."

Was Deutschland betrifft, so sollte der Aufstieg des Populismus in Ostdeutschland abgeschwächt werden, wo der Populismus oft mit Nazipropaganda, der Verbreitung antijüdischer Einstellungen und gewalttätigen politischen Verhaltensweisen einhergeht. Eine Verbesserung der Bildung in den neuen Bundesländern könnte ein nützliches Element sein, aber auch ein Versuch der Regierung, einige der Top-100-Unternehmen auf das ehemalige Gebiet der DDR zu verlagern, wäre sinnvoll. Man sollte nicht ausschließen, dass die Bundesregierung in Berlin beispielsweise den Sitz der Deutschen Post AG nach Ostdeutschland verlegen würde. Dann wäre mindestens eines der 100 führenden westdeutschen Unternehmen in den Osten Deutschlands verlagert worden. Die Bundesregierung sollte ihre Wirtschaftspolitik verbessern und könnte auch versuchen, den Ausbau eines Teils der IKT in Ostdeutschland zu unterstützen. Die fragwürdigen Argumente im Parteiprogramm der AfD sind teilweise seltsam und sollten scharf widerlegt werden. Da ist zum Beispiel die Frage der Kernenergieerzeugung, die die AfD beibehalten will; sie halten den Ausstieg aus dieser Energieform bis 2021 – auf der Grundlage einer Entscheidung der Regierung Merkel – für unzureichend. Dies wiederum ist auch eine zweifelhafte Sicht der stellvertretenden Parteivorsitzenden Alice Weidel, die wissen sollte, dass keine Versicherungsgesellschaft bereit ist, eine Vollkaskoversicherung für Kernkraftwerke abzuschließen; die Mindesthaftpflichtversicherung von 2,5 Mrd. € in Deutschland würde nur etwa 1/1000 der Kosten entsprechen, die ein sehr schwerer Unfall in einem Kernkraftwerk verursachen würde. In einer Marktwirtschaft sollte die Kernkraft natürlich keine Zukunft haben, da die Risiken zu groß sind, um durch eine private Versicherung gedeckt zu werden. Frau Weidel hat oft argumentiert, dass mehr Referenden ein Schlüsselelement der deutschen Politik sein sollten. Allerdings kann man viele Zweifel an einem System monatlicher Referenden in Deutschland oder Frankreich haben, genau wie in der Schweiz. Die Betonung von Referenden in der Politik dient vor allem der Förderung einer emotionaleren, kurzfristig orientierten Politik, und das wird kaum rational sein.

Der Populismus nimmt in Europa seit der Transatlantischen Bankenkrise 2007–2009, der Eurokrise 2010–2015 und der Pro-BREXIT-Mehrheit Großbritanniens beim EU-Referendum 2016 zu. Letzteres an sich ist ein Zeichen des Populismus. Die Transatlantische Bankenkrise war in den USA und Europa schockierend, da die enormen Rettungsfonds, die von verschiedenen Regierungen für Banken in einer schweren Krise des Bankensystems angeboten und mobilisiert wurden, darauf hindeuteten, dass das Geld der Steuerzahler relativ leicht im großen Stil für Banken und große private Investoren mobilisiert werden konnte, während für die Bedürfnisse der armen Schichten und der einfachen Menschen in der Mittelschicht – beispielsweise in Bezug auf eine bessere Bildung oder die Unterstützung von Umschulungen – die zugewiesenen Haushaltsmittel recht bescheiden waren. Für die deutschen Steuerzahler wurden die Kosten der Bankenkrise ex post auf geschätzte 30 Mrd. € für den Bund und einen etwas geringeren Betrag für die Länder geschätzt (Deutscher Bundestag 2018; Scholz 2018): Diese Zahl für die kumulierten Beiträge in den Jahren 2008–2018 entspricht rund 2 % des jährlichen BIP Deutschlands. Hinzu kommen weitere Kosten in Form von Bußgeldern, die von deutschen Banken – vor allem in den USA – für die Missachtung von Vorschriften und für anderes Fehlverhalten bezahlt werden, die weitere 0,5 % des deutschen BIP ausmachen könnten.

Darüber hinaus verfügt der deutsche Bankensektor seit vielen Jahren über ein System, das den kreditnehmenden privaten Haushalten ungerechtfertigte Kosten auferlegt hat (dieses System existiert noch heute!): Typischerweise wurde der Kreditnehmer von den Banken dazu gedrängt, auch eine Ratenschutzversicherung (Payment Protection Insurance, PPI) bei derselben Bank abzuschließen, die den ursprünglichen Kredit anbot – eine so kostspielige Bündelung zulasten privater Kreditnehmer war in Großbritannien von den Wettbewerbsbehörden kritisiert worden, und seit 2011 ist eine solche Bündelung im Vereinigten Königreich tatsächlich verboten. Die Bundesregierung hat nicht in einem Umfeld mit ähnlichen Problemen gehandelt. Stattdessen gab sie eine Studie des *Instituts für Finanzdienstleistungen* (iff) und des *Zentrums für Europäische Wirtschaftsforschung* (ZEW) in Auftrag, die argumentierte, dass die Situation im Bereich der Überziehungszinsen und auch die

Zinsfestsetzung für private Haushalte – einschließlich des Bündelungsproblems – als Teil einer normalen Wettbewerbssituation angesehen werde. Ob die Bundesregierung die Ausschreibung für eine solche Studie an das ZEW hätte vergeben sollen, da das ZEW auf der Grundlage von Erhebungsdaten von Bankiers und anderen Vertretern der Finanzmarktgemeinschaft einen monatlichen Stimmungsindikator erstellt (daher besteht in einer Studie mit dem Titel „Eine Studie über die Zinsen von Kontokorrentkrediten und Ratenkrediten" ein Interessenkonflikt; wie konnte das ZEW eine kritische Analyse schreiben, die auf eine mehr als zweifelhafte Bündelung im Kreditmarkt hinweist?)? Das ZEW hat als Co-Autor (iff/ZEW 2012) eine Studie veröffentlicht, die weder über eine adäquate theoretische Grundlage noch über eine adäquate Methodik verfügte – die gesamte Studie ist nicht auf dem neuesten Stand der Technik und hat sogar die Frage nach den relevanten Märkten ignoriert; die Behauptung, dass Überziehungszinsen in Deutschland weitgehend das Ergebnis eines wirksamen Wettbewerbs auf den Kreditmärkten seien, ist falsch. Jede professionelle wirtschaftliche Analyse wäre zu dem Schluss gekommen, dass die Überziehungszinsen in Deutschland, die weit über denen in den Niederlanden, Österreich und vielen anderen EU-Ländern liegen, mit den Wettbewerbsmärkten unvereinbar sind; und dass die Bündelung von Krediten und PPI hätte verboten werden müssen (es ist diese künstliche wettbewerbswidrige Bündelung auf den Kreditmärkten, die zu den seltsam hohen Überziehungszinsen führt). Eine grobe Schätzung der Verluste, die durch diese seltsame Situation für Haushalte, die PPI und Kredite kaufen, verursacht werden, zeigt, dass 4 Mrd. € an Bankkunden zurückgezahlt werden sollten – kumuliert über ein Jahrzehnt etwa 1,3 % des jährlichen BIP. Nachdem die Normalbürger bzw. Arbeitnehmer endlich begriffen haben, dass sie von der deutschen Regierung bzw. den Banken recht ungerecht behandelt werden und dass der Verbraucherschutz auf den Kreditmärkten seit fast einem Jahrzehnt schwächer ist als im Vereinigten Königreich, könnte dies das Vertrauen der Wähler in die Große Koalition im Deutschen Bundestag weiter untergraben; man darf jedoch darauf hinweisen, dass keine einzige Partei im Berliner Parlament öffentliche Zweifel an der unzureichenden iff/ZEW-Studie geweckt hat.

Wenn die Regierung bei der Organisation einer Studie zum Verbraucherschutz in einem Schlüsselfeld so fahrlässig handelt, ist klar, dass dies einen Beitrag zur Populismusförderung leisten könnte (2012 war es das Bundesministerium für Ernährung, Landwirtschaft und Verbraucherschutz, das mit der Durchführung dieser Studie beauftragt wurde). Reformen im Bereich Konsum- und Immobilienkredite sollten nicht nur in Deutschland, sondern auch

7 EU-Reformprobleme und das Aufkommen des Populismus in Europa 259

in Spanien, Italien, Polen, Frankreich und vielen anderen EU-Ländern berücksichtigt werden.

Der französische Populismus hatte bis zu einem gewissen Grad eine linke kommunistische Seite auf der einen Seite, auf der anderen Seite die rechte Front National, die eine klassische populistische Partei ist; er hat ein Parteiprogramm, das antiimmigrationsorientiert, nationalistisch und protektionistisch ist (unter dem Titel „intelligenter Protektionismus", der weitgehend ein Widerspruch ist). Mit dem Sieg von Macron und seiner *En-Marche*-Bewegung bei den Präsidentschaftswahlen und den Parlamentswahlen 2017 in Frankreich scheint der Ausbau der französischen populistischen Parteien seit einigen Jahren beendet zu sein, aber wenn die Reformen von Macron nicht wirtschaftlich und politisch funktionieren sollten, besteht die Gefahr, dass die populistische, rechte Partei die nächsten Präsidentschafts- und Parlamentswahlen gewinnen könnte. Ob die Reformen von Macron erfolgreich sein werden oder nicht, hängt in gewissem Maß von der Zusammenarbeit mit der Bundesregierung in Schlüsselbereichen ab. Die von Merkel geführte Regierung scheint jedoch eher schwach zu sein: Ende 2017 brach der Versuch Merkels, eine neue Koalition zu bilden, nämlich die der konservativen CDU in Verbindung mit den Grünen und der FDP, zusammen. Stattdessen bildete die nächste Große Koalition 2018 eine Regierung, die nicht viele neue Ideen für Reformen in Deutschland und der EU hatte. Frankreich unter Macron steht vor dem Problem, dass die Summe der Steuersätze und der Sozialversicherungsbeiträge in der EU am höchsten ist; die Quote der Staatsausgaben am BIP ist fast 10 Prozentpunkte höher als in Deutschland, das im Bereich der Nettoexporte von Waren und Dienstleistungen erfolgreicher ist – und die Jugendarbeitslosenquote ist ziemlich hoch, da der einheitliche nationale Mindestlohn ebenfalls ziemlich hoch ist und keine regionale Differenzierung bietet (der einheitliche Lohn berücksichtigt keine regionalen Preisunterschiede); Deutschland hat ein ähnliches Problem, wenn das regionale Preisniveau im Bereich von 100 Bonn, 120 in München und 80 in den armen Gebieten Bayerns und Ostdeutschlands liegt.

Populistische Kräfte sind in den osteuropäischen EU-Ländern stark aktiv, darunter in Ungarn und Polen, wo konservative/rechtspopulistische Parteien Teil der Regierung sind. Seit Juni 2018 hat Italien eine Regierung mit zwei populistischen Parteien: Die rechte Lega und die linke Fünf-Sterne-Bewegung haben eine Regierung unter der Leitung von Giuseppe Conte, einem Professor für Rechtswissenschaften, geschaffen. Die Abschaffung der Rentenreformen, die unter der Regierung von Mario Monti beschlossen worden waren – unternommen um das Vertrauen der internationalen Anleger in italienische Staatsanleihen mitten in der Eurokrise wiederherzustellen – war eine der wichtigsten politischen Entscheidungen, die im Herbst 2018 getroffen wurden. Daraus ergibt sich mittelfristig eine Haushaltsdefizit-BIP-Quote von 2,4 %, wenn man der eigenen Planung der italienischen Regierung glauben will. Die italienischen Zinssätze sind im September und Oktober 2018 deutlich gestiegen, nachdem die Regierung sich weigerte, einen Haushalt mit einer impliziten Defizit-BIP-Quote von weniger als 2 % anzunehmen. Die italienische Staatsverschuldung beträgt 130 % des Volkseinkommens. Das bedeutet, dass eine Erhöhung des Zinssatzes um 0,5 % den Staat langfristig 0,65 % des BIP in Form höherer Zinszahlungen kosten würde. Die strukturelle Defizit-BIP-Quote Italiens würde von etwa 1,5 % des BIP im Jahr 2017 auf etwas mehr als 2 % auf lange Sicht steigen, was zusammen mit einer Trendwachstumsrate von 1 % bedeutet, dass die Schulden-BIP-Quote langfristig 200 % betragen würde. Dies ist für Italien nicht tragfähig und würde die nächste Eurokrise auslösen, die in erster Linie eine italienische Schuldenkrise wäre, die auch mit einer italienischen Bankenkrise einhergehen würde – letztere würde geschehen, weil die italienischen Banken große Bestände an italienischen Staatsanleihen halten und befürchten, dass es einen Haarschnitt bei italienischen Staatsanleihen geben könnte (ähnlich dem Haarschnitt bei griechischen Anleihen in der Eurokrise 2010–2015). Dies könnte einen Run auf italienische Banken auslösen und dazu führen, dass der Europäische Stabilitätsmechanismus (ESM) Italien im Rahmen eines bedingten Unterstützungsprogramms hilft.

Es ist unklar, wie ein solcher politischer Weg zur Instabilität in Italien enden würde – für Italien selbst und für andere Länder der Eurozone. Frankreich und Deutschland könnten versuchen, ein breites italienisches Reformprogramm zu unterstützen, aber das würde voraussetzen, dass Italien eine reformorientierte Regierung hat. Es sei darauf hingewiesen, dass jede Krise am italienischen Rentenmarkt erhebliche Spillover-Effekte auf die ehemaligen Eurokrisenländer, darunter Griechenland, Portugal und Spanien, haben wird, was den Entwurf zur Überwindung einer Krise am italienischen Staatsanleihenmarkt ziemlich groß machen würde. Die populistische italienische Regierung begann mit einer Phase der Ankündigung, was sie besser machen wollte als die früheren Regierungen – dies ging in der Regel darauf zurück, dass die Regierung höhere Ausgaben vorschlug, ohne klare Vorstellungen davon, wie die nächste Krise der italienischen Staatsanleihen vermieden werden kann. Der einzige große Vorteil, den Italien gegenüber dem großen italienischen Anleihenmarkt hat, ist, dass Italien nicht über eine hohe Auslandsverschuldung verfügt. Jede Staatskürzung italienischer Schulden im Rahmen einer Anleihemarktkrise bedeutet effektiv, dass italienische Banken, Unternehmen

7 EU-Reformprobleme und das Aufkommen des Populismus in Europa

oder Einzelpersonen, die italienische Staatsanleihen halten, erhebliche Vermögensverluste erleiden würden.

Könnte es Ähnlichkeiten zwischen einer italienischen Schuldenkrise und der griechischen Krise von 2010–2018 geben? Weder Deutschland noch Frankreich noch Großbritannien oder die USA würden sich wünschen, dass chinesische Investoren große Teile der italienischen Infrastruktur kaufen, wie es im Zuge der Griechenlandkrise in Griechenland der Fall war. Zumindest ist es denkbar, dass Deutschland und Frankreich versuchen würden, Italien zu helfen, EU-Mittel für die Umsetzung eines breit akzeptierten italienischen Reformprogramms zu erhalten, das mehr Produktionswachstum generieren soll. Seit Jahren betont die Europäische Kommission, dass das Produktivitätswachstum und die Produktionswachstumsraten Italiens zu gering sind, aber weder die deutsche noch die französische Regierung haben verstanden, dass eine mangelnde Unterstützung der EU für italienische Reformen, wie beispielsweise die Reformen der Regierung Monti, letztendlich nicht nur Italien, sondern möglicherweise die gesamte Eurozone bzw. die EU destabilisieren würde.

Es besteht kein Zweifel daran, dass die Trump-Administration versuchen wird, den Populismus in Italien zu fördern. Die populistische Conte-Regierung wiederum ist bestrebt, die Zusammenarbeit mit den USA zu verstärken, wo die Hoffnung besteht, dass dies einerseits die Position italienischer Unternehmen in den USA stärken könnte, andererseits wird es der populistischen italienischen Regierung leichter fallen, ihre Agenda in Europa zu verteidigen, wenn sie Unterstützung von den USA erhält. Eine populistische US-Politik könnte eine protektionistischere italienische Politikhaltung fördern. Da China zu einem wichtigen Investor in Italien geworden ist, könnte man jedoch feststellen, dass Italien mittelfristig stärker den Handelskonflikten zwischen den USA und China ausgesetzt sein könnte.

Trumpismus und BREXIT

Der US-Populismus unter der Trump-Administration ist ein politischer Ansatz, der sich in der westlichen Welt nicht allein entfaltet. Interessanterweise hat Großbritannien auch eine teilweise populistische Politik unter dem Titel BREXIT verfolgt – mit einem Schwerpunkt auf der Bekämpfung der Einwanderung in der Kampagne der Brexiteer für das EU-Referendum 2016. Der erste Besuch der neu gewählten Premierministerin Theresa May fand in den USA statt, wo sie von US-Präsident Trump in Washington DC begrüßt wurde, der signalisierte, dass die USA den BREXIT-Kurs des Vereinigten

Königreichs unterstützen würden und dass ein geplantes Freihandelsabkommen zwischen den USA und Großbritannien relativ schnell realisierbar sein sollte. Formal ist dies erst möglich, wenn das Vereinigte Königreich kein EU-Mitglied mehr ist, da die Europäische Kommission das Gremium ist, das für die Aushandlung eines Freihandelsabkommens im Namen aller EU-Länder zuständig ist; die EU ist eine Zollunion, die gemeinsame Einfuhrzölle für alle ihre Mitgliedsländer hat.

Bereits während der Präsidentschaftskampagne hatte Präsident Trump argumentiert, dass er BREXIT unterstützen würde und dass er weitere Beispiele für eine Auflösung in der EU erwartete. Dies war eine historische Kehrtwende in Bezug auf die Außen- und Wirtschaftspolitik der USA, die die EU-Integration seit Anfang der 1950er-Jahre unterstützt hatte. Es gibt mehrere Fragen im Zusammenhang mit BREXIT und den USA:

- Inwieweit ist BREXIT ein negativer Impuls für den globalen Finanzplatz London und was sind die Auswirkungen auf die USA bzw. New York?
- Der britische Post-BREXIT wird einen globalen britischen Ansatz verfolgen wollen – wie von der May-Regierung erklärt (HM Govt. 2017). Das bedeutet, dass das Vereinigte Königreich viele neue Freihandelsabkommen abschließen möchte, zum Beispiel mit Indien, China, den USA, Neuseeland, Kanada und Australien. Global Britain bedeutet, dass das Vereinigte Königreich, das nach dem BREXIT mit einem schwächeren Zugang zum EU-Binnenmarkt konfrontiert ist – wobei etwas mehr als 45 % der britischen Exporte im Referendumsjahr 2016 in die EU27 gingen – versuchen würde, hohe Wachstumschancen für den Handel in anderen Teilen der Weltwirtschaft zu fördern. Solche Vereinbarungen könnten möglicherweise innerhalb weniger Jahre realisiert werden, höchstwahrscheinlich in den USA, Kanada, Neuseeland und Australien. Sollte es jedoch zu einem Konflikt zwischen dem Vereinigten Königreich und den USA – oder im Fall eines Freihandelsabkommens zwischen Großbritannien und Indien – kommen, würde sich das Vereinigte Königreich normalerweise auf die Welthandelsorganisation (WTO) stützen wollen. Das Vereinigte Königreich selbst ist zu klein, etwa 2,7 % des Welteinkommens im Jahr 2017 (basierend auf Kaufkraftparitäten), um Handelskonflikte auf quasibilateraler Basis zu lösen; vielmehr würde sich das Vereinigte Königreich auf eine multilaterale Lösung der WTO verlassen wollen. Diese Organisation steht jedoch vor dem Problem, dass ihr Streitbeilegungsmechanismus 2019 zusammenbrechen wird, da die USA die Wahl neuer Richter für das Berufungsgremium blockieren, und das bedeutet, dass die Trump-Administration BREXIT einerseits offiziell unterstützt, andererseits aber

7 EU-Reformprobleme und das Aufkommen des Populismus in Europa

die zukünftige handelspolitische Ausrichtung des Vereinigten Königreichs durch eine Schwächung der WTO untergräbt. Einige Richter ziehen sich 2019 von diesem Gericht zurück, und unterhalb einer Mindestanzahl von Richtern kann das Berufungsorgan nicht arbeiten. Der handelspolitische Kurs vieler Länder könnte sich bereits zu ändern beginnen und eine protektionistischere Haltung einnehmen, sobald die Länder zu erwarten beginnen, dass der Streitbeilegungsmechanismus der WTO nicht funktioniert (zur WTO s. Payosova et al. 2018). Daher steht die britische Handelspolitik vor einem potenziellen Konflikt mit der US-Regierung, wenn sie eine protektionistische und antimultilaterale Politik fortsetzen sollte.

- Das Vereinigte Königreich wird mit Problemen konfrontiert sein, da die EU-Mitgliedschaft – nach empirischen Analysen (s. Welfens und Baier 2018 für Aspekte ausländischer Direktinvestitionen; Eichengreen 2019 für Portfolioinvestitionen) – die Attraktivität des Landes für internationale Investoren erhöht. Sobald das Vereinigte Königreich die EU verlässt – mit den Gesamtauswirkungen, die dann davon abhängen, wie stark BREXIT wirtschaftlich gesehen als wirtschaftliche Trennung zwischen der EU und dem Vereinigten Königreich sein wird – werden die Kapitalzuflüsse in das Vereinigte Königreich sinken. Dies würde zu einer starken Abwertung des Pfunds und damit zu höheren Inflationsraten im Vereinigten Königreich führen: Statt der 1–2 % in den Jahren unmittelbar vor 2016 könnte eine Inflationsrate von 3–5 % Großbritannien in der Dekade nach 2016 charakterisieren. Das Vereinigte Königreich wird nicht mit rückläufigen Kapitalzuflüssen konfrontiert werden wollen, insbesondere im Zusammenhang mit niedrigeren Zuflüssen ausländischer Direktinvestitionen auf der grünen Wiese – d. h. der Gründung neuer Unternehmen bzw. Produktionskapazitäten durch ausländische Investoren –, und niedrigere Portfoliokapitalflüsse wären ein Problem. Die britische Regierung dürfte die Unternehmenssteuersätze weiter senken und eine Deregulierung der Banken einführen, um die Nettokapitalabflüsse zu minimieren und die Bruttokapitalzuflüsse nach BREXIT zu erhöhen. Die Senkung der Unternehmenssteuersätze in Großbritannien wird zu neuen politischen Spannungen mit der EU führen, die bereits jetzt unter dem Anpassungsdruck der Trump-Unternehmensteuerreform von 2017 steht. Da sowohl Großbritannien als auch die USA die Unternehmenssteuersätze senken, werden diese beiden Länder weltweit Druck auf eine niedrigere Unternehmensbesteuerung ausüben und damit zu einer wachsenden Einkommensungleichheit beitragen. Die bereits gestiegenen Einkommensanteile der Kapitalgeber werden weiter steigen und spiegelbildlich werden die Einkommensanteile der Arbeitnehmer sinken. Obwohl das Vereinigte Königreich wirtschaftlich kleiner ist als die USA, besteht kein Zweifel daran, dass BREXIT die EU-Länder und andere Länder nicht nur durch direkte wirtschaftliche Auswirkungen, sondern auch durch die politisch bedingten Nebenwirkungen von BREXIT, die von großer Bedeutung sind, negativ beeinflussen wird. Wenn Großbritannien und die Vereinigten Staaten eine parallele Deregulierungspolitik verfolgen würden, wäre dies wahrscheinlich ein Impuls für eine zukünftige internationale Bankenkrise: Die beiden weltweit führenden Bankenzentren, nämlich London und New York, würden starken Druck auf die Eurozone und die EU27 ausüben, auch eine neue Deregulierung des Bankensektors einzuführen, was die westlichen OECD-Länder langfristig weitgehend in eine Situation vor 2007 zurückführen würde.

- BREXIT bedeutet auch, dass die Vertretung der europäischen Länder in führenden internationalen Organisationen, einschließlich der Bretton-Woods-Organisationen, mit einer gewissen marginalen Anpassung verbunden ist (Eichengreen 2019). Die Veränderungen in diesen Organisationen und anderen Finanzinstituten könnten teilweise erheblich sein, zum Beispiel im Zusammenhang mit den Regeln der G20/Financial Stability Board (die FSB-Regeln fallen unter die Rubrik Bank für Internationalen Zahlungsausgleich). Die Initiativen der G20/FSB, standardisierte Derivatekontrakte in zentrale Clearing-Stellen zu verlagern, könnten untergraben werden; die EZB will die Kontrolle über das auf Euro lautende Derivate-Clearing haben, aber neue Vorschriften, die tatsächlich Druck auf die in London ansässigen dominanten Clearing-Stellen ausüben würden, um Geschäfte in die Eurozone zu verlagern, dürften diesem Bereich der Finanzmärkte ein geringeres Maß an Liquidität bringen, und es sind auch Effizienzverluste zu erwarten.

BREXIT wird das Vereinigte Königreich im Allgemeinen und die City of London, den Finanzplatz des Vereinigten Königreichs im Besonderen, wirtschaftlich schwächen. Da neue EU-Passvorschriften für britische Banken nicht zu erwarten sind, wird ein Teil der Londoner Finanzdienstleistungen in die USA verlagert, ein Teil dieser Dienstleistungen wird auch in die EU27-Länder verlagert, da die Abflüsse ausländischer Direktinvestitionen aus dem Vereinigten Königreich beispielsweise nach Frankreich, Deutschland und Irland sowie einige andere EU-Länder gehen werden. Für den Euroraum könnte dies einige Probleme in Form von niedrigeren Zinsen in Safe-Haven-Ländern wie Deutschland und Frankreich bedeuten, während Italien – mit einem zehnjährigen Staatsanleihen-Spread von 3 % gegenüber Deutschland – mit seiner populistischen Regierung und einer eher hohen Defizit-BIP-Quote (geplante Defizite liegen drei Jahre in Folge bei 2,4 %) von den Finanzmärkten erheblich unter Druck geraten könnte; nicht zuletzt, weil die italienische Schuldenquote 2018 leicht über 130 % liegt. Wenn Großbritannien und die USA die Unternehmenssteuersätze weiter senken, würden die Länder der Eurozone einem starken Druck ausgesetzt sein, auch die Unternehmenssteuersätze zu senken, was wiederum die Defizitquote Italiens erhöhen könnte. Man sollte jedoch nicht ausschließen, dass die expansive italienische Fiskalpolitik – wobei nur die Senkung der Steuersätze für Kleinunternehmen ein Impuls auf der Angebotsseite ist – nicht viel zusätzliches Wachstum generieren wird. Die langfristige öffentliche Schuldenstandsquote wird nach der Domar-Regel durch das Verhältnis der Trenddefizitquote zum realen langfristigen Wachstum des BIP bestimmt. Wenn die italienische Trendwachstumsrate 1,5 % und die Defizit-BIP-Quote 2 % betragen würde, würde die langfristige Schulden-BIP-Quote 133,3 % betragen. Dies ist ziemlich hoch und könnte beherrschbar sein, wenn der Anteil der Auslandsverschuldung Italiens relativ niedrig bleiben würde, was wiederum erfordert, dass Italien einen langfristigen Leistungsbilanzüberschuss – oder eine eher bescheidene Leistungsbilanzdefizit-BIP-Quote aufweist. Es ist nicht verwunderlich, dass die italienischen Wähler endlich für radikale populistische Parteien gestimmt haben, sowohl links als auch rechts im politischen Spektrum: Seit 20 Jahren leidet Italien unter einem stagnierenden realen verfügbaren Pro-Kopf-Haushaltseinkommen; zwischen etwa 1995 und 2015 gab es eine sehr lange Stagnationsperiode des italienischen realen Haushaltseinkommens.

BREXIT und Finanzmarktperspektiven

Es ist wichtig zu verstehen, dass BREXIT erhebliche Auswirkungen auf die internationalen Finanzmärkte hat. Nach der Analyse von Eichengreen (2018) dürfte der Bestand an ausländischen Portfolioinvestitionen im Vereinigten Königreich um 12 % sinken. Dies bedeutet Druck auf eine gewisse Anpassung im Lauf der Zeit. Das Vereinigte Königreich wird geringere Portfoliokapitalzuflüsse haben, es sei denn, die Bank of England erhöht den Zinssatz im Vergleich zu dem der USA und der Eurozone. Darüber hinaus könnten die Zuflüsse ausländischer Direktinvestitionen im Vereinigten Königreich um etwa 30 % sinken; der wichtigste Vorbehalt betrifft die Möglichkeit der Regierung, die Körperschaftssteuersätze zu senken, um dies zu vermeiden – der nahezu ausgeglichene Haushalt im Jahr 2018 gibt der britischen Regierung eine gute Gelegenheit, diesen Steuersatz tatsächlich zu senken, um inländische Investitionen und Zuflüsse ausländischer Direktinvestitionen zu stimulieren. Darüber hinaus kann man davon ausgehen, dass es im Vereinigten Königreich, aber auch von britischen Unternehmen in der EU, einige zollspringende ausländische Direktinvestitionen geben könnte. Unter dem Strich dürfte es dem Vereinigten Königreich schwerer fallen, sein Leistungsbilanzdefizit zu finanzieren, das den Zinssatz langfristig erhöhen würde (Welfens 2018c).

Bemerkenswert ist auch, dass die empirische Analyse von Korus und Kadiric (2019) gezeigt hat, dass die BREXIT-Ankündigung und das entsprechende Referendumsergebnis von 2016 zu einem Anstieg der Unternehmensrisikoprämie geführt haben. Die Unternehmen zahlen höhere Zinsen als britische Staatsanleihen und mit der vollständigen Einführung von BREXIT 2019/2020 ist mit einem noch stärkeren Anstieg der Risikoprämie zu rechnen. Angesichts der höheren Kapitalkosten für Unternehmen in Großbritannien nach dem BREXIT sollte man mit einer niedrigeren Investitions-BIP-Ratio und damit einem langsameren Wachstum als in der Dekade vor 2019 rechnen. Die Arbeitslosenquote im Vereinigten Königreich wird nicht viel steigen, da die Abwertung des Pfunds die Inflationsrate und damit den Reallohnsatz erhöhen wird, sodass die Unternehmen mehr Arbeitnehmer einstellen wollen. Daher wird es im Vereinigten Königreich, ähnlich wie 2016/2017, einen Quasi-Phillips-Kurveneffekt geben. Unter dem Strich wird sich der Druck auf das Vereinigte Königreich, sich den Vereinigten Staaten anzunähern, verstärken: Es wird niedrigere Steuern geben und es wird eine Deregulierung der Banken in den USA geben.

Eine niedrigere Besteuerung im Vereinigten Königreich bedeutet, dass die Qualität des Bildungssystems für die Mehrheit der Bevölkerung abnehmen wird, was wiederum bedeutet, dass die Einkommensungleichheit im Vereinigten Königreich zunehmen wird. Ist es wirklich das, was die Führer einer der beiden größten politischen Parteien im Vereinigten Königreich, nämlich der Konservativen Partei oder der Labour Party, 2018 erreichen wollten? Während die mehr als vier Jahrzehnte der Mitgliedschaft in der EU (und der EWG) zu einer erheblichen Konvergenz der Vorschriften in vielen Bereichen geführt haben, ist es offensichtlich, dass es nach dem BREXIT zu starken regulatorischen Unterschieden zwischen dem Vereinigten Königreich und der EU27 kommen wird. Sollte das Vereinigte Königreich eine Art transatlantisches bilaterales Freihandelsabkommen (eine Art bilaterales TTIP) mit den USA abschließen, wird der Druck auf das Vereinigte Königreich, die US-Vorschriften einzuhalten, verstärkt, und dieses Phänomen sollte stärker sein als im Fall einer transatlantischen Handels- und Investitionspartnerschaft

USA-EU28 – einfach weil das Vereinigte Königreich wirtschaftlich gesehen nur etwa ein Fünftel der EU28 ausmacht (gemessen am BIP oder Nationaleinkommen), sollte man erwarten, dass die Vereinigten Staaten in der Lage wären, viel mehr von der Anpassungslast auf das Vereinigte Königreich zu übertragen, als dies der Fall gewesen wäre, wenn das Vereinigte Königreich die TTIP als EU28-US-Vertrag erreicht hätte.

US-BREXIT-Perspektiven

Seit Jahrzehnten arbeiten die USA und die EU in Wirtschafts- und Sicherheitsfragen traditionell eng zusammen. Die derzeitige US-Regierung unter Präsident Trump hat jedoch zunehmend begonnen, in den internationalen Beziehungen zu fragen, wer was zahlt, und im ersten Jahr seiner Präsidentschaft begann eine Debatte zwischen den USA und den europäischen NATO-Mitgliedstaaten über das Ziel von 2 % der Militärausgaben im BIP. Donald Trump stellte auch die Frage, ob die Republik Korea genügend für die Verteidigung ausgegeben und den US-Militäreinsatz in der Republik Korea ausreichend mitfinanziert hat; Präsident Trump hatte offenbar wenig Interesse oder Verständnis für strategische Vernetzung und sein Mangel an politischer Erfahrung hat den transatlantischen Politikdialog anscheinend auch nicht erleichtert (Woodward 2018). Es gab jedoch die transatlantischen „besonderen Beziehungen" zwischen den Vereinigten Staaten und dem Vereinigten Königreich. Damit hat das Vereinigte Königreich in vielerlei Hinsicht eine ganz wichtige Rolle in den transatlantischen Beziehungen übernommen.

Sicherheitsinteressen und wirtschaftliche Perspektiven überschneiden sich oft. Und es war offensichtlich, dass der US-Präsident Anfang 2018 einen neuen US-Iran-Deal vereinbaren wollte, da ihm der unter Präsident Obama abgeschlossene US-Iran-Vertrag nicht gefiel. Er erwartete, dass wichtige EU-Länder/Europäische NATO-Partner seine Haltung unterstützen würden. Trump war offensichtlich enttäuscht über die mangelnde Unterstützung der EU für seinen neuen Ansatz in diesem Politikbereich (Woodward 2018, Kap. 27). Etwas überraschend ist, dass das Vereinigte Königreich die französische und deutsche Position im Fall des Iran unterstützt hat: Da der Iran den bestehenden US-Iran-Vertrag nicht verletzt hatte, gab es keinen Grund, die iranische Regierung zu zwingen, einen neuen Vertrag auszuhandeln.

Neben dieser außenpolitischen Frage haben Großbritannien und die USA von Beginn der US-Präsidentschaft an die Zusammenarbeit verstärkt. Für das Vereinigte Königreich gab es keine wirklichen Alternativen, da das Vereinigte

Königreich in der geplanten Post-BREXIT-Welt sicherlich nach 2019, dem offiziellen BREXIT-Jahr, mit einigen schwierigen Jahren der Anpassung konfrontiert sein würde. Die mögliche Verschlechterung der Außenbeziehungen zu den kontinentalen EU-Ländern bedeutete, dass das Vereinigte Königreich seine politischen, diplomatischen und militärischen Beziehungen zu den Vereinigten Staaten verstärken musste. Präsident Trump hatte bereits in seiner Präsidentschaftskampagne Unterstützung für BREXIT gezeigt, und seine Entscheidung, die Unterstützung der USA für die EU-Integration nicht fortzusetzen, stand auch im Einklang mit seinem bevorzugten neuen bilateralen Ansatz.

Nach BEA-Angaben machten US-Banken und -Firmen in Großbritannien 2016, dem Jahr des britischen Referendums über den Austritt aus der EU, rund 7 % des britischen BIP aus. Es ist klar, dass ein BREXIT-getriebener Rückgang der langfristigen Produktion um 10–20 % des britischen BIP aufgrund von BREXIT die US-Firmen erheblich treffen würde. Wenn es 10 % wären, würde der US-Verlust von BREXIT etwa 0,7 % des britischen BIP betragen. Die Vereinigten Staaten würden jedoch nicht sehr unter BREXIT leiden, da dieser Schritt – und das Vereinigte Königreich, das endlich den EU-Binnenmarkt verlässt – es den USA und dem Vereinigten Königreich ermöglichen würde, ein bilaterales Freihandelsabkommen abzuschließen. Jungmittag und Welfens (2016) haben geschätzt, dass ein transatlantisches Freihandelsabkommen wie TTIP die Produktion der USA und der EU28 um rund 2,3 % erhöht hätte. TTIP wurde vor allem deshalb nicht realisiert, weil die deutsche Regierung bei den Verhandlungen unter der Obama-Regierung sehr zögerlich war: Wirtschaftsminister Sigmar Gabriel hatte nicht das nötige Verständnis für TTIP und seine globale Bedeutung. Er war nicht stark in der öffentlichen Verteidigung von TTIP und ermutigte das Publikum auf einem Berliner Workshop des Delors Institute am 28. September 2015 seltsamerweise, einer Gruppe von Protestsängerinnen Beifall zu spenden, die seine Rede über TTIP unterbrochen hatten (wie PJJW in Berlin bezeugte).

Da die US-Exporte in das Vereinigte Königreich etwa 20 % der US-Exporte in die EU28 ausmachen – und auch die kumulierten US-Direktinvestitionen in die EU28 einen eher starken Fokus auf das Vereinigte Königreich hatten – kann man davon ausgehen, dass der Nutzen für die USA etwa ein Fünftel von 2,3 %, also 0,46 %, betragen könnte. Hätten die USA und die EU ein Freihandelsabkommen unter der Obama-Regierung angenommen und umgesetzt, dann wäre die Weltproduktion um mehr als 1,5 % gestiegen (2,3 % für 40 % des Weltnationaleinkommens – US- + EU-Nationaleinkommen – plus positive Multiplikatoreffekte in der übrigen Welt), während der Produktionsanstieg in der übrigen Welt plus ein ergänzendes westliches Programm zum Abbau nichttarifärer Hemmnisse für Entwicklungsländer und Schwellenländer (NIC) die Produktion im Süden um etwa 0,5 % erhöht hätte. Damit hätten viele Tausend Kinder im Süden, die durch Unterernährung und andere Ursachen ums Leben gekommen sind, aufgrund von TTIP-bezogenen Wachstumseffekten überleben können. Es ist unwahrscheinlich, dass Trump es gewagt hätte, TTIP abzubrechen, wenn es noch nicht vom US-Senat unterzeichnet worden wäre, da TTIP den Niedriglohnwettbewerb über den Atlantik hinweg nicht verstärkt hätte, sondern den Hochtechnologiewettbewerb und mehr Handel mit technologieintensiven Produkten das Hauptergebnis der Partnerschaft gewesen wäre.

Wenn Großbritannien und die USA die bilateralen transatlantischen Barrieren für ausländische Investoren stärker abbauen würden, gäbe es zusätzliche Vorteile, die über die von Francois et al. (2013) berechneten hinausgehen würden, die im Rahmen eines zukünftigen TTIP von einer Reduzierung eines Viertels dieser Investitionsbarrieren ausgegangen waren. Mehr bilaterale ausländische Direktinvestitionen im Rahmen eines tiefgreifenden Freihandelsabkommens zwischen den USA und Großbritannien würden auf beiden Seiten des Atlantiks wirtschaftliche Vorteile bringen, insbesondere durch einen verstärkten internationalen Technologietransfer zwischen den USA und dem Vereinigten Königreich und umgekehrt. Internationale Technologiemärkte sind recht unvollkommen und die meisten internationalen Technologiegeschäfte sind innerbetriebliche Geschäfte oder Lizenztausch zwischen multinationalen Unternehmen. Es gibt jedoch eine Einschränkung in Bezug auf die britischen Vorteile eines Freihandelsabkommens zwischen Großbritannien und den USA: Was das Nationaleinkommen betrifft, so ist das Vereinigte Königreich nur etwa ein Fünftel der EU28 und vergleicht eine hypothetische vollständige TTIP, die von der EU28 für alle EU-Mitgliedstaaten ausgehandelt worden wäre. Ein zukünftiges bilaterales Abkommen zwischen dem Vereinigten Königreich und den USA lässt uns nicht glauben, dass das Vereinigte Königreich recht günstige Zugeständnisse der USA für das Vereinigte Königreich erhalten würde, sicherlich nicht günstiger, als es als Teil der EU28 erhalten hätte.

Eine eher kritische Frage ist, warum die Trump-Administration BREXIT öffentlich unterstützt hat und Trump seit 2016 tatsächlich eine Position eingenommen hat, die EU-Integration nicht mehr zu unterstützen. Dies ist eine der größten strategischen politischen Veränderungen in der Geschichte nach dem Zweiten Weltkrieg: Warum sollten die USA die EU-Integration mehr als sechs Jahrzehnte lang unterstützen, um dann diese politische Ausrichtung aufzugeben? Sicherlich war Präsident Trump besorgt über die große Mehrheit der EU-Länder, die meisten davon auch NATO-Mitglieder, die die versprochenen 2 % Militärausgaben im Verhältnis zum BIP nicht bezahlt haben; so gab es beispielsweise in Deutschland 2017 nur etwa 1,2 % Militärausgaben im Verhältnis zum BIP, und es schien nicht klar zu sein, dass die europäischen NATO-Mitglieder bei der Erhöhung der Militärausgaben schnelle Fortschritte machen würden. Trump argumentierte, dass die USA, die etwa 3,5 % der Militärausgaben im Verhältnis zum Volkseinkommen (NATO 2018) aufwiesen, von der Mehrheit der EU-Mitgliedstaaten ausgebeutet wurden, die ihren gerechten Anteil nicht bezahlt hatten. Diese NATO-Frage sollte jedoch nicht zu einer Änderung der traditionellen Position der USA bei der Unterstützung der EU-Integration in Europa oder der Unterstützung des Verbands südostasiatischer Nationen, d. h. der ASEAN-Integration in Asien, oder der Mercosur-Integration in Lateinamerika führen. Präsident Trump hätte die transatlantische Handelsbilanz und den bilateralen EU-Überschuss – insbesondere den relativ hohen deutschen Leistungsbilanzüberschuss – für ungerecht halten können. Auch hier sollte ein Handelsungleichgewicht oder ein Leistungsbilanzungleichgewicht normalerweise nicht zu einer grundlegenden Veränderung der Außenpolitik der USA führen.

Es ist wahrscheinlich nicht ungerecht zu behaupten, dass Präsident Trump nicht viel über die Ökonomie der Integration versteht; man könnte hinzufügen, dass er es nicht muss, da er Wirtschaftsberater hat, die ihm die Logik der regionalen Wirtschaftsintegration und die Verbindungen zu den GATT/WTO-Gesprächen über die Liberalisierung des Welthandels erklären sollten, wie sie über viele Jahrzehnte hinweg stattgefunden haben. Die regionale Integration in Form des Abbaus von Zöllen und nichttarifären Handelshemmnissen sowie der Liberalisierung von Kapitalströmen und Arbeitskräften in der jeweiligen Region, z. B. im EU28-Raum, trägt zur Förderung von Produktivität, wirtschaftlicher Vernetzung und Wachstum bei und sollte somit zu wirtschaftlicher Stabilität und Frieden beitragen. Wenn gemeinsame Institutionen geschaffen werden, wie z. B. im Fall der EU, ASEAN, Mercosur oder ECOWAS (in Westafrika), ist dies oft ein nützlicher Schritt zur Stärkung der langfristigen wirtschaftlichen und politischen Zusammenarbeit.

Ist die regionale Zusammenarbeit ein Hindernis für die globale Integration, da die regionale Integration die Handelsbildung zwischen den Ländern der Freihandelszone (z. B. EFTA in Europa oder NAFTA: bestehend aus den USA, Mexiko und Kanada) oder der Zollunion (Freihandelszone plus gemeinsame Einfuhrzölle) stimuliert; während es eine Handelsumlenkung zulasten von Drittländern gibt? Es gibt drei Gründe, warum die regionale Integration tatsächlich ein Baustein für die globale Wirtschaftsliberalisierung ist:

7 EU-Reformprobleme und das Aufkommen des Populismus in Europa

- Wenn die regionale Integration das Wirtschaftswachstum im Integrationsclub ausreichend stimuliert, wird die Importnachfrage aus Drittländern steigen, sodass dieser Produktionswachstumseffekt nach einiger Zeit zu einer Nettowelthandelserschaffung führen könnte.
- Wenn die Welthandelsorganisation eine parallele globale Liberalisierungsrunde einleitet, wie dies mehrfach im Rahmen der EU-Liberalisierung geschehen ist, könnte dies dazu beitragen, die Importbarrieren zwischen regionalen Integrationsclubs und zwischen solchen „Clubs" und anderen Ländern abzubauen. Tatsächlich wurden von den USA nach den Schritten der EU-Integration mehrere GATT-Runden eingeleitet (Irwin 1995);
- Der modernste Handel im 21. Jahrhundert ist der Handel mit Vorprodukten. Die übliche Angst, die die Kritik an der regionalen Integration durchdringt, dass eine solche Integration zu einer Erhöhung der Importzölle aufseiten der Integrationsclubs und ihrer Mitgliedsländer führt, ist nicht gerechtfertigt. Die Präsenz multinationaler Unternehmen in fast allen Ländern der Welt impliziert vielmehr, dass ein starker Lobbyismus besteht, um niedrige Einfuhrzölle aufrechtzuerhalten und die Einfuhrzölle zu senken. Importzölle verteuern importierte Vorprodukte und tragen damit auch zur Einschränkung der internationalen Wettbewerbsfähigkeit der exportierenden Unternehmen bei.

Die Tab. 7.1 zeigt, wie groß der Unterschied zwischen Bruttoexporten – bezogen auf das BIP – und Wertschöpfungsexporten (bezogen auf das BIP) ist. Die Differenz zwischen Bruttoexporten und Wertschöpfungsexporten sind die importierten Vorprodukte. Wie man sieht, unterscheiden sich die EU-Länder stärker zwischen Bruttoexporten und Wertschöpfungsexporten. Aber auch in Bezug auf die USA ist es offensichtlich, dass es importierte Roh-

Tab. 7.1 Die transatlantischen Bruttoexporte und Wertschöpfungsexporte der USA und der EU28 (Eigene Darstellung der Daten über die Brutto-/VA-Exporte der OECD, Bruttoinlandsprodukt: Weltbank; Daten abgerufen am 14. November 2018; EIIW-Berechnungen)

	2000	2005	2007	2009	2011
US-Exporte in die EU28 (als Prozentsatz des US-Bruttoinlandsprodukts)					
Bruttoexport	2,68	2,53	2,94	2,75	2,92
VA-Export	2,38	2,26	2,60	2,49	2,56
EU28-Exporte in die USA (in Prozent des Bruttoinlandsprodukts der EU28)					
Bruttoexport	3,64	3,17	2,97	2,57	2,82
VA-Export	2,80	2,44	2,22	1,98	2,04

stoffe gibt, die zur Verbesserung der internationalen Wettbewerbsfähigkeit der US-Unternehmen beitragen.

Regulierungs- und Sicherheitsperspektiven

Im Jahr 2018 signalisierte die May-Regierung, dass das britische Post-BREXIT bereit sein wird, in wichtigen Politikbereichen der Regulierung zusammenzuarbeiten – darunter Arbeitsmärkte, Subventionskontrolle, Umweltschutz und Finanzmarktregeln. Dies ist recht widersprüchlich, wenn man bedenkt, dass das Vereinigte Königreich Mitglied des Europäischen Wirtschaftsraums (EWR) ist und solange es seine Mitgliedschaft im EWR nicht offiziell beendet (mit einer einjährigen Vorankündigung gemäß Artikel 127 des EWR-Abkommens), würde das Vereinigte Königreich tatsächlich weiterhin Mitglied des EU-Binnenmarkts sein. Dies ist zumindest die Position von Schroeter und Nemeczek (2017). Es wäre wichtig, dass das Vereinigte Königreich und die EU die Frage der britischen EWR-Mitgliedschaft klären. Wenn das Vereinigte Königreich tatsächlich eine EU-Mitgliedschaft hätte, die sich von der Gründung des EWR unterscheidet – das Vereinigte Königreich war damals Teil der EU –, würde ein Mangel an Klarheit darüber, welche Regeln nach BREXIT gelten werden, einerseits hohe zusätzliche Kosten verursachen und andererseits könnte die Schlussfolgerung sein, dass es so etwas wie einen harten BREXIT kurzfristig nicht gibt, da über verschiedene Übergangslösungen ein gestufter BREXIT entsteht.

Nach dem BREXIT – und unter der Annahme, dass es keine britische EWR-Mitgliedschaft gibt – wird das Vereinigte Königreich auch entscheiden müssen, wie seine zukünftige Regulierungspolitik in Schlüsselbereichen aussehen wird. Auf der einen Seite könnte sich das Vereinigte Königreich stärker auf den Light-Regulierungsansatz der USA stützen, auf der anderen Seite könnte das Vereinigte Königreich es vorziehen, mit den EU-Ländern zusammenzuarbeiten, die für europäische soziale Marktwirtschaften stehen. Es ist nicht ganz klar, was das Vereinigte Königreich nach dem BREXIT tun will; nur eines ist klar – dass eine Labour-Regierung sicherlich lieber auf eine engere Zusammenarbeit mit der EU und nicht auf eine starke Zusammenarbeit in regulatorischen Fragen mit den Vereinigten Staaten drängen würde.

Angesichts des eher niedrigen Post-BREXIT-Wachstums wird Großbritannien unter Druck geraten, die Finanzmärkte zu deregulieren und damit – in einem Schlüsselbereich der Wirtschaftspolitik – der Deregulierung des US-Bankwesens zu folgen, die in den Anfangsphasen der ersten Trump-Präsidentschaft begann. Sollten sich Großbritannien und die USA, die für die beiden führenden globalen Finanzzentren stehen, tatsächlich entscheiden, sich bei der Finanzderegulierung zusammenzuschließen, würde die EU27 dann unter starken Druck geraten, auch eine breite Deregulierung der Bankenfinanzen umzusetzen. Für das Vereinigte Königreich wäre es attraktiv, nicht nur zusätzliche Wertschöpfungs- und Steuereinnahmen aus dem Finanzsektor zu generieren, sondern auch die Kapitalkosten im Vereinigten Königreich durch einen wettbewerbsfähigeren, anspruchsvolleren und innovativeren Finanzsektor zu senken. So könnte es zu einer doppelten Dividende aus der Deregulierung der Banken im Vereinigten Königreich kommen. Das Vereinigte Königreich könnte somit versuchen, auch höhere ausländische Direktinvestitionen im Bankensektor anzuziehen; und ausländische Direktinvestoren stehen in der Regel für die Einbringung neuer Erkenntnisse in den britischen Finanzsektor. Unabhängig davon, welche Art von BREXIT letztendlich realisiert werden soll, wird es einen starken Druck auf die britische Regierung geben, die Zuflüsse ausländischer Direktinvestitionen zu stimulieren, um das Wirtschaftswachstum zu steigern.

Was die Handelsperspektive zwischen dem Vereinigten Königreich und der EU betrifft, so hat die Analyse der Europäischen Kommission (Generaldirektion Handel) gezeigt, dass der innergemeinschaftliche Handel hauptsächlich der Handel mit Hochtechnologieprodukten und wissensintensiven Produkten ist (Vandenbussche 2014). Es liegt auf der Hand, dass ein Teil des rückläufigen Handels zwischen Großbritannien und der EU27 nach BREXIT durch mehr Handel zwischen Großbritannien und den USA ausgeglichen werden könnte, sobald ein transatlantisches Freihandelsabkommen zwischen Großbritannien und den USA ausgehandelt und in Kraft getreten ist; während natürlich auch mehr Handel mit Korea und Japan möglich zu sein scheint. Korea und Japan sind jedoch schwache Substitute für die EU-Länder, da die Entfernung zwischen Großbritannien und Korea/Japan viel größer ist als die Entfernung – s. Transportkosten – für den Handel zwischen Großbritannien und der EU. Man kann auch hinzufügen, dass die EU-Produktionsnetze britischer Unternehmen nicht in sinnvoller Weise durch britisch-asiatische Produktionsnetze ersetzt werden können. Der regionale Handel mit Vorprodukten ist eine Quelle des Produktivitätswachstums für das jeweilige Importland. Es sollte klar sein, dass hohe Produktivitätssteigerungsraten in einem intensiveren Szenario des Handels zwischen dem Vereinigten Königreich und der EU einfacher zu erreichen wären als durch einen globaleren, sogenannten UK-Nicht-EU-Handel. Die geografischen und wirtschaftlichen Vorteile des Handels mit Ländern in geografischer Nähe liegen auf der Hand: Nach dem BREXIT wird das Vereinigte Königreich einen Teil der traditionellen Innovations- und Wachstumsimpulse von hohen Handels- und Investitionsbeziehungen zwischen dem Vereinigten Königreich und der EU verlieren. Es ist hervorzuheben, dass die Hauptvorteile der EU-Direktzuflüsse aus dem Ausland für das Vereinigte Königreich nicht so sehr auf die Kapitalakkumulation, sondern auf einen verstärkten internationalen Technologietransfer zurückzuführen sind. In dieser Hinsicht werden China und Indien in Zukunft wichtige britische Handelspartner in Asien sein; aber selbst ein zunehmender Handel mit beiden Ländern konnte den EU28-Binnenmarkt mittelfristig kaum ersetzen.

Für die USA bedeutet BREXIT zwei schwächere Partner in Europa: Ein schwächeres Großbritannien und eine geschwächte EU. Wenn BREXIT das reale Wirtschaftswachstum in Großbritannien für viele Jahre um 0,5 Prozentpunkte reduziert und die britische Produktion im Jahr 2030 sogar um 10 % (gegenüber 2016) zurückgehen würde – im Vergleich zu einer fortgesetzten britischen Mitgliedschaft in der EU (HM Govt. 2016) – dann wird die NATO von Großbritannien einen geringeren Beitrag erhalten als sonst: 2 % eines BIP von 3.000 Mrd. US$ im Jahr 2030 (um ein hypothetisches Beispiel zu nennen) betragen 60 Mrd. US$, während 2 % der 3.300 Mrd. US$ 66 Mrd. US$ an Militärausgaben des Vereinigten Königreichs wären – die auf den Beitrag zu den Verteidigungsausgaben der NATO angerechnet werden. Auch die EU27 wird mit einem etwas schwächeren Wachstum konfrontiert sein, und für die EU-Länder, die auch NATO-Partner sind, gilt die gleiche wirtschaftliche Logik. Da Trump die Militärausgaben der NATO-Verbündeten kritisiert, ist die Unterstützung von BREXIT kein einheitlicher Ansatz. Der Hauptgrund, warum Donald Trump, damals als Präsidentschaftskandidat, BREXIT unterstützte, war offensichtlich, sich einfach mit britischen Nationalisten bzw. Brexiteers zu verbünden – zum Teil paradox für einem US-Nationalisten (er bezeichnete sich in einer seiner öffentlichen Reden im Fernsehen als Nationalist).

Was die britischen Wissenschaftler von Pro-BREXIT aus dem Bereich der Wirtschaftswissenschaften betrifft, so kann man betonen, dass der vielleicht bekannteste von ihnen, Patrick Minford, zum Beispiel, nicht einmal geantwortet hat, als er eingeladen wurde, seine Analyse über die Vorteile von BREXIT für Großbritannien in der akademischen Zeitschrift *International Economics and Economic Policy* im Jahr 2016 beizusteuern, und als Kollegen versuchten, Pro-BREXIT-UK-Ökonomen für ein CEPS-BREXIT-Panel Anfang November 2018 in Brüssel an Bord zu holen, reagierte keiner der Ökonomen positiv. Man kann argumentieren, dass dies ein Zeichen für einen Mangel an guten Argumenten auf der Seite der Brexiteers zu sein scheint. Dies schließt nicht aus, dass Brexiteers stark auf digitalen Social-Media-

Plattformen sind, wo gut gemachte sensationelle Nachrichten und irreführende Schlagzeilen oft von dieser Gruppe britischer nationalistischer und manchmal offen fremdenfeindlicher Menschen getrieben werden. Die Algorithmen hinter digitalen Netzwerken tragen oft zu einem seltsam hohen Rang von gefälschten Nachrichten im Internet bei. Es gibt kein einheitliches Feld im Sinn der BREXIT-Debatte, wenn die Ökonomen mit einer skeptischen Analyse von BREXIT die theoretischen und empirischen Beweise, die ihre Ansichten stützen, sorgfältig präsentieren müssen, während die Brexiteer einfach auffällige Behauptungen, Click-Bait-Nachrichten und Studien ohne jegliche empirische Substanz präsentieren können. Das Problem der Brexiteer wurde in Großbritannien von Michael Gove – damals Minister in der Regierung Cameron – in einem Interview im Vorfeld des EU-Referendums aufgedeckt, als er die Ergebnisse internationaler Organisationen mit der schlagfertigen Bemerkung ablehnte, dass die britische Öffentlichkeit „genug von Experten" habe. Das ist eine kindliche und sogar gefährliche Sichtweise, die normalerweise kein vernünftiger und verantwortungsbewusster Erwachsener teilen würde, zum Beispiel im Bereich der Krankheitsbekämpfung und der Medizin.

Literatur

Blom, P. (2014). *Die zerrissenen Jahre 1918–1938*. München: Carl Hanser.
Deutscher Bundestag. (2018). Antwort der Bundesregierung auf die Kleine Anfrage der Abgeordneten Dr. Gerhard Schick, Dr. Danyal Bayaz, Lisa Paus, weiterer Abgeordneter und der Fraktion BUENDNIS 90/DIE GRUENEN – Bilanz der Bankenrettung in Deutschland, 11. September 2018, 19/4243. http://dip21.bundestag.de/dip21/btd/19/042/1904243.pdf. Zugegriffen am 02.04.2020.
Eichengreen, B. (2018). *The populist temptation – Economic grievance and political reaction in the modern era*. New York: Oxford University Press.
Eichengreen, B. (2019). The international financial implications of Brexit. *International Economics and Economic Policy*. https://doi.org/10.1007/s10368-018-0422-x.
Francois, J., et al. (2013). *Reducing Transatlantic Barriers to Trade and Investment*. London: CEPR (im Auftrag der Europäischen Kommission).
Gauland, A. (2018). Warum muss es Populismus sein? Beitrag in der *Frankfurter Allgemeine Zeitung*. Druckausgabe. 6. Oktober. S. 8.
HM Govt. (2016). HM Treasury Analysis: The Long-Term Economic Impact of EU Membership and the Alternatives. April 2016. London.
HM Govt. (2017). The United Kingdom's Exit from, and New Partnership with, the European Union. https://www.gov.uk/government/publications/the-united-kingdoms-exit-from-and-new-partnership-with-the-european-union-white-paper. Zugegriffen am 02.04.2020.

Hoffmann, I. (2014). The Populist Networks, Spotlight Europe, 2014/02. Gütersloh: Bertelsmann Stiftung. Mai 2014. https://www.bertelsmannstiftung.de/fileadmin/files/user_upload/spotlight_02_2014_ENGL.pdf. Zugegriffen am 02.04.2020.

iff/ZEW. (2012). Studie zu Dispozinsen/Ratenkrediten für das Bundesministerium für Ernährung, Landwirtschaft und Verbraucherschutz. Institut für finanzdienstleistungen (iff) und Zentrum für Europäische Wirtschaftsforschung (ZEW). http://ftp.zew.de/pub/zew-docs/gutachten/StudieDispoZinsRatenKredit2012.pdf. Zugegriffen am 26.9.2018.

Irwin, D. A. (1995). The GATT in Historical Perspective, *American Economic Review, 85*(2), 323–328.

Jungmittag, A., & Welfens, P. J. J. (2016). Beyond EU-US Trade Dynamics: TTIP Effects Related to Foreign Direct Investment and Innovation, EIIW Diskussionsbeitrag Nr. 212. https://uni-w.de/x34uu.

Korus, A., & Kadiric, S. (2019). Effects of Brexit on Corporate Yield Spreads: Evidence from UK and Eurozone Corporate Bond Markets. *International Economics and Economic Policy*. https://doi.org/10.1007/s10368-018-00424-z.

NATO. (2018). Defence Expenditure of NATO Countries (2011-2018), Communique, PR/CP(2018)091. Veröffentlicht am 10. Juli 2018. https://www.nato.int/nato_static_fl2014/assets/pdf/pdf_2018_07/20180709_180710-pr2018-91-en.pdf. Zugegriffen am 02.04.2020.

Payosova, T., Hufbauer, G. C., & Schott, J. J. (2018). The Dispute Settlement Crisis in the World Trade Organization: Causes and Cures, Peterson Institute for International Economics, Policy Brief 18-5, March 2018.

Scholz, O. (2018). Standpunkt von Olaf Scholz: Die Lehren aus der Lehman-Pleite, Gastbeitrag für die Frankfurter Allgemeine Zeitung. 13. September 2018. *Frankfurter Allgemeine Zeitung*. http://www.faz.net/aktuell/wirtschaft/eurokrise/finanzminister-olaf-scholz-kommentiert-die-lehren-aus-der-lehman-pleite-15786958.html.

Schroeter, U., & Nemeczek, H. (2017). „Brexit", aber „rEEAmain"? Die Auswirkung des EU-Austritts auf die EWR-Mitgliedschaft des Vereinigten Königreichs. *Juristenzeitung, 72*(4), 713–718.

Vandenbussche, H. (2014). Quality in Exports, DG Economic and Financial Affairs, Economic Papers No. 528. Brüssel: Europäische Kommission.

Vehrkamp, R., & Wratil, C. (2017). *Die Stunde der Populisten? Politische Einstellungen bei Wählern und Nicht-Wählern vor der Bundestagwahl 2017*. Gütersloh: Bertelsmann Stiftung. https://www.bertelsmann-stiftung.de/fileadmin/files/BSt/Publikationen/GrauePublikationen/ZD_Studie_Populismus_DE.pdf.

Welfens P. J. J. (2017a). *Brexit aus Versehen: Europäische Union zwischen Desintegration und neuer EU*. Wiesbaden: Springer

Welfens, P. J. J. (2017c). *An accidental BREXIT*. London: Palgrave Macmillan.

Welfens, P. J. J. (2018c). Import Tariffs, Foreign Direct Investment and Innovation: A New View on Growth and Protectionism. EIIW Diskussionsbeitrag 252. www.eiiw.eu.

Welfens, P. J. J., & Baier, F. (2018). BREXIT and foreign direct investment: Key issues and new empirical findings. *International Journal of Financial Studies, 6*(2), 46. https://doi.org/10.3390/ijfs6020046.

Woodward, B. (2018). *Fear: Trump in the White House*. New York: Simon & Schuster.

Teil III

US-asiatische und globale wirtschaftliche Perspektiven

8

Perspektiven für die USA, Asien und die EU

Der Zollkonflikt zwischen den USA und China und seine Auswirkungen auf die EU27, das Vereinigte Königreich und Asien

Die Senkung der Zölle bedeutet die Schaffung von Handel zwischen den betroffenen Ländern, und aus dieser Perspektive war der Beitritt Chinas zur Welthandelsorganisation (WTO) im Jahr 2001 ein entscheidender Schritt nach vorn für China und alle seine 150 wichtigsten Handelspartner, einschließlich der EU28 und der USA. Da die Trump-Administration 2018 einen 10%igen Zoll auf1 einen Teil der chinesischen Importe und China seinerseits einen Vergeltungszoll auf einen Teil der Importe aus den USA – teils landwirtschaftliche Waren, teils verarbeitende Waren – erhoben haben, ähneln die chinesisch-amerikanischen Handelsentwicklungen einem regionalen Desintegrationsprojekt: Während regionale Integration die Schaffung von Handel für die Länder mit Handelspräferenzen bedeutet, werden die Länder außerhalb des Integrationsschemas unter Handelsumlenkung leiden, woraus resultiert, dass der China-US-Handel reduziert wird, während andere – z. B. Japan, das Vereinigte Königreich oder die EU27 – von der Schaffung von Handel profitieren werden (Gros 2018). Das Exportwachstum der EU nach China wird stärker als sonst zunehmen, da die Wettbewerber aus den USA mit einem geschwächten Marktzugang zu China konfrontiert sind, während EU-Unternehmen auch mehr in die USA exportieren werden, da das Exportwachstum Chinas durch die Einfuhrzölle der USA auf chinesische Unternehmen geschwächt wird.

Die in China erzielten Ausfuhrpreise der EU-Unternehmen könnten steigen, da es einen schwächeren Wettbewerb aus den USA gibt – jedoch könnten die US-Tochtergesellschaften in China niedrigere Preise in China anbieten, um eine zunehmende Unterauslastung der Produktionskapazitäten zu vermeiden; ebenso könnten die EU-Unternehmen die Ausfuhrpreise in den USA erhöhen, während gleichzeitig chinesische Unternehmen Ausfuhrwaren zu niedrigeren Preisen sowohl in Asien als auch in den EU-Ländern verkaufen werden. Für japanische Unternehmen gilt eine ähnliche Logik sowohl für den US- als auch für den chinesischen Markt, sodass die EU27, das Vereinigte Königreich und Japan ihre Handelsbedingungen verbessern können: Pro Einheit der Importgüter, die zu niedrigeren Preisen geliefert werden, können höhere Exportpreise erzielt werden, sodass weniger Exportgüter pro Einheit der Importgüter ins Ausland verkauft werden müssen. Die Länder der Eurozone stehen jedoch vor einem zusätzlichen Aspekt, nämlich einer Währungsabwertung, die von der italienischen Wirtschaftspolitik unter der Regierung Conte getragen wird – diese Abwertung wird die Importpreise in den Ländern der Eurozone erhöhen.

Darüber hinaus wird die Profitabilität der US-Tochtergesellschaften in China geschwächt, da die Importe von US-Vorprodukten teurer werden, sodass US-Unternehmen Marktanteile in China verlieren werden, sowohl durch geringere Exporte aus den USA als auch durch geringere Verkäufe von US-Tochtergesellschaften in China. Das Vereinigte Königreich wird nach BREXIT vor einem ernsthaften Problem stehen, wenn es ein Freihandelsabkommen mit China abschließen möchte: Nicht nur könnten die Bedingungen für den britischen Marktzugang in China nicht sehr attraktiv sein, da das wirtschaftliche Gewicht Chinas etwa fünfmal so hoch ist wie das des Vereinigten Königreichs, sodass das Vereinigte Königreich bei Freihandelsverhandlungen nicht über einen großen Verhandlungsspielraum gegenüber China verfügt, es sei denn, das Vereinigte Königreich würde in der Zollunion der EU bleiben und die EU28 würde mit China über ein Freihandelsabkommen verhandeln; das wirtschaftliche Gewicht der EU – mit dem BIP, ausgedrückt in Kaufkraftparitäten – ist etwa das gleiche wie das Chinas. Die Verhandlungsposition der USA gegenüber China ist nicht sehr stark, obwohl China nicht ohne Weiteres Gegenmaßnahmen ergreifen kann, da es sich bei seinen Einfuhren von rund 100 Mrd. US$ aus den USA teilweise um Agrarerzeugnisse handelt, z. B. wenn China mittelfristig bei den Sojabohnenimporten aus den USA nach Brasilien wechselt. Die Einfuhren der USA aus China stellen weitgehend Waren dar, wie auch die Einfuhren der USA aus der EU28, bei denen die Ausfuhren von EU-Dienstleistungen in die USA ebenfalls eine wichtige Rolle spielen, insbesondere im Fall des Vereinigten Königreichs.

Je aggressiver die US-Zollpolitik gegenüber China ist, desto mehr wird Chinas strategische Sichtweise im Bereich der Handelspolitik versuchen, die Handelsbeziehungen mit dem Verband Südostasiatischer Nationen oder ASEAN, Japan und den EU-Ländern zu verbessern und auszubauen. Die steigenden chinesischen ausländischen Direktinvestitionen in diesen drei Partnerregionen könnten auf höhere US-Importzölle auf chinesische Waren zurückzuführen sein. China würde sich natürlich auch weniger auf aus den USA importierte Hightech-Produkte verlassen wollen, da dies die strategische Anfälligkeit Chinas in einem US-China-Handelskonflikt verstärkt hat. All dies könnte das Wachstum Chinas kurzfristig dämpfen, aber durchaus zu einem höheren mittelfristigen Wachstum führen. Die USA wiederum haben auf eine seltsame Klausel im NAFTA-Nachfolgevertrag gedrängt: Der neue Vertrag besagt, dass das neu ausgehandelte Freihandelsabkommen mit Kanada und Mexiko kurzfristig widerrufen werden kann, sobald Kanada oder Mexiko ein Freihandelsabkommen mit einer Nichtmarktwirtschaft abschließen sollten (Lesen: China). Hier gibt die Trump-Administration ein Signal dafür, was der US-Bilateralismus bedeuten könnte – nicht nur für Kanada und Mexiko im Hinblick auf eine geringere politische Autonomie, sondern möglicherweise auch für das Vereinigte Königreich oder die EU27. Wenn das Vereinigte Königreich die EU verlassen hat, könnte es schnell herausfinden, dass BREXIT nicht bedeutet, die „Kontrolle zurückzuerobern", sondern dass das Vereinigte Königreich zu einem Vasallen der Vereinigten Staaten wird.

Als Präsident Obama in den USA sein Amt antrat, waren die wirtschaftlichen Gewichte von USA, EU und China etwa gleich: 16 % des Welteinkommens (Zahlen basieren auf Kaufkraftparitäten der Weltbank). Wie wird sich die Weltwirtschaft bis 2050 verändern? Mit dem anhaltenden wirtschaftlichen Aufholprozess Chinas und Indiens in Asien würden sich die globalen Gewichte deutlich verschieben, da das BIP Asiens 51 % des globalen Gesamtwerts betragen würde, während die BIP von Europa 18 % und der USA plus Kanada (Nordamerika) 15 % betragen würden. Subsahara-Afrika und der Mittlere Osten und Nordafrika würden 2 bzw. 3 % und Lateinamerika und die Karibik würden 2050 10 % des Welteinkommens ausmachen (Abb. 8.1). Würden China und Indien jedoch in die sogenannte mittlere Einkommensfalle geraten, dann würde Asien 2050 32 % der Weltwirtschaft ausmachen, Europa und Nordamerika 23 % (Abb. 8.2). Das würde bedeuten, dass die westliche Welt auch im Jahr 2050 das globale Wirtschaftssystem dominieren würde. Bereits 2018 befinden sich 60 % der Weltbevölkerung in Asien, wobei bis 2050 mit einem allmählichen Rückgang zu rechnen ist, da Afrika durch ein hohes Bevölkerungswachstum gekennzeichnet ist (UN 2017). Diese beiden Szenarien sind recht unterschiedlich: Im ersten Szenario deutet die Logik

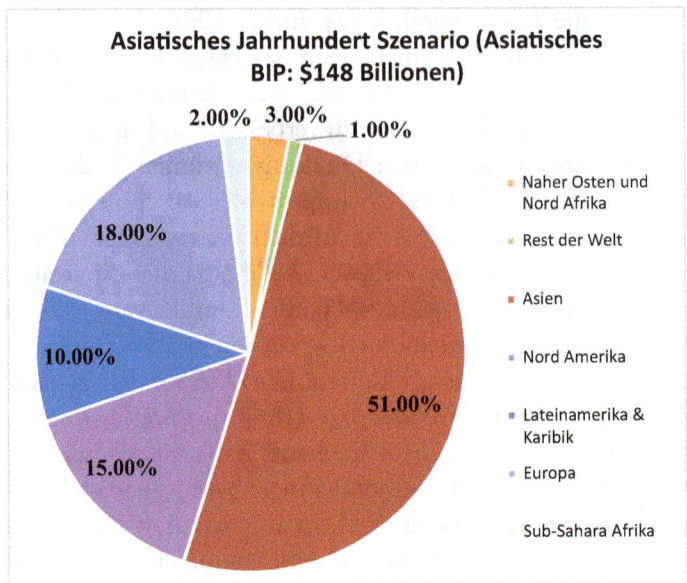

Abb. 8.1 Szenario für das asiatische Jahrhundert, Bruttoinlandsprodukt in Asien 2050, 148 Bio. US$ (Eigene Darstellung der Daten in der ADB 2011, S. 10)

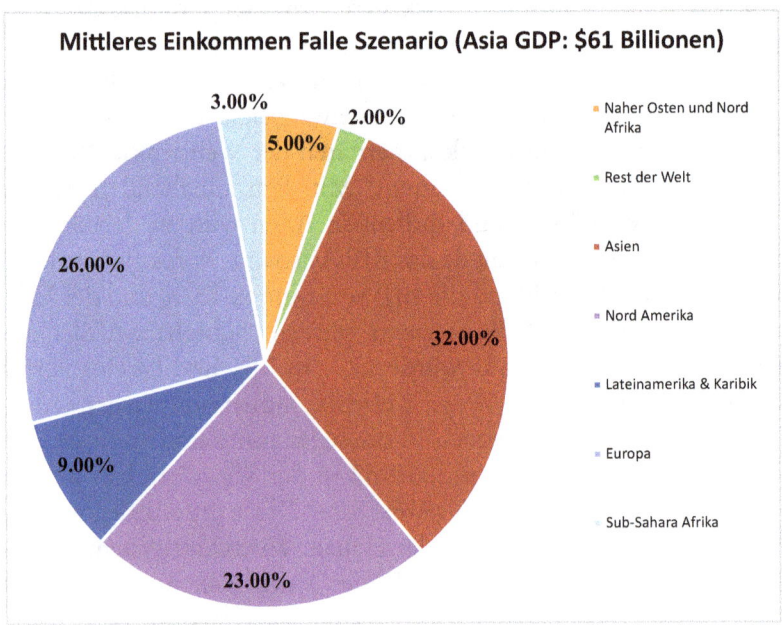

Abb. 8.2 Fallszenario für das mittlere Einkommen, Asiens Bruttoinlandsprodukt im Jahr 2050, 61 Bio. US$ (Eigene Darstellung der Daten in der ADB 2011, S. 10)

der Handelstheorie und der Handelsschwerkraftmodellierung darauf hin, dass Asien eine dominante Exportquelle wäre, und in dem Maß, in dem die ASEAN-Länder und China politisch eher eng zusammenarbeiten sollten, würde die Rolle Chinas stark gestärkt. Der Handel zwischen der EU und China sowie der Handel zwischen der EU und den ASEAN-Staaten würden bis 2050 stark expandiert haben – vorausgesetzt, die EU existiert zu diesem Zeitpunkt noch.

Die USA würden nicht mehr der wichtigste Handelspartner der EU sein, da China diese Rolle übernimmt. Gleichzeitig würde die EU vor neuen Problemen stehen, da es bei einer Dominanz des EU-Asien-Handels eher unklar wäre, wie die EU den Schutz der Seeverkehrswege vorschlagen würde. Rund 90 % des Welthandels erfolgen auf der Grundlage der Schifffahrt, und seit vielen hundert Jahren ist der militärische Schutz von Handelsrouten ein wichtiges politisches Thema. Ein Teil des EU-Handels mit Asien würde auf dem Landweg abgewickelt, wobei ein recht zuverlässiger Eisenbahnverkehr genutzt würde; und hier würden Russland und Kasachstan eine Schlüsselrolle als Transitländer für den Handel mit Zwischenprodukten für die Just-in-time-Produktion spielen (Abb. 8.3). Daher wäre die EU an stabilen und freund-

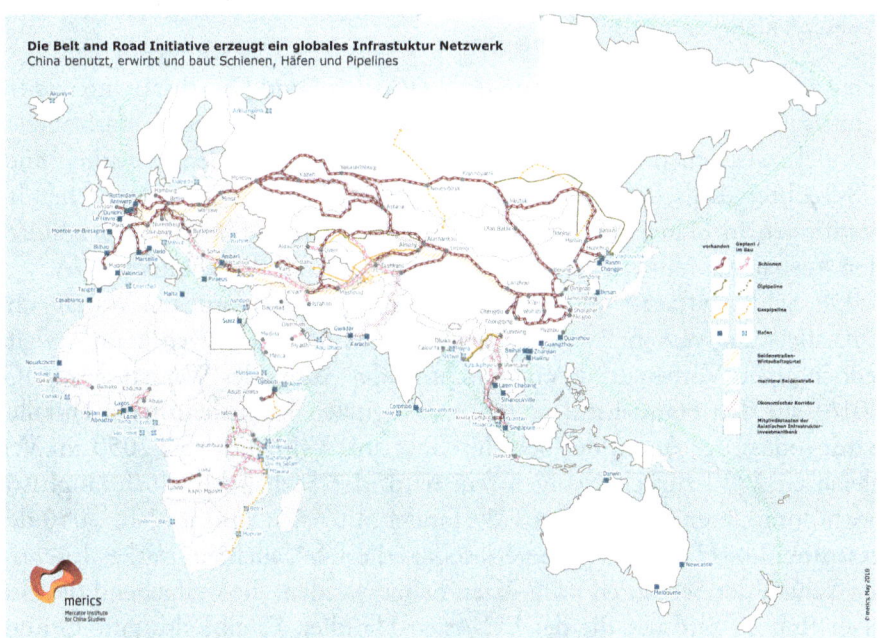

Abb. 8.3 Multimodale Transportwege von China nach Europa (merics 2018)

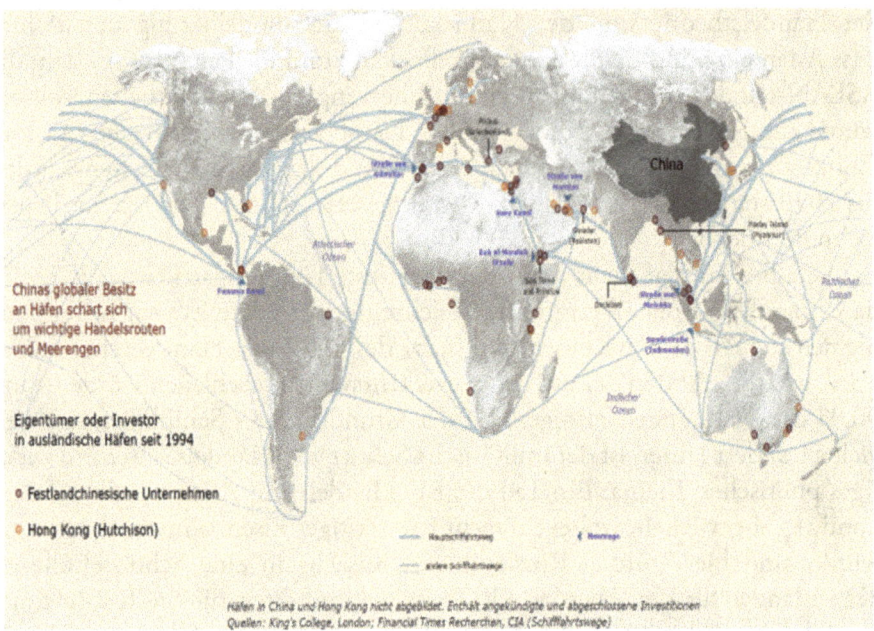

Abb. 8.4 Chinesisch geführte Häfen weltweit (Kynge et al. (2017) How China rules the waves, Financial Times / FT.com, 12 January 2017. Used under licence from the Financial Times. All Rights Reserved)

schaftlichen politischen Beziehungen zu Russland und Kasachstan interessiert. Chinas One-Belt-One-Road-Initiative wird zwangsläufig einen zusätzlichen Handel zwischen der EU28 und China schaffen, von dem natürlich auch US-Tochtergesellschaften in Europa profitieren würden. Die chinesischen Investitionen in Häfen weltweit sind beeindruckend (Abb. 8.4) und könnten den Ausbau des chinesischen Handels langfristig durchaus unterstützen.

Die Schlüsselfragen werden sein, wie man den seegestützten Waren- und Dienstleistungsverkehr zwischen der EU und Asien schützen kann. Es gibt jedoch einen Vorbehalt, da ein zunehmender Anteil des Welthandels (MGI 2016) auf den Handel mit Daten und digitalen Dienstleistungen entfallen wird, sodass der Anteil der Seeschifffahrt am Welthandel bis 2050 im Vergleich zu 2020 zurückgegangen sein wird, der Seehandel jedoch langfristig noch dominieren könnte. Der US-Handel mit Asien wird im Jahr 2050 den gesamten US-Handel dominieren, sodass die USA auch ein starkes Interesse am Schutz der Seerouten nach Asien haben werden, die weitgehend die gleichen Routen sind wie die der EU-Asien-Händler. Es gibt also gute Gründe für eine weitere Zusammenarbeit zwischen der EU und den USA in der Sicherheitspolitik und im wirtschaftlichen Bereich. In Bezug auf die militärische Zusammenarbeit spielt die NATO als transatlantische Organisation eine entscheidende Rolle. Wenn jedoch Präsident Trump oder andere populistische US-Präsidenten nach Trump die NATO ernsthaft untergraben oder dies gar zum Zusammenbruch der NATO führen würden, wäre die westliche Welt ein geteiltes Lager, um sich diesen asiatischen Herausforderungen zu stellen.

Handelspolitik der US-Protektionisten gegenüber China

Der schwerste Handelskonflikt der USA ist mit China; andere Handelskonflikte spielten jedoch unter der Trump-Administration eine Art Signalwirkung, bevor die US-Handelspolitik 2018 ihren Schwerpunkt auf China verlagerte. Die USA haben im Sommer 2018 ein modifiziertes NAFTA-Abkommen verabschiedet, in dem höhere Anforderungen an die Ursprungsregeln eingeführt wurden, nämlich 75 % regionale Wertschöpfung (bisher 62,5 %); für Unternehmen, die Löhne über 16 US$/Stunde zahlen, sind 40–45 % die regionale Mindestanforderung an die Wertschöpfung. Es gibt auch Änderungen im Sinn des TPP-Abkommens, das von den USA nicht ratifiziert wurde – diese Änderungen betreffen den digitalen Handel, Umwelt- und Arbeitsrecht. Je höher der erforderliche Anteil nationaler oder regionaler Herkunft an der Wertschöpfung (Marktwert der Produktion), desto schwieriger ist es für Außenstehende, von einem Freihandelsabkommen USA-Kanada-Mexiko zu profitieren. Kanada muss seine Milchproduktmärkte weiter öffnen; Mexiko hingegen muss seine Finanzmärkte stärker öffnen als bisher bei US-Banken und anderen Finanzdienstleistern. Neue Revisionsklauseln, die im neu ausgehandelten NAFTA-Abkommen eingeführt wurden, schaffen zusätzliche Unsicherheit für Kanada und Mexiko. Die USA haben auch Einfuhrzölle auf Aluminium und Stahl aus der EU, der Türkei, China, Kanada und Mexiko eingeführt, die wiederum „Ausgleichszölle" auf US-Produkte eingeführt haben. Das Argument von Präsident Trump, das sich auf Gründe der nationalen Sicherheit beruft, um die Einführung von Einfuhrzöllen auf Aluminium und Stahl aus NATO-Partnerländern zu rechtfertigen, ist besonders absurd, es ist eine unverhohlene und öffentliche Lüge, gegen die die EU-Länder es wagen, keine Gegenargumente vorzubringen – eine Situation, die die westliche Welt wie ein schlechtes Theater aussehen lässt.

Wenn Politiker nicht bereit sind, Fakten und die Wahrheit zu verteidigen, schaffen sie ein Umfeld, das der Entstehung von Risiken, der Gefahr für die Freiheit, der Marktwirtschaft und der Rechtsstaatlichkeit förderlich ist. Es gibt keine Freiheit, effektiv gezwungen zu werden, die Lügen der Hegemonisten in der Öffentlichkeit zu wiederholen, es könnte kein Vertrauen in Marktpartner geben, wenn Lügen zum neuen Standard des öffentlichen Lebens werden würden, und es kann keine Gerechtigkeit geben, wenn Lügen die Urteile der Gerichte beeinflussen würden. Der eigentliche Zweck der Gründer der USA war das Leben, die Freiheit und das Streben nach Glück – und es kann kein Glück geben, wenn der Präsident täglich Lügen veröffentlicht und offensichtlich sogar Applaus dafür erwartet. Präsident Trump steht kurz davor, die USA in die Jahrhunderte vor der Aufklärung zurückzubringen, und die Politiker, die ihn unterstützen, wenden sich ebenso wie Donald Trump selbst gegen den Geist der US-Verfassung von 1776. Es scheint, dass die Bankenkrise die US-Gesellschaft destabilisiert hat, wie es in Großbritannien der Fall ist (s. Welfens 2017a, c oder TV-Clip Georgetown University); im Vereinigten Königreich hatten die Regierungen von Cameron und May auch Probleme mit einer einfachen Tatsache, nämlich ihren wiederholten Behauptungen, dass die Einwanderung eine langfristige wirtschaftliche Belastung für das Vereinigte Königreich sei, während in Wirklichkeit die Analyse der OECD – zu der auch das Vereinigte Königreich gehört – das Gegenteil zeigte (s. OECD 2013; Kierzenkowski et al. 2016). Wie kann Premierminister May in ihrem BREXIT-Whitzpaper von 2017 weiterhin solch seltsame Vermutungen anstellen?

Zur offiziellen Haltung der US-Regierung zur Handelspolitik findet sich im Artikel-IV-Bericht des IWF (IMF 2018a) auf den Seiten 25–26 folgende Erklärung (Übersetzung: PJJW)

> „Die Verwaltung betrachtet die jüngsten Schritte zur Einführung von Zöllen als einen Schritt zur Schaffung der notwendigen Hebelwirkung, um einen freieren, fairen und gegenseitigen Handel zu erreichen. […] Die Behörden betonten ihr starkes Engagement für die WTO und erklärten die WTO-Reformen als eine der wichtigsten Handelsprioritäten und begrüßten Reformvorschläge anderer Mitglieder. Sie erkannten die Gefahr für das globale System an, sich auf die nationale Sicherheit als Grundlage für Handelsmaßnahmen zu stützen, erklärten jedoch, dass mangelnde Fortschritte in internationalen Foren solche Maßnahmen rechtfertigen."

Man könnte argumentieren, dass seit der (vor allem westlichen) Krise von 2008 viele Länder der Weltwirtschaft neue protektionistische Maßnahmen ergriffen haben, sei es in Form von nichttarifären Schranken oder in Form von Exportsubventionen. Aus ökonomischer Sicht gibt es Argumente für die Förderung bestimmter Branchen oder Unternehmen nur dann, wenn der Schwerpunkt auf der Förderung der Innovationsdynamik und der Internalisierung positiver externer Effekte aus der Innovation liegt. Wenn es eine andere – unfaire – Subventionierung gibt, könnte das einführende Land Ausgleichszölle einführen. Je länger der wirtschaftliche Aufschwung in den westlichen Industrieländern dauerte und je niedriger die Arbeitslosenzahlen, desto besser wurden die Möglichkeiten zum Abbau von Importbarrieren. Die Annahme einer Transatlantischen Handels- und Investitionspartnerschaft (TTIP) hätte ein Signal unter der Obama-Regierung sein können, aber Deutschland und Frankreich haben diese Chance grundsätzlich blockiert – auch wegen eines zu umfassenden Mandats für die Europäische Kommission; so wäre beispielsweise ein Wegfall des Gesundheitssektors (nach dem Beispiel des audiovisuellen Sektors) ebenso nützlich gewesen wie ein transparenterer Verhandlungsstil seitens der Kommission, die nicht verstand, dass dies das erste große westliche Liberalisierungsprojekt im Internetzeitalter war. Die Transatlantische Handels- und Investitionspartnerschaft lag dem Kongress auf dem Tisch, als Präsident Obama das Weiße Haus verließ, aber sein Nachfolger Donald Trump begrub sie gleich zu Beginn seiner Amtszeit.

TTIP hätte sowohl für die Vereinigten Staaten als auch für die EU erhebliche Vorteile bringen können, und zwar durch mehr Handelsdynamik (z. B. Vandenbussche 2018) und mehr ausländische Direktinvestitionen und eine höhere Innovationsdynamik (Jungmittag und Welfens 2016); eine höhere Innovationsdynamik ist weitgehend mit einer höheren Zahl ausländischer Direktinvestitionen verbunden, und dieser Aspekt sollte in der Tat in einer langfristigen Perspektive hervorgehoben werden, die die Dynamik der Globalisierung als eine Kombination aus Handelswachstum und mehr ausländischen Direktinvestitionen und Innovation betrachtet.

Präsident Trump hat eine Liste von Ländern, mit denen die USA ein Handelsbilanzdefizit haben, und China ist ein großes Land, das fast an der Spitze dieser Liste steht. Das bilaterale Leistungsbilanzdefizit der USA gegenüber China betrug 2016/2017 rund 2 % und dürfte aufgrund des Protektionismus von Trump mittelfristig nicht stark sinken. Die handelspolitische Strategie von Trump ist ein Ansatz, der sich im Großen und Ganzen wie folgt zusammenfassen lässt: Reduzierung der Warenimporte, Erhöhung der Militärexporte. Dies ist jedoch kein angemessener Ansatz und wird nicht funktionieren. Ein besserer Ansatz für den Abbau des US-Leistungsbilanzdefizits wäre es, drei Punkte hervorzuheben: Die Trump-Administration

- würde den US-Zinssatz erhöhen, zum Beispiel durch angemessene Steueranreize (bisher ist diesbezüglich unter der Trump-Administration nichts zu sehen);
- würde auch in Betracht ziehen, die Defizit-BIP-Quote des Staates zu senken;

- würde den Anteil der öffentlichen Investitionen am BIP anheben, da dies die zinserhöhenden Auswirkungen höherer Defizit-BIP-Quoten dämpfen würde (für empirische Erkenntnisse auf einem Panel von 31 Ländern s. Pepel-Srebrny 2017). Es sei darauf hingewiesen, dass bestimmte Infrastrukturinvestitionen tatsächlich das langfristige Exportwachstum stimulieren könnten, nämlich wenn sich diese Infrastrukturprojekte auf Optionen zur Senkung der internationalen Transaktions- und Transportkosten konzentrieren würden. Es könnte ein Problem in dem Sinn geben, dass viele Infrastrukturprojekte, die die Exporte stimulieren, auch die Importe erleichtern werden, sodass die Auswirkungen der Infrastrukturinvestitionen auf die Leistungsbilanz nicht eindeutig sind; es könnte in der Tat negativ sein, wenn der induzierte Anstieg der privaten Investitionen im Verhältnis zum BIP erheblich wäre.

Zusammengenommen könnten diese Maßnahmen den USA innerhalb von weniger als fünf Jahren eine ausgeglichene Leistungsbilanz verschaffen; der Hintergrund ist, dass die Nettoexporte von Waren und Dienstleistungen in makroökonomischer Hinsicht einfach der Saldo aus privaten Ersparnissen plus staatlichen Ersparnissen minus privaten Investitionen ist. Aus dieser Sicht steht die Idee von Präsident Trump, den Steuersatz zu senken und die Staatsausgaben im Verhältnis zum BIP zu erhöhen, in einem sehr unvereinbaren Verhältnis zu dem, was Trump erreichen will, nämlich eine niedrigere Handelsbilanz-BIP-Ratio oder eine niedrigere Leistungsbilanz-BIP-Ratio. Die Annahme einer weitgehend protektionistischen politischen Agenda wird die internationale Stabilität untergraben und den USA mit ihrem hohen – und unter Trump steigenden – Leistungsbilanzdefizit im Verhältnis zum Volkseinkommen nicht helfen (Hinweis: Der Einfachheit halber wird hier nicht explizit zwischen BIP und Volkseinkommen unterschieden).

Die moderne Handelspolitik kann verschiedene Formen des Protektionismus annehmen. Zölle sowie nichttarifäre Handelshemmnisse können für Einfuhren auferlegt werden – beide Maßnahmen werden zu einem Anstieg der Preise für die Verbraucher führen, aber für die Erzeuger (die aus einem großen Land wie China kommen) wird der Angebotspreis ohne den Zollsatz sinken, sodass die ausländischen Erzeuger und Ausführer einen Teil der Zollbelastung tragen werden. Man kann fünf Auswirkungen eines Einfuhrzolls in einem großen Land feststellen, der auch einem Partnerland, das als großes Land gilt, einen Einfuhrzoll auferlegt; und man wird auch davon ausgehen, dass das Land 1, d. h. das Heimatland (z. B. die USA), multinationale Unternehmen mit ausländischen Direktinvestitionen, d. h. Tochtergesellschaften mit Produktion, im anderen großen Land hat (lesen: China):

- Je elastischer die Binnennachfrage in den Importländern ist – es gibt also viele Alternativen zu den importierten ausländischen Produkten –, desto stärker ist der Rückgang des Nettoimportpreises: Damit ist die Belastung für das Ausland bzw. seine Unternehmen recht hoch. Die Verbraucher werden auch mehr inländische Waren kaufen wollen, da sie relativ billiger geworden sind; dies ist der sogenannte Substitutionseffekt (der gilt, solange es keine starke Aufwertung der Landeswährung mit dem Einfuhrzoll gibt).
- Auch das ausländische Lieferland wird aufgrund der geringeren Exporte mit einem Rückgang der Produktion konfrontiert sein: Da die Importnachfrage im Ausland aufgrund von Importzöllen zurückgeht, werden die realen Einkommen – und die Produktion – im Exportland sinken, was ein negativer Realeinkommenseffekt ist.
- Da der Importzoll in den USA dazu führt, dass die Preise auf dem Weltmarkt, auch in China, sinken, werden auch die Gewinne der US-Tochtergesellschaften in China sinken, was bedeutet, dass von den Investoren in denjenigen US-Multis niedrigere Gewinne zu erwarten sind, die mit geringeren Gewinntransfers aus dem Ausland konfrontiert sind. Daher gibt es in den USA einen negativen Vermögenseffekt, der zu niedrigeren internationalen Nettokapitalzuflüssen führen könnte.
- Bei flexiblen Wechselkursen führt letzterer Effekt zu einer Abwertung der Währung, während die Verbesserung der Handelsbilanz im Zusammenhang mit niedrigeren Einfuhren aus dem Ausland (die Einfuhren haben sich aufgrund der Einfuhrzölle verringert) zu einer Aufwertung der Währung führen sollte. Der Wechselkurseffekt ist daher unklar.
- Darüber hinaus könnten andere Exporteure in die USA – etwa aus der EU (großes Land 3) – die Angebotspreise in den Vereinigten Staaten erhöhen, um von höheren sektoralen Preisen zu profitieren, sodass die Gewinne der EU-Unternehmen steigen könnten. Dieser Effekt, der im Einklang mit den relevanten Preis- und Marktstrategien der Exporteure aus Land 3 steht, führt dann zusammen mit den steigenden Importpreisen der Unternehmen aus Land 2 (s. China: Da die Chinesischen-Ausführer mit Zöllen auf ihre Ausfuhren in die USA rechnen müssen) zu einem inflationären Druckeffekt in den USA.
- Land 3 (die EU) könnte einen positiven Realeinkommenseffekt verzeichnen, da Unternehmen aus Land 2 Exporte von Waren, die nicht mehr in die USA exportiert werden können, und zusätzliche Exporte in Land 3 zu eher niedrigen Preisen anbieten werden. Wenn es sich bei einem Teil der aus China importierten Waren um Zwischenerzeugnisse handelt, wird dies die Produktion und die Ausfuhren von Land 3 stimulieren, einschließlich der Ausfuhren aus der EU in die USA; und wenn China Vergeltungszölle auf die USA erhebt, ist klar, dass EU-Unternehmen auch in der Lage sein

werden, mehr nach China zu exportieren. Unter dem Strich könnte die EU einen positiven Realeinkommenseffekt aus der US-Maßnahme zur Einführung von Einfuhrzöllen auf China verzeichnen. Der Realeinkommenseffekt in der EU wird die Importe aus den USA stimulieren, sodass der positive Einkommenseffekt in Land 3 den negativen Realeinkommenseffekt in Land 2 ausgleichen könnte.

- Wenn ein Land wie die USA – normalerweise zugunsten des Freihandels oder zumindest niedriger Handelshemmnisse – zu einer aggressiven Zollpolitik übergeht, wird es in den meisten Ländern der Weltwirtschaft Unsicherheit geben, da auch andere Länder Vergeltungsmaßnahmen ergreifen könnten. Dieses zusätzliche Risiko wird – aus Sicht eines typischen Investors – die Investitionen weltweit reduzieren und damit insbesondere große Exporteure von Maschinen und Anlagen (z. B. Deutschland, die Republik Korea, Japan, Italien, Frankreich, die Niederlande, die Schweiz, Großbritannien und Kanada) negativ beeinflussen.
- Empirische Beweise für höhere Risikoaufschläge auf Unternehmensanleihen könnten in den chinesischen Sektoren mit hohen US-Importzöllen gefunden werden. Die Risikoprämie ist die Differenz zwischen der Rendite von Unternehmensanleihen (mit gleicher Laufzeit und Ratingklasse wie eine Benchmark-Staatsanleihe) und dem Zinssatz der jeweiligen Staatsanleihe.
- Land 2 könnte nicht nur Vergeltungszölle auf Einfuhren aus Land 1 erheben (was zu einem negativen globalen Produktionseffekt führen wird), sondern auch den Betrag der Devisenreserven in Form von Staatsanleihen aus Land 1 reduzieren. Wenn Chinas Zentralbank anfangen würde, Dollarreserven zu verkaufen – normalerweise haben sie die Form von kurzfristigen Anleihen – ist der Effekt ein Anstieg des US-Zinssatzes und eine Abwertung des Dollars. Diese Abwertung wird die chinesische Zentralbank in der Regel daran hindern, große Teile ihrer Währungsreserven zu verkaufen, da die Abwertung des Dollars Verluste für die chinesische Zentralbank mit sich bringt.

Es scheint, dass die US-Regierung – über den US-Handelsbeauftragten – zunächst Einfuhrzölle auf chinesische Exportgüter erhoben hat, die für Zwischenprodukte oder Industriegüter stehen, die an Unternehmen verkauft werden. Erst nach 2018, wenn die Trump-Administration erwägen könnte, Einfuhrzölle auf alle chinesischen Exporte in die USA zu erheben, würde die Fähigkeit der US-Regierung, bestimmte Sektoren mit niedrigen Sozialkosten für die USA auszuwählen, mehr oder weniger zum Erliegen kommen.

Zoller-Rydzek und Felbermayr (2018) haben sich die ersten beiden Punkte angesehen und legen nahe, dass die USA kurzfristig von ihrer aggressiven

Handelspolitik profitiert haben, was in der Tat nicht ausgeschlossen werden kann. Mittel- und langfristig dürfte es jedoch zu einem Verlust des Wohlstands in den USA und weltweit durch die US-Einfuhrzölle kommen; sicherlich, wenn China und die EU Vergeltungszölle einführen würden.

Die USA werden nicht verhindern können, dass der Anteil des chinesischen Volkseinkommens am Welteinkommen noch viele Jahre steigt. Das bedeutet, dass Chinas regionale und globale Macht zunehmen wird. Da zu erwarten ist, dass die Wachstumsrate Chinas allmählich sinken wird – da sein Pro-Kopf-Einkommen und sein Technologiedefizit gegenüber der EU und den USA (2017: ein Drittel der Pro-Kopf-Einkommenszahl der US-Kaufkraftparität) – wird das chinesische politische System mit den Schwierigkeiten konfrontiert sein, diese makroökonomische, strukturelle und politische Herausforderung zu bewältigen. Es ist nicht auszuschließen, dass es für China ein Problem mit mittleren Einkommensfallen geben wird, das auch für einige andere aufholende Entwicklungsländer ein Problem war (Wagner 2017). Ein langsameres Wachstum in China könnte es erschweren, Vollbeschäftigung und politische Stabilität in China zu erreichen. Aus westlicher Sicht wird es sehr wichtig sein, China als nachhaltigen Partner bei der Verteidigung des Multilateralismus und der globalen Zusammenarbeit ins Boot zu holen. Was die EU betrifft, so scheint es, dass China keine große wirtschaftliche oder politische Bedrohung darstellt und dass es viele Möglichkeiten für eine Zusammenarbeit mit China gibt – nicht auszuschließen, dass gelegentliche Auseinandersetzungen über chinesische ausländische Direktinvestitionen in OECD-Ländern stattfinden, wo chinesische Investitionen, insbesondere durch staatliche Unternehmen und Menschenrechtsfragen, in westlichen Ländern Anlass zur Sorge geben könnten. Die Abb. 8.5 zeigt die Zusammenhänge zwischen protektionistischen US-Zöllen und negativer Produktion, realen Einkommen und Preis- und Gewinnminderungseffekten der Tochtergesellschaften in China. Darüber hinaus wird das reale BIP der EU sinken, was sich sowohl auf die USA als auch auf China negativ auswirken wird.

Die Standard-Lehrbuchanalyse eines optimalen Tarifs in einer großen Volkswirtschaft wurde in einer Umgebung ohne ausländische Direktinvestitionen entwickelt. Dies ist jedoch nicht ausreichend für die in Abb. 8.5 zum Dreieck USA–Asien–Europa dargestellte Situation. Ausländische Investitionen von US-Unternehmen in China implizieren, dass der in der standardmäßigen optimalen Tarifliteratur erwartete Wohlfahrtsnutzen geringer ist, als eine ausreichend verbesserte Analyse mit ausländischen Investitionen vermuten lässt (s. Anhang 3). Der Nettowohlfahrtseffekt der Einführung von Einfuhrzöllen könnte für die USA negativ sein, da das Überangebot an Waren, das in China auftritt, geringere Gewinne von US-Unternehmen in China

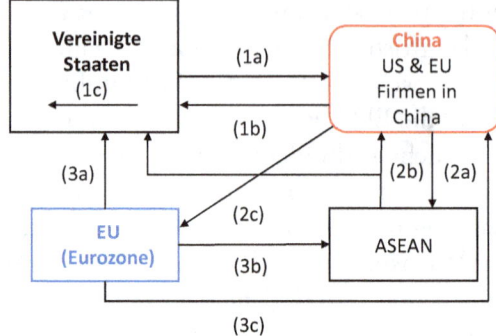

Abb. 8.5 Globale Interdependenzeffekte einer protektionistischen US-Politik (Eigene Darstellung) (1a) Die USA erheben Einfuhrzölle. US-Importzölle führen zu einem Überangebot in China und damit zu niedrigeren Preisen in China (und der EU), sodass die Gewinne der US-amerikanischen und EU-Tochtergesellschaften in China sinken werden (das US-Realeinkommen könnte sinken); (1b) Rückgang der chinesischen Exporte und Rückgang des chinesischen Produktionswachstums, Anstieg des realen Einkommens in den USA; (1c) Substitutionseffekt: US-Verbraucher kaufen mehr US-Waren; (2a) mehr chinesische ausländische Direktinvestitionen in ASEAN; (2b) höhere ASEAN-Ausfuhren nach China; (2c) höhere ASEAN-Ausfuhren in die USA; (3a) Anstieg der EU-Ausfuhren in die USA; (3b) Anstieg der EU-Ausfuhren nach ASEAN; (3c) Anstieg der EU-Ausfuhren nach China (sofern China Ausgleichszölle auf die USA erhebt)

impliziert, was sich in niedrigeren Dividenden niederschlägt, die von US-Tochtergesellschaften in China an die US-Zentralgesellschaften übertragen werden, und somit in niedrigeren internationalen Dividendenzahlungen, die von den Bürgern der USA bzw. der USA erzielt werden. Damit wäre das Wachstum des US-Nationaleinkommens (gelesen: Bruttonationaleinkommen, BNE) also geringer als das Wachstum des US-Real-BIP. Die Unterscheidung zwischen BIP und BNE wird oft übersehen, obwohl sie in einer Zeit des Handels und der Globalisierung der ausländischen Direktinvestitionen sehr wichtig ist.

Ist China eine Herausforderung für die EU? In der Tat, durch eine Destabilisierung der USA

Aus einer breiteren EU-Perspektive ist das größte China-Risiko das Potenzial für die Destabilisierung der USA durch die stark steigenden Exporte Chinas und die Unfähigkeit einer populistischen US-Regierung, eine konsistente Strategie zum Abbau der bilateralen US-Handelsbilanz und -Leistungsbilanzdefizite (im Verhältnis zum Nationaleinkommen) zu entwickeln. Sollte das bilaterale US-Leistungsbilanzdefizit langfristig über 2 % steigen, dürften sich die Handelskonflikte mit China weiter verschärfen. Auf der anderen Seite sind US-amerikanische multinationale Unternehmen daran interessiert, eine starke Position auf den chinesischen Märkten zu behaupten: Die Gewinne der US-Tochtergesellschaften stehen voraussichtlich für 2 bis 3 % des chinesischen BIP, was wiederum etwa 2–3 % des US-BIP ausmacht (die offiziellen Zahlen aus dem System der Volkswirtschaftlichen Gesamtrechnungen zeigen jedoch keinen nennenswerten Unterschied zwischen dem US-BIP und dem US-BNE). Ein großer Teil dieser Gewinne wird reinvestiert, solange China ein attraktiver Standort ist und politisch stabil ist.

Wenn die USA destabilisiert würden und damit zu einem strukturpopulistischen Land würden, würde dies der westlichen Welt und dem gesamten globalen System Instabilität bringen. Eine populistische USA wäre eher protektionistisch und könnte auch in Bezug auf ihre Außen- oder Sicherheitspolitik aggressiv werden; dies wird die EU zwangsläufig destabilisieren. Daher hat die EU einen Anreiz, sich für eine Eindämmung des strukturellen Populismus in den Vereinigten Staaten einzusetzen. Das ist eine neue Herausforderung. Das einzige Land, das dieses Interesse nicht teilt, ist Italien unter der derzeitigen populistischen italienischen Regierung, aber dies ist ein internes italienisches und in gewissem Maß ein EU-Problem. Der Populismus in der EU28 ist ziemlich stark, wenn man bedenkt, dass BREXIT auch ein populistisches Projekt ist – es wäre ohne die populistische UKIP-Partei (und einen naiven Premierminister Cameron) nie auf der Tagesordnung gestanden. Es ist nicht klar, dass die EU27 in der Lage sein wird, Stabilisierung und Reformen in der EU zu erreichen – die Gleichung ist offensichtlich ziemlich kompliziert, da die USA und China Teil dieser Herausforderung sind.

Man kann hoffen, dass die Europäische Kommission und die EU mit Rom einen Kompromiss über die italienische Haushaltsdefizit-BIP-Quote und die damit verbundene italienische Steuerausgabenstruktur finden können. Eine vorübergehende Erhöhung des italienischen Haushalts wäre nur akzeptabel, wenn die öffentliche Investitionsquote, die Forschung-und-Entwicklung-Förderung sowie die Umschulungsmaßnahmen für ungelernte Arbeitskräfte – allesamt zur Steigerung des Produktionswachstums – angehoben würden. Es wird sich schnell herausstellen, dass die italienische Regierung bei der Erreichung ihrer Defizit-BIP-Quote vor großen Problemen stehen wird. Soweit die Trump-Administration die Conte-Regierung bei der Frage der italienischen Defizit-BIP-Ratio explizit oder implizit unterstützt, wäre dies eine aktive Anti-EU-Politik der USA – eine Premiere in der Geschichte der USA.

Es ist offensichtlich, dass politische Risiken und Unsicherheiten neue Probleme in den USA und in der westlichen Welt sind. Dies macht die westlichen

Länder – die für Demokratie, Marktwirtschaft und Rechtsstaatlichkeit stehen – für viele Länder in Asien, Afrika und Lateinamerika zu einem weniger attraktiven Modell. Die wichtigste kurzfristige Maßnahme zur Bekämpfung der Ausbreitung des Populismus in den USA und Europa ist die Verbesserung der Qualität von Informationen und Nachrichten, die über das Internet verfügbar sind. Ohne adäquate Qualitätssignale online und damit digitale neue Regelungen ist die moderne westliche Welt bedroht. Es könnte radikaler und instabiler werden und dann den globalen Wettbewerb der Systeme gegen ein autokratisches China verlieren. Wie ein autokratisches China mit populistischen Ländern in Europa und populistischen USA umgehen würde, ist noch unklar, aber das würde die Welt eher konfliktanfällig erscheinen lassen. Ein Beispiel dafür, wie schnell neue politische Konflikte selbst zwischen benachbarten, populistischen Ländern entstehen können, ist Italien und Österreich im Jahr 2018 mit Spannungen in Bezug auf alte Themen in Südtirol, einer Region in Norditalien mit einer bedeutenden deutschsprachigen Bevölkerung und einer Grenze zu Österreich. Die österreichische Regierung hat diskutiert, den deutschsprachigen Italienern in dieser Region österreichische Pässe anzubieten, ein Vorschlag, der die populistisch-nationalistische italienische Regierung in Rom eindeutig verärgert hat. Europa könnte in der Tat ziemlich schnell destabilisiert werden, wenn sich der Populismus in Europa weiter ausbreiten sollte.

Asia-Pacific Economic Cooperation – Herausforderungen und Perspektiven für Asien und die EU

Die Vereinigten Staaten spielen eine entscheidende Rolle in vielen Institutionen in Asien, darunter die Asian Development Bank (ADB), die ein großer Akteur bei der Projektfinanzierung in Asien ist. Die ADB trug auch dazu bei, die asiatische Finanzkrise von 1997/1998 zu überwinden, als sie etwa ein Drittel zum gesamten Rettungspaket beitrug, das vom Internationalen Währungsfonds dominiert wurde. Die Mitgliedschaft der USA in der Asia-Pacific Economic Cooperation (APEC) ist ein weiterer entscheidender Einflussfaktor – die APEC ist ein Netzwerk von Kooperationsregierungen und Unternehmen aus den 21 beteiligten Ländern, wobei die meisten aus Asien stammen. Das APEC-Treffen vom November 2018 in Papua-Neuguinea wurde vom chinesisch-amerikanischen Handelskonflikt überschattet. Präsident Trump nahm nicht teil, sondern schickte stattdessen seinen Vizepräsidenten Mike Pence. Ein zentrales Thema des APEC-Treffens war die Liberalisierung des Handels und die Aussichten auf eine APEC-Freihandelszone. Da Trump die Transpazifik-Partnerschaft Anfang 2017 abgelehnt hat, sind die Aussichten für die regionale Integration der APEC-Länder jedoch bescheiden.

Zum ersten Mal seit der Gründung der APEC im Jahr 1989 endete der Gipfel ohne ein gemeinsames Kommuniqué, und es scheint, dass der Protektionismus der USA der Hauptgrund dafür ist; wieder einmal untergraben die USA unter Präsident Trump die internationale Zusammenarbeit. Es ist bemerkenswert, dass die APEC ein großer Akteur ist, da sie Australien, Brunei, Chile, China, Hongkong, Indonesien, Japan, Südkorea, Malaysia, Mexiko, Neuseeland, Papua-Neuguinea, Peru, die Philippinen, Russland, Singapur, Taiwan, Thailand, die Vereinigten Staaten und Vietnam vereint (man kann argumentieren, dass Indien ein Land ist, das in dieser Kooperationsgruppe deutlich fehlt). Seit 2017 befindet sich Japan in einer ziemlich neuen Situation, da es – widerwillig – zum Führer in der Transpazifik-Partnerschaft wurde, nachdem die Trump-Administration sich weigerte, den Vertrag zu ratifizieren. In der APEC sind China und Japan die beiden führenden Länder, wenn man die USA außer Acht lässt, aber die chinesisch-amerikanischen Handelskonflikte bedeuten, dass die Trump-Regierung Druck auf Japan ausüben wird, um Chinas Ambitionen innerhalb der APEC zu blockieren. Hier liegt das amerikanische politische Druckmittel in den Sicherheitsinteressen Japans. Die wichtigste Information, die während des APEC-Gipfels auftauchte, war die Ankündigung der USA, mit Australien zusammenzuarbeiten, um eine gemeinsame Marinebasis in Papua-Neuguinea zu schaffen – offensichtlich ein Projekt, das den wachsenden politischen Einfluss Chinas im Pazifikraum eindämmen soll. Es ist offensichtlich, dass die wirtschaftliche Expansion Chinas viele neue Herausforderungen in Asien und weltweit mit sich bringen wird.

Das chinesische One-Belt-One-Road(OBOR)-Programm ist ein Angebot der chinesischen Regierung, ein großes internationales Infrastrukturprojekt mit Aktivitäten in mehr als 60 Partnerländern durchzuführen – der Aufbau eines Infrastrukturnetzes, das in Deutschland und Frankreich endet. Einige der Nachbarländer Chinas sind besorgt über die steigende Auslandsverschuldung im Rahmen des chinesischen OBOR-Programms; und die USA haben auf dem APEC-Treffen im November 2018 signalisiert, dass Länder, die an einer Modernisierung der Infrastruktur interessiert sind, bessere Angebote erhalten könnten, wenn sie stattdessen mit den Vereinigten Staaten zusammenarbeiten würden. Daher ist offensichtlich, dass es im asiatischen Raum eine ernsthafte und wachsende Rivalität zwischen China und den USA gibt. Die Drohung der USA, die Einfuhrzölle auf chinesische Ausfuhren in die Vereinigten Staaten zu erhöhen und die Menge der gedeckten Waren zu erhöhen, schafft Unsicherheit nicht nur für China, sondern auch für ganz Asien. Der zunehmende Anreiz für chinesische Unternehmen, höhere Direktinvestitionen in die ASEAN-Länder in Betracht zu ziehen, ist aus US-amerikanischer Sicht ein paradoxer Effekt, da solche höheren chinesischen Direktinvestitionen die wirtschaftliche Rolle der USA in der ASEAN schwächen (und auch die führende Rolle von EU-Investoren in den ASEAN-Ländern untergraben). Bei den Hauptimporten Chinas sind Japan, Südkorea, die USA und Deutschland die führenden Länder, während auf der Exportseite die USA, Hongkong, Japan, Südkorea und Deutschland wichtige chinesische Exportziele sind (Abb. 8.6, 8.7, 8.8, 8.9, 8.10, 8.11 und 8.12).

Im Vergleich der EU-Länder und der ASEAN-Länder lässt sich an den folgenden Zahlen erkennen, dass Deutschland Chinas Importland Nr. 1 in der EU-und-ASEAN-Gruppe ist, gefolgt von mehreren ASEAN-Ländern. Auf der Exportseite Chinas sind Deutschland und die Niederlande zwei führende Importländer der EU-und-ASEAN-Gruppe, aber mehrere ASEAN-Länder liegen nicht weit zurück. Was die ausländischen Direktinvestitionen Chinas und die DI-Bestände im Ausland betrifft, so ist es offensichtlich, dass die asiatischen Länder für China wichtiger sind als die EU-Länder, die jedoch für ein höheres reales Pro-Kopf-Einkommen (und ein reales Pro-Kopf-BIP) stehen, als die ASEAN-Länder – mit Ausnahme von Singapur, Malaysia und dem kleinen, aber ölreichen Land Brunei Darussalam. Die geografische Nähe der Länder Japan, Südkorea und ASEAN zu China erklärt, warum asiatische Partner eine starke Rolle für Chinas Handel und die Dynamik der ausländischen Direktinvestitionen spielen.

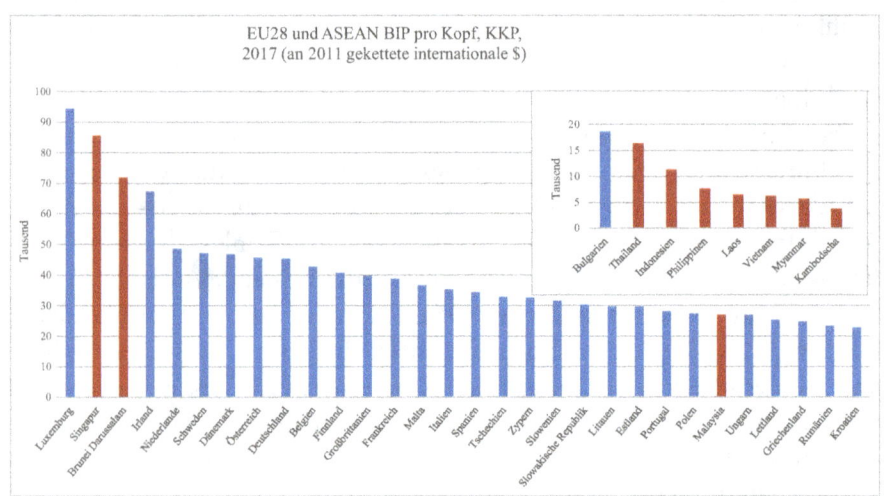

Abb. 8.6 EU28 und ASEAN Pro-Kopf-Bruttoinlandsprodukt 2017, Kaufkraftparität (KKP), konstanter internationaler Dollar (Weltbank, Weltentwicklungsindikatoren)

8 Perspektiven für die USA, Asien und die EU

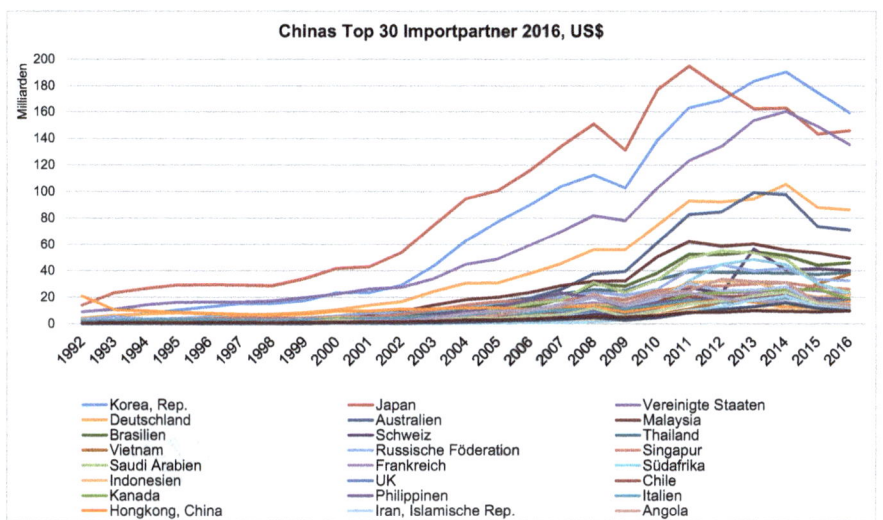

Abb. 8.7 Chinas-Top30-Importpartner, 2016, US$ (WITS, World Integrated Trade Solution Database, EIIW-Berechnungen)

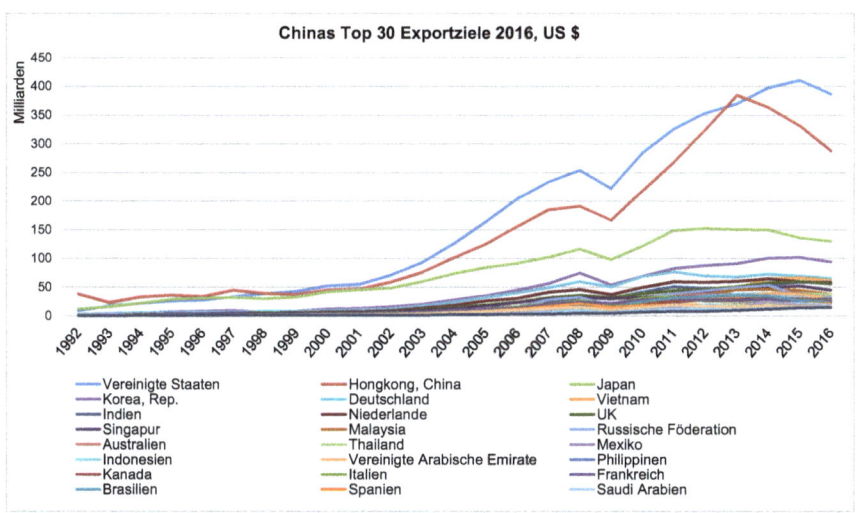

Abb. 8.8 Chinas-Top30-Exportziele, 2016, US$ (WITS, World Integrated Trade Solution Database, EIIW-Berechnungen)

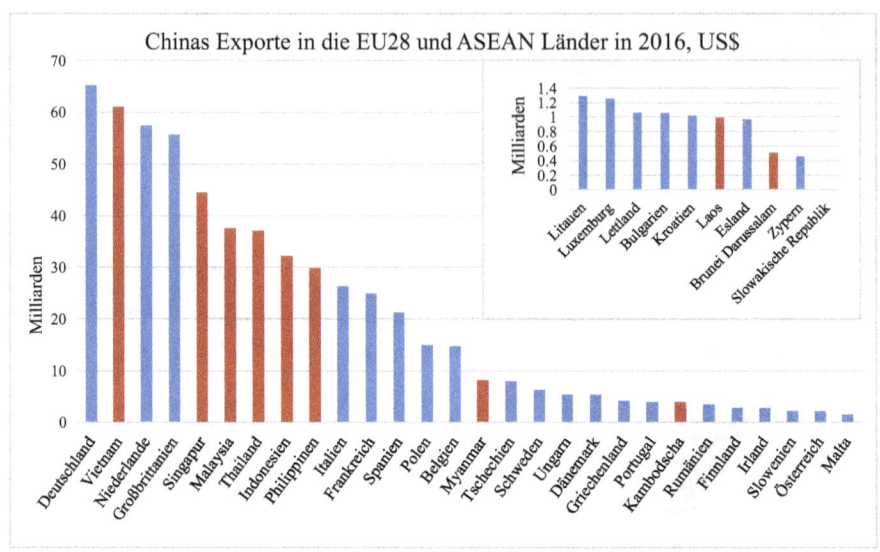

Abb. 8.9 Chinas Exporte in die EU28 und ASEAN-Staaten, 2016, US$ (WITS, World Integrated Trade Solution Database, EIIW-Berechnungen)

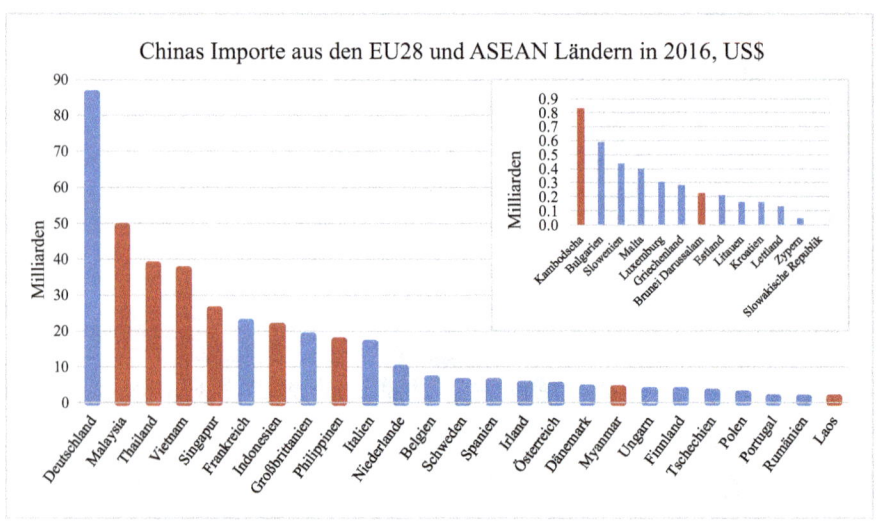

Abb. 8.10 Chinas Importe aus der EU28 und den ASEAN-Staaten, 2016, US$ (WITS, World Integrated Trade Solution Database, EIIW-Berechnungen)

8 Perspektiven für die USA, Asien und die EU

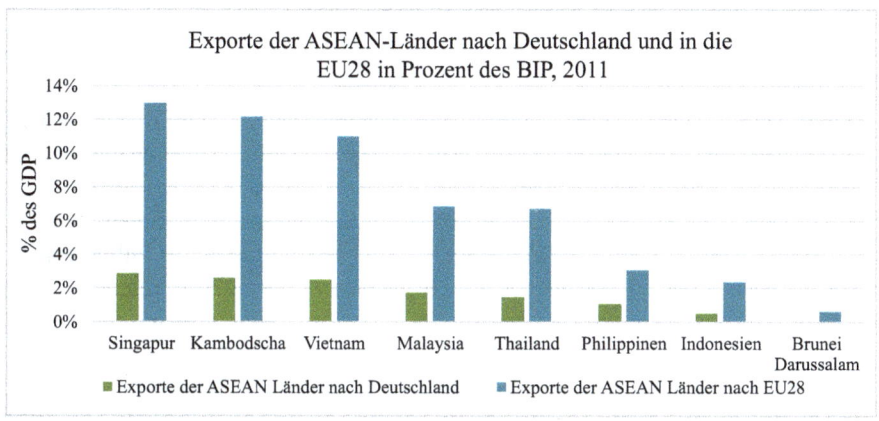

Abb. 8.11 Exporte der ASEAN-Länder in die EU28 und nach Deutschland, in Prozent des Bruttoinlandsprodukts, 2011 (EIIW-Berechnungen unter Verwendung von Daten der OECD und der Weltbank, Weltentwicklungsindikatoren)

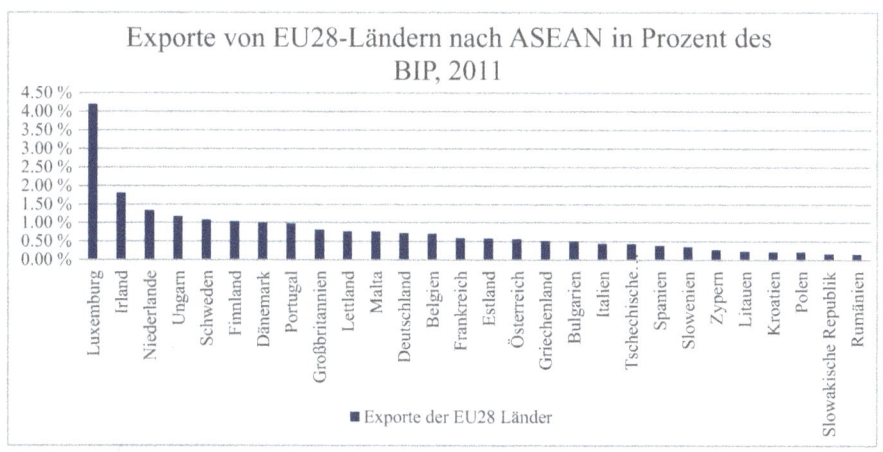

Abb. 8.12 Exporte von EU-Ländern in den ASEAN, in Prozent des Bruttoinlandsprodukts, 2011 (EIIW-Berechnungen unter Verwendung von Daten der OECD und der Weltbank, Weltentwicklungsindikatoren)

Literatur

ADB. (2011), Asia 2050: Realizing the Asian Century (H. S. Kohli, A. Snood & A. Sharma (Eds.)). Singapore: Asian Development Bank

Gros, D. (2018). US China trade war and Europe: ‚If two quarrel, the third rejoices', EconPol Europe Opinion 13, November 2018.

IMF. (2018a). United States of America: Staff concluding Statement of the 2018 Article IV Mission. Veröffentlicht 14. Juni 2018. Country Report 18/207 Washington, DC: IMF.

Jungmittag, A., & Welfens, P. J. J. (2016). Beyond EU-US Trade Dynamics: TTIP Effects Related to Foreign Direct Investment and Innovation, EIIW Diskussionsbeitrag 212. https://uni-w.de/x34uu.

Kierzenkowski, R., et al. (2016). The Economic Consequences of Brexit: A Taxing Decision, OECD Economic Policy Papers, No. 16. Paris: OECD Publishing.

Kynge, J. et al. (2017). Beijing's global power play – How China rules the waves, Financial Times, online 12. Januar 2017. https://ig.ft.com/sites/china-ports/. Zugegriffen am 24.10.2018.

Merics. (2018). Mercator Institute for China Studies. https://www.merics.org/en/bri-tracker/mapping-the-belt-and-road-initiative. Zugegriffen am 02.04.2020.

MGI. (2016). Digital Globalization – The New Era of Global Flows, McKinsey Global Institute, McKinsey & Company.

OECD. (2013). International Migration Outlook 2013. Paris: OECD Publishing.

Pepel-Srebrny, J. (2017). Government borrowing cost and budget deficits: is investment spending different?, University of Oxford, Department of Economics Discussion Paper No. 827. Veröffentlicht Juni 2017 (aktualisierte Fassung August 2018).

United Nations. (2017). World Population Prospects: The 2017 Revision. https://www.un.org/development/desa/publications/world-population-prospects-the-2017-revision.html. Zugegriffen am 02.04.2020.

Vandenbussche, H. (2018). US-EU Trade: the Cost of non-TTIP, presented at EconPol Europe's Annual Conference 2018, International Trade and Protectionism, November 18. Brüssel.

Wagner, H. (2017). The building up of new imbalances in China: The dilemma with 'rebalancing', *International Economics and Economic Policy, 14*, 701–722.

Welfens P. J. J. (2017a). *BREXIT aus Versehen: Europäische Union zwischen Desintegration und neuer EU*. Wiesbaden: Springer

Welfens, P. J. J. (2017c). *An accidental BREXIT*. London: Palgrave Macmillan.

Zoller-Rydzek, B., & Felbermayr, G. (2018). Who is paying for the trade war with China?, EconPol Policy Brief 11, November 2018.

9

China: Risiken und Herausforderungen

Was würde passieren, wenn die Situation im Jahr 2050 eher die Probleme der mittleren Einkommensfalle in China und Indien und damit das Szenario 2 im Hinblick auf das globale Einkommen widerspiegeln würde? Dies führt zu einer Analyse des Problems der mittleren Einkommensfalle (Eichengreen et al. 2013; Gill und Kharas 2007; Wagner 2017).

Im Papier von Eichengreen et al. (2013) wird betont, dass ausreichende Investitionen in die Hochschulbildung – Sekundar- und Hochschulbildung – ein wichtiges Element zur Vermeidung einer Falle des mittleren Einkommens sind; außerdem scheint ein relativ hoher Anteil an Hochtechnologieprodukten auch dazu beizutragen, diese Falle zu vermeiden, sodass der Aufstieg auf der Qualifikationsleiter und der technologischen Leiter entscheidend zu sein scheint. Rudengren et al. (2014) haben darauf hingewiesen, dass der Demokratisierungsprozess zur Verlangsamung des Wirtschaftswachstums beizutragen scheint, was in gewissem Maß eine politikwissenschaftliche Sichtweise ist, die mit der wirtschaftlichen Perspektive von Eichengreen et al. (2013) übereinstimmt, die feststellen, dass der Übergang von der Autokratie zur Demokratie das Wirtschaftswachstum zu verlangsamen scheint. In einem Papier der Weltbank haben Gill und Kharas (2015) einen Teil der relevanten Forschung zu dem Begriff zusammengefasst, den sie ein Jahrzehnt zuvor geprägt hatten. Eichengreen et al. (2013) haben argumentiert, dass China erheblich in die Hochschulbildung investiert hat und auch, dass der Anteil der Hochtechnologie an den chinesischen Exporten im Lauf der Zeit zunimmt, aber man kann immer noch nicht sicher sein, dass dieses Land in der Lage sein wird, die Falle des mittleren Einkommens zu umgehen. Für ein nachhaltiges Wachstum in China wäre es sehr wichtig, einen breiten Zugang zu den Märkten der

Association of Southeast Asian Nations (ASEAN) in den USA, der EU und den ASEAN-Staaten zu haben. Wenn die USA den Ansatz von Präsident Trump, die chinesischen Hightech-Exporte in die Vereinigten Staaten zu beeinträchtigen, fortsetzen würden, würde dies wahrscheinlich den wirtschaftlichen Aufholprozess Chinas verlangsamen, aber nach 2025 sollte das Land in der Lage sein, das von Eichengreen et al. (2013) identifizierte Pro-Kopf-Einkommensniveau von 15.000 bis 16.000 US$ als kritischen Schwellenwert zu übertreffen – sie identifizieren auch einen niedrigeren potenziellen Schwellenwert von etwa 10.000/11.000 US$. Es liegt auf der Hand, dass die IKT eine erhebliche Rolle für das Wachstum der Hochtechnologie und die Hightech-Exporte spielen könnte. China hat den Vorteil, dass sowohl die Netzwerkeffekte als auch die für bestimmte IKT-Bereiche relevanten statischen und dynamischen Skaleneffekte im großen Heimatmarkt weitgehend bereits mobilisiert werden können. Es gibt jedoch einen entscheidenden Vorbehalt (Xing 2011), nämlich dass die Wertschöpfung in chinesischen Hightech-Exportunternehmen oft eher gering ist; und die Exportverarbeitung spielt in der Tat eine entscheidende Rolle bei den chinesischen Hightech-Exporten.

Man kann argumentieren, dass die ASEAN-Länder, einschließlich der Hightech-Länder Singapur und Malaysia mit ihrem starken IKT-Fokus, in der Lage sein könnten, zusammen mit Korea und Japan sowie Indien – letzteres hauptsächlich durch Exporte digitaler Dienstleistungen – zu erheblichen IKT-Exporten aus Asien beizutragen. Dies betrifft sowohl intra- als auch extraasiatische Exporte. Die EU-Länder dürften die Beziehungen zu Asien verstärken, nicht nur zu China, sondern auch zu ASEAN und Indien. So lagen beispielsweise in den ASEAN-Ländern die ausländischen Direktinvestitionen der EU im Jahr 2017 über denen der USA. Es ist jedoch zu erwarten, dass sich die ausländischen Direktinvestitionen Chinas, die bereits in der Dekade nach 2000 ein hohes Wachstum aufweisen, nach 2018 beschleunigen werden: Der Protektionismus der USA von Trump gegenüber China gibt einen starken Anreiz, die ausländischen Direktinvestitionen (FDI) in der ASEAN zu verstärken. Dies wiederum könnte oligopolistische Interdependenzreaktionen multinationaler Unternehmen in einigen Sektoren stimulieren – ein altes Phänomen (Knickerbocker 1973) –, sodass sich die FDI-Zuflüsse in die ASEAN beschleunigen könnten. Singapur, Brunei-Darussalam (ein kleines, aber ölreiches Land) und Malaysia hatten ein höheres Pro-Kopf-Einkommen (in Kaufkraftparität [KKP]) als beispielsweise Bulgarien und Rumänien im Jahr 2017, was darauf hindeutet, dass einige ASEAN-Länder die potenzielle Falle eines mittleren Einkommens bereits übertroffen haben (Abb. 9.1). Man kann feststellen, dass sowohl Singapur als auch Malaysia erhebliche ethnische

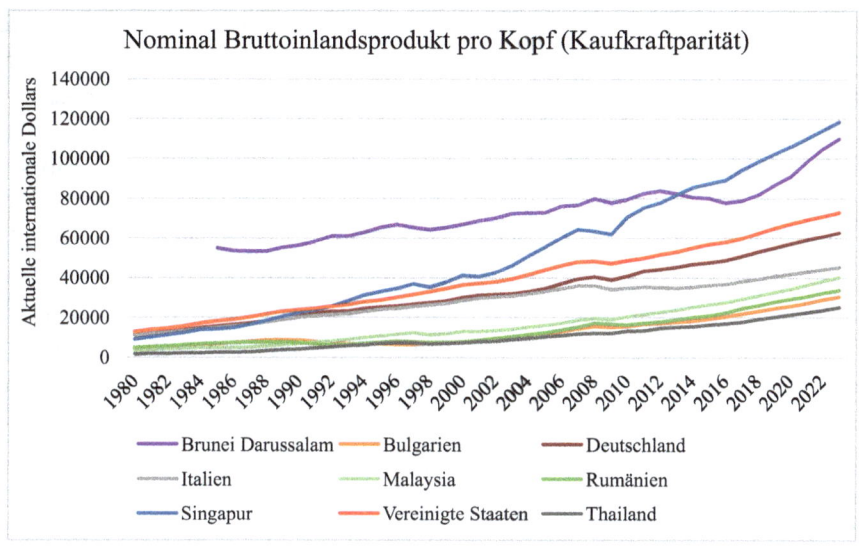

Abb. 9.1 Nominales Pro-Kopf-Einkommen in Deutschland, Italien und den USA plus ausgewählte osteuropäische und ASEAN-Länder (Kaufkraftparität) (EIIW-Berechnungen auf der Grundlage von Daten des IWF Data Mapper, World Economic Outlook, Oktober 2018)

chinesische Minderheiten haben. Thailand könnte um 2025 den führenden ASEAN-Ländern folgen. Aus dieser Sicht dürften China und ASEAN nicht in eine mittlere Einkommensfalle geraten. Schwieriger zu beurteilen ist Indien. Der Anteil der IKT an der Produktion und den Exporten in Indien steigt, aber Indien hat relativ spät begonnen, um ein beträchtliches Wirtschaftswachstum zu erzielen. Wie nachhaltig das indische Wirtschaftswachstum sein könnte, bleibt eine offene Frage (OECD 2017a).

Die politische Führung Chinas war beeindruckt vom Sieg der westlichen Welt über den Kalten Krieg und vom Untergang des sozialistischen Systems 1990/1991. Die historische politische Psychologie in China soll ein wirtschaftlich und technologisch dominantes Land bewundern, sodass China nach 1991 seine Zusammenarbeit mit dem Westen in den 1990er-Jahren verstärken wollte – und zwar bis zur US-Bankenkrise von 2008. Erst dann war die chinesische Regierung mehr daran interessiert, ihre Zusammenarbeit mit der EU zu verstärken. Darüber hinaus begünstigten die Pläne für „One Belt, One Road" – eine neue Seidenstraße – die EU-Länder und möglicherweise Länder in Asien und Afrika: Ein Teil der neuen Seidenstraße würde sich auf bestehende und neue Häfen in Asien stützen und die Seidenstraße würde zur Stärkung der Handelsbeziehungen mit Afrika beitragen, wo China und chinesische Unternehmen große Flächen kauften und auch Großinvestoren wurden. In Afrika waren Frankreich und Großbritannien sowie die USA die Hauptkonkurrenten. Das Vereinigte Königreich und Frankreich haben eine lange Kolonialgeschichte in Afrika und Teilen Asiens.

Chinas Führung hat 2018 verstanden, dass das Land unter Trump sehr anfällig für US-Protektionismus sein wird. Die Strategie der Trump-Administration, China auf verschiedene Weise zu drängen – zum Beispiel, indem der Zugang zur US-Chiptechnologie vorübergehend verweigert wird – und die Einfuhrzölle neben den Einfuhrzöllen auf Stahl und Aluminium schrittweise zu erhöhen, dürfte China ermutigen, eine politische Neuausrichtung anzustreben: weniger Zusammenarbeit mit den USA. Für China waren die USA vor der Bankenkrise 2007/2009 ein geschätzter Partner, aber im Zuge dieser Krise verloren die USA einen Teil ihrer globalen Führungsposition. China muss aus praktischen Sicherheitsgründen eine Form der Zusammenarbeit mit Russland anstreben, und beide Länder haben ein gemeinsames Interesse daran, eine Wiedervereinigung Koreas nicht zu ermöglichen. Für China wären die strategischen Nachteile und die psychologische Niederlage zu offensichtlich, während für Russland die strategischen Perspektiven, das US-Militär im nördlichen Teil eines wiedervereinigten Korea zu etablieren, ebenfalls unerwünscht sind. Was die wirtschaftliche Zusammenarbeit betrifft, so ist Russland kein führender globaler Partner. Natürlich könnte die EU eine solche Rolle spielen, vorausgesetzt, die EU-Integration bleibt auf Kurs und es würden keine weiteren BREXIT-Fälle folgen; dieser Desintegrationsimpuls ist jedoch genau das, was die Trump-Administration anstrebt. Es ist nicht unfair zu sagen, dass Trump als politischer Laie – bevor er im Januar 2017 als US-Präsident vereidigt wurde – kein umfassendes strategisches Verständnis der internationalen Wirtschaftsbeziehungen und der Rolle internationaler Organisationen hat. Er ist offensichtlich davon überzeugt, dass der Nationalismus, manchmal auch Patriotismus genannt, die natürliche politische Ausrichtung der USA und aller anderen Länder sein sollte. Es besteht kein Zweifel daran, dass eine neue globale Welle des populistischen Nationalismus früher oder später zu neuen internationalen Konflikten führen würde, möglicherweise auch zu militärischen Konflikten.

Die politischen und wirtschaftlichen Beziehungen Chinas sind geprägt vom Interesse am Zugang zum EU-Binnenmarkt und – seit Beginn der Trump-Präsidentschaft – von der Nutzung der EU als mögliches Gegengewicht zu den USA. Der frühere chinesische Ansatz gegenüber der EU unter der von der EU-Kommission kritisch betrachteten Überschrift „16+1" dürfte in Peking mittelfristig eine geringere Priorität erhalten. Chinas Hauptinteresse gilt dem Aufbau einer starken wirtschaftlichen und politischen Brücke zur EU27, die jedoch durch BREXIT geschwächt erscheint. Das Vereinigte Königreich, einmal von der EU27 getrennt, könnte schnell zu einem einfachen Ziel für China werden. Da sich die mittelfristigen Wirtschaftsaussichten für Großbritannien nach dem BREXIT verringern, hat China drei neue Optionen:

- Durch ein Freihandelsabkommen zwischen dem Vereinigten Königreich und China würde das Vereinigte Königreich langfristig zunehmend von China wirtschaftlich abhängig werden, da erwartet wird, dass Chinas Produktionswachstumsrate für mindestens zwei weitere Jahrzehnte über dem der USA liegen wird. Die Bedingungen für den chinesischen Marktzugang zum Vereinigten Königreich dürften für China recht günstig sein, da das Vereinigte Königreich durch BREXIT wirtschaftlich und politisch geschwächt ist; sein wirtschaftliches Gewicht beträgt ein Fünftel der EU28, sodass China wesentlich bessere Bedingungen für den britischen Marktzugang erhält, als wenn China ein Abkommen mit der EU28 geschlossen hätte. Während man nicht ausschließen kann, dass eine populistische US-Regierung ein Freihandelsabkommen zwischen dem Vereinigten Königreich und China aus strategischen Gründen verhindern will, scheint das starke Interesse des Vereinigten Königreichs, das Wirtschaftswachstum durch mehr Handel mit China zu steigern, langfristig der wichtigste Einfluss zu sein.
- Mit der starken Abwertung des realen Pfunds im Zuge von BREXIT sehen sich chinesische Unternehmen (oft staatliche Unternehmen) mit recht günstigen Bedingungen für die Übernahme britischer Unternehmen konfrontiert. Der wirtschaftliche Einfluss Chinas würde dabei mittelfristig stark zunehmen. Chinesische Unternehmen könnten bestrebt sein, sowohl Industrieunternehmen als auch Dienstleister im Vereinigten Königreich zu kaufen und auch ihre Investitionen im Infrastrukturbereich auszuweiten. Stromerzeugung, Transport und andere Bereiche sind für China von besonderem Interesse.
- Britische Universitäten werden Studenten aus Asien in Zukunft bessere Bedingungen bieten, da das Studium in Großbritannien für Studenten aus der EU27 sowie für Studenten aus OECD-Partnerländern nach BREXIT weniger attraktiv geworden ist. Da sich die politischen Beziehungen zwischen den USA und China abschwächen, hat China bereits im Sommer 2018 teilweise signalisiert, dass künftig weniger chinesische Studenten an US-Universitäten studieren werden.

Die EU und China mögen sich gegenseitig als Rivalen in Afrika sehen, aber die regionale Differenzierung der FDI ist in dieser Region so weitreichend, dass die Beziehungen zwischen der EU und China nicht über neue Konfliktfelder stolpern sollten. Schließlich wird die EU die Unterstützung Chinas benötigen, um das multilaterale Handelssystem aufrechtzuerhalten. Die Kombination aus EU, ASEAN, Mercosur, ECOWAS, China und einigen anderen Ländern könnte stark genug sein, um ein multilaterales System aufrechtzuerhalten. Es besteht jedoch die Gefahr, dass die Trump-Administration das globale System Schritt für Schritt in ein verwaltetes, von den USA dominiertes System auf der Grundlage des Bilateralismus umwandelt. Japan, das zögerte, mit den USA über ein mögliches Freihandelsabkommen zu verhandeln – die Hoffnung war vielmehr, die USA als Unterzeichner des Transpazifik-Partnerschaftsabkommens (TPP) ins Boot zu holen –, hat im Oktober 2018 akzeptiert, tatsächlich bilaterale Gespräche zwischen Japan und den USA aufzunehmen.

Da die USA den Nuklearschirm für so viele Länder in Asien bereitstellten, war es leicht, Korea zur Annahme eines revidierten Handelsabkommens zu drängen, und nach der gleichen Logik könnten Japan und andere Länder folgen. Die Trump-Administration wird jedoch kaum in der Lage sein, die ASEAN-Gruppe zu untergraben, die selbst erfolgreich in ihrer wirtschaftlichen Entwicklung ist und die sicherlich ein bevorzugter neuer Partner Chinas ist. Da sich die Handelsbeziehungen zwischen den USA und China unter der Trump-Administration verschlechtern, haben chinesische Unternehmen begonnen, FDI in den ASEAN-Staaten stark zu erhöhen, da das Management dieser Unternehmen hofft, ohne ernsthafte Hindernisse aus den ASEAN-Staaten in die USA exportieren zu können. Dies wird zu einer indirekten Herausforderung für die EU-Länder bzw. die ausländischen Investoren der EU, die bisher die führende Position im Bereich der ausländischen Direktinvestitionen in der ASEAN innehatten. Unter dem Strich ist zu erwarten, dass chinesische Unternehmen durch den China-US-Handelskrieg dazu gedrängt werden, den Aufbau asiatischer Produktionsnetze zu beschleunigen. Dies ist ein Prozess, der durch moderne digitale Technologien erleichtert wird, wie die ADB (2014) in ihrer Analyse gezeigt hat. Da China selbst ein starker Akteur bei digitalen Innovationen ist, ist zu erwarten, dass die asiatischen Produktionsnetzwerke Chinas tatsächlich schneller wachsen werden. Mit der in ASEAN angesiedelten technologie- und wissensintensiven chinesischen Produktion wird Chinas wirtschaftlicher und politischer Einfluss in dieser Region zunehmen. Die Präsenz ethnischer chinesischer Gruppen in Singapur, Malaysia und einigen anderen ASEAN-Ländern könnte diese chinesische Vernetzung verstärken. Man kann jedoch argumentieren, dass die frei marktorientierten chinesischen Bankiers von Singapur – deren Elternhäuser in den 1960er-Jahren aus China flohen – die ideologischen Ansichten der chinesischen Regierung nicht teilen.

Chinas Bemühungen, seine wirtschaftliche Rolle in Asien zu stärken, zeigen sich zum Teil in der Initiative „One Belt One Road": Der Bau eines neuen oder modernisierten Infrastrukturverkehrsnetzes – der neuen Seidenstraße(n) – könnte dazu beitragen, mehr Handel zu generieren und Chinas politische Rolle in Asien zu stärken. Die in Peking ansässige und zum Teil von China dominierte Asian Infrastructure Investment Bank (AIIB) bietet in diesem Zusammenhang günstige Finanzierungspakete für verschiedene Infrastrukturprojekte an. Man kann feststellen, dass die AIIB eine der wenigen internationalen Organisationen ist, in denen die chinesische Regierung eine eher aktive Rolle spielt. Für China ist diese multilaterale politische Perspektive eine ziemlich neue Option für seine Außen- und Handelspolitik.

Neue Global-Governance-Themen

Mit dem neuen populistischen Ansatz in den USA wird die Zuverlässigkeit der US-Wirtschaftspolitik verringert (in vielen Fällen Teil der Verhandlungsstrategie von Trump) und die Rolle der internationalen Organisationen geschwächt, was zu höheren Governance-Kosten in der Weltwirtschaft führen wird. Aus politisch-ökonomischer Sicht sind die Auswirkungen dieser Entwicklungen:

- Die Erwartungsbildung wird in einer Weltwirtschaft, deren Fundamente aus gemeinsamen internationalen Institutionen bestehen, schwieriger werden; für Unternehmen bedeuten höhere Risikoprämien der Produktion eine Aufwärtsverschiebung der Grenzkostenkurven, sodass mit einem negativen globalen Produktionseffekt zu rechnen ist.
- Die geringere Zuverlässigkeit der US-Regierung bedeutet, dass die internationalen Märkte für Handelswaren durch höhere Transaktionskosten gekennzeichnet sein werden, was eine Abwärtsrotation der Nettonachfragekurven in vielen Märkten bedeutet.

Beide Aspekte implizieren eine geringere Gleichgewichtsproduktion in einem Gleichgewicht auf sehr vielen Märkten und damit einen Rückgang des realen BIP und der Beschäftigung auf der Gesamtebene.

Es scheint, dass die Trump-Administration eine höhere politische Zusammenarbeit (was bedeutet: ein höheres Maß an politischer Autonomie der

Partnerländer) und mehr Handelszugeständnisse von den Ländern will, die traditionell den militärischen Schutz der USA genießen. Die USA könnten die Hebelwirkung der US-Banken und -Kapitalmärkte nutzen, um die politische Autonomie der gegnerischen Länder stärker zu beeinträchtigen. Die Länder, die unter Präsident Trump mit einer offeneren Opposition der USA konfrontiert sind als die früheren US-Regierungen, werden eher zusammenarbeiten.

Ein wichtiger Global Player ist China. Da seine Wirtschaft weiter wächst und über ein BIP verfügt, das über dem der USA und der EU liegt, wird die Rolle der chinesischen Wirtschaft als Hebel für die politische Macht Chinas mit der Zeit zunehmen. Gleichzeitig ist es aus Sicht der EU sehr wichtig, dass Chinas führende Politiker den Multilateralismus akzeptieren. In diesem Zusammenhang ist Chinas Rolle in internationalen Organisationen wichtig: China sollte anerkennen, dass die Beteiligung an den langfristigen Aktivitäten solcher Organisationen die Grundlage für langfristige Vorteile ist; außerdem ist die AIIB die erste große multilaterale Bank mit Sitz in China, die in der Tat viele Möglichkeiten für China bietet, einschließlich der Rolle, ein Testfeld für den Multilateralismus zu sein; ein solcher politisch-ökonomischer Multilateralismus ist kein Bereich, in dem China eine lange Geschichte oder viel Erfahrung hat, ganz im Gegenteil. Umso wichtiger ist es, dass China ermutigt wird, eine breitere aktive multilaterale Rolle innerhalb der AIIB durch europäische Partnerländer zu entwickeln.

Es wird keine Chance auf Aufrechterhaltung des Multilateralismus geben, wenn die EU und China nicht in einer Weltwirtschaft zusammenarbeiten, in der der US-Populismus internationale Organisationen zerschlägt. Für viele EU-Länder wird es ein schwieriger politischer Spagat sein, die traditionell guten Beziehungen zu den USA aufrechtzuerhalten und gleichzeitig eine viel stärkere politische Zusammenarbeit mit China zu entwickeln. Es ist klar, dass China nicht erwarten würde, dass die EU-Länder eine solche Zusammenarbeit mit einer breiten Bereitschaft der EU-Länder anbieten, mehr FDI Chinas in der EU zuzulassen.

Ein schwieriger Bereich der potenziellen Zusammenarbeit auf globaler Ebene ist die Wettbewerbspolitik; während es traditionell eine gewisse Zusammenarbeit zwischen den USA und der EU im Bereich der Wettbewerbspolitik gibt, hat die EU nicht viel Zusammenarbeit mit China entwickelt. Dies sollte jedoch in Zukunft stärker berücksichtigt werden. Dass sich die analytischen Ansätze der EU, Chinas und der USA in vielen Bereichen wahrscheinlich erheblich unterscheiden werden, liegt auf der Hand, aber die Logik der wirtschaftlichen Globalisierung, einschließlich der digitalen Globalisierung, legt eindeutig nahe, dass mehr Zusammenarbeit in der globalen Wettbewerbspolitik erforderlich ist. Auch hier könnte die Zusammenarbeit zwischen China und der EU recht schwierig sein, zumal die politischen Ansätze für die Internetgesellschaft in der EU und in China unterschiedlich sind.

Literatur

ADB. (2014). Asia and Global Production Networks – Implications for Trade, Incomes and Economic Vulnerability. Ferrarini, B. and Hummels, D. (Eds.). Cheltenham: Asian Development Bank/Edward Elgar.

Eichengreen, B., Park, D., & Shin, K. (2013). Growth Slowdowns Redux, *Japan and the World Economy*, *32*, 65–84.

Gill, I., & Kharas, H. (2007). An East Asian Renaissance: Ideas for Economic Growth. Washington, DC: World Bank.

Gill, I., & Kharas, H. (2015). The Middle-Income Trap Turns Ten, Policy Research Working Paper 7403. Washington, DC: World Bank. https://doi.org/10.1596/1813-9450-7403.

Knickerbocker, F. T. (1973). *Oligopolistic Reaction and Multinational Enterprises*. Cambridge, MA: Harvard University Press.

OECD. (2017a). OECD Economic Surveys: India. February 2017. Paris: OECD Publishing. https://www.oecd.org/eco/surveys/INDIA-2017-OECD-economic-survey-overview.pdf. Zugegriffen am 02.04.2020.

Rudengren, J., Rylander, L., & Casanova C. R. (2014). It's Democracy, Stupid: Reappraising the Middle-Income Trap, Institute for Security and Development Policy, Stockholm Paper. Mai 2014.

Wagner, H. (2017). The building up of new imbalances in China: the dilemma with 'rebalancing', *International Economics and Economic Policy*, *14*, 701–722.

Xing, Y. (2011). China's High-tech Exports: Myth and Reality, GRIPS Discussion Papers 11–05, National Graduate Institute for Policy Studies.

Teil IV

Politische Innovationen und systemische Reformen

10

Schlussfolgerungen für internationale Organisationen

Die nationalistische politische Ausrichtung von Präsident Trump überschneidet sich mit einer etablierten politischen Strömung in der Republikanischen Partei, um internationale Organisationen als zweifelhafte Institutionen zu betrachten, die das Geld der Steuerzahler kosten und die Autonomie der US-Politik beeinträchtigen könnten. Es ist ganz offensichtlich, dass Präsident Trump die internationalen Organisationen nur schwach unterstützt. Die US-Regierung unter Präsident Trump könnte sich aus großen internationalen Organisationen wie regionalen multilateralen Banken (z. B. der Asian Development Bank (ADB) oder der European Bank for Reconstruction and Development (EBRD)) zurückziehen und argumentieren, dass eine solche Mitgliedschaft den US-Steuerzahler viel Geld kostet und ungewisse Vorteile für die USA mit sich bringt – tatsächlich oft mit größeren Vorteilen für andere beteiligte Länder als für die USA. Wenn die USA beispielsweise ein geringeres Profil in der ADB hätten, würde dies indirekt die Rolle Japans als führendes ADB-Land stärken; andererseits würde es die Rolle der Asian Infrastructure Investment Bank (AIIB) mit Sitz in Peking stärken. Die USA sind nicht Mitglied der AIIB, während viele EU-Länder, darunter Großbritannien, Frankreich und Deutschland, Gründungsmitglieder sind. Die Vorstellung, dass die USA von der Schwächung der internationalen Organisationen profitieren würden, in denen sie meist eine dominante Rolle spielen oder wichtige Entscheidungen blockieren könnten, ist ebenso wenig überzeugend wie die Vorstellung, dass das Vereinigte Königreich durch den Rückzug aus der Europäischen Union internationale Macht gewinnen wird (EU-28 ist allein etwa das Fünffache des wirtschaftlichen Gewichts Großbritanniens).

Multilateralismus bedeutet ein regelbasiertes internationales System mit einer entscheidenden Rolle für internationale Organisationen, die zur Umsetzung des Völkerrechts beitragen. Nach den Worten des Generalsekretärs der WTO – wie in einer Rede im Jahr 2017 zum Ausdruck gebracht – bedeutet Multilateralismus „das Kleine Große und das Große Zivilisierte zu machen". Die Idee ist, dass große Mächte, die ihre Hände an die Regeln des Völkerrechts gebunden haben, ein fairerer Partner für die große Gruppe kleiner Länder in der Welt wären als sonst. In internationalen Organisationen haben die kleinen Länder – als gemeinsame Gruppe von Ländern – eine Stimme in der internationalen Wirtschaftspolitik. Die Rolle der kleinen Länder wird gestärkt, wenn die Länder Teil eines regionalen Handelsintegrationsclubs sind.

Die bipolare Ordnung des Kalten Krieges 1944–1991 (das Jahr, in dem der Warschauer Pakt und die Sowjetunion aufgelöst wurden) war eine, in der die Weltmarktwirtschaft von den Vereinigten Staaten und ihren politischen und militärischen Verbündeten geprägt wurde. Die Führung der USA und die 1944 (IWF/Weltbank) und in den folgenden Jahrzehnten (z. B. GATT: 1947; WTO: 1995) gegründeten internationalen Organisationen haben dazu beigetragen, das internationale öffentliche Gut „Freihandel" und „Finanzstabilität" zu erreichen. Auch die OECD als Institution, die zur Koordinierung der Fiskalpolitik der Industrieländer beigetragen hat – wie die G7 auf informelle Weise – spielte eine Rolle.

Das System scheiterte jedoch an der Verhinderung der Transatlantischen Bankenkrise 2007/2009; trotz der Tatsache, dass der IWF nach der Asienkrise 1997/1998 das Financial Sector Assessment Program (FSAP) eingeführt hatte und trotz der Warnungen der Bank für Internationalen Zahlungsausgleich, die seit den 1970er-Jahren eine entscheidende Rolle bei der Gestaltung von Regeln für die Bankenaufsicht gespielt hat (der Baseler Ausschuss für Bankenaufsicht (BCBS) wurde 1974 gegründet), wurden 1988 die Regeln der Baseler Vereinbarung I für internationale Banken verabschiedet, später gefolgt von (Basel II und Basel III). Das System wurde somit durch eine aktive G20 ergänzt – mit einem ersten Treffen im November 2008 zur Krise des transatlantischen Bankensektors –, das China, Indien und andere Länder in die Rolle einer stärker geteilten internationalen wirtschaftspolitischen Verantwortung brachte.

Allerdings ist die G20 eine eher heterogene Gruppe, was das Pro-Kopf-Einkommen der Mitgliedsländer und die Größe der beteiligten Länder betrifft. Die Liste der in den Kommuniqués verankerten Versprechen ist lang, aber es gibt keinen klaren Weg, dass die gemachten Versprechen eingehalten

10 Schlussfolgerungen für internationale Organisationen

wurden – mit Ausnahme des G20-Gipfels von Brisbane 2014, als die Länder versprochen haben, das reale BIP bis 2019 um weitere 2 Prozent zu erhöhen.

Eine Schlüsselfrage ist, welches alternative internationale System entstehen würde, wenn internationale Organisationen eher unwichtig geworden sind, z. B. durch die Umgehung dieser Institutionen durch die USA; und was wären die wirtschaftlichen und politischen Folgen einer solchen Entwicklung. Es ist sehr wahrscheinlich, dass ein neues Großmachtregime etabliert wird – wobei die USA, Russland und China diese Großmächte sind und alle anderen Länder entscheiden müssen, welcher der Großmächte sie als politischer Vasallen beitreten wollen. Das Südchinesische Meer wird zu einem wichtigen Gebiet mit neuen Konflikten werden; auch Großbritannien und Frankreich entsenden Seestreitkräfte in das Gebiet, obwohl man nicht leicht verstehen kann, was dort für diese beiden europäischen Länder auf dem Spiel steht. Für China ist dies eine neue Situation, und es könnte eine gewisse europäische Militärpräsenz in der Region akzeptieren müssen, da die wichtigsten Warenversandwege zwischen der EU und Asien durch europäische Länder geschützt werden müssen. Dies wird umso wichtiger sein, als der Handel zwischen der EU und China und der EU-ASEAN langfristig zunehmen wird und da die NATO schwächer wird, so dass westeuropäische Länder weniger wahrscheinlich auf den militärischen Schutz der USA angewiesen sind. Ein umfassenderer Dialog zwischen der EU und China in allen Politikbereichen wäre nützlich, und es liegt auf der Hand, dass die EU China dazu drängen wird, weiterhin ein Anhänger des Multilateralismus zu bleiben. Ein großes Problem der internationalen politischen Rolle Chinas besteht darin, dass es in sehr kurzer Zeit relativ begrenzte Erfahrungen mit dem Multilateralismus gesammelt hat, im Wesentlichen beginnend mit der WTO-Mitgliedschaft im Jahr 2001, gefolgt vom neuen chinesischen finanzpolitischen Ansatz durch die AIIB.

Der Multilateralismus basiert auf internationalen Organisationen, da sie sich Ende des 19. Jahrhunderts in geringer Zahl und nach 1944 in viel größerer Zahl (und Rolle) herausbildeten. Die historische Globalisierung der 1860er-Jahre bis 1914 schuf ein rasch wachsendes Netzwerk von Handel und internationalen Kapitalströmen, und zumindest in einigen Bereichen – zum Beispiel in den Bereichen Postdienst, Telegrafie und Patentschutz – schlossen sich europäische Länder sowie die USA und andere Länder zusammen, um das Völkerrecht und internationale Organisationen zu nutzen, um den Austausch von Waren, Wissen und Informationen zu erleichtern. Das führende Land des Systems war das Vereinigte Königreich, das um 1900 seine globale wirtschaftliche Führung verloren hatte – mit den USA als Nummer eins in der Weltwirtschaft, aber es gab in den USA keinen politischen Ehrgeiz, eine fortgesetzte internationale politische Rolle über die Abwehr der europäischen Intervention in Lateinamerika hinaus zu spielen (mit der Monroe-Doktrin, die die Bereitschaft der USA zum Ausdruck brachte, die europäische Einmischung nicht zu akzeptieren). Dem demokratischen Präsidenten Woodrow Wilson, der die USA in den Ersten Weltkrieg führte und auf eine neue internationale Ordnung drängte, in der der Völkerbund eine wichtige Rolle spielen sollte, gelang es nicht, den US-Senat zu überzeugen, seinem Plan für diese neue Ordnung zu folgen, so dass die USA draußen blieben. Das Vereinigte Königreich war zu schwach, um eine starke internationale Führung zu übernehmen, und sowohl Deutschland als auch Japan verließen den Völkerbund in den 1930er-Jahren. Erst 1944 verabschiedeten die USA eine neue Strategie und drängten auf eine multilaterale Ordnung auf der Grundlage immer mächtigerer internationaler Organisationen – eine Strategie, die die Unterstützung der EU-Integration beinhaltete; eine Strategie, die 2017 mit dem Amtsantritt von Trump endete. Man kann feststellen, dass ein Teil der Republikanischen Partei für eine eher isolationistische internationale Position und sicherlich für ein tiefes Misstrauen in der Rolle der Internationalen Organisationen steht, die als von Nicht-US-Ländern und korrupten ausländischen Regierungen dominiert gelten, die sich nicht sehr um eine effiziente Führung und Governance in internationalen Organisationen kümmern.

Differenzierte wirtschaftliche Globalisierung

Erst Anfang der 70er-Jahre erkannten die Vereinten Nationen an, dass die Weltwirtschaftsordnung keine institutionelle Ausgestaltung aufweist und nicht von Prinzipien geprägt ist, die den wirtschaftlichen Aufholprozess des Südens gegenüber dem Norden fördern würden. Ein Blick auf das frühe 21. Jahrhundert zeigt, dass seit den 1970er-Jahren in einigen Teilen der Weltwirtschaft ein großer internationaler Aufholprozess stattgefunden hat. Dies gilt trotz der Tatsache, dass es den Vereinten Nationen kaum gelungen ist, eine neue Weltwirtschaftsordnung zu gestalten. Es waren nicht so sehr die Institutionen auf globaler Ebene, sondern die regionale wirtschaftliche Aufholdynamik in den asiatischen und lateinamerikanischen Schwellenländern (NICs), die dazu beitrugen, das globale Wachstum für einen Teil der Weltwirtschaft anzukurbeln – mit asiatischen NICs bis zu einem gewissen Grad nach Japan; und das Exportwachstum der asiatischen NICs trug dann dazu bei, die Terms of Trade der sozialistischen Länder in Osteuropa und der Sowjetunion in den Jahrzehnten nach 1970 zu verschlechtern; bis die Sowjetunion und die osteuropäischen sozialistischen Länder 1989/1990 zusammenbrachen. In Osteuropa dauerte es etwa zwei Jahrzehnte, bis eine umfassende und erfolgreiche Modernisierung der postsozialistischen Transformationsländer organisiert war – wobei die Europäische Union und die Europäische Bank für Wiederaufbau und Entwicklung (EBWE) als externe Kräfte einen wesentlichen Beitrag zur erfolgreichen Modernisierung vieler Länder leisteten. Eine Wiederbelebung des politischen Nationalismus ging einher mit der postsozialistischen Transformation in vielen Ländern Osteuropas, die die neu gefundene politische Freiheit genoss, nämlich kein Vasallenstaat der 1991 zerfallenen Sowjetunion mehr zu sein. Vor allem in Ungarn und Polen wurde nach 1991 ein neuer Nationalismus sichtbar, und in diesen Ländern begann auch der Populismus zu wachsen.

Die Rolle der internationalen Organisationen hat seit den 1970er-Jahren in einigen Politikbereichen zugenommen, jedoch war es nicht so sehr die globale UNO, die die führenden Institutionen beaufsichtigte, sondern eine starke Rolle des IWF und der Welthandelsorganisation, deren Mitgliederbasis nicht zuletzt nach dem Zusammenbruch der sozialistischen Länder erweitert werden konnte. Es bestand offensichtlich Bedarf an mehr internationaler Zusammenarbeit; mit den USA und der EU, die die osteuropäischen Länder wirklich drängen, sich den führenden globalen Institutionen anzuschließen.

1974 verabschiedete die UNO ein Aktionsprogramm für eine neue internationale Wirtschaftsordnung: Die UNO erklärte (James 2002), dass die gegenwärtige Ordnung es nicht ermöglicht habe, eine langfristige und stabile wirtschaftliche Dynamik zu erreichen. Die Kluft zwischen Nord und Süd nimmt zu, das gegenwärtige System wurde geschaffen, bevor es Entwicklungsländer gab; das gegenwärtige System wurde als wahrscheinlich angesehen, um die wirtschaftlichen Disparitäten in der Welt zu verstärken. Schlüsselelemente der UN-Vorschläge waren (i): Unterstützung von Erzeugerorganisationen aus weniger entwickelten Ländern; (ii) Verbesserung der Bedingungen für den Transfer von Finanzmitteln an die LDC. In einer Sondergeneralversammlung wurde über eine UN-Charta der wirtschaftlichen Rechte und Pflichten der Mitgliedsländer diskutiert.

Während die UNO in den 1970er-Jahren nicht viel zum internationalen wirtschaftlichen Aufholprozess beitrug, gelang es ihr besser, das Thema Umweltmodernisierung voranzutreiben – mit der Stockholmer Konferenz von 1972. Der Zustand der Umwelt wurde in den folgenden Jahrzehnten Teil des politischen Ansatzes der OECD-Länder und eigentlich der meisten UN-Länder; und selbst China, der neue Wirtschaftsriese zu Beginn des 21. Jahrhunderts, kam für eine grüne Modernisierung an Bord und unterzeichnete das Pariser Protokoll zur Bekämpfung der globalen Erwärmung. Es waren die USA unter Präsident Trump, die als erstes OECD-Land aus dem Pariser

Protokoll austraten. China selbst war nach der Öffnung 1978 und dem Beitritt zur Welthandelsorganisation 2001 Teil der globalen Marktwirtschaft geworden. China ist jedoch keine kleine, offene Volkswirtschaft, deren Öffnung für ihre Partnerländer marginale Anpassungslasten mit sich bringt. Für einige dieser Länder hat das starke Wachstum der chinesischen Exporte, zumindest in einigen Sektoren, zu einem erheblichen Anpassungsdruck geführt. Es ist nicht einfach, die Kernprobleme der anhaltenden extremen Armut, der Umweltprobleme und der wirtschaftlichen Ungerechtigkeit anzugehen; Sachs (2015) hat viele nützliche Ideen und Ansätze für eine nachhaltige Entwicklung vorgelegt, die in mehreren der oben genannten Bereiche gemeinsame Fortschritte bringen könnten.

Die Idee, internationale Konflikte völkerrechtlich zu lösen, geht auf die neuere Geschichte zurück, insbesondere auf den deutschen Philosophen Immanuel Kant (1795), der eine einflussreiche Broschüre mit dem Titel *Zum Ewigen Frieden/Perpetual* Peace schrieb: Eine philosophische Skizze. Er argumentierte, dass dies von einer verantwortungsbewussten Regierung in den Republiken erreicht werden könnte; Verträge zwischen Ländern würden dazu beitragen, einen dauerhaften Frieden zu erreichen, und es würden keine geheimen Klauseln in Friedensverträgen erlaubt sein. Woodrow Wilson, der US-Präsident, der nach dem Ersten Weltkrieg zur Gründung des Völkerbundes beigetragen hat – obwohl die USA selbst nicht teilnehmen wollten, wie die Abstimmung im Kongress zeigte –, ließ sich eindeutig von den Gedanken Kant inspirieren, der davon überzeugt war, dass ein demokratisches Land, eine Republik, sehr zögerlich in den Krieg ziehen würde. Die Idee von Kant, dass eine friedliche Zusammenarbeit zwischen den Ländern im Interesse aller Länder wäre, wurde von David Ricardo geteilt, der betonte, dass der Handel zwischen den Ländern ein Element zur Stärkung des Friedens sei. Es ist jedoch offensichtlich, dass nur der wachsende Handel eine notwendige Voraussetzung für den Frieden ist. Gleichzeitig gibt es klare Argumente dafür, dass eine sinkende Handelsintensität den Frieden untergraben und das Kriegsrisiko erhöhen könnte. So verursachen Länder, die auf Protektionismus drängen, nicht nur negative Wohlfahrtseffekte, sondern dürften auch den Frieden langfristig untergraben.

Für die Mehrheit der kleinen Länder in Asien, Europa, Lateinamerika und Afrika ist das System der Internationalen Organisationen und des Multilateralismus sehr wertvoll, wie es auch für die USA über Jahrzehnte hinweg der Fall war. China scheint den Multilateralismus zu unterstützen, und die Gründung der Asian Infrastructure Investment Bank – mit Sitz in Peking – war ein wichtiger Schritt hin zu einem multilateralen (und auch regionalen) Ansatz in China. Die USA unter Obama hatten TPP angenommen, um ein amerikanisch-asiatisches Netzwerk für regionale Integration zu schaffen, das auch ein Gegengewicht zu China schaffen sollte, aber Trump hatte ganz andere Ansichten; oder er verstand einfach nicht die Logik von TPP und TTIP. Zu beachten ist, dass TTIP – und in weniger ausgeprägter Weise TPP – für tiefe Integrationsansätze stehen, die Vorteile in Form von höherem Handel, höheren FDI-Strömen und einer Beschleunigung der Innovationsdynamik in den betroffenen Ländern generieren (siehe TTIP: Jungmittag und Welfens 2016; die Autoren nutzen eine Wissensproduktionsfunktion zur Analyse der Kernpunkte von TTIP – und darüber hinaus eine Makroproduktionsfunktion).

Mit Präsident Trump, der aus dem Nichthandelssektor kommt und den Multilateralismus in vielerlei Hinsicht schwächt, muss die Frage gestellt werden: Der Multilateralismus wird abgeschafft? Die EU und China sowie die ASEAN sind drei Unterstützer des Multilateralismus. Für China ist eine ernsthafte Führungsrolle in diesem Zusammenhang ziemlich ungewöhnlich, und es ist nicht klar, wie stark die Rolle Chinas hier sein könnte. Die EU27 wird nach BREXIT geschwächt werden, aber sie könnte sich mit den politischen und wirtschaftlichen Kräften des anderen regionalen Binnenmarktes in der Weltwirtschaft, nämlich dem ASEAN, zusammenschließen und auf eine sehr breite Zusammenarbeit und gemeinsame transregionale Liberalisierung drängen, zum Beispiel im Dreieck Mercosur-EU-ASEAN. Wenn man China zuverlässig einbeziehen würde, könnte man sich vorstellen, dass der trilaterale regionale Integrationsclub plus China stark genug sein könnte, um den Bilateralismus von Trump und seine Entschlossenheit, internationale Organisationen zu begraben, abzuwehren (nicht nur die WTO steht auf seiner Liste für das Auslaufen, sondern auch die Trump-Administration war 2017 sehr zögerlich, die BIZ zu unterstützen, ganz zu schweigen von der Aufgabe, die Pariser Klimakonvention 2017 zu verlassen und die UN-Konvention über die Menschenrechte 2018 zu verlassen). Die Bekämpfung der internationalen Zusammenarbeit war ein Markenzeichen des Nationalismus in Deutschland und Japan in den 1930er-Jahren.

Im frühen 21. Jahrhundert ist die digitale Modernisierung und globale Vernetzung für alle Länder entscheidend – möglicherweise mit Ausnahme von Nordkorea. Im digitalen Bereich sollte die ITU (Genf) eine aktive Rolle spielen. Man sollte nicht übersehen, dass es Möglichkeiten gibt, eine vergleichende regionale Integrationsanalyse in Betracht zu ziehen und möglicherweise interregionale Netzwerkinitiativen zu entwickeln, die letztendlich zu einem weltweiten Netzwerk formaler oder informeller Zusammenarbeit führen könnten. Man kann auch besonders erfolgreiche politische Reformen identifizieren, die als Grundlage für die Förderung von Reformen in anderen Ländern dienen könnten. Da die digitale Expansion ein globales Phänomen ist – ebenso wie das Problem der globalen Erwärmung, das daher UN-Aktivitäten erfordert, um ein globales öffentliches Gut zu schaffen, nämlich den Klimaschutz –, könnte man auch bestimmte Bereiche der digitalen Regelsetzung mit globaler Relevanz besonders berücksichtigen: So sind beispielsweise die globale Wettbewerbspolitik und die Gewährleistung der globalen Datensicherheit; ausreichende Investitionen in die Telekommunikationsnetze sowie die digitale Innovationsdynamik – oft mit positiven internationalen/globalen Spillover-Effekten – wichtig, ebenso wie die Vermeidung globaler negativer internationaler digitaler Spillover (die internetbasierte Verbreitung von Viren oder Trojanern) zu vermeiden ist. Millionen von unsicheren Internet-Wi-Fi-Netzwerken in Hotels – mit kostenlosem Zugang für Gäste – sind Teil des Problems; diese unsicheren WiFi-Verbindungen sollten von allen Regierungen und Ländern, die sich weigern, unsichere WiFi-Verbindungen effektiv zu verbieten, stark besteuert werden, sollten mit Wirtschaftssanktionen rechnen, die jedoch nur umgesetzt werden könnten, wenn alle UN-Mitgliedstaaten eine bestimmte Anzahlung auf ein Treuhandkonto der Vereinten Nationen leisten würden. Die Erfahrungen der Weltbank beim Aufbau von Kapazitäten könnten beim Aufbau sicherer digitaler Netze auf der ganzen Welt sehr hilfreich sein. Eine angemessene Einwanderungspolitik könnte teilweise dazu beitragen, zur wirtschaftlichen Konvergenz zwischen Nord und Süd beizutragen.

Literatur

James, H. (2002). *The End of Globalization: Lessons from the Great Depression*. Cambridge, MA: Harvard University Press.
Jungmittag, A., & Welfens, P. J. J. (2016). Beyond EU-US Trade Dynamics: TTIP Effects Related to Foreign Direct Investment and Innovation, EIIW Diskussionsbeitrag 212. https://uni-w.de/x34uu.
Kant, I. (1795). Zum ewigen Frieden. Ein philosophischer Entwurf. Nicolovius.
Sachs, J. (2015). *The Age of Sustainable Development*. New York: Columbia University Press.

11

Schlussfolgerungen zur internationalen Politik

Wenn die größte OECD-Wirtschaft, die USA, mit einem strukturellen Populismusproblem konfrontiert ist, sollte man aufgrund der Größe der Vereinigten Staaten und der vielen internationalen Spillover-Effekte, die hervorgerufen werden würden, nicht allein eine nationale politische Reformperspektive in Betracht ziehen; einige von ihnen werden übrigens kommen, andere systematisch durch Handels- und Investitionsmechanismen. Dazu kommen jene Impulse, die vom ideologischen Export des US-Populismus ausgehen würden. Letzteres bedeutet, dass der nationalistische und protektionistische Politikansatz der USA Länder in Europa und anderswo finden würde, die bereit sind, den Kurs der US-Politik nachzuahmen, und dies wird zwangsläufig zu neuen Konflikten innerhalb und außerhalb Europas führen. Eine nationalistische, protektionistische, einwanderungsfeindliche und multilaterale Politik der USA würde stark destabilisierende Signale an die Weltwirtschaftsordnung senden; der neue Ansatz der USA und die sinkenden Finanzbeiträge an internationale Organisationen bedeuten, dass die UNO, der IWF, die Weltbank, regionale multilaterale Banken wie die Asiatische Entwicklungsbank und die EBWE in London sowie die Bank für Internationalen Zahlungsausgleich, die OECD und die internationalen Arbeitsorganisation (IAO) wahrscheinlich Opfer wären.

Für die EU könnte eine Rückkehr zu Nationalismus und Protektionismus nicht bedeuten, dass die britische Betonung der Aufrechterhaltung des Freihandels das Motto der meisten Länder sein würde, sondern die Schaffung neuer und alter Gruppen regionaler Führung und neuer politischer Rivalitäten innerhalb Europas, sobald die EU auseinandergebrochen ist. Deutschland dürfte eine neue Strategie „Mitteleuropa" verfolgen, bei der es die Rolle des

Regionalzentrums ohne jegliche Unterstützung übernehmen würde. In einem solchen neuen System würden einige Länder für eine Zeit, in der Großbritannien versuchen würde, eine neue Netzwerkgruppe mit skandinavischen Ländern, der Schweiz, zu bilden, relative Macht gewinnen. Frankreich würde höchstwahrscheinlich versuchen, eine mediterrane Einflussgruppe zu schaffen, zu der Portugal, Spanien, Italien und Griechenland gehören könnten.

Russland würde wieder versuchen, einen starken Einfluss auf die Balkanländer auszuüben, und China wäre im Vergleich zum 19. Jahrhundert ein neuer Akteur in Europa. China würde einen gewissen Einfluss auf bestimmte Länder in Osteuropa und auf dem Balkan ausüben und könnte so in einen Konflikt mit Russland und möglicherweise auch mit Deutschland geraten, wenn dieses seine neue Mitteleuropapolitik verfolgt. China würde auf seinem relativ jungen 16+1-Kooperationsformat aufbauen, das eine Initiative ist, die sich auf elf osteuropäische EU-Mitglieder und fünf Balkanländer (Albanien, Bosnien und Herzegowina, Bulgarien, Kroatien, die Tschechische Republik, Estland, Ungarn, Lettland, Litauen, Mazedonien, Montenegro, Polen, Rumänien, Serbien, Slowakei und Slowenien) konzentriert. Die Hauptbereiche der im 16+1-Konzept vorgesehenen Zusammenarbeit sind Infrastrukturinvestitionen/Verkehr, Finanzen, Wissenschaft und Bildung/Kultur. Im Rahmen der Initiative hat China drei Schlüsselbereiche für die wirtschaftliche Zusammenarbeit hervorgehoben: Infrastruktur, Hochtechnologien und grüne Technologien. China müsste bis zu einem gewissen Grad mit Russland zusammenarbeiten, da der gesamte westeuropäische und chinesische Handel, der auf der Schiene transportiert wird, durch russisches Territorium fließt. Bei einer sich verschärfenden politischen und militärischen Rivalität zwischen den USA und China würde China den Seeverbindungen zwischen China und Westeuropa keine klare Priorität mehr im Bereich des gewerblichen Verkehrs geben wollen – zu groß wäre die potenzielle Bedrohung für diese Transportwege durch Gebiete, die von der US-Marine dominiert werden. Die entstehenden Rivalitäten wären komplexer als im späten 19. Jahrhundert, von dem bekannt ist, dass es im Ersten Weltkrieg beendet wurde.

Die wichtigsten Voraussetzungen, um eine Neuauflage des 19. Jahrhunderts in Europa zu vermeiden, sind die Aufrechterhaltung des europäischen Integrationsprozesses und die Rücknahme des Populismus in den USA. Nach der hierin vorgestellten Analyse ist der Hauptdreiber des Populismus in den USA ein struktureller Widerspruch zwischen der Wahrnehmung einer zunehmend ungleichen und ungerechten Einkommensverteilung in den Vereinigten Staaten und dem Fehlen wirksamer Mittel zur Bewältigung dieser Situation. Es liegt auf der Hand, dass Präsident Trump moralischen Überzeugungsdruck auf einige große Unternehmen, wie z. B. Amazon, ausüben könnte, um ihre niedrigste Lohnklasse anzuheben – Amazon hat in der Tat den Mindestlohn in den USA im Oktober 2018 angehoben (und auch den Mindestlohn in Großbritannien erhöht, mit einer Aufstockung in London, die den neuen unternehmensweiten Mindestlohn im restlichen Großbritannien übertrifft). Eine solche selektive politische Intervention kann jedoch nicht das ersetzen, was notwendig wäre, um eine weniger ungleiche Einkommens- und Vermögensverteilung in den USA zu erreichen. Angemessene politische Optionen könnten die folgenden vier Aspekte berücksichtigen:

- Die US-Regierung könnte eine Regelung zur Transparenz der Vergütung von Unternehmen schaffen, sodass jedes Unternehmen die Vergütung von Top-Managern im Verhältnis zur niedrigsten Lohnklasse veröffentlichen müsste. Diese Informationen sollten im Internet verfügbar sein und auf Daten beruhen, die von den Unternehmen selbst zertifiziert wurden. Es besteht die Gefahr, dass einige Unternehmen sehr niedrige Löhne und damit auch schlecht bezahlte Arbeitsplätze abschaffen könnten, aber dieses Risiko ist eher bescheiden, und empirische Erkenntnisse könnten dann eine Grundlage für endgültige Reformen sein.
- Die USA könnten in Erwägung ziehen, von einer reinen Shareholder Economy zu einem Modell der Stakeholder Economy überzugehen; eine Form der Interessenvertretung der Arbeitnehmer oder des gewerkschaftlichen Einflusses müsste berücksichtigt werden.
- Die US-Regierung könnte den föderalen Mindestlohn erhöhen, der ziemlich niedrig ist.
- Die US-Regierung sollte keine künstlichen Lohngrenzen akzeptieren, wie sie in Mexiko aufgrund bestimmter seltsamer Gewerkschaftspraktiken festgelegt wurden, die Lohnerhöhungen in US-Tochtergesellschaften verhindern. Andere Länder, die Freihandelsabkommen abschließen, sollten niemals künstliche Grenzen für die Faktorvergütung im Gastland akzeptieren – solche Grenzen stehen absolut im Widerspruch zu der normalen Lohn- und Anpassungsdynamik, die normalerweise in wettbewerbsfähigen Volkswirtschaften (mit eher begrenzter Korruption) beobachtet wird.
- Die USA sollten sich wieder für die OECD BEPS-Initiative einsetzen, die dazu beitragen sollte, eine gerechtere und gerechtere Besteuerung in allen Ländern zu erreichen. Die Trump-Steuerreform war in der Tat gleichbedeutend mit einer Schwächung der BEPS-Initiative der OECD.

Ein ernsthaftes Problem der US-Regierung ist die Betonung des Bilateralismus und eine antimultilateralistische politische Agenda. Die Vorstellung von

Präsident Trump, durch den Bilateralismus einen Vorteil für die USA zu haben, ist in dreifacher Hinsicht eine Illusion:

- Die ernsthafte Schwächung und Zerstörung des Systems der Internationalen Organisationen – mit so vielen dominierten oder zumindest stark von den USA beeinflussten Organisationen – führt zu einer hohen Abschreibungsrate des Organisationskapitals und der institutionellen Reputation, die seit Jahrzehnten die Bildung von Erwartungen der Marktteilnehmer und Politiker weltweit erleichtern (Tilly und Welfens 2000). Ohne eine solche institutionelle Verankerung des Verhaltens von Ländern und der Erwartungen von Unternehmen und Ländern durch internationale Organisationen könnten staatliche Maßnahmen in vielen Ländern weniger berechenbar und radikaler und damit konfliktanfälliger werden.
- Die Weltwirtschaft wurde durch regionale Organisationen (z. B. die EU, ASEAN, Mercosur oder die regionalen Entwicklungsbanken, einschließlich der EBRD und der ADB) in Ländergruppen organisiert; diese Gruppen könnten auch mit globalen Organisationen identifiziert werden; und sowohl regionale als auch globale Organisationen waren bei der Lösung internationaler Konflikte (z. B. im Handelsbereich) nützlich. Jede Gruppe hat eine interne Führung, sei es formal oder informell. Der US-Einfluss auf globaler Ebene basiert überwiegend auf der US-Macht selbst, aber auch darauf, dass ganze Ländergruppen recht einfach politische Unterstützung erhalten – die Kommunikation mit der jeweiligen Führung war oft sehr hilfreich: Daher hat die US-Regierung durch diese Strategie viele politische Ressourcen eingespart. Eine rein bilateralistische Politik müsste mehr oder weniger alle einzelnen Länder dazu bringen oder drängen, die USA zu unterstützen, was ein kostspieliger Prozess ist und leicht zu inkonsistenten Aktionen führen kann, da dieser Ansatz sehr komplex und zeitaufwendig ist.

Der US-Populismus dürfte noch viele Jahre lang eine große Herausforderung darstellen. Es wäre gut, wenn Wissenschaftler im Internet besser sichtbar würden und wenn wissenschaftliche Einrichtungen die wichtigsten Erkenntnisse aus ihren jeweiligen Bereichen besser erläutern könnten, um die Verwirrung in der Öffentlichkeit im Zusammenhang mit gefälschten digitalen Informationen und Nachrichten zu verringern.

Perspektiven

Diese Studie hat gezeigt, dass Trumpismus/US-Populismus wahrscheinlich kein kurzfristiges, vorübergehendes Problem ist, sondern eine strukturelle Herausforderung für die USA und die westliche Welt sowie die Weltwirtschaft. Sobald der Begriff des strukturellen Trumpismus in Europa, Asien, Afrika, Lateinamerika und Australien allgemein anerkannt ist, wird es zu einer fast sofortigen Neupositionierung der internationalen Wirtschaftspolitik und der Außenpolitik außerhalb der USA kommen. Es macht den Unterschied in Bezug auf die internationalen Politikansätze gegenüber den Vereinigten Staaten aus, ob die USA für eine Übergangszeit des politischen Populismus, Protektionismus und Antimultilateralismus stehen oder nicht. Wenn der US-Populismus zu einer eher langfristigen Entwicklung, d. h. zu einem strukturellen Phänomen werden, werden China und die EU sowie andere Länder eine umfassende Neuausrichtung der politischen Zusammenarbeit mit den USA anstreben. Die transatlantische Zusammenarbeit wird sich abschwächen, nur die politischen und wirtschaftlichen Beziehungen zwischen Großbritannien und den USA dürften sich nach BREXIT intensivieren. Die NATO wird wahrscheinlich ernsthaft geschwächt werden und könnte in der Tat zusammenbrechen, was eine Katastrophe für die Sicherheit der EU-Länder wäre, während gleichzeitig populistische Kräfte in den USA versuchen könnten, die EU zu untergraben, damit Großbritannien nicht das einzige Land bleibt, das die EU verlässt. Sollten sich solche Tendenzen ergeben, zusammen mit einer langfristigen Schwächung der internationalen Organisationen durch die USA – von der WTO über die OECD bis hin zur Bank für Internationalen Zahlungsausgleich bis hin zu den Vereinten Nationen –, würde die Weltwirtschaft zu einem modifizierten Großmächte-Regime des 19. Jahrhunderts zurückkehren: Mit den USA, China und Russland als den drei führenden Ländern, während alle anderen west- und osteuropäischen Länder vor der Entscheidung stehen, ein quasi vasallenhafter Staat einer dieser drei Großmächte zu werden.

Es gibt klare Argumente anzunehmen, dass der Trumpismus in den Vereinigten Staaten tatsächlich zu einem strukturellen Phänomen werden könnte. Da die relativ großen armen Schichten der US-Gesellschaft vergeblich darauf hoffen, dass Initiativen von Großunternehmen die seit den 1980er-Jahren aufgetreten und als unfair angesehenen erheblichen Ungleichheiten korrigieren würden, wird es unter der unteren Hälfte der US-Einkommensbezieher ein breites und wachsendes Gefühl der Frustration geben; während die Lebenserwartung der weißen Arbeitnehmer in den USA weiter sinkt, wie Deaton (2015) gezeigt hat. Der demokratische Kandidat im Präsidentschaftswahlkampf 2016 hatte den Menschen, die weniger als 30.000 US$ verdienten, nicht viel zu bieten: Hillary Clinton erhielt 10 % weniger Stimmen von dieser Gruppe, als Präsident Obama sich gesichert hatte; mit 53 % war der Anteil zu niedrig, um die Präsidentschaftswahl zu gewinnen. Trumps Wirtschaftspolitik hat neue Arbeitsplätze geschaffen, und seine Betonung von Patriotismus bzw. Nationalismus verstärkt die Unterstützung für seine Präsidentschaft unter denjenigen, die für ihn gestimmt haben. Seine protektionistische Politik ist darauf ausgerichtet, seine Anhänger hinter sich zu bringen, aber gleichzeitig ist seine Handelspolitik inkonsistent und es ist unwahrscheinlich, dass sie über die kurzfristige Unterstützung für einige Produktionssektoren und den Kohlebergbau hinaus Vorteile bringt. Dieser protektionistische Politikansatz eines republikanischen US-Präsidenten ist jedoch ein Widerspruch, da die Republikanische Partei traditionell für den Freihandel eintritt.

Es könnte ein Paradoxon der endogenen Stärkung des US-Populismus durch eine Kombination aus der Antiglobalisierungspolitik der Trump-Administration (und anderer populistischer Präsidenten, die in Zukunft an die Macht kommen könnten) und dem Anstieg der internationalen Pro-Kopf-Differenzen als Folge der reduzierten Globalisierung geben. Letzteres trägt in der Regel zum wirtschaftlichen Aufholprozess armer Länder gegenüber dem Norden/den USA bei; daher führt die schwächere Globalisierung zu internationalen Pro-Kopf-Gefällen zwischen den USA und ihren südlichen Nachbarn in Lateinamerika – wobei Venezuela für ein besonderes Problem der Armut steht, das politisch selbst auferlegt wird. Steigende Pro-Kopf-Unterschiede zwischen den Vereinigten Staaten und den lateinamerikanischen Ländern werden den Einwanderungsdruck auf die USA erhöhen, was wiederum Trumps Populismus noch mehr Unterstützung verschafft, wenn er (und seine populistischen Nachfolger) eine geringere Einwanderung fordern, einschließlich der sogenannten Kettenimmigration, bei der Einwanderer in die USA Verwandte aus dem Ausland unterstützen, damit sie auch Visa erhalten und in die Vereinigten Staaten kommen können. Mit populistischeren Regierungen in der westlichen Welt, zum Beispiel in den USA, Brasilien, Italien und einigen osteuropäischen Ländern – und einer populistischen May-Regierung, die auf den historischen BREXIT drängt – bewegt sich die westliche Welt auf mehr Nationalismus, weniger Kooperation und neue internationale Konflikte zu.

Die protektionistische Handelspolitik von Präsident Trump hat einen starken Fokus auf China. Im stark verflochtenen globalen Dreieck USA-China-EU werden sich die China-US-Handelskonflikte jedoch negativ auf die EU und andere Länder auswirken. Was auf den ersten Blick wie ein bilateraler China-US-Handelskonflikt aussieht, wird zwangsläufig zu einem globalen Handelskonflikt werden, da China versuchen wird, Teile seiner großen Exporte in die USA in die ASEAN-Länder und in die EU umzuleiten. Darüber hinaus werden Länder, die in kritischen Sektoren mit höheren Importen aus China konfrontiert sind, eigene Importbeschränkungen gegenüber China auferlegen, um den starken Preisdruck durch schnell steigende chinesische Importe abzuwehren (z. B. Kanada mit seinen neuen Barrieren vom Herbst 2018 gegen Stahl- und Aluminiumimporte aus anderen Ländern – sobald Trump Anfang 2018 Einfuhrzölle für Stahl und Aluminium eingeführt hatte). Da die drei Akteure USA, China und EU28 von etwa gleicher wirtschaftlicher Größe und starkem Handel sind und die internationalen Investitionsbeziehungen zwischen ihnen berücksichtigen, sind bilaterale Handelskonflikte sehr wahrscheinlich zu globalen Handelskonflikten geworden.

Wie Bob Woodwards Buch zeigt, basieren die handelspolitischen Ansichten von Präsident Trump auf den 30 Jahre alten Wahrnehmungen von Donald Trump und sind sicherlich weitgehend unzureichend. Donald Trump ist ein erfolgreicher Unternehmer aus dem Nichthandelssektor, nämlich der Bauwirtschaft. Sein Verständnis für die Weltwirtschaft ist eher schwach – trotz einiger Universitätsstudiengänge in Wirtschaftswissenschaften – und er drängte Gary Cohn, den ehemaligen Präsidenten und Chief Operating Officer von Goldman Sachs 2018 zum Rücktritt, da Cohn die seltsamen neuen US-Importzölle auf Stahl und Aluminium nicht unterstützen würde. Diese Einfuhrzölle wurden unter Berufung auf Gründe der nationalen Sicherheit eingeführt, was jedoch eindeutig eine politische Lüge ist. Die traditionelle transatlantische politische Zusammenarbeit, die seit mehr als sechs Jahrzehnten nach 1945 besteht, dürfte in eine neue Ära eintreten; neue Unsicherheiten und zusätzliche politische Risiken sind nun zu beobachten. Hinzu kommt der britische BREXIT, der auf einem ungeordneten Referendum über die EU-Mitgliedschaft im Jahr 2016 basiert und einige bizarre Nebenwirkungen hat: Während BREXIT die Finanzmärkte 2018/2019 eindeutig nervös machen wird – und die meisten Experten erwarten für viele Jahre nach BREXIT ein geringeres Wachstum in Großbritannien – gibt es einen Kodex des beruflichen Schweigens, da führende internationale Institutionen und viele Zentralbanken eine leere Papierinformationspolitik angenommen haben: Die Bank für Internationalen Zahlungsausgleich hat ihren Jahresbericht 2018 ohne ein einziges Kapitel über BREXIT-bezogene Risiken veröffentlicht, während der Europäische Ausschuss für Systemrisiken der EU28 – der 2010 gegründet wurde, um makroprudenzielle Analysen vorzubereiten und Vorschläge zur Verringerung makroprudenzieller Risiken zu unterbreiten – in seinem Bericht von 2018 zum Thema BREXIT weitgehend geschwiegen hat; und die Bank of England haben 2017/2018 offenbar nicht auf breite und normale Weise zusammengearbeitet, obwohl BREXIT ein gemeinsames Forschungs- und Beratungsthema hätte sein sollen (stattdessen war der Forschungsschwerpunkt des ESRB 2017 das Schattenbanking).

Die Rationalität der westlichen Welt befindet sich in einem kritischen Zustand; diese Phase hatte offensichtlich bereits begonnen, als die Transatlantische Bankenkrise so viele institutionelle und politische Schwächen in den USA, im Vereinigten Königreich sowie in einigen kontinentalen EU-Ländern aufdeckte. Seit dem Ende des Kalten Krieges haben die USA und andere westliche Länder, einschließlich Großbritannien, seit den 1990er-Jahren neue Versionen des Superkapitalismus eingeführt: mit enormen Freiheitsgraden für Banken und Pharmaunternehmen.

Bemerkenswert ist auch, dass die Qualität der Wirtschaftsforschung in einigen Bereichen in einigen Ländern eher schwach geworden ist, und das betrifft nicht nur die nicht prognostizierte Große Rezession 2008/2009, die in den USA, Großbritannien und Deutschland ein Problem war. Kein Wunder auch, dass der einheimische Populismus in Deutschland zunimmt, wenn eine schlechte Regierungspolitik in Schlüsselbereichen beobachtet wird und Millionen von Wählern negativ betroffen sind. Es besteht kein Zweifel, dass die populistische rechtsgerichtete AfD eine Partei ist, die vor tiefliegenden politischen Früchten in Deutschland steht und Wählerfrustration – oft vor allem in Bezug auf Einwanderungsfragen bzw. Flüchtlingspolitik – mit schwachen und inkonsistenten Politikfeldern kombiniert. Das Programm der AfD-Partei selbst ist recht inkonsistent und teilweise nur Wunschdenken und rechte Ideologie. Im Zeitalter des Internets haben populistische radikale Parteien jedoch neue Möglichkeiten zur Expansion; und der Sieg von Trump in den USA 2016 hat alle radikalen populistischen Gruppen in Europa ermutigt.

Der Druck auf die traditionellen Parteien der Mitte der Straße, sichtbare Erfolge bei der Reform des jeweiligen Landes zu erzielen, nimmt in vielen OECD-Ländern zu. Die weitgehend verständliche Erläuterung wirtschaftlicher Probleme für ein breiteres Publikum in einem digitalen Format sollte als willkommene Herausforderung für Ökonomen angesehen werden. Wenn eine solche wirtschaftliche digitale Aufklärung nicht angeboten wird, werden alle Arten von radikalen Gruppen mit schlechtem Verständnis für wirtschaftliche Probleme zunehmend zu den Einflussfaktoren in der digitalen Welt werden, die letztlich die reale Welt verändern werden. Da das Internet mit starken Netzwerkeffekten verbunden ist, können Webseiten, die sich auf Fake News und Fehlinformationen spezialisiert haben, große negative nationale und internationale Spillover-Effekte verursachen. Das Standardmittel in der Lehrbuchökonomie wäre eine Pigou-Steuer auf den Plattformen, die die Quelle für vorsätzlich falsche Informationen sind. Eine solche Steuer könnte in einer westlichen Demokratie, in der die Meinungsfreiheit natürlich ein wesentliches Element des Systems bzw. der Freiheit des Einzelnen ist, nicht ohne Weiteres erhoben werden. Umso wichtiger wäre es, dass unabhängige Rating-Expertengruppen beginnen, qualitativ hochwertige digitale Informationsplattformen in einem transparenten Verfahren zu belohnen. Die Einführung privater digitaler Eigentumsrechte sollte auch als Teil einer neuen Politik betrachtet werden, die die Qualität im Internet in den Vordergrund stellt. Das Internet ist die entscheidende Kommunikations- und Informationsplattform im frühen 21. Jahrhundert, und radikale populistische Gruppen in vielen Ländern sind dabei, diesen weitgehend unregulierten Bereich aggressiv zu erobern.

Was die Ungleichheit in den USA betrifft, so werden sich die wichtigsten Treiber der Ungleichheit, nämlich das Wachstum der chinesischen Exporte, die finanzielle Globalisierung und die Digitalisierung, fortsetzen. Der Anteil der unteren Hälfte der Einkommensbezieher am Volkseinkommen könnte bis 2030 auf weniger als 10 % sinken. Eine solche destabilisierende wirtschaftspolitische Dynamik könnte nur vermieden werden, wenn die Bundesregierung mehrere Reformen durchführen würde, darunter einen höheren Mindestlohn, höhere Steuersätze für sehr hohe Einkommen und eine bessere internationale Zusammenarbeit in der Steuerpolitik, um sicherzustellen, dass die aus dem Ausland stammenden Einkommen angemessen besteuert werden und dass in der G20-Gruppe ein gewisser Mindestkörperschaftsteuersatz eingeführt wird. Eine solche internationale Zusammenarbeit in der Steuerpolitik ist jedoch in einem Klima des zunehmenden Protektionismus und Nationalismus nicht zu erwarten. Die EU-Länder könnten versuchen, das Modell der sozialen Marktwirtschaft von Europa nach Asien und Nordamerika zu exportieren. Dies könnte möglich sein, wenn die EU, die 2016 durch die BREXIT-Mehrheit im Vereinigten Königreich geschwächt wurde, angemessene Reformen durchführen und stärker mit anderen regionalen Integrationsgruppen wie ASEAN, Mercosur und ECOWAS zusammenarbeiten würde. Dies wiederum würde eine viel engere Zusammenarbeit zwischen Deutschland und Frankreich sowie anderen EU-Ländern erfordern, und der Haushalt der EU müsste aufgestockt werden, damit die Wähler bei den Europawahlen ein viel besseres Verständnis für die Bereiche bekommen, in denen die EU aus politischer Sicht wichtig ist – zum Beispiel könnte dies in Zukunft möglicherweise europäische Infrastrukturprojekte sowie Teile der Ausgaben für Verteidigung und Verbraucherschutz betreffen – und sogar einige minimale Umverteilungsaktivitäten. Der Fiskalföderalismus schlägt vor, die Umverteilung weitgehend der obersten/überstaatlichen politischen Ebene zuzuordnen. Der Gesamtsteuersatz sollte dann aufgrund von Effizienzsteigerungen sinken. Es wäre ziemlich schwierig, eine Mehrheit für solche Reformen in den EU-Ländern zu finden, nicht zuletzt, weil der Nationalismus in einigen Mitgliedsländern der EU mehr Einfluss gewinnt; dies wird die politische Bereitschaft schwächen, Kompetenzen und Haushaltselemente von der nationalen Politik auf die supranationale Politikebene zu verlagern. Dass andere EU-Reformen, darunter weniger Regulierung in bestimmten Bereichen und Bürokratieabbau sowie die Stärkung der Demokratie und damit der Rolle des Europäischen Parlaments, ebenfalls wichtig sind, versteht sich von selbst. Mit der Schwächung der EU von innen und dem neuen populistischen Druck der USA wird die EU-Integration in den kommenden Jahren vor vielen Herausforderungen stehen.

Weitere Perspektiven

Das 21. Jahrhundert wird von den Vereinigten Staaten und China geprägt sein, zwei sehr großen Ländern. Für die USA ist diese Situation ziemlich neu, da es bei der früheren Rivalität mit der Sowjetunion während des Kalten Krieges um militärische und politische Rivalität ging, aber eine internationale wirtschaftliche Rivalität stand in diesem Konflikt sicherlich nicht im Vordergrund. Was die USA betrifft, so ist es nicht sehr schwierig, in einer militärischen Rivalität mit China erfolgreich zu sein, da die globalen Handelsbeziehungen Chinas nicht direkt durch die Volksrepublik geschützt werden können; 80–90 % des Welthandels werden auf Schiffen transportiert, und deshalb ist die Kontrolle der Häfen weltweit von entscheidender Bedeutung. Die geografische Lage der USA, mit einer Küste am Atlantik und einer Küste am Pazifik, ist recht günstig, während Chinas Seestreitkräfte nicht wirklich in der Lage sind, Chinas globale Handelsrouten zu schützen. China hat jedoch eine viel größere Bevölkerung als die USA. Dies schafft eine interessante Position für die EU, sofern sich die EU/Eurozone in Richtung einer politischen Union bewegen könnte. Eine gespaltene EU würde wahrscheinlich im Lauf der Zeit zerfallen und Europa könnte in politische Instabilität zurückfallen. Wenn die Europäer angemessene Reformen durchführen können, sollte die EU27 – mit rund 450 Mio. Einwohnern – in der Lage sein, den Multilateralismus zu verteidigen und den institutionellen Rahmen der sozialen Marktwirtschaft zu exportieren.

Von außen betrachtet, ist die chinesische Gesellschaft durch eine erhebliche wirtschaftliche Ungleichheit gekennzeichnet. Allerdings haben die Chinesen selbst eine recht breite Sicht auf die soziale Gleichstellung. Es gibt in jeder Schicht einen großen Respekt vor den meisten anderen Schichten der Gesellschaft. Dies könnte die Zusammenarbeit mit der EU und den anderen Ländern mit einer sozialen Marktwirtschaft erleichtern. Das größte Risiko für die globale Position der USA wäre eine langfristig scharfe innenpolitische Spaltung, wie sie unter Präsident Trump sichtbar geworden ist; somit besteht eine ernsthafte Gefahr eines strukturellen US-Populismus. Schließlich sollte man das Risiko für die globale Stabilität nicht unterschätzen, das entstehen würde, wenn eine populistische USA die führenden internationalen Organisationen untergraben oder gar verlassen würde. Das Ergebnis wäre ein Mangel an internationaler Governance und Stabilität, also ein geringeres globales Wachstum und auch eine schwächere internationale Zusammenarbeit, zum Beispiel in der Umweltpolitik. So könnte eine konzertierte internationale Kampagne zur rechtzeitigen Bekämpfung der globalen Erwärmung unmöglich werden.

Warum die Verteidigung der westlichen liberalen Ordnung entscheidend ist – Neue Vorschläge

Die traditionelle westlich-liberale Demokratie und die Marktwirtschaft sind im Internetzeitalter, das auch das Zeitalter der wirtschaftlichen Expansion Chinas und nach dem Kalten Krieg ist, unter Beschuss geraten. Die westlichen Länder haben einen Großteil der bisherigen politischen Disziplin aufgegeben, die früher ein natürlicher Bestandteil der Regierung in den westlichen Ländern war. Während des Kalten Krieges, als die US-Führung stark und streng war und das dominierende Thema Sicherheit alle Politiken in den westlichen OECD-Ländern prägte, herrschte ein breiter, aber impliziter Konsens darüber, dass eine stabile Regierung und ein nachhaltiges Wirtschaftswachstum von allen NATO-Ländern realisiert werden sollten. Kein EU-Land mit NATO-Mitgliedschaft hätte es gewagt, eine riskante Fiskal- und Schuldenpolitik zu betreiben, wie dies im Wahljahr 2009 in Griechenland der Fall war, als eine konservative griechische Regierung versuchte, durch eine absurd hohe Defizit-BIP-Quote von 15 % im Jahr 2009 „einen Wahlsieg zu leihen" – während sie der Europäischen Kommission Anfang 2009 ein Defizit von nur 4 % mitteilte. Auf jeden Fall funktionierte die Strategie nicht, da die sozialistische Oppositionspartei die Wahl gewann, aber bis zum Spätsommer 2009 hatte Griechenland den Zugang zum internationalen Kapitalmarkt verloren. Griechenland hatte bereits 2009 eine Verschuldungsquote von 110 % und daher war es völlig unverantwortlich, eine Defizit-BIP-Quote von 15 % zu erreichen, nachdem die Investmentbank Lehman Brothers in den USA zusammengebrochen war und damit die Risikobereitschaft an den internationalen Kapitalmärkten deutlich nachließ. Da aus der Wirtschaftsgeschichte bekannt ist, dass kein Land in der Lage sein wird, die Defizit-BIP-Quote innerhalb eines Jahres um mehr als drei Prozentpunkte zu senken, war eine Defizit-BIP-Quote von 15 % – die wahre Zahl wurde erst Ende 2009 deutlich – eine implizite Planung einer viel höheren Verschuldung für die kommenden Jahre. So implizierte die 15%ige Defizit-BIP-Ratio im Jahr 2009 eine Zeitreihe für diese Quote – unter günstigen Bedingungen – von 15, 12, 9, 6, 3 bzw. 0 %, sodass die griechische Schulden-BIP-Ratio innerhalb von fünf Jahren von 110 auf 155 % steigen würde. Mit 80 % Auslandsverschuldung hatte Griechenland schnell den Zugang zu den internationalen Kapitalmärkten verloren. Wäre eine solche ungeregelte Defizitpolitik von Griechenland während des Kalten Krieges geplant worden, hätten die USA den IWF frühzeitig mobilisiert, um der griechischen Regierung zu erklären, dass ein sehr hohes Defizit sowohl die griechische Wirtschaft als auch das politische System destabilisiere und daher inakzeptabel sei; und die griechische Regierung hätte stattdessen eine eher niedrige Defizit-BIP-Ratio angenommen. Griechenland ist nur eine Fallstudie, Portugal war 2009/2010 eine weitere, während der griechische Fall dann zu einem großen Teil massive negative Auswirkungen auf das EU-Mitgliedsland Zypern hatte.

Bei den Finanzinnovationen in der EU in den Jahren 2000 bis 2008 ist zu beachten, dass die Finanzproduktinnovationen in den EU-Ländern enorm zugenommen haben (Tab. 11.1). Die Aufsichtsbehörden haben ihre Aufsicht im gleichen Zeitraum nicht intensiviert, wenn man nach den Financial Stability Reports der Bank of England von 2007/2008 (Bank of England 2007a, b, 2008a, b) und der BaFin in ihren Jahresberichten 2007/2008 in Deutschland (BaFin 2007, 2008) urteilen soll.

Tab. 11.1 Anzahl an Finanzproduktinnovationen in der EU (insgesamt), 2000–2014 (Eigene Darstellung von Daten aus den Innovationserhebungen der Europäischen Kommission)

	2000	2004	2006	2008	2010	2012	2014
EU28 (gesamt)	2862	1724	1375	7430	2547	8155	6400
Vereinigtes Königreich	410	N/A	N/A	N/A	433	1829	934
Frankreich	159	158	N/A	519	101	292	489
Deutschland	662	646	368	1740	560	1403	1154
Spanien	122	83	69	380	40	186	199
Italien	125	108	59	1232	193	875	696
Irland	N/A	N/A	73	212	60	178	230

Irland, das kein vollwertiges NATO-Mitglied ist, ist ein interessanter Fall, da der wirtschaftliche Zusammenbruch Irlands im Jahr 2010 nicht nur für eine unprofessionelle irische Aufsichtspolitik stand, sondern auch für das Scheitern einer globalen internationalen Organisation, nämlich des IWF, im Jahr 2006. In diesem Jahr veröffentlichte der (IMF 2006) einen aktualisierten Financial Sector Assessment Report (FSAP) über Irland, der argumentierte, dass es keine größeren Probleme im irischen Bankensektor gebe und nur einige Bedenken hinsichtlich Stabilitätsproblemen im Rückversicherungssektor äußerte. Diese Analyse war zutiefst fehlerhaft, da zu diesem Zeitpunkt fast alle Bilanzen irischer Banken und außerbilanzielle Geschäfte zusammengenommen bedeuteten, dass es tatsächlich ernsthafte Risiken für einzelne Banken und ein großes Risiko systemischer Instabilitäten gab; diese hätten von der IWF-Expertengruppe leicht erkannt werden müssen. Die FSAP-Arbeit des IWF hatte jedoch zahlreiche Schwachstellen, darunter die Schweiz, wo der Schweizerischen Nationalbank durch IWF-Vertreter versichert wurde, die das FSAP-Update einige Jahre vor 2008 erklärten, dass die größte Schweizer Bank UBS eine sichere Bank sei und dass sie eher die zweitgrößte Schweizer Bank sei, die einige Probleme habe, die aus aufsichtsrechtlicher Sicht zu berücksichtigen seien. In Wirklichkeit war es genau umgekehrt: Im Jahr 2008 musste die UBS – mit ihrem hohen Engagement auf dem US-Markt – durch die Schweizerische Nationalbank gerettet werden und musste dabei Verluste von rund 50 Mrd. US$ hinnehmen. UBS wäre sonst bankrottgegangen und der Zusammenbruch hätte zu einer scharfen Krise der Realwirtschaft geführt (lesen Sie: eine sehr große Rezession in der Schweiz). UBS wurde gerettet und konnte am Ende ihre Schulden bei der Zentralbank zurückzahlen, was zeigt, dass die Intervention der Schweizerischen Nationalbank angemessen war – UBS hatte ein Liquiditätsproblem, kein Solvenzproblem. Was neuere Finanzinnovationen (Produktinnovationen) angeht, so zeigt die Tab. 11.1, dass Deutschland im Vergleich zu UK relativ gut in einigen Jahren aufgestellt ist; auch Italien hat zahlreiche Finanzproduktinnovationen zu verzeichnen gehabt. Relativ zur Bevölkerungszahl steht in einigen Jahren Irland gut da.

Die fiskalpolitische Diskretion und der politische Wille, eine breite Deregulierung des Bankensektors anzunehmen, waren nach dem Ende des Kalten Krieges in Westeuropa von großer Bedeutung geworden. Das Ende des Kalten Krieges brachte ein doppeltes Problem mit sich:

- Die indirekte und direkte politische Kontrolle der USA über die europäischen NATO-Partner wurde im Bereich der Wirtschaftspolitik schwächer.
- Der Druck in den USA stieg in den 1990er-Jahren, dass die Regierung eine Deregulierung der Banken einführen würde – und die daraus resultieren-

den höheren Gewinne der Banken wurden teilweise in noch mehr Lobbyarbeit für eine weitere Deregulierung investiert, während die Banken auch mehr Mittel in Finanzproduktinnovationen investierten.

Es wäre angebracht gewesen, eine strengere fiskalpolitische Aufsicht einzuführen, beispielsweise im Rahmen von Artikel IV der IWF-Missionen, die jährlich stattfinden. Es gab jedoch keinen solchen Vorschlag der G7/G8; und wie der irische Fall der miserablen Aktualisierung des Financial Sector Assessment Program des IWF (IMF 2006) gezeigt hat, war die politische Aufsicht unzureichend.

Die Transatlantische Bankenkrise hat das Vertrauen der Wähler in die Weisheit der jeweiligen politischen Systeme und der Regierungsparteien in vielen Ländern der USA und Teilen Westeuropas erheblich untergraben. Es schien unglaublich, dass Milliarden von Dollar oder Euro an Staatsfonds und Steuergeldern leicht mobilisiert werden könnten, um Banken mit einer Geschichte schlechter und gieriger Verwaltung zu retten, während die Erhöhung der Sozialversicherungszahlungen oder Transfers an arme Haushalte für die Entscheidungsträger immer viel schwieriger zu sein schien. Für die einfachen Wähler war es kaum möglich, den Unterschied zwischen der effektiven staatlichen Finanzierung von Banken zu verstehen, die notwendig ist, um den Bankrott von Großbanken zu vermeiden – und damit einen Bankrott und den Zusammenbruch des gesamten Wirtschaftssystems zu vermeiden – und den Garantien, die Regierungen in den USA und Europa für die Platzierung von Bankenanleihen an den Kapitalmärkten gaben, was eine dringende Herausforderung wurde, nachdem eine breitere Vertrauenskrise die nationalen Bankensysteme in vielen Ländern nach dem Zusammenbruch der US-Investmentbank Lehman Brothers im Jahr 2008 getroffen hatte. Eine der seltsamen Feststellungen in den zwei Jahren unmittelbar vor dem 15. September 2008 – dem Datum des Konkurses von Lehman Brothers – war die Tatsache, dass so viele Finanzprodukte (Anfang 2008 mehr als 60.000 in den USA) und Banken in den USA ein Triple-A-Rating hatten: Dass das Rating von Lehman Brothers nur eine Woche vor der Insolvenz noch bei AAA lag, zeigt auf den Punkt gebracht, dass der Rating-Prozess weitgehend nicht richtig funktionierte; die Analyse der Federal Deposit Insurance Corporation (FDIC) bestätigte dies nach 2010 deutlich und zeigte damit, dass die Risikomärkte in den USA nicht richtig funktionierten.

Normalerweise würde man erwarten, dass in einem späten Konjunkturaufschwung, in dem die tiefhängenden Früchte für Investitionsprojekte bereits geerntet wurden, die Risikoprämien steigen würden. In den Jahren 2004–2006 geschah jedoch genau das Gegenteil, wie von Goodhart (2008) betont wurde.

Die Risikopreisgestaltung war in den USA eindeutig unzureichend und fehlerhaft; zu einem etwas späten Zeitpunkt des US-Konjunkturzyklus sanken die Risikoaufschläge (gemessen als Corporate-Bond-Zinsen abzüglich Staatsanleihenzinsen bei gleicher Laufzeit und gleicher Rating-Klasse). Warum? Es ist klar, dass diese Unterbewertung des Risikos eine übermäßige Nachfrage nach Krediten zur Finanzierung zu vieler risikoreicher Projekte mit sich brachte, und als die hohen Risiken mittelfristig Anfang 2008 endlich für alle in den USA sichtbar wurden, war der Grundstein für eine historische Bankenkrise gelegt worden, die schließlich am 15. September 2008 ausbrach, als die US-Investmentbank Lehman Brothers in Konkurs ging.

Institutionelle Innovation für unverzerrte Ratings

Der Hauptgrund für die Unterbewertung des Risikos in den USA 2004–2006 war, dass Banken – und Unternehmen – direkt für die Ratings von Anleihen, die am Kapitalmarkt platziert werden sollten, zahlten. Dies führt natürlich zu einem Interessenkonflikt seitens der Rating-Agenturen. Zu viele Ratings waren verzerrt und in der Tat viel zu günstig (oder einfach nur auf der Grundlage unprofessioneller Arbeit vergeben, wie die Securities and Exchange Commission nach der US-Bankenkrise in einem Bericht darlegte (US SEC 2008): Zu viele positive Ratings wurden von Rating-Unternehmen vergeben, die letztendlich keine Haftung für die künstliche Schaffung eines Stabilitätsrisikos in den USA und Teilen der EU hatten.

Dieses Problem kann jedoch überwunden werden, wie von Welfens (2010) vorgeschlagen, nämlich durch eine institutionelle Innovation:

- Ratings sollten als zweistufiger Prozess organisiert werden, bei dem alle Unternehmen (oder Länder), die ein Rating benötigen, die jeweilige Rating-Aufgabe in einen Pool stellen würden – ein spezialisiertes Pooling-Unternehmen würde eine Ausschreibung für ein großes Bündel ähnlicher Rating-Aufgaben organisieren, idealerweise eine Klasse von Rating-Aufgaben: Eine Rating-Gesellschaft würde dann die Ausschreibung gewinnen, und alle Unternehmen (oder Länder), die Rating-Aufgaben in den Pool gestellt haben, müssten einen Teil der Rating-Rechnung zahlen, und zwar anteilig, sodass jedes Unternehmen (Land) einen angemessenen Anteil am Gesamt-Rating-Preis erhält.
- Die direkte Verbindung zwischen einem Rating-pflichtigen Unternehmen und der die Arbeit verrichtenden Rating-Agentur wird unterbrochen, sodass der traditionelle Interessenkonflikt nicht mehr besteht. Daher sollte

die Qualität des Rating-Verfahrens im Durchschnitt deutlich besser sein als im traditionellen Rating-Rahmen, in dem das Unternehmen ein Rating-Unternehmen sucht und ihm eine spezifische Gebühr für die Durchführung der vergebenen Ausschreibung zahlt.

Um eine neue internationale Bankenkrise zu vermeiden, ist eine sorgfältige und verbesserte Organisation der Rating-Aufgaben entscheidend. Unbefangene Ratings sollten angemessene Signale für die Risikopreisbildung liefern.

Zu den zentralen Reformbedürfnissen in Deutschland und anderen EU-Ländern gehört die Möglichkeit, ein effizienteres Innovationsförderungssystem einzuführen, das kleine und mittlere Unternehmen weniger diskriminiert als der oft verwendete Ansatz der Direktförderung innovativer Unternehmen. Vielmehr sollte man eine indirekte Forschungs-und-Entwicklung-Förderung durch Steuervorteile in Betracht ziehen, die die Innovations-Spillover-Effekte von Unternehmen angemessen widerspiegelt (Welfens et al. 1999). Nicht viele Bereiche würden natürlich für eine Förderung der Forschungs- und Entwicklungsunterstützung durch die Europäische Kommission auf supranationaler Ebene infrage kommen: Besonders relevant sind Bereiche, in denen internationale Innovations-Spillovers zu erwarten sind, z. B. die Bereiche Klimaschutzinnovationen und digitale Innovationen sowie Projekte mit dem Schwerpunkt auf dem Abbau von Barrieren für den internationalen Handel mit Produkten, deren Produktion durch Learning-by-Doing und dynamische Größenvorteile gekennzeichnet ist.

In Bezug auf die grüne Modernisierung und Klimapolitik scheinen die EU-Länder den USA voraus zu sein, nicht zuletzt durch die Verwendung handelbarer Emissionszertifikate, deren Preis Ende 2018 fast 20 € betrug. Selbst China hatte nach der Pilotphase eines Systems von sieben regionalen Emissionshandelsprojekten 2017 ein einheitliches landesweites System für handelbare Emissionszertifikate für Treibhausgase gestartet, und die Aussichten sind gut, dass dieses effiziente Politikinstrument in ganz China effizient und effektiv genutzt werden könnte (Welfens et al. 2017). Man sollte auch bedenken, dass der globale Nachhaltigkeitsindikator eine führende Rolle für mehrere EU-Länder darstellt, während die USA in diesem Indikator, der den Anteil der erneuerbaren Energien, die echte Sparquote (ein Konzept der Weltbank) und den relativen Vorteil bei umweltfreundlichen Produkten kombiniert (EIIW-Berechnungen unter Verwendung von OECD-Kategorisierungen; s. Welfens et al. 2015), keine führende Position einnehmen (Tab. 11.2).

Die USA könnten einige der deutschen Berufsbildungsansätze übernehmen, um den Anteil ungelernter Arbeitskräfte an den US-Arbeitskräften zu

11 Schlussfolgerungen zur internationalen Politik

Tab. 11.2 Ausgewählte Dynamik in der Nachhaltigkeit: EIIW-vita Globale Nachhaltigkeitsindikatorwerte für ausgewählte Länder. Rankings basierend auf dem EIIW-vita GSI (drei Inputs), für die Ergebnisse eines neuen erweiterten EIIW-vita GSI-Indikators (einschließlich des vierten Inputs der Wasserproduktivität), s. www.eiiw.eu (EIIW-Berechnungen)

TOP 10 Länder	EIIW GSI 2015	RANKING	BOTTOM 10 Länder	EIIW GSI 2015	RANKING
Nepal	0.336241735	1	Burkina Faso	-0.159060343	134
Deutschland	0.321020954	2	Usbekistan	-0.16251382	135
China	0.284897073	3	Tunesien	-0.16785206	136
Tadschikistan	0.256727925	4	Trinidad und Tobago	-0.171293916	137
Norwegen	0.247831953	5	Oman	-0.181121715	138
Island	0.245624038	6	Libanon	-0.192447078	139
Costa Rica	0.236945247	7	Jemen, Rep.	-0.196966013	140
Lesotho	0.226688525	8	Guinea-Bissau	-0.220374507	141
Sambia	0.222713744	9	St. Vincent und die Grenadinen	-0.221669212	142
Namibia	0.210824917	10	Gambia, Die	-0.272062606	143
Vereinigte Staaten	**0.061407472**	**39**			

Hinweis: Rankings basierend auf dem EIIW-vita GSI (drei Inputs), für die Ergebnisse eines neuen erweiterten EIIW-vita GSI-Indikators (einschließlich des vierten Inputs der Wasserproduktivität), siehe www.eiiw.eu. Quelle: EIIW-Berechnungen

verringern, und ein Teil des Gesundheitssystems der europäischen Länder wäre auch für die USA sehr nützlich. Die Bundesregierung könnte die einzelnen Staaten ermutigen, 100%ige Deckungslösungen für die Krankenversicherung zu entwickeln (Massachusetts verfügt bereits über ein weitgehend ähnliches System), sodass der systemische Wettbewerb dazu beitragen könnte, die Kosten der Gesundheitsversorgung zu minimieren, während die breitere Krankenversicherung die Säuglingssterblichkeitsrate der USA senken und gleichzeitig die Lebenserwartung der USA auf das Niveau der westlichen EU-Länder anheben würde. Die Eurozone sollte eine effektivere Stabilisierungspolitik verfolgen; mit einer strikten Schuldenbremse in jedem Mitgliedsland der Eurozone, aber auch mit einem Haushalt der Eurozone – zu dem die Verteidigung, EU-Infrastrukturprojekte und möglicherweise eine Arbeitslosenversicherung gehören, die maximal sechs Monate Leistungsdeckung bietet, die als teilweise gemeinsames Projekt der Euroländer organisiert ist. In einem solchen Rahmen könnten Eurobonds eingeführt werden, vorausgesetzt, es gibt ein Parlament im Eurowährungsgebiet und eine Regierung im Eurowährungsgebiet (für weitere Einzelheiten zu solchen Reformvorschlägen, s. Welfens 2017a, c). Es wäre sinnvoll, ein gezieltes neues TTIP-Projekt, d. h. Verhandlungen über eine Freihandelszone, für die EU27 sowie das Vereinigte Königreich und die USA wieder aufzunehmen. Die EU27 wird nach dem Ausscheiden des Vereinigten Königreichs aus der EU unter Druck geraten, Reformen durchzuführen, nicht zuletzt, da davon auszugehen ist, dass das Vereinigte Königreich der Freihandelszone EFTA beitreten und andere EU-Länder dazu drängen wird, ebenfalls die EU zu verlassen. Dänemark und Italien könnten Länder sein, in denen Regierungen in naher Zukunft auch den Austritt aus der EU in Betracht ziehen könnten. Die breite Zustimmung zur EU-Mitgliedschaft ist in einigen EU-Ländern nach 2016 gesunken; hier ist Italien in der Tat ein sehr wichtiger Fall.

China wird die große Herausforderung für die USA und die EU sein. Die EU könnte eine starke Stärkung der Wirtschaftsbeziehungen zu China in Betracht ziehen, wenn die populistische Periode in den USA noch viele Jahre andauern sollte. Man sollte nicht ausschließen, dass die sozialpolitischen Präferenzen in den EU- und ASEAN-Ländern im Verband südostasiatischer Nationen nahe genug beieinander liegen, um langfristig eine verstärkte internationale Zusammenarbeit zwischen der EU und ASEAN zu ermöglichen. Eine solche verstärkte Zusammenarbeit zwischen zwei regionalen Integrationsgruppen mit jeweils einem Binnenmarkt (und vier Freiheiten: freier Handel mit Waren und Dienstleistungen, freie Kapitalströme und freie Migration) könnte erhebliche Vorteile bringen. Die Tatsache, dass das Pro-Kopf-Einkommen in mehreren ASEAN-Ländern – in Kaufkraftparitäten – bis 2025 die ärmsten EU-Länder übertroffen haben wird, könnte eine stärkere Zusammenarbeit zwischen der EU und den ASEAN-Staaten in Zukunft weiter fördern. Dies könnte die Verhandlungsposition sowohl der EU27 als auch der ASEAN in den Verhandlungen mit China und den Vereinigten Staaten stärken. Es bleibt abzuwarten, wie sich internationale Organisationen auf BREXIT und den starken protektionistischen Druck der Trump Administration einstellen werden.

Ein ernsthaftes Problem in der Zusammenarbeit zwischen der EU27, dem Vereinigten Königreich und den USA könnte sich im Bereich der Finanzmarktregulierung ergeben. Die USA und Großbritannien werden in vielerlei Hinsicht auf Deregulierung drängen, während von der EU und der Eurozone eine eher strenge Regulierungspolitik erwartet werden kann. Dies schließt jedoch Ineffizienzprobleme bei der Finanzmarkt- und Bankenregulierung in der EU27 nicht aus, nicht zuletzt, weil erfahrene Aufsichtsbehörden für spe-

zialisierte Finanzdienstleistungen in der EU27 eher schwer zu finden sind –
die Finanzmarktdynamik bis Ende 2018 war so groß, dass Großbritannien
und die Stadt London im EU28-Raum führend waren. Es ist nicht auszuschließen, dass BREXIT – weitgehend ein Projekt mit nationalistischen, antimultilateralen und fremdenfeindlichen Konnotationen – zu einem weiteren
Populismus im Vereinigten Königreich führen wird, der wiederum den Populismus in den USA verstärken könnte. Populistische Regierungen in den USA
und Europa werden wahrscheinlich nationalistische populistische Kräfte anderswo, auch in Entwicklungsländern, in Schwung bringen. Überall dürften
neue Konflikte entstehen, eine Entwicklung, die den Frieden in vielen Regionen und weltweit gefährden und die Expansion von Unternehmen, die in
vielen Ländern militärisch produzieren, fördern könnte. Die weitgehend naive Rhetorik der Wiedererlangung der Kontrolle im Vorfeld der BREXIT-Abstimmung 2016 könnte zusammen mit der Wahl von US-Präsident Trump
im selben Jahr langfristig zu neuer globaler Instabilität und vielen neuen Konflikten führen.

Literatur

BaFin. (2007). Bundesanstalt für Finanzdienstleistungsaufsicht (BaFin) Jahresbericht 2007. Bonn: BaFin.
BaFin. (2008). Bundesanstalt für Finanzdienstleistungsaufsicht (BaFin) Jahresbericht 2008. Bonn: BaFin.
Bank of England. (2007a). Financial Stability Report. Nr. 21, April 2007. London: Bank of England.
Bank of England. (2007b). Financial Stability Report. Nr. 22, Oktober 2007. London: Bank of England.
Bank of England. (2008a). Financial Stability Report. Nr. 24, Mai 2008. London: Bank of England.
Bank of England. (2008b). Financial Stability Report. Nr. 24, Oktober 2008. London: Bank of England.
Deaton, A. (2015). *The great escape – Health, wealth and the origins of inequality*. Princeton: Princeton University Press.
Goodhart, C. A. E. (2008). The background to the 2007 financial crisis. *International Economics and Economic Policy, 4*, 331–346.
IMF. (2006). Ireland: Financial System Stability Assessment Update, IMF Country Report No. 06/292, August 2006, Washington, DC: IMF.
Tilly, R., & Welfens, P. J. J. (Hrsg.) (2000). *Economic Globalization, International Organizations and Crisis Management, Contemporary and Historical Perspectives on*

Growth, Impact and Evolution of Major Organizations in an Interdependent World. Heidelberg: Springer.

US SEC. (2008). *Summary Report of Issues Identified in the Commission Staff's Examinations of Select Credit Rating Agencies.* Washington, DC: United States Securities and Exchange Commission.

Welfens, P. J. J. (2010). Transatlantic banking crisis: analysis, rating, policy issues. *International Economics and Economic Policy, 7*, 3–48. https://doi.org/10.1007/s10368-010-0155-y.

Welfens P. J. J. (2017a). *BREXIT aus Versehen: Europäische Union zwischen Desintegration und neuer EU.* Wiesbaden: Springer.

Welfens, P. J. J. (2017c). *An accidental BREXIT.* London: Palgrave Macmillan.

Welfens, P. J. J., Addison, J. T., Audretsch, D. B., Gries, T., & Grupp, H. (1999). *Globalization, Economic Growth and Innovation Dynamics.* Berlin/Heidelberg: Springer.

Welfens, P. J. J., Perret, J. K., Irawan, T., & Yushkova, E. (2015). *Towards Global Sustainability: Issues, New Indicators and Economic Policy.* Zürich: Springer.

Welfens, P. J. J., Yu, N., Hanrahan, D., & Geng, Y. (2017). The ETS in China and Europe: Dynamics, policy options and global sustainability perspectives, *International Economics and Economic Policy*, 14(3), 517–535. https://doi.org/10.1007/s10368-017-0392-4.

12

Kanada, die Vereinigten Staaten und die Eurozone: Auswirkungen auf die US-Reformen

Die US-Wirtschaft dominiert die von Kanada. Etwa 75 % der kanadischen Exporte gehen in die Vereinigten Staaten. Kanada hat einen Sozialstaat, der teilweise dem der EU-Länder ähnelt, sodass der kanadische Sozialstaat umfassender ist als in den Vereinigten Staaten. Wolff et al. (2012) haben eine wichtige Studie über den Vergleich von Ungleichheit und Lebensstandard in Kanada und den Vereinigten Staaten vorgelegt. Die Autoren verwenden ein erweitertes Maß für das Wohlbefinden (Levy Institute Measure of Economic Well-Being, LIMEW), das der Empfehlung des Berichts der Canberra Group (2001) folgt, ein breiteres Maß für das wirtschaftliche Wohlbefinden zu berücksichtigen. Durch die Anwendung dieses breiten Maßes, das das Basiseinkommen des Markts plus Einkommen aus dem Nichtwohnungsvermögen und der Haushaltsproduktion plus staatliche Produktion minus Steuerzahlungen umfasste, stellen Wolff et al. fest, dass der LIMEW-Gini-Index 2004/2005 in Kanada nur 28,5 und in den USA 37,6 betrug.

Bei der Betrachtung des realen verfügbaren Einkommens pro Haushalt in den USA und Kanada fanden Wolfson und Murphy (1998) heraus, dass die unteren 35 % der kanadischen Familien besser dran waren als ihre US-Pendants. Die Studie von Foster und Wolfson (2010) zeigte, dass die Ungleichheit in den USA von 1979 bis 1986 zugenommen hatte, während die Ungleichheit in Kanada von 1981 bis 1987 abnahm. Brandolini und Smeeding (2007) zeigten, dass das Niveau der Ungleichheit in Kanada niedriger geblieben ist als in den USA. Ein Teil des Unterschieds zwischen den beiden Ländern ergibt sich aus der Tatsache, dass die staatliche Umverteilung in Kanada stärker ist als in den USA: In Kanada wird die Einkommensungleichheit um

28 % reduziert, in den USA wurden 23 % festgestellt. Die Trump-Steuerreform von 2017 hat die Ungleichheit in den USA verstärkt, wie der IWF (IMF 2018a, S. 21) in seinem Länderbericht über die Vereinigten Staaten betont.

Kanada ist ein interessantes Land für den Vergleich mit den USA im Bereich der sozialen Sicherheit und der Einkommensumverteilung. Es ist natürlich möglich, enge Wirtschaftsbeziehungen zu den Vereinigten Staaten zu unterhalten, sich aber auf einen breiteren Wohlfahrtsstaat bzw. eine stärkere öffentliche Umverteilung der Einkommen zu verlassen. Der kanadische Gini-Koeffizient (als Indikator für die Einkommensungleichheit) für das Markteinkommen der Haushalte war zu Beginn des 21. Jahrhunderts kleiner als der Gini-Koeffizient in den USA. So kann man weniger Ungleichheiten beim Markteinkommen haben und mehr Einkommensumverteilung erreichen als die Vereinigten Staaten – das zeigt Kanada.

Die US-Regierung (Präsident und Kongress) könnte einige wichtige Reformen zur Verringerung der Ungleichheit in der amerikanischen Gesellschaft verabschieden:

- Einfach mehr Einkommensumverteilung auf die politische Agenda zu setzen, wäre in Washington DC jedoch nicht sinnvoll, solange eine relative Mehrheit immer noch erwartet, dass die Aktivitäten in diesem Bereich nicht in erster Linie von der Regierung, sondern von großen Unternehmen ausgehen.
- Die Führer des politischen Systems müssten der US-Bevölkerung zunächst erklären, dass niemand erwarten sollte, dass private (börsennotierte) Unternehmen viel tun würden, um das Ausmaß der Ungleichheit in den USA zu verringern. Sicherlich kann man bei Vollbeschäftigung Anfang 2018 erwarten, dass einige Unternehmen die niedrigsten Löhne deutlich anheben würden, aber auch profitable US-Unternehmen dürften einen starken Anstieg der effektiven Managementvergütung erleben; genau das wird die US-Aktionärswirtschaft bringen, da marktgerechte Ergebnisse und damit Ungleichheiten von den großen Unternehmen selbst nicht wesentlich korrigiert werden.
- Gleichzeitig schlägt die Theorie des Fiskalföderalismus (Oates 1999) vor, dass eine effektive Einkommensumverteilung eine föderale Aufgabe sein sollte, da die Realisierung einer Umverteilung auf staatlicher Ebene die Hochverdiener dazu anregen würde, in andere Staaten zu ziehen, während die Armen aus vielen Staaten einen Anreiz hätten, in die stark umverteilenden Staaten zu wechseln – und das ist kein nachhaltiger Politikansatz.

Die hohe Mobilität der Menschen innerhalb der USA würde jeden größeren Versuch einer Umverteilung auf staatlicher Ebene untergraben, sodass ein zentralisierter Umverteilungsansatz auf Bundesebene angemessen wäre. Dies könnte eine Steuerreform beinhalten, bei der die reichen Schichten der Gesellschaft etwas höhere Einkommensraten zahlen würden, und in der Tat sollten die relativen Steuervorteile dem entgegengesetzt sein, was die eigentliche Steuerreform von Trump gebracht hat, nämlich eine stärkere Polarisierung der Einkommensverteilung nach Steuern: Der IWF (IMF 2018a, S. 21) hat gezeigt, dass die Veränderung der durchschnittlichen effektiven Steuersätze für das Medianeinkommen etwas weniger als −1,5 % für die mittlere Einkommensposition der USA (jene Position, die 50 % der Einkommensempfänger über diesem Einkommen und 50 % unter dieser Einkommenszahl hat), aber fast −3 % für die oberen 1 % der Einkommensbezieher beträgt. Der IWF schrieb: „Die meisten US-Haushalte werden in den nächsten Jahren eine Senkung ihrer Einkommenssteuer erleben. Der Nettoeffekt der steuerpolitischen Änderungen – zu denen auch die Verringerung der Belastung durch die alternative Mindeststeuer und eine Senkung des Grenzsatzes für Haushalte mit höherem Einkommen gehören – bringt jedoch größere Vorteile für diejenigen in den oberen Dezilen der Einkommensverteilung. […] Infolgedessen dürften diese Änderungen die Einkommenspolarisierung verschärfen."

Zu beachten ist auch, dass die Gewinnraten – approximiert durch die Aufschläge – in den USA seit den 1980er-Jahren tendenziell eher stark gestiegen sind; deutlich stärker als in der Eurozone oder Japan (IMF 2018a, S. 30). Es ist nicht ganz klar, warum die Gewinnraten in den USA und Kanada (seit 2004) stark gestiegen sind, während sie in der Eurozone eher niedrig bleiben. Man kann davon ausgehen, dass der größere und steigende US-Anteil der IKT an der Gesamtleistung eine entscheidende Rolle spielt. Netzwerkeffekte haben in einigen Teilsektoren in Kombination mit Skaleneffekten die Eintrittsbarrieren in digitale Märkte bzw. IKT-Märkte erhöht. Höhere Eintrittsbarrieren führen dann zu höheren Gewinnraten. Der Ausbau der IKT in den USA, Europa, Asien und anderen Regionen der Weltwirtschaft dürfte noch viele Jahre anhalten, sodass der Druck auf mehr Einkommenspolarisierung sowohl in den OECD-Ländern als auch in den Schwellenländern weiter zunehmen könnte.

Wenn die USA mehr in Richtung eines kanadischen oder kontinentalen EU-Wohlfahrtssystems gehen würden, würde dies folgende Haupteffekte mit sich bringen:

- eine Verringerung der Einkommenspolarisation in den USA, eine Verringerung der Frustration der Wähler unter den armen Bevölkerungsschichten und ein geringerer Druck auf den Protektionismus in

den USA sowie eine stärkere Unterstützung für einen nachhaltigen Multilateralismus;
- das Ergebnis wäre also mehr Wohlstand und Stabilität in den Vereinigten Staaten und weltweit, während die westlichen Länder erhebliche Möglichkeiten hätten, auf einen minimalen Körperschaftsteuersatz bei der G20 zu drängen (ich habe diesen Vorschlag in einem Workshop im Bundesministerium der Finanzen im Februar 2018 gemacht; Welfens 2018a).

Wenn das Vereinigte Königreich wirklich aus der EU austritt, wäre es klug, wenn die EU27 das Vereinigte Königreich davon überzeugen könnte, im Bereich der Sozialpolitik zusammenzuarbeiten (wenn es im März 2019 einen No-Deal-BREXIT gäbe, würde das Vereinigte Königreich unter starken Druck geraten, der populistischen US-Politik zu folgen, was unter anderem niedrigere Steuersätze und die Deregulierung der Finanzmärkte bedeutet, was wiederum enormen Druck auf die EU27 ausüben würde, um dem Beispiel zu folgen). Die EU27/EU28 hat eine schwache Position in den transatlantischen und globalen Verhandlungen, solange die EU nicht reformiert wurde, auf der einen Seite und auf der anderen Seite, solange das Problem des langsamen Produktivitätswachstums in Italien nicht gelöst ist. Eine ähnliche Sichtweise gilt teilweise auch für die Probleme Spaniens, wo der Anteil der gering qualifizierten Arbeitskräfte eher hoch ist – zu hoch, um einem zunehmenden Wettbewerb mit China auf den globalen Märkten für wissensintensive und kapitalintensive Güter erfolgreich zu begegnen. Die populistische Conte-Regierung in Rom hat keine produktivitätssteigernden und innovationsanregenden Maßnahmen ergriffen, sondern konzentriert sich vor allem auf die Nachfrageseite, da die Regierung ein kostenloses Grundeinkommen für alle einführen will, das jedoch negative Anreize für das Arbeitskräfteangebot hätte (und den Anreiz für Einwanderung verstärken würde).

Der hohe Anteil gering qualifizierter Arbeitskräfte in Frankreich ist ein doppeltes Problem, da er sowohl auf Herausforderungen im französischen Bildungs- und Berufsbildungssystem als auch auf den hohen nationalen Mindestlohn hinweist; einen Mindestlohn, der in keiner Weise die großen regionalen Preisunterschiede in Frankreich widerspiegelt. Frankreich und Deutschland sind so groß wie mehrere US-Bundesstaaten und haben beide einen einheitlichen nationalen Mindestlohn; für 2016–2018 hatte Deutschland kein ernsthaftes Problem, da der Mindestlohn etwa ein Fünftel niedriger war als in Frankreich, aber sobald der Mindestlohn in Deutschland stark ansteigen würde, kann man davon ausgehen, dass das Land dann auch mit hoher Jugendarbeitslosigkeit und längerer Arbeitslosigkeit konfrontiert sein würde. Eine negative Lohnsteuer für die Working Poor ist viel besser für die Beschäftigung und die Staatseinnahmen. Ein kostenloses Grundeinkommen führt zu höheren Steuersätzen und ist auch in den europäischen Ländern kein fokussiertes Instrument (OECD 2017c). Man sollte auch bedenken, dass ein großzügiges Grundeinkommen sicherlich mehr Einwanderer aus Afrika und anderen Regionen anziehen würde und die steigende afrikanische Bevölkerung dieses Instrument als politische Innovation in den EU-Ländern noch zweifelhafter machen würde. Man sollte nicht übersehen, dass aus demografischen und familiären Gründen ein größerer Bedarf z. B. an der Unterstützung von Einelternfamilienhaushalten bestehen könnte, aber dies erfordert dann einen klar gezielten und spezifischen Ansatz. Diejenigen, die ein Grundeinkommen vorschlagen, übersehen oft den Anreiz, das Verhalten zu ändern – der Prozentsatz der Menschen, die einfach das Grundeinkommen nehmen wollen, aber nicht für diese Leistung arbeiten, wird mit der Zeit steigen.

Die EU-Länder können von den USA lernen, zum Beispiel im Bereich der Stabilisierungspolitik: Die Eurozone könnte im Lauf der Zeit eine geringere Volatilität des Pro-Kopf-Verbrauchs aufweisen, wenn die Stabilisierungspolitik in der Eurozone stärker zentralisiert wäre und damit stärker dem US-Modell folgen würde (Allard et al. 2013). Andere Politikfelder wie die Entwicklung des Risikokapitalmarkts oder die Innovationspolitik sind ebenfalls Beispiele für Bereiche, in denen die EU-Länder von dem amerikanischen Beispiel lernen sollten. Die USA wiederum könnten von den EU-Ländern – wahrscheinlich mehr als andere aus den Ländern der westlichen EU – lernen, wie man eine breite Krankenversicherung und effiziente Sozialpolitik sowie Einkommensumverteilung am besten organisiert. Es stellt sich auch die Frage, inwieweit bescheidenere Studiengebühren für ein Bachelorstudium den USA helfen könnten, ihre Humankapitalbasis langfristig zu verbreitern. Nach der Bankenkrise haben viele US-Universitäten die Studiengebühren stark erhöht.

Eine engere Zusammenarbeit zwischen den USA und der EU könnte sehr nützlich sein. Wenn die Wirtschaftsordnung in den Vereinigten Staaten näher an der Kanadas oder der führender EU-Länder wäre, würde dies zu einer geringeren Einkommenspolarisation in den USA führen. Die Mehrheit der Wähler würde die Einkommensungleichheit in den USA nicht mehr als ein großes Problem betrachten. Dies wiederum könnte dazu beitragen, die gegenwärtige ideologische Polarisierung zu reduzieren, die für viele Bereiche der politischen Reform ein Problem darstellt, nämlich in dem Sinn, dass praktische Kompromisse in einem gespaltenen und geteilten Umfeld kaum erreicht werden können. Die ideologische Polarisierung in Großbritannien im Rahmen von BREXIT ist ebenfalls ein ernsthaftes Problem. Wenn es mehr Zusammenarbeit zwischen den westlichen Ländern gäbe, könnte sich das

Modell der sozialen Marktwirtschaft leichter nach Asien ausbreiten. Einerseits könnte dies eine stärkere Zusammenarbeit zwischen den westlichen OECD-Ländern und China sowie anderen asiatischen Ländern erleichtern und zur Aufrechterhaltung des multilateralen Systems beitragen, andererseits würde auch der Populismus in vielen Ländern abnehmen.

Einige weitere Schlussfolgerungen

Die Vereinigten Staaten sind ein wohlhabendes Land, doch im Jahr 2017 hatten etwa 15 % der Bevölkerung noch keine Krankenversicherung, während weitere rund 10 % wahrscheinlich über eine unzureichende Gesundheitsversorgung in dem Sinn verfügten, dass ein Fall einer schweren Erkrankung in der Familie zu einer Verschiebung in die Armut führen würde. In der EU28 sowie in der Schweiz und Norwegen sind rund 98 % der Bevölkerung krankenversichert; während die Schweiz, Norwegen und alle EU15-Länder (Westeuropa) ebenfalls eine höhere Lebenserwartung und eine geringere Kindersterblichkeit aufweisen als in den USA. So verfügen die einzelnen US-Bundesstaaten und die Bundesregierung der Vereinigten Staaten über ein breites Spektrum von Ländern mit Krankenversicherungssystemen, die ein gutes Modell für US-Reformen im Allgemeinen sein könnten – nicht unbedingt erforderlich für den Staat Massachusetts, der bereits über ein ziemlich erfolgreiches und breites Krankenversicherungssystem verfügt. Zu oft übersieht die Debatte in den USA die negativen Auswirkungen schwerer Krankheitsfälle auf die langfristige Produktion. Es geht nicht so sehr darum, dass die USA einen hohen Anteil an kranken Arbeitnehmern haben, die zu Hause bleiben, anstatt zur Arbeit zu gehen. In den USA besteht das Problem eher darin, dass viele kranke Arbeitnehmer sich dafür entscheiden, über Monate und sogar Jahre hinweg rezeptfreie oder verschreibungspflichtige Schmerzmittel/Opioide zu übernehmen und dann früh zu sterben, anstatt sich rechtzeitig – mit dem Sicherheitsnetz der Krankenversicherung – die notwendige Behandlung zu holen und noch viel mehr Jahre bei guter Gesundheit zu arbeiten und dann in den Ruhestand zu gehen.

Was das politische Risikomanagement betrifft, so gibt es viele OECD-Länder mit einer schlechten Performance: Dass weder die EU27-Länder noch die Europäische Kommission oder auch nur die britische Regierung Cameron das Ergebnis des Referendums über die EU-Mitgliedschaft im Jahr 2016 im Vereinigten Königreich und den anschließenden BREXIT ausreichend vorweggenommen haben, ist ein schlechtes Beispiel. Bei einem Besuch im November 2016 in Chemnitz in Ostdeutschland verwies Bundeskanzlerin

Merkel selbst auf einen weiteren offensichtlichen Fall, nämlich dass die Bundesregierung vor der Flüchtlingswelle, die 2015 auf kontinentale EU-Länder traf, die Situation in den Flüchtlingslagern im Libanon und Jordanien nicht beobachtet habe. Viele arme syrische Flüchtlinge hatten in diesen Lagern in den Nachbarländern Zuflucht gefunden, nur um herauszufinden, dass Geber wie die USA und mehrere reiche arabische Staaten die zugesagten Mittel an die Vereinten Nationen nicht bezahlt hatten. Die Folge dieser Unterfinanzierung war, dass die Nahrungsrationen in den von den Vereinten Nationen verwalteten Lagern auf etwa die Hälfte des normalen Niveaus reduziert wurden – so begannen Millionen von Flüchtlingen aus den Flüchtlingslagern in Richtung Türkei zu fliehen, dann nach Griechenland und in die EU. Künftig sollte diese Art der Überwachung der Flüchtlingsbewegungen und der Finanzierung ihrer Durchführung kontinuierlich und weltweit durchgeführt werden, um plötzliche Ernährungskrisen in Flüchtlingslagern bzw. die daraus resultierenden destabilisierenden Flüchtlingswellen zu vermeiden. Eine ähnliche Herausforderung besteht in der Überwachung der Qualität der Rechtsstaatlichkeit – für die USA und andere Länder hätte es offensichtlich sein müssen, dass die Situation in Honduras und Nicaragua 2017/2018 so schlecht war, dass Tausende von Menschen anfangen würden, in Richtung USA zu fliehen, als das gewünschte regionale Auswanderungsziel. Die populistische Trump-Administration hätte ein schwächeres Argument in Bezug auf die Einführung von hyperscharfen Einwanderungskontrollen, wenn es keine plötzlichen Auswanderungswellen gäbe, die von endemischer Kriminalität in lateinamerikanischen Ländern getrieben werden.

Transatlantischer und transpazifischer Gesundheitsdialog – und neue Perspektiven

Man sollte nicht davon ausgehen, dass Reformen der US-amerikanischen Gesundheits- und Krankenversicherungssysteme leicht Elemente der europäischen Gesundheits- und Krankenversicherungssysteme oder anderer effizienter Systeme im Ausland übernehmen könnten. Die USA sind eine große Volkswirtschaft mit etwa 330 Mio. Menschen und 50 Staaten, sodass natürlich einige Unterschiede zwischen den Staaten zu erwarten waren – Massachusetts und Hawaii haben bereits ein ziemlich umfassendes Krankenversicherungssystem, aber viele andere Staaten nicht, und eine schwere Krankheit stellt für eine US-Familie ohne Krankenversicherung eine wirtschaftliche Katastrophe dar. Die Republikanische Partei hat traditionell betont, dass die Regierung sich nicht in das Gesundheitssystem einmischen sollte, aber dies sollte nur ein Argument sein, um die Rolle der Regierung auf eine rationale Weise einzuschränken. Die Standardprobleme der asymmetrischen Information (d. h. der Patient weiß sehr wenig, während die Angebotsseite im medizinischen System viel mehr weiß) und der ungünstigen Selektion (z. B. junge, gesunde Menschen, die die Kosten der Krankenversicherung vermeiden wollen) sowie die mangelnde Markttransparenz (z. B. Krankenhauspreislisten in vielen US-Bundesstaaten) sind zentrale Probleme auf den US-Gesundheitsmärkten. Fast niemand in den USA stellt die von der Regierung organisierte Krankenversicherung für US-Veteranen infrage. Man will der Regierung vielleicht keine größere Rolle beimessen, aber man sollte sich zumindest das Beispiel Singapur genauer ansehen, wo die Lebenserwartung höher ist als in den USA und die Gesundheitsausgaben nur ein Drittel der USA betragen; etwa 5 % des Nationaleinkommens in Singapur gegenüber 17 % in den USA. In Singapur stammen etwa 40 % der Gesundheitsausgaben von der Regierung. Singapur hat 5 Mio. Einwohner, aber 800.000 medizinische Touristen pro Jahr (US Commercial Service 2015).

In gewisser Weise ist Singapur in der Tat ein Sonderfall. Das Land hat sich sicherlich entschieden, keine marktwirtschaftliche Wirtschaftspolitik nach Art von Hongkong zu betreiben. Vielmehr gibt es einen staatlich vorgeschriebenen Gesundheitssparplan für die Standardbehandlung von Krankheiten, einschließlich Krankenhausaufenthalten; und als drittes Element beinhaltet er eine Hochrisikoversicherung, die die Behandlung sehr schwerer und komplexer Krankheiten abdecken würde. Auf der Angebotsseite der Krankenhäuser spielt der Staat eine gewisse Rolle, aber es gibt auch Konkurrenz unter den Krankenhäusern und auch die professionelle Prüfung von Medizinprodukten scheint ein etabliertes Feld zu sein (in dieser Hinsicht ist Deutschland seit Jahrzehnten schwach, während die USA eher stark sind).

Die USA sollten vielleicht eine Säule mit Gesundheitsstiftungen in eine neue Gesundheitsreform integrieren, und das Bundessystem könnte die allgemeinen Richtlinien liefern, innerhalb derer US-Bundesstaaten dann ihre eigenen staatlichen Modelle mit einer 99%igen Gesundheitsversorgung entwickeln könnten. Der Gesamteffekt wäre eine höhere Beschäftigungsquote und damit ein höheres reales Volkseinkommen und damit eine Verringerung des Verhältnisses von Gesundheitsausgaben zu Einkommen. Im derzeitigen System werden die USA in den 2020er-Jahren mit ernsthaften Problemen konfrontiert sein, da die Gesundheitsquote auf fast 20 % steigen könnte. Man kann weniger ideologische und überparteiliche Barrieren sowohl im Gesundheitswesen als auch bei den Reformen der Krankenversicherung empfehlen. Psychologisch mag es für die Politiker in großen Ländern nicht einfach sein, Beispiele aus dem Ausland zu berücksichtigen – sowohl aus großen als auch aus kleinen Ländern –, aber das würde bedeuten, dass das institutionelle Lernen langsam ist. Es lohnt sich jedoch, nützliche Reformelemente aus dem Ausland zu übernehmen, da die Vorteile sehr hoch sein können. Die Portabilität der Krankenversicherung in den USA ist ein großes Problem, solange die Krankenversicherung so oft auf einem bestimmten Arbeitsplatz und einer Beschäftigung bei einem bestimmten Unternehmen basiert. Die Globalisierung der Wirtschaft könnte bedeuten, dass rationale politische Entscheidungen mehr internationales institutionelles Lernen erfordern. So sehr die EU-Länder von den USA viele Lehren im Bereich der Risikokapitalfinanzierung und der digitalen Innovationsdynamik ziehen könnten, so sehr könnten die USA beispielsweise auch von einigen EU- oder ASEAN-Ländern im Bereich der Krankenversicherung und Einkommensumverteilung lernen. Eine bessere Krankenversicherung bedeutet Einkommensschaffung, geringere Kindersterblichkeit und eine längere durchschnittliche Lebenserwartung in den USA, wie bereits erläutert.

Der Populismus in den USA und Europa dürfte noch viele Jahre auf der Tagesordnung stehen. Populismus ist eine zweifelhafte politische Strömung, die auf Angst, Identitätsfragen (Angst vor Einwanderung) und einem neuen Nationalismus aufbaut. Der US-Populismus ist eine gefährliche Entwicklung, denn die Trump-Administration (oder ihre Nachfolger mit ähnlicher politischer Ausrichtung) werden den Nationalismus, die Rolle der militärischen Macht und den Protektionismus hervorheben; die USA als großes Land werden versuchen, diese neue Ideologie zu exportieren. Wenn es bei diesem Vorhaben erfolgreich ist, dann wird es zu mehr globalem Protektionismus, neuen internationalen Konflikten und damit zu weniger Stabilität und weniger Wohlstand für alle führen. Es scheint, dass die USA und Großbritannien seit vielen Jahren unter den zunehmenden Ungleichheitsproblemen leiden, aber solange die alten Eliten erfolgreich waren und keines der beiden Länder in einer schweren Wirtschaftskrise steckte, blieben beide Länder politisch mitten auf der Straße. Erst mit dem Schock der Transatlantischen Bankenkrise, die selbstgefällige Gesellschaften erschütterte und so viele neue Zweifel an den alten Eliten aufkommen ließ, konnten neue populistische Ideen entscheidend an Boden gewinnen – in Großbritannien hat dies zu der BREXIT-Mehrheit von 2016 geführt, in den USA zum Wahlsieg von Donald Trump. Sowohl BREXIT als auch Trumpismus stehen für eine Kombination aus Problemen der realen Welt und einer neuen Welle von Wunschdenken, für eine Zeit, in der die Öffentlichkeit die Nase voll hat von Experten, wie der britische Minister Michael Gove von der Regierung Cameron während der Referendumskampagne 2016 im britischen Fernsehen sagte. Ein solcher Standpunkt legt nahe, die Wissenschaft zu ignorieren, die jedoch die Grundlage für modernen

Wohlstand ist. Das Vertrauen in die herrschende politische und wissenschaftliche Elite ist nach der Transatlantischen Bankenkrise 2008/2009 stark zurückgegangen. Das ist das Paradoxon der westlichen Welt: Sie hat den Kalten Krieg gewonnen, aber sie war nicht in der Lage, in den ersten drei Jahrzehnten nach 1989 ein stabiles modernes politisch-ökonomisches System aufzubauen. Es bleibt abzuwarten, ob die westlichen Marktwirtschaften ausreichend vom westlichen systemischen Wettbewerb lernen können oder nicht; auf jeden Fall wird es ein Lernprozess sein, der sich dem Aufstieg des neuen Wirtschaftsriesen China stellt.

Digitale soziale Netzwerke sind ein neues Element der modernen Welt. Sie erleichtern den Zugang zu Informationen für alle, aber vor allem: Sie ermöglichen radikale, oft hasserfüllte Positionen bei der Verbreitung von Propaganda – und bieten kleinen Gruppen die Möglichkeit, online zu gehen und massive politisch einflussreiche vernetzte Gruppen aufzubauen (wobei viele der Anhänger eigentlich nicht wissen, wer die Kampagne leitet). Die von ihnen verbreiteten politischen Vermutungen laufen oft der Realität zuwider, und das deutet auf eine Schwäche des etablierten Internets hin. Es bietet Millionen von Informationsquellen, aber es gibt keine Möglichkeit, Informationen nach Qualität zu bewerten oder zu bewerten. Dies ist eine Situation, die einer realen Welt entspricht, in der es keine Hotelbewertungen gibt und Hunderte von Millionen von Touristen und Geschäftsreisenden sehr schlechte Hotelunterkünfte erhalten würden. Daher wäre die Schaffung internationaler Stiftungen, die – in transparenter und wissenschaftlicher Weise – Internetinformationsqualitätsbewertungen finanzieren könnten, von entscheidender Bedeutung, um eine bessere Qualität der Informationen im digitalen Netz zu erreichen, Radikalismus und Aggressivität im politischen Leben abzubauen und zu einer rationalen und friedlichen Welt beizutragen.

Für die USA bleibt die Herausforderung der Einkommensumverteilung entscheidend. Das Konzept, das John Rawls in seinem Buch *A Theory of Justice* (Rawls 1971) vorschlägt, ist eines, das immer noch für den Aufbau einer fairen Gesellschaft interessant ist: Betrachten wir einen hypothetischen natürlichen Zustand der Unwissenheit, in dem niemand seine zukünftige Position in der Gesellschaft kennt: Welche Prinzipien der Sozialpolitik bzw. der Umverteilungspolitik würde man für die reale Welt akzeptieren wollen? Die Antwort, die in Rawls' Buch gegeben wird, lautet, dass Ungleichheit allgemein akzeptabel ist, wenn die ärmsten Schichten der Gesellschaft auch einen realen Einkommensgewinn haben. In einer dynamischen Perspektive – betrachtet in einer Lebensperspektive – ist dies jedoch nicht so einfach zu interpretieren, da die Einkommensmobilität nach unten eine gewisse wirtschaftliche Funktion hat – ebenso wie die Aussichten auf wirtschaftliche Aufwärtsmobilität. Man kann hinzufügen, dass Chancengleichheit ein zusätzlicher Aspekt sein sollte, der zu berücksichtigen ist, aber in einer breiteren Sicht der realen Welt, mit der globalen Erwärmung, ist dies ein herausforderndes Konzept. Die globale Erwärmung ist ein globales öffentliches Übel (negatives Gut), das das Ergebnis von globaler Produktion, Heizung und Konsum ist. Es bleibt eine Herausforderung, wie eine effektive und effiziente Klimapolitik in allen Ländern der Welt organisiert werden könnte; und wie man nicht das, was Tausende führender Forscher über die Ursachen der globalen Erwärmung herausgefunden haben, politisch zurückfahren kann, ist eine besondere Herausforderung in den USA. Die Debatte über den modernen Kapitalismus, die Globalisierung und die Demokratie hat durch den Trumpismus und den US-Populismus neue Aspekte, von denen viele heikle Elemente für die Wirtschaft bzw. die internationale Wirtschaftsanalyse sind.

Der derzeitige wirtschaftliche Aufschwung Chinas dürfte sich bis etwa 2050 oder 2060 fortsetzen, und es ist bis zu einem gewissen Grad klar, dass sowohl die EU als auch die Vereinigten Staaten in Asien mit einem zunehmenden wirtschaftlichen Riesen konfrontiert sein werden. Chinas starker Anstieg der Industrieexporte – er erreichte 2017 einen Weltmarktanteil von rund 20 % (gegenüber 2 % im Jahr 1990) – war eine Herausforderung für die sektorale und beschäftigungspolitische Anpassung in den USA und Deutschland/der EU. Es scheint, dass es den USA nicht gelungen ist, von den stark steigenden Exporten nach China zu profitieren, während das deutsche Exportwachstum in einigen Sektoren recht stark war (Dauth et al. 2017). Ein Schlüsselthema der wirtschaftlichen Globalisierung – mit einer zunehmenden Rolle Chinas – ist, ob die steigenden Einkommen der Gewinnergruppen in den USA (oder der EU) zu steigenden Steuereinnahmen beitragen, die wiederum eine Grundlage für den Ausgleich der Verlierergruppen sein könnten (Antras et al. 2017). Angesichts der Details der Trump-Steuerreform von 2017 werden die Spitzenverdiener den höchsten relativen Nutzen erfahren, sodass diese Steuerreform nicht im Einklang mit einer nachhaltigen wirtschaftlichen Globalisierung steht. Da die Trump-Administration keine besonderen steuerlichen Anreize zur Erhöhung der Ersparnisse in den USA geschaffen hat, verstärkt sich zudem die Tendenz zu einer negativen US-Leistungsbilanz.

Da die USA Einfuhrzölle auf China (oder die EU) erheben, gibt es ein neues makroökonomisches Problem für die USA, da Vergeltungszölle die Exporte und Gewinne chinesischer, japanischer, deutscher oder anderer ausländischer Tochtergesellschaften in den USA verringern – viele dieser Unternehmen exportieren nach China. Daher könnten die reinvestierten Gewinne in den USA schrumpfen, und dies wird zu niedrigeren US-Ersparnissen beitragen. Dieses Argument – es bezieht sich auf geringere Ersparnisse durch die geringeren Gewinne von Tochtergesellschaften – ist auch für das Vereinigte Königreich und seinen BREXIT relevant, das die EU27 tatsächlich dazu drängt, Einfuhrzölle nach BREXIT auf britische Exporte zu erheben, sodass die Sparquote des Vereinigten Königreichs nach 2019 sinken könnte (Welfens 2018c). Der Mechanismus besteht darin, dass die Gewinne/angelegten Gewinne von EU-Tochtergesellschaften und US-Tochtergesellschaften im Vereinigten Königreich – mit Umsätzen in der EU27 – nach dem BREXIT sinken werden, was die gesamte Sparquote des Vereinigten Königreichs verringert, sodass sich die Kapitalbildung einerseits verlangsamt und andererseits die Leistungsbilanz verschlechtern könnte. Chinas Exportwachstum ist Teil der wirtschaftlichen Globalisierung und die westliche Welt sollte einen rationalen Weg finden, damit umzugehen. In Deutschland und einigen anderen europäischen Ländern, darunter der Schweiz, scheint dies besser zu funktionieren als in den USA. Wenn die Globalisierung im Norden verlangsamt wird, wird auch der wirtschaftliche Aufholprozess im Süden verlangsamt, sodass der Einwanderungsdruck nach Norden zunimmt, was wiederum populistische Gruppen gegen die Einwanderung in den politischen Systemen stärken könnte. Es ist zu erwarten, dass die Widersprüche der populistischen Wirtschaftspolitik – zum Beispiel in Italien – früher oder später zu einer Rücknahme populistischer Parteieinflüsse führen könnten.

China wurde zum Beitritt zur Welthandelsorganisation eingeladen und ist 2001 Mitglied geworden. Der Aufstieg neuer globaler Wirtschaftsführer ist selten ohne politische und wirtschaftliche Spannungen, sodass niemand erwarten sollte, dass die Integration Chinas in die Weltmarktwirtschaft eine leichte Entwicklung sein wird; nicht zuletzt, da diese Integration im digitalen Zeitalter der Globalisierung stattfindet – wobei westliche Länder und China sehr unterschiedliche Ansätze bei der Regulierung digitaler Märkte bzw. des Internets haben. Es sollte jedoch kein Zweifel daran bestehen, dass mehr internationaler Handel und ausländische Direktinvestitionen zum Vorteil von Nordamerika, Europa und Asien sind. Wenn die Trump-Administration – ohne guten Grund – Zweifel daran aufkommen lassen will, wird sie auf den Widerstand von Ökonomen in den USA und weltweit treffen. Bessere Regeln für ausländische Direktinvestitionen könnten auf multilateraler Ebene nützlich sein, um sicherzustellen, dass keine Gefahr für die Sicherheitsinteressen besteht und dass ein breit integrierter Kapitalmarkt entstehen kann, der Effizienzgewinne und internationale positive Effekte durch Innovationen generiert – möglicherweise mit einem größeren internationalen Radius in vielen Fällen im digitalen Zeitalter (im Vergleich zur traditionellen Industrie). Aber die Ablehnung multilateraler Vereinbarungen durch die Trump-Administration – mit dem Vorwurf, dass der Multilateralismus ein Ansatz ist, der zulasten der USA geht – ist seltsam, da dies den Fakten und empirischen Beweisen der Weltwirtschaft weitgehend zuwiderläuft. Es ist nicht überzeugender als der britische BREXIT und der Anspruch der Brexiteers, dass BREXIT bedeutet, die Kontrolle wieder zu übernehmen – die Macht von der multilateralen EU-Ebene in Brüssel auf die nationale Ebene in London zu verlagern: Nach dem BREXIT hätte das Vereinigte Königreich mehr Macht über weniger; ein kleineres Feld von politischer Relevanz, da das Vereinigte Königreich durch die viel größere EU28 ein breiteres Einflussfeld hätte. Ebenso werden die USA, die die Rolle internationaler Organisationen untergraben, letztendlich weniger Macht über ein hochkomplexes Feld der internationalen Beziehungen haben. Für die westliche Welt steht viel auf dem Spiel, um mit der neuen Globalisierungsdynamik konsequent umzugehen. Viele Länder in Asien und anderswo beobachten aufmerksam, ob das westliche Modell der Verbindung von Demokratie, Rechtsstaatlichkeit und offener Marktwirtschaft aufrechterhalten werden kann. Die meisten kontinentaleuropäischen Länder befürchten auch, dass die US-Wirtschaftspolitik zunehmend instabiler und schwer vorhersehbar werden könnte (das britische BREXIT-Projekt ist ein ähnliches Problem).

Am Ende werden Internet und Social Media zu einem entscheidenden intellektuellen Schlachtfeld. Das aktuelle Internet, ohne Qualitätsbewertungen für Nachrichten und andere informative Webseiten, schafft eine undurchsichtige Situation für die Informationsbeschaffung durch die einfachen Menschen. Es ist offensichtlich, dass die unspektakuläre und oft nicht so leicht verständliche wissenschaftliche Analyse von Ökonomen und Forschungseinrichtungen im Internet an Boden verliert, verglichen mit der Zeit, in der nur Zeitungen und Fernsehen gab. Hier besteht eine größere Herausforderung für die wissenschaftliche Gemeinschaft, wo die Forscher häufiger versuchen sollten, in eher nichttechnischen Beiträgen zu erklären, was die Schlüsselerkenntnisse der Wirtschaft und der soliden Forschung sind. Man kann hoffen, dass viele Stiftungen den Mut haben werden, die Finanzierung solcher neuen digitalen Aufklärungsaktivitäten als ein innovatives und relevantes Feld der Kommunikation zwischen Wissenschaft und Gesellschaft zu betrachten.

Ausgewählte EU-Probleme und OECD-Perspektiven

Die EU steht für beachtliche Erfolge bei der wirtschaftlichen und politischen Integration. Mit der BREXIT-Mehrheit beim britischen EU-Referendum 2016 hat sie jedoch eine historische Niederlage erlitten. Dies ist ein entscheidender Punkt, auch wenn das Vereinigte Königreich wahrscheinlich hohe Kosten für den Austritt aus der EU und relativ höhere Kosten als die EU27 zu tragen hat. Eines der auffälligsten Merkmale der BREXIT-Mehrheit im Jahr 2016 ist nicht nur, dass Premierminister Cameron und sein Regierungsmitglied überrascht wurden, als sie das EU-Referendum verloren – umso schockierender ist es, dass die EU und ihre führenden Mitgliedsländer ein solches Ergebnis nicht erwartet hatten. Der EU fehlt, wie den meisten ihrer Mitgliedsländer, ein professionelles Risikomanagement. Während die Politik aus gutem Grund will, dass die Großbanken zum Beispiel über ein umfassendes Risikomanagement verfügen, um eine systemische Krise zu vermeiden, die sonst aus dem Konkurs einer einzelnen Großbank entstehen könnte, scheinen die Regierungen der meisten OECD-Länder selbst nicht viel Risikomanagement gegenüber dem nationalen oder internationalen (EU-)politischen System zu betreiben.

Das bedeutet, dass die Erwartungsbildung im politischen System oft langsam und fehlgeleitet ist, Anpassungsmaßnahmen mit erheblicher Verzögerung und weniger Effizienz oder zu höheren Kosten durchgeführt werden, als es bei einem professionellen politisch-ökonomischen Risikomanagement der Fall wäre. Auch in einer Zeit hohen politischen Risikos, nämlich 2017/2018, arbeitete innerhalb der EU nicht einmal der Europäische Ausschuss für Systemrisiken (ESRB) so, wie es die Satzung des Vorstands vorsieht, nämlich eine umfassende Analyse der systemischen Risiken – in diesem Fall mit offensichtlichem Fokus auf BREXIT – durchzuführen und Vorschläge zur Minimierung solcher Risiken zu unterbreiten. Anstatt dass alle relevanten Parteien am European-Systemic-Risk-Board-Tisch sitzen und eine gemeinsame Analyse der 53 Mitgliedsinstitutionen – darunter Island und Norwegen – mit Beobachterstatus (als Mitglieder des Europäischen Wirtschaftsraums) entwickeln, sah die Arbeitsteilung grob so aus: Die Bank of England untersuchte die makroprudenziellen Fragen des Vereinigten Königreichs, die EZB in der Eurozone, wie von der Bank of England vorgeschlagen. Dies ist unzureichend und verheißt nichts Gutes für die zukünftige Zusammenarbeit zwischen der EU und Großbritannien nach BREXIT. Es sollte auch offensichtlich sein, dass eine kombinierte Analyse der Länder des Vereinigten Königreichs und der 19 aus der Eurozone insgesamt 20 Länder ergibt, während die EU aus 28 Ländern besteht. Es scheint, dass die Europäische Kommission nicht genügend Kontrolle über den ESRB hat und dass das Europäische Parlament eine sehr schwierige Aufgabe hat, den ESRB dazu zu bringen, seinem eigenen Mandat wirklich zu folgen.

Die EU steht unter erheblichem Druck zu mehr supranationaler Politik, als ob eine solche Politik immer positive Auswirkungen auf die EU-Bürger hätte. Es scheint, dass die Europäische Kommission gern Forderungen nach mehr EU-Politik hört, die man aus der Sicht der politischen Ökonomie verstehen kann: Mehr supranationale Politik bedeutet mehr Macht für die Europäische Kommission. Das bedeutet natürlich nicht, dass es keine guten Argumente dafür gibt, die Stärkung der EU-Aktivitäten in bestimmten Bereichen zu unterstützen. Die relevanten Bereiche sollten unter dem Blickwinkel des Fiskalföderalismus identifiziert werden, sodass große Infrastrukturinvestitionsprojekte, Verteidigung und Umverteilung der Basisinfrastruktur Teil der EU-Aktivitäten sein sollten. Aber hier zögern die EU-Mitgliedstaaten eher, Kompetenzen und Finanzierungsgenehmigungen auf die EU zu verlagern. Es wäre nur natürlich, dass ein beträchtlicher Teil der Unternehmenssteuereinnahmen in den EU-Haushalt fließt, da EU-Unternehmen stark von der EU-Integration profitieren. Gleichzeitig steht die EU vor der politischen Psychologie, dass das Land, das die halbjährlich wechselnde Präsidentschaft innehat, voraussichtlich die innereuropäische Zusammenarbeit organisieren und keine eigenen Interessen verfolgen wird; so besteht beispielsweise, wenn Deutschland die EU-Ratspräsidentschaft in der zweiten Jahreshälfte 2020 übernehmen wird, eine erhebliche Wahrscheinlichkeit, dass die EU-weite Einlagensicherung übernommen wird – trotz aller Altlastenrisiken, wie zum Beispiel in einem Teil dereher wackeligen Banken Italiens, wo der Anteil an notleidenden Krediten bei einigen mittelgroßen Banken, die oft auch Regionalbanken sind, eher hoch zu sein scheint. Auf der Grundlage der politischen Psychologie der EU-Präsidentschaft kann man davon ausgehen, dass viele nicht optimale Entscheidungen in der EU getroffen werden. Dies schwächt die EU im globalen systemischen Wettbewerb.

Es wurde bereits betont, dass das Subsidiaritätsprinzip (d. h. die Priorität der nationalen Entscheidungsfindung gegenüber der supranationalen EU-Entscheidung, wenn die supranationale Ebene es nicht zulässt, dass man erhebliche Wohlfahrtsgewinne erwartet) nützlich ist, aber eine stationäre Sichtweise ist unzureichend: Man sollte sich fragen, wie die Übertragung von Aufgaben auf die supranationale versus nationale Politikebene zusätzliches politisches Interesse bei den Wählern in den EU-Mitgliedstaaten erzeugen würde, sodass die Wählerbeteiligung und die Intensität des politischen Wettbewerbs in der EU verstärkt würden, was wiederum zu einer effizienteren politischen Entscheidungsfindung in der EU führen sollte. Daher scheint eine dynamische Sichtweise des Subsidiaritätsprinzips angemessen zu sein. Die *Forschungsgruppe Wahlen* (Schroth 2014) hat argumentiert, dass das derzeit bescheidene Aufgabenprofil der EU dazu führt, dass viele deutsche Wähler bei Europawahlen dazu neigen, für kleine radikale Parteien zu stimmen – d. h. sich politischen Experimenten bei der Stimmabgabe hinzugeben. Es sei auch darauf hingewiesen, dass EU-Wahlen als unwichtig angesehen werden, wie Kommunalwahlen, und daher die Wahlbeteiligung in der Regel eher gering ist und im Lauf der Zeit zurückgegangen ist (mit einer Ausnahme); daher ist der politische Wettbewerb auf supranationaler Ebene eher schwach und die Effizienz politischer Entscheidungen eher bescheiden. Dies würde sich nur ändern, wenn die EU-Politikschicht wichtigere Aufgaben und einen größeren Ausgabenspielraum hätte als bisher. Die britische politische Philosophie, die EU so klein wie möglich zu halten, ist damit unvereinbar. Es gibt eine Mindestgröße der EU, über die hinaus sie instabil ist und die zur Auflösung neigen würde.

Mit einer Pro-BREXIT-Mehrheit in Großbritannien ist klar geworden, dass auch andere Länder diese Option in Betracht ziehen könnten. Populistische Regierungen werden eher auf einen solchen Ansatz drängen. Bei der Gründung der EU ging es ebenso sehr um die Stärkung des Friedens in Europa wie um die gemeinsamen Vorteile der regionalen Integration. Der britische Verteidigungsminister Gavin Williamson hat öffentlich betont, dass der neue britische Flugzeugträger, die HMS Queen Elizabeth, auf seiner Jungfernfahrt nicht nur ins Mittelmeer, sondern auch in den Pazifik fahren wird – da Großbritannien eine „Weltmacht" ist. Die Rede von Gavin Williamson über dem Flugzeugträger HMS Queen Elizabeth vom 11. Februar 2019 war eher seltsam, da sie die Ankündigung des Baus neuer britischer Militärbasen beinhaltete – eine in Asien, die andere in der Karibik. Diese neuen Grundlagen sind: „um unsere globale Präsenz zu stärken, unsere Letalität zu erhöhen und unsere Masse zu erhöhen". Laut Guardian fuhr der Minister fort, dass BREXIT „uns zu einem großen Moment in unserer Geschichte geführt hat", in dem wir bereit sein müssen, „harte Macht" gegen diejenigen einzusetzen, die „das Völkerrecht missachten" (Sabbagh 2019).

Es scheint, dass das Vereinigte Königreich ein Problem damit hat, die EU durch seine Mitgliedschaft von über 40 EU-Freihandelsabkommen und einem privilegierten Marktzugang in 71 Ländern profitieren zu lassen. Die May-Regierung hatte im Februar 2019 nur mit sieben Ländern Zusagen für ein Freihandelsabkommen gemacht, und Donald Trump hatte signalisiert, dass die USA bereit seien, ziemlich schnell ein Freihandelsabkommen zwischen den USA und Großbritannien zu schließen. Die neue Post-BREXIT-Situation würde jedoch so aussehen, dass das Vereinigte Königreich – mit einem Fünftel des wirtschaftlichen Gewichts der EU28 – ein Freihandelsabkommen mit Dutzenden von Ländern aushandeln müsste. Gleichzeitig wird die EU durch BREXIT geschwächt, da sie etwa ein Fünftel ihres jährlichen realen Einkommens in der EU28 verliert; und eine schwächere EU scheint zum Vorteil Russlands zu sein.

Die May-Regierung drängt auf eine neue militärische Macht, die genutzt werden könnte, um den Ländern Schutz zu bieten, die ihrerseits eher bereit wären, dem Vereinigten Königreich großzügige Handelszugeständnisse zu machen. Der Gesamteffekt von BREXIT wird sein, dass BREXIT hohe Kosten für die Menschen in Großbritannien verursacht, aber die Gewinner sind Putin, der militärisch-industrielle Komplex in Großbritannien und den USA (Großbritannien wird mehr militärische Ausrüstung aus den USA importieren) und das 19. Jahrhundert. Die Welt könnte zu einem Großmächtesystem zurückkehren, das an das Ende des 19. Jahrhunderts erinnert, als große Länder auf globaler Ebene um Einfluss und Macht konkurrierten; im 21. Jahrhundert wird es jedoch neue Akteure geben, nämlich die USA und China. Die Wahrscheinlichkeit eines solchen neuen Systems von Großmächten wird erheblich erhöht, wenn die USA unter Präsident Trump (und nachfolgenden populistischen Präsidenten) wirklich eine ernsthafte Schwächung der internationalen Organisationen erreichen sollten.

Die EU hat drei Alternativen:

- Die EU – wo nur wenige verstehen, dass BREXIT einen Rückschlag für das EU-Integrationsprojekt darstellt – wird allmählich zerfallen, da populistische Anti-EU-Truppen in vielen EU-Ländern verstärkt werden; gleichzeitig wird das Vereinigte Königreich beginnen, einige der EU-Mitgliedstaaten wegzulocken.
- Die EU könnte eine tiefere politische und wirtschaftliche Integration anstreben – aber nicht unbedingt von der Konzentration auf den wirtschaftlichen Nutzen der EU-Integration geleitet. Eine solche naive EU-Tiefung wird beispielsweise zu einer zu frühen gemeinsamen Einlagensicherung führen, möglicherweise in der zweiten Jahreshälfte 2020, wenn Deutschland die rotierende EU-Präsidentschaft innehat und möglicherweise nicht genügend Widerstand (aufgrund seiner Präsidentschaftsposition) zeigt, um sein nationales Interesse und die tatsächlich soliden Grundsätze des Aufbaus von Finanzinstitutionen der EU zu verteidigen, die nicht mit einer stillen und undurchsichtigen Umverteilung von Risiken und Kosten innerhalb der EU einhergehen sollten. Ein solcher Integrationsclub wird nicht

genügend Nutzen für eine nachhaltige EU-Integration bringen, und die populistischen Kräfte auf nationaler und internationaler Ebene in der EU werden einen zunehmenden Einfluss erleben, sodass die EU letztendlich von innen heraus zerfallen wird: Ein erster Schritt könnte der Übergang von einer Zollunion (dem derzeitigen EU-Status, bei dem die Europäische Kommission internationale Handels- und Investitionsabkommen für alle EU-Mitgliedstaaten aushandelt) zu einem Freihandelsabkommen sein. Dann könnte Deutschland, als wirtschaftlich größtes EU-Land, versuchen, besondere Vorteile aus dem Bilateralismus zu ziehen, nämlich bessere Deals von Nicht-EU-Partnerländern zu bekommen als andere EU-Länder (mit Ausnahme von Frankreich). Sobald die supranationale Handelspolitik tot ist, ist mit einer weiteren Schwächung der EU-Integration zu rechnen.

- Eine vorsichtige Vertiefung der EU-Integration könnte nützlich und nachhaltig sein, wenn eine solche EU-Integration durch eine bewusste Strategie zur Stärkung der Vorteile der EU-Mitgliedschaft für die Menschen in den EU-Mitgliedstaaten unterstützt würde. Die EU könnte – nach der Theorie des Fiskalföderalismus (Oates 1999) – mehr in eine gemeinsame Infrastrukturpolitik und gemeinsame Verteidigungsausgaben sowie eine minimale Umverteilungspolitik und eine minimale gemeinsame Steuerpolitikinvestieren, einschließlich minimaler Körperschaftsteuersätze. Das Subsidiaritätsprinzip, das eine politische Priorität der EU-Mitgliedstaaten gegenüber der supranationalen EU-Politik voraussetzt, wurde in der Vergangenheit oft herangezogen, um die Aktivitäten der EU zu minimieren (in einigen Fällen aus gutem Grund). Es gibt jedoch ein kritisches Minimum an EU-Aufgaben und -Aktivitäten, die erforderlich sind, um die Relevanz zu erhalten. Mit nur 1 % des EU-Nationaleinkommens ist die EU zu klein, um wirklich eine starke Wirtschaftspolitik zu betreiben; nicht zuletzt, weil etwa 40 % der EU-Ausgaben im Agrarbereich ausgegeben werden. Eine stärkere EU wäre ein Ansatz, der nicht im Interesse eines populistischen Vereinigten Königreichs und einer populistischen USAliegt. Man kann argumentieren, dass es sinnvoll wäre, insbesondere in der Eurozone eine gemeinsame Fiskalpolitik zu verfolgen. Darüber hinaus könnte die EU erwägen, in internationalen Organisationen mit einer Stimme zu sprechen, d. h. einen gemeinsamen Sitz zu haben, was dann eine stärkere Zusammenarbeit innerhalb der EU erfordern würde. Dies wird jedoch schwierig sein, solange die politischen Parteien nicht vollständig als paneuropäische Parteien organisiert sind.

Sollte die EU zu schwach sein, um ihren eigenen Ansatz der Sozialen Marktwirtschaft nach Asien und Afrika zu exportieren, würden die USA und

China das 21. Jahrhundert eindeutig dominieren, und das nächste Freihandelsabkommen mit den USA wäre sicherlich viel weniger zugunsten der EU als der gescheiterte TTIP-Ansatz der Obama-Regierung. Ohne eine Soziale Marktwirtschaft in Europa hätte die Weltwirtschaft kein Modell, das eine begrenzte und nachhaltige Ungleichheit aufweist, was wiederum Auswirkungen auf die USA hat – die untere Hälfte der Einkommenspyramide müsste eine nahezu kontinuierliche Abwärtsentwicklung der Einkommensquote befürchten.

Die internationale Zusammenarbeit könnte in einer Zeit des US-Populismus und der abnehmenden Unterstützung der Bevölkerung für die EU-Integration schwächer und komplexer werden. Was Deutschland betrifft, so ist die größte Volkswirtschaft in der EU durch den Aufstieg der AfD politisch gespalten. Die Politik vonBundeskanzlerin Merkel im Jahr 2015 – als die EU vor der Flüchtlingswelle stand – hat den Aufstieg der AfD entschlossen und direkt unterstützt. Ihre Hauptfalle war es, das Modell einer parlamentarischen Demokratie für mehrere Monate fast auszusetzen; ihre Entscheidung, Deutschland für eine massive Aufnahme von Flüchtlingen zu öffnen, wurde ohne vorherige parlamentarische Debatte Ende August oder Anfang September 2015 getroffen. Dies war ein schwerer Schlag für die parlamentarische Demokratie in Deutschland. Italien hat seit Sommer 2018 eine populistische Conte-Regierung, die droht, die EU zu verlassen. Spanien steht vor Problemen der politischen Stabilität. Ob die Präsidentschaft von Emmanuel Macron in dem Sinn erfolgreich sein wird, dass Wirtschaftswachstum erreicht werden kann und die populistischen Parteien sowohl rechts als auch links im politischen Spektrum zurückgeworfen werden, bleibt abzuwarten. Die Bevölkerung vieler osteuropäischer Länder teilt nicht die weitgehend postmateriellen Werte, die breite Schichten in Westeuropa charakterisieren. Dies birgt ein erhebliches Risiko einer politischen Spaltung der EU, die sowohl von Russland, China als auch den USA leicht ausgenutzt werden könnte.

Ein Blick auf die OECD

Was die institutionelle Zusammenarbeit zwischen der EU, den USAund Japan betrifft, so scheint die OECD eine wichtige internationale Organisation zu sein. Die Unterfinanzierung durch die USA im Jahr 2018 – mit verspäteten US-Zahlungen – und eine langsame Anpassung der Agenda machen die OECD jedoch zu einer Institution, die bei der Bewältigung neuer wirtschaftlicher Herausforderungen manchmal eher konservativ ist. Die Arbeit der OECD basiert auf der konsensorientierten Festlegung der Agenda in Dutzenden von Ausschüssen, die jeweils für ein bestimmtes Tätigkeitsfeld (z. B. Geldpolitik, Fischereipolitik, Bildungspolitik) stehen. Was das Outreach-Programm der OECD-Länder betrifft, so ist die Zusammenarbeit mit China, Indien und einigen anderen Nicht-OECD-Ländern sehr nützlich, wenn auch nicht immer wirklich transparent. Die EU und die USA könnten zumindest versuchen, über die OECD einen politischen Dialog mit China und Indien sowie anderen Ländern zu organisieren. Die OECD war bei der Koordinierung der Makropolitik über viele Jahrzehnte hinweg sicherlich sehr hilfreich, hat sich aber auch eher zögerlich mit dem Thema der neuen digitalen privaten Eigentumsrechte beschäftigt. Solche digitalen Eigentumsrechte, die beispielsweise auf der Grundlage digitaler nationaler oder internationaler Genossenschaften organisiert werden könnten, würden zu einer stärkeren Aufteilung der Einnahmen zwischen digitalen Anbietern und Haushalten/Verbrauchern führen, sodass die Verbraucher einen Teil der derzeitigen Gewinne der digitalen Unternehmen erzielen könnten. Dies würde zu weniger Ungleichheit, mehr Interesse an der Datensicherheit und einem stabileren globalen digitalen Marktsystem führen.

Hier kann man erwarten, dass die EU und die USA einen neuen gemeinsamen Ansatz verfolgen und Länder aus Asien, Afrika und anderen Regionen in diese neue Politik einbeziehen. Große Daten haben nicht nur in den OECD-Ländern, sondern auch in allen Entwicklungsländern einen wirtschaftlichen Wert. Sobald private digitale Eigentumsrechte definiert sind, werden Daten Teil des Vermögens einzelner Haushalte und können als Sicherheit für die Kreditaufnahme bei einer Bank verwendet werden. Dies wäre in vielen Entwicklungsländern eine ganz wichtige Innovation und könnte den wirtschaftlichen Aufholprozess im Süden unterstützen.

Man könnte davon ausgehen, dass alle Länder des Nordens ein großes Interesse daran haben, den Aufholprozess des Südens zu erleichtern. Ob die EU, die USA, Japan und China einen gemeinsamen Ansatz in diesen neuen digitalen Bereichen entwickeln könnten oder nicht, bleibt abzuwarten, aber die EU sollte natürlich auf mehr digitale Zusammenarbeit und mehr digitale Eigentumsrechte drängen, was wiederum Investitionen in die Datensicherheit fördern und so zu mehr Systemstabilität in Europa und weltweit beitragen würde.

Verbesserung der digitalen Wirtschaft

Die Entwicklung der digitalen Wirtschaft bis Ende 2018 ist eine, in der keine klaren privaten digitalen Eigentumsrechte für Daten definiert sind. Nach einem Teil der westeuropäischen Rechtstraditionen scheint es in der Tat schwierig zu sein, solche privaten Dateneigentumsrechte umzusetzen. Während 2018 in den OECD-Ländern fast jeder ein Handy und das Internet benutzt, gibt es keine privaten Datenrechte. Die meisten Menschen haben keine Ahnung, wie wertvoll ihre jeweilige Liste von Telefonkontakten oder ihre Bildergalerie ist. Man kann vermuten, dass Einzelpersonen private Datenfirmen gründen oder Datengenossenschaften, die dann die Vermarktung der privaten Daten der Mitglieder organisieren. Die Regierung könnte auch eine Ebene Null für eine nationale Datenplattform definieren, in der alle Daten von in einem bestimmten Land lebenden Privatpersonen gespeichert werden. Die auf dieser Plattform erzielten Gewinne, die in Form einer Stiftung erzielt werden könnten, könnten an alle Bürger verteilt werden – mit einem Teil des Gewinns, der besteuert wird. Solche Initiativen würden dazu beitragen, eine neue Wahrnehmung von Daten zu fördern, nämlich dass Daten einen Wert haben. Der Verlust von Daten durch Cyberangriffe wäre daher ein wirtschaftlicher Verlust und damit die Bereitschaft, in den Datenschutz zu investieren, würde viel größer werden.

Es ist klar, dass digitale Märkte oft von schwachem Wettbewerb geprägt sind, insbesondere wenn sich die First-Mover-Vorteile eines innovativen Unternehmens überschneiden und sich Netzwerkeffekte wie bei Suchmaschinen überschneiden – und Google ist ein Paradebeispiel. Die Wettbewerbspolitik in der digitalen Wirtschaft wäre natürlich oft eine grenzüberschreitende Hesrausforderung, sodass eine internationale Zusammenarbeit in der Wettbewerbspolitik erforderlich wäre. Die EU und die USA sowie Japan, Südkorea und Chinahaben jedoch wenig Zusammenarbeit in der digitalen Wettbewerbspolitik entwickelt. Die Trump-Administration könnte sehr zögerlich sein, eine neue digitale Wettbewerbspolitik in einem internationalen Rahmen in Betracht zu ziehen.

Die transatlantische Zusammenarbeit im Zeitalter des Trumpismus wird ziemlich schwierig werden. Die USA werden höhere Militärausgaben betonen, und die Trump-Administration wird insbesondere auf mehr Rüstungsexporte drängen; nicht zuletzt als Mittel zur Verbesserung der US-Leistungsbilanz – eine sehr seltsame und riskante Strategie zur Lösung eines Problems, das normalerweise durch eine Erhöhung der US-Sparquote hätte gelöst werden müssen. Die Beziehungen zwischen der EU und Russland scheinen nicht wirklich stabil zu sein, und ein Mangel an Zusammenarbeit zwischen der EU und Russland könnte ein ernsthaftes Problem darstellen. Da die USA unter der Trump-Administration den Bilateralismus und eine neue nationalistische Politik betonen, stehen die EU und ihre Mitgliedsländer vor schwierigen Herausforderungen; und da das Vereinigte Königreich nach 46 Jahren die EU verlässt, erscheint die westeuropäische Sicherheitszusammenarbeit komplexer.

Es scheint klar zu sein, dass Frankreich eine stärkere Position in der EU27 einnehmen wird als zuvor, nicht zuletzt, weil Frankreich eine atomare Militärmacht ist.

Im Endeffekt muss ein Rückschlag des US-Populismus von politischen Kräften innerhalb der USA kommen; möglicherweise auch von der US-Wissenschaftsgemeinschaft. Es ist eher ungewöhnlich, dass ein US-Präsident wenig Rücksicht auf US-Wissenschaftler, Wissenschaftler und Experten nimmt. Präsident Trump hat sich jedoch sehr zurückhaltend geäußert, solche Stimmen entweder in Bezug auf die Klima- oder Wirtschaftspolitik oder die Epidemiepolitik zu hören. Man kann darauf hinweisen, dass Wissenschaftler in digitalen sozialen Netzwerken eine stärkere Stimme haben sollten. Eine Rücknahme des Populismus ist eine sehr langfristige Herausforderung, die sowohl die USA als auch die EUbetreffen wird.

Perspektiven nach der Trump-Zeit

Präsident Trump hat das Problem einer sinkenden Glaubwürdigkeit sowohl für die Präsidentschaft als auch für die USA geschaffen. Sein Mangel an Seriosität und Ehrlichkeit in vielen politischen Projekten bzw. in einem großen Teil seiner öffentlichen Äußerungen über Twitter hat einen neuen schlechten Standard für die Kommunikation von US-Präsidenten geschaffen. Geringere Glaubwürdigkeit bedeutet, dass stärkere politische Maßnahmen erforderlich sind, um den gleichen Effekt wie bisher zu erzielen. Die Wiederherstellung der Glaubwürdigkeit des Präsidentenamts wird daher eine langfristige Herausforderung in den USA sein. Man kann argumentieren, dass Trump einige unkonventionelle politische Elemente hat, die seinen temporären politischen Erfolg unterstützt haben – und dass die Republikanische Partei Teil des Rationalitätsproblems im amerikanischen politischen System ist. Trumps grobe Unlogik, einfach nach einem plausiblen Ansatz zu suchen, um politische Unterstützung für die Wiederwahl zu erhalten, ist in einigen Fällen seltsam, zum Beispiel die Automobilimporte aus der EU als Bedrohung für die nationale Sicherheit zu betrachten und die Einfuhrzölle so zu gestalten, dass einige seiner Gewinnerstaaten davon profitieren würden, zum Beispiel im Stahl- oder Aluminiumsektor oder im Automobilsektor. Es ist enttäuschend, dass der US Council of Economic Advisors in den Debatten über die US-Handelspolitik eher still gestanden hat und sich auch nicht intensiv mit Fragen der Einkommensverteilung beschäftigt hat. Viele Jahre lang zeigte auch die Demokratische Partei kein breites Verständnis für die Herausforderungen der wirtschaftlichen Ungleichheit.

Die nächsten Präsidentschaftswahlen könnten durch eine Wiederwahl von Trump oder die Wahl eines demokratischen Präsidenten gekennzeichnet sein. Solange das Problem der Verringerung der Einkommensungleichheit jedoch nicht auf der politischen Agenda der Wähler steht, kann das politische System keine politischen Konzepte liefern, um der Herausforderung der steigenden Einkommensungleichheit zu begegnen. Es könnte für die EU-Länder nützlich sein, die transatlantische Forschung über eine moderne soziale Marktwirtschaft zu unterstützen und Projekte der politischen Partnerschaft, wie beispielsweise transatlantische Städtepartnerschaften, einzuleiten.

Im Hinblick auf die trilaterale Perspektive USA-EU-China ist es wichtig, dass weder die USA noch die EU China in eine politische Position drängen, in der es tatsächlich nicht Teil der Weltwirtschaft zu sein scheint. China ist bereits groß genug, um auch bei stark reduziertem Handel (im Kontext mit einem handelspolitischen Dauerstreit) mit den USA und der EU ein nachhaltiges Wachstum zu erzielen. Dies liegt jedoch weder im Interesse der USA noch Europas. Der Handel kann nicht nur ein Motor für mehr Wohlstand, sondern auch für den politischen und kulturellen Dialog sein. Es ist sehr wichtig, dass die EU nicht zerfällt, denn andernfalls dürfte die populistische USA die westliche Politik gegenüber China allein bestimmen. Populistische USA wären protektionistisch und nationalistisch, sodass das 21. Jahrhundert von langfristigen Konflikten zwischen den beiden Ländern geprägt sein würde. Japan wäre mehr oder weniger gezwungen, den USA zu folgen, und für Großbritannien (Post-Brexit) würde eine ähnliche Logik gelten. Es besteht kein Zweifel, dass die digitale globale Expansion die Ungleichheit in Bezug auf die Markteinnahmen wahrscheinlich verstärken wird, aber die Regierungenkönnten diese Ungleichheit bis zu einem gewissen Grad korrigieren. Es ist auch offensichtlich, dass eine liberale, regelbasierte Wirtschaftsordnung eine wichtige Grundlage für den globalen Wohlstand ist. Daher ist es sehr wichtig, dass eine kritische Mindestgruppe von westlichen und asiatischen Ländern den Multilateralismus unterstützt. Die aggressiven Tricks von Trump, die WTO beiseite zu schieben, sollten in Zukunft nicht mehr möglich sein. Aber dies ist vor allem eine interne Frage für das politische System der USA, einschließlich der Frage, inwieweit der Kongress in Zukunft zulassen würde, dass der damalige Präsident die weitgehende Autonomie hat, Handelskriege nach Abschn. 232 des Trade Expansion Act zubeginnen.

Mit der Corona-Weltwirtschaftskrise sind die drei Großakteure USA, China und EU vor eine Doppelherausforderung von Gesundheits- und Wirtschaftssystem gestellt. Chinas Behörden taten sich beim Ausbruch der Epidemie

Ende Dezember 2019 offenbar schwer, das Ausmaß der Epidemie offiziell zu benennen und der Weltgesundheitsorganisation zügig zu kommunizieren. Als man in China das Problem in Peking bei der Staatsführung erkannt hatte, griff man allerdings zu energischen Maßnahmen zur Eindämmung der Epidemie. Der Neustart der Wirtschaft Chinas wiederum im April 2020 sieht zum Teil schwierig aus, weil ausländische Vorleistungen und Experten in bestimmten Sektoren fehlen; dabei gibt es natürlich aus Sicht der Behörden Chinas das Problem, dass bei Wiederaufnahme des internationalen Flugverkehrs der Coronavirus zurückimportiert werden könnte.

Die Vereinigten Staaten haben mit Coronavirus eine große Herausforderung für das Gesundheitssystem und Präsident Trumps egozentrischer Stil dürfte bei der Seuchenbekämpfung wenig hilfreich sein. Ende April 2020 hatte Trump seine täglichen Pressekonferenzen für einige Zeit abgesagt, da er meinte, sie lohnten wegen der oft Trump-kritischen Presseberichterstattung eigentlich nicht. Der enorme Anstieg der US-Arbeitslosenzahlen um rund 25 Mio. Menschen binnen sechs Wochen – bis Ende April – zeigt, wie stark die US-Wirtschaft durch den Corona-Schock unter Druck gekommen ist. Der Anstieg der Arbeitslosenzahlen in der EU wird geringer ausfallen. Allerdings dürfte in Teilen der nationalen Regierungen von EU-Ländern eine problematische Neigung entstehen, Großunternehmen durch Nationalisierungen zu retten und dabei eine Staatsunternehmerfunktion zu entwickeln, die für den Aufschwung und das Wachstum nicht hilfreich sind. Wenn etwa in Deutschland die Lufthansa als Rettungsmaßnahme verstaatlicht werden sollte, kann der Staat nicht nur Aufsichtsratssitze beanspruchen, sondern er könnte sich auch in grundlegende unternehmerische Fragen einmischen, wo er kaum Kompetenz hat. Alitalia in Italien ist ein Warnbeispiel für eine Airline, wie man es nicht machen sollte – immer wieder haben italienische Regierungen Steuergelder in die Airline gesteckt und letztlich ist damit die Sanierung von Alitalia paradoxerweise verhindert worden. Es wäre immerhin wünschenswert, dass die deutsche Bundesregierung besondere Grundsätze verabschiedet für Beteiligungen an Unternehmen, die durch staatliche Epidemieschutzmaßnahmen und den Coronavirus-Schock in ernste Probleme gerieten: Die Lockdown-Maßnahmen – mit dem Charakter von Betriebsschließungen – hat schließlich der Staat selbst beschlossen und die Lufthansa ist nicht wegen eines fehlerhaften Geschäftsmodells in Existenzdruck geraten. Ein wichtiger Grundsatz sollte daher sein, dass die Bundesregierung (und ähnlich auch Landesregierungen) in einigen Fällen nur stille Beteiligungen eingehen; in anderen Fällen allerdings möglichst innerhalb von zwei Jahren die erworbenen Unternehmensanteile auch wieder veräußern. Ähnliche Überlegungen sind in anderen EU-Ländern angebracht. Außerordentlich wichtig ist, dass die EU die sonderbaren Grenzblockaden innerhalb der EU beendet und den LKW-Transportverkehr möglichst ungehindert fahren lässt, damit die europäischen Wertschöpfungsketten wieder funktionieren. Wenn international Vorprodukte in der EU nicht mehr reibungslos gehandelt werden könnten, nehmen die EU-Binnenmarktvorteile ohne Not ab und Produkte verteuern sich unnötigerweise. Die EU wird zeigen müssen, dass sie über nationale Fiskalpolitik und ein vernünftiges EU-Kreditpaket die Wirtschaft stabilisieren bzw. den Aufschwung stärken kann. Bis Ende April hatte die EU ein Kreditpaket von gut 500 Mrd. € auf den Weg gebracht, bei dem 200 Mrd. € von der Europäischen Investitionsbank (EIB) kommen sollen. Gerade die EIB bietet hier aber – bei 25 Mrd. € Kapitaleinsatz – eine Milchmädchenrechnung: Die von privaten Banken erwarteten 175 Mrd. € Kreditvergabe rechnet sich die EIB dann als Teil eines EU-Gesamtimpulses an. Das ist aber methodisch grundfalsch, da die Banken diese Kredite zum größten Teil auch ohne EIB – zu einem etwas höheren Zinssatz – vergeben hätten. Es besteht also eine Substitutionsbeziehung und der Kern der Kreditexpansion bei privaten Banken besteht im Wesentlichen darin, dass die EIB Verlustrisiken der Banken vermindert: Ökonomisch läuft das auf eine Kreditsubventionierung oder aber eine Minderung der Bankbesteuerung hinaus.

Die EU braucht im Vergleich zu den USA eine Ewigkeit, bis sie vernünftige Expansionsmaßnahmen beschließt und sie ist außerstande, einen ähnlich guten Politikmix – mit Blick auf Geld- und Finanzpolitik – auf den Weg zu bringen wie USA und UK. In den beiden letztgenannten Ländern bringt eine einfache Kombination von Fiskal- und Geldpolitik eine zuverlässige Verankerung der Zinssätze auf niedrigem Niveau für ein bis zwei Jahre, wobei die jeweilige Zentralbank (Federal Reserve System bzw. Bank of England) neben einer Zinssenkung Anleihenankäufe – bei Staatspapieren – angekündigt hat. In der Eurozone fehlt eine supranationale Anleihe, sodass die EZB in ihren Ankaufsprogrammen Staatsanleihen aller EU-Länder ankauft. Es gibt also in der Eurozone eine gemeinsame Geldpolitik via EZB, aber eine gemeinsame Finanzpolitik in einem abgesteckten Feld der Eurozone gibt es nicht; und ein Europarlament gibt es auch nicht. Man muss keineswegs naive Eurobonds (Gemeinschaftsanleihen) befürworten, um notwendige Fortschritte in der Eurozone in Sachen Rezessionsbekämpfung zu machen. Teilbesicherte Joint Eurobonds – jedes Land müsste seinen Anteil dann teilweise mit Gold und Devisenreserven unterlegen – könnten etwa aus Sicht Deutschlands und anderer EU-Länder das Haftungsrisiko sinnvoll beschränken. Hinzukommen sollten andere Maßnahmen, die etwa zur Entwicklung der Eurokapitalmärkte beitragen.

Die Corona-Weltrezession hat die EU bzw. die Eurozone stark getroffen. Mit 7 % Einkommensrückgang für Deutschland, 8 % für Spanien und gar 9 % für Italien rechnet der IWF. Die deutsche Bundesregierung hat eine expansive Finanzpolitik mit zahlreichen Maßnahmen – inklusive Kreditgarantien und Liquiditätshilfen – auf den Weg gebracht; gefolgt von der EU.

Nimmt man den sogenannten Finanzakzelerator aus dem Lehrbuch der Ökonomen, dann ist es zwar richtig, dass die EIB wohl netto einen Zusatzbetrag an Krediten mobilisiert. Aber das dürfte wenig mehr als Doppelte dessen sein, was die EIB selbst an Kapital bzw. Garantien zu denkbaren Verlusten bei Banken aus Krediten gibt. Das EU-Gesamtpaket beträgt effektiv gesehen nicht 500 Mrd. €, sondern eher 350 Mrd. €. Da fehlt dann fast 1 % der EU-Wirtschaftskraft bei den ins politische Schaufenster gestellten Kreditimpulsen für mehr Investitionen und den Konjunkturaufschwung. Da die EU auch noch ein Rettungspaket für 2021 und die Folgejahre in großer Höhe plant, wobei die EIB wieder eine Hauptrolle spielen wird, sollte man einen weiteren Etikettenschwindel in Brüssel und Berlin hier nicht zulassen.

Konjunkturpakete können bei einer Lockdown-Lage mit Betriebsschließungen – viele Arbeitnehmer sitzen auf staatliche Anordnung zu Hause – nur teilweise wirksam sein. Es hat gar keinen Sinn, übliche oder gar größer dimensionierte staatliche Expansionshilfen zu aktivieren, wenn wichtige Teile der Wirtschaft noch im künstlichen Produktionsstillstand sind. Das ist ein wichtiger Punkt, den es in der Eurozone zu beachten gilt, sodass man das Timing der Finanzpolitik flexibel setzen sollte.

Eine überragend wichtige Frage ist, ob man dem in Sachen Corona-Krise besonders stark gebeutelten Ländern Italien und Spanien auch besonders helfen kann – wie man letztlich eine neue Eurokrise noch im Jahr 2020 verhindert. In den Jahren 2009–2012 hatte sich eine von Griechenland, Irland und Portugal ausgehende Eurokrise entwickelt, da die genannten Länder den Zugang zum internationalen Kapitalmarkt verloren hatten: Die staatlichen Schuldenstände relativ zur nationalen Wirtschaftskraft waren so hoch, dass keine Käufe von Staatsanleihen der genannten Länder mehr erfolgten, obwohl da gerade die staatlichen Haushaltsdefizite im Zusammenhang der Transatlantischen Bankenkrise und nationaler Politikfehler besonders hoch waren. Die EU-Länder organisierten daraufhin Rettungsfonds, die unter Auflagen Kredite vergaben, inklusive Maßnahmen zur Minderung der Haushaltsdefizite relativ zum Nationaleinkommen. Das funktionierte und letztlich musste weiterhin jedes EU-Land – regelkonform – für die eigenen Staatsschulden aufkommen. So steht es nämlich im Maastrichter Vertrag der EU.

Wenn es zu einer neuen Eurokrise käme und davon ist mit Blick auf Griechenland, Italien und Spanien wohl auszugehen, dann sieht die Lage 2020 viel bedrohlicher aus, da insbesondere das große und schon hoch verschuldete Italien in einer sehr schweren Rezession steckt, für die das Land mit Blick auf die Coronavirus-Epidemie kaum verantwortlich ist. Der Spielraum für neue Kredite vonseiten der Regierung Italiens ist relativ beschränkt – eben weil die Staatsschuld relativ zur Wirtschaftskraft schon mehr als doppelt so hoch ist wie das im Maastrichter Vertrag der EU eigentlich vorgesehen ist. Italien und einige andere EU-Länder, die hohe Zinssätze auf den Märkten bei Staatsanleihen anbieten müssen, hätten aber grade jetzt gern den bei Null liegenden langfristigen Zinssatz Deutschlands. Die Forderung nach Einführung sogenannter Eurobonds, Anleihen mit gemeinsamer Haftung der Eurozonenländer, kam dann auch aus Italien und Spanien unter der Überschrift Corona-Bonds. Aber bei Eurobonds wird Deutschland aus ökonomischen und rechtlichen Gründen nicht mitmachen können und einige andere EU-Länder sind ebenfalls sehr skeptisch bei einer so angedachten Vergemeinschaftung von Staatsschulden.

Die Lösung des Problems sollte in der Tat nicht in Eurobonds liegen, sondern in teilbesicherten Gemeinschaftsanleihen. Jedes Mitgliedsland im Euroraum kann an der Gemeinschaftsanleihe mit Besicherung mitwirken, die 50 % Gold- und Devisenreserven des Landes ausmachen sollte. Zudem sollte man die Verwendung der aufgenommenen Gelder im Kern auf öffentliche Investitionen in transeuropäische Netzwerke etwa in den Bereichen Stromnetz-, Telekomnetz-, Schienennetz und Wasserstraßenausbau festlegen. Zudem sollten Projekte für eine Förderung von Innovation und Wachstum festgelegt werden, denn einige Länder – vor allem Italien – leiden seit vielen Jahren unter einem viel zu geringen Wirtschaftswachstum. Wenn Italien seine Wachstumsschwäche endlich überwinden könnte, so wäre das wegen der starken Wirtschaftsverflechtung in der EU ein Vorteil für Italien und alle anderen EU-Länder.

Könnten Italien und Spanien wie gewünscht überproportionale Anteile der Gemeinschaftsanleihe mit Niedrigzins erhalten? In der Tat ist denkbar, dass diese Länder einen Anteil erhalten, die größer als die Anteile der genannten Länder an der Wirtschaftskraft der Eurozone sind. Voraussetzung wäre allerdings, dass die betreffenden Länder dann auch eine besondere Absicherung für den Zusatzanteil geben; etwa auf Basis einer Sondersteuer auf hohe Vermögen im Land. Die Relation Vermögen zu verfügbarem Bruttoeinkommen in Spanien und Italien liegt bei etwa zehn bzw. acht – in Deutschland im Übrigen bei 6. Das könnten Italien und Spanien durchaus politisch auf den Weg bringen, sodass sie sich für den Konjunkturaufschwung überproportional starken Rückenwind besorgen könnten. Deutschland hingegen mit seiner robusteren Wirtschaft braucht nicht unbedingt einen 29-Prozent-Anteil an teilbesicherten Gemeinschaftsanleihen – Joint Eurobonds genannt –, was seinem Anteil an der Wirtschaftskraft der Eurozone entspricht. Die hier genannten neuen Ansatzpunkte könnten eine Eurokrise 2 und damit auch eine verschärfte Rezession in Deutschland in den Jahren 2020/2021 verhindern. Das bedeutet letztlich auch für den Bund höhere Einnahmen bei Einkommensteuer und Sozialversicherungsabgaben sowie geringere Arbeitslosenquoten. Das ist dann der Vorteil, den man aus einer Teilmithaftung für andere EU-Länder in diesem Sonderfall erhält – zu organisieren im Übrigen auch nicht über eine EU-Institution, sondern über einen Sonderfonds im Eigentum der 19 Euro-Länder.

Ob man längerfristig Joint Eurobonds als Teilelement einer reformierten Eurozone und EU will, bleibt politisch zu debattieren und zu entscheiden. Ohne ein eigenes Eurozonenparlament wird man jedenfalls einen Eurofinanzminister und mehr eigenständiges Handeln auf der Brüsseler Gemeinschaftsebene nicht vernünftig hinbekommen. Immer wenn Gelder der Steuerzahler ausgegeben werden sollen, muss es klare politische Verantwortlichkeiten geben. Alles andere wäre ökonomisch dumm und zudem undemokratisch. Es wäre allerdings sinnvoll, eine EU-Reformdebatte 2021 im Sommer, vor der Bundestagswahl, zu beginnen, damit man nicht in einen womöglich spontanen EU-Zerfallsprozess gerät. Der droht seit dem Ausscheiden Großbritanniens Ende Januar 2020 durchaus. Dabei wäre es dann wohl längerfristig an der EU, auch verstärkt eine politisch-wirtschaftliche Führungsfunktion international zu übernehmen, nachdem der populistische US-Präsident Trump 2020 als erste internationale Wirtschaftskrise nach 1945 ohne US-Führung in die Geschichte eingehen lässt. Wenn die EU allerdings in Brüssel und den Mitgliedsländern keine vernünftigen Reformen auf den Weg bringt, dann gibt es weder EU-Integration noch europäische Führung bei internationalen Krisen. Die jetzigen EU-Länder könnten je nach geografischer Lage und politischer Orientierung längerfristig zu Vasallenstaaten der USA, Russlands und Chinas werden. Nicht gerade eine positive Zukunftsperspektive. Die Europäer sollten in der Krise zu vernünftigem gemeinsamen Handel zusammenfinden und politische Weichen in der EU klug neu stellen.

Die USA sind unverändert ein Land mit enormer ökonomischer und technologischer Dynamik. In den Vereinigten Staaten lässt sich aber auch besichtigen, welche großen Probleme ein Land mit einem populistischen Präsidenten haben kann. Der transatlantische Dialog bleibt wichtig und wertvoll. Zu befürchten ist, dass die USA auf viele Jahre mit einer populistischen Politikversuchung aus geschilderten Gründen leben werden, während die EU sich über viele Jahre mit Zerfallsdruck konfrontiert sehen wird, wenn man keine vernünftigen EU-Reformen durchführt. Ein Teil der künftigen US-Geschichte wird in Europa gemacht: Kann die EU eine stabile Integration als Soziale Marktwirtschaft entwickeln, dann gibt dies positive Reformimpulse von Europa Richtung USA. Unterlässt die EU notwendige Reform- und Stabilisierungsmaßnahmen, dann könnte die Wirkungsrichtung eher von den USA in Richtung politische Veränderungen in Europa gehen und dort dann hin zu einem Mehr an Populismus, was letztlich neue Konflikte in der EU heraufbeschwört und wohl mit dem Zerfall der EU enden wird. Wenn aber die EU zerbricht, dann wären wohl auch andere regionale Integrationsräume der Weltwirtschaft bald am Ende. Überall käme es zu neuen ökonomischen und im Einzelfall auch militärischen Konflikten, eine Destabilisierung der Welt politisch hieße auch eine ökonomische globale Destabilisierung.

Die EU und vor allem Deutschland haben eine große Verantwortung. Gerade Deutschland wird seit einer Reihe von Jahren seiner Europaverantwortung wenig gerecht: zu phantasielos, zu zögerlich, zu unprofessionell sind große Teile der Europapolitik in Berlin. Dass EU-Integration bei einer populistischen US-Administration schwieriger wird als zuvor, versteht sich; im Fall einer Trump-Wiederwahl lägen weitere vier Populismusjahre vor den USA und der EU sowie China und den anderen Ländern. Je größer die globale Herausforderung, desto größer sollte die europäische Entschlossenheit zu Reformen und neuer Integration sein. Die Finanzierung von mehr Integration in der EU müsste vor allem über ein Abgeben von Körperschaftssteuereinnahmen an die EU erfolgen: Denn es ist ja auch einsichtig, dass die großen Unternehmen besonders vom EU-Binnenmarkt profitieren. Vor einer romantischen Vorstellung über eine Wiedererweckung des alten Nationalstaats in Europa kann man nur warnen.

Transatlantik- und Global-Perspektiven zur US-Präsidentschaftswahl 2020

Nachdem US-Präsident Präsident Trump mit seiner Corona-Epidemiepolitik eindeutig bis Sommer 2020 wenig erfolgreich war – im Vergleich mit eigenen Ankündigungen aus dem Frühjahr und im Vergleich etwa mit Deutschland oder Japan oder China -, sind die Wiederwahl-Chancen für Trump relativ gering. Die enormen Zölle, die Trump bei China-Importen aufbürdet, bringen zwar Zoll-Einnahmen für die USA, erhöhen aber viele Produktpreise – inklusive von Gütern, die importierte Vorprodukte aus China nutzen (vor Trump schon und seither) – und zudem sinken Gewinne von US-Tochterfirmen in China; entweder weil der Export der Produktion nach USA fällt oder weil der durch Trump-Importzölle sich ergebende Angebotsüberschuss auf dem Markt in China die Preise im Inlandsabsatz drückt. Durch den Corona-Schock bedingt, dürfte China die zugesagte Erhöhung von Agrargüter-Importen aus den USA im 2020 kaum einhalten, was zu neuen Handelsstreitigkeiten führen könnte. Auch die Handelsstreitigkeiten der USA mit der EU dürften anhalten, zumal die EU-Kommission (im Nachgang zum 750 Milliarden €-Kreditpaket vom Juli 2020) die Einfuhr von CO_2-intensiven Güterimporten mit einer CO_2-Grenzausgleichsabgabe bei den Ländern belegen will, die keine oder eine geringe CO_2-Bepreisung haben; da sind dann Handelskonflikte mit den USA und auch mit China seitens der EU abzusehen. Immerhin konnte Trump eine Neuregelung in Sachen NAFTA finden, wo unter der neuen Überschrift USMCA die Freihandelszone USA-Mexiko-Kanada überlebt hat. Mit Blick auf die digitale Weltwirtschaft sorgt die US-Handelspolitik unter Trump für große Unruhe, wie unter anderem die Konflikte mit Huawei zeigen, einem führenden chinesischen Anbieter von Telekom-Ausrüstungsgütern (US-Vorwurf von Spionage für Chinas Regierung). Auch Vorwürfe, dass TikTok – eine populäre digitale chinesische App für Kurzfilme – US-Nutzer potenziell ausspioniere, sind eine Belastung. Mit quasi derselben Begründung könnte Chinas Regierung US-Versicherungen den Zugang zu Chinas Markt verwehren, da Versicherungen immer sensible Daten von Versicherungsnehmern im Rahmen der Geschäftsbeziehungen erhalten. Der Trump-Politikansatz ist insgesamt überzogen und für die Weltwirtschaft zerstörerisch sowie für die USA selbst schädlich.

Die Tatsache, dass die USA in der Corona-Weltrezession erstmals nach 1945 ohne politische Führungsposition in einer internationalen Krise zu sehen sind, zeigt eine neue Schwäche der USA und einen Beschädigungsimpuls für die Position des US-Dollars. Die im Juli 2020 unter Beweis gestellte Handlungsfähigkeit der EU wiederum könnte zumindest zeitweise für eine Euro-Aufwertung sorgen; auch wenn die Vorschläge der EU-Kommission mit dem 750 Milliarden-Kredit-Paket (2/3 als Transfers) als problematischer Stabilisierungsansatz anzusehen sind und das Risiko einer neuen Eurokrise weiterhin besteht.

Trumps anfängliche ökonomische Pluspunkte bei Wählern dürften mit dem massiven Wirtschaftseinbruch in 2020 im Kontext der Corona-Schocks im Wahljahr kaum noch Gewicht haben und schwindender Rückhalt in der Republikaner-Partei kann ein Zusatzproblem werden. Einige Twitter-Äußerungen von Trump aus dem Juli 2020 lassen befürchten, dass Trump eine Wahlniederlage kaum akzeptieren wird – bei einer klaren Wahlniederlage wird es allerdings um Trump politisch einsam werden. Die denkbaren Übergangstage 3. November bis Ende 2020 könnten politisch-juristisch womöglich noch spannungsreich für die USA werden, womit auch Unruhe auf dem Devisenmarkt entstehen könnte. Der Westen – siehe BREXIT, siehe Trump – als Ausgangspunkt politischer Risiken ist ein neues Phänomen mit dem Ausgangsjahr 2016. Die Rassenunruhen im Zusammenhang mit dem Tod von George Floyd – Opfer von tödlicher Polizeigewalt (Erstickung) – im Sommer 2020 zeigen zudem einen alten gesellschaftlichen Schwachpunkt der USA, nämlich ein in Teilen der Gesellschaft vorhandenes Rassismus-Problem. Trumps Betonung in der Coronavirus-Pandemie, es gehe um einen China-Virus, stand auch für eine faktisch rassistische Bemerkung, die Einwanderern aus Asien eine Negativ-Einstellung mancher US-Mitbürger bescherte. Als Präsident der Einwanderer-Nation USA hat sich Trump jedenfalls nicht um Integration bemüht, sondern eher latente Vorurteile politisch zu stärken gesucht, wenn er sich einen politischen Vorteil davon versprach. Dass sich Trump von den gut integrierten Einwanderergruppen aus Asien politisch entfremdet hat, könnte noch ein entscheidender Trump-Nachteilspunkt für die US-Präsidentschaftswahl werden. Dabei könnten auch 2020 womöglich einige wenige industriell geprägte Bundesstaaten im mittleren Westen für den Wahlausgang eine besonders wichtige Rolle spielen.

Wenn Trump die Präsidentschaftswahl verliert, ist der US-Populismus fürs erste geschwächt. Aber ein latentes Problem wird der Populismus in den USA bleiben, zumal auch in anderen westlichen Ländern Populismus-Ansätze Wahlerfolge haben vorweisen können: von UK beim BREXIT über politische Erfolge rechtspopulistischer Parteien in Frankreich, Belgien, Polen, Ungarn plus Türkei und Brasilien sowie auch in Deutschland, Niederlande und Spanien. Russland unter Präsident Putin hat zudem auch autokratische Tendenzen und mit Putin hat sich Trump in den beiden ersten Präsidentschaftsjahren um besonders gute Beziehungen bemüht. Die Hinweise auf russische Einflüsse bei den US-Präsidentschaftswahlen ließen die USA-Russland-Beziehungen dann zunehmend zu einem für Trump politisch riskanten Feld werden.

Als Bau-Geschäftsmann aus dem Sektor der nichthandelsfähigen Güter hat Trump kaum Lebenserfahrung mit internationalen Wirtschaftsbeziehungen gesammelt und von wissenschaftlichen ökonomischen Beratern lässt er sich offenbar ungern beraten; seine Top-Berater hat er, von wenigen Ausnahmen abgesehen, entlassen oder sie sind – wie Kevin Hassett als Vorsitzender des US-Wirtschaftssachverständigenrates – freiwillig aus dem Amt ausgeschieden. Wie kaum ein US-Präsident der vergangenen Jahrzehnte hat Trump die US-Zentralbank (FED) unter Druck gesetzt, was dem Vertrauen in den Dollar international abträglich sein dürfte. Die US-Inflationsrate blieb in 2019/2020 ebenso unter der Ziel-Marke von 2 % wie dies der Fall in der Eurozone und bei Großbritannien war. Dass nach der Corona-Krise rasch eine neue Inflationswelle kommt, ist unwahrscheinlich in den USA, UK und der Eurozone: Denn bei einem seit 1995 sinkenden US-Nominalzinssatz – ähnlich ist der Zinsrückgang in UK und der Eurozone (ab 1999) gewesen – und einem parallel sinkenden Realzinssatz gilt wegen der Fisher-Gleichung Nominalzins = Realzins plus erwartete Inflationsrate, dass die Inflationserwartung fast konstant niedrig ist; in einer Modellperspektive mit rationalen Erwartungen stimmen tatsächliche Inflation und Inflationserwartung mittelfristig überein bzw. gibt es keine systematischen Differenzen der beiden Größen. Sehr niedrige Realzinssätze in den USA, UK und der Eurozone plus Schweiz stimulieren tendenziell eine problematische private Überinvestition (also auch die Gefahr starker Boom-Rezessions-Zyklen). Aber es gibt einen zweiten Effekt, über den man kaum in der öffentlichen Debatte in 2009–2020 gesprochen hat, dass nämlich die erwarteten künftigen – auf die Gegenwart diskontierten – Gewinne aus Innovationsaktivitäten zunehmen (gemäß dem hier so genannten „Aghion-Howitt-Effekt" im Kontext des Papiers der Autoren in Oxford Review of Economic Policy von 2007). Hier wirkt also in der Realität ein langjähriger positiver Innovationsanreizeffekt, der das Wachstum mittelfristig stärken kann. Zugleich gibt es einen längerfristigen Inflationsdämpfungseffekt durch absolute und relativ sinkende Preise von Digitalen Kapitalgütern und wegen der globalen Internetexpansion wohl zumindest zeitweise einen Inflationsdämpfungseffekt (via höherer Calvo-Parameter in der Phillips-Kurve der New Keynesian Macro-Modelle; ein größerer Anteil von Firmen passt pro Periode die Preise an).

Soweit Zentralbanken in westlichen Industrieländern zusätzliche Liquidität in der Corona-Krise schaffen, treibt diese vor allem die nominalen und relativen Aktienkurse und Immobilienpreise, was zeitweise erhebliche Umverteilungseffekte nach sich ziehen kann. Fragen zur Steuerpolitik und zur Umverteilung ergeben sich hier auf neue Weise. Die Frage nach der Legitimität der Notenbankeingriffe wird allmählich zunehmen, was die politische Unabhängigkeit der Zentralbanken gefährden dürfte. Dies gilt ähnlich für die nach der Bankenkrise 2008/09 erfolgte eigentlich unnötige, sonderbare Übernahme der Bankenaufsicht durch die FED, die Bank of England in UK und die EZB in der Eurozone, was einen potenziell Schuldigen in der nächsten Finanzmarktkrise schon vorab erkennen lässt. Hier entstehen also nicht nur neue Zielkonflikte zwischen Geld- und Bankenaufsichtspolitik seit etwa 2010, sondern es sind neue politische Angriffsflächen gegen die politische Unabhängigkeit der Zentralbanken entstanden. Wenn diese fällt, kommen bald die hohen Inflationsraten wohl zurück.

Mit Donald Trump hat ein Präsident über vier Jahre seit 2016 die Macht in der größten Volkswirtschaft der Welt ausgeübt, der sich in wichtigen Feldern den Einsichten aus der Wissenschaft verschlossen hat: vor allem im Klimaschutz-Bereich und bei der Handelspolitik sowie in der Epidemiepolitik. Zugleich hat Trump schon in seiner Wahlkampagne 2016 auf Stimmen aus dem evangelikalen-religiösen Wählerlager gesetzt, während Trump populistische und internetstarke Wahlrethorik die Vorurteile gerade wenig gebildeter Schichten ansprach, für die das Internet ein wichtiger Artikulationsraum geworden ist – zugleich hatte Hillary Clinton gerade die Nöte von Arbeitnehmern mit fallenden Realeinkommen in 2016 nicht aufgenommen. Man sollte im Wahlkampf 2020 nicht unbedingt erwarten, dass die Themen Reform der Sozialpolitik und Verbreiterung der Krankenversicherung eine wichtige Rolle spielen werden. Sozialpolitik ist zum Teil ja in der Kompetenz der Bundesstaaten und der Kommunen, das Thema Krankenversicherung ist politisch vermintes Gelände. Es fehlt in den USA ein breites Bewusstsein darüber, wie schlecht im transatlantischen Vergleich die US-Kindersterblichkeit aussieht und wie stark die Lebenserwartung gegenüber führenden EU-Ländern zurückgefallen ist. Die Vorstellung, dass die USA ökonomisch West- und Nordeuropa gegenüber überlegen seien, ist weit verbreitet und wird auch ohne Widerspruch einer größeren Ökonomengruppe ausgerechnet vom US-Sachverständigenrat CEA – mit unhaltbaren Zahlen – propagiert. Im Übrigen hat die Trump-Administration es geschafft, im Kongress parteiübergreifend eine Art Anti-China-Politikstimmung zu erzeugen.

Die von Nixon als Republikaner-Präsident in den 1960er Jahren historisch aufgebauten US-China-Beziehungen hat der Republikaner-Präsident Trump mit aggressiver und schaukelhafter Handelspolitik beschädigt; das transatlantische Verhältnis zu den westlichen EU-Ländern ebenfalls, wobei vor allem die Beziehungen mit Deutschland besonders gelitten haben. Das Ansehen der USA in Deutschland ist unter Trump schwächer geworden, wobei das Thema unzureichende deutsche Verteidigungsausgaben unabhängig von Trump auf der politischen transatlantischen Agenda bleiben dürfte. Es wäre weitsichtig, wenn Deutschland die USA gerade in 2020 in Sachen Epidemiebekämpfung und beim Thema ökonomische Stabilisierungspolitik unterstützte – oft haben die USA die Bundesrepublik Deutschland politisch und ökonomisch unterstützt. Da könnte Deutschland – zusammen mit anderen EU-Ländern – in 2020/2021 in einer schwierigen US-Lage die Vereinigten Staaten stabilisieren helfen und sich dabei insbesondere auch um die Wahrung einer regelbasierten multilateralen Weltordnung (mit funktionsfähigen internationalen Organisationen) bemühen. Die deutsche EU-Ratspräsidentschaft gibt hierfür eine besondere Gelegenheit in der zweiten Jahreshälfte 2020.

Wenn Trump am 3. November 2020 eine Wiederwahl schafft, so wäre das eine politische Sensation und ein massiver Populismus-Schock für die USA und den Westen. Dessen traditionelles Erfolgsmodell ist seit der Transatlantischen Bankenkrise von 2008/09 destabilisiert, das Vertrauen der Bevölkerungsmehrheit in vielen OECD-Ländern in die alten Eliten ist geschwächt. Zugleich gibt es eine Fülle neuer Ängste, die Digitalisierung, Globalisierung und neuerdings Epidemieschocks betreffen. Trump ist ein US-Präsident, der selbst in der Corona-Krisenlage nicht die verschiedenen Bevölkerungsschichten zusammen geführt hat, sondern auf weitere Polarisierung in einer Gesellschaft mit hohem digitalen Aufregungsniveau setzt. Er ist so gesehen kein typischer US-Präsident. Sein Gegenkandidat bei den US-Präsidentschaftswahlen 2020, Joe Biden, ist mit seinem hohen Alter und einem zum Teil widersprüchlichen Wahlprogramm nicht unbedingt ein starker Gegenkandidat der Demokraten. Als Vizepräsident von Obama hat er allerdings jenseits einer langen Politikkarriere auch einen wichtigen Erfahrungsschatz, den er für eine professionelle Amtsführung im Fall seiner Wahl ab Januar 2021 einbringen könnte. Wegen des hohen Alters von Biden wird der Person des Vizepräsidenten – der Vizepräsidentin Kamala Harris – besondere Bedeutung im Fall einer Trump-Niederlage zukommen.

Keinem US-Präsidenten wird man US-Interessenpolitik vorwerfen können. Aber die Quasi-Inselsicht, die Präsident Trump politisch 2016–2020 repräsentiert hat, zeigt eine riskante und unangemessene gedankliche Verengung, wenn es um ein Verständnis für kluge mittel- und langfristige US-Diplomatie und insbesondere für gegenseitige Abhängigkeiten geht: etwa mit Blick auf USA-China-Japan-EU. In einer Weltwirtschaft mit gegenseitigen Abhängigkeiten wird rationale eigene Interessenpolitik die Kooperation mit anderen wirtschaftsstarken Akteuren – etwa der EU – aus US-Sicht normalerweise als sinnvoll erscheinen lassen; außer für den Fall klarer US-Dominanz. Mit dem enormen ökonomischen Aufstieg Chinas seit den 1980er Jahren ist aber die US-Dominanzposition im 21. Jahrhundert vorbei.

Der Trumpsche Populismus ist in vielen Bereichen offenbar auch Ausdruck eines naiven Wunschdenkens. Es erscheint aus EU-Sicht wünschenswert, dass die EU-US-Wirtschafts- und Politikbeziehungen sich mittelfristig normalisieren und verbessern – wobei sich auch neue gemeinsame Ansätze entwickeln könnten, um China in eine globale Partnerschaft einzubeziehen. Hierbei könnten gerade auch die Internationalen Organisationen eine wichtige Rolle spielen. Mehr demokratische Kontrolle dieser Organisationen ist dabei aus Sicht der Menschen vieler Länder wünschenswert; und ist doch wenig diskutiert. Starke und international klar legitimierte Internationale Organisationen sind ein denkbares Abwehrelement gegenüber dem drohenden globalen Risiko einer Expansion von Populismus und Neo-Nationalismus. Das Thema Klimaschutzpolitik wird in jedem Fall global mittelfristig an Bedeutung gewinnen. Im Übrigen hat die Trump-Zeit 2016–2020 gezeigt, dass selbst international führende US-Forschergruppen in ihrem gesellschaftlich-politischen Einfluss plötzlich deutlich verlieren können. Eine bessere Forscherpräsenz in den sozialen Medien kann man aus Sicht der Wissenschaft als Herausforderung und wichtige Aufgabe ansehen. Die Corona-Pandemie hat schließlich den USA, Europa, Asien und der Welt insgesamt vor Augen geführt, dass die modernen Volkswirtschaften in ihrer Vernetzung besondere Verletzlichkeiten haben.

Zugleich ist deutlich geworden, dass gerade Soziale Marktwirtschaften in der EU in den Anpassungsreaktionen und -prozessen vergleichsweise gut mit der Corona-Epidemie fertig werden können. Es steht am Ende die Frage, wie das alte westliche Führungsduo Großbritannien und USA in 2016 einen historischen populistischen Absturz erleben konnten: BREXIT aus Versehen und dieses Buch sind Teil einer hoffentlich fundierten Analyse-Antwort. Reformen werden Zeit brauchen, auf Basis einer stimmigen Analyse kann schon mittelfristig eine globale Stabilisierung geben. Mit einer globalen Impfaktion in 2021/2022 kann sich dann auch ein starker Aufschwungsimpuls weltweit ergeben, der sicherlich auch eine breite digitale Expansion mit sich bringen wird: mit mehr Produktinnovationen und mehr Preisdifferenzierung – im Durchschnitt bei bestimmten digitalen Diensten eine Preiserhöhung darstellend –, die auch mehr ökonomische Ungleichheit bzw. Positionsverbesserungen qualifizierter Arbeitnehmer mit sich bringt. Damit aber bleiben gerade Demokratien gefordert, mehrheitsfähige neue Systemreform-Elemente als „attraktives Politikpaket" zu realisieren. Hier könnte die Eurozone/die EU, als politische Union weiterentwickelt, global innovativ wirken.

Literatur

Allard, C., et al. (2013). *Toward a Fiscal Union for the Euro Area*, IMF Staff Discussion Note SDN 13/09. Washington, DC: IMF.

Antras, P., De Gortari, A., & Itskhoki, O. (2017). Globalization, inequality and welfare. *Journal of International Economics, 108*, 387–412.

Brandolini, A., & Smeeding, T. (2007). Inequality Patterns in Western-Type Democracies: Cross-Country Differences and Time Changes. Working Paper No. 8. Turin: Centre for Household, Income, Labour and Demographic Economics.

Canberra Group. (2001). *Expert Group on Household Income Statistics: Final Report and Recommendations*. Ottawa: Canberra Group.

Dauth, W., Findeisen, S., & Suedekum, J. (2017). Trade and Manufacturing Jobs in Germany. *American Economic Review, 107*(5), 337–342.

Foster, J. E., & Wolfson, M. (2010). Polarization and the Decline of the Middle Class: Canada and the U.S. *Journal of Economic Inequality, 8*, 247–273.

IMF. (2018a). United States of America: Staff concluding Statement of the 2018 Article IV Mission. Veröffentlicht am 14. Juni 2018. Country Report 18/207. Washington, DC: IMF.

Oates, W. E. (1999). An Essay on Fiscal Federalism. *Journal of Economic Literature, 37*, 1120–1149.

OECD. (2017c). *Basic income as a policy option: Can it add up? Policy Brief on the future of work*. May 2017. Paris: OECD Publishing.

Rawls, J. (1971). *A Theory of Justice*. Cambridge, MA: Harvard University Press/Belknap.

Sabbagh, D. (2019). Brexit 'can enhance UK's lethality', says defence secretary. The Guardian. 11 Februar. https://www.theguardian.com/politics/2019/feb/11/brexit-uk-military-defence-gavin-williamson. Zugegriffen am 02.04.2020.

Schroth, Y. (2014). Europawahl 2014, Präsentation in der Staatskanzlei Nordrhein-Westfalen. 27. Mai. Düsseldorf.

US COMMERCIAL SERVICE. (2015). Singapore: Healthcare Overview. Washington, DC: United States of America Department of Commerce.

Welfens, P. J. J. (2018a). Perspektiven einer künftigen EU-Sozialpolitik: Schwerpunkte, Instrumente, Zuständigkeiten, Konfliktlinien. Präsentation am 23. April 2018 auf dem Workshop *Finanz- und Sozialpolitik – Ein Konfliktgebiet im Europäischen Binnenmarkt* auf Einladung des Bundesministeriums der Finanzen, Berlin.

Welfens, P. J. J. (2018c). Import Tariffs, Foreign Direct Investment and Innovation: A New View on Growth and Protectionism. EIIW Diskussionsbeitrag 252. www.eiiw.eu.

Wolff, E. N., Zacharias, A., Masterson T., Eren, S., Sharpe, A., & Hazell, H. (2012). A Comparison of Inequality and Living Standards in Canada and the United States Using an Expanded Measure of Economic Well-Being, Working Paper No. 703, January 2012, Levi Economics Institute of Bard College.

Wolfson, M., & Murphy, B. (1998). New Views on Inequality Trends in Canada and the United States. *Monthly Labor Review, 121*(4), 3–23.

Anhang

Anhang 1: Leistungsbilanzquote der USA und ausgewählter Länder

Leistungsbilanzquote der USA und ausgewählter Länder (G20), Prozent des Bruttoinlandsprodukts

	2000	2005	2010	2015	2018	2019	2020*	2021*
Saudi-Arabien	7,6	27,4	12,6	−8,7	9,2	6,3	−3,1	−3,4
Deutschland	−1,8	4,7	5,7	8,6	7,3	7,1	6,6	6,7
Russland	16,3	10,3	4,1	5,0	6,8	3,8	0,7	0,6
Südkorea	1,8	1,3	2,4	7,2	4,4	3,7	4,9	4,8
Japan	2,7	3,6	3,9	3,1	3,5	3,6	1,7	1,9
Italien	0,1	−0,9	−3,4	1,3	2,5	3,0	3,1	3,0
Europäische Union	−0,8	0,1	0,0	1,7	2,0	2,9	2,7	2,9
Volksrepublik China	1,7	5,7	3,9	2,7	0,4	1,0	0,5	1,0
Frankreich	2,6	0,4	−0,6	−0,4	−0,6	−0,8	−0,7	−0,6
Brasilien	−3,8	1,5	−3,6	−3,0	−0,8	−2,7	−1,8	−2,3
Mexiko	−2,7	−0,9	−0,5	−2,6	−1,8	−0,2	−0,3	−0,4
Australien	−4,1	−5,9	−3,7	−4,6	−2,1	0,5	−0,6	−1,8
Indien	−0,6	−1,2	−2,8	−1,0	−2,1	−1,1	−0,6	−1,4
Vereinigten Staaten	−3,9	−5,7	−2,9	−2,2	−2,4	−2,3	−2,6	−2,8
Kanada	2,5	1,8	−3,6	−3,5	−2,6	−2,0	−3,7	−2,3
Indonesien	4,5	0,5	0,7	−2,0	−3,0	−2,7	−3,2	−2,7
Südafrika	−0,1	−3,1	−1,5	−4,6	−3,5	−3,0	0,2	−1,3

	2000	2005	2010	2015	2018	2019	2020*	2021*
Türkei	−3,6	−4,2	−5,8	−3,7	−3,5	1,1	0,4	−0,2
Vereinigtes Königreich	−2,4	−2,0	−3,4	−4,9	−3,9	−3,8	−4,4	−4,5
Argentinien	−3,0	2,5	−0,4	−2,7	−5,3	−0,8	k.A.	k.A.

Eigene Darstellung von Daten des Internationalen Währungsfonds; IMF Data Mapper, World Economic Outlook 2019, Leistungsbilanz – Prozent des BIP; entsprechend der Leistungsbilanz des Jahres 2018 gereiht. Daten für 2019, 2020, 2021: IMF Data Mapper World Economic Outlook 2020, Leistungsbilanz – Prozent des BIP; *Schätzungen

Anhang 2: Aktienmarktindizes für USA, Euroraum, Vereinigtes Königreich und China

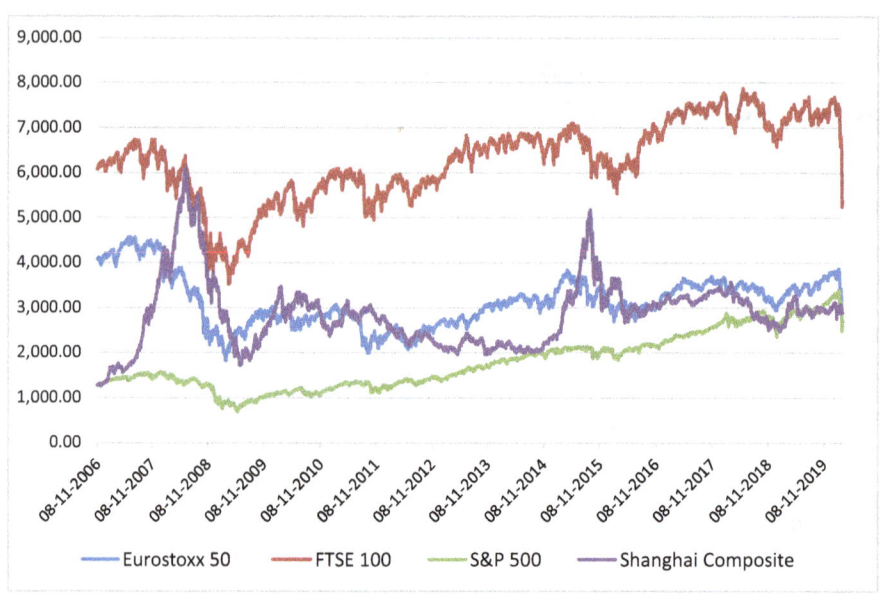

Abb. A.1 Aktienmarktindizes für USA, Euroraum, Vereinigtes Königreich und China (Tagesdaten; 8. November 2006 bis 6. März 2020; Eigene Darstellung von Daten von www.finanzen.net. Zugegriffen am 13.02.2020)

Anhang 3: Adaptiert von Welfens (2018c), EIIW Diskussionspapier Nr. 252

Ökonomen seit Adam Smith und David Ricardo haben klare wirtschaftliche Argumente für den Freihandel vorgelegt. Unter den modernen Argumenten kann man auf Melitz (2003) verweisen, der die Rolle heterogener Unternehmen und Innovationen betont hat: Mit der wirtschaftlichen Öffnung ergeben sich für die innovativsten Unternehmen neue Expansionsmöglichkeiten, sodass die Intensität von Forschung und Entwicklung (FuE) zunehmen wird. Dieser Anstieg der FuE-Ausgaben (im Verhältnis zum BIP) sollte sowohl Prozessinnovationen – und damit Exportanreize – als auch Produktinnovationen stimulieren, die den Grenznutzen von Konsumgütern erhöhen. Ein Teil des internationalen Handels ist jedoch mit ausländischen Direktinvestitionen (FDI) bzw. multinationalen Unternehmen verbunden. Der größte Teil des internationalen Technologiehandels ist Intra-MNC-Handel – oder Kreuzlizenzierung zwischen multinationalen Unternehmen –, sodass der technologische Fortschritt an kumulierte FDI-Zuflüsse gekoppelt ist. Jungmittag und Welfens (2016) haben für EU-Länder empirisch gezeigt, dass eine Wissensproduktionsfunktion mit kumulierten FDI im Verhältnis zum BIP und zur FuE-Intensität plus BIP pro Kopf als Proxy für die Handelsintensität gut funktioniert. Die Verknüpfung der Wissensproduktionsfunktion mit der makroökonomischen Produktionsfunktion liefert ebenfalls wichtige Erkenntnisse (Welfens 2017b) und ermöglicht eine direkte Schätzung einer schumpeterianischen Produktionsfunktion auf neue Weise. Der Freihandel wird auch durch öffentliche Aufträge mit heimischer Ausrichtung beeinträchtigt, weshalb Fragen im Zusammenhang mit öffentlichen Aufträgen – in vielen Ländern, die 1020 % des BIP ausmachen – wichtig sind.

Ausländische Direktinvestitionen sind für den internationalen Technologietransfer wichtig, und ein einfaches, verbessertes neoklassisches Wachstumsmodell sollte diesen Aspekt natürlich berücksichtigen. Aber kumulierte ausländische Direktinvestitionen wirken sich auch auf die Sparquote in einer offenen Wirtschaft aus und werden sich daher auf das Niveau des Wachstumspfads auswirken. Ein solches Umfeld mit Handel und DI ist ein geeigneter Analyserahmen, um die Auswirkungen der Einfuhrzölle auf das langfristige Pro-Kopf-Einkommen zu diskutieren. Im Prinzip kann man die Modellierung weiter ausbauen, indem man ein monetäres Wachstumsmodell betrachtet, das zusätzliche Parameter aus der realen Nachfragefunktion in die Gleichgewichtslösung einbringt. Man könnte auch eine Gleichgewichtsbedingung für den Devisenmarkt hinzufügen, sodass man eine vollständige analytische Lösung eines monetären Wachstumsmodells mit Handel und FDI hat.

Bei Vorhandensein von kumulierten FDI-Zuflüssen oder FDI-Abflüssen (oder beidem) muss zwischen realem BIP und realem Bruttonationaleinkommen unterschieden werden; und Konsum und Ersparnisse stehen – bis zu einem gewissen Grad – nicht im Verhältnis zum BIP (Y), sondern zum Bruttonationaleinkommen, das BIP (Z) plus Nettodividendeneinnahmen aus dem Ausland ist. Was die Unterscheidung zwischen BIP und Bruttosozialprodukt (BSP) betrifft, so werden viele OECD-Länder (und die führenden Schwellenländer) keine großen Unterschiede aufweisen, da in vielen Fällen sowohl Gewinne ins Ausland transferiert als auch Dividenden von Tochtergesellschaften im Ausland erhalten werden, was zu einem geringen Nettoeffekt führt. Im Fall der USA ist die Kapitalrendite im Ausland höher als die Rendite ausländischer Investoren in den USA, da die geforderte Eigenkapitalrendite der US-Investoren im Ausland eine Risikoprämie beinhaltet. Für die europäischen Länder gilt dies auch, z. B. bei den schweizerischen FDI-Abflüssen in Nicht-OECD-Länder, und es ist sicherlich auch für ausländische Investitionen von Unternehmen aus vielen EU-Ländern relevant. Es gibt, so scheint es, einen entscheidenden zusätzlichen Aspekt der FDI, nämlich dass internationale Investitionseinnahmen effektiv mit niedrigeren effektiven Steuersätzen konfrontiert sind – sagen wir, mit einer niedrigeren Besteuerung im Ausland, die dann (in Übereinstimmung mit der Logik der internationalen Steuerabkommen) mit der Tatsache kombiniert wird, dass, wenn Sie den niedrigen Steuersatz auf Gewinne im Ausland gezahlt haben, Sie keine Steuern auf diese Gewinne im OECD-Quellland mit seinen höheren Steuersätzen zahlen werden – sodass FDI eine Einkommensumverteilung zugunsten des Kapitals hat. Foellmi und Martinez (2017) haben für die Schweiz Belege vorgelegt, die zeigen, dass der starke Anstieg des Einkommensanteils der in der Schweiz beobachteten Top-1-Prozent der Einkommensbezieher hauptsächlich auf Fälle von Personen zurückzuführen ist, die ein beträchtliches Einkommen aus dem Ausland erzielt haben. Zumindest ein Teil dieses kritischen Aspekts – im Zusammenhang mit der Formulierung der Sparfunktion – wird in die nachfolgende Modellierung einbezogen, da davon ausgegangen wird, dass ausländische Investoren keine Steuern auf Dividenden zahlen, die an Tochtergesellschaften fließen. Es ist klar, dass sich das internationale Steuersystem auf die Einkommensverteilung auswirken wird: Die Globalisierung der FDI ist seit den 1980er-Jahren weltweit ein zunehmendes Phänomen, und die oben genannten internationalen Steueraspekte werden nur einer Minderheit der Bevölkerung zugutekommen, nämlich denen, die Aktien besitzen. In den USA beträgt der Anteil der Haushalte, die direkt oder indirekt Aktien besitzen, etwa 40 % (CEA 2017). Ein eher einfaches Wachstumsmodell mit einer Cobb-Douglas-Produktion – wie sie später verwendet wird – kann jedoch grundsätzlich nicht ohne Weiteres Aspekte der Einkommensverteilung berücksichtigen (Welfens 2015) – nämlich durch die Nutzung einer Produktionsfunktion, bei der sich die Output-Elastizität des Kapitals aus zwei Elementen zusammensetzt, wobei eines der traditionellen Parameter (ß) und ein zweites Element sich auf die Größe des FuE-Sektors bezieht, sodass die Piketty-Ergebnisse über den steigenden Kapitalertragsanteil erklärt werden können.

Die folgende Analyse ist ein eher kompakter und vereinfachter Ansatz zum besseren Verständnis der nationalen und internationalen Auswirkungen von Einfuhrzöllen – mit im Ausland (d. h. in Land 2) erhobenen Einfuhrzöllen. Hier ist das Hauptinteresse ein langfristiger Fokus auf die Auswirkungen eines im Ausland erhobenen Einfuhrzolls (d. h. des Heimatlandes), bei dem es sich um asymmetrische FDI handelt, in dem Sinn, dass ausländische Investoren in Land 1 Tochtergesellschaften haben, die sowohl für den Markt des Gastlandes als auch für den Weltmarkt produzieren (lesen Sie dazu: Die Märkte von Land 2).

Es ist bemerkenswert, dass die Rentabilität der Tochtergesellschaften in Land 1 von den Bedingungen des Aufnahmelandes abhängt, z. B. bei der Körperschaftsteuer; es gibt aber auch einen Aspekt der ausländischen Einfuhrzölle, da Tochtergesellschaften typischerweise auch in das Herkunftsland von FDI exportieren und Protektionismus im Ausland (im Herkunftsland von FDI) daher die Rentabilität von Tochtergesellschaften im Ausland beeinträchtigen wird. Blanchard und Matschke (2012) haben empirische Beweise dafür vorgelegt, dass die USA den Handel insbesondere in den Sektoren liberalisieren werden, in denen US-Tochtergesellschaften im Ausland große Produzenten sind. Diese Aspekte sollten daher bei der Prüfung der Importzollpolitik der Trump-Administration berücksichtigt werden. US-Unternehmen, die über viele Jahre hinweg für ihre Tochtergesellschaften freien Marktzugang zum US-Markt erhalten haben, werden im Ausland mit niedrigeren Gewinnen konfrontiert sein, sobald die US-Regierung protektionistische Einfuhrzölle auf Exporte wichtiger Handelspartnerländer wie China oder Europa erhebt.

Die folgende Analyse gilt auch für den Fall von BREXIT in dem Sinn, dass das Referendum des Vereinigten Königreichs 2016, das zu einer Mehrheit für den Austritt aus der EU führte (EU28 = EU27 plus UK), tatsächlich die paradoxe Situation widerspiegelt, dass die sogenannten Brexiteer des Vereinigten Königreichs eine Situation bevorzugen, in der das Vereinigte Königreich nach BREXIT wieder „volle Souveränität" erlangt hat und mit erheblichen Einfuhrzöllen der EU27 auf britische Exporte als Preis dafür konfrontiert ist. Paradoxerweise kann man dies so interpretieren, dass das Vereinigte Königreich die EU drängt, einen Einfuhrzoll auf britische Exportgüter zu erheben (45 % der britischen Exporte gehen in die EU27), der die Gewinne ausländischer Tochtergesellschaften im Vereinigten Königreich verringern wird – wobei viele Tochtergesellschaften zollfrei in die EU27-Länder innerhalb des EU-Binnenmarkts exportieren, bevor BREXIT vollständig eingeführt wird. Der folgende analytische Ansatz funktioniert gut, wenn man das Vereinigte Königreich als Land 1 und die EU27 als ausländisches Land betrachtet, aber innerhalb eines weiter modifizierten Ansatzes ist die Argumentation auch relevant, wenn man alternativ die US-Importzölle im Rahmen von Trump betrachtet, nämlich die Zölle, die auf Chinas Exporte erhoben werden (wo die USA Land 1 sind, ist China Land 2 und es sind die Gewinne von US-Tochtergesellschaften in China, die beeinträchtigt werden und die Gesamteinsparungen sowohl in China als auch in den USA reduzieren).

Das notwendige grundlegende Wirtschaftsmodell ist eine erweiterte Produktionsfunktion, die die Rolle des Handels bzw. der Exporte berücksichtigt, und eine Sparfunktion, die berücksichtigt, dass die Ersparnis S aus S1 besteht, d. h. „inländische Ersparnis", die im Verhältnis zum realen Bruttosozialprodukt Z (Z = reales BIP (Y) plus Nettofaktoreinkommen aus dem Ausland) und S2 steht, nämlich die Ersparnis ausländischer Tochtergesellschaften (thesaurierte Gewinne), die im Verhältnis zu Y stehen und auch von Exportgewinnen beeinflusst werden. Letztere wiederum sind durch einen Einfuhrzoll t^* im Ausland negativ betroffen. Darüber hinaus ist die Wachstumsrate des Wissens (A; Fortschrittsrate ist $dlnA/dt := a$; t ist Zeitindex) zu berücksichtigen: In einer einfachen Formulierung wird sie durch den Anteil des ausländischen Eigentums (α^*) am Grundkapital K und den ausländischen Fortschrittskurs a^* sowie durch die Exportintensität x bestimmt, von der angenommen wird, dass sie durch den realen Wechselkurs $q* := eP*/P$ (e ist der nominale Wechselkurs, P das Preisniveau, * für ausländische Variable) positiv und durch den Einfuhrzoll im Ausland oder t^* negativ beeinflusst wird.

Das modifizierte neoklassische Open-Economy-Makromodell legt nahe, dass sowohl die Wachstumsrate der stationären Produktion als auch die Höhe der stationären Kapitalintensität – und das langfristige Pro-Kopf-Einkommen – vom ausländischen Einfuhrzoll (t^*) abhängen werden. Werden die Bevölkerung (L) bzw. die Arbeitskräfte als konstant angenommen, entspricht die Wachstumsrate der Produktion langfristig der Wachstumsrate des realen BIP pro Kopf. In einem einfachen Aufbau des Modells gibt es asymmetrische FDI, in einem umfassenderen Ansatz könnten symmetrische FDI (sowohl inländische FDI als auch ausländische FDI) berücksichtigt werden. Die wichtigsten Ergebnisse des modifizierten schumpeterianischen Wachstumsmodells mit FDI im Inland lauten wie folgt:

- Das Niveau des Wachstumspfads könnte sich aufgrund eines neuen Sparaspekts verringern, der hier im Zusammenhang mit den FDI und Importzöllen im Ausland betrachtet wird.
- Darüber hinaus wird der ausländische Importzoll auch die langfristige Wachstumsrate des Pro-Kopf-Einkommens dauerhaft senken.

Bisher wurde der erste Aspekt in der Literatur nicht berücksichtigt; der zweite Aspekt ist eine Hypothese, die für Großbritannien, die USA und China empirisch und unkompliziert analysiert werden könnte; für viele EU-Länder liegen empirische Belege für die Wissensproduktionsfunktion vor, die zeigen, dass kumulierte FDI-Zuflüsse, die Zahl der Forscher und ein Handelsdelegierter zum Wissen beitragen (Jungmittag und Welfens 2016).

Ein Handelskrieg zwischen den USA und China stellt eine große Verzerrung für die Weltwirtschaft dar, da die USA und China zwei große Länder sowie führende Exporteure sind. Die Exportintensität Chinas ist höher als die der USA (Abb. A.2) und die der EU28 (ohne Intra-EU-Handel). Es ist klar, dass die US-Einfuhrzölle, die auf etwa die Hälfte der chinesischen Ausfuhren in die USA erhoben werden, nämlich ein Einfuhrzoll von 25 % auf 250 Mrd. US$ chinesischer Ausfuhren in die USA, direkte negative Auswirkungen auf China

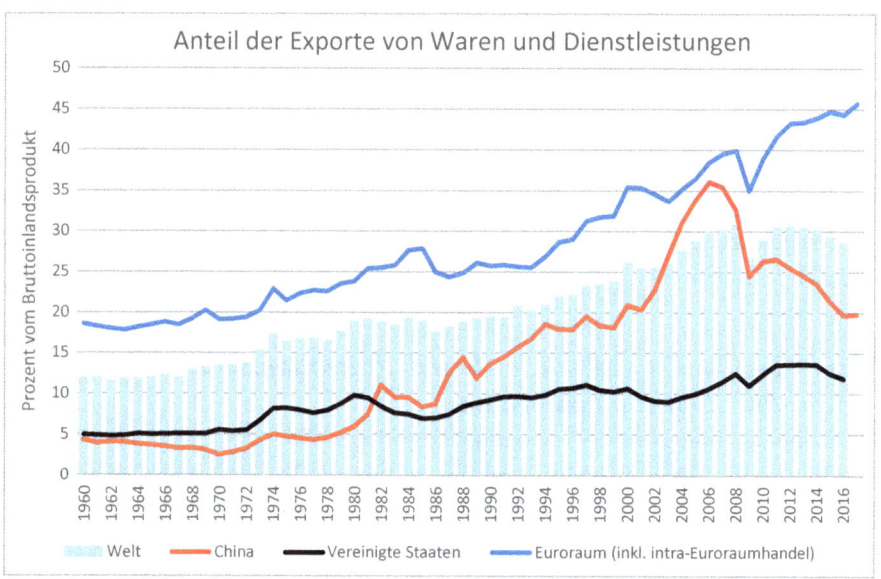

Abb. A.2 Exportintensität in den USA, der EU28, China und der Weltwirtschaft (Eigene Darstellung der bei der Weltbank verfügbaren Daten, Weltentwicklungsindikatoren)

haben und auch zu einem Rückgang der chinesischen Preise für handelbare Waren führen werden.

Soweit man den Handelskonflikt zwischen den USA und China analysieren möchte, müsste man warten, bis klar ist, dass die von den USA auf China und die OECD-Partnerländer erhobenen Einfuhrzölle dauerhaft sind. Dann könnten Simulationen zur Analyse des Basisszenarios und verschiedener Zollsatzfälle analysiert werden (hoher Einfuhrzoll, niedriger Einfuhrzoll; Einfuhren von Zwischenprodukten gegenüber Endprodukten – was zu der Frage nach effektiven Zollsätzen führen würde, die im Folgenden nicht diskutiert wird). Im Folgenden wird ein einfaches erweitertes Wachstumsmodell vorgestellt, das ein besseres Verständnis der Auswirkungen von Zöllen in offenen Volkswirtschaften mit sowohl in- als auch ausländischen Direktinvestitionen und Handel ermöglicht.

Ein erheblicher Teil des Handels ist der innerbetriebliche Handel, der natürlich mit kumulierten FDI zusammenhängt; der Technologiehandel erfolgt fast ausschließlich innerhalb multinationaler Unternehmen oder zwischen multinationalen Unternehmen; letzteres wird als gegenseitige Lizenzierung bezeichnet und wird wirtschaftlich gesehen realisiert, um opportunistisches Verhalten des Lizenznehmers zu vermeiden. Hat man eine Kreuzlizenz, bedeutet das den Austausch von Geiseln – opportunistisches Verhalten wird vermieden. In Bezug auf die Länder Asiens haben viele Unternehmen dort den Status eines multinationalen Unternehmens erreicht, sodass ausländische Direktinvestitionen in vielen Ländern eine starke Rolle spielen. Gleichzeitig sind China und andere asiatische Länder – insbesondere die ASEAN-Länder – zu wichtigen Gastländern für ausländische Direktinvestitionen geworden; wobei die USA, die EU28, Japan, Korea und Taiwan zu den wichtigsten Herkunftsländern von DI gehören.

Was ist Freihandel und wie wirkt sich Protektionismus langfristig auf das Pro-Kopf-Einkommen aus?

Der Freihandel wäre eine Situation, in der fast alle Märkte durch sehr niedrige Handelshemmnisse oder gar Null-Importzölle und sehr niedrige nichttarifäre Hemmnisse (NTB) gekennzeichnet sind. Die EU-Länder haben das öffentliche Beschaffungswesen in gewissem Maß geöffnet wie andere OECD-Länder, aber auch viele WTO-Mitgliedsländer zeigen deutliche Anzeichen eines impliziten oder expliziten Protektionismus im Bereich des öffentlichen Beschaffungswesens (Kutlina-Dimitrova 2018). Darüber hinaus besteht seit der Großen Rezession 2008/2009 eine breitere internationale Tendenz zur Erhöhung der Einfuhrzölle (Evenett und Fritz 2017).

Simulationen für den Fall einer weltweiten Erhöhung der Zölle vom niedrigen globalen Niveau von 2,7 % auf die höher gebundenen Zölle der WTO zeigen, dass ein globaler Rückgang des realen Einkommens um 0,8 % eintreten würde (Kutlina-Dimitrova und Lakatos 2017); dieser eher moderate reale Einkommensverlust wäre größer, wenn auch reale Wechselkurseffekte, Aspekte der FDI und des internationalen Technologietransfers sowie die Innovationsdynamik berücksichtigt würden. Es wird oft argumentiert, dass Einfuhren ausländischer Dienstleistungen keinen Zöllen oder NTB unterliegen, aber das ist keine angemessene Sichtweise, wenn man sich die öffentliche Auftragsvergabe genauer ansieht, die in OECD-Ländern zwischen 10 und 20 % beträgt. Soweit die nationale Beschaffung von Gütern für das öffentliche Beschaffungswesen erforderlich ist, bedeutet dies fast automatisch, dass es in diesem Bereich kaum oder gar keine Importe ausländischer Dienstleistungen geben kann; und wenn etwa die Hälfte der öffentlichen Aufträge Dienstleistungen betrifft, deutet dies darauf hin, dass es in der Tat wirksame Hindernisse für die Einfuhr von Dienstleistungen in vielen OECD-Ländern gibt.

Protektionismus und langfristiges Pro-Kopf-Einkommen: Perspektiven in einem neuen Wachstumsmodell

Die Auswirkungen des Protektionismus auf das langfristige reale BIP lassen sich in einem einfachen neoklassischen Wachstumsmodell abschätzen – nach einigen Modifikationen für eine offene Wirtschaft; von hier aus ist es ein zusätzlicher Schritt zum Pro-Kopf-Einkommen und zur goldenen Regel. Eine erweiterte Cobb-Douglas-Produktionsfunktion in Kombination mit einer Wissensproduktionsfunktion – einer Fortschrittsfunktion – kann verwendet werden, um auf einfache Weise Aspekte des Wachstums der offenen Wirtschaft hervorzuheben:

- Die Produktionsfunktion ist insofern konventionell, als die Produktionsfunktion Y vom Kapitalstock K, dem Arbeitseinsatz L und dem Wissen A abhängt, aber es gibt ein zusätzliches Element, das den positiven Einfluss der Exportquote (x) auf Y widerspiegelt. Die Exportquote wird als positive Funktion des realen Wechselkurses q^* ($q^* := eP'/P$) und eine negative Funktion des ausländischen Einfuhrzolls t^* (t'' und q' sind positive Parameter) angenommen: $x = q'q^* - t''t^*$.

- Die Wachstumsrate des Wissens wird als a = $a''ß' + \alpha''\alpha^*a^* + x''x''$ angenommen, wobei a' ein positiver Parameter ist, ß' die FuE-BIP-Quote ist, der Anteil ausländischer Beteiligungen am Kapitalbestand ist α und a* die Wachstumsrate des Wissens im Ausland; a", x" und α" sind positive Parameter; zur Vereinfachung wird ß' später auf Null gesetzt. Der Term $\alpha''\alpha^*a^*$ steht für einen internationalen Technologietransfereffekt.
- Es wird davon ausgegangen, dass die Sparfunktion zwei Komponenten aufweist, nämlich eine inländische Komponente, die dem realen BSP entspricht, und eine ausländische Komponente, die die reinvestierten Gewinne ausländischer Tochtergesellschaften repräsentiert; hinzu kommen die Auswirkungen des ausländischen Einfuhrzollsatzes t*, der die Gewinne im Exportgeschäft der Tochtergesellschaften schwächt, was ein Effekt ist, der bisher in der Modellierung oder empirischen Analyse nicht berücksichtigt wurde.

Die Produktionsfunktion (mit Inputs von Kapital K, Wissen A und Arbeit L; 0<ß<1) wird durch (mit $k' := K/(AL)$) gegeben:

$$Y = K^\beta (AL)^{1-\beta} (1 + x'x) \tag{A.1}$$

$$y' = Y / (AL) = (1 + x'x)k'^\beta \tag{A.1'}$$

Der Term x'x ist der Einfluss der Exportquote auf die Spezialisierungsgewinne der Unternehmen aus dem Handel und/oder die verbesserte Qualität der Produktion – ausgedrückt in Mengenäquivalenten; q', x' und t" sind positive Parameter. Im Prinzip muss diese Produktionsfunktion für einzelne Länder gelten (und könnte zusätzlich einen Term [1 + j'j] beinhalten, wobei j die Importquote und j' ein positiver Parameter ist), sowie für die Weltwirtschaft, die natürlich eine geschlossene Wirtschaft ist und sich somit auf den Weltkapitalstock, den weltweiten Arbeitseinsatz und das globale Wissen beziehen würde; aber es ist in der Tat angemessen, die Angebotsperspektive der Weltwirtschaft bzw. die Weltproduktionsfunktion x als Quasi-Eingangsfaktor zu berücksichtigen, der auch die internationalen handelsbezogenen Spezialisierungsgewinne aus Handel und Qualitätsverbesserungen widerspiegelt. Die Abb. A.1 zeigt, dass die globale Exportintensität im Zeitraum von 1960 bis 2008 zugenommen hat – die Transatlantische Bankenkrise hat die globale Exportintensität offenbar gedämpft (aber man könnte auch betonen, dass die Exportintensität in den Jahren 2003–2007 durch die ungewöhnlich niedrigen Risikoprämien in den USA in den Jahren

2003–2006 und damit übermäßige Produktion und nationales Einkommenswachstum künstlich erhöht wurde.

Qualitätsaspekte könnten durch ein hedonisches Preisniveaukonzept expliziter behandelt werden. Sie werden hier jedoch nicht explizit berücksichtigt.

Was die Exportquote betrifft, so ist eine pragmatische Sichtweise, die x erklärt, die folgende Gleichung:

$$x = q'q^* - t''t^* \tag{A.2}$$

Somit wird davon ausgegangen, dass die Exportquote eine positive Funktion des realen Wechselkurses q* und eine negative Funktion des ausländischen Einfuhrzollsatzes t* ist.

Unter der Annahme, dass die Gewinne ausländischer Tochtergesellschaften effektiv unversteuert sind – mit einem Körnchen Salz: Obwohl in vielen Ländern nicht so weit von der Realität entfernt, könnte man sagen – die Ersparnisse S werden durch S_1 (reine inländische Ersparnisse) plus S_2 (Ersparnisse ausländischer Tochtergesellschaften) und damit durch die folgende Gleichung gegeben (τ ist Einkommensteuersatz; $0 < s < 1$; $0 < s' < 1$, α^* ist der Anteil ausländischer Beteiligungen am Kapital K von Land 1):

$$S = S_1 + S_2 = s(1-\tau)Z + s'\alpha^*\beta(1-t''^*t^*)Y \tag{A.3}$$

Hier hängt das reine inländische Sparen vom realen verfügbaren Volkseinkommen ab $(1 - \tau)Z$, während die thesaurierten Gewinne ausländischer Tochtergesellschaften von Y, dem Anteil α^* des ausländischen Eigentums am Kapitalstock K, dem Gewinnanteil am BIP (ß) und dem ausländischen Einfuhrzoll abhängen.

Es ist zu beachten, dass gilt im Fall der zweiseitigen Direktinvestitionen $Z = (1 - \alpha^* \text{ß})Y + \alpha\text{ß}^* Y^* q^*$, wobei α der Anteil am Kapital K*, der sich im Besitz von Investoren aus dem Land 1 befindet, und ß* der Anteil der Gewinne in Y* ist. Die Multiplikation mit q* ist notwendig, um ausländische Realeinkommenseinheiten in Y-Einheiten umzurechnen; der asymmetrische FDI-Inlandsfall impliziert $Z = (1 - \alpha^* \beta)Y$. Die Implikation für einen zweiseitigen FDI-Fall – mit von beiden betrachteten Ländern verhängten Einfuhrzöllen (τ'' ist der Zoll in Land 1) – besteht darin, dass die Spargleichung einen zusätzlichen Term S_3 hätte, in dem Geinne von Tochtergesellschaften im Ausland (in Land 2) gedeckt und diese Gewinne geschmälert werden, weil der Einfuhrzoll des Landes 1 via τ'' ein Überangebot im Handelsbereich von

Land 2 verursacht, was für Land 2 niedrigere Preise bzw. geringere Gewinne bedeutet: Wenn die Auswirkungen eines Einfuhrzolls von Land 1 zusätzlich berücksichtigt werden sollen, hätte die Sparfunktion (mit 0 <s"<1) einen zusätzlichen Term s"(1−τ)αß * Y * q * (1 − t"τ") wobei τ" der in Land 1 eingeführte Einfuhrzoll ist, τ der das ausländische BIP um t"τ" reduziert (mit der α Bezeichnung für den Anteil der Investoren des Landes 1 an K*, wobei t" ein positiver Parameter ist; 0 < t"τ" < 1 und die Funktion Y* = K^{ß*} (A* L*)^{1-ß*} (1 + x"* x*); 0 < ß* < 1), sodass beispielsweise der Einfuhrzoll von Trump auf China die Gewinne von US-Tochtergesellschaften in China verringern würde, was wiederum die Einsparungen in den USA, die man als S = S_1 + S_2 zu bezeichnen hat, negativ beeinflussen würde.

Anschließend betrachten wir den einfachen Fall, dass nur kumulierte FDI-Zuflüsse für eine einfache Zwei-Länder-Situation, in der beide Länder groß sind.

$$S = s\left(1-\alpha^*\beta\right)\left(1-\tau\right)Y + s'\alpha^*\beta\left(1-t'''^*t^*\right)Y \qquad (A.3')$$

Der asymmetrische FDI-Fall der Gl. (A.7) zeigt, dass kumulierte FDI-Zuflüsse den ausländischen Einfuhrzoll in die aggregierte Sparfunktion des Heimatlandes einführen. Der erste rechte Begriff ist „reines inländisches Sparen", das im Verhältnis zum verfügbaren nationalen Einkommen (Z) steht. Unter der Annahme, dass es Wettbewerb auf den Gütermärkten und Faktormärkten gibt, beträgt der Gewinnanteil ß und damit Z := Y(1 − α*ß). Für die zweite RHS-Term spiegelt dies die Einsparungen der ausländischen Tochtergesellschaften wider – die im Gastland angelegten thesaurierten Gewinne, die proportional zum Gewinn sind. Diese Gewinne werden durch Importzölle im Ausland belastet (positive Parameter t"*; und t"*t*, die als kleiner als die Einheit angenommen werden). Die langfristige Gleichgewichtsbedingung des Gütermarkts für den einfachen Fall eines ausgeglichenen Staatshaushalts und ausgeglichener Nettoexporte ergibt sich aus der Bedingung, dass die Einsparungen pro Arbeitseinheit in Effizienzeinheiten (AL) den Bruttoinvestitionen (entspricht dem Satz der Kapitalabschreibung) im Vergleich zu AL entsprechen müssen:

$$S / (AL) = (dK/dt)/(AL) + \delta K/(AL) \qquad (A.4)$$

Die Wachstumsrate des Wissens (a := dlnA/dt) ist quasi endogen und wird hier wie folgt geschrieben (wobei der Parameter a" im Bereich zwischen 0 und

Einheit liegt und ein positiver Parameter ist; a* ist die exogene ausländische Wachstumsrate des Wissens):

$$a = \alpha^* a'' a^* + x'' x \quad (A.5)$$

Der erste rechte Begriff deutet darauf hin, dass die Präsenz ausländischer Tochtergesellschaften einen internationalen technologischen Fortschrittstransfer und ein Innovationselement mit sich bringt (empirische Evidenz s. Jungmittag und Welfens 2016), der zweite rechte Begriff spiegelt lediglich das Melitz-Argument wider (mit x″>0). Man kann darüber diskutieren, ob die Gesamtausfuhrquote zum BIP für den Wissenszuwachs relevant ist oder ob nur der Handel mit Hochtechnologieprodukten relevant ist – was die empirische Erkenntnis von Jungmittag (2004) für EU-Länder ist. Wir können schreiben:

$$a = \alpha^* a'' a^* + x'' \left(q'q^* - t''t^* \right) \quad (A.5')$$

Unter der Annahme eines Bevölkerungswachstums von Null und der Definition von k′ ≔ K/(AL) erhalten wir von (A.1) bis (A.4) die Differenzialgleichung für dk′/dt:

$$dk'/dt = \left[s\left(1 - \alpha^*\beta\right)\left(1-\tau\right) + s'\alpha^*\beta\left(1 - t''^* t^*\right) \right]$$
$$(1 + x'x) k'^{\beta} - (a + \delta) k' \quad (A.6)$$

Unter Berücksichtigung von (A.5′) und (A.6) wird die stationäre Lösung k′# (# bezeichnet den stationären Zustand) angegeben durch:

$$k'\# = \left\{ \frac{\left[s\left(1 - \alpha^*\beta\right)\left(1-\tau\right) + s'\alpha^*\beta\left(1 - t''^* t^*\right) \right]}{(1 + x'x) / \left(\alpha^* a'' a^* + x'' \left(q'q^* - t''t^* \right) + \delta \right)} \right\}^{1/(1-\beta)} \quad (A.7)$$

Wir sehen, dass der Importzoll im Ausland t* – hier als langfristiger Zollsatz im Ausland und nicht als vorübergehender kurzfristiger Zoll – einen mehrdeutigen Einfluss auf die Höhe des Wachstumspfads hat. Es gibt einen paradoxen Effekt auf den Nenner, indem er die Wachstumsrate des Wissens dämpft, die das Niveau des Wachstumspfads anhebt (die gleiche Mechanik funktioniert hier wie in einem Basismodell mit der Bevölkerungswachstumsrate n; aber hier n = 0 und der Schlüsselpunkt ist, dass dk′/dt = (dK/dt)/((AL) − ak′), gleichzeitig gibt es einen dämpfenden Effekt auf das Niveau des Wachstumspfads vom Zähler und die reduzierten Einsparungen ausländischer

Tochtergesellschaften. Der letztgenannte Effekt würde übersehen werden (er wurde in der Literatur nicht berücksichtigt), ohne die Rolle der FDI-Zuflüsse für die Gesamteinsparungen in Land 1 zu berücksichtigen. Das Pro-Kopf-Einkommen Y/(AL) := y' wird durch den Ausdruck gegeben:

$$y'\# = (1+x'x)\left\{\frac{\left[\begin{array}{c}s(1-\alpha^*\beta)(1-\tau)\\+s'\alpha^*\beta(1-t''^*t^*)\end{array}\right](1+x'x)}{\left(\alpha^*a''a^* + x''(q'q^* - t''t^*) + \delta\right)}\right\}^{\beta/(1-\beta)} \quad (A.8)$$

Als Wissen entwickelt sich A(t) – wobei e' die Eulerzahl und A_0 das Anfangswissen bezeichnet – gemäß $A(t) = A_0 e'^{at}$ können wir für das Pro-Kopf-Einkommen Y/L := y im stationären Zustand schreiben:

$$y\# = \left(\frac{1+x'}{(q'q^* - t''t^*)}\right)^{\frac{1}{1-\beta}} A_0 \left\{\frac{\left[\begin{array}{c}s(1-\alpha^*\beta)(1-\tau)\\+s'\alpha^*\beta(1-t''^*t^*)\end{array}\right]}{\left[\begin{array}{c}\alpha^*a''a^*\\+x''(q'q^*-t''t^*)\\+\delta\end{array}\right]}\right\}^{\beta/(1-\beta)} e'^{\left(\begin{array}{c}\alpha^*a''a^*\\+x''(q'q^*-t''t^*)\end{array}\right)t} \quad (A.9)$$

In lny#-t Space können die Auswirkungen einer Erhöhung des ausländischen Zollsatzes in der folgenden Grafik dargestellt werden, in der angenommen wurde, dass die Auswirkungen eines höheren t* auf das Niveau des Pro-Kopf-Einkommenswachstumsweges negativ sind, sodass die Einführung eines Zollsatzes t* in Land 2 zum Zeitpunkt t_N einen sofortigen Rückgang des Niveaus des Wachstumspfads von lny und eine anschließend reduzierte Wachstumsrate des Pro-Kopf-Einkommens mit sich bringt (Abb. A.3: Die Steigung C'D' ist kleiner als beim ursprünglichen Pfad BC).

Im Hinblick auf eine ergänzende empirische Analyse wäre es sinnvoll, zwei verschiedene Gruppen von Ländern zu analysieren, nämlich eine Gruppe von großen Ländern einerseits und eine Gruppe von kleinen Ländern andererseits – für die letztere Gruppe könnte die Rolle der ausländischen Direktinvestitionen bzw. des internationalen Technologietransfers höher sein als für die großen Volkswirtschaften.

Dies ist implizit die Wachstumsökonomie von BREXIT und zeigt auch den Einfluss des Importzolls von Trump auf das langfristige Wachstum

Zollbedingte Effekte auf die Höhe und Steigung der Wachstumsrate

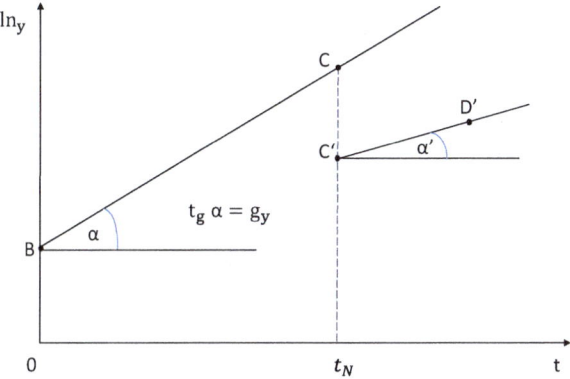

Abb. A.3 Auswirkungen des höheren Außenhandelszolls auf das Pro-Kopf-Einkommen und die langfristige Wachstumsrate (Eigene Darstellung)

Chinas. Um den Fall der USA abzudecken – für den Einfuhrzoll von Trump für Exporteure aus China, die aus chinesischen Unternehmen sowie US-Tochtergesellschaften in China bestehen – muss man sich den oben genannten zusätzlichen Sparbegriff für den Fall von zweiseitigen FDI ansehen. Das modifizierte Ergebnis für die Binnenwirtschaft – hier die USA – wäre die folgende stationäre Lösung, wenn $y'^* = V''y'$ und $A^*L^*/(AL)$ als konstant angenommen würden (es wird auch angenommen, dass $0 < t''\tau'' < 1$):

$$y'\# = (1+x'x)^{\frac{1}{1-\beta}} \left\{ \frac{\left[s(1-\tau) \begin{pmatrix} (1-\alpha^*\beta) \\ +\alpha\beta^*V''(A^*L^*/(AL)) \\ q^*(1-t''\tau'') \end{pmatrix} + s'\alpha^*\beta(1-t'''^*t^*) \right]}{\begin{pmatrix} \alpha^*a''a^* \\ +x''(q'q^* - t''t^*) \\ +\delta \end{pmatrix}} \right\}^{\beta/(1-\beta)} \quad (A.9')$$

Neben der traditionellen BREXIT-Analyse (s. z. B. HM Govt. 2016) und der Trump-Tarifanalyse in einem partiellen Gleichgewichtsansatz (z. B. Zoller-Rydzek und Felbermayr 2018) legt die vorliegende Analyse nahe, dass höhere Importzölle im Ausland sowohl einen negativen Effekt auf die Höhe des

Wachstumspfads als auch einen negativen Effekt auf die langfristige Wachstumsrate des Pro-Kopf-Einkommens haben. Wenn es auf beiden Seiten Importzölle gibt, ist ein erweitertes modifiziertes Wachstumsmodell sinnvoll, wie in Gl. (A9′) dargestellt; dieses Ergebnis geht über die Ergebnisse von Zoller-Rydzek/Felbermayr hinaus, die ein Teilgleichgewichtsmodell der Trump-Importzölle verwenden, das die Auswirkungen ausländischer Direktinvestitionen ignoriert. Die Gl. (A9′) – interpretiert für die USA – berücksichtigt sowohl die chinesischen Einfuhrzölle t^* als auch den US-Importzoll τ'', was das langfristige Pro-Kopf-BIP der USA verringern würde; das Pro-Kopf-BSP der USA kann ebenfalls abgeleitet werden. Eine reale Aufwertung des Dollars, also ein Anstieg von q^*, erhöht den Zähler, aber auch den Nenner, sodass der reale Wechselkurseffekt auf der Ebene des Wachstumspfads nicht eindeutig ist. Die reale Aufwertung wird die langfristige Wachstumsrate dämpfen – nur wenn technologieintensive Vorleistungsimporte in Betracht gezogen würden, müsste man die Spezifikation der Fortschrittsfunktion überdenken und in der Tat – wobei j'' für einen positiven Parameter und j für das Import-BIP-Verhältnis stehen – einen Importterm $j''j(q^*)$ zusätzlich in der Gleichung für das Gesamtfaktorproduktivitätswachstum berücksichtigen (und ein ähnliches Argument gilt für das FuE-BIP-Verhältnis, das auch in einen angemessen angepassten Ansatz integriert werden könnte).

Man kann argumentieren, dass die Entwicklung des Pro-Kopf-Einkommens im Kontext des Protektionismus ein wichtiger Aspekt ist, aber die wichtigere Frage betrifft den Pro-Kopf-Verbrauchseffekt. Die Häufigkeit eines Einfuhrzolls (oder eines Steuersatzes) hängt vom Verhältnis der Angebotselastizität zur Summe der Angebotselastizitäten (η) und (ε) ab. Je größer dieses Verhältnis ist, desto mehr wird die Last des Zolls von den Verbrauchern getragen, d. h. desto größer ist der Anteil f'' des von den Verbrauchern getragenen Einfuhrzolls ($f'' = 1/(1 + \eta/\varepsilon)$), sodass in der Regel die Regierung des Einfuhrlandes Waren auswählt, bei denen die Nachfrageelastizität hoch oder die Auslandsangebotselastizität niedrig ist. Aus dieser Sicht wird die Trump-Administration gleich zu Beginn eines US-China-Handelskrieges keinen Einfuhrzoll auf Mobiltelefone (d. h. Mobiltelefone) erheben, da hier die US-Elastizität der Nachfrage gering ist: Man kann nicht ohne Weiteres einen Ersatz für Mobiltelefone aus China finden (und selbst das US iPhone ist in China teilweise montiert). Das Exportvolumen Chinas wird sich daher in der zweiten Jahreshälfte 2018 als Reaktion auf die Entscheidung der Trump-Administration, höhere Einfuhrzölle auf etwa 40 % der gesamten chinesischen Exporte in die USA zu erheben, deutlich verringern. Der Nettoimportpreis (ohne den Einfuhrzoll) wird sinken und die USA könnten beträchtliche Zolleinnahmen erzielen, aber wenn die Trump-Administration die Abdeckung der Einfuhren aus China mit US-Einfuhrzöllen erweitert, wird die Belastung für die

US-Verbraucher – und die Produzenten im Fall der Einfuhr von Zwischenprodukten aus China – erheblich zunehmen. Dieses partielle Gleichgewichtsbild sieht für die USA umso düsterer aus, wenn man ein entsprechend modifiziertes Makrowachstumsmodell mit FDI-Zuflüssen und FDI-Abflüssen in Betracht zieht, wie oben dargestellt.

Das Niveau des Pro-Kopf-Einkommens im stationären Zustand (y#) wird bestimmt durch

$$y\# = (1+x'x)^{\frac{1}{1-\beta}} A_0 \left\{ \frac{\left[\begin{array}{l} s(1-\alpha^*\beta)(1-\tau) \\ +s'\alpha^*\beta(1-t''^*t^*) \end{array}\right]}{\left(\begin{array}{l} \alpha^*a''a^* \\ +x''(q'q^*-t''t^*)+\delta \end{array}\right)} \right\}^{\beta/(1-\beta)} e^{\prime\left(\alpha^*a''a^* + x''\left(q'q^* - t''t^*\right)\right)t}. \qquad (A.9'')$$

Was die Auswirkungen der ausländischen Importzölle auf die Wachstumsrate des Wissens und damit auf die Rolle des Pro-Kopf-Wachstums im stationären Zustand betrifft, so ist der Effekt eindeutig negativ – zumindest solange der reale Wechselkurs als exogen behandelt wird; diese Annahme könnte in einem umfassenden Makromodell leicht gelockert werden. Die Rolle der kumulierten ausländischen Direktinvestitionen auf der Ebene der Wachstumsrate von y ist nicht eindeutig, da im Zähler der Ausdruck α*ß{s'(1 − t''*t*) − s(1−τ) + [s(1−τ)/(α*ß)]} steht, der wahrscheinlich positiv ist, solange der ausländische Einfuhrzollsatz Null ist; gleichzeitig muss man die Tatsache berücksichtigen, dass die Anwesenheit ausländischer Investoren die Wachstumsrate des Wissens erhöht, die das Niveau des Wachstumspfades dämpft.

Kapitalmarktdynamik im Kontext von BREXIT und damit verbundenen US-Aspekten

Im Bereich der FDI und Portfoliokapitalflüsse sowie des Handels im Rahmen von BREXIT gibt es erhebliche internationale Auswirkungen. In der BREXIT-Sonderausgabe der Zeitschrift *International Economics and Economic Policy*, Nr. 1, 2019, wurden viele wichtige Aspekte analysiert. Zu den wichtigsten Ergebnissen eines Papiers von Eichengreen (2019) gehört die Erkenntnis, dass der Bestand an ausländischen Portfolioinvestitionen im Vereinigten Königreich nach dem BREXIT um 12 % sinken sollte, was natürlich die Frage aufwirft, in welche Länder die Abflüsse von britischem Portfoliokapital gehen würden; die USA werden sicherlich zu den Top-Empfängern dieser Art der internationalen Portfolioumverteilung gehören und so könnte BREXIT der

Trump-Administration durch niedrigere Zinssätze helfen. Die USA könnten auch von etwas höheren FDI-Zuflüssen profitieren, einschließlich Abflüssen von City-of-London-Banken in die USA. Basierend auf einem Event-Methodenansatz kann man die Auswirkungen von BREXIT auf die Risikoprämien von Unternehmen berücksichtigen, wobei der Schwerpunkt auf Großbritannien und der Eurozone (aber auch auf die USA) liegen könnte. Man sollte bedenken, dass – nach BEA-Angaben – fast 7 % des BIP des Vereinigten Königreichs auf die Produktion der US-Tochtergesellschaften im Vereinigten Königreich entfallen. Was die Auswirkungen von BREXIT auf FDI im Vereinigten Königreich betrifft, so ist klar, dass das Vereinigte Königreich nach dem BREXIT mit geringeren FDI-Zuflüssen konfrontiert sein wird; und um diese geringere Standortattraktivität für ausländische Investoren auszugleichen, könnte das Vereinigte Königreich die Körperschaftssteuersätze senken (Welfens und Baier 2018). Zu weiteren wesentlichen Aspekten von BREXIT siehe Welfens und Hanrahan (2018) und Welfens (2017c).

Die BREXIT-zusammenhängenden Risikoprämien für verschiedene Sektoren – Risikoprämie, definiert als die Differenz zwischen dem Zinssatz für Unternehmensanleihen und dem Zinssatz für Staatsanleihen (bei gleicher Laufzeit) – sind im Vereinigten Königreich beträchtlich, einschließlich der nichtfinanziellen Sektoren und einiger anderer Sektoren ebenfalls (s. Korus und Kadiric 2019). Der Fokus lag auf der BREXIT-Mehrheit im Referendum 2016 als BREXIT-Event I, aber natürlich wird die Umsetzung von BREXIT im Jahr 2019 das Event II sein; neben der BREXIT-Eventvariablen wurde eine Reihe von wirtschaftlichen Kontrollvariablen verwendet. Die Ereignismethodik könnte auch auf China-US-Handelssignale der Trump-Administration angewendet werden, um die Auswirkungen der US-Handelspolitik auf sektorale Risikoprämien in den USA, in China und in Europa zu analysieren. Breitere finanzielle und monetäre Aspekte wurden von Welfens (2019a) und Welfens und Xiong (2019) analysiert.

Anhang 4: Nationaleinkommensanteile in ausgewählten Weltregionen und Ländern, 2016

Die Abb. A.4 zeigt, dass die Einkommensungleichheit im Nahen Osten, in Indien, Brasilien und Subsahara-Afrika recht ausgeprägt ist, in dem Sinn, dass 10 % der Haushalte mehr als 50 % des Markteinkommens verdienen. In Europa lag der Anteil 2016 bei eher bescheidenen 37 %, der Wert für die USA-Kanada war zehn Punkte höher.

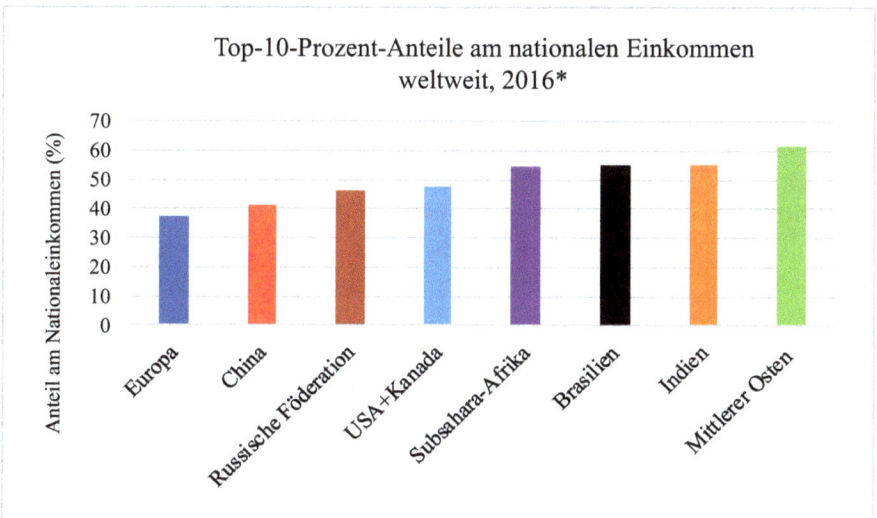

Abb. A.4 Die zehn wichtigsten Prozentpunkte des Nationaleinkommens in ausgewählten Weltregionen und Ländern, 2016. Das Nationaleinkommen bezieht sich auf das Nationaleinkommen vor Steuern. Die Daten für Brasilien, Indien, die Russische Föderation und China beziehen sich auf 2015. Die Daten für die Weltregionen beziehen sich auf 2016 (Alvaredo et al. (2018), World Inequality Report 2018, S. 9 www.wir2018.wid.world)

Anhang 5: Vollständige Preisdiskriminierung

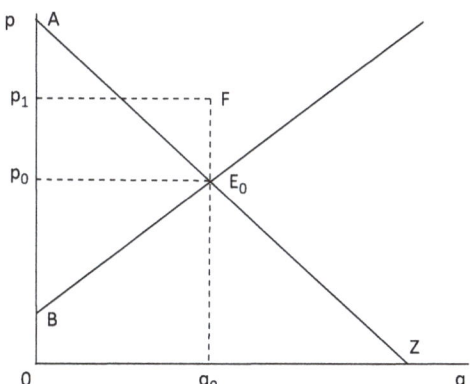

Abb. A.5 Vollständige Preisdiskriminierung* (basierend auf IKT). $*\overline{Ap_1} = \frac{1}{2}\overline{Ap_0}$, Anfangsgewinne p_0E_0B erhöhen sich um die Fläche $p_1FE_0p_0$, was dem Verbraucherüberschuss entspricht. Quelle: Eigene Darstellung

Anhang 6: Wohlfahrtsverlust durch Besteuerung (und Einfuhrzölle)

Betrachten Sie einen Einfuhrmengenzollsatz t'. Eine einfache partielle Gleichgewichtsanalyse zeigt nun den tarifgebundenen Preis p' und den Nettotarifpreis p_1, wobei die Differenz t' ist; die marginale Produktkurve k' wird als gegeben angenommen durch $k' = c > 0$. Der Verbraucherüberschuss ist AEp_0, der Produzentenüberschuss ist BEp_0. Es wird angenommen, dass die Nachfragekurve $q = a - b(p + t')$ ist, wobei a und b positive Parameter sind. Der steuer-/tarifbedingte Wohlfahrtsverlust ist das Dreieck EFG, das mit $0{,}5\, t'(q_0 - q_1) = bct'^2/(2(b + c))$ berechnet werden kann, da der Gleichgewichtsnettopreis $p = (a - bt')/(b + c)$ beträgt und die Gleichgewichtsmenge $q_1 = c(a - bt')/(b + c)$ ist. Der Wohlfahrtsverlust ist im Steuersatz/Importtarif quadratisch. Der Wohlfahrtsverlust hängt nur von den Parametern b und c ab. Je höher c und b sind, desto höher ist der Wohlfahrtsverlust; hohe Grenzkosten und eine geringe Elastizität der Preissensitivität der Nachfrage bedeuten eher hohe Wohlfahrtsverluste. Der Wohlfahrtsverlust würde sich erhöhen, wenn der Grenzkostenparameter eine positive Funktion von t' bzw. $\ln t'$ wäre. Dies ist eher wahrscheinlich, da die Zeitaufteilung der Unternehmen zur Vermeidung der Besteuerung mit dem Steuersatz t' positiv von t' abhängen wird. Wenn der Staat jedoch die Einnahmen $t'q_1$ teilweise für die Förderung von Prozessinnovationen in diesem Sektor ausgibt, wäre der Wohlfahrtsverlust etwas geringer als in der traditionellen (quadratischen) Formel oben angegeben.

Wenn man davon ausgeht, dass es eine Ware aus einer großen Volkswirtschaft gibt, sagt die Literatur, dass der optimale Tarif $1/\varepsilon$ ist, wo ε die Produktionselastizität ist und alle Waren, durch Annahme, im Ausland produziert werden. Der optimale Einfuhrzoll für eine Kleinwirtschaft ist Null, da das kleine Land die Weltmarktpreise nicht dadurch beeinflussen kann, dass es nach der Einführung eines Zolls eine geringere Menge einführt. Es wird immer zu einem Verlust des Verbraucherschutzes kommen, der über die Zolleinnahmen hinausgeht. Im Fall einer großen Volkswirtschaft wird es zu einer Senkung des Weltmarktpreises kommen, sodass ein Teil der Zolleinnahmen für einen Wohlfahrtsgewinn steht, der größer sein könnte als der Tragfähigkeitsverlust, und dies führt zur Frage eines optimalen Einfuhrzolls (Abb. A.6).

Nehmen wir nun an, dass ein Anteil des sektoralen Grundkapitals der jeweiligen Branche φ ist. Dann ist der optimale Einfuhrzoll nicht mehr $1/\varepsilon$, sondern kleiner: Der neue Begriff ist $(1/\varepsilon)(1 - {}'\varphi\varphi)$, wobei $'\varphi$ ein positiver

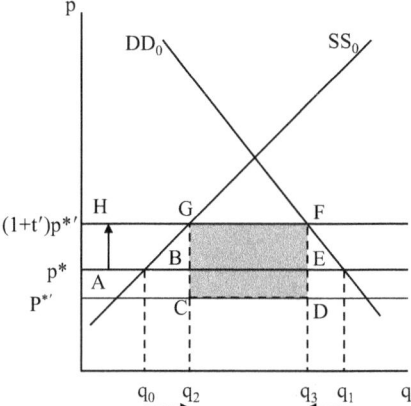

Abb. A.6 Steuer-/Importtarif (der Fall eines großen Landes). Der Freihandelspreis ist p*, der Einfuhrzoll ist t', der zollpflichtige Einfuhrpreis ist (1 + t')p*', der Nettoeinfuhrpreis ist p*'. Die Freihandelsimportmenge beträgt q_1 minus q_0, bei einem Importzoll sinkt sie auf q_3 minus q_2. Quelle: Eigene Darstellung

Parameter im Bereich von 0,1 ist (Welfens 2018c). Darin spiegelt sich wider, dass die Senkung des Weltmarktpreises durch einen Einfuhrzoll die Gewinne im Ausland verringern wird – dazu gehören auch die Gewinne von Tochtergesellschaften/Firmen im Ausland, die sich im Besitz von Investoren aus Land 1 befinden.

Anhang 7: IWF-Weltwirtschaftsausblick, Oktober 2018 (IMF 2018b)

Der Weltwirtschaftsausblick des IWF vom Oktober 2018 ist für das mittelfristige Wachstum der USA nicht so optimistisch – einige wichtige Erkenntnisse wurden wie folgt erläutert (IMF 2018b, S. 19).

> **Wachstumsausblick: Fortgeschrittene Volkswirtschaften**
>
> *Es wird erwartet, dass die entwickelten Volkswirtschaften 2018 um 2,4 % (ein etwas schnelleres Tempo als 2017) und 2019 um 2,1 % wachsen werden. Es wird erwartet, dass das Wachstum in den entwickelten Volkswirtschaften im Jahr 2020 auf 1,7 % zurückgehen wird, da die Steuersenkungen in den USA teilweise rückgängig gemacht werden, und mittelfristig auf 1,5 %, da sich das Bevölkerungswachstum im erwerbsfähigen Alter weiter abschwächt.*

> • *Das Wachstum in den Vereinigten Staaten dürfte 2018 mit 2,9 % seinen Höhepunkt erreichen, unterstützt durch die prozyklischen fiskalischen Impulse nach acht aufeinander folgenden Jahren der Expansion und die immer noch lockeren finanziellen Bedingungen (trotz der erwarteten Straffung der Geldpolitik). Es wird erwartet, dass das Wachstum 2019 auf 2,5 % nachlässt (eine Abwärtsrevision von 0,2 Prozentpunkten gegenüber dem Weltwirtschaftsausblick [WEO] vom April 2018 aufgrund der kürzlich eingeführten Handelsmaßnahmen) und 2020 auf 1,8 % sinkt, da sich die Konjunkturprogramme zu entspannen beginnen. Es wird erwartet, dass eine starke Inlandsnachfrage die Wirtschaft über die Vollbeschäftigung hinaus antreiben und die Importe und das Leistungsbilanzdefizit erhöhen wird. Mittelfristig wird das Wachstum voraussichtlich vorübergehend unter das Potenzial von 1,4 % sinken, da sich die positive Produktionslücke allmählich schließt.*

Anhang 8: Der Zauberlehrling (von Johann Wolfgang von Goethe)

Präsident Donald Trump, der als Politiker noch unerfahren ist, hat 2017 – nach seiner Wahl 2016 – die volle politische Macht der USA übernommen. Er weiß nicht wirklich, wie er die teilweise magische Kraft des Weißen Hauses am besten nutzen kann. Goethes Gedicht „Der Zauberlehrling" fasst das Problem zusammen:

> Hat der alte Hexenmeister
> Sich doch einmal wegbegeben!
> Und nun sollen seine Geister
> Auch nach meinem Willen leben.
> Seine Wort und Werke
> Merkt ich, und den Brauch,
> Und mit Geistesstärke
> Tu ich Wunder auch.
> Walle! walle
> Manche Strecke,
> Daß, zum Zwecke,

Wasser fließe,
Und mit reichem vollem Schwalle,
Zu dem Bade sich ergieße.
Und nun komm du alter Besen,
Nimm die schlechten Lumpenhüllen!
Bist schon lange Knecht gewesen:
Nun erfülle meinen Willen!
Auf zwei Beinen stehe,
Oben sei ein Kopf,
Eile nun und gehe
Mit dem Wassertopf!
Walle! Walle
Manche Strecke,
Daß, zum Zwecke,
Wasser fließe,
Und mit reichem vollem Schwalle,
Zu dem Bade sich ergieße.
Seht er läuft zum Ufer nieder,
Wahrlich! ist schon an dem Flusse,
Und mit Blitzesschnelle wieder
Ist er hier mit raschem Gusse.
Schon zum zweiten Male!
Wie das Becken schwillt!
Wie sich jede Schale
Voll mit Wasser füllt!
Stehe! stehe!
Denn wir haben
Deiner Gaben
Vollgemessen! –
Ach ich merkes! Wehe! wehe!
Hab ich doch das Wort vergessen!
Ach, das Wort, worauf am Ende
Er das wird, was er gewesen!
Ach, er läuft und bringt behende!
Wärst du doch der alte Besen!
Immer neue Güsse
Bringt er schnell herein,
Ach, und hundert Flüsse
Stürzen auf mich ein!
Nein nicht länger

Kann ichs lassen:
Will ihn fassen!
Das ist Tücke!
Ach, nun wird mir immer bänger!
Welche Miene! welche Blicke!
O, du Ausgeburt der Hölle!
Soll das ganze Haus ersaufen?
Seh ich über jede Schwelle
Doch schon Wasserströme laufen.
Ein verruchter Besen,
Der nicht hören will!
Stock, der du gewesen,
Steh doch wieder still!
Willsts am Ende
Gar nicht lassen?
Will dich fassen,
Will dich halten,
Und das alte Holz behende
Mit dem scharfen Beile spalten!
Seht, da kommt er schleppend wieder!
Wie ich mich nur auf dich werfe,
Gleich, o Kobold, liegst du nieder;
Krachend trifft die glatte Schärfe.
Wahrlich brav getroffen!
Seht er ist entzwei!
Und nun kann ich hoffen,
Und ich atme frei!
Wehe! wehe!
Beide Teile
Stehn in Eile,
Schon als Knechte
Völlig fertig in die Höhe!
Helft mir, ach! ihr hohen Mächte!
Und sie laufen! Naß und nässer
Wirds im Saal und auf den Stufen;
Welch entsetzliches Gewässer!
Herr und Meister, hör mich rufen! –
Ach, da kommt der Meister!
Herr, die Not ist groß!
Die ich rief, die Geister
Werd ich nun nicht los

„In die Ecke,
Besen! Besen!
Seids gewesen.
Denn als Geister
Ruft euch nur zu seinem Zwecke,
Erst hervor der alte Meister."

Aus: Johann Wolfgang Goethe: Poetische Werke. Vollständige Ausgabe; erster Band: Gedichte. Essen: Phaidon Verlag 1982, S. 124–126

Anhang 9: Zölle und Gegenzölle – Ein Überblick über den Handelskonflikt im Jahr 2018

Ein Überblick über die eingeführten und drohenden Zölle der USA, der EU und anderer Länder

Datum	Maßnahme	Wert der Waren, auf die Zölle erhoben werden (in Milliarden US$, 2017)
22.01.2018	Die USA erheben Einfuhrzölle auf importierte Solarmodule (15–30 %) und auf Waschmaschinen (20–50 %) aus allen Ländern.	8,5 bzw. 1,8
01.03.2018	Die USA kündigen ihre Absicht an, Zölle auf importierten Stahl (25 %) und Aluminium (10 %) aus allen Ländern zu erheben.	48,9
07.03.2018	Die EU kündigt Gegenmaßnahmen an: 25 % Zoll auf Einfuhren aus den USA; der erste Schritt einer dreiteiligen Strategie, die auch die Einreichung einer Beschwerde bei der WTO und die Einführung von Schutzmaßnahmen gegenüber Drittländern umfassen könnte.	3,4

Datum	Maßnahme	Wert der Waren, auf die Zölle erhoben werden (in Milliarden US$, 2017)
23.03.2018	Die USA führen Zölle auf die Einfuhr von Stahl und Aluminium aus allen Ländern ein (mit Ausnahme von Mexiko, Kanada, der EU, Südkorea, Argentinien, Brasilien und Australien).	China: 2,8 von 48
28.03.2018	China erlässt 15–25 % Zölle auf die Einfuhr von 128 Produkten (inklusive Aluminiumschrott, Schweinefleisch, Obst, Nüsse) aus den USA.	2,4
03.04.2018	Die USA kündigen weitere Zölle auf Einfuhren aus China an, da sie sich auf unlautere Handelspraktiken und den Diebstahl von geistigem Eigentum berufen.	46,0
17.04.2018	China erhöht die Zölle auf die Einfuhren von Sorghum (176,8 %) aus den USA; diese wurden später am 18.05.2018 abgeschafft.	
25.05.2018	Die USA kündigen Zölle auf die Einfuhr von Autos und Autoteilen (bis zu 25 %) aus der EU, Mexiko, Kanada und China an.	350 (208 ohne Autoteile)
01.06.2018	Die USA erheben Zölle auf die Einfuhr von Stahl und Aluminium auch gegen die EU, Kanada und Mexiko.	EU: 7 von 48
01.06.2018	Die EU reicht bei der WTO eine Beschwerde gegen die US-Zölle auf Stahl und Aluminium ein.	

Datum	Maßnahme	Wert der Waren, auf die Zölle erhoben werden (in Milliarden US$, 2017)
01.06.2018	Argentinien stimmt einem Kontingent für die Ausfuhr von Stahl und Aluminium in die USA zu; Brasilien stimmt einem Kontingent für die Ausfuhr von Stahl in die USA zu; die USA führen Zölle auf die Einfuhr von Aluminium aus Brasilien ein.	
22.06.2018	Die EU führt Gegenzölle auf die Einfuhr von Stahl, Aluminium, verschiedenen Agrarerzeugnissen, Lebensmitteln und Konsumgütern aus den USA ein.	3,4
01.07.2018	Kanada führt Gegenzölle auf die Einfuhr von Stahl, Aluminium, verschiedenen Lebensmitteln und Konsumgütern aus den USA ein.	12,8
06.07.2018	Die USA erheben Zölle, unter anderem auf Autos, Flugzeugteile und Festplatten (25 %) aus China, Stufe 1 von 50-Milliarden-Dollar-Maßnahmen.	34
06.07.2018	China erhebt Zölle auf Einfuhren, unter anderem auf Autos und Sojabohnen (25 %) aus den USA, Stufe 1	34
10.07.2018	Die USA kündigen Zölle auf Einfuhren von IT-Konsumgütern und Textilien (10–25 %) aus China an.	200

Datum	Maßnahme	Wert der Waren, auf die Zölle erhoben werden (in Milliarden US$, 2017)
20.07.2018	US-Präsident Trump droht, Zölle auf alle Einfuhren aus China zu erheben.	505
25.07.2018	Die USA ziehen ihre Drohung, Zölle auf Automobilimporte aus der EU einzuführen, vorübergehend zurück.	
03.08.2018	China kündigt geplante Kontertarife (5–25 %) für weitere Produkte aus den USA (einschließlich Lebensmittel, Flüssiggas) an, falls angekündigte US-Zölle auf chinesische Importe in Höhe von 200 Mrd. US$ eingeführt werden.	60
13.08.2018	Die USA verdoppeln die Zölle auf die Einfuhren von Stahl und Aluminium aus der Türkei (50 % bzw. 20 %).	
15.08.2018	Die Türkei erhebt Zölle auf die Einfuhr von 22 Produktgruppen (einschließlich Kraftfahrzeuge, Alkohol, Tabak, Lebensmittel) aus den USA.	
23.08.2018	Die USA erheben Zölle auf Einfuhren von unter anderem Kraftfahrzeugen, Flugzeugteilen und Festplatten (25 %) aus China, Stufe 2.	16
23.08.2018	China erhebt unter anderem Zölle auf Autos und Sojabohnen (25 %) aus den USA, Stufe 2.	16
30.08.2018	Die EU schlägt ein Abkommen mit den USA vor, um die Zölle jeder Partei auf Kfz-Einfuhren gegenseitig abzuschaffen.	

Datum	Maßnahme	Wert der Waren, auf die Zölle erhoben werden (in Milliarden US$, 2017)
18.09.2018	2018 führen die USA neue Zölle auf weitere Produkte aus China (10 %, ab 2019: 25 %) für eine Vielzahl von Produkten (unter anderem Konsumgüter, IT-Sektor, Textilien, Automobile, Fahrräder) ein; ab 24.09.2018.	200
18.09.2018	China kündigt Gegenzölle (5–10 %) für weitere amerikanische Importe an; mit Wirkung vom 24.09.2018.	60

Quelle: ifo Schnelldienst 19/2018, 11. Oktober 2018, Tab. 5.1, S. 62 [Übersetzt aus dem Deutschen IFO 2018]

Anhang 10: Neuere Forschungen zu Ungleichheitsdynamiken und Kompetenzen

Eine Zusammenfassung der wichtigsten Ergebnisse der Studie von Jovicic (2018), einer international vergleichenden Analyse, die sich mit Fragen der Ungleichheit, Beschäftigung und Qualifikation in den OECD-Ländern befasst. Die Analyse von Jovicic untersucht Schlüsselfragen, die aus der Perspektive dieses Buches relevant sind; der Autor stellt die Forschungsfrage, welche Rolle die Ungleichheit bei der Beschäftigungsförderung spielt, wenn überhaupt, durch die Betrachtung internationaler Daten. Die Analyse beginnt mit einem Kapitel, das mit der klassischen Trade-off-Diskussion in der Ökonomie beginnt und dann zu einem Ansatz übergeht, der sich mit institutionellen Rahmenbedingungen und Vielfalt beschäftigt. Der Autor versucht, die Ungleichheitsanalyse mit Aspekten des institutionellen Rahmens in den jeweiligen Ländern zu verbinden. In einer ökonometrischen Analyse untersucht Jovicic die Ergebnisse einer Panel-Datenanalyse für 21 OECD-Länder, nämlich ob Ungleichheit dazu beitragen könnte, mehr Beschäftigung zu schaffen. Unter dem Strich führt das dazu, dass institutionelle Vereinbarungen zwar die Arbeitslosigkeit beeinflussen, aber keine Auswirkungen auf die Beschäftigung haben. Man kann jedoch feststellen, dass frühere Beiträge zur Literatur für einige Länder gezeigt haben, dass die Mitgliedschaft in der

Union die Zuflüsse ausländischer Direktinvestitionen bzw. die Beschäftigung negativ beeinflusst. Jovicic befasst sich auch mit international vergleichenden Fähigkeiten (Alphabetisierung, Rechenfertigkeiten). Dabei geht es vor allem darum herauszufinden, ob die Lohnkompression von unten (d. h. die Löhne übersteigen die Arbeitsproduktivität von schwach qualifizierten Arbeitnehmern) die Beschäftigungsaussichten für diese schwach qualifizierten Arbeitnehmer beeinträchtigt. Dabei konzentriert sich der Autor auf Deutschland und Japan – mit recht hoher Lohnstreuung – und betrachtet auch die USA. Es ist bemerkenswert, dass in den USA mit ihrem hohen Anteil an Gastarbeitern 25 % aller Arbeitnehmer in der untersten Qualifikationsebene angesiedelt sind; in Japan sind es nur 7 %. Der Autor entwickelt eine Lohnregression nach dem Vorbild des Mincer-Ansatzes und findet im Fall der USA ein eher einheitliches Ergebnis für die Schulbildung. Die Lohnverteilung über die Score-Gruppen wird diskutiert. Das wichtigste Ergebnis mit der PIAAC-Datenbank entspricht den Ergebnissen von Freeman, die auf dem älteren IALS-Datensatz basieren. Selbst in eng definierten Score-Gruppen weisen die USA eine sehr hohe Lohnstreuung auf. Man sollte jedoch nicht übersehen, dass ein Teil der recht großen Lohnstreuung in den USA tatsächlich auf staatsübergreifende Unterschiede im regionalen Preisniveau zurückzuführen ist: Da die regionalen Preisunterschiede zwischen den Staaten in den USA relativ hoch sind, wird sich dies natürlich in einem Teil der Lohndispersion widerspiegeln – theoretisch sollte sich dies vollständig in den Arbeitsplätzen im Nichthandelssektor niederschlagen.

Der Autor legt den analytischen Fokus auf den Zusammenhang zwischen durchschnittlichen Alphabetisierungswerten und ihrer Varianz; zusätzlich liegt der Fokus auf dem Zusammenhang zwischen der Varianz der Werte und der intergenerationellen Qualifikationsmobilität (und es gibt auch eine Analyse der internationalen Unterschiede in den Werten). Die Analyse konzentriert sich effektiv auf die heimische (einheimische) Bevölkerung. Die Qualifikationsverteilung wird auf der Grundlage des 59. minus des 5. Quantils dividiert durch den Median, gefolgt von D90/D50 und D50/D10 (Verhältnis der Dezile) betrachtet. Es ist in der Analyse von Jovicic recht offensichtlich, dass sich die nationalen Verteilungen zwischen den Ländern vor allem in den unteren Qualifikationsstufen unterscheiden. Der Autor untersucht die nationalen Kompetenzverteilungen und die Mobilität von Kompetenzen zwischen den Generationen – es wird erwartet, dass eine stärkere nationale Varianz mit einer höheren intergenerationellen Bildungsmobilität einhergeht. Es wird argumentiert, dass das Bildungsniveau der Vatergeneration die Bildungsmobilität in den unteren 5 % Quantil stärker beeinflusst als in den oberen Klassen.

Anhang 11: OECD-Gesundheitsindikatoren: Säuglingssterblichkeit und Lebenserwartung

Säuglingssterblichkeitsraten und Lebenserwartung bei der Geburt, OECD und ausgewählte Länder

Land	Säuglingssterblichkeit*	Land	Lebenserwartung**
Island	0,7	Japan	84,1
Finnland	1,9	Schweiz	83,7
Japan	2,0	Spanien	83,4
Slowenien	2,0	Italien	83,3
Norwegen	2,2	Luxemburg	82,8
Estland	2,3	Australien	82,5
Schweden	2,5	Norwegen	82,5
Spanien	2,7	Israel	82,5
Tschechien	2,8	Frankreich	82,4
Italien	2,8	Korea	82,4
Korea	2,8	Schweden	82,4
Irland	3,0	Island	82,3
Australien	3,1	Kanada	81,9
Österreich	3,1	Irland	81,8
Dänemark	3,1	Österreich	81,7
Israel	3,1	Neuseeland	81,7
Belgien	3,2	Niederlande	81,6
Portugal	3,2	Belgien	81,5
Deutschland	3,4	Finnland	81,5
Niederlande	3,5	Griechenland	81,5
Schweiz	3,6	Slowenien	81,3
Frankreich	3,7	Portugal	81,2
Lettland	3,7	UK	81,2
Luxemburg	3,8	Deutschland	81,1
UK	3,8	Dänemark	80,9
Ungarn	3,9	Chile	79,9
Polen	4,0	Costa Rica	79,6
Griechenland	4,2	Tschechien	79,1
Litauen	4,5	*US*	*78,6*
Kanada	4,7	Polen	78
Slowakei	5,4	Türkei	78
Neuseeland	5,7	Estland	77,8
US	*5,9*	Slowakei	77,3
Russische Föderation	6,0	Ungarn	76,2
Chile	6,9	Kolumbien	76,2
Costa Rica	8,5	China	76
China	9,2	Mexiko	75,4
Türkei	10	Brasilien	74,8
Mexiko	12,1	Litauen	74,8
Brasilien	14,6	Lettland	74,7

Land	Säuglingssterblichkeit*	Land	Lebenserwartung**
Kolumbien	17,1	Russland Fed,	71,8
Indonesien	22,8	Indonesien	69,1
Südafrika	33,6	Indien	68,4
Indien	37,9	Südafrika	57,5

*Hinweis: *Säuglingssterblichkeit im Zusammenhang mit Sterbefällen pro 1000 Lebendgeburten, Zahlen für 2016 oder spätestens verfügbar (2014 oder später). Länder in der Reihenfolge der niedrigsten Säuglingssterblichkeit bis zur höchsten. Die **Lebenserwartung bezieht sich auf die Gesamtlebenserwartung (männlich und weiblich), Zahlen für 2017 oder spätestens verfügbar (2015 oder später). Die Länder wurden in der Reihenfolge der höchsten Lebenserwartung bis zur niedrigsten eingestuft*
Quelle: OECD-Daten, Gesundheitsindikatoren, Zugriff 22.11.2018

Anhang 12: US-Zivilbevölkerung/Gesamtzahl der Haushalte, 1984–2017

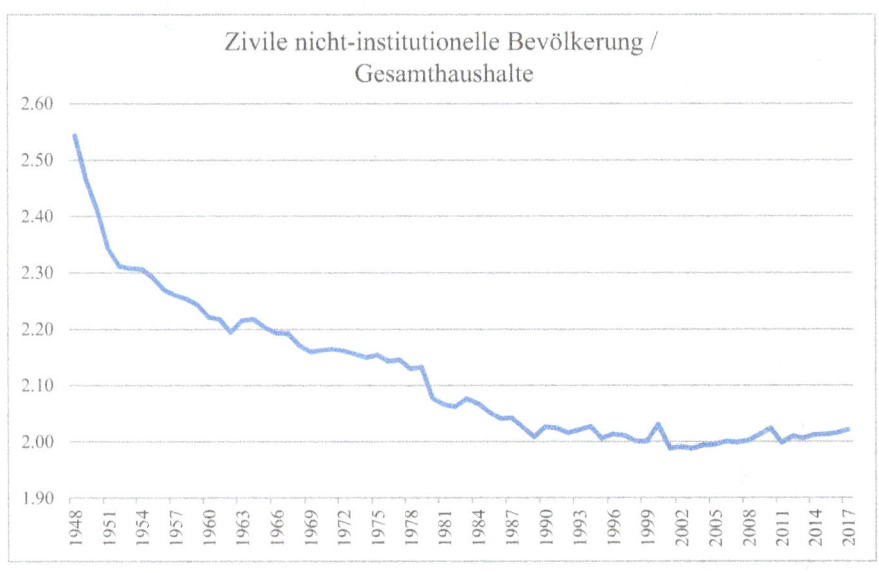

US-Zivilbevölkerung/Gesamthaushalte. Diese Grafik zeigt die rückläufige Zahl der Personen pro US-Haushalt. So ist in den Vereinigten Staaten die Zahl der Haushalte schneller gestiegen als die Gesamtbevölkerung, was bedeutet, dass jedes Maß, geteilt durch die Bevölkerung, schneller wächst als eines geteilt durch die Zahl der Haushalte (einschließlich Einkommenszahlen; Eigene Darstellung auf der Grundlage von Daten der Federal Reserve Economic Data, Federal Reserve Bank of St. Louis)

Anhang 13: Transfers und Offenheit – Traditionell und wertschöpfend (2007, 2009, 2011)

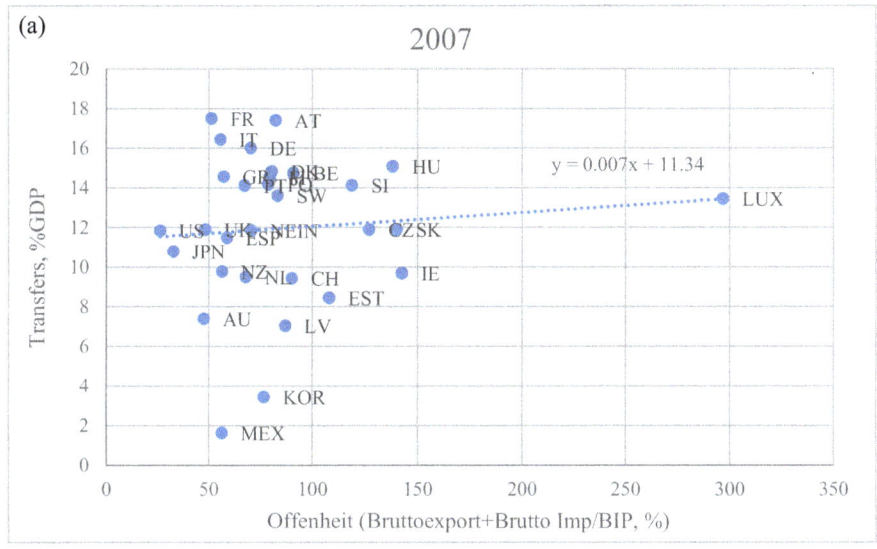

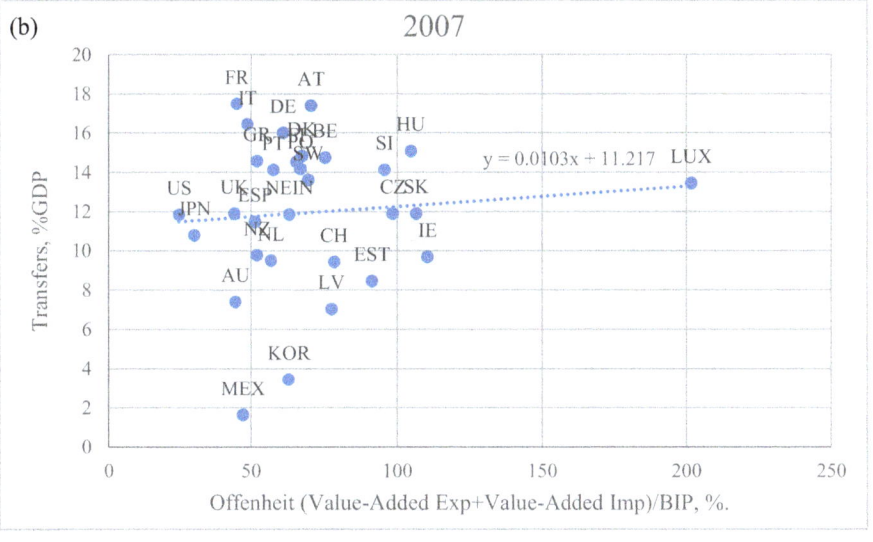

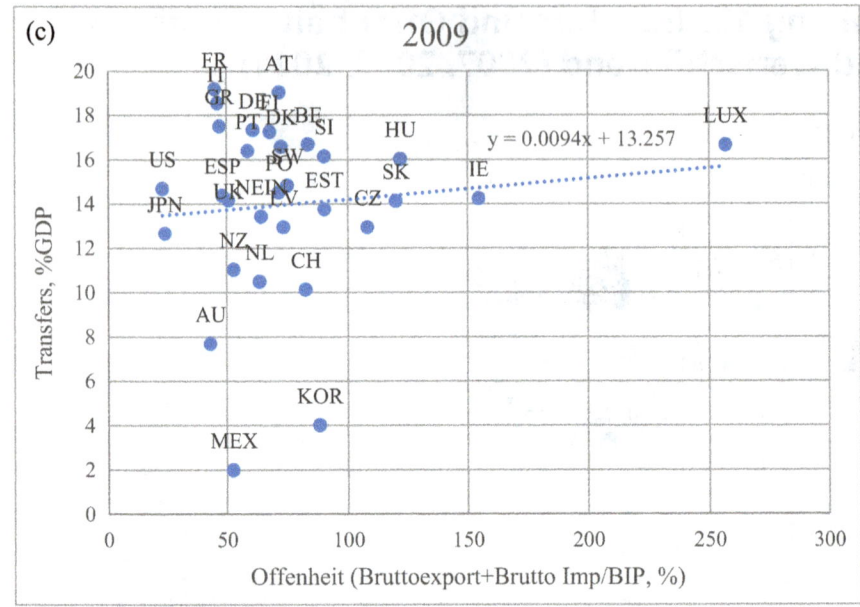

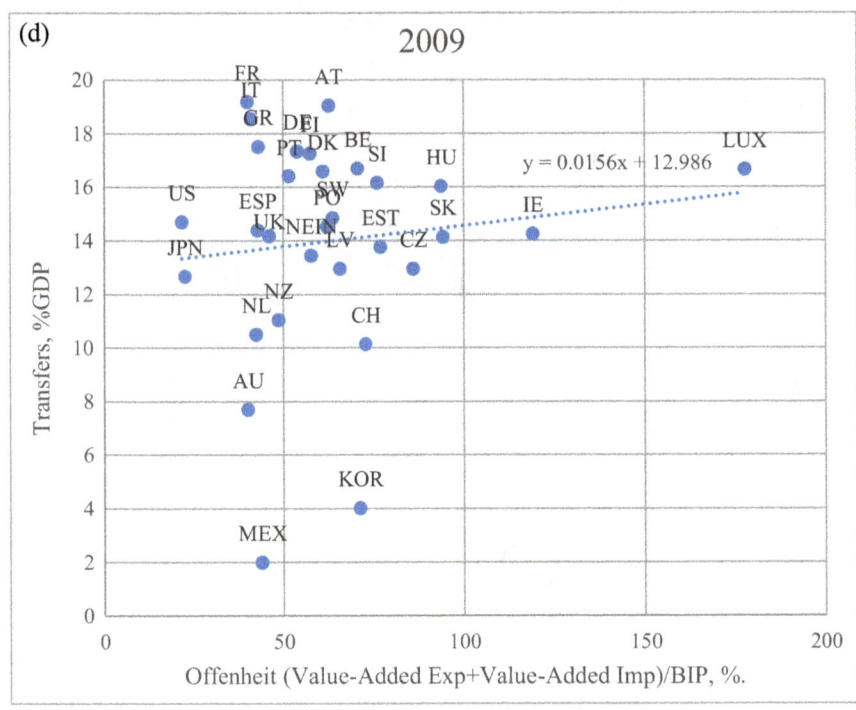

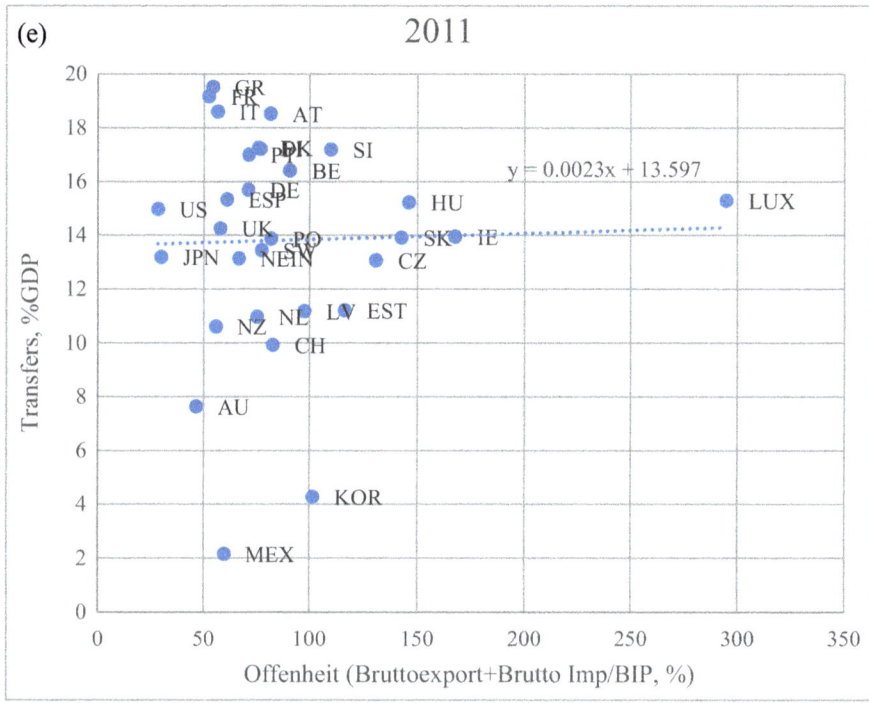

(e) 2011

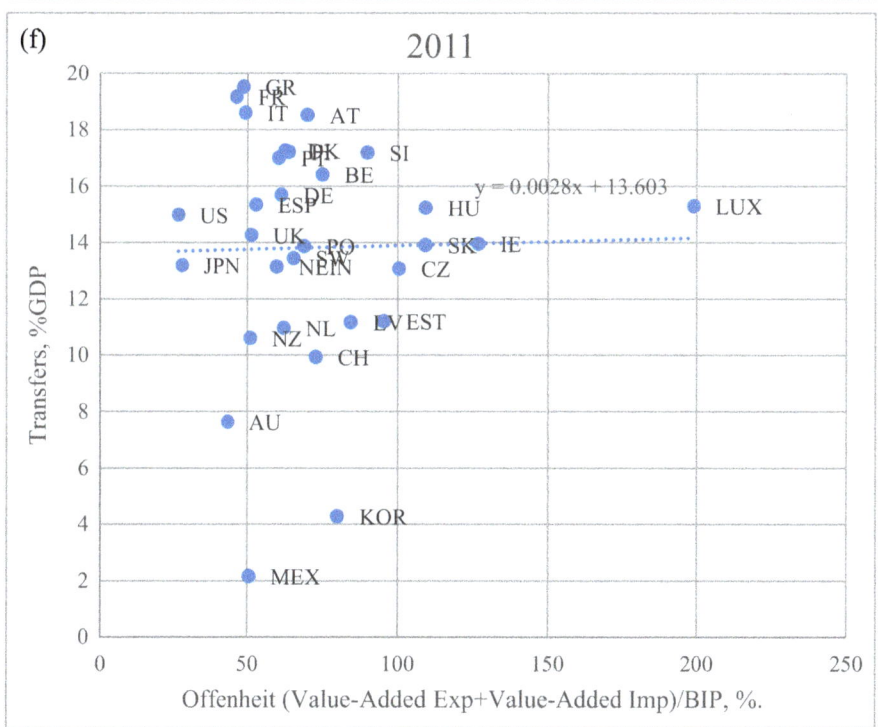

(f) 2011

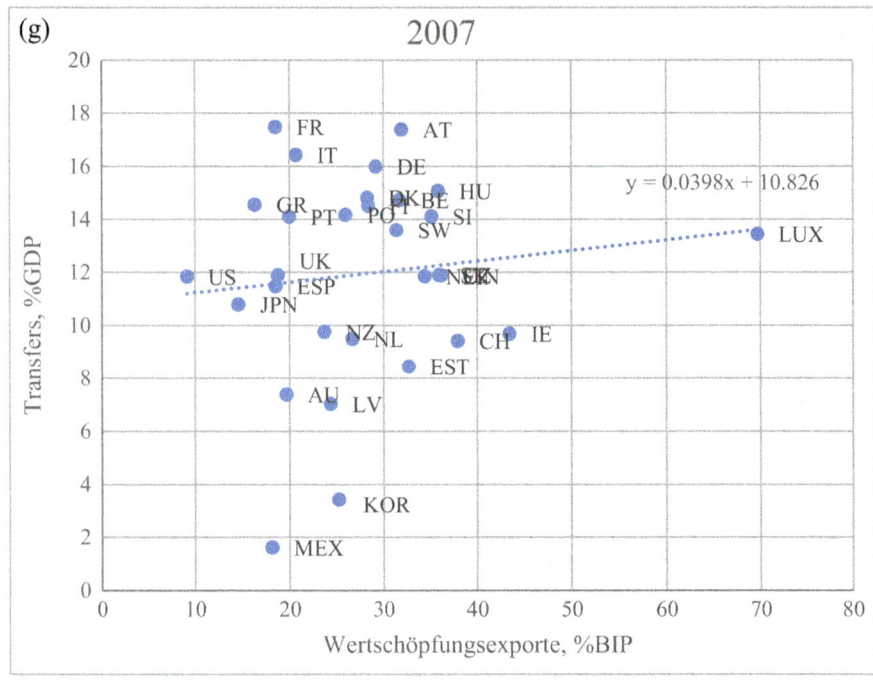

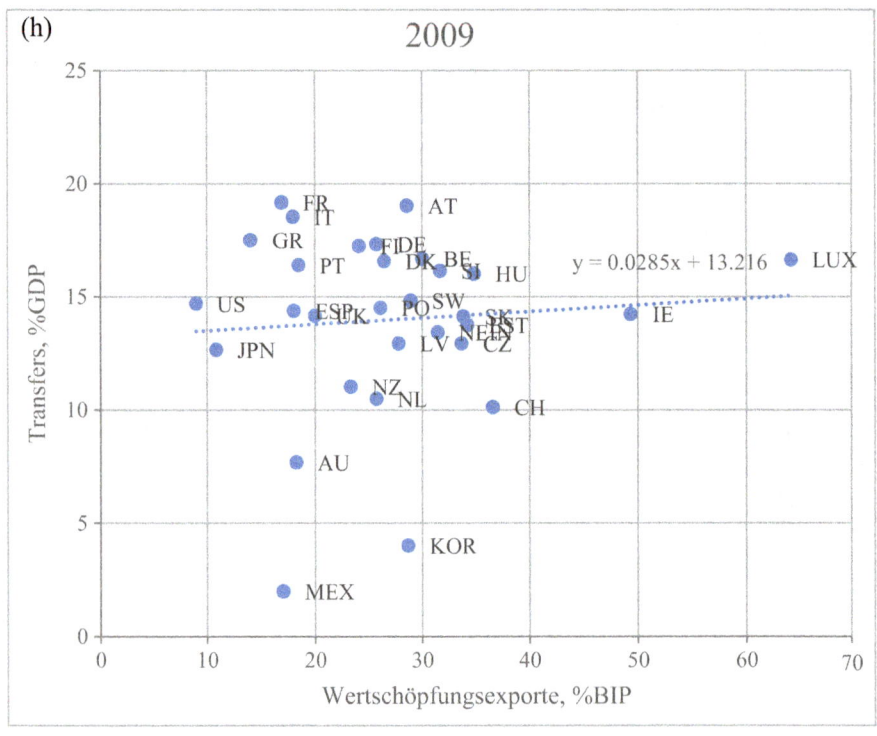

(i)

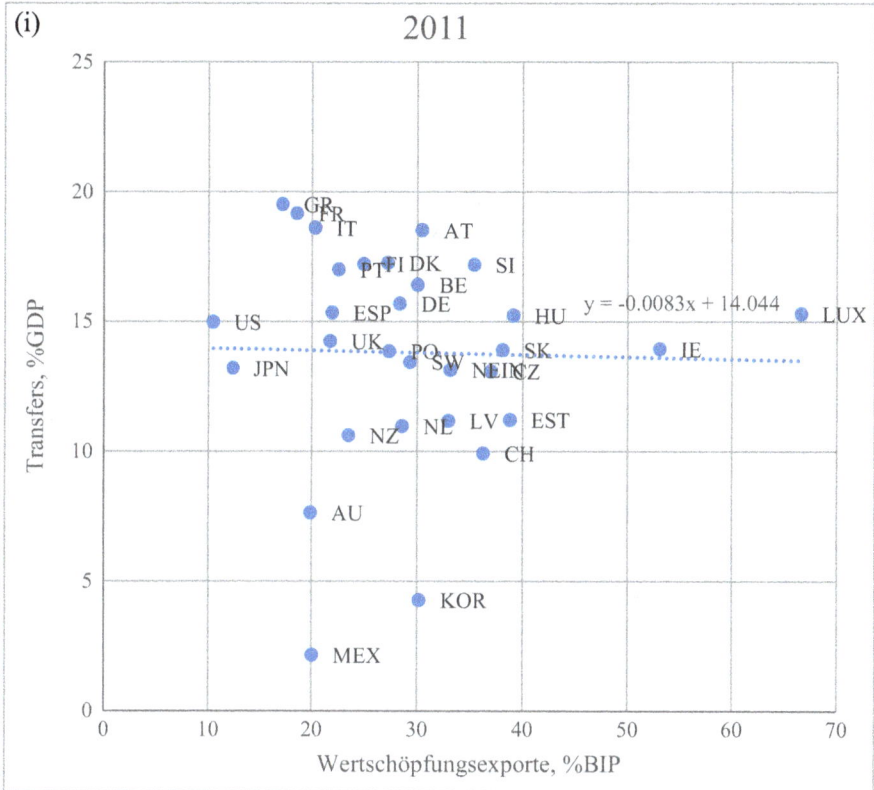

Transfers und Offenheit für ausgewählte Länder (Exporte und Importe; traditionell und wertschöpfend), 2007, 2009 und 2011 (EIIW-Berechnungen unter Verwendung von Daten über Transfers [OECD; Social Benefits Cash], Bruttoinlandsprodukt [Weltbank, World Development Indicators] und Bruttoexporte, Bruttoimporte, Value-Added Exporte, Value-Added Importe – OECD TiVA-Datenbank)

Anhang 14: US-Protektionismus und der US-China-Handelskonflikt: Optimaler Importzoll eines großen Landes mit ausländischen Direktinvestitionen

Ein großes Land kann seinen Wohlstand durch einen Einfuhrzoll verbessern, solange es keinen Vergeltungszoll gibt. Dies ist die traditionelle Lehrbuchansicht, aber es ist nicht wirklich eine angemessene Ansicht bei FDI (z. B. der USA). Ein Importtarif treibt einen Keil zwischen den von den Verbrauchern im Importland gezahlten Bruttopreis (tarifgebundener Preis p'_1) und dem von den ausländischen Lieferanten (hier chinesischen Firmen) erzielten Nettopreis (p_1).

416 Anhang

Betrachtet man einen Fall, in dem nur ausländische Produktion stattfindet – s. Angebotskurve k'^* (ausländische Grenzkostenkurve) – und die Inlandsnachfrage durch die Nachfragekurve DD dargestellt wird, so ist der Freihandelspreis p_0 und der Verbraucherschutz gleich dem Dreieck AEp_0. Die Gewinne der ausländischen Lieferanten sind gleich dem Dreieck BEp_0. Wenn ein Einfuhrzoll in Höhe von $E'F$ eingeführt wird, sinkt die importierte Menge von q_0 auf q_1. Der Verlust des Verbraucherschutzes ist $E'EG$, die ausländischen Lieferanten verlieren das Profitdreieck GEF. Die Zolleinnahmen sind $p'_1 E'Fp_1$, aber der Bereich $p'_1 E'Gp_0$ ist kein Wohlfahrtsverlust für das Heimatland, da davon ausgegangen wird, dass die Regierung die Zolleinnahmen zur Erbringung zusätzlicher staatlicher Dienstleistungen verwenden wird oder Einkommenssteuern reduziert werden. Somit ergibt sich für das Heimatland ein Wohlfahrtsgewinn aus dem Rechteck $p_0 GFp_1$ (d. h. ein Teil der Zolleinnahmen) minus dem Dreieck $E'EG$. Diese Ansicht ist jedoch nicht richtig, wenn es FDI im Ausland gibt, sodass ein Teil der ausländischen Gewinne tatsächlich für das Einkommen der Bevölkerung des Heimatlandes steht. In Abb. A.7 wurde angenommen, dass die schattierte Fläche die Gewinne ausländischer Tochtergesellschaften im Ausland darstellt, der Rest der Gewinne jedoch ausländischen Unternehmen zufließt; ein Teil des Gewinndreiecksverlusts (Teil des traditionellen Wohlfahrtsverlusts durch Importzölle; FGH) ist nun auch ein für das Heimatland relevanter Wohlfahrtsverlust. Die USA haben große FDI im Ausland in China; daher könnten die Gewinne der US-Unternehmen sinken, und ein einseitiger Einfuhrzoll dürfte kaum zu einem Wohlfahrtsgewinn der USA führen. Diese erweiterte Analyse zeigt in der Tat einige neue Aspekte der Zollanalyse (man könnte auch die Rolle der importierten Zwischenprodukte hinzufügen).

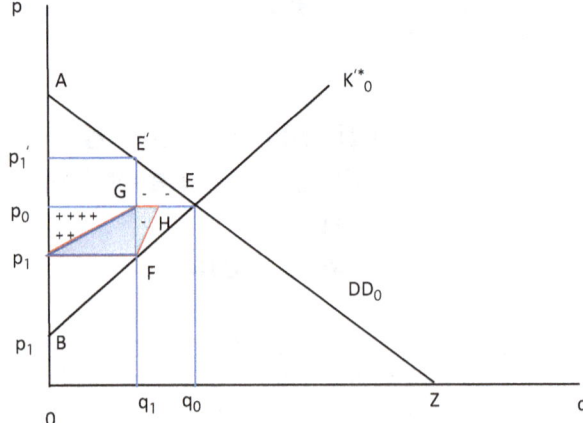

Abb. A.7 Optimaler Zollsatz für ausländische Direktinvestitionen (Gewinne aus dem Ausland sind $p_1 GF$; Eigene Darstellung)

Anhang 15: Chinas Direktinvestitionsströme und -bestände im Ausland, 2007/8–2016, US$

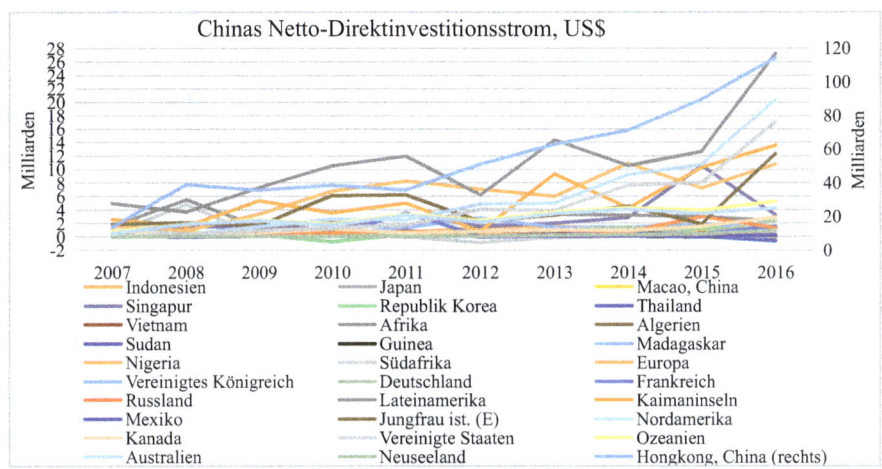

Chinas Nettodirektinvestitionsstrom aus Übersee, US$ (Quelle: Nationales Statistikamt Chinas)

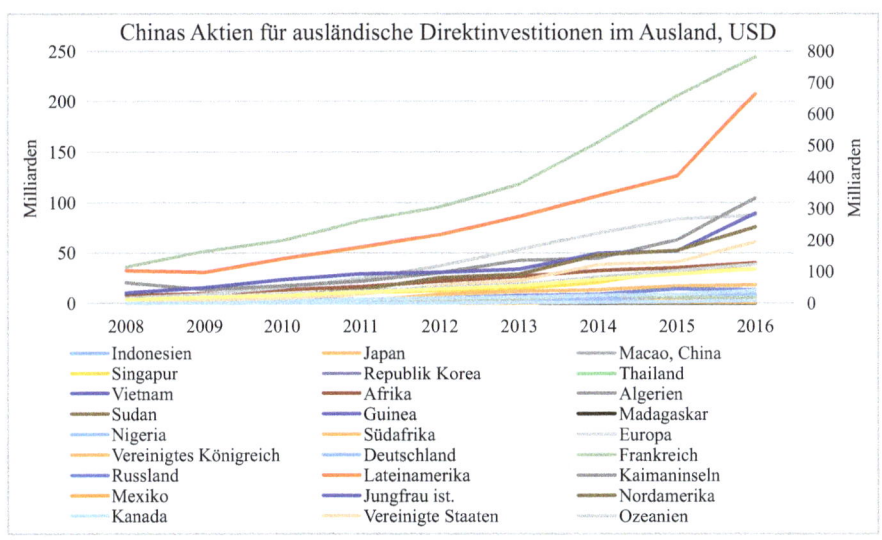

Chinas Aktien für ausländische Direktinvestitionen im Ausland, US$ (Nationales Statistikamt Chinas)

Literatur

Alvaredo, F., et al. (2018). World inequality report 2018. World inequality report. https://wir2018.wid.world/.

Blanchard, E., & Matschke, X. (2012). US-Multis und präferenzieller Marktzugang, 30. bis 31. Mai, Vortrag auf der VfS-Sitzung/Ausschuss für internationale Handels- und Wirtschaftspolitik, Universität Augsburg, CESifo Working Paper 3847.

CEA. (2017). Economic Report of the President, January 2017. https://obamawhitehouse.archives.gov/sites/default/files/docs/2017_economic_report_of_president.pdf. Zugegriffen am 02.04.2020.

Eichengreen, B. (2019). The international financial implications of Brexit. *International Economics and Economic Policy*. https://doi.org/10.1007/s10368-018-0422-x.

Evenett, S., & Fritz, J. (2017). *Will Awe Trump rules – The 21st global trade alert report*. London: Centre for Economic Policy Research.

Foellmi, R., & Martinez, I. (2017). Volatile top income shares in Switzerland? Reassessing the evolution between 1981 and 2010. *Review of Economics and Statistics, 99*(5), 793–809. https://doi.org/10.1162/REST_a_00644.

HM Govt. (2016). HM Treasury Analysis: The Long-Term Economic Impact of EU Membership and the Alternatives. April 2016. London.

IFO (2018) *ifo Schnelldienst* 19/2018. München: CESifo-Gruppe.

IMF. (2018b). World Economic Outlook, October 2018. Washington, DC: IMF.

Jovicic, S. (2018). Ungleichheit, Beschäftigung und Qualifikationen in den OECD-Ländern: Eine internationale Vergleichsanalyse, Doktorarbeit an der Schumpeter School of Business and Economics/Bergische Universität Wuppertal.

Jungmittag, A. (2004). Innovations, technological specialisation and economic growth in the EU. *International Economics and Economic Policy*. https://doi.org/10.1007/s10368-004-0018-5.

Jungmittag, A., & Welfens, P. J. J. (2016). Beyond EU-US Trade Dynamics: TTIP Effects Related to Foreign Direct Investment and Innovation, EIIW Diskussionsbeitrag 212. https://uni-w.de/x34uu.

Korus, A., & Kadiric, S. (2019). Effects of Brexit on Corporate Yield Spreads: Evidence from UK and Eurozone Corporate Bond Markets. *International Economics and Economic Policy*. https://doi.org/10.1007/s10368-018-00424-z.

Kutlina-Dimitrova, Z. (2018). Government Procurement: Data, Trends and Protectionist Tendencies, DG Trade, Chief Economist Note, Issue 3, September 2018, Brussels.

Kutlina-Dimitrova, Z., & Lakatos, C. (2017). The Global Costs of Protectionism. *Policy Research Working Paper No. 8277*. Washington, DC: World Bank Group.

Melitz, M. J. (2003). The impact of trade on intra-industry reallocations and aggregate industry productivity. *Econometrica, 71*, 1695–1725.

Welfens, P. J. J. (2015). Innovation, inequality and a golden rule for growth in an economy with Cobb-Douglas function and an R&D sector, *International Economics and Economic Policy, 12*(4), 469–496 https://doi.org/10.1007/s10368-015-0314-2.

Welfens, P. J. J. (2017b). *Macro Innovation Dynamics and the Golden Age: New Insights into Schumpeterian Dynamics, Inequality and Economic Growth*. Heidelberg and Berlin: Springer.

Welfens, P. J. J. (2017c). *An accidental BREXIT*. London: Palgrave Macmillan.

Welfens, P. J. J. (2018c). Import Tariffs, Foreign Direct Investment and Innovation: A New View on Growth and Protectionism. EIIW Diskussionsbeitrag 252. www.eiiw.eu.

Welfens, P. J. J. (2019a). Lack of international risk management in Brexit?, *International Economics and Economic Policy*, 16(1), https://doi.org/10.1007/s10368-019-00433-6.

Welfens, P. J. J. (2019b). *The global Trump: structural US populism and economic conflicts with Europe and Asia*. Cham: Palgrave Macmillan/Springer Nature Switzerland.

Welfens, P. J. J. (2019c). *Klimaschutzpolitik – Das Ende der Komfortzone*. Wiesbaden: Springer.

Welfens, P. J. J., & Baier, F. (2018). BREXIT and foreign direct investment: Key issues and new empirical findings. *International Journal of Financial Studies, 6*(2), 46. https://doi.org/10.3390/ijfs6020046.

Welfens, P. J. J., & Hanrahan, D. (2018). BREXIT: Key Analytical Issue and Insights from Revised Economic Forecasts. EIIW Diskussionsbeitrag 235. https://uni-w.de/z5hcm.

Welfens, P. J. J., & Xiong, T. (2019). BREXIT perspectives: financial market dynamics, welfare aspects and problems from slower growth. *International Economics and Economic Policy* https://doi.org/10.1007/s10368-019-00432-7.

Zoller-Rydzek, B., & Felbermayr, G. (2018). Who is Paying for the Trade War with China? EconPol Policy Brief 11. November 2018.

GPSR Compliance

The European Union's (EU) General Product Safety Regulation (GPSR) is a set of rules that requires consumer products to be safe and our obligations to ensure this.

If you have any concerns about our products, you can contact us on

ProductSafety@springernature.com

In case Publisher is established outside the EU, the EU authorized representative is:

Springer Nature Customer Service Center GmbH
Europaplatz 3
69115 Heidelberg, Germany